인공지능 기반 의료

인공지능 기반 의료

케어 패러다임 전환을 이끌 임상의학과
헬스케어 인공지능에 대한 조망

고석범 옮김　Anthony C. Chang 지음

i!i
에이콘

에이콘출판의 기틀을 마련하신 故 정완재 선생님 (1935-2004)

헌정사

무엇보다 내가 심장전문의로서 기쁜 마음으로 보살필 수 있는 기회를 가질 수 있게 해준 수천 명의 소아 및 성인 환자들에게 이 책을 바치고자 한다. 그 환자 가운데 미얀마에서 온 일사라는 9세 여아는 특별한데 그 아이의 죽음은 내가 만인을 위해 의료 인공지능 분야를 탐구하는 계기가 됐다. 이 책을 변함없이 헬스케어를 개선하고 생명을 구하고자 헌신하는 전 세계 수백만의 환자와 가족들에게도 헌정한다. 길고도 복잡한 의료 여정에서 그들이 보여주는 놀라운 인내과 의지는 내게 임상 의료와 헬스케어 인공지능이라는 새롭고 놀라운 세계를 계속해서 배워나갈 수 있는 열정을 유지하도록 지속적인 영감을 줬다. 이 책은 또한 얼마나 어렵든, 얼마나 도전적인 일이든 이 새롭고 흥미로운 분야를 열린 마음으로 받아주는 많은 의료인과 나의 놀라운 동료이자 친구인 닉 아나스 박사에게 바친다. 닉 아나스 박사는 살아 생전에 내가 이 낯선 분야를 연구해 나갈 수 있도록 항상 적극적으로 지지해준 분으로, 나는 거의 매일 그를 그리워한다. 아마도 하늘 나라에서도 이 책을 보고 큰 미소를 띄고 있을 것이다. 마지막으로 언젠가 이 작업을 나의 아름다운 딸 엠마와 올리바이와 공유하게 될 날을 고대한다. 그리고 내게 보내주는 사랑과 기쁨뿐만 아니라 오후 긴 낮잠을 포함해 잠을 잘 자서 내가 충분한 시간을 가지고 이 작업을 마칠 수 있게 해준 것에도 아이들에게 감사하다. 모차르트 음악을 배경으로 태평양 바다의 잔잔하게 펼쳐진 광대함 앞에서 글을 쓸 수 있었다는 것은 큰 행복이었고, 다른 저자들에게도 기꺼이 그렇게 해보기를 권하고 싶다.

인용문

아마도 마음에는 마지막 쉴 곳이란 데가 없으며, 거만한 명확성의 순간도 존재하지 않는다는 것을 아는 것은 충분한 깨달음이다. 아마도 지혜는... 내가 얼마나 작고 얼마나 현명하지 못하며, 또 가야 할 곳이 아주 멀다는 것을 깨닫는 것이 아닐까.

– 앤서니 보데인^{Anthony Bourdaine},
미국 요리사, 저술가이자 세계를 탐구하는 여행자

추천사

오늘날 여러 기술 기업들은 인공지능이 가진 잠재력에 핵심적으로 주목하고 있다. 소셜 미디어와 전문 미디어는 뉴스와 함께 그것이 사회에 미칠 영향에 대한 과대 선전을 계속한다. 머신러닝, 빅데이터 분석, 지능적인 개인 비서, 자율주행자동차 등과 같은 주제가 우리 사회에서 상식적인 개념이 되고 있고, 최근 발전과 초기 응용에 고무돼 모든 것들이 바로 눈앞에 펼쳐질 것처럼 보여지고 있다. 그렇지만 우리가 특히 기대하는 분야는 의료와 헬스케어에서의 인공지능과 머신러닝 사용이다. 이전에는 컴퓨터 과학 또는 의생물 정보학에 대한 기술적인 전문지에 한정돼 발표되던 의료 컴퓨팅 관련 연구들이 이제 임상과 건강 정책을 다른 유명 저널들에서도 흔히 발표되고 있다. 지난 반세기 동안 느리고 점진적인 발전이 끝에 최근 대중의 인식에 폭발적으로 파고들 만큼 기술의 발전 속도가 빨라진 지금 우리에게는 의료 인공지능이라는 새로운 시대가 열리는 중이다. 그렇게 할 수 있었던 것은 컴퓨팅과 커뮤니케이션 기술의 발전으로 소프트웨어의 혁신이 일어났고 보통의 환경에서도 특별한 자금이나 기술의 투자 없이도 쉽게 그런 자원을 활용할 수 있게 됐기 때문이다.

오늘날 스타트업 회사와 기존 기업들은 의료 인공지능에 대해 크게 투자하고 있다. 헬스케어 기관들과 주요 병원들도 비즈니스와 임상적인 목적으로 인공지능을 활용 하기 위해서 상당한 예산을 할애하고 있다. 누구도 뒤처지기를 원하지 않으며 의료 인공지능 "버즈buzz"는 도처에서 관찰되고 있다. 그렇지만 일반적인 의사, 환자, 기자들에게는 이 분야의 신비감을 걷어내고자 하는 니즈가 존재한다.

때마침 앤서니 창 박사가 역사와 용어, 핵심 개념, 현재 상태, 미래 전망 등 의료 인공지능에 대해 포괄적인 접근법을 제공해줄 쉬운 자료에 대한 수요를 인식했다. 창 박사는 의료, 공중 보건, 사업, 데이터 과학, 의료 정보학 등에 관한 공식적인 수련을 바탕으로 이 분야에 관해 놀랍도록 정리된 글을 썼으며, 이는 다양하고 넓은 독자들의 니즈를 맞출 수 있을 것이다. 나는 비록 거의 50년 동안 이 분야에서 일했고 아마도 이 책에서 다루는 대부분의 내용을 알고 있었음에도, 그가 설명하는 핵심 기술과 문제들, 때로는 그런 주제들의 연관성, 문제를 정의하는 방법 등을 접하면서 깊은 재미를 느꼈고, 이 분야를 전체적으로 바라보는 식견을 형성하는 데 도움을 받았다. 그는 이 분야들을 합쳐 서로 잘 어우러진 전체로 만들었고, 유용한 용어집과 혁신적인 방식으로 인공지능을 활용하고자 하는 여러 회사들을 정리해 보여줬다.

그 어떤 새롭고 잠재적이며 혁명적인 분야라도 커뮤니티를 연결하고, 입문자에게 혼란을 주는 용어와 개념을 명확히 하며, 잠재력을 실현하는 데에 도움이 되도록 에너지를 불러 일으킬 해설자가 필요하기 마련이다. 이 책이 독자들에게 보여주듯, 앤서니 창은 의료 인공지능 분야에서 그런 역할을 하고 있다. 이 책은 환자를 돌보고 개인의 건강을 지키는 방식을 개선하고 혁신을 일으키기를 원하는 대중의 눈높이를 적절히 맞추고 있다.

– 에드워드 쇼틀리프 Edward H. Shortliffe,

MD, PhD, 뉴욕시 『Biomedical Informatics』 저자

추천사

100년 후에 뒤돌아보면 인공지능이 없는 시대에 헬스케어를 전달하는 것이 얼마나 어려웠는지 생각하면서 고개를 절레절레 흔들게 될 것이다. 이는 마치 오늘날 항생제가 없던 시대를 상상하기 어려운 것과 같다. 항생제가 있었더라면 불필요한 사망이나 어려움도 피할 수 있었을 텐데 말이다.

좋든 나쁘든, 우리는 인간이 관리하거나 운용하기에는 너무나 복잡한 지금의 헬스케어 시스템을 만들어 왔다.

과학이라는 엔진은 산업화된 규모로 연구에서 밝혀진 내용들을 잘게 썰어서 디지털 저장소에 보관한다. 그렇게 보관된 것들 가운데 아주 일부만이 다시 검토되고, 다시 그 가운데 일부만이 실제로 사용된다. 심지어 오늘날의 연구의 상당 부분은 방법론적인 오류, 내재된 편향, 또는 단순히 이미 답이 나와있는 문제를 다시 다루었다는 이유만으로 "낭비" 취급을 받는다.

우리의 헬스케어 전달 서비스는 그 자체로 하나의 시스템을 이루기보다는 형편없이 서로 연결된 조각들로 구성된 복잡한 잡동사니에 지나지 않는다. "시스템"은 결코 설계되지 않았다. 시간이 지나면서 고착화됐다고 말하는 편이 낫다. 본질적으로 호환되지 않아 종종 상호운영성이 떨어지는 서로 다른 기술들을 이것저것 사용해왔을 뿐이다.

한편 시민들도 이런 의료 체계에서 허우적댔고 소셜 미디어나 조작된 정보에 의해서 서로 다른 믿음을 가진 커뮤니티로 나뉘어졌다. 백신 거부, 증거에 기반하지 않는 대체 의학, 만성 질환을 유발하는 생활 습관 등과 관련된 정보를 접하면서 사람들은 종종 자신을 예방적 건강 캠페인에서 멀리 떨어뜨려 놓고, 피할 수도 있었던 중대한 질환들을 가지고 뒤늦게 헬스케어 시스템을 찾는다.

인공지능이 이런 모든 상황을 치유하지는 못하지만, 잘 만들어진 기술이 효과적인 개인들의 손에 주어지면 아주 큰 차이를 만들어낼 것이다.

인공지능 시스템은 기존에 존재하는 증거를 찾고 그것을 요약해 환자의 치료, 조사, 예후에 대한 특정 질문에 대한 답을 내놓는 데 탁월하다. 맞춤식 해답은 집단에 기반한 해답을 대체할 수 있을 것이다. 인공지능은 특정 환자의 상황에 가장 잘 들어맞는 증거를 찾을 수 있을 것이기 때문이다. 인간은 도움 없이는 결코 이런 일을 할 수 없다. 인공지능 보조 진단 및 치료 계획의 정밀도는 대부분의 헬스 서비스에서 빠른 시일 안에 인간 개인의 능력을 넘어설 것이다.

스마트 헬스 서비스는 서로 더 잘 연결될 수 있을 것이고, 분산된 인공지능 시스템은 개인의 역량보다 헬스케어 시스템의 복잡성을 더 잘 헤쳐나갈 수 있을 것이다. 인공지능이 개인 가이드로 고용되면, 다음으로 살펴볼 환자를 결정하거나 다음에 어떤 임상 서비스를 받을지 등을 찾아내는 일이 더욱 체계적이고 맞춤화된 여정이 될 것이다.

사람들은 결국 항상 원하는 대로 믿는 경향이 있다. 그렇지만 인공지능은 기존의 믿음에 편향되지 않고 시민들을 사용 가능한 최선의 증거로 이끌어줄 것이고, 그 내용을 의미 있는 방식으로 설명할 수 있다. 우리가 신뢰하는 개인 인공지능 비서를 둘 때, 연구를 통해 얻은 증거를 대하는 방식은 상당히 달라질 것이다. 예를 들어, 선택이 가져올 결과를 스마트한 방식으로 시각화해 보여주면 사람들의 행동을 바꿀 수 있다.

이 책은 헬스케어를 위한 인공지능 개발에 호기심이 집중되었을 뿐만 아니라 실현을 위한 강력한 동기를 가지고 있는 이 역사적인 순간에 세상에 나오려고 하고 있다. 우리는 지금 인공지능이 없는 현재의 헬스케어가 얼마나 복잡하고 비싸며 궁극적으로 지속 불가능한지 목도하고 있을 뿐만 아니라 인공지능이 우리 삶의 다른 부분을 얼마나 바꾸고 있는지도 지켜보고 있다.

인공지능을 공부하는 학생들은 이 책에서 많은 것을 배우게 될 것이다. 그 가운데 많은 것은 헬스케어 인공지능에 대한 초창기 텍스트가 나타나기 시작한 30여 년 전부터 지금까지의 변화다. 변화, 혁신, 발견의 속도는 언제나 유지되고 있다. 이런 변화들을 다루려면, 반감기가 아주 짧은 특정 기술에 대한 상세한 내용보다는 핵심적인 원리를 이해하는 것이 더 중요하다. 그리고 30년 전 인공지능 헬스케어 연구자들이 부딪혔던 큰 도전의 많은 것들이 여전히 해결되지 않았음을 기억해야 한다. 이전에 보지 못한 케이스에 대해 기계가 어떻게 추론할까? 다양한 종류의 서로 상호 작용하는 질환이 있는 상황에서 우리는 어떻게 임상적인 소견을 해석할 것인가? 데이터의 연관성에서 어떻게 인과 관계를 추론할 것인가? 인간과 컴퓨터는 어떻게 의미 있는 파트너십을 맺을 수 있을까?

우리는 인공지능 이전의 의료 시대와 인공지능이 가능해진 의료 시대라는 두 시대의 역사적 경계선에 서 있다. 우리는 과거 역사를 잘 알고 있다. 새로운 역사는 이제 막 쓰여지고 있다.

– 앙리코 코이에라^{Enrico Coiera},

『Guide to Health Informatics』 저자

옮긴이 소개

고석범

가톨릭대학교 의과대학을 졸업하고 서울아산병원 인턴, 서울성모병원 신경과 수련을 마친 신경과 전문의로, 현재 경기도 광주시에 있는 성심요양병원 대표원장을 맡고 있다. 성남시 노인보건센터장, 보바스기념병원장, 주식회사 지노바이오 대표를 역임했다. 재미로 시작했던 공부를 바탕으로 ICT 관련 여러 책들을 번역하거나 저술했다.

옮긴이의 말

이제 인공지능을 빼고 미래를 말하기는 것이 사실상 불가능해졌다. 2016년 이세돌과 알파고의 대결에서부터 최근의 챗GPT, GPT-4까지 인공지능은 점점 더 우리의 삶에 가까이 다가왔다. 스마트폰 앱이나 소프트웨어 등 인공지능이 들어간 예를 쉽게 찾을 수 있게 됐다.

그렇게 바뀌는 동안 우리를 포함한 전세계는 코로나19 팬데믹을 겪었다. 포스트 코로나가 어떤 방향으로 어떻게 진행될지 정확히 예측하기란 쉽지 않다. 다만 보건의료체계의 여러 문제가 노출된 만큼 변화는 불가피할 것으로 보인다. 소아과는 코로나 팬데믹으로 직격탄을 맞았고, 내과, 외과, 소아과, 산부인과를 비롯한 소위 '메이저 과목'들 또는 '바이탈을 잡는다'는 과들에 대한 기피 현상까지 생겼다. 뭔가 잘못되고 왜곡됐다는 느낌을 지울 수 없다.

이 책의 번역은 한 사람의 의사로서, 그리고 ICT 책을 번역하거나 저술해 온 아마추어 작가로서 인공지능 시대의 의료(지능 기반 의료)라는 접점을 고민해 보고자 시작했다. 내가 속한 신경과는 넓고, 의학은 더 넓다. 컴퓨터와 인공지능 분야도 마찬가지로 넓어, 짧은 공부로 무엇을 좀 안다고 하기 민망할 정도다. 위안이라면, 지금까지는 무엇을What 안다는 것이 중요했었는데 GPT-4 등이 등장함으로써 앞으론 무엇이 아니라 어떻게How 아는지가 중요해질 것 같다는 사실이다. 그렇다면 뭔가를 모색하고 노력하는 그 자체가 중요한 게 아닐까 하는 위안 말이다.

이 책은 나와 비슷한 고민을 하는 의사를 비롯한 보건 의료인, 그리고 보건 의료 ICT를 활용하여 가치 있는 것을 창출하려는 과학, 기술자 모두에게 도움이 될 것이다. 이 분야는 양쪽의 협업 없이는 현실적으로 아무것도 할 수 없다는 데 전적으로 동의한다. 협업하기 위해선 이해가 필수이고, 이 책은 그 이해에 다가서는 데 도움이 될 수 있을 것이다. 책의 여러 군데서 그와 관련한 전문가들의 고민을 접할 수 있다. 대부분 미국의 이야기이지만 우리가 참고할 만한 것도 많다.

지은이 소개

앤서니 C. 창 Anthony C. Chang (MD, MBA, MPH, MS)

존스 홉킨스 대학교에서 이학사BA를, 조지타운대학교 의과대학에서 의학박사(MD)를 받고 국립어린이병원센터Children's Hospital National Medical Center에서 소아과 레지던트를 수료한 뒤 필라델피아 어린이병원Children's Hospital of Philadelphia에서 소아 심장학 임상의 과정을 밟았다. 하버드 의과대학에서 조교수로, 보스턴 어린이병원Boston Children's Hospital 심장 중환자실 케어 유닛의 어탠딩 심장전문의로 일했다. 그리고 로스앤젤레스와 마이애미, 텍사스 등 여러 소아 심장 중환자 프로그램에서 메디컬 디렉터 역할을 했다. 오렌지카운티 어린이병원Children's Hospital of Orange County의 심장연구소에서 메디컬 디렉터직을 수행했다.

현재 오렌지카운티 어린이병원의 심장 질환 프로그램에서 메디컬 디렉터이자 지능과 혁신 센터장을 수행하고 있다. 오렌지카운티 의료 연합회로부터 훌륭한 의사상Physician of Excellence을 수상했고 수년 동안 톱 카디올로지스트, 톱 닥터 등과 헬스케어 분야의 전국 톱 이노베이터스의 한 사람으로 뽑힌 적이 있다.

그는 마이애미 대학교 경영 대학원에서 헬스케어 경영에 대한 마스터 과정을 밟았고 맥코 학술상McCaw Award of Academic Excellence을 받으며 졸업했다. 또 캘리포니아 대학교 로스 앤젤레스의 헬스케어 정책 과정에서 공중 보건학 마스터 과정도 이수했으며 학장 선정 학업 우수상the Dean's Award for Academic Excellence을 받고 졸업했다. 마지막으로 스탠포드 대학교 의과대학에서 인공지능에 초점을 둔 바이오메디컬 데이터과학Biomedical Data Science 과정에서 이학 석사와 MIT에서 인공지능 관련 코스를 수료했다. 그는 채프만 대학교의 Dean's Scientific Council 회원이며 상주 과학자이기도 하다.

스타트업 회사에서 성공적인 심장학 진료 구축을 도왔으며 월스트리트 투자 계약을 성공적으로 이끌어 내기도 했다. 또 심장약 밀리논을 소개하고 마이클 드베이키 박사와 함께 소아의 액시얼 타입^{axial-type} 심실 보조 장비를 같이 설계하는 등 소아 심장 케어의 여러 혁신에도 관여해 온 것으로 잘 알려져 있다. 그는 또한 국립보건원 소아 연구 기금 리뷰 위원회 회원이다. 그는 『Pediatric Cardiac Intensive Care』, 『Heart Failure in Children and Young Adults』, 『Pediatric Cardiology Board Review』와 같은 소아 심장학 및 중환자 케어에 관한 여러 교과서의 편집자이기도 하다.

소아 심장 집중 치료 학회^{Pediatric Cardiac Intensive Care Society} 설립자다. 학회는 소아 심장 중환자 케어에 초점을 맞춘 다학제적인 접근법에 초점을 맞춘다. 또 아태 소아 심장 소사이어티^{the Asia-Pacific Pediatric Cardiac Society}를 설립했다. 이 학회는 아시아 국가 24곳의 소아 심장학자들과 심장 전문의 연합체로 아시아에서 매해 2회 학회를 열고 있으며, 지금은 학회 참석자가 1000명이 넘는다.

2015년부터 the Sharon Disney Lund Foundation의 지원을 받는 the Medical Intelligence and Innovation Institute의 설립자이자 의료 디렉터다. 이 연구소는 데이터 과학과 인공지능을 의료 분야에 좋은 영향을 주는 것을 목적으로 하고 있으며, 이런 종류의 연구소가 병원내에 설립된 것은 처음이었다. 이 새로운 연구소는 또한 전세계 소아 및 헬스케어의 혁신을 촉진하는 목적도 가지고 있다. 2년마다 열리는 Pediatrics2040: Emerging Trends and Future Innovations 미팅의 전임 운영위원장이었으며, 여름마다 열려 100명의 젊은 의사들에게 조언하는 the Medical Intelligence and Innovation Summer Internship Program을 만들었고, 공동 대표를 맡고 있다. 그는 the International Society for Pediatric Innovation이라고 하는 소아과 혁신 리더십 그룹을 만들었고 그 수장을 맡고 있다.

헬스케어와 의료 관련 데이터 과학과 인공지능의 모든 측면을 강화하기 위해서 임상 컴퓨터 과학자 인터페이스를 만들고자 한다. 그는 현재 의료 인공지능에서 대한 강의를 자주 하고 있다. 『시카고 트리뷴』이 그를 "닥터 AI^{Dr. A.I.}"라고 부르는 이유다. 인공지능 인플루언서 사상가 가운데 한 사람이라고 알려졌다. 그는 테드 강연도 했으며 싱귤래러티 대학교의 익스포넨셜 메디슨에서 정기적으로 강연한다. 빅데이터, 예측 분석, 의료 머신러닝과 인공지능에 관한 고찰 논문을 많이 발표했다. 그는 the Journal of Medical Artificial Intelligence 편집 위원이다. 그는 미국에 유럽 아시아 등에서 열리는 Artificial Intelligence in Medicine(AIMed) 미팅의 설립자이자 운영위원장이다. 이 미팅은 헬스케어와 의료에서의 인공지능에 초점을 맞추고 있다(⟨https://ai-med.io⟩). 그는 새로운 단체로 데이터 과학과 인공지능에 초점을 맞춘 의사들을 위한 새로운 모임을 만들기 시작했다. 그는 새롭게 시작된 American Board of Artificial Intelligence in Medicine(ABAIM)의 협회장직을 수행하고 있다.

그는 의료 인공지능와 관련된 3개의 스타트업을 창업했다.

1. CardioGenomic Intelligence(CGI), LLC 임상 심장학(심비대증, 심부전, 기타 심혈관 질환)과 유전체 의학 등에 딥러닝을 활용을 중점으로 하는 다측면적인 회사다.

2. Artificial Intelligence in Medicine(AIMed), LLC 국내외 모임을 통해서 여러 전문 과목에 관한 의료 인공지능에 대한 모임과 교육 프로그램을 제공하는 멀티미디어, 이벤트 회사다.

3. Medical Intelligence 10(MI10), LLC 의사, 행정가, 헬스케어 기관과 회사들의 리더들, 투자자들을 대상으로 하는 교육 및 컨설팅 회사로, 헬스케어 기관과 회사들의 인공지능 전략의 구현과 평가, 기관의 사이버보안에 대한 평가와 구현 등에 초점을 맞추고 있다. 회사에서 만든 사용 MIQ라고 하는 평가 도구는 기관의 인공지능 준비도와 질에 대해 평가하고, 인공지능 전략 권고안을 만들기 위해서 딥러닝과 인지 구조를 활용하고 있다.

차례

PART 1 **인공지능의 기초**

01   인공지능의 기초 개념   37

02   인공지능의 역사   59

PART 2　현재의 데이터 과학과 인공지능

PART 3 │ 의료 인공지능의 현시대

09 의료 인공지능의 구현

PART 4 인공지능의 미래와 의료 응용

10 인공지능의 미래에 관한 주요 개념

서문

비행을 경험한 자는 땅 위를 걸어도 두 눈은 하늘을 쳐다본다. 왜냐하면 과거 거기에 있었으며, 거기에 항상 돌아가고 싶어할 것이기 때문이다.

    – 레오나르도 다 빈치

도대체 왜 의료 및 헬스케어 인공지능에 대한 책이 필요하고 또 하필 지금인가?

전 세계가 코로나–19 바이러스 팬데믹과 사투를 벌이고 있는 와중에 인공지능에 대한 논쟁 역시 뜨겁다. 잡지 가판대에서 MIT 슬로언 경영 리뷰MIT Sloan Management Review의 "인공지능 시대, 성공적으로 준비하기Making Good on the Promise of AI", 하버드 비즈니스 리뷰의 "인공지능을 동력으로 하는 기관The AI-Powered Organization", 네이처의 "기계 지능Machine Intelligence" 같은 제목의 글들은 이런 경향을 드러낸다. 그런데 일부 의료 기관에 속한 소수의 전문가들에게는 예외이겠지만, 이런 인공지능 혁명의 북소리는 보통의 임상 의학 및 헬스케어 생태계에서는 이상하리만큼 크게 울리고 있지 않다.

나는 10여 년 전 스탠포드에서 데이터 과학과 인공지능의 세계를 탐구할 수 있는 기회를 부여받았다. 그 4년은 내가 임상 의학과 인공지능이라는 두 영역의 균형점에 대한 이해를 넓히고 자격을 부여받은 데이터 과학자로서 뿐만 아니라 임상의사로 거듭나는 계기였다.

인공지능은 복잡다단함에 지친 자들에게 휴식을 주는 안식처이기도 하고, 현 시대 생명 의학 및 임상 의학 분야의 퍼펙트 스톰이 일어나는 곳이기도 하다. 이 분야는 해결해야 할 과제가 산더미처럼 쌓여 있으며, 의료와 헬스케어에 직면하는 여러 가지 문제들에 대한 혁신적인 해법과 재미있는 발견들이 일어날 수 있는 곳이기도 하다. 인공지능 패러다임은 의료와 헬스케어를 혁신시킬 수 있는, 한 세대에 한 번 정도 주어지는 기회이며 문제의 크기에 상관없이 대학병원 집중관찰실에서 아프리카 사하라 이남의 말라리아 문제로 고생하는 지역에 이르기까지 고루 영향을 미칠 수 있다.

여러 주해들을 포함하고 있는 이 책은 "지능-기반 의료"로 가기 위해서, 헬스케어와 의료 분야에서 데이터 과학, 인공지능, 인간의 인지기능의 원리 및 응용에 관한 풍부한 기초를 다룬다. 이런 주제에 관심이 있는 독자라면 누구나 읽을 수 있게 구성했다. 그래서 진료에 바쁜 의료인, 관심있는 데이터 과학자 및 컴퓨터 과학자, 통찰력을 가진 투자자, 호기심이 많은 병원 관리자 및 리더(최고 경영책임자, 최고 정보책임자 등), 그리고 지식에 목마른 환자와 그 가족이 모두 이 책의 독자가 될 수 있다. 이 책에는 임상 의사가 재미없어 할 수 있는 수학 공식이나 난해한 데이터 과학 주제들이 거의 없다. 그렇다고 의학 전문 용어로 채우고, 인공지능의 개념을 피상적으로 다루거나 하지도 않았다. 또한 데이터 과학과 인공지능에 대한 내용을 너무 적게 다루지도 않았다. 이 영역의 대부분의 요소들과 비슷하게, 이 책은 임상 의료, 의학 지식, 인공지능, 데이터 과학이 합쳐진 하이브리드이다. 간단히 말하면 이 책은 빠르게 성장하고 있는 의료와 인공지능 사이의 인터페이스를 정의하는 데 관심이 있는 모든 사람을 염두에 두고 쓰였다.

책의 내용은 헬스케어와 연관된 인공지능에 대한 지식 뿐만 아니라, 인공지능이라는 것을 이해하는 데 관심이 있는 모든 사람을 위해 포괄적인 인공지능 프레임워크를 제공하도록 구성했다. 이 책 안에는 다양한 배경 지식을 가진 선별된 전문가들이 책 내용과 연관된 소주제에 대해 쓴, 거의 100개에 이르는 주해註解가 포함돼 있다. 이 주해들은 독특한 관점과 전문 지식을 담고 있으며, 필요적절한 곳에 삽입돼 있다. 티모시 츄Timothy Chou는 이 주해들을 보고 크리스마스 트리에 달려 있는 "장신구"들이라고 평했다. 내가 관련된 주제에 대해 개별 저자들에게 그들의 열정을 표해줄 것을 부탁했기 때문에 다수 겹치는 부분이 있을 수 있지만, 하나의 관점만을 고집하는 것보다 다양한 관점을 읽는 것이 보통 더 낫다고 생각한다. 나는 이런 "장신구"들이 이 책의 독특한 장점이라고 믿는다.

1부에서는 여러 용어들을 소개하고, 인공지능의 기초 개념을 설명한다. 또한 신경과학과 인공지능과의 관계에 대해서 탐구한다. 또한 인공지능의 초기 역사와 이 시기 동안의 의료 인공지능의 역사도 설명한다. 인공지능의 탄생과 그것의 의료 응용은 오늘의 기술을 이해하는 핵심이 된다. 의료 인공지능에 관한 흔한 오해에 대해서도 간단히 설명했다.

2부는 오늘날 생의학 데이터 과학과 인공지능이 어떤 상태에 있는지 상세히 설명하고, 헬스케어 데이터, 데이터베이스, 생의학 데이터 과학의 기초 요소도 설명한다. 오늘날 가장 널리 사용되는 머신러닝과 딥러닝에 관한 내용이 2부의 주요 부분을 차지한다. 더불어 인지 컴퓨팅, 자연어 처리, 로보틱스의 핵심 개념도 소개된다. 의료 인공지능의 기초를 배우기 위한 추천 전략도 소개한다(그에 대한 힌트는 마지막 부분에 있다).

3부는 의료 인공지능이 응용되는 여러 영역을 소개하고, 의사 업무의 인지적 측면을 설명한다. 그 다음 각 세부 전문 과목별 의료 인공지능, 특히 의료 인공지능의 최전선에 있는 세부 전문 과목에 대해 별도 논의한다. 의료 인공지능을 성공적으로 구현하기 위한 여러 유용한 가이드도 소개한다.

4부는 의료 인공지능의 미래에 대해서 다룬다. 증강 및 가상현실, 만물인터넷 시대의 인공지능의 미래 등을 소개한다. 가상 비서, 양자 컴퓨팅도 간단히 다뤘다. 의학과 관련된 인공지능의 미래는 별도로 논의했다. 의료 인공지능과 관련된 주요 내용은 4부 마지막에 포함시켰다.

이 책의 마지막 부분에는 핵심 참고 문헌(책과 논문), 상위 100개 이상의 참고 문헌, 알아둘 만한 의료 인공지능 회사 100개, 용어집이 들어 있다.

이 책이 우리 모두를 고무시켜 임상 의학과 헬스케어에서의 데이터 과학과 인공지능이라는 낯선 세계를 지속적으로 탐구할 수 있는 힘을 주고, 모든 환자에게 도움이 될 수 있도록 헬스케어의 수많은 영역에 이런 능력들이 적용되기를 바란다. 우리는 종종 환자가 별도의 인간 변종인 것처럼 말하지만, 빠르거나 늦은 차이는 있을지 몰라도 우리 모두는 환자이다. 인공지능, 그리고 그와 관련된 미묘하고 신비한 점들을 탐구하고 그런 도구를 의료와 헬스케어에 적용하는 것은 다음 세대를 위한 우리의 가장 큰 유산이 될 것이다.

이 책을 마무리할 무렵, 내 딸이 복잡한 선천성 심장 질환으로 수술을 받았다. 나로서는 이 책이 딸의 병상에서 마무리 됐다는 것이 특히 의미가 있다. 훌륭한 다학제 팀이 내 딸을 특별히 돌보고 있지만, 여전히 충분한 데이터와 확실성 없이 우리는 수많은 의사 결정을 하고 있고, 의료 분야에서는 여전히 자연스럽게 데이터 과학이나 인공지능을 하나의 자원으로 사용하려고 하지 않는다는 점은 모두에게 명백한 사실이다. 이 책에서 논의된 여러 가지 문제들과 더불어 의료에서의 불확실성에 관한 문제는 최고의 병원에서조차 흔히 존재하는 문제인데, 이 책에서 설명하는 기술의 일부 또는 전부가 현장에서 구현된다면 그런 과정에서 발생하는 부담을 상당히 줄일 수 있을 것이다. 나는 의사인 내 안에 데이터 과학의 관점을 내장함으로써 더 나은 의사가 됐다는 것을 분명히 느끼고 있다.

나의 비전은 인공지능(전문 의사가 감독하는 효율적 자율 학습 인공지능 도구)의 사용을 통해 "전문가" 의견과 체감되는 고품질의 헬스케어를 민주화시켜서 흔히 마케팅 목적으로 실행되는 병원 순위를 무색하게 만드는 것이다. 우리는 대학 스포츠 팀처럼 병원에 순위를 부여하는 대신 퇴치해야 할 질병이나 질환에 "순위"를 부여해야 한다. 그런 순위에 대한 기준은 적절한 체크 리스트를 통해 유지돼야 하고, 순위 대신 "A" 또는 "B"(또는 "F") 등과 같은 카테고리로 분류될 수도 있을 것이다.

구글 딥마인드의 데미스 하사비스^{Demis Hassabis}가 인공지능을 우리 시대의 아폴로 우주 계획에 빗댄 것은 아마도 우연은 아닐 것이다. NHS의 디지털 부문 수장인 노엘 고든^{Noel Gordon}이 "AI메드^{AIMed}" 유럽 미팅에서 "인공지능은 현재의 헬스케어 시스템의 무거운 중력을 이겨내고 대기 탈출에 필요한 속도를 얻기 위한 가속기이다."라고 말했다. 2019년은 아폴로 11호 달 착륙 50주년이 되는 해이다. 아폴로 달 착륙은, 인공지능이 헬스케어 개선에 근원적 변화를 원하는 우리들에게 주어지는 일생의 단 한 번 기회일 수 있다는 영감을 준다.

인공지능을 임상 의학과 헬스케어의 새로운 패러다임으로 널리 적용할 수 있는 가능성은 놀라운 것으로, 과거 존 에프 케네디 대통령의 비전과 비슷하게, 우리들 가운데 그 가능성을 믿는 아주 소수의 사람들마저도 그와 같은 큰 비전을 실현할 수 있는 날이 아주 먼 훗날이라고 생각하고 있다. 아폴로 11호는 50여 년 전 달 착륙이라는 극적이고 분명한 결말로 끝이 났다. 그에 비해 의료 인공지능의 여정은 아폴로 11호보다 더 어렵고, 더 도달하기 어려울 수 있다. 그래서 우리는 우리의 모든 환자, 그리고 우리 모두를 위해, 끈질기게 노력해야 한다.

1

인공지능의 기초

2016년 3월 10일, 구글 딥마인드의 알파고 소프트웨어가 인간 바둑 최고수 이세돌과의 대국을 승리로 이끈 37번째 수를 뒀다. 놀랍도록 절묘한 이 수 때문에 이세돌은 자리에서 일어나 상황 파악을 위해 생각을 가다듬어야겠다는 강한 충동을 느꼈다. 컴퓨터 또는 기계 지능이 이전과는 전혀 다른 새로운 바둑 전략을 만들었다고 평가되는 그 순간은 인공지능^AI^이라는 새로운 시대의 서막이 열리고 있음을 알리는 신호였다.

최근, 특히 2012년 이후부터 진행된 딥러닝^DL^ 기술의 인상적인 발전으로 인공지능에 대한 인지도와 활용의 폭이 넓어졌다. 스탠포드, MIT, 카네기멜론대학과 같은 유수 대학의 인공지능 학부들과 IBM, 애플, 페이스북, 마이크로소프트 같은 거대 미국 기업들 그리고 바이두, 알리바바, 텐센트와 같은 중국의 기업들 모두 적극적으로 인공지능을 실제 생활에 응용할 방법을 탐구하고 있다. 데이터 과학과 머신러닝, 딥러닝 기술을 발판으로 금융, 스포츠 분야 등에서 고급 정보 분석이 활용되고 가상 비서, 자율주행자동차, 드론, 심지어 인공지능이 만든 예술 작품이 크리스티 경매에서 수십만 달러에 판매되는 일과 같은 혁신적인 일들이 진행되고 있다. 하지만 헬스케어와 의료 분야는 새로운 인공지능 패러다임을 활용함에 있어서 그런 분야들보다 상당히 뒤처져 있다. 그래도 최근 인공지능 헬스케어 분야에서 벤처 투자 자본이 100여 개 회사로 유입됐고, 이 분야 시장 크기는 2025년에 약 60조원에 이를 것이며, 그로 인해서 100조원 넘는 비용 절감 효과가 있을 것으로 평가되고 있다. 2019년 초 구글은 헬스케어 분야에서 "인공지능 최우선 전략"이라는 정책 방향을 발표했다.

1958년 생의학 분야에서 처음으로 인공지능에 관한 논문이 발표된 이후[1] 의학 저널에서 인공지능에 초점을 둔 논문은 극히 적었고(대략 5000만 개의 논문 가운데 10만 개로 약 0.2%에 불과하다) 같은 맥락으로 의료에 인공지능을 응용하는 데 관심을 두는 임상가도 극히 드물었다. 심지어 2018년에도 의료 인공지능에 관한 논문은 대략 6000개에 불과했다. 이 숫자는 "인공지능artificial intelligence", "머신러닝machine learning", "딥러닝deep learning", "인지 컴퓨팅cognitive computing", "자연어 처리natural language processing"와 같은 단어를 조합해 검색한 결과이다. 같은 기간 2만 8000개 저널에는 총 180만 개의 논문이 실려, 인공지능에 관한 논문의 비중은 고작 0.35% 정도였다. 오랜 기간 동안 이 분야에서 거의 잠잠했던 권위있는 저널들이 하나둘 관련 논문을 출판하기 시작한 것은 거의 최근의 일이다[2-5].

우리 모두는 생태계와 데이터가 복잡하게 얽힌 헬스케어의 혼동에 직면하고 있고, 이로 인해서 종사자들은 심각한 직업적 번아웃을 경험하고 있다. 임상 의학과 헬스케어에 대한 강력한 인공지능 자원을 활용해 다가올 수십 년 동안 필요하게 될 전환적 변화를 이뤄낼 수 있는, 생에 한번 올까 말까 한 귀중한 기회를 잡을 수 있게 됐다.

"질병" 대응 의료에서 선행적 예방 헬스케어로: 디지털 헬스와 인공지능의 미래

다니엘 크래프트 Daniel Kraft[1, 2]

다니엘 크래프트는 익스포넨셜 메디슨Exponential Medicine 설립자이자 대표다. 이 글은 헬스케어를 전환시키기 위해 고급 기술들이 집약되는 중심 분야로써 인공지능의 미래상에 대한 개괄적인 논평이다.

1   미국 캘리포니아주 산타클라라 싱귤래러티 대학교 의학부
2   미국 캘리포니아주 산타클라라 싱귤래러티 대학교 익스포넨셜 메디슨

기술이 발전하고 가속화하며 수렴하면서 전통적인 진료실이나 병상에서 수기로 얻어지는 데이터와 전자의무기록 데이터뿐만 아니라 웨어러블 디바이스, 개인 유전체학 등과 같이 "실 세계" 데이터real-world data까지 아주 다양하고 광대한 데이터를 생산해 내는 새로운 데이

터 원천들이 생겨나고 있다. 이런 데이터를 취득하고 해석하며 활용하는 기술들을 인공지능 및 머신러닝 기술에 접목함으로써 우리는 전통적으로 병원이라는 한정된 공간 안에서 간헐적으로 수집되는 데이터에 기반한 "질병 대응" 의료 시스템reactive sick care을 선행적 예방 헬스케어proactive care로 극적인 변화를 유도시킬 잠재력을 가지게 될 것이다. 선행적 예방 헬스케어는 지속적·선행적이며 맞춤화되고 풍부한 정보를 가지며 인구 집단의 정보가 수집되는, 진정한 "헬스케어"에 초점을 둔 방식이다[1].

처음으로 대중에 널리 보급된 컨슈머 웨어러블 디바이스는 2009년 처음 시장에 출시된 핏빗FitBit이고 23앤미23andMe가 2007년 선구적으로 출시한 소비자 유전체학은 유전자 정보 및 웨어러블 정보에 대한 접근을 민주화했다. 2008년 애플 앱 스토어가 출시됐고 1000여 개의 헬스 관련 앱들이 개발됐다.

그 이후 10년 동안 끊임없이 더 정밀해지는 의료 영상 플랫폼에서 발걸음, 활동, 수면과 같이 새롭게 생겨나는 개인 데이터 소스들로 얻어지는 데이터, 개인 유전자 및 마이크로바이옴 염기서열 데이터, 사물인터넷과 카메라, 소셜 미디어에서 나오는 데이터, 의복과 스마트워치에 내장된 장치로부터 얻어지는 심전도와 혈압 데이터까지 의료 및 건강 데이터는 지수적으로 성장했다.

머지않은 미래에는 그림 1A에서 "디지톰digitome"이라고 명명한 디지털 잔해digital exhaust에 대한 데이터 스트림을 지속적으로 획득함으로써 인체 생리와 행동의 거의 모든 부분을 측정할 수 있게 될 것이고, 이를 통해 선행적 개인 맞춤화된 정밀 헬스케어와 정밀 웰니스를 구현할 수 있을 것이다. 질병은 조기에 진단되고 감지될 것이고, 상호적인 피드백 루프를 거쳐 최적화되며 개인화된 맞춤 치료가 제공될 것이다.

디지톰: 개인의 현재 건강 상태를 확인하기 위해서 수집된 모든 디지털 데이터로 유전자 데이터, 생리학적 파라미터, 약물 복용 상태, 식단, 생활습관 등에 관한 정보들이 포함된다[1, 2].

이후 "정량화된 자기Quantified Self" 운동이 일어났고 많은 개인들이 자신의 개인 데이터를 추적하고 때로는 공유했다[3]. 이러한 개인 기록, 개인 소유를 바탕으로 개인화된 삶의 여러 측면을 분석하는 정량화된 자기를 뛰어넘어 이제는 "정량화된 헬스Quantified Health"의 시대가 열렸다. 다시 말해 그러한 다양한 데이터 스트림이 임상가의 진료 행위와 연결돼 (1) 객관적 측정에 바탕을 둔 개선된 맞춤화 예방 (2) 빠른 질병 진단 알고리듬을 사용한 조기 진단 (3) 전통적인 약물에서 디지털 중재까지 모든 것을 활용하는 더 많은 데이터 및 피드백에 기반한 치료법 등을 제공하는 시대로 넘어갈 수 있는 기회가 생겼다(그림 1B).

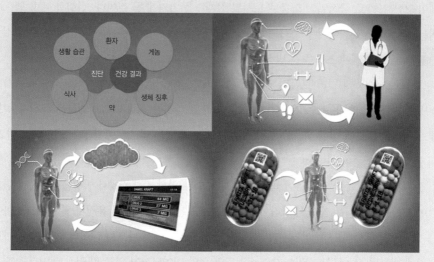

그림 1 (A) "디지톰"에는 헬스와 질병에 영향을 줄 수 있는 디지털 데이터를 모두 포함함 (B) 환자와 의사 간 데이터 흐름 (C) 다양한 형태의 데이터와 인공지능을 활용해 맞춤화된 치료, 용량, 또는 치료 조합을 최적화함 (D) 다양한 데이터 스트림을 활용하는 피드백 루프 최적화와 치료 조정

의사들은 이미 과중한 업무에 시달리고 있는데 넘쳐나는 스트림 데이터부터 과거 데이터까지 새로운 데이터로 무엇을 해야 할까? 어떻게 이상적으로 그런 데이터를 사용해 웰니스/예방, 진단, 공중 보건, 임상 실험 등에 이르는 헬스케어 관련 업무들에 직접 응용할 수 있는 정보로 전환시킬 수 있을까? 의사들은 "웨어러블에서 나오는 데이터로 무엇을 할지 모르고" 그런 데이터는 의미있고 유용한 정보로 변환돼 의무기록 시스템의 작업 흐름에 통합되지 않는 경우가 많다.

최근 일반 소비 제품에서 FDA 인허가 제품까지 다양한 기기들 사이에 데이터 소통을 가능하게 하는 애플리케이션 프로그래밍 인터페이스가 개발되고 있다. 애플, 삼성, 아마존, 구글 같은 거대 기업들이 헬스케어로 이동하고 헬스키트HealthKit와 같은 플랫폼이 개발되면서 환자 데이터와 그로 인해 생성된 통찰들의 이동이 가속화되고 있다. 연결된 디바이스에서 얻어진 개인의 혈압, 체중, 혈당 등에 대한 정보는 블루투스를 통해서 스마트폰으로 전달되고,

적절히 동의된 경우 헬스케어 제공자들의 전자의무기록으로 쉽게 전달될 수 있게 됐다[4](그림 1B).

웨어러블 디바이스로 얻어진 정보의 활용은 여전히 초보 수준이지만, 여러 임상 시험들에서 가치있게 활용될 가능성을 보여주고 있다[5].

프로젝트 베이스라인Project Baseline[6]과 미국 국립보건원의 "올 오브 어스All of Us" 시험은[7] 의학 연구를 가속화하고 건강 결과를 개선시키기 위해서 다양한 인구 집단들을 "데이터 기부자"로 참여시켜 크라우드 기반으로 데이터를 수집하고, 수집된 데이터를 통해 뭔가 의미 있는 통찰을 얻고자 하는 시도다. 임상 데이터셋과 가이드라인, 그리고 기타 정보를 통합해 환자 진료에 활용하는 시범 사례로 스탠포드 메디신Stanford Medicine의 "그린 버튼Green Button" 플랫폼이 있다[8]. 이 시스템에 특정 환자 케이스를 입력하면, 그린 버튼은 스탠포드의 임상 데이터 웨어하우스에 저장된 비슷한 환자들에 대한 정보와 그 환자들이 받은 치료법과 그 결과가 어땠는지를 알려준다.

미래에는 이와 같은 임상 시험에서 얻은 지식을 바탕으로, 진료 의사 결정 시스템과 진료 업무에 최적화된 사용자 인터페이스가 결합된 인공지능을 통해서 헬스케어 제공자들은 증거 기반, 환자 맞춤형 가이던스를 제공하는 케어 모델을 구축해 최적화된 예방법과 치료법들을 추천할 수 있게 될 것이다(그림 1C). 예를 들어 고지혈증, 고혈압과 같은 만성 질환에 대해서는 환자 데이터, 가이드라인, 약물유전체학, 실시간 측정 데이터가 융합돼 임상 의사들이 그 환자에 맞도록 최적화되고 진정으로 개인화된 약물을 선택하게 될 것이다. 점점 더 많은 개인 및 집단 데이터가 분석되고 통합됨으로써 "디지털 트윈digital twin"의 시대가 도래해 개인의 건강 및 질병이 모델화되고 좀 더 개인화된 중재 처방이 이뤄질 것이다[9]. 실 세계 임상, 행동, 증상, 검사실 데이터의 유동성이 커지면서, 앞으로의 치료는 여러 종류의 약물과 용량으로 처방되는 소위 "개인화된 복합약제personalized polypills"와 같은 전통적인 방식에서 벗어나 진정으로 개인 맞춤화될 것이고, 측정되는 수치 피드백에 따라 치료가 재빠르게 조정될 것이다[10].

참고 문헌

[1] Kraft D. 12 innovations that will revolutionize the future of medicine. Natl Geographic January 2019.

[2] Longmire M. Medable ⟨http://MedableInc.com⟩.

[3] Fawcett T. Mining the quantified self: personal knowledge discovery as a challenge for data science. Big Data 2015;3(4):249-66.

[4] Apple reveals 39 hospitals to launch Apple Health Records. Healthcare IT News March 29, 2018. ⟨https://www.healthcareitnews.com/news/apple-reveals-39-hospitals-launch-apple-health-records⟩ and ⟨https://www.apple.com/healthcare/health-records/⟩.

[5] Burnham JP, Lu C, Yaeger LH, Bailey TC, Kollef MH. Using wearable technology to predict health outcomes: a literature review. J Am Med Inform Assoc 2018;25(9):1221-7.

[6] Project Baseline. ⟨https://www.projectbaseline.com/⟩.

[7] The NIH All of Us Trial. ⟨https://allofus.nih.gov/⟩.

[8] Longhurst CA, Harrington RA, Shah NH. A 'green button' for using aggregate patient data at the point of care. Health Aff (Millwood) 2014;33(7):1229-35.

[9] Thotathil S. Digital twins: the future of healthcare delivery and improved patient experience. Beckers Hospital Rev March 6, 2019.

[10] ⟨http://IntelliMedicine..com⟩

의료 분야 인공지능을 발전시키기 위한 일반 상식적 조언: 보통 사람의 이야기

찰리 몰로니Charlie Moloney

찰리 몰로니는 의료 인공지능 전문지인 AI메드AIMed의 편집장으로 일하는 유능한 저널리스트다. 찰리는 이 글을 통해 의료 인공지능 분야에 있는 수백명의 이해관계자들을 만난 경험을 바탕으로 우리가 항상 환자와 가족을 가장 우선에 둘 필요가 있음을 상기시킨다.

　일반인의 참여는 의료 인공지능 공간이 견고하게 유지되는 것을 돕고, 환자가 됐을 때 그 기술이 직접적인 영향을 받게 될 수도 있는 일반 대중의 욕구를 충족시키지 못하게 설계될 가능성을 줄인다는 점에서 핵심적인 역할을 한다.

　균일한 사람들로 구성된 개발자들이 그들과 다른 사람들의 관점을 적극적으로 반영하지 않아 종종 결함이 있는 해법을 만들어낸다는 것은 잘 알려진 사실이다[1].

　천생 일반인인 나는 2017년 이후 인공지능에 대한 학술 잡지 일을 하면서 수많은 사람들과 인터뷰하고 이 분야 세계적 석학들의 논문을 편집하며 가장 큰 산업계 이벤트에 참여하면서 일반인으로서 의료 분야 인공지능에 대한 식견을 넓혀 왔다.

　여기서 독자들과 공유하고 싶은 핵심 인사이트는 어떤 사람이 능력이 있다고 해서 그 해법도 괜찮을 것이라는 가정을 경계해야 한다는 점이다.

유아기 때 뇌성마비 진단을 받았던 퍼핀 이노베이션스^{Puffin Innovations}의 CEO 아드리아나 말로찌^{Adriana Mallozzi}와의 고무적인 인터뷰를 통해, 나는 그녀가 환자들이 진료실에서 경험하는 것이 무엇인지를 의사들에게 제대로 알려주려고 애쓰고 있음을 알게 됐다[2].

그녀는 환자를 대신해 물리치료사가 환자의 요구에 맞지 않는 휠체어를 아무렇게나 처방해 불편을 줬던 사례를 중재했던 이야기를 들려줬다. 그녀는 조사를 통해 그 물리치료사가, 환자가 충분한 정신 능력을 가지고 있지 않다는 가정 하에 환자를 의사 결정 과정에 참여시키지 않았고, 그로 인해 환자가 잘못된 치료를 받게 됐다는 사실을 발견했다.

이 사례는 환자 참여의 중요성과 환자가 의료진이 제공하는 치료를 이해할 능력이 부족하다고 해서 의사 결정 과정에서 제외돼서는 안 된다는 것을 일깨워준다.

어떤 사람들은 헬스케어의 큰 문제들을 실리콘밸리에 있는 비전을 가진 기업가나 프로그래밍 천재들이 해결해 줄 수 있을 것이라고 주장하지만 그들은 틀렸다. 기술 전문가들의 유토피아적 이상주의는 종종 아주 예상과 빗나가는 경우가 많다[3].

이 분야 기술 전문가들과 인터뷰를 진행할 때 자주 접하는 공통된 불만은 그들의 전문 분야를 다른 사람들이 이해하지 못하고, "진정한" 인공지능이 아닌 제품들이 마치 그런 것처럼 시장에 보내진다는 것이다.

실제로 많은 회사들이 인공지능 콘퍼런스에서 여러분이 실제로 그것을 이미 구매한 사람이 아니라는 것을 안다면, 마케팅 목적으로 "인공지능"이라는 단어를 들먹이며 뻔뻔스럽게 이야기할 것이다.

그런데 가짜 인공지능 회사들과 대변인들이 물을 흐려놓는 사태에 대해 그 전문가들이 느끼는 좌절감이 진정 사실이라고 할지라도, 그들은 그 상황을 깨끗이 정리할 책임이 혼란스런 일반 대중에게 있는 것이 아니라 그들 자신에게 있음을 거의 인지하지 못한다.

의료 인공지능 분야 밖에서 여러분이 만나는 대부분의 사람은 의료 인공지능에 대한 이해가 없는 일반인이 대부분이다.

일반인이 코딩을 배우거나 의료 인공지능에 대해 상세한 지식을 갖출 가능성은 거의 없다.

설령 일반인이 인공지능 콘퍼런스에 참석해 신경망 프로그래밍에 대한 기초 코스를 수강할 수 있는 바우처를 가득 받거나, 점심 시간에 선의의 인공지능 전도사가 추천하는 자료들이 적힌 종이를 받는다고 해서 상황이 달라질 것은 없다. 실제로 현실에서 일반인은 다른 데 관심이 있으며 대부분의 시간을 그 관심을 추구하는 데 사용한다.

영상의학과 전문의가 코딩을 배울 가능성은 낮고, 병원의 행정 책임자들은 개념적 알고리듬을 다루는 최신 저널을 읽지 않는다. 하루 9시에서 5시까지 일하면서 가족을 부양하는 환자가 아주 기초적인 수준에서라도 인공지능을 학습할 것이라고 기대할 수는 없다.

궁극적으로 의료 인공지능 분야의 기술 전문가들은 일반인에게 다가가 인공지능이 도대체 무엇인지에 대해서 설명할 의무가 있다는 것을 인정해야 한다.

아마도 이런 일을 하기 위해서 해야 할 일 가운데 하나는 혼란스런 용어들을 줄이는 것이다. 예를 들어 "인공지능"이라는 단어 대신에 "증강 인지augmented intelligence" 또는 "지능적으로 인공적인intelligently artificial" 것과 같은 단어로 바꿀 수 있을지 고민할 수 있다[4].

인공지능 의학을 다루는 저널리스트로서 나는 AIMed 저널의 여러 멘토들 덕분에 헬스케어 인공지능에서 중요한 주제들은 삶의 질, 안전, 윤리, 다양성, 비용과 같은 것임을 알게 됐다.

일단 이런 주제들을 정확히 짚을 수 있게 된다면, 잡음 속에서 진정한 신호가 무엇인지 알아내고 적절한 질문을 할 수 있게 되고, 혁신적인 스타트업에 대한 흥미로운 스토리에서 어떤 것이 중요한지를 알아보게 될 것이다.

비슷하게 우리가 대중적인 공간에서 의료 인공지능에 대한 대화를 단순하게 해 나간다면, 환자들은 의사에게 자신의 과거력이 알고리듬에 의해서 어떻게 처리되는지 또는 어떤 루틴 절차들이 자동화되고, 어떤 이익이 있는지 등 적절한 질문을 더 잘 할 수 있을 것이다[5].

참고 문헌

[1] AIMed. ⟨http://ai-med.io/ai-biases-ada-health-diversity-women/⟩.
[2] AIMed Magazine issue 05. ⟨https://ai-med.io/magazine⟩.
[3] Frick W. The other digital divide. Harvard Bus Rev May 2017.
[4] Koulopoulos T. It's time to stop calling it artificial intelligence. Inc. May 2018. ⟨https://www.inc.com/thomaskoulopoulos/its-time-to-stop-calling-it-artificial-intelligence.html⟩.
[5] AIMed Magazine issue 06. ⟨https://ai-med.io/magazine⟩

참고 문헌

[1] Rosenblatt F. The perceptron: a probabilistic model for information storage and organization in the brain. Psychol Rev 1958;65(6):386-408.

[2] Beam AL, Kohane IS. Big data and machine learning in health care. JAMA 2018;319(13):1317-18.

[3] Rajkomar A, Dean J, Kohane I. Machine learning in medicine. N Eng J Med 2019;380:1347-58.

[4] Collins GS, Moons KG. Reporting of artificial intelligence prediction models. Lancet 2019;393 (10181):1577-9.

[5] Faust K, Bala S, van Ommeren R, et al. Intelligent feature engineering and ontological mapping of brain tumour histomorphologies by deep learning. Nat Mach Intell 2019;1:316-19.

01

인공지능의 기초 개념

우리는 기술의 단기 영향력은 과대평가하고 장기 영향력은 과소평가하는 경향이 있다.

– 로이 아마라(Roy Amara), 미래 연구소 공동설립자

정의

"지능^{intelligence}"이란 단어는 "수집하다, 모으다, 조합하다"라는 뜻을 가진 라틴어 레지어^{legere}에서 유래했다. 이와 비슷한 단어 인텔레지어^{intellegere}는 "알다, 이해하다, 인식하다, 선택하다"라는 의미를 가지고 있다. 지능은 이해하고 배우는 능력, 새로운 상황에 대처하는 능력, 지식과 기술을 갖고 놓여 있는 환경을 조작하는 능력으로 정의된다.

지능은 보통 데이터^{data}, 정보^{information}, 지식^{knowledge}, 지혜^{wisdom}와 같은 말들과 함께 쓰인다. 이런 단어들은 정보 계층도를 구성하지만 종종 오해를 받는다(그림 1.1). 데이터는 맥락 없이 그 자체로는 약간 또는 아무런 의미를 가지지 못하는 신호와 사실로 구성된 기초 레이어다. 정보는 좀 더 구조화돼 있고, 더 의미 있는 맥락을 갖고 있으면서 좀 더 체계화돼 있는 데이터를 말한다. 데이터가 정보의 원소라고 한다면, 정보는 분자라고 생각할 수도 있다. 이런 정보가 좀 더 맥락화되면 지식이 된다. 지식은 명시적 또는 암묵적 형태를 띠는데, 패턴에 대한 이해를 동반하고 어떤 목적을 달성하는 데 사용된다. 지능은 목적을 달성하기 위

해서 지식을 획득하고 적용하는 능력을 말한다. 지혜는 지능에서 유래한 원리를 이해하는 것으로 가치와 자기 성찰, 미래 비전에 대한 믿음을 포함한다. 지능과 지혜에는 차이가 있다. 지혜는 가치와 윤리를 사용해 좋은 지능에 의해서 뒷받침돼 현명한 의사 결정을 하는 것으로, 지능보다 획득하기 더 어렵다. 데이터로부터 지능에 이르는 단계가 있고, 좋은 지능을 바탕으로 지혜를 얻을 수 있다. 헬스케어 분야에서도 지혜와 지능 사이의 양방향 교류가 궁극적으로 존재하고 이런 인사이트는 데이터, 정보, 지식이 수집되고 저장되며 공유되는 방식에 영향을 주게 된다.

이런 정의는 인공지능에서도 흥미롭게 적용된다. 아마도 인공지능을 가장 잘 정의한 사람은 미국의 인지 과학자 마빈 민스키Marvin Minsky다. 그는 인공지능이란 인간이 한다면 지능이 필요했을 일을 기계가 할 수 있게 만드는 과학이라고 했다. 그런 측면에서 인공지능의 원리를 처음 인간이 만들었고 어떤 작업이 기계에 의해서 완전히 자동화된다고 해도 모두 인간의 초기 작업에 의한 결과이기 때문에 진정으로 "인공적인" 것은 없다고 볼 수 있다.

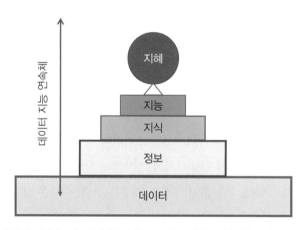

그림 1.1 데이터의 지능화 단계. 데이터는 지능화 단계를 따라 가장 상위의 지혜로 이어진다. 지혜는 항상 연속적인 것이 아니기 때문에 나머지 단계와는 떨어지도록 표시했다. 이런 단계는 특히 헬스케어 분야에서 양방향으로 향하는 특성을 가진다.

인공지능의 유형

인공지능은 약한 인공지능과 강한 인공지능으로 구분된다. "특정 목적을 가진" 또는 "좁은"이라는 말로 일컬어지기도 하는 약한 인공지능은 체스를 두거나 제퍼디Jeopardy 퀴즈를 푸는 등 특정 과업을 수행할 수 있는 인공지능이다. "넓은" 또는 "일반적인"이라는 뜻을 가진 강한 인공지능은 인공적 일반 지능AGI, Artificial General Intelligence 또는 일반 인공지능general artificial intelligence이라고도 하는데 약한 인공지능보다 구현하기 훨씬 어렵다(그림 1.2). AGI는 감각, 추론과 같은 인간적 요소를 필요로 하는 지적 과제를 수행할 수 있는 기계를 말한다. 일반 대중에게는 인공지능에 대한 개념이 잘못 퍼져 있어서 인공지능이라고 하면 영화 〈2001: 스페이스 오디세이〉에 나오는 할HAL이나 〈터미네이터〉처럼 인류를 위협하는 로봇을 떠올리는 경우가 많다. 최근에는 좀 더 정교하고 복잡한 인공지능이라는 개념이 덧붙여졌지만 여전히 2013년 영화 〈그녀Her〉 2015년 영화 〈엑스 마키나〉에서 볼 수 있는 인간형 로봇 또는 사이보그와 연관지어 생각하는 경향이 많다. 스웨덴 철학자 닉 보스트롬Nick Bostrom은 그의 책『슈퍼인텔리전스: 경로, 위험 전략』(까치, 2017)에서, 인간의 지능을 뛰어넘는 지능을 갖고 과학적인 창의성, 일반 지혜, 사회적 능력 등을 포함해 거의 모든 영역에서 가장 뛰어난 인간보다 더 스마트한 지능을 가진 슈퍼인텔리전스의 도래를 경고했다[1]. 미래학자 레이 커즈와일Ray Kurzweil도 이와 비슷한 전망을 내놨다. 기계 지능이 지수적 성장을 계속해 2045년에는 인간의 지능을 능가하게 될 것이라고 예측하고, 이것을 기술적 특이점technical singularity이라고 불렀다[2]. 이들 인공지능 전문가들은 다가올 수십 년간의 인공지능 진화에 대해서 낙관적인 관점과 우려스런 관점을 동시에 취하고 있다.

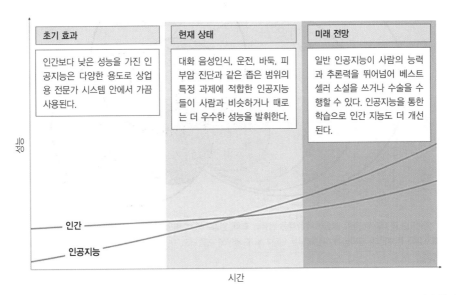

그림 1.2 인공지능 대 인간의 수행 능력 비교. 초기 인공지능은 전문가 시스템이 주를 이뤘고 인간 수준에 미치지 못했다. 현재 시점의 인공지능은 인간의 수행 능력 수준에 도달했고, 미래에는 일반 인공지능이 인간의 수준을 뛰어넘을 것이다.

인공지능과 데이터 과학

머신러닝[ML]과 그에 속하는 좀 더 견고하고 특수한 기술인 딥러닝[DL]은 인공지능과 동의어는 아니지만 종종 서로 혼용된다. 딥러닝과 머신러닝은 인공지능 분야의 한 가지 기술이다(그림 1.3). 그렇지만 인공지능 분야는 데이터 과학[data science], 통계학, 수학과 겹치는 부분이 있다. 데이터 과학 안에는 데이터 분석[data analytics]과 데이터 마이닝[data mining]이 있는데, 여기서도 머신러닝과 인공지능이 겹치는 부분이 있다. 데이터 분석은 가설을 세우고 데이터셋에 고급 알고리듬을 적용해 해답을 찾는 과정이다. 데이터 분석은 인과관계를 따지는 예측 분석과 처방적 분석[prescriptive analytics] 및 머신러닝을 주로 사용하는 데이터 과학과 비교했을 때, 좀 더 설명적이고 연관성에 대한 예측 분석[predictive analytics]을 한다는 측면이 강하다. 데이터 마이닝은 데이터셋에서 가능성 있는 질문과 가설을 탐구하기 위해서 내재된 패턴이나 관계를 발견하는 것에 집중하는 분야다. 요약하자면 현 시점에서 데이터 과학자는 데이터 마이너, 데이터 분석가, 수학자, 통계학자, 인공지능 등 다방면에 걸친 지식과 기술을 겸비할 것이라고 기대된다.

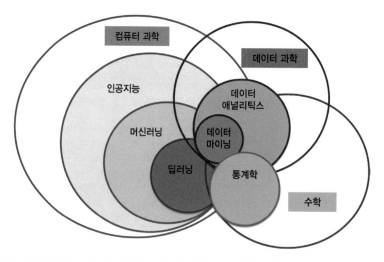

그림 1.3 인공지능과 데이터 과학. 그림에서 원들은 컴퓨터 과학, 인공지능, 수학의 영역을 표시한다. 데이터 과학은 컴퓨터 과학과 수학의 교차점에 존재한다. 딥러닝과 머신러닝은 인공지능 도메인에 포함되고, 데이터 분석 및 데이터 마이닝은 데이터 과학의 영역 안에 있다.

헬스케어 인공지능에서 수학의 역할

랜들 무어맨 Randall Moorman

– 미국 버지니아주 버지니아대학교의 의학 및 생명의학 공학부 교수

랜들 무어맨은 수학적 배경을 가진 심장내과 전문의이자 심혈관계 공학자로, 의사들이 인공지능에서 사용되는 알고리듬의 기초를 이루는 수학을 배우는 것이 왜 중요한지에 대해서 이야기한다.

> 자연 현상에는 맨눈으로는 보이지 않는 리듬과 패턴이 있는데, 그것은 분석이라는 눈으로 봐야 비로소 보인다.
> – 리처드 필립스 파인만(Richard Phillips Feynman), 『물리법칙의 특성』(안동완 옮김, 해나무, 2016년) p13

20년 전, 공동연구자들과 나는 침상 심전도^{EKG} 모니터를 통해서 획득한 지속적인 시계열 데이터를 바탕으로 조숙아 패혈증을 조기에 진단하는 연구를 진행했다. 아주 장시간에 걸친 심전도 시계열을 연구하고 나서 우리는 아주 뚜렷한 현상을 발견했다. 심전도의 박동 변이variability가 줄어들고 일시적인 감속이 패혈증 임상 진단 수시간 전에 나타난다는 사실을 찾아낸 것이다[1]. 또 특별한 시계열 이상 소견들은 심장의 박동 횟수를 기반으로 하는 전통적인 심장 박동 변이 분석툴로는 잘 감지되지 않는다는 것을 알았다. 그때 우리가 취할 수 있는 선택지는 목적에 맞는 디바이스를 새로 고안하거나 연구를 중단하는 것이었다.

당시에는 인공지능, 머신러닝, 딥러닝, 빅데이터, 또는 데이터 과학 등과 같은 개념이 없었다. 만약에 현재와 같은 상황이라면 컴퓨터에 모든 것을 정리하도록 했을 수도 있는데 당시에는 그런 상황이 아니었다. 그 대신 우리는 심장 박동 변이 감소reduced heart rate variability, 일시적인 감속transient decelerations이라는 비정상적 심장 박동의 정도를 정량화하는 수학 툴을 개발했다. 그 중 하나가 샘플 엔트로피였고, 이후로 그 툴은 더 발전했다[2]. 이후 몇 년 동안의 연구를 통해서 우리는 그런 수학적 시계열 분석에 바탕을 둔 위험 예측이 여러 생명을 구할 수 있다는 것을 보여줬다[3]. 이런 경험을 통해서 수학이 개별 환자를 돌봄에 있어 중요한 가치가 있음을 배웠다.

이제 우리는 인공지능에 대해 알고 있고, 인공지능이 우리 대신 모든 일을 할 것이라는 기대를 가지고 있다. 컴퓨터에 데이터를 입력하면 컴퓨터는 당연히 기존에 알려져 있는 관계는 물론이며, 전혀 생각하지 못했던 관계들까지 발견해 준다. 정말 그럴듯해 보이고, 나 또한 그

것을 부정하지 않는다. 그렇지만 인공지능이 신생아 패혈증 진단하는 데 있어 기존 방식과 동일한 임상적 도구들을 만들어내고 그와 똑같은 임상적 효용을 줄 수 있는지, 샘플 엔트로 피와 같은 유용한 지표를 생각해 낼 수 있을지에 대해서는 의심을 품고 있다.

최근 윌리엄 앤 메리 대학^{William and Mary College}의 동료들은 조숙아의 주요 호흡 이상, 신생 아 무호흡^{neonatal apnea}, 주기성 호흡^{periodic breathing}을 알아내는, 정교한 시간 워핑^{time-warping}과 웨이브렛 변환에 기반한 방법을 개발했다[4]. 이와 같은 임상 연구와 그를 통해 알아낸 환자 케어에 사용될 수 있는 정량적인 호흡 분석은 의사들이 아기 환자들을 돌보는 방식을 바꿀 것이다[5]. 여기서도 인공지능 접근법을 사용했을 때 이와 같은 결과가 유도될 수 있었을지 의심을 가져본다.

우리도 인공지능을 활용한 연구를 해보려고 계획하고 있다. 연구를 준비하면서 읽은 인공 지능 방법론에서 종종 저자들이 알고리듬을 맹목적으로 믿고 있다는 인상을 받았다. 예를 들 어 컨볼루셔널 신경망에 대한 한 튜토리얼은 질적인 설명이나 라이브러리 루틴을 호출하는 몇 가지 코드만을 설명해 주고 있었다. 이런 것들은 결코 만족스럽지 못하다. 만약 우리가 신 생아 중환자실에서 시계열 분석을 그런 방식으로 접근했다면 어떠한 발전도 이루지 못했을 것이라는 생각이 든다.

나는 새로운 세대는 인공지능의 장점을 최대화하고 단점을 최소화하기 위해 과거의 것들 에서 배울 수 있기를 바라므로 다음과 같이 제안하고자 한다.

1. 인공지능을 이용할 것이라면 그 알고리듬에 내재된 모든 수학적 연산과 그것이 어디에 서 유래됐는지 이해할 필요가 있다. 알아야 할 내용의 깊이에서 질릴 수도 있고, 그 기 초의 견고함이나 역사에 대해서 고무될 수도 있을 것이다. 행렬 대수^{matrix algebra}, 미적 분학 기초 이론, 확률과 확률변수, 엔트로피 추론 등이 인공지능 분야에서 사용될 때 다른 이름으로 사용될 수도 있지만 이것들이 핵심 주제라는 것만 말해 두고자 한다. 인 공지능에 내재된 수학에 대해서 잘 알지 못하면, 잘 아는 사람에 비해서 결코 나을 수 없을 것이다.

2. 예를 들어 시계열 데이터와 같은 유용한 특성들을 알고 있으면, 미리 계산한 다음 컴퓨 터 분석에 들어가야 한다. 여러분의 두 눈으로 두 개의 데이터셋 차이를 알아볼 수 있

다면, 그 차이를 정량화하는 수학적 방법을 개발하거나 적용할 때 엄청난 도움이 될 것이다.

모든 새로운 과학이 그렇듯 인공지능 분야에서도 회의적인 시선이 존재한다. 따라서 이 분야 종사자들은 미래를 위해 이 분야를 끌어올릴 책임이 있다. 내가 보기에는 그렇게 하기 위해선 인공지능 알고리듬 및 데이터 특성과 관련된 수학을 기초부터 이해하는 것이 필요하다.

참고 문헌

[1] Griffin MP, Moorman JR. Toward the early diagnosis of neonatal sepsis and sepsis-like illness using novel heart rate analysis. Pediatrics 2001;107:97-104.

[2] Richman JS, Moorman JR. Physiological time series analysis using approximate entropy and sample entropy. Am J Physiol 2000;278:H2039-49.

[3] Moorman JR, Carlo WA, Kattwinkel J, Schelonka RL, Porcelli PJ, Navarrete CT, et al. Mortality reduction by heart rate characteristic monitoring in very low birth weight neonates: a randomized trial. J Pediatr 2011;159:900-6 PMID 21864846.

[4] Lee H, Rusin CG, Lake DE, Clark MT, Guin LE, Smoot TJ, et al. A new algorithm for detecting central apnea in neonates. Physiol Meas. 2012;33:1-17 PMID: 22156193.

[5] Dennery PA, DiFiore JM, Ambalavanan N, Bancalari E, Carroll JL, Claure N, et al. Pre-Vent: the prematurityrelated ventilatory control study. Pediatr Res 2019;. Available from: https://doi.org/10.1038/s41390-019-0317-8.

기타 인공지능 기술에는 인지 컴퓨팅cognitive computing, 자연어 처리NLP, 컴퓨터 비전computer vision, 로보틱스, 자동화 시스템 등이 있다(그림 1.4). 인지 컴퓨팅의 대표적인 예는 IBM 왓슨 인지 컴퓨팅 플랫폼으로써 인간의 사고 과정을 모사하는 다양한 인공지능 툴을 사용하고 자연어 처리는 인간 언어의 프로세싱, 언어 이해, 언어 생성 등을 다룬다. 컴퓨터 비전은 앞에서 언급한 딥러닝 및 컨볼루셔널 신경망과 밀접히 관련돼 있다. 로보틱스는 정보 기술IT이 아닌 AI의 맥락에서 인공지능의 일부뿐만 아니라 연관된 자동화 시스템을 총망라한다. 그래서 인공지능을 여러 악기로 구성된 하나의 "교향곡"에 비유할 수 있다. 여기서 작곡가와 지휘자는 여러 가지 악기들을 혼합해 생각했던 음악을 연주 또는 작곡한다. 인공지능에서도 이러한 요소들을 조합해 도구를 구성한다. 머신러닝과 자연어 처리를 조합해 로봇 프로세싱 자동화나 챗봇을 만들 수 있고, 머신러닝과 자연어 처리를 인지 컴퓨팅에 적용시킬 수도 있다. 위에서 언급한 인공지능 도구는 이 책에서 모두 상세하게 다룰 것이다.

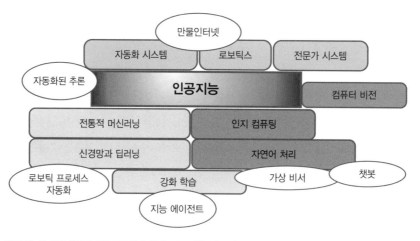

그림 1.4 인공지능의 여러 영역이 색으로 표시돼 있다. 이 그림은 인공지능의 여러 측면과 관련된 주제들을 표현하고 있는데, 모든 도구와 방법론을 다 포함시키지는 않았다. 여러 영역들은 서로 겹치는 부분들이 있어서 서로 배타적 관계를 가지는 것은 아니다. 예를 들어 인지 컴퓨팅에는 자연어 처리와 머신러닝, 인공지능 기술이 함께 사용된다.

인간과 기계 간 지능의 확장 연속체

인공지능은 인간과 기계 간 확장 연속체라는 맥락에서[3] 보조·강화·자율 인공지능 등 세 가지 형태로 구분할 수 있다(표 1.1). 표에는 인공지능의 세 가지 유형과 더불어 일반 및 의료 분야 응용 사례도 들어 있다. 보조 인공지능 assisted intelligence 은 기계가 자동화된 과제를 수행하는 것으로, 그 과제가 바뀌지 않으며 사람과의 상호 작용도 필요없다. 자동화 작업에 쓰이는 로봇 또는 로봇 청소기가 그 예다. 반면 강화 인공지능 augmented intelligence 은 사람과 기계가 지속적인 상호 작용을 하면서 머신러닝처럼 서로 정보를 주고 받으면서 학습한다. 어떤 사람들은 "인공적인 artificial"이라는 단어의 부정적인 인식을 가라앉히고, 의료 및 헬스케어 분야에서 인공지능을 수용할 수 있도록 이 용어 사용을 선호하기도 한다. 자율 인공지능 autonomous intelligence 은 자율주행자동차와 같이 머신러닝 기능을 가진 기계가 지속적으로 자율적인 의사 결정을 하는 경우를 말한다.

이 세 가지 유형의 인공지능 사례들이 모두 점점 더 많아지고 있다. 특히 자율주행자동차나 드론과 같이 자율적인 지능을 가진 기계들의 사례가 최근 몇 년 사이에 많이 증가했다. 의생명 분야에서도 자율 인공지능이 이미 시작됐다. 최근 미국 식품의약국 FDA 은 자율적으로 작동하는 진단 도구로써 당뇨병성 망막병증을 진단하는 딥러닝 스크린 도구를 승인했다. 이 도구는 의사가 입력하지 않아도 질병에 대해 전문의 의뢰가 필요한 중등도 이상인지 또는 증상이 없거나 그 이하여서 12개월 후 스크린 검사를 권고할 수준인지 진단한다[4].

표 1.1 인간과 기계 간 지능의 확장 연속체

지능의 유형	정의	인간의 개입 정도	사례	헬스케어 사례
보조	반복되는 과업의 자동화	없거나 낮음	산업용 로봇	혈액 처리에 사용되는 유니버셜 로봇(코펜하겐 병원)
강화	인간과 기계의 협업으로 의사 결정	일부 또는 높음	비즈니스 분석	왓슨 포 온콜로지(메모리얼 슬론 케터링 병원)
자율	적응형 지능 시스템이 자율적으로 의사 결정	없거나 낮음	자율주행자동차	IDx-DR 망막 이미지(아이오와 대학교)

데이터 분석 연속체

인간과 기계 간 지능의 확장 연속체와 더불어 인공지능을 반영한 데이터 분석 연속체가 있다. 이는 데이터 과학 관점에서 지능과 자율적 행동이 개입되는 정도에 따라 기술descriptive, 진단diagnostic, 예측predictive, 처방prescriptive, 인지cognitive 분석으로 나뉜다(표 1.2). 기술적 분석descriptive analytics은 전통적 비즈니스 인텔리전스business intelligence로 헬스케어에서도 흔히 사용되고 주로 어떤 현상을 보고할 목적으로, 잘 확립된 통계적 방법론과 소프트웨어 패키지를 사용한다. 이 분야에서 사용되는 방법론에는 데이터 시각화와 데이터 마이닝이 있다. 진단적 분석diagnostic analytics은 좀 더 높은 가치가 있는데 구현하기는 더 까다롭다. 여기에 사용되는 방법론에는 쿼리와 근본 원인 분석root cause analysis이 있다. 예측적 분석predictive analytics은 앞의 두 분석 방법보다는 덜 사용되지만 분류·회귀·클러스터링 등 머신러닝에 약간 못 미치는 통계적 방법을 사용해 데이터에 내재된 패턴을 알아내고 어떤 인사이트를 얻는 것을 목표로 한다. 처방적 분석prescriptive analytics은 머신러닝, 딥러닝 등을 활용해 어떤 권고 사항을 처방하는 것으로 인간의 의사 결정을 최적화하는 좀 더 높은 수준의 분석법이다. 이 영역은 데이터 분석가들보다는 보통 데이터 과학자들에 의해서 수행된다. 인지적 분석cognitive analytics은 가장 높은 수준의 분석법이어서 가장 어려운데 어떤 프로젝트 혹은 기업이 강화 학습, 딥러닝, 인지 컴퓨팅과 같은 인공지능 방법론을 채용해 지능적 자율 학습을 특징으로 하는 인간과 같은 인지 기능을 얻는 것을 목표로 한다.

표 1.2 데이터 분석 연속체

분석 유형	초점	도구	질문
기술	보고	통계 소프트웨어 데이터 시각화	어떤 일이 있었나?
진단	인사이트	통계 소프트웨어 데이터 시각화	왜 그 일이 일어났나?
예측	예견	통계적 모델 예측 모델링	어떤 일이 일어날 것인가?
처방	최적화	예측 모델링 머신러닝	무엇을 해야 하는가?
인지	지능	강화 학습 인지 컴퓨팅	어떤 일이 가장 최선인가?

인공지능 열정: 임상에서의 처방적 분석

존 프라운펠터 John Frownfelter

존 프라운펠터는 처방적 분석에 관심이 있는 의사로서, 이 글에서 위험 예측과 중재 설계를 위해 설계된 임상적 벡터와 연관 지을 수 있는 고유 공간Eigen-space 매핑이라는 흥미로운 주제를 소개한다.

지금과 같은 미국의 헬스케어 시스템은 지속 가능하지 않다. 비용 증가율은 GDP 증가율을 계속 넘어서고 있고, 질은 다른 선진국들과 비교해 낮은 수준에 머물고 있다. 이런 점은 데이터 및 전문가 의견을 보더라도 분명한 사실로 자리잡았고 하나의 상식이 됐다. 프라이스워터하우스쿠퍼스PwC 건강 연구원의 보고에 따르면 약 3120억 달러(약 411조 5280억원)가 효과적이지 않거나 제대로 수행되지 않은 의료에 지출되고 있다. 이런 낭비는 불필요한 절차, 예방 가능한 재입원, 만성 질환의 불량한 관리, 피할 수 있는 응급실 방문, 병원 내 감염, 변덕스런 치료, 의학적 오류 등에 기인한다. 굉장한 에너지가 근본 원인들을 파악하고 가능한 해법을 찾는 데 소요되고 있다. 이와 같이 복잡한 문제에 대한 단일 해법은 없겠지만 인공지능이 핵심적인 역할을 할 것으로 기대되고 있다.

인공지능이 헬스케어에 가져다 줄 여러 가지 가치 가운데 나는 가장 어려운 과제를 언급하고자 한다. 바로 개별 환자에게 맞춤화된 정밀 의료를 제공하는 것이다. 정밀 의료는 현재 헬스케어가 지향하는 목적이기도 하지만 현존하는 패러다임으로 해결하기에는 문턱이 너무 높다. 환자의 현재 상태를 전인적인 관점으로, 맞춤화된 방식으로 관리해 케어의 틈을 줄이고 피할 수 있는 부작용을 예방하는 것의 가치는 고귀하지만, 강력한 인공지능 없이는 결코 획득할 수 없을 것이다. 어떤 암 환자에 대해 앞으로 30일 동안 사망 위험을 예측하고 빠르게 사망에 이르게 할 수도 있는 패혈증을 회피할 수 있는 중재로 이어진다고 상상해 보자. 이런 상황에서 적용할 인공지능의 모습이란 어떤 것일까?

환자에게 아직 발생하지 않았지만 앞으로 발생할지도 모르는 사건을 알아낼 수 있고, 특정한 중재 방식이 질병의 자연사를 바꿀 수 있다고 알 수 있을 때 헬스케어가 어떻게 바뀔지 상상해 보자. 이렇게 되면 헬스케어가 일어나는 사건에 대한 대응reactionary을 넘어 예측anticipatory적인 방식으로 바뀔 것이고, 획일화된 매뉴얼이나 "체크리스트" 방식을 넘어 정밀 의료로 나아갈 수 있을 것이다. 위험을 파악하고 유해 결과를 예방하는 힘이 우리 손 안에 존재할 것이다. 앞으로 30일 이내에 입원하게 되리라고 예측되는 당뇨 환자 다섯 명이 있다고 상상해 보자. 인공지능에 기반한 처방적 분석 방법을 통해 위험도를 낮출 수 있는 방법을 환자마다 다르게 적용시킬 수 있을 것이다. 그러면 2~3명 또는 다섯 명 모두 입원을 피할 수 있을 것이다.

이런 상황이 공상 과학일까, 아니면 실제로 인공지능이 이런 상황에서 도움이 될까? 우리는 먼저 전통적인 예측 모델링은 질병의 합병증을 관리하고 예방하는 자원 소모를 늘린다는 점에서 그 가치가 제한돼 있고 심지어 더 나쁘다는 점을 받아들여야 한다. 예측 모델링은 한 가지 일을 상대적으로 더 잘할 수 있을 뿐이다. 그것은 위험도 계층화risk stratification를 통해서 부정적인 결과를 초래할 높은 위험을 가진 환자들을 파악해 내는 일을 한다. 물론 위험을 모르는 것보다는 낫다. 이런 접근법은 효과가 있을 환자들을 제대로 파악해 내지 못하고 환자에게 적합한 중재법을 알려 주지 않는다. 나아가 고위험 환자군을 대상으로 자원들이 광범위하게 쓰여지도록 하여 자원 소모를 증가시킨다.

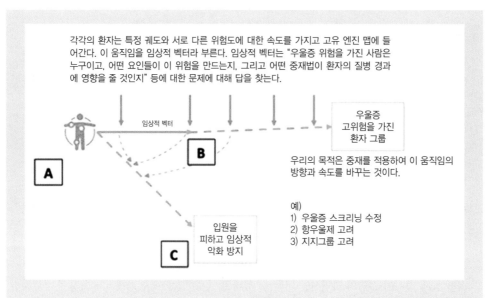

각각의 환자는 특정 궤도와 서로 다른 위험도에 대한 속도를 가지고 고유 엔진 맵에 들어간다. 이 움직임을 임상적 벡터라 부른다. 임상적 벡터는 "우울증 위험을 가진 사람은 누구이고, 어떤 요인들이 이 위험을 만드는지, 그리고 어떤 중재법이 환자의 질병 경과에 영향을 줄 것인지" 등에 대한 문제에 대해 답을 찾는다.

임상적 벡터

A

B

C
입원을
피하고 임상적
악화 방지

우울증
고위험을 가진
환자 그룹

우리의 목적은 중재를 적용하여 이 움직임의
방향과 속도를 바꾸는 것이다.

예)
1) 우울증 스크리닝 수정
2) 항우울제 고려
3) 지지그룹 고려

더 나은 방법이 있다. 헬스케어 정보 및 관리 시스템 학회HIMSS의 분석 성숙도 채용 모델에서 가장 상위 단계인 7단계는 "처방적 분석"이다(https://www.himssanalytics.org/amam). 이 모델에서 다른 수준의 분석 접근법 모두 가치가 없는 것은 아니다. 하지만 의료 기관이 그런 경험을 축적하지 못했다고 해도, 새로운 인공지능 접근법을 사용하면 바로 처방적 분석으로 도약할 수 있다. 그런 해법의 한 사례는 스펙트럴 분석과 고유 공간 매핑을 사용하는 것으로, 현재 환자 케어에 적용하고 있다. 이는 검색 엔진, 온라인 구매, 소셜 미디어 등과 유사하다. 이 접근법을 사용해 전통적인 방법에서 문제가 되는 편향을 개입시키지 않고 다양한 데이터 셋을 하나로 통합시킬 수 있다. 모든 가용 데이터를 사용하는 이런 상향식 접근법은 전통적인 예측 모델들이 빠뜨리는 위험 환자를 파악할 수 있게 해준다.

인공지능 기술을 활용한 고유 공간 매핑의 조합(A)을 통해서 개별 환자에게 도움이 될 수 있는 특정 중재를 파악해(B) 부정적인 결과로 이어질 자연경과를 더 나은 쪽으로 유도(C)한다. 인공지능은 (1) 효과를 볼 수 있는 환자를 파악하고 (2) 환자에게 이익이 될 수 있는 잠재적 중재들의 우선순위를 정하는 방법을 제공한다.

이런 강력한 기술을 통해서 이미 병원 환경에서 낙상, 욕창, 패혈증 등을 획기적으로 줄인 사례들이 존재한다. 외래 환경에서 이런 기술들을 적용하면 응급실 방문과 입원의 필요성을 줄이는 데 도움이 되고, 우울증이나 마약성 진통제의 의존성과 같은 합병증을 예방할 수 있다. 예측 모델의 시대가 저물고 처방적 분석을 임상에 적용함으로써 이전에는 불가능했던 목적들을 달성할 수 있는 새로운 시대가 열릴 것이다.

표 1.3 헬스케어 정보 및 관리 시스템 학회의 분석 성숙도에 대한 적용 모델

단계	설명
7	개인 맞춤형 의료 및 처방적 분석
6	임상적 위험 중재 및 예측 분석
5	케어, 공중 보건의 질 향상 및 케어의 경제학 이해
4	증거 기반 케어, 케어 가용성, 낭비 절감에 대한 측정 및 관리
3	효율적이고 일관된 내적, 외적 보고서 생성 및 민첩함
2	핵심 데이터 웨어하우스 작업: 데이터 분석 센터를 갖춘 중앙 데이터베이스
1	기초 공사: 데이터 수집 및 초기 데이터 거버넌스 확립
0	분절돼 있는 포인트 솔루션(point solutions)

이 내용과 관련해 HIMSS는 헬스케어 기관의 누적된 능력을 평가할 때 분석 성숙도 채용 모델을 사용할 것을 권장하고 있다. 나중에 설명할 7단계로 구성된 스코어링 시스템인 전자의무기록 채용 모델과 이것을 혼동하지 말기 바란다(표 1.3).

인공지능을 사용해 모든 사람, 모든 지역에 더 나은 건강 제공하기

스티브 레틀링 Steve Wretling, **셸리 프라이스**Shelley Price

– 미국 일리노이주 시카고 HIMSS

스티브 레틀링과 셸리 프라이스는 모두 공학적 배경을 가지고 있으며 현재 HIMSS의 임원이다. 이들은 이 글에서 인공지능과 같은 혁신적인 기술이 글로벌 헬스케어 에코 시스템을 바꿀 도구가 될 수 있는 방법에 대한 HIMSS의 관점을 밝힌다.

대부분의 파괴적 혁신처럼, 인공지능은 다양한 방식으로 현장에 적용될 수 있다. 인공지능 도입은 긍정적 측면과 부정적 측면 모두 가질 수 있다. 당연한 현상이다. 헬스케어에서 우

리는 기존 비즈니스 또는 케어 모델의 변화가 진정한 투자 대비 수익(ROI)을 내지 못하거나, 그런 변화가 우리를 만족시킬 정도의 결과의 안정성과 일관성을 보여주지 못한다면 잠재적으로 유해한 것으로 보는 경향이 있다. 또는 그렇게 봐야 한다. 그럼에도 불구하고 우리는 물어야 한다. 새로운 파괴적 혁신에 대한 위험과 보상에 대한 명제가 진정 어떤 가치가 있는 것인지 말이다.

우리는 이미 인공지능이 더 나은 헬스케어를 제공할 가능성이 있음을 목도하고 있다. 예를 들어, HIMSS의 최고임상책임자CCO인 찰스 알레시Charles Alessi 박사는 영상의학 분야에서 기계적 접근법이 현재의 의료 행위와 비교해 효과적인 한, 환자뿐만 아니라 의료 인력에도 상당한 장점을 제공할 것이라고 말했다[1]. 환자의 이점은 상당하다. 통상적인 영상 검사를 위해서 24시간 단위로 영상의학 의사를 배치하지 않아도 자동화 시스템이 일들을 처리해 주기 때문에 접근성과 편의성이 높아지기 때문이다. 더불어 원외 영상의학 의뢰를 하는 것과 같은 값비싼 절차를 줄여 주기 때문에 경영적 측면에서 리소스와 임상적 위험도를 낮춰 준다.

더불어 헬스케어 종사자들의 부담이 더 가중될수록 인공지능은 재미없고 간단한 일들로부터 의료진을 해방시킴으로써 환자에 집중하고 좀 더 업무 만족도를 높이는 복잡하고 다이내믹한 일을 할 수 있는 환경을 제공할 수 있다는 전망을 주고 있다.

「HIMSS 인사이트HIMSS INSIGHTS」의 편집장인 필립 그래첼 폰 그래츠는 헬스케어 인공지능을 발전시키려면 혁신가 입장에서는 실용적인 지능이 필요하다는 점을 관찰했다[2]. 이는 지금까지 이미 잘 작동하던 것을 모사하는 것이 아니라 어떤 면에서 부족함이 있는지를 확인하는 것을 의미한다. 이를테면 의사들은 종양 치료법을 알고 있다. 그렇지만 의사는 또한 면역 치료제로 도움이 될 만한 환자를 선택하는 데 도움을 받을 필요가 있다. 이것이 인공지능이 도움이 되는 부분이다.

의사 결정을 지원하고 환자의 가치를 증진하며 예측 분석을 더 잘 할 수 있게 하고, 공중보건 관리를 용이하게 하는 등을 넘어 인공지능은 근본적으로 헬스케어 비즈니스와 운영을 개선하는 데 도움이 될 수 있다.

HIMSS 2018 빅데이터와 헬스케어 애널리틱스 포럼을 진행하는 동안 「헬스케어 아이티 뉴스」 편집장인 마이크 밀리아드는 아메리칸 대학교의 헬스케어 경영 프로그램 책임자인 샘 한나와 함께 비임상적 분야에서의 인공지능 응용에 대해 탐구했다[3]. 재무, 생산 관리, 인사,

경력 관리, 매출 주기 관리 등에서도 인공지능과 머신러닝은 병원과 헬스 시스템에 대해 직접적인 투자 대비 효율과 유형의 이익을 가져다 줄 수 있을 것이라고 판단되고 있다[4]. 샘 한나는 "우리는 항상 환자와 의사에 대해서만 이야기 한다. 물론 그들은 헬스케어 시스템에서 핵심적인 요소다. 그렇지만 환자와 의사는 행정가, 물류, 전산 전문가, 재무 담당자, 인사 관리자 등과 같은 여러 직업군에 의해서 지원을 받는다"고 이야기한다.

예를 들어, 그는 이력서를 보고 가장 적절한 곳에 사람을 배치하는 데 인공지능이 사용될 수 있다고 한다. 또 다른 예는 전략적 사업 기획이다. 재무적 예측 모델에 인공지능을 사용하면 기관이 자신들의 의사 결정의 악영향을 이해하고 더 나은 의사 결정을 하는 데 도움이 된다고 한다.

인공지능이 임상 및 지원 업무까지 가져다 줄 잠재적 투자 수익률에 바탕을 두고, 헬스케어 전달 시스템은 인공지능, 머신러닝, 기타 부상하는 기술들에 대한 전략을 수립하고 있다. HIMSS 미디어는 2018년 2회에 걸쳐 이 질문에 대해 조사를 실시했다.

IT 분야, 일반 사업, 병원 연관 정보학 및 임상가, 건강 보험, 제약 회사 등에서 일하는 142명의 전문가들 가운데 76%가 인공지능/머신러닝을 가장 잘 활용하는 방법에 대한 명확한 이해가 부족하다고 보고됐다. 하지만 33%는 부상하는 기술에 대한 전략을 구상하고 있고, 39%는 새로운 전략을 곧 수립할 것이라고 응답했다[5]. 한편 다른 설문 조사에서는 180명의 전문가 가운데 66%가 인공지능/머신러닝이 헬스케어에 혁신을 불러올 것이라고 기대한다고 응답했다[6].

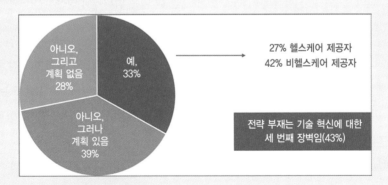

그래프 1.1 여러분의 조직은 인공지능과 머신러닝을 포함한 부상하는 기술에 대한 전략을 수립하고 있나?
(출처 : Technology Innovation in Healthcare Survey, HIMSS Media)

비록 아직 인공지능이 유아기에 지나지 않지만 우리의 조사나 여러 산업군에 걸친 응답자의 20%가 이미 하나 이상의 인공지능 기술을 대규모로 사용하고 있다는 2017년 맥킨지 연구를 종합해 보면[7] 인공지능은 파괴적 혁신 기술로써 뭔가 "새로운 역할"을 할 것이라는 점을 시사한다. 인공지능은 또한 비즈니스를 좀 더 낫게 변화시킬 가능성도 가지고 있다. 이 분야에 새로운 발걸음을 시작하는 기관들에 대한 맥킨지의 조언 가운데 하나는 다음과 같다. "인공지능이 최상과 최하의 사업 라인에 영향을 줄 가능성이 있다는 과대광고를 믿어라."

몇 가지 생각을 정리해 보면 다음과 같다.

- 임상과 비즈니스 인텔리전스에 인공지능을 도입하는 데 필요한 기관, 인간, 재무 그리고 운영 자원을 고려했을 때 이런 혁신적 움직임이 적어도 짧은 기간 동안에는 기존에 존재하는 케어의 차이, 질, 비용을 더 악화시킬 것인가? 헬스케어가 이런 파괴적 기술의 사용 범위를 확장할 것이기 때문에 이는 핵심적인 질문일 수 밖에 없다.

- 인공지능과 같은 파괴적 혁신을 도입하는 것은 사용자(서비스 제공자)와 그 지식의 수혜자(환자)의 진정한 신뢰를 바탕으로 한다. 그 본질상 인공지능은 여러 소비자에게 깜깜한 블랙 박스로 보인다. 그래서 인공지능이 정확하고 공정하다는 것에 대해 환자와 이해 관계자들과 공유할 수 있는, 임상적 의사 결정에 대한 투명한 논리를 설명해 줄 수 있는 설명 도구가 개발될 필요가 있다.

- 비록 헬스케어 관련된 내용은 빈약하지만 핀란드부터 독일까지 여러 국가에서 국가적 차원의 인공지능 전략을 투자하고 있다[8]. 좀 더 넓은 범위에서 인공지능을 활용할 수 있는 더 큰 전략이 있어야 할까?

인공지능은 정보와 기술의 힘을 이용해 글로벌 헬스 에코 시스템을 개혁할 혁신적 파괴자다. 이제 우리는 인공지능을 가지고 이런 초기 단계를 시작하고 있다. 인구 집단 또는 개인 케어 차원을 넘어서 모든 곳에서 모든 인간의 완전한 건강을 구현할 가능성을 찾기 위해서 전력을 다해야 한다.

스티브 레틀링은 HIMSS에서 기술 및 혁신 분야 최고 책임자로서 디지털 혁신과 기술을 중심으로 한 기업 단위 활동에 대해 전략적인 자문을 실행한다.

HIMSS의 사고 자문Thought Advisory 팀에 속한 셸리 프라이스는 인구 집단 건강, 임상 및 비즈니스 인텔리전스, 정밀 의학, 인공지능/머신러닝을 포함한 다양한 전문 분야에 있어 보험사, 생명 공학 회사, 데이터 분석 회사들을 위해서 자문을 하고 있다.

HIMSS는 정보와 기술을 활용해 보건 분야의 혁신적 변환을 지원하는 글로벌 자문 기관이다. 비영리 기관인 HIMSS는 사고 리더십, 커뮤니티 형성, 대중 정책, 전문가 양성을 지원하고 회원들의 목소리를 대변하는 여러 이벤트 등을 제공한다. 시카고에 본부를 두고 북미, 유럽, 영국, 중동, 아시아 태평양 지역에 걸쳐 글로벌 헬스케어 정보 및 기술 분야 커뮤니티들을 지원하고 있다.

참고 문헌

[1]   Alessi C. AI and the physician – a blessing or a curse? In: Gratzel van Gratz P, editor. HIMSS insights 7.2: artificial intelligence. Chicago, IL: HIMSS Media; 2018. p. 31-3 [cited 21.05.19]. Available from: 〈https://pages.healthcareitnews.com/HIMSSInsights2.html〉.

[2]   Grätzel von Grätz P. The case for clinical intelligence. In: Gratzel van Gratz P, editor. HIMSS insights 7.2: artificial intelligence. Chicago IL: HIMSS Media; 2018. p. 2 [cited 21.05.19]. Available from: https://pages.healthcareitnews.com/HIMSSInsights2.html.

[3]   Millard M. Making a persuasive business case for bigger AI investment. HITN [Internet] 2018; [cited 21.05.19]. Available from: 〈https://www.healthcareitnews.com/news/making-persuasive-business-case-bigger-ai-investment〉.

[4]   Sanborn BJ. Why the hospital revenue cycle is practically begging for artificial intelligence and machine learning. Health Care Finance [Internet] 2018; [cited 21.05.19]. Available from: 〈https://www.healthcarefinancenews.com/news/why-hospital-revenue-cycle-practically-begging-artificial-intelligence-and-machine-learning〉.

[5]   King J. Artificial intelligence and machine learning in healthcare. Chicago, IL: HIMSS Media; 2018. p. 17.

[6]   Sullivan T. Artificial intelligence: 3 charts reveal what hospitals need in the near future. HITN [Internet] 2018; [cited 21.05.19]. Available from: 〈https://www.healthcareitnews.com/news/artificial-intelligence-3-charts-reveal-what-hospitals-need-near-future〉.

[7]   Bughin J, Chui M, McCarthy B. How to make AI work for your business. HBR [Internet] 2017; [cited 21.05.19]. Available from: 〈https://hbr.org/2017/08/a-survey-of-3000-executives-reveals-how-businesses-succeed-with-ai〉.

[8]   Grätzel von Grätz P. Old world new mission. In: Gratzel van Gratz P, editor. HIMSS insights 7.2: artificial intelligence. Chicago, IL: HIMSS Media; 2018. p. 11-15 [cited 21.05.19]. Available at 〈https://pages.healthcareitnews.com/HIMSSInsights2.html〉.

인공지능과 신경과학

그리스 신화에서 이카루스는 날고자 하는 욕망으로 새를 모방한 장식들을 달고 날아보고자 시도했지만 실패했다. 그러나 마침내 인간은 기체 역학의 원리에 대한 깊은 이해를 바탕으로 비행기와 우주선을 만들어 나는 방법을 배웠다. 비슷하게 우리는 뇌와 신경과학에 대한 깊은 이해를 바탕으로 기계 지능을 구현하는 방식으로 인공지능에 접근할 수 있다[5]. 하사비스는 리뷰 논문을 통해 과거 딥러닝과 강화 학습 맥락에서 인공지능과 뇌과학의 관계를 살피고, 현재 집중력, 삽화 기억, 작업 기억, 지속 학습과 같은 다른 맥락에서 이뤄지고 있는 뇌과학과 인공지능 연구의 시너지에 대하여 설명했다. 그의 의견에 따르면 인공지능과 신경과학의 흥미로운 미래는 인간의 지능을 기계와 연결하는 것에 있으며 앞으로 관심이 될 분야는 자연 세계에 대한 직관적인 이해, 효율적인 학습, 전이 학습, 상상과 계획, 마지막으로 가상 두뇌 분석 같은 분야가 될 것이라고 했다. 요약하면 혁신적인 인공지능 시스템은 두뇌가 기계의 도움을 받는 것과 같이 뇌과학 연구에서 일부 영감을 받을 수 있을 것이라는 것이다.

신경과학과 인공지능

샤리프 타라만Sharief Taraman

샤리프 타라만은 인공지능에 관심이 많은 소아 신경과 의사다. 이 글을 통해 인공지능과 신경과학의 관계가 더 긴밀해지고 있으며 이 연관된 두 과학이 융합되면서 각자 영역에 대한 이해도 높아질 것이라는 관점을 밝히고 있다.

진화

다른 의학 분과들과는 다르게 신경과학은 인공지능에 대해 고유한 역학을 가지고 있다. 인간의 의식과 신경과학에 대한 이해는 인공지능의 개념과 발전에 영감을 불어 넣고, 반대로 인공지능의 발전은 인간 의식에 대한 이해를 넓혀 왔다. 인공지능 초기 기초 개념의 일부는 신경과학자들과 신경과학, 심리학, 수학, 컴퓨터 과학 등에 대해 여러 영역에 걸친 전문가들로 구성된 여러 초기 과학가들의 노력에서 비롯된 것이다[1-4].

지난 75년 동안 신경망은 신경과학과 지도학습, 비지도학습, 강화학습, 순환 신경망, 딥순환 신경망, 컨볼루셔널 신경망(CNN), 장·단기 기억 네트워크 등과 같은 여러 가지 인공지능의 양식들과 서로 얽힌 역사를 통해서 발전해 왔다.

동시에 신경과학과 관련된 분야인 신경과 및 정신건강의학과 같은 분과들은 인공지능에 기반한 도구들을 재빠르게 수용해 왔다. 역사적으로 인공지능은 주로 연구 영역에 한정돼 있었다. 그렇지만 신경영상[5], 자폐증의 진단과 관리[6], 알츠하이머병[7], 뇌전증[8], 예후 진단[9] 등과 같이 임상 헬스케어 영역에 인공지능을 채용하는 사례가 서서히 늘어나고 있다.

강화

신경과학 연관 의학 분야에서 가장 성공적인 인공지능 사용 사례는 임상의 또는 헬스케어 제공자들을 대체하는 것이 아닌 강화Augmentation하는 기술을 가진 것들이다. 인공지능과 임상의가 파트너십을 이루면 독립적인 알고리듬 또는 독립적인 임상 활동보다 더 우수한 실적으로 보인다는 사실은 반복적으로 소개돼 왔다. 이런 시너지 관계는 인공지능과 인간이 서로 다른 강점과 약점을 가지고 있기에 존재한다.

특히 헬스케어 분야에서 인공지능은 "강화 지능" 또는 "공생 관계에 있는 지능"으로 더 많이 받아들여지고 있다. 이러한 대안적 인공지능의 개념화는 인간을 대체하는 것이 아니라 강화한다는 측면을 강조하는 보조적 역할에 초점을 두고 있다.

신경과학에서 떠오르는 또 다른 분야는 뇌-컴퓨터 인터페이스다. 뇌-컴퓨터 인터페이스에 관한 연구는 1970년대에 시작됐다. 그 후로 20년 후 최초의 신경 보조기가 나왔고 2000년대 초 최초의 삽입형 뇌-컴퓨터 인터페이스가 나왔다. 이러한 뇌-컴퓨터 인터페이스에 들어가는 머신러닝 기술은 아주 복잡한 문제들을 해결하는 데 도움이 되는 것으로 증명됐다.

융합

인공지능이 인간의 지능을 대체한다는 개념에 대한 저항감에도 불구하고, 우리는 완전한 인지 능력을 통해 인간을 모사한 일반 인공지능을 만들어내기를 갈구한다. 그런 열망은 손에 잡히는 미래에 가능할 것으로 보이고, 양자 컴퓨팅과 인지 컴퓨팅의 발전에 의해서 지원된다. 더 나아가 신경과학과 인공지능에 서로에 대한 자양분 역할을 하면, 저자의 생애 안에 일반인공지능이 구현될 가능성은 더 높아질 것이다. 일반 인공지능이 실제화되는 시점이 오더라도 그것은 다른 인간의 창조물과 같이 하나의 도구 역할을 하게 될 것이다. 인공지능과 신경과학에 대한 위대한 발전은 신경과학과 인공지능의 융합을 통해서 지속될 것이다[10, 11]. 인간의 의식이 어떻게 작동하는지에 대한 이해, 전에 없었던 인간의 인지 기능, 신경 인터페이스 기술 등에 대한 미래 전망은 밝다.

참고 문헌

[1] McCulloch WS, Pitts W. A logical calculus of the ideas immanent in nervous activity. Bull Math Biophys [Internet] 1943;5:115-33 [cited 26.01.19]. Available from: 〈http://link.springer.com/10.1007/BF02478259〉.

[2] Hebb DO. The organisation of behavior. New York: Wiley; 1949.

[3] Turing AM. I.-Computing machinery and intelligence. Mind [Internet] 1950;LIX:433-60 [cited 26.01.19]. Available from: 〈https://academic.oup.com/mind/article-lookup/doi/10.1093/mind/LIX.236.433〉.

[4] Rosenblatt F. Perceptron simulation experiments. In: Proceedings of the IRE; 1960.

[5] Bagher-Ebadian H, Jafari-Khouzani K, Mitsias PD, Lu M, Soltanian-Zadeh H, Chopp M, et al. Predicting final extent of ischemic infarction using artificial neural network analysis of multiparametric MRI in patients with stroke. PLoS One [Internet] 2011;6:e22626 [cited 26.01.19]. Available from: 〈https://doi.org/10.1371/journal.pone.0022626〉.

[6] Abbas H, Garberson F, Glover E, Wall DP. Machine learning approach for early detection of autism by combining questionnaire and home video screening. J Am Med Inform Assoc [Internet] 2018;25:1000-7 [cited 19.12.18]. Available from: 〈http://www.ncbi.nlm.nih.gov/pubmed/29741630〉.

[7] Zhang S, McClean SI, Nugent CD, Donnelly MP, Galway L, Scotney BW, et al. A predictive model for assistive technology adoption for people with dementia. IEEE J Biomed Health Inform [Internet] 2014;18:375-83 [cited 26.01.19]. Available from: 〈http://ieeexplore.ieee.org/document/6527964/〉.

[8] Yang C, Deng Z, Choi K-S, Jiang Y, Wang S. Transductive domain adaptive learning for epileptic electroencephalogram recognition. Artif Intell Med [Internet] 2014;62:165-77 [cited 26.01.19]. Available from: 〈http://www.ncbi.nlm.nih.gov/pubmed/25455561〉.

[9] Rughani AI, Dumont TM, Lu Z, Bongard J, Horgan MA, Penar PL, et al. Use of an artificial neural network to predict head injury outcome. J Neurosurg [Internet] 2010;113:585-90 [cited 26.01.19]. Available from: 〈https://thejns.org/view/journals/j-neurosurg/113/3/article-p585.xml〉.

[10] Marblestone AH, Wayne G, Kording KP. Toward an integration of deep learning and neuroscience. Front Comput Neurosci [Internet] 2016;10:94 [cited 26.01.19]. Available from: 〈http://www.ncbi.nlm.nih.gov/pubmed/27683554〉.

[11] Hassabis D, Kumaran D, Summerfield C, Botvinick M. Neuroscience-inspired artificial intelligence. Neuron [Internet] 2017;95:245-58 [cited 09.12.17]. Available from: 〈http://www.ncbi.nlm.nih.gov/pubmed/28728020〉.

의사의 두뇌와 기계 지능

일상적인 진료 행위를 하기 위한 "의사의 뇌"(그림 1.5)는 여러 가지 기계가 가진 능력들로 재구성될 수 있다. 예를 들어 심장내과 전문의는 심전도, 심장 초음파, MRI, CT 같은 의료 영상들을 판독할 것이다. 이 전문의는 환자와 가족 구성의 과거력을 통해 사례를 분석하고, 마지막으로 진단하고 치료 계획을 수립한다.

기계는 의사들이 일상적으로 수행하는 이런 기능들을 실행시킬 수 있고 보통 그다지 큰 어려움 없이 이런 과업들을 수행한다. 망막과 후두엽의 시각 중추의 영상 인식 기능은 딥러닝, 특히 컨볼루셔널 딥러닝과 같은 기술을 사용한 컴퓨터 비전 기술에 의해서 수행될 수 있다. 좌뇌의 브로카 영역과 베르니케 영역에서 이뤄지는 언어 이해와 발화 기능은 자연어 처리를 수행하는 기계가 이 기능을 수행할 수 있다. 기존의 데이터, 과거 경험에 기반한 임상적 케이스 분석도 비록 수행하는 방법은 다르지만 일부 기계에 의해서 대체할 수 있다. 의사의 전두엽은 도전적인 의사 결정을 내리는 곳으로, 이런 과정들은 인지 컴퓨팅, 머신러닝, 딥러닝, 강화 학습 등을 통한 의사 결정 지원 능력으로 뒷받침되는 컴퓨터에 의해서 일부 모사할 수 있다.

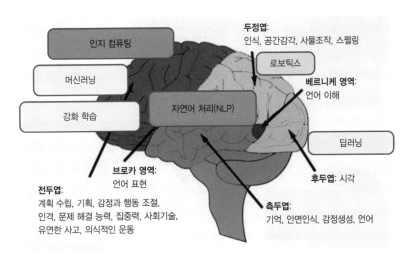

그림 1.5 의사의 뇌. 뇌의 여러 부분들은 서로 다른 종류의 기계 지능으로 모사될 수 있다. 예를 들어 시각과 의료 영상 해석은 딥러닝, 특히 컨볼루셔널 딥러닝으로 해결할 수 있다.

참고 문헌

[1] Bostrom N. Superintelligence: paths, dangers, strategies. London: Oxford University Press; 2014.

[2] Kurzweil R. The singularity is near. New York City: Viking Press; 2005.

[3] Quindazzi M. 〈bit.ly/2oyHqEw〉.

[4] Personal communication with Dr. Michael Abramoff, 2018.

[5] Hassabis D, Kumaran D, Summerfield C, et al. Neuroscience-inspired artificial intelligence. Neuron Rev 2017;95(2):245-58.

02

인공지능의 역사

인공지능의 역사는 고대 그리스로 거슬러 올라가 철학자 아리스토텔레스의 삼단논법과 같은 논리학 연구, 세상에서 가장 오래된 아날로그 컴퓨터로 평가받는 고대 그리스의 안티키테라 기계Antikythera Mechanism 등에서부터 시작된다[1]. 통계학자 토마스 베이즈Thomas Bayes와 그의 확률 및 베이지안 추론, 수학자 조지 불George Boole과 불리언 연산, 영국의 박물학자 찰스 배비지Charles Babbage의 분석 엔진Analytic Engine 등을 거치면서 현재의 인공지능에 이르렀다 (표 2.1).

핵심 인물과 사건

앨런 튜링과 튜링 머신

진정한 인공지능의 시작은 영국의 수학자이자 컴퓨터 과학자인 앨런 튜링Alan Turing에서 비롯됐다. 그는 컴퓨테이션 이론과 계산하는 기계에 대해 선구적인 업적을 남겼다[2, 3]. 영화 〈이미테이션 게임〉에서 그려졌듯이 그는 2차 세계대전 중에 블레츨리 파크에서 독일의 에니그마 기계의 암호를 해독하는 데 큰 공을 세웠다. 그가 제시한 튜링 테스트Turing Test는 사람인지 기계인지 모르는 상태에서 사람들이 그 대상이 인간인지 기계인지를 가려내는, 기계 인공지능의 능력을 평가하는 방법을 말한다.

다트머스 회의

1956년 존 매카시John McCarthy 등이 조직한 위엄있는 다트머스 회의에 수학자들과 과학자들이 모였다. 여기에서 스탠포드 컴퓨터 과학자 존 매카시의 제안으로 "인공지능"이라는 용어가 만들어졌다. 이 여름 회의를 통해 다학제적 분야로서의 인공지능이라는 새로운 분야가 탄생했다. 매카시는 최초의 인공지능 프로그래밍 언어인 리스프LISP를 설계하는 데도 중요한 역할을 했고 트리 데이터 구조, 객체지향 프로그래밍과 같은 컴퓨터 과학의 중요한 개념들의 토대를 놓는 데 큰 역할을 했다.

표 2.1 간략한 인공지능 역사

연도	인공지능 사건	핵심 인물
기원전 384–322	삼단논법 : 논리적 추론과 분석 방법	아리스토텔레스: 그리스 철학자
기원전 250–60	안티키테라 기계: 천체 위치를 예측하는 데 사용된 가장 오래된 컴퓨터	그리스 과학자들과 선원들
1763	베이지안 추론: 어떤 사건의 확률 추론을 위한 프레임워크	토마스 베이즈: 영국 통계학자
1854	논리적 추론법: 논리를 수식으로 표현하는 프레임워크	조지 불: 영국 수학자
1837	분석 엔진: 범용 계산을 위한 최초 컴퓨터	찰스 배비지/에이다 러브레이스: 영국의 수학자/프로그래머
1943	뉴런에 기반한 논리적 연산: 인공 뉴런과 논리 함수에 대한 개념	워렌 맥컬록/월터 피츠: 미국 신경과학자/논리학자
1945	에니악(ENIAC): 최초의 전기식 범용 컴퓨터	글래던 반스: 연구 및 공학 책임자
1949	컴퓨터가 체스를 둘 수 있도록 프로그래밍: 체스 프로그래밍에 대한 최초 사례	클로드 섀넌: 미국 수학자
1950	컴퓨터와 지능: 튜링 테스트가 된 이미테이션 게임	앨런 튜링: 영국 수학자
1951	SNARC: 최초 인공 신경망	마빈 민스키: 미국 인지 과학자
1952	최초의 체커 프로그램: 머신러닝의 초기 구현	아서 사무엘: 미국 인공지능 연구자

연도	인공지능 사건	핵심 인물
1955	논리 이론가들: 인간의 문제 해결을 흉내내는 최초의 인공지능 프로그램	앨런 뉴웰: 미국 컴퓨터 과학자
1956	인공지능에 대한 다트머스 여름 연구 프로젝트: 인공지능 용어 정의, 인공지능에 대한 획기적인 모임	존 매카시: 미국 컴퓨터 과학자들
1957	퍼셉트론 알고리듬과 기계: 신경망 및 딥러닝의 초기 모델	프랭크 로젠블랫: 미국 심리학자
1958	LISP: 인공지능을 위한 프로그래밍 언어	존 맥카시: 미국 컴퓨터 과학자
1965	ELIZA: 인간과 기계 간 커뮤니케이션을 하는 대화형 자연어 처리 프로그램	조셉 와이젠바움: 독일계 미국 컴퓨터 과학자
1968	2001 스페이스 오딧세이: HAL, 감성을 가진 컴퓨터	아서 C. 클라크: 영국의 작가, 미래학자
1989	역전사 알고리듬: 다층 신경망에서 적용	얀 르쿤(Yann LeCun): AT&T 벨 연구소
1997	IBM 딥 블루: 체스 프로그램이 세계 챔피언을 물리침	게리 카스파로프: 러시아의 체스 그랜드마스터
2011	IBM 왓슨: DeepQA 프로젝트가 제퍼디 퀴즈쇼에서 우승	데이비드 페루치: IBM 연구 책임자
2012	ImageNet: 65만 개의 뉴런으로 구성된 CNN으로 오류율이 15.3%로 감소	제프리 힌톤: 영국계 캐나다 컴퓨터 과학자
2016	딥마인드의 알파고: 강화 학습 알고리듬을 통해 바둑 챔피언 이세돌에 승리	데미스 하사비스: 영국 인공지능 연구자, 신경과학자
2017	딥마인드의 알파제로: 자기와의 겨루기를 통한 반복 학습을 통해 인간을 넘어선 능력 획득	데미스 하사비스: 영국 인공지능 연구자, 신경과학자
2019	딥마인드의 알파스타: 딥 강화 학습으로 스타크래프트 선수과 겨뤄 승리	데미스 하사비스: 영국 인공지능 연구자, 신경과학자

로젠블랫의 퍼셉트론

비슷한 시기인 1958년 미국의 심리학자 프랭크 로젠블랫Frank Rosenblatt은 생물학에 영감을 받아 퍼셉트론perceptron(그림 2.1)이라고 불리는 3개의 층(입력·전이·출력)으로 구성된 간단하고 간결한 선형 이진 분류기를 발표했다. 이 퍼셉트론은 인공 신경망과 오늘날 우리에게 익숙한 딥러닝 설계로 이어지는 선구적인 업적이었다(상기 자료 참고).

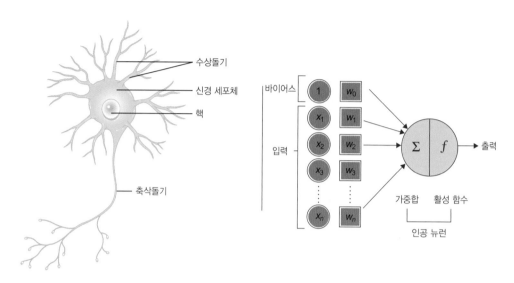

그림 2.1 생물학적 뉴런과 컴퓨테이셔널 퍼셉트론. 왼쪽은 생물학적 뉴런의 구조를 설명하고 있다. 수상돌기(dendrites)는 들어온 자극을 신경 세포체(cell bodies)로 이동시키고, 이런 자극은 신경 세포체를 거쳐 축삭돌기(Axon)를 통해서 축삭 말단(terminal)에 도달한다. 오른쪽은 퍼셉트론의 간략한 구조다. 입력 x는 가중치 w와 곱해지고, 그 값들은 모두 더해진다. 분류기에서 중화시키는 역할을 하는 가중치인 바이어스는 이 그림에서 설명하지 않았다. 이런 입력은 뉴런에서 축삭돌기에서 이뤄지는 자극을 모아 신경 세포체로 전달하는 것과 비슷한 역할을 한다. 노드에 활성 함수(activation function 또는 step function)가 부여돼 있는데, 이 함수는 데이터에 따라서 선형 또는 비선형의 형태를 가질 수 있다. 많이 사용되는 활성 함수에는 시그모이드, 시그모이드와 비슷한 쌍곡탄젠트(tanH) 또는 1의 기울기를 갖는 ReLU 등이 있다. 앞에서 더해진 값들이 이들 활성 함수로 처리돼 출력이 만들어진다. 출처: Shiland BJ. Chapter 8–Introduction to Anatomy and Physiology. In: Zenith, editor. Medical Assistant: Introduction to Medical Assisting—MAIntro, Second Edition. 2nd ed. Elsevier; 2016. p. 204.

핵심 시기와 주요 흐름

고파이(GOFAI)

현대의 머신러닝은 지식 획득을 위한 인공지능이지만 초기 지식 기반 시스템, 즉 전문가 시스템, 지식 표현, 확률적 추론 같은 예들은 상대적으로 약한 인공지능 프로그램으로 여겨졌다. 나중에 보겠지만 전문가 시스템에는 규칙 기반 추론, 사례 기반 추론(비슷한 문제들에 대해 이전의 좋은 해법을 가지고 와서 새로운 문제에 대한 해법을 발견하는 방법)이 포함된다. 이러한 방법들은 문제가 더 크고 더 복잡해지는 경우에는 잘 확장되지 못했다. 1950년대부터 1980년 후반까지의 상징적 인공지능^{symbolic AI}은 GOFAI(그럴싸한 구식 인공지능) 또는 너저분한 인공지능에 대응하는 개념으로 "간결한 것"으로도 알려져 있다. 이는 주로 문제의 상징적 표현에 기반을 두고 있었고 이 시대의 주류를 형성했다. 간략히 말하면 GOFAI는 논리, 문제 해결, 전문가 시스템과 같은 하향식 접근법을 취했다.

가장 잘 알려진 사례, 규칙 기반 모델을 포함하는 지식 표현은 인지 과학과 여러 지식 도메인 분야를 아우르는 범용 온톨로지^{ontology}를 구성하는 일과 같은 어려운 과제들을 수반한다. 여기에는 시멘틱 넷, 프레임, 개념적 그래프 등의 분야가 있다. 확률적 추론은 조건부 확률에 따른 불확실성을 설명하는 베이지안 네트워크와 같은 방법을 사용해 지식의 불확실성을 다룬다. 자동화 추론 또는 자동화 추정은 논리 추론에서 컴퓨터를 사용해 정리 증명, 퍼즐 풀기, 회로 설계, 컴퓨터 프로그램 생성과 증명 등의 문제를 풀어내는 과학을 말한다. 자동화 추론은 인공지능의 한 분야로 여겨지기는 하지만 전형적인 인공지능 방법론을 사용하지는 않는다.

컴퓨터 지능

이 시기 GOFAI와 다른 관점으로 접근했던 방식이 컴퓨터 지능^{computational intelligence}이었다. 이 방법은 간결한 인공지능에 반대되는 개념으로서 "너저분한^{scruffy}" 인공지능으로, 퍼지 시스템, 진화적 컴퓨테이션, 신경망 등과 같은 휴리스틱 알고리듬에 의존했다. 퍼지 시스템은 퍼지 논리에 바탕을 둔 것으로 디지털의 0 아니면 1과 같은 값 대신 0과 1 사이의 어떤 입력 값을 취했다. 이 방법은 기계의 조절 및 의생명 분야와 생리학적 파라미터를 조절하는 데 응용된다. 유전 알고리듬으로 대표되는 진화적 컴퓨테이션은 생물 진화론과 자연 선택 과정에 바탕을 두고 어떤 문제에 대한 최적화를 모색한다. 신경망은 인공지능에 대한 상향식 접근법의 하나로, 다음 절에서 좀 더 자세하게 소개할 것이다.

인공지능 겨울

초기 인공지능 분야에는 두 번의 "겨울"이 찾아온다. 한 번은 1974년에서 1980년까지이고 또 한 번은 1987년에서 1993년까지다. 초기 인공지능에 대한 높은 기대와 목표에 비해서 그 결과물이 실망스러웠던 탓에 이 시기 인공지능 프로젝트에 대한 투자금은 줄거나 중지됐다. 이 두 시기 사이 잠깐 인공지능이 붐을 이룬 적이 있는데 이 시기에는 전문가 시스템과 신경망이 주류를 형성했다.

참고 문헌

[1] Marchant J. Decoding the heavens: a 2,000 year-old computer and the century-long search to discover its secrets. Cambridge, MA: Da Capo Press; 2009.

[2] Turing AM. On computable numbers, with an application to the entscheidungsproblem. Proc London Math Soc 1936-37;Series 2, 42:230-65.

[3] Copeland J. The essential Turing. Oxford: Oxford University Press; 2004.

03

의료 인공지능의 역사

규칙 기반 전문가 시스템

1960년대 인공지능을 의학에 응용하고자 하는 첫 시도가 있었다. 당시는 규칙 기반 도메인에 특화한 전문가 시스템으로써 주로 진단과 치료에 초점이 맞춰졌다[1]. 의료 인공지능 초기작 가운데 널리 알려진 것은 스탠포드 대학 의사이자 의생명 정보학자인 에드워드 쇼트리프Edward Shortliffe의 마이신MYCIN이라고 하는 혁신적인 휴리스틱 프로그래밍 프로젝트다. 이 선구적인 프로젝트는 리스프Lisp 프로그래밍 언어로 작성된 규칙 기반의 전문가 시스템으로, 'if-then' 규칙으로 구성돼 전문가의 판단을 흉내낼 수 있게 했다. 이를테면 다양한 감염병에서 항생제 선택을 권고하는 것이었다[2]. 이외에도 INTERNIST, AI/RHEUM, ONCOCIN 등과 같은 비슷한 전문가 시스템이 있었다[3].

전문가 시스템의 작동 원리는 다음과 같다(그림 3.1).

지식은 사실에 대한 지식과 경험에 의한 지식의 저장소로서, 인간 도메인 전문가에게서 받은 이 지식은 지식 엔지니어를 거쳐 지식 베이스로 입력됐다(1단계). 이러한 지식 베이스는 입력된 지식의 질과 정확도에 비례해 지식 베이스의 효율성을 결정됐다. 지식 베이스는 여러 가지 if-then 규칙에 따라서 규칙 엔진rules engine으로 연결됐다. 시스템 기술자들은 사용자 인터페이스뿐만 아니라 규칙 엔진을 들여다 보지 않는다(2단계). 사용자는 추론 엔진과 연결된 사용자 인터페이스를 통해서 질의를 한다(3단계). 그렇게 해서 최종 권고 사안이 사용자 인터페이스를 통해서 사용자에게 전달된다. 본질적으로 전문가 시스템은 프로그래밍된 규칙의 집합이며 컴퓨터는 이 규칙을 따라가서 최종 해답을 출력한다.

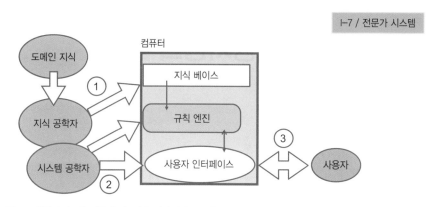

그림 3.1 전문가 시스템. 전문가 시스템은 지식 베이스, 규칙 엔진, 사용자 인터페이스라는 3개의 주요 성분으로 구성된다.

표 3.1 의료 인공지능에 대한 간략한 역사

연도	의료 인공지능의 주요 사건	핵심 인물
1972	마이신: 감염을 일으키는 박테리아를 알아내는 전문가 시스템	테드 쇼트리프: 미국 의사, 컴퓨터 과학자
1974	INTERNIST-1: 컴퓨터 보조 내과 진단 도구	잭 마이어: 미국 내과의사
1982	AIME: AIME에 관한 첫 번째 저술서	피터 스졸로비츠: 미국 컴퓨터 과학자
1985	AIME: AIME에 대한 첫 미팅	마리오 스테파넬리: 이탈리아 의공학자
1986	Dxplain: 확률 알고리듬에 기초한 임상적 의사 결정 지원 시스템	EF 호퍼: 메사추세츠 종합병원
	최신 인공지능 시대	
1998	AIME 저널: AIME에 대한 첫 번째 저널	마리오 스테파넬리: 이탈리아 의공학자
2002	ISABEL (이사벨 헬스케어): 소아과용 임상적 의사 결정 지원 시스템	제이슨 모우디: 회사 창업자
2017	CheXNet (스탠포드): 고수준의 폐렴 진단을 위한 CNN 알고리듬	앤드류 응: 미국 인공지능 전문가

연도	의료 인공지능의 주요 사건	핵심 인물
2017	Cardio DL (아터리즈): 최초 FDA 인증을 받은 클라우드 인공지능 보조 심장 이미지 진단툴	파비엔 벡커스: CEO
2018	ContaCT (Viz.AI): 최초 FDA 승인 받은 인공지능 기반 뇌졸중 임상적 의사 결정 지원 시스템	크리스 맨시/데이비드 골란: CEO/CTO
2018	IDx-DR (IDx): 최초 FDA 승인을 받은 당뇨병성 망막증 자동 진단 시스템	마이클 아브라모프: 미국 안과의사
2019	헬스케어 인공지능에 대한 규제 방안 (FDA): 헬스케어 규제의 AI 혁신에 대한 FDA 제안	스콧 고틀립: 미국 식약처장

참고로 마이신의 전신은 덴드랄DENDRAL이라는 전문가 시스템으로, 미지의 유기 분자를 알아내는 데 사용됐다. 비록 마이신이 실제 임상에 사용되는 데는 성공하지 못했지만, 인간 감염병 전문가와 비교했을 때 우수한 점이 많은 것으로 증명됐다. 그렇지만 이런 규칙 기반 전문가 시스템은 시스템을 구성하는 것이 복잡하고 새롭거나 복잡한 임상적 시나리오에 용하거나 사용되기 어려웠다. 또 다른 컴퓨터 조력 진단 도구인 인터니스트-1INTERNIST-1은 내과 의사인 잭 마이어Jack Myers가 개발했다. 그는 "의사가 어떤 진단에 이르는 과정에서 사용하는 방법은 복잡한 정보 처리 과정을 필요로 하는데, 이는 대부분의 컴퓨터 기반 시스템에서 이뤄지는 통계적 조작과 그다지 닮은 구석이 없다."라고 말했다.

의료 인공지능의 초창기 동안에는 미국의 여러 대학 센터들에서 이런 과제들을 수행했는데, 여기에는 스탠포드, MIT, 럿거스, 카네기 멜론 같은 미국 대학들과 유럽의 몇몇 대학이 중심적 역할을 했다. 대체로 인공지능 초기 시대의 도구들의 주요 단점은 이론과 사용을 연결시키기 어려울 뿐만 아니라 사용자를 지원할 수 있도록 현존하는 인공지능 기술들을 작업 흐름에 통합시키지 못했다는 점이다. 도구가 느리고 적절한 데이터나 지식이 부족했기 때문이다[4](표 3.1).

1970년 『뉴 잉글랜드 저널 오브 메디슨』의 리뷰 논문에서 슈바르츠는 2000년에 이르면 컴퓨터가 강력한 의사의 확장 역할을 담당해 의료에서 완전히 새로운 역할을 할 수 있을 것이라는 주장을 했다[5]. MIT 대학의 컴퓨터 과학자인 피터 스졸로비츠Peter Szolovits는 1982년 주요 도메인 분야의 논문들을 수집해서 『Artificial Intelligence in Medicine』이라는 책을 냈는데, 당시는 대부분이 전문가 시스템과 관련있었고[6], 진단 영역에서 인공지능의 사용을 처음 보고했다[7]. 비슷한 시기에 이탈리아 의사 마리오 스테파넬리는 유럽에서 의학에서의 인공지능^{AIME, Artificial Intelligence in MedicinE}이라는 조직을 시작했다. 스콜로비츠는 2003년 MIT 대학에서 의료 인공지능에 관한 코스를 개설했다. 이는 기관 단위에서 행해진 해당 분야 최초의 교육 코스였지만 불행하게도 첫 해 이후 이 코스는 유지되지 못했다[8].

의료에서의 데이터 과학과 지식 공학: 증거 기반 구축

존 폭스 John Fox

— 영국 옥스포드 옥스포드 대학교

존 폭스는 인공지능 및 인지 과학 연구를 주도하는 연구자로서, 이 글에서 초창기 지식 공학과 현재의 데이터 과학 및 머신러닝 툴을 결합한 하이브리드 접근법에 대해 말한다.

인공지능을 둘러싼 최근의 폭발적인 주장들은 세상을 깜짝 놀라게 만들어왔다. 인공지능이 학문 연구 범위를 벗어나 "테크" 분야에서는 늘 발생하는 것처럼 갑자기 상업과 경제적으로 중요해졌기 때문이 아니다. 그렇게나 많은 사람들이, 인공지능이 다양한 전문적인 과제에서 인간을 뛰어 넘어 전통적인 진료만을 행하는 전문가들이 제공하는 것보다 더 낫고 안전하며 더 저렴한 의료 서비스의 혁명을 가져다줄 것으로 예측된다고 믿기 때문이다.

의료 인공지능에 대한 현 시점에서의 흥분: 데이터 과학

그 흥분은 몇 년 전 몇 가지 작은 기대하지 않았던 기술적 성공에 의해서 유발됐다. IBM 왓슨이 제퍼디 퀴즈 쇼에서 우승한 것과 딥마인드의 알파고가 세계 바둑 챔피언을 물리친 사건이 유명하다. 사건들은 "단순한 게임"에 불과했지만 그것은 두 시스템에 사용된 핵심적 인공지능 기술이 진정으로 혁명적인 중요성을 가질 수 있다는 논쟁을 촉발했다.

그런 흥분에도 불구하고 많은 의사들은 그와 같은 주장에 동의하지 않는다. 수많은 혁신 시나리오 변형들이 마케팅, 기자, 정치인, 일부 헬스케어 전문가들에 의해 입에 오르내리지만 최근까지도 의료 사회의 대다수는 조용히 머물러 있다. 혁신적인 기술이라고 주장하는 것들이 의료에서 왔다 가곤 하고, 진전을 보지 못하고 멈추는 일이 다반사다.

새로운 기술은 분명 새로운 생각을 불러 일으키는 것은 틀림없지만, 헬스케어 전문가들과 임상 의사들은 분명한 의학적 니즈와 믿을 수 있는 뚜렷한 증거가 없는 혁신에 대해서는 의문을 품는다. 그렇지만 헬스케어에 대해서 무분별하게 진행되고 있는 인공지능 연구 개발은 증거 기반의 일반적인 표준을 무시하는 것으로 보인다. 인공지능에 대한 또다른 의심은 많이 논의되는 복잡한 알고리듬의 "블랙박스" 같은 특성에 기인한다. 인구 집단의 데이터에 기반을 두고 의사 결정을 하는 수학적인 관점은 개별 환자를 중심으로 하는 의사들의 전문성에 대한 이해와 상충하는 측면이 있다는 느낌을 준다.

그러나 여러 임상, 연구, 펀딩 그리고 기타 기관들은 인공지능에 대한 의구심과 두려움이라는 부정적인 면과 인간의 기술과 서비스에 대한 급박한 압력이 존재하는 상황에서 진정으로 의료와 결과를 개선시킬 수도 있는 새로운 도구라는 긍정적인 면 사이에 균형을 잡으면서, 이제는 인공지능에 대한 실질적인 정책 개발이 필요함을 절감하고 있다. 최근 영국 런던 왕립의사협회[RCP]가 발표한 내용도 정확히 이런 입장을 취하고 있다[1].

RCP는 모든 의사들이 새로운 기술에 대해 비판적으로 접근하고 질문을 던지며 도구의 정확성과 효과성, 효율성, 증거 기반에 대해 토론하는 것을 지지한다. 이런 점은 기술이 어떻게 발전하더라도 의사들은 그들의 접근법에서 핵심적인 직업 원칙을 적용할 수 있을 것이고 인공지능 기술이 만들어내는 권고 사항에 대해 동의하거나 동의하지 않는 것에 대한 자신감을 보장할 것이다.

---

1   영국에서 인공지능에 대한 균형있는 시각에 관한 보고서에는 RCP(https://www.rcplondon.ac.uk/projects/outputs/ artificial-intelligence-ai-health)뿐만 아니라 영국 왕립의사대학(https://sway.office.com/0tz3Q5xUQY 5QnAD1?ref=Link), 아카데미 오브 메디칼 로열 칼리지(http://www.aomrc.org.uk/reports-guidance/artificial- intelligence-in-healthcare/)를 비롯해 웰컴 파운데이션, 너필드 트러스트 등이 발표한 여러 인공지능 윤리 관련 보고서 등이 있다.

예전의 의료 분야 인공지능의 흐름: 지식 공학

최근 흥분에 대해 또 놀랄 만한 이유는 지난 40년 동안 의학은 인공지능 연구에서 두각을 보였고, 현재 흥분에 반영된 것보다는 훨씬 넓은 응용 범위를 고려해 왔다는 점이다. 광대한 데이터를 처리하고 임상적 의사 결정에 필요한 통계적 혹은 어떤 패턴을 찾아내는 정교한 알고리듬을 사용하는 것이 중요하지만, 인공지능은 이것보다 훨씬 더 넓고 더 큰 야망을 가지고 있다. 성공적으로 개발되고 적용돼 왔던 의료 인공지능으로부터 얻은 교훈은 잊혀질 위기에 빠졌다.

중요한 한 가지 사례는 인간 전문가와 인간이 읽을 수 있는 텍스트, 플로우 시트 등 임상적 가이드라인에서 시작된 의학과 의료 지식을 체계화하는 지식 공학적 접근법이다. 이것은 수학적 모델 또는 알고리듬이 아닌 명시적 기호 혹은 논리 형태로 이뤄진 의학 지식과 방법론을 모델링한다. 그와 같은 모델들은 여전히 컴퓨터에서 실행되어 의사들을 보조할 수 있으며 일반적인 소프트웨어보다 헬스케어 전문가들이 이해하고 평가하기가 더 쉽다. "전문가 시스템"이라고 불리는 그것들은 환자 데이터를 수집하고 해석할 수 있고 위험도와 대안적 진단에 대한 가능성을 평가할 수 있다. 특정 환자에 필요한 특정 검사나 치료를 권고할 수 있고 케어 계획을 수립하며 임상적 작업 흐름과 또 다른 통상적 진료 행위를 관리할 수 있다.

임상 연구	발표 자료
의사의 통상적 처방	Walton et al., British Medical Journal (1996)
유방촬영술 스크리닝 검사	Taylor et al., Medical Image Analysis (1999)
유전적 위험도 평가	Emery et al., British Medical Journal (1999, 2000)
유전형과 항레트로바이러스제제 처방	Tural et al., AIDS (2002)
급성림프구성백혈병에 대한 항암 치료제	Bury et al., B Journal of Haematology (2005)
암이 의심되는 환자의 조기 의뢰	Bury et al., Ph.D. Thesis (2006)
암 위험도 평가와 조사	Patkar et al., British Journal of Cancer (2006)
천식에 대한 입원 결정	Best Practice Advocacy Centre, NZ (2009)
유전적 위험도 평가와 치료 계획	Glasspool et al., J Cancer Education (2010)
의사 결정에서의 다학제적 접근법	Patkar et al., BMJ Open (2011)
갑상샘 결절에 대한 검사 및 진단	Peleg et al., Endocrine Practice (2015)
뇌졸중의 진단과 치료	Ranta et al., Neurology (2015)
항암치료에서의 의사 결정	Miles et al., BMJ Open (2017)
저나트륨혈증의 진단	Gonzales et al., Int J Med Informatics (2017)
안과 질환의 진단	Chandrasekaran Ph.D. Thesis (2017)
신장 공여자에 대한 평가	Knight et al., Transplantation (2018)

페레그 등은 미국 EON, 이스라엘 ASBRU, 이탈리아 GUIDE, 미국 GLIF, 영국 PROforma를 포함한 다양한 임상 가이드라인 모델링 방법에 대해 검토했다[1]. 그들은 임상

적인 가이드라인을 포착하는 이런 여러 가지 방법론을 체계적으로 비교했다. 그 방법들은 종종 인공지능에서 아이디어를 얻을 뿐만 아니라 의료 정보학의 중요한 발전들을 흡수했다. 이 가운데 몇 개는 임상적 가치를 보여주기 위해 임상적 진료 행위와 증거 기반에 대한 엄격한 설계 방법론과 표준을 구축하고자 시도해왔다. 이 가운데 한 방법인 PROforma는[2] 앞의 표로 정리된 다양한 응용 분야에서 성공적으로 시도돼 왔다. 여기에 대한 자세한 내용과 시도는 Fox 2018[2]을 참고한다.

2 Fox J. 2018 "PICO AI: A method for appraising AI systems in healthcare" (under revision, draft available from john. fox@eng.ox.ac.uk).

인공지능을 설계하고 현장에 적용하는 PROforma의 접근법은 인지과학에 바탕을 둔다는 점과 인간 전문가를 이해하고자 하는 장기 연구 목적을 가지고 있고 인간과 기계 지능의 조합으로 최선의 것을 얻고자 한다는 점에서 데이터 과학 접근법과 상당히 다르다[3]. 이 방법을 사용했던 경험에 따르면 지식 공학 방법들은 상당히 유연하고 헬스케어 전문가들이 쉽게 이해하고 비판적으로 관여할 수 있다는 면에서 성공적으로 현장에서 적용할 수 있다고 한다.

비록 현재의 대중과 비즈니스가 주목하는 것은 의료에서의 데이터 과학과 머신러닝 사용에 관한 것이지만, 지식 공학 접근법은 온톨로지 설계, 임상 서비스를 지원하는 자율 에이전트 등과 같은 영역에서 계속 발전하고 있다. PROforma나 그와 유사한 방법들은 수십 년이 된 것들이고 현대 지식 공학이나 인공지능에서 최신의 것들은 아니다. 빅데이터와 머신러닝은 그것의 일부 약점을 보완하는 데 도움이 된다. 반대로 의학 지식과 임상적 전문성에 대한 깊은 이해는 치료 현장에서 인공지능을 위한 인간의 직관적인 토대를 제공한다. 지금은 "하이브리드" 인공지능 개발이 가장 중요한 목표가 될 것이다.

참고 문헌

[1] Peleg M, et al. Comparing computer-interpretable guideline models: a case-study approach. J Am Med Inform Assoc 2003;10(1):52-68.

[2] Sutton D, Fox J. The syntax and semantics of the PROforma guideline modelling language. J Am Med Inform Assoc 2003;10(5):433-43.

[3] Fox J. Cognitive systems at the point of care: the CREDO program. J Biomed Inform 2017;68:83-95.

의학 영역에서 데이터와 지식을 결합하는 일

아넷트 텐 테이어[Annette ten Teije]

– 네덜란드 암스테르담 암스테르담자유대학교(Vrije Universiteit Amsterdam)

아넷트 텐 테이어는 의학 지식 형식화를 전문으로 하는 컴퓨터 공학자다. 이 글을 통해 의학 지식 획득에 대한 지식 기반 접근법과 데이터 기반 접근법, 그리고 결합된 모델에 대해서 소개한다.

의학적 의사 결정을 위한 지능 지원 도구를 개발할 때 현재 가장 많이 사용하는 방법은 "데이터 데이터 데이터"이다. 그렇지만 우리는 지식[knowledge]의 유용성을 잊어서는 안 된다. 특히 의학 분야에서는 그렇다.

우리는 지난 10년간 사용할 수 있는 거대한 데이터를 바탕으로 머신러닝과 데이터 분석에서 혁명이 있었다는 점을 다 알고 있다. 그렇지만 그와 같은 시기 지식 표현[knowledge representation] 분야에서도 새로운 논리적 형식주의와 인터넷 기술의 스마트한 조합을 통해서 눈에 덜 띄는 혁명이 있었고, 그로 인해 지금은 높은 수준으로 정리된 팩트와 규칙을 최대 수억 개, 때로는 수십억 개에 이르는 대규모 지식 베이스 구축이 가능해졌다. 소위 지식 그래프[knowledge graphs]라고 불리는 이러한 방법이 이제는 주요 검색 엔진(구글, 빙, 바이두), 주요 언론사(BBC, 뉴욕타임스, 로이터), 이커머스 플랫폼(아마존, 이베이, 우버, 에어비앤비), 정부(미국, 영국, EU) 등에서 널리 사용되고 있다. 대중에 공개된 지식 그래프의 대표적인 예로 아래 그림과 같은 웹사이트(https://lod-cloud.net/)의 개방형 연결 데이터[LOD, linked open data] 클라우드 다이어그램이 있고, 더 많은 것들이 기관 내부에서 사용되고 있다. 의학 분야의 주요 지식 그래프에는 DrugBank, SNOMED, SIDER, Bio2RDF, MESH, Medline, LinkedCT 등등이 있다. 이는 LOD 클라우드 다이어그램에서 붉은색 영역으로 표시돼 있다.

더 나아가 의학 지식을 모델링하는 많은 기술들을 사용할 수 있게 되면서 지식 그래프는 의학 영역의 다양한 의사 결정 시스템에 활용할 수 있게 됐다. 여기서 간단히 언급하는 것은 단지 하나의 사례로 의학 가이드라인에 대한 컴퓨터 모델 사용에 관한 것이다.

의학 가이드라인은 위험과 비용을 최소화하면서도 최대의 효과를 볼 수 있는 진료를 보장하기 위해서 사용된다. 그와 같은 가이드라인은 가이드라인 제작 시점에서 당시의 의학적 증거를 기반으로 진료 과업을 어떤 절차에 따를지 결정한다.

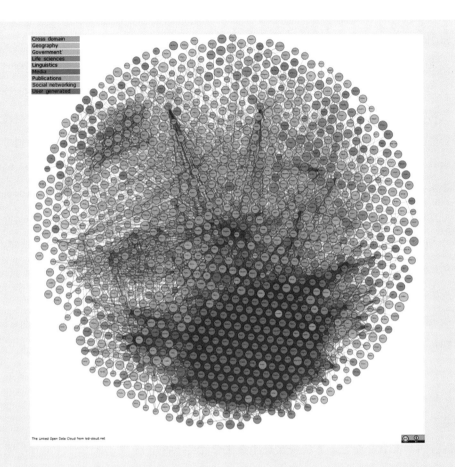

의학 가이드라인에 채택되는 의학 지식은 가이드라인 모델이 컴퓨터에 해석되는 방식으로 모델링된다. 그와 같은 컴퓨터 모델을 사용하는 첫 번째 장점은 모순, 불완전성, 기타 여러 가지 가능한 이상한 점들이 쉽게 발견된다는 점이다. 과거 우리가 분석한 바에 의하면[1] 국가 차원에서 제시된 표준 가이드라인조차도 모순된 내용을 포함하고 있었고, 컴퓨터 분석을 통해서만 감지될 수 있었다. 더 나아가 의료 가이드라인을 컴퓨터가 해석할 수 있는 모델로 만든 것은 가이드라인을 실행할 때 의사 결정을 지원하고 여러 가이드라인 사이의 상호관계를 파악하는 데 사용될 수 있다. 가이드라인 상호관계 파악은 보통 가이드라인이 단 하나의 질병을 다루는 반면에 실제 상황에서는 한 환자가 여러 가지 질병을 가지는 경우가 빠르게 증가하고 있다는 사실에 비추어 볼 때 심각한 문제임을 알 수 있다. 우리는 고혈압, 당뇨, 기타 골다공증과 같은 흔한 만성 질환들의 표준 치료들간의 상호관계를 파악하기 위해서

SIDER와 Drugbank와 같은 공공 지식 그래프를 사용했다[2].

가이드라인이 보통 한 질환만을 다룬다는 점 이외에 또다른 문제점은 가이드라인 업데이트 주기다. 이상적이라면 의학 가이드라인은 의학 논문에서 얻어진 최신 지견과 연동돼야 할 것이다. 그렇지만 펍메드^{Pubmed}에 하루 2,000개씩 추가될 정도로 새로운 논문은 아주 빠른 속도로 출판되는 반면 하나의 가이드라인이 업데이트되기까지 적어도 3년이 걸린다. 그래서 가이드라인이 "살아 있는 가이드라인" 역할을 할 수 있도록 가이드라인 업데이트 주기를 어떻게 빠르게 할지가 중요한 문제로 대두된다. 이 경우에도 속도를 높이기 위해서 펍메드에서 새로운 유관 과학 논문들(증거)을 파악하는 작업에 가이드라인에 대한 컴퓨터 모델을 사용할 수 있다[3]. 여기서는 논문 증거를 사용했다. 가이드라인을 업데이트하는 또 다른 방법은 가이드라인을 개선하기 위해서 환자 의무 기록을 통해 진료 기록에서 유래한 증거를 사용하는 방법이다. 증거들은 자동으로 수집되고 해석되며, 환자 데이터와 병원의 작업흐름으로 수집된 경험들을 바탕으로 더 나은 진단과 치료를 위해 가이드라인을 개선해 나간다. 그래서 가이드라인은 진료 현장에서 수집된 증거와 동시성^{sync}을 유지하게 된다. 그와 같은 데이터와 지식의 조합을 통해서 빠른 업데이트 주기를 가진 높은 수준의 가이드라인을 만드는 것을 보장할 수 있다. 그래서 살아있는 가이드라인은 원래의 가이드라인 모델, 새롭게 논문으로 밝혀진 증거들, 그리고 실제 진료 현장에서 환자 데이터를 바탕으로 만들어진다.

위에서 언급한 것들은 모델 혹은 지식 기반 접근법과 데이터 기반 접근법을 결합시킨 몇 가지 사례에 불과하다. 지식의 강도가 높고 사람의 전문성이 핵심인 의료 분야에서는 특히 더 그런데, 지식 기반 접근법과 데이터 기반 접근법을 결합하는 것이 현재의 데이터 기반 접근법의 한계를 뛰어넘을 수 있는 유망한 방법의 하나라고 믿는다.

참고 문헌

[1] ten Teije A, Marcos M, Balser M, van Croonenborg J, Duelli C, van Harmelen F, et al. Improving medical protocols by formal methods. Artif Intell Med 2006;36(3):193-209.

[2] Zamborlini V, Da Silveira M, Pruski C, ten Teije A, Geleijn E, van der Leeden M, et al. Analyzing interactions on combining multiple clinical guidelines. Artif Intell Med 2017;81:78-93.

[3] Hu Q, Huang Z, ten Teije A, van Harmelen F. Detecting new evidences for evidence-based medical guidelines with journal filtering. In: Riano, D, Lenz R, and Reichert M. (Eds.), Knowledge Representation for Health Care KR4HC/ProHealth@HEC. 2016, Springer, 2016, pp. 120-132.

기타 인공지능 방법론

앞에서 언급한 전문가 시스템 이외에 의료에서 사용되는 다른 인공지능 방법론에는 퍼지 로직fuzzy logic과 신경망neural networks이 있다[9]. 앞에서 논의했듯이 퍼지 로직은 어떤 것을 참과 거짓으로 구분하는 대신 참의 정도를 연속적인 값으로 취급하기 때문에 연속 데이터 값을 취하는 객관적 생리 파라미터를 가진 생체 시스템, 즉 심장 박동과 혈압에 특히 적합하다[10]. 최신 검토 논문에서는 이 퍼지 로직이 머지않은 미래에 의료 인공지능의 핵심 부분이 돼야 할 필요가 있다고 결론내렸다. 알고리듬 단독으로는 암호 혹은 수수께끼 같은 생의학 시스템의 문제를 해결하는 것은 불가능하기 때문이다[11]. 신경망은 뇌에서 영감을 얻은 프로세싱 패러다임의 하나로서 중환자실 상황뿐만 아니라 진단, 의료 영상 분야와 같은 다양한 임상 상황에 적용됐다[12].

도입 실패

이렇게 초창기에는 의학 전문가 시스템에 대한 지식 공학적 접근법이 주를 이뤘고 머신러닝이나 데이터 마이닝은 초창기 말미에 겨우 사용 가능한 인공지능 방법론이었는데, 지금은 더 지배적인 방법론으로 자리 잡았다[13]. 초창기 인공지능과 관련된 방법들이 의료에 채택되지 못한 것은 전체 업무 흐름과 조화를 이루지 못하면서 느렸다는 이유뿐만 아니라 그 기대치가 비현실적으로 높았기 때문이었다. 그래서 펀딩과 열정이 점점 사그라들었고, 의료 인공지능은 그다지 인기가 없어졌다.

요약하자면 현대 인공지능의 놀라운 역사는 튜링과 튜링 머신, 그리고 다트머스 콘퍼런스에서 시작됐다. 이렇게 탄생한 인공지능은 전문가 시스템으로 상징되는 GOFAI로 이어졌다. 최신 인공지능은 체스(전문가 시스템), 제퍼디 퀴즈 쇼(인지 컴퓨팅), 바둑(딥 강화 학습법)과 같은 다양한 게임에서 인간과의 경쟁을 거치면서 이룩한 역사적 발전에 기원을 두고 있다. 인공지능의 재탄생은 (1) 개선된 방법론 (2) 빅데이터 (3) 고용량·고성능 컴퓨팅이라는 세 가지 주요 힘들이 수렴된 결과다. 이런 이정표에도 불구하고 임상 의학 및 헬스케어 분야는 관련 지식과 이것에 대한 신뢰 부족 때문에 인공지능 기술을 폭넓게 채용하지 않아 왔다.

앞으로 의사들이 가까운 시일 이내에 진료 현장에서 이런 인공지능 기술을 사용하는 방법을 배울 수 있기를 기대한다.

흔한 의료 분야 인공지능의 열 가지 오해

다음은 이해할 수 있고 인간적인 의료 분야 인공지능에 대해서 의사 또는 데이터 과학자들이 흔히 가지고 있는 오해를 정리한 것이다. 자세한 설명은 이 책의 다음 섹션에서 찾을 수 있다.

의사는 인공지능에 의해서 대체될 것이라는 점이다. 능력있는 데이터 과학자와 경험많은 벤처 투자자라 할지라도 의사들이 하는 일이 무엇인지에 대한 기초 지식이 없는 경우가 많다. 이런 무지로 인해서 컴퓨터 비전을 사용한 영상 이미지 해석만 가지고도 이미지에 관한 일을 많이 하는 영상의학, 병리학, 안과학, 피부과학, 심장내과 전문의들을 충분히 대체할 수 있다고 생각하게 된다. 의사의 과업은 크게 인식(시각적 영상 판독, 통합적 데이터 분석), 인지(창의적 문제 해결과 복잡한 의사 결정), 수행(절차)으로 나눠볼 수 있다. 컴퓨터는 이런 의사의 과업 가운데서 인식에 있어서는 훨씬 강점을 가지고 있지만 인지 능력과 과제 수행 능력은 거의 없다. 그리고 영상의학과 의사가 필요없게 될 것이라고 주장하는 모든 사람들은 영상의학과 의사나 심지어 일반 의사 자신들이 아니라는 점도 주목할 만하다. 이제 이런 인공지능 대 의사라는 논쟁은 그만하는 것이 현명하고, 이 두 헬스 자원 사이의 시너지를 만드는 방법에 대한 논의를 시작할 때가 됐다[14].

인공지능은 헬스케어 모든 면에 적용할 수 있고 그로 인해서 가치를 만들어 줄 것이라는 점이다. 인공지능이 작업 흐름을 개선하고 진단의 정확도를 높여줄 수 있다고 증명되기는 했지만, 인공지능을 적용했을 때 반드시 이익이 된다고 볼 수 없는 어떤 기술적인 부분들이 존재한다. 예를 들어 심장 잡음을 위한 청진과 같은 과거 기술에 인공지능을 적용하는 것은 그다지 큰 이득을 가져다주지 않을 수 있다. 그렇지만 의료 영역에는 인공지능으로 개선할 여지가 있는 수많은 결핍이 존재하는데, 종종 이런 결핍은 무시되곤 한다. 따라서 인공지능을 적용하는 데 있어 먼저 문제가 무엇인지 정확히 설정하려는 디자인 사고 원리를 기억하는 것이 중요하다.

인공지능이 바둑에서 승리했듯이 의학과 헬스케어에서도 승리할 것이라는 내용이다. 인공지능은 오랜 전통을 가진 바둑에서 인간 챔피언을 물리치는 데 실제로 성공했다. 의료와 헬스케어는, 특히 중환자실이나 응급실과 같은 바쁜 곳이나 만성 질환 관리와 집단 건강 영역에서는 개별 상황에 따라 다른 판단을 해야하는 복잡한 상황에서 다수의 사람들이 실시간 결정을 내려야 하기 때문에, 실시간 전략 게임인 스타크래프트와 유사한 면이 있다. 특히 수백 개의 스타크래프트 게임이 동시에 진행되는 것과 본질적으로 더 유사하다. 그렇지만 최근 인공지능이 이런 전략 게임에서도 인간을 이기고 있다는 사실도 주목해야 한다.

딥러닝, 특히 컨볼루셔널 신경망CNN이 앞으로 오랫동안 가장 선호되는 인공지능 도구가 될 것이라는 점이다. 비록 딥러닝이 과대 포장됐고 실제로 컴퓨터 비전과 의료 영상 해석, 의사 결정 지원에서 아주 좋은 성능을 보이고 있지만 이 분야의 미래는 인공지능의 3차 대세라고 할 수 있는 인지 구조cognitive architecture가 포함된 더 정교한 툴을 필요로 한다. 딥러닝의 대가인 제프리 힌톤도 캡슐러 네트워크capsular networks 같은 인지적 요소가 딥러닝의 성능을 개선하기 위해 필요하게 될 것이라고 느끼고 있다[15]. 컨볼루셔널 신경망을 사용한 딥러닝은 현재 가용한 의료 데이터의 한계로 인해 미래에는 리커시브 코르티컬 네트워크recursive cortical network, 트랜스퍼 러닝transfer learning과 같은 더 정교한 도구를 필요로 할 것이다. 더불어 컨볼루셔널 신경망이 의료 영상 해석에 주요 역할을 해오기는 했지만, 병원과 진료 기록에서 정보와 지식을 추출할 수 있게 하기 위해서 강력한 자연어 처리NLP 능력을 가진 순환 신경망RNN, Recurrent Neural Network 역시 똑같이 중요해질 것이다. 순환 신경망 기능을 겸비한 컨볼루셔널 신경망의 변형들이 영상 이미지에서 흔한 동영상 이미지 분석을 위해 사용될 수 있을 것이다[16].

헬스케어 딥러닝을 위해 더 많은 데이터가 필요하다는 점이다. 의료와 헬스케어에서는 빅데이터라 할 만큼 데이터를 수집할 수 없는 여러 상황들이 존재한다. 희귀 질환 환자와 관련된 것도 그 한 가지로, 환자 수 자체가 워낙 적기 때문에 관련된 영상 이미지는 한정될 수밖에 없다. 또 다른 상황은 아주 정교하거나 아주 침습적이거나 위험성 또는 비용이 높은 검사와 관련된 것이다. 그래서 이런 검사는 인구 집단에서 그 수가 한정될 수밖에 없다. 이런 상황들로 고려하기 위해서는 생성적 적대 신경망generative adversarial networks 또는 로샷 러닝low-shot learning과 같은 방법을 창의적으로 사용해 부족한 빅데이터를 중화시키면 의료에서의 빅데이터에 대한 절대 필요성을 피해갈 수도 있을 것이다.

수신기 작동 특성 곡선$^{ROC, Receiver Operating Curve}$의 곡선 아래 면적^{AUC}은 알고리듬 성능을 보여주는 좋은 지표라는 오해다. 무엇보다 보통 부모들이 자녀가 가지고 있는 것보다 더 높은 것을 자녀에게 기대하는 것과 유사하게 의사와 데이터 과학자들도 인공지능에 대해 상대적으로 높거나 때론 공정하지 않은 기대감을 품는다. 어떤 의학 진단에서는 인간 의사들의 정확도가 50% 이상으로 그다지 높지 않은 경우도 드문 일이 아닌데, 일부 이해되기는 해도 기계 지능에 대해 더 높은 기대를 한다[17]. 그렇지만 ROC의 AUC 하나만 가지고 기계 지능의 정확도를 평가하는 것은 여러 문제가 있다[18]. 이 문제 가운데 하나는 이미지의 레이블들이 종종 처음부터 완전히 정확하지 않다는 사실에 있다. 사람이 레이블을 붙일 때 실수가 끼어들기 마련인 탓이다. 대규모 데이터셋에 따르는 부가적인 문제는 정확한 용어의 부재(폐렴대 경화^{consolidation}), 진단의 시간적 요소(폐렴의 초기 대 후기 소견), 다양한 레이블의 존재(진단은 종종 있다 없다 배타적 이진적으로 내릴 수 없는 경우도 있다), 데이터셋의 다양성(이미지의 질) 등과 같은 것들이 있다. 이런 ROC의 AUC 평가에서 파생된 성능에 대해 정확히 평가하려면 3가지 핵심 정보가 더 필요하다. 바로 정확도, 역치, 질병 유병률이다. 특히 질병 유병률은 분석에 있어 핵심적인 요소인데 종종 연구 기술서에 제대로 포함되지 않는 경우가 많다. 이러한 정밀도 회상 커브를 바라보는 균형잡힌 시각은 유병률을 고려하는 것으로, 유병률이 낮은 질환인 경우에는 참 음성$^{true negative}$ 수가 커지기 때문에 정확도를 인위적으로 과장하고 에러, 불일치 비율을 줄일 수 있다.

의료 인공지능에 기여할 수 있으려면 프로그래밍을 할 줄 알아야 한다는 점이다. 실제 프로그래밍을 하고 코딩을 하는 것 말고도 의료와 헬스케어 분야에 있는 사람이 의료 인공지능이라는 패러다임에 기여할 수 있는 방법은 아주 다양하다. 의료 인공지능 영역에서 가장 두드러진 결핍은 인공지능 도구의 부족이 아니라 생의학 데이터의 질과 관리 문제다. 먼저 어떤 의사라도 인공지능 프로젝트나 잘못 나갈 수 있는 아이디어에 대한 도메인 전문 지식을 제공할 수 있다. 더불어 아무 헬스케어 노동자라도 헬스케어에서 만연한 불합리한 작업 흐름에 대해 인공지능 프로젝트에 조언을 줄 수 있을 것이다. 마지막으로 헬스케어 종사자 누구라도 데이터의 질과 데이터 구조의 일관성에 집중함으로써 데이터-정보-지식-지능 피라미드를 구축하는 데 일조할 수 있다.

인공지능은 영상의학이나 병리학 같은 일부 선별된 분야만을 주로 다룬다는 것도 오해 중 하나다. 인공지능과 딥러닝이 이 분야에서 의미 있는 역할을 하기는 했지만, 인지 컴퓨팅이나 로보틱 프로세스 자동화, 자연어 처리 같은 다른 인공지능 방법들의 사용은 다른 분과에 모두 도움이 될 수 있다. 더불어 이런 도구들은 분과를 막론하고 헬스케어 시스템에 대한 운영 과부하를 줄이는 데 핵심이 된다. 따라서 인공지능은 딥러닝과 컨볼루셔널 신경망이 의료 영상을 해석하는 것보다 훨씬 더 많은 것을 제공한다. 다양한 인공지능 도구들은 전체 영역에 걸쳐 헬스케어 전달의 부담을 경감시킬 수 있는 새로운 자원이 될 것이다.

인공지능은 의사들을 덜 인간적으로 만든다는 점이다. 적절한 인공지능 사용은, 특히 자연어 처리와 이해에 관한 툴은 의사들의 전자의무기록에 대한 부담을 줄여서 좀 더 인간적인 역할을 할 수 있게 도움을 준다. 미래의 의사와 환자가 놓일 보금자리에는 눈에 보이는 기계가 존재하지 않고 오로지 사람 대 사람의 관계만이 있는 것이 더 바람직한 비전일 것이다[19].

인공지능 장비는 이해하거나 규제하기 어려울 것이라는 오해다. 진보된 인공지능 도구가 설명 가능성과 해석 가능성을 결여한다면 자기 충족적 예언의 가능성이 존재한다[20]. 우리가 인공지능과 그의 부속 도구들을 "디바이스로서의 소프트웨어"로 취급한다고 해도, 앞으로 개발돼 출시되는 인공지능 도구를 효과적이고 편리하게 인증하는 것은 도전적인 일이 될 것이다. 아마도 우리는 이런 기술의 기하급수적인 패러다임 변화를 우리가 규제하는 방법의 병행 궤적과 일치시킬 필요가 있다. 한 가지 방법은 인공지능 디바이스 자체를 규제하는 것이 아니라 특정 프로그램이나 기관에서 인공지능에 관한 일을 하는 개인이나 팀을 규제하는 것이다. 다른 가능성으로 규제 당국에 의한 주기적인 검사에 더해 "기계는 기계로"라는 튜링의 철학을 현명하게 사용해 지속적으로 알고리듬을 검토하는 규제 알고리듬을 개발하는 것이다.

의료 분야의 인공지능은 이미 여기에 와 있고 미래에도 올 것이라는 점이다. 컴퓨터 과학자 윌리엄 깁슨^{William Gibson}이 다음과 같이 간결하게 말했다. "미래는 이미 와 있다. 단지 균등하게 분포하지 않을 뿐이다." 정밀 의학을 구현하고 인구 집단의 만성 질환을 효과적으로 관리하기 위해서 기하급수적으로 증가하는 데이터와 정보를 바탕으로 의학의 발전 궤도를 수정할 필요가 있다. 임상 의학 및 데이터 과학 분야 모두의 이해관계자들은 일생에 한 번 정도 경험 가능한 의료 패러다임 변화를 위해 특수한 시너지를 만들어낼 특별한 가능성을 가지고 있다.

참고 문헌

[1] Kulikowski CA. Artificial intelligence methods and systems for medical consultations. IEEE Trans Pattern Anal Mach Intell 1980;5:464-76.

[2] Shortliffe EH, David R, Axline SG, et al. Computer-based consultations in clinical therapeutics: explanation and rule acquisition capabilities of the MYCIN system. Comput Biomed Res 1975;8(4):303-20.

[3] Miller PL. The evaluation of artificial intelligence systems in medicine. Comput Methods Programs Biomed 1986;22:5-11.

[4] Personal communication with Dr.?Shortliffe. 2014.

[5] Schwartz WB. Medicine and the computer: the promise and problems of change. N Engl J Med 1970;283:1257-64.

[6] Szolovits P. Artificial intelligence in medicine. Boulder, CO: Westview Press Inc; 1982.

[7] Szolovits P, Patil RS, Schwartz W. Artificial intelligence in medical diagnosis. Ann Intern Med 1988;108:80-7.

[8] Personal communication with Dr.?Szolovits. 2015.

[9] Hanson CW, Marshall BE. Artificial intelligence applications in the intensive care unit. Crit Care Med 2001;29:427-35.

[10] Ramesh AN, Kambhampati C, Monson JR, et al. Artificial intelligence in medicine. Ann R Coll Surg Engl 2004;86(5):334-8.

[11] Thukral S, Singh Bal J. Medical applications on fuzzy logic inference system: a review. Int J Adv Networking Appl 2019;10(4):3944-50.

[12] Yardimci A. A survey on the use of soft computing methods in medicine. In: Proceedings of the 17th international conference on artificial neural networks, Porto, Portugal. p.?69-79.

[13] Peek N, Combi C, Marin R, et al. Thirty years of artificial intelligence in medicine (AIME) conferences: a review of research themes. Artif Intell Med 2015;65(1):61-73.

[14] Goldhahn J, Rampton V, Spinas GA. Could artificial intelligence make doctors obsolete? BMJ 2018;363:k4563.

[15] Hinton G. Deep learning?a technology with the potential to transform health care. JAMA 2018;320(11):1101-2.

[16] Yu F, Silva Croso G, Kim TS, et al. Assessment of automated identification of phases in videos of cataract surgery using machine learning and deep learning techniques. JAMA Netw Open 2019;2(4):e191860.

[17] Hill AC, Miyake CY, Grady S, et al. Accuracy of interpretation of pre-participation screening electrocardiograms. J Pediatr 2011;159(5):783-8.

[18] Mallett S, Halligan S, Collins GS, et al. Exploration of analysis methods for diagnostic imaging tests: problems with ROC AUC and confidence scores in CT colonography. PLoS One 2014;9(10):e107633.

[19] Verghese A, Shah NH, Harrington RA. What this computer needs is a physician: humanism and artificial intelligence. JAMA 2018;319(1):19-20.

[20] Vellido A. The importance of interpretability and visualization in machine learning for applications in medicine and health care. In: Neural computing and applications. 2019. https://doi.org/10.1007/s00521-019-04051-w.

핵심 개념

- 2012년 이후 최근에 이뤄진 눈부신 딥러닝 기술의 정교함과 활용도에 대한 발전으로 인공지능에 대한 대중 인식도에 채택 빈도가 급속히 상승했다.

- 데이터 과학과 머신러닝, 딥러닝의 도래로 정보 분석과 혁신이 가속화됐음에도 불구하고 헬스케어와 의료 부분은 이런 새로운 인공지능 패러다임을 이용하는 면에서 상당히 뒤처진 상태로 남아 있다.

- 데이터에서 지능에 이르는 연속체가 존재하고 좋은 지능을 통해 지혜에 도달할 수 있다. 헬스케어에서는 지혜와 지능에서부터 데이터, 정보, 지식이 수집, 저장, 공유되는 방식에 대한 양방향 접근법이 있어야 한다.

- 아마도 인공지능을 가장 잘 정의한 것은 미국의 인지 과학자 마빈 민스키의 정의다. 그는 인공지능이란 인간이 한다면 지능이 필요했을 일을 기계가 할 수 있게 만드는 과학이라고 했다.

- 인공지능은 약한 인공지능과 강한 인공지능으로 구분할 수 있다. "특이한"이나 "좁은" 인공지능으로도 일컬어지는 약한 인공지능은 체스를 두거나 제퍼디 퀴즈를 푸는 일 같은 특정 과업에 적합한 인공지능 기술을 말한다. "넓은" 또는 "일반적인" 인공지능으로도 알려진 강한 인공지능은 훨씬 만들기 어려운데, 인공 일반 지능artificial general intelligence 또는 일반 인공지능이라고 불린다.

- 머신러닝과 좀 더 굳건하고 특이한 타입인 딥러닝은 인공지능과 동의어는 아니지만 종종 비슷한 의미로 사용된다. 머신러닝과 딥러닝은 인공지능 방법의 일종이다.

- 기타 인공지능 방법론으로 인지 컴퓨팅과 자연어 처리, 컴퓨터 비전, 로보틱스, 자율 시스템 등이 있다.

- 인공지능은 인간과 기계 간 지능 연속체라는 맥락에서 봤을 때 보조assisted, 증강augmented, 자율autonomous 인공지능으로 나뉜다.

- 인간과 기계 간 지능 연속체와 더불어 인공지능에 영감을 받은 분석 연속체로, 데이터 과학의 관점에서 지능과 자율적 행동이 증가하는 정도에 따라서 기술적descriptive, 진단

적diagnostic, 예측적predictive, 처방적prescriptive, 인지적cognitive 애널리틱스로 구분할 수 있다.

- 혁신적인 인공지능 시스템은 일부 두뇌에서 영감을 받을 수 있고, 두뇌 역시 기계의 도움으로 기능을 향상 시킬 수 있다.

- 일상적 진료에서 사용되는 "의사의 뇌"는 간단하게 여러 가지 기능별로 나눠서 생각할 수 있고, 이런 기능들은 기계가 할 수 있는 능력들에 매칭시킬 수 있다.

- 인공지능의 절대적인 아버지라 여겨지는 사람은 컴퓨테이션 이론과 계산하는 기계에 대한 업적을 수립한 영국의 수학자이자 컴퓨터 과학자인 앨런 튜링이다.

- 1950년대부터 1980년 말까지 주류를 형성했던 상징적 인공지능은 고파이GOFAI, Good Old-Fashioned AI 그리고 너저분한 인공지능에 대응하는 개념으로 "간결한 것"으로 알려져 있다. 이는 문제의 상징적 표현에 근거를 두고 있었고 이 시대의 주류를 형성했다.

- 인공지능 초창기의 GOFAI에 대한 대안은 컴퓨터 지능computational intelligence 분야다. 너저분한 인공지능 대비 깔끔함의 절반 정도의 "너저분한" 지능으로, 퍼지 시스템, 진화 컴퓨팅, 신경망 등과 같은 휴리스틱 알고리듬에 의존했다.

- 의료 분야에서는 1960년대 처음으로 인공지능을 접목하려는 시도가 있었는데 당시는 진단과 치료에 중점을 둔 규칙에 기반을 두는 전문가 시스템이 대부분이었다.

- 초창기 인공지능과 관련된 방법들이 의료에 채택되지 못한 것은 전체 업무 흐름과 조화를 이루지 못하면서 느렸다는 이유 뿐만 아니라 그 기대치가 비현실적으로 높았기 때문이었다.

현재의 데이터 과학과 인공지능

팩트에 앞서 이론을 세우는 것은 큰 잘못이다. 그렇게 되면 사람들은 이론을 팩트에 맞추기보다 무의식적으로 팩트를 이론에 끼워 맞추기 시작한다.

— 셜록 홈즈

1990년대 데이터 마이닝과 머신러닝에 대한 초점은 천천히 인공지능 분야를 살려내기 시작했다. 이런 시대상은 IBM의 대표적인 슈퍼컴퓨터인 딥 블루로 상징되는데, 딥 블루는 1997년 당시 세계 체스 챔피언인 개리 카스파로프$^{Gary\ Kasparov}$를 2번의 시도 끝에 물리쳤다. 또 다른 IBM 슈퍼컴퓨터 왓슨^{Watson}은 초대 IBM 최고경영자^{CEO}인 토마스 왓슨의 이름에서 따왔다. 셜록 홈즈의 조수 이름을 땄다고 생각하는 사람도 있다. 이 왓슨은 DeepQA 프로젝트를 통해서 2억 페이지에 걸친 콘텐츠를 분석하는 방법으로 개발됐다. 2011년 2월 14일 제퍼디 퀴즈 쇼에서 인간 챔피언인 켄 제닝스와 브래드 루터를 쉽게 물리치면서 인지 컴퓨팅의 능력을 보여줬다. 이와 비슷한 방법으로 딥마인드의 알파고 프로그램은 2016년 3월, 바둑에서 인간 세계 챔피언인 이세돌을 물리치면서 딥러닝, 좀 더 정확하게는 딥 강화 학습법 인공지능이라는 새 시대가 열렸음을 알렸다.

최근 인공지능은 다음과 같은 "세 개의 기둥", 간단하게 "ABC"로 구성돼 있다. (1) 알고리듬Algorithms: 정교한 알고리듬, 특히 머신러닝과 딥러닝과 그 변형 도구들과 같은 정교한 알고리듬의 출현 (2) 빅데이터Big Data: 사용가능한 데이터의 양이 점점 더 증가하고 이것을 분석할 수 있는 계산 방법 또는 "빅데이터"가 필요해짐 (3) 컴퓨테이션 능력Computational Power: 늘어나는 거의 무한대의 저장 능력을 가진 클라우드 컴퓨팅과 결합돼 무어의 법칙을 무시하는 더 싸고 더 빠르고 더 강력하게 상승된 컴퓨테이션 능력. 이런 요소들이 융합돼 현대 인공지능의 부활로 이어졌다[1](그림 1).

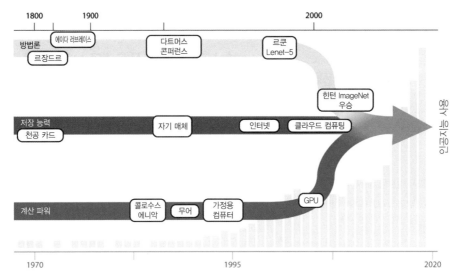

그림 1 인공지능의 사용. 인공지능의 사용을 넓히는 주요 힘을 요약했다. 먼저 좀 더 정교해진 알고리듬과 딥러닝으로 방법들이 개선됐다. 더불어 클라우드 컴퓨팅과 저장 능력의 증가가 있었다. 세 번째로 GPU(graphics processing unit)와 같은 하드웨어의 개발로 컴퓨테이션 능력이 올라갔다. 마지막으로 사용 가능한 데이터 양이 커지면서 인공지능 방법론을 훨씬 더 적절하게 만들어줬다.

헬스케어와 생의학을 위한 인공지능에서 GPU의 역할

압둘 하미드 할라비Abdul Hamid Halabi

– 미국 캘리포니아주 산타클라라 앤비디아 인공지능 및 헬스케어부

압둘 하미드 할라비는 헬스케어 기술 관련해 수십 년간 일했으며, 이 글을 통해서 GPU의 출현과 그것이 의학 영상 이미지에서 중환자실까지 다양한 헬스케어 문제들에 미치는 직접적인 영향에 대해서 말한다.

헬스케어 인공지능은 인간과 관련된 서비스에서 삶을 바꿀 기회를 제공한다. 환자의 삶의 질 개선부터 통상적인 진료 업무를 편리하게 해주는 것까지 인공지능은 진단의 정확성을 높이고 효율적인 치료를 도와주고 비용을 절감해 줄 수 있다.

헬스케어 인공지능의 발전을 이끈 핵심 기술에 그래픽 프로세싱 유닛GPU이 있다. GPU는 병렬 처리를 지원해 고성능 컴퓨팅, 딥러닝 및 그래픽을 가능하게 해준다. 앤비디아의 GPU는 단일 아키텍처를 기반으로 해서 프로그래밍이 가능하고 네트워크에서 클라우드까지 배치가 가능하다. 이런 유연성과 광범위한 접근성은 헬스케어에서 핵심적인 정보 기술 장비의 문제를 해결하는 데 도움이 된다.

오늘날 고성능의 컴퓨팅과 병렬 처리는 의사들이 좀 더 빠르고 효율적으로, 증가하는 헬스케어 데이터에서 어떤 의미를 파악하는 데 도움을 주고 있다.

이런 컴퓨팅 파워의 폭발은 의료 장비의 능력을 한층 더 끌어 올리는 역할도 하고 있다. 미래 의료 영상은 더 빠르고, 방사선 선량과 조영제 용량은 줄이게 될 것이다. 몇 가지 예를 보면 제대로 포착되지 않고 잡음이 낀 데이터를 가지고도 고품질의 MRI 영상을 구성할 수 있고, 앤비디아 GPU에서 구현된 인공지능 알고리듬을 사용해 2차원 초음파 영상을 3차원으로 변형시킬 수 있다.

헬스케어 인공지능에서의 앤비디아

인공지능의 기념비적인 해인 2012년에 GPU는 딥러닝 모델을 개발하고, 수시간에 걸친 훈련 시간을 수분으로 단축시키는 데 핵심적인 역할을 했다[1]. 그러나 어떤 한 회사나 기관만으로 인공지능을 헬스케어 시스템으로 옮겨 놓을 수 있는 것은 아니다. 앤비디아는 여러 병원, 부상하는 스타트업, 의료기기 회사들과 함께 모든 인구집단 및 모든 전문 의학 분야에 걸쳐 케어의 혁신을 촉진시키고 있다.

소아 중환자실에는 복잡한 만성 질환을 가진 소아 환자들과 응급 환자들이 섞여 있다. 이 소아 환자에 대한 최선의 치료법을 알아내기 위해 로스앤젤레스 소아 병원의 데이터 과학자 팀은 GPU를 사용해 10년치 소아 중환자실 환자 기록으로 어떤 패턴을 알아내기 위한 딥러닝 모델을 훈련시켰다[2].

GPU로 돌아가는 신경망을 통해 연구자들은 환자의 시간에 따른 생리학과 병행해 그에 따른 환자의 생존 확률을 예측할 수 있었고, 그를 통해 환자의 생체 징후와 중환자실에서 행해지는 중재 치료 사이의 연관성을 이해할 수 있었다[2].

2019년 3월 미국 FDA는 페이지.AI$^{Paige.AI}$를 혁신 의료기기로 지정 승인했다. 페이지.AI는 진단의 정확도를 높이고 환자의 결과를 높이고자 설립된 디지털 병리 전문 스타트업으로 유방암과 전립선 관련 제품을 우선 개발하는 것으로 시작했다[3]. 페이지.AI는 서로 연결된 10개의 앤비디아 DGX-1 시스템으로 구성된 인공지능 슈퍼컴퓨터를 사용해 메모리얼 슬론 케터링과 같은 미국의 유명 암 병원들로부터 받은 병리 데이터를 분석한다. 이런 슈퍼컴퓨터의 강력한 계산 능력은 연구 및 임상에서 미래 환자의 이익으로 가는 데 있어서 다리 역할을 해서 임상의 수준의 디지털 병리 판독 능력을 개발하는 것을 가능하게 한다.

생물학 분석 분야에서도, 옥스포드 나노포어 테크놀로지스는 휴대용 신속 분석인 MinIT와 장치 제어 액세서리로, 게놈 염기 서열 분석을 대중화해 포켓 크기의 실시간 MinION DNA/RNA 염기 서열 분석기를 실행하고 있다. 대용량·실시간 분석을 위해 앤비디아 AGX 시스템을 장착한 MinIT는 누구나 어디서나 DNA/RNA 염기 분석을 가능하게 할 것이다.

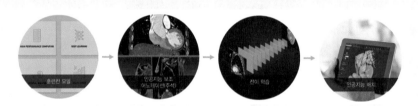

클라라 AI(Clara AI)는 영상의학과 의사들이 병변에 대해 인공지능의 보조를 받아 주석을 제공하고, 환자에게 AI를 적용한 후 병원에 배포할 수 있는 시스템이다.

인공지능을 진료 현장에 가져가기: 앤비디아 클라라 인공지능

딥러닝을 병원으로 옮겨놓기 위해 의사들을 그 과정에 참여시키는 것이 핵심이다. 그들에게 병원에서 자신의 데이터와 진료에 직접 사용할 수 있는 도구를 주는 것이 아주 중요하다. 진료는 영상의학과와 함께 여러 최전방 진료 부서들의 토론을 통해 의사와 환자에게 어떤 절차를 밟아 진행될지를 고지하는 것에서 시작된다.

이제 의료 영상 연구의 약 70%가 GPU를 사용하는 딥러닝에 관한 것이 됐지만 임상에 실제로 배치해 사용되는 알고리듬은 아주 드물다[4]. 의료 영상 인공지능은 환자의 인구학적 특성, 촬영 장비의 타입, 이미지를 얻을 때의 설정값 등에 민감한 경향을 보인다. 딥러닝을 구축하는 것뿐만 아니라 모델을 만들 때 필요한 데이터는 가격이 비싸고, 오랜 시간과 전문성을 필요로 한다.

배치를 촉진시키기 위해서 앤비디아는 클라라 AI^Clara AI라고 하는 도구를 만들었다. 여기에는 최신의 분류 인공지능과 소프트웨어가 포함돼 있어 영상의학과 전문의들이 사용하는 임상 도구와 병원 작업 환경에 인공지능을 결합시키는 것을 돕는다. 예를 들어 클라라 AI의 어노테이션(주석) 기능은 수시간이 아니라 수분 내로 어노테이션 해서 구조화된 데이터셋을 만들 수 있게 해준다[5].

또 다른 엔비디아 클라라 인공지능 도구인 전이 학습은, 환자의 데이터 프라이버시에 대한 걱정없이 해당 병원 고유의 인구학적 특성, 이미징 장비 등이 고려된 데이터로 딥러닝 알고리듬을 구축하는 것을 돕는다. 그 결과 의사들은 처음보다 10배 적은 데이터를 가지고도 환자들에 대한 딥러닝 모델을 만들 수 있다[5]. 이런 도구는 산업계 표준을 사용해 기존에 존재하는 영상의학과 작업 흐름에 인공지능 통합을 촉진한다.

GPU는 헬스케어 작업 흐름의 핵심 프로세스를 가속화한다. 최신의 헬스케어 인공지능을 선도하고 차세대 지능형 의료용 애플리케이션을 만들기 위해 수많은 파트너들이 GPU를 채용하고 있다.

참고 문헌

[1] Huang H. Accelerating AI with GPUs: a new computing model. NVIDIA Blog January 2016; [cited 05.04.19]. Available from: ⟨https://blogs.nvidia.com/blog/2016/01/12/accelerating-ai-artificial-intelligence-gpus/⟩.

[2] Zee S. How deep learning can determine drug treatments for better patient outcomes. NVIDIA Blog May 2016; [cited 05.04.19]. Available from: ⟨https://blogs.nvidia.com/blog/2016/05/17/deep-learning-5/⟩.

[3] Healio. Cancer statistics reports for the UK, FDA grants breakthrough device designation to artificial intelligence technology for cancer diagnosis. Healio March 2019; [cited 05.04.19]. Available from: ⟨https://www.healio.com/hematology-oncology/prostate-cancer/news/online/%7B4dfae387-2af3-445b-894f-03205456a617%7D/fda-grants-breakthrough-device-designation-to-artificial-intelligence-technology-for-cancer-diagnosis⟩.

[4] Powell K. How healthcare industry is using NVIDIA AI to better meet patients' needs. NVIDIA Blog November 2018; [cited 05.04.19]. Available from: ⟨https://blogs.nvidia.com/blog/2018/11/20/healthcare-industry-uses-nvidia-ai/⟩.

[5] Halabi AH. Clara AI lets every radiologist teach their own AI. NVIDIA Blog March 2019; [cited 05.04.19]. Available from: 〈https://blogs.nvidia.com/blog/2019/03/18/clara-ai-gtc/〉.

그러나 의료 인공지능에 관한 논의는, 의료 데이터의 복잡한 성격과 의료 인공지능이라는 맥락에서 20년 전에 상세하게 기술된 헬스케어 데이터와 데이터베이스에 관련된 수많은 문제에 대한 자세한 검토부터 시작할 필요가 있다[2]. 의료 인공지능의 미래 성패는 의료 데이터와 데이터베이스의 질과 일관성에 달려 있을 것이다.

참고 문헌

[1] Chang AC. Big data in medicine: the upcoming artificial intelligence. Prog Pediatr Cardiol 2016;43:91-4.
[2] Altman R. AI in medicine: the spectrum of challenges from managed care to molecular medicine. AI Mag. 1999;20(30):67-77.

04

헬스케어 데이터와
데이터베이스

헬스케어 데이터

헬스케어 데이터는 환자 접촉, 생체 징후, 검사 결과, 처방 등이 담긴 전자의무기록^{EMR}에 그치지 않고 MRI, CT, 초음파, 혈관조영술과 같은 고급 의료 영상 검사에서 얻어지는 결과까지 아주 복잡하게 구성돼 있다[1]. 구조화된 데이터는 보통 표 또는 스프레드시트의 정수, 문자열 등 관계형 데이터베이스 포맷으로 구성돼 있기 때문에 저장 용량이 적은 반면, 비구조화된 데이터는 이런 표 형식으로 되어 있지 않은 텍스트, 의료 영상, 음성 파일, 동영상 등으로 저장돼 있어서 더 많은 저장 용량을 필요로 한다. 전체 의료 기록의 약 80%는 비구조화된 데이터로 추산되고 있다[2](그림 4.1).

질병 및 관련 건강 문제의 국제 통계 분류^{ICD}는 세계 보건 기구^{WHO}에서 만든 질병 분류 리스트다. 현재 ICD-10은 열 번째 버전으로 증상과 징후를 포함한 질병에 대한 코드, 이상 소견, 손상, 사회적인 상황에 대한 자세한 내용을 담고 있다. 이전 버전인 ICD-9보다 많은 수가 추가돼 약 6만 9000개가 넘는 코드로 구성돼 있다. 3에서 7자리의 영숫자 진단 문자와 절차 코드로 매칭돼 있는데 예를 들어 H91.21은 돌발성 특발성 오른쪽 청력소실을 나타내도록 약속돼 있어서, 국제적인 상호 소통과 건강정보교환$^{HIE, Health Information Exchange}$을 지원한다. 중요하게 쓰이는 또 다른 의료 기록인 CPT$^{Current Procedural Terminology}$는 미국 의사 협회에서 만든 의학적·외과적·진단적 의료 행위에 대한 코드로, 다섯 자리로 돼 있다. 예를 들어 93303이나 93306은 경흉부 심장 초음파를 의미하는데 93306은 보험과 관련 있다. 이는 ICD-10에서처럼 진단이 아니라 제공되는 서비스와 관련 있다.

SNOMED CT^{Clinical Terms}는 의무 기록에 사용되는 임상 소견, 증상, 진단, 수기, 해부학적 구조 등 의학 용어에 대한 온톨로지 집합이다. 네 개의 주요 핵심 요소로 콘셉트 코드^{concept codes}, 설명^{descriptions}, 관계^{relationships}, 레퍼런스셋^{reference set}이 있다. 그리고 미국 국립보건원 국립 의학 도서관이 보급하는 UMLS^{Unified Medical Language System}는 전자 건강 기록^{EHR}을 포함 go 상호 운영 가능한 생의학 정보 시스템을 제공하기 위해 핵심 용어와 표준을 통합 및 배포한다. 이렇듯 공통 "사전"은 정확히 동일한 의학적 상태를 설명하는 데 여러 가지 방법이 있을 수 있으므로 매우 유익하다. LOINC^{Logical Observation Identifiers Names and Codes}는 의학 검사 소

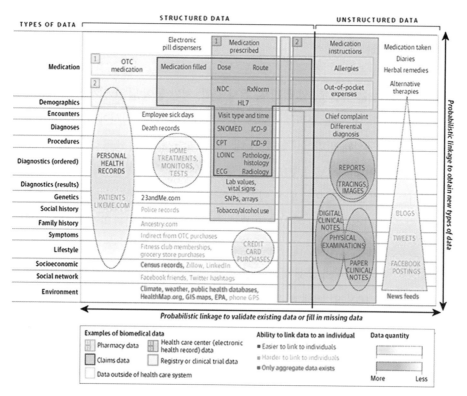

그림 4.1 의료 데이터. 복잡한 이 그림은 헬스케어에서 데이터의 복잡성을 다루는 것이 큰 과제임을 보여준다. 데이터 타입은 왼쪽 열에 나열돼 있다. 다이어그램이 복잡한 만큼, 아직 완전하지도 않고(웨어러블 기술 데이터가 포함되지 않음) 대부분의 헬스케어 데이터가 구조화돼 있지 않기 때문에 현실적이지도 않다. 또 대부분의 헬스케어 데이터는 실제로 헬스케어 시스템 외부에 있다.

견에 관한 데이터베이스다. 전체 LOINC 이름에는 속성:타이밍:시료:척도(예: 2951-2 SODIUM:SCNC:PT:SER/PLAS:QN) 같은 여러 구성 요소가 있다. 마지막으로, 의료 영상에 사용되는 DICOM^{Digital Imaging and Communications in Medicine}은 이 이미지 데이터의 통신 및 관리에 모두 허용되는 표준이고 PACS^{Picture Archive and Communication System}는 디지털화된 의료 이미지 및 보고서를 위한 컴퓨터 네트워크다. PACS에는 이미징 데이터, 정보 전송을 위한 보안 네트워크, 이미지를 판독하기 위한 워크스테이션, 이미지 저장소 등이 포함된다.

빅데이터

데이터가 여러 가지 방법에 따라서 복잡해지고 커져서, 전통적인 데이터 처리 애플리케이션으로는 더이상 처리할 수 없는 상태에 이르렀을 때 "빅데이터"라고 한다. 빅데이터의 특성은 네 개의 "V"로 주로 언급된다. (1) volume: 2020년에 이르러 사물 인터넷 등의 영향으로 40 제타바이트 혹은 40조 기가바이트 이상의 데이터가 존재할 것으로 기대됨) (2) variety: 다양성(동영상, 웨어러블 기술, 이미지, 구조화된/비구조화된 데이터 유형이 디지털 "쓰나미"를 생성함) (3) velocity: 속도(가까운 미래에 5G로 구동되는 스트리밍 데이터 및 200억 개 이상의 네트워크 연결을 통해 속도 데이터에 액세스) (4) veracity: 정확성(데이터의 불확실성은 비용이 많이 들 뿐만 아니라 부정확한 결론으로 이어짐) 등이다[3]. 이외에 가치^{value}, 시각화^{visualization}, 가변성^{variability} 등도 "V"에 포함할 수 있다.

최근 헬스케어 데이터의 혼동 상태는 예측 분석이나 머신러닝이 거의 포함되지 않은 비구조화되고 비균일한 의료 정보의 양이 치솟고 있는 것이 특징이다[4, 5]. 생의학 데이터의 크기와 관련해 전자의무기록^{EMR}은 5~10MB 범위에 있지만, 방사선 및 심장 영상 연구는 10~100배 많아서 50~100MB 정도 차지한다. 이러한 데이터는 여전히 20GB 이상에 이르는 임상 유전체 데이터만큼 크지 않다. 마지막으로 전체 헬스케어 데이터의 추산 크기는 150EB(엑사바이트, 1018) 이상이고 빠르게 늘어나고 있다[6].

자율 주행 자동차, 최후의 전자의무기록, 침대 아래 괴물들: 환자에게 중요한 건강 결과를 위한 데이터 운용

리차드 A. 프랭크 Richard A. Frank

- 독일 에를랑겐 지멘스 헬시니어스

리차드 프랭크는 내과의사로 수십 년간 의료 산업에 대한 경험을 가지고 있다. 그는 이 글을 통해서 인공지능에 대한 생각과 4대 목표the Quadruple Aim, 특히 환자의 건강 결과를 개선하기 위해서 헬스케어 데이터를 실행 가능한 요소들로 변화시킬 수 있는 인공지능의 능력에 대해서 이야기한다.

환자와 의사들은 모두 강화된 지능에 대해 의구심을 가지고 있다. 의료가 지향하는 "3가지 목표Triple Aim" 결과 개선, 환자 경험의 강화, 비용 절감 가운데 환자들은 환자에게 중요한 결과 개선보다 비용 절감과 같은 효율성의 과대 추구로 인한 피해를 받을 수 있다고 합리적으로 의심한다. 이는 자율 주행 자동차를 대하는 인상과 비슷하다. 자율 주행 자동차가 보행자의 안전보다 주행의 편의성에 중점을 둬서, 센서가 자전거를 끌고 가는 보행자를 인식하고도 응급 브레이크를 잡는 것이 불가능했었다는 사례가 있다. 이때 자동차는 자동차의 작동 오류를 줄이기 위해 컴퓨터가 모든 것을 조절하는 상황이었다[1]. 자동차는 브레이크 없이 움직였고 끔찍한 사고로 이어졌다.

의사들은 전자의무기록의 과대 약속과 상호운용 불가능성에 대해 또 한 번의 공포감을 가지고 있다. 의사들은 전자의무기록시스템이 내놓는 경고에 시달리고 전자의무기록을 요구하는 세부사항을 맞추기 위한 행정적 요구사항에 대한 부담으로 피해를 입는다. 전자의무기록 채택에 대한 요구 사항은 분노를 유발했다. 사전 승인이 나오기 전까지 전자의무기록은 의사들의 번아웃과 자살에 대한 생각을 유발한 주요 원인이었다. 이로 인해 4대 목표the Quadruple Aim가 제안됐다. 기존 3대 목표에 "의사와 스탭을 포함한 헬스케어 제공자들의 노동 환경을 개선"하는 점이 추가된 것이다[2].

좋은 소식은 인공지능은 전자의무기록이 아니라는 것이다. 우리가 경험을 통해 배울 수 있다면 적어도 그런 것일 필요는 없다. 환자들은 임상적 의사 결정이 인공지능에 의해서 강제되는 것이 아니라 강화된다는 점에서 안심할 수 있다. 발표되는 최신 의학 논문들을 따라가려면 의사는 적어도 하루에 13편의 논문을 읽을 필요가 있다. 지난 수십 년 동안 이것에 대한 인지적인 부담은 매출에 대한 인센티브 제도와 더불어 의사들을 일차의료보다는 전문 과목으로 몰고 갔다. 오늘날에는 전문의조차 이런 인지적인 부담으로 고통받고 있으며, 더 높은 수준의 실질적인 지식을 만들어 내야 자신이 성공한다는 틀에서 그 희생양이 되고 있다. 또한 일반의 부족이 점점 더 심해져 어떤 지역에서는 급성 치료를 담당할 일반의가 모자라는 상황이 되고 있다.

환자들은 인공지능을 이용하는 의사들의 경우 더 높은 안목을 갖고 환자의 문제를 감당할 수 있을 것이라고 안심할 수 있을 것이다. 의사들은 더 나은 치료를 제공함으로써 성취감을 느낄 수 있을 것이다.

의사들은 적어도 기존 의료 기기 혁신가들로부터 데이터의 가치를 잘 활용하면서 의료 영상 DICOM 표준처럼 기기 간의 상호운용성을 보장받고, 일하기가 편해지며, 현장에 바로 도움이 될 도구가 주어진다는 점에서 안심이 될 것이다[3]. 인공지능이 약속하는 비용 절감과 결과 개선이라는 핵심 목적을 달성하기 위해서는 전자의무기록에 대한 행정적인 부담을 강제하는 형태가 아닌, 인공지능에 의해서 가치가 추가되는 급여 인센티브가 반드시 필요하다[4].

의사들은 환자의 결과 개선을 반길 것이고, 더 나은 케어를 위해 반드시 필요한 하나의 "진료 표준"으로써 인공지능 사용을 진료에 끌어들이도록 승인할 것이다[5]. 헬스케어 전문가들은 약물 오류를 줄이는 것뿐만 아니라 더 나은 결과를 위한 책임감이라는 부담을 줄일 수 있기를 기대한다.

인센티브는 3차 대학 병원과 세계 수준의 기관들에서부터 일반 의원과 시골 병원까지 지리적으로 사회경제적으로 공평한 접근을 보장할 것이다. 일반의의 부족으로 상황이 좀 더 복잡해지는 의료 취약 지역에서의 케어에 대한 접근성은 케어 패스웨이와 함께 제공되는 인공지능으로 부담을 덜 수 있을 것이다. 또한 의사들의 행정적·인지적 부담을 줄이면서 지루하고 일상적인 업무에서 벗어날 수 있도록 도울 것이다.

DICOM의 상호운용성을 뛰어 넘어 분별 있는 혁신가들은 사이버 보안, 환자 프라이버시, 작업 흐름의 중요성을 존중할 뿐만 아니라 대부분의 질환에서 필요한 다학제적인 성격에 부합하도록 통합을 촉진시키는 디지털 생태계를 만들어 가고 있다.

과도한 비용 대비 효율성 추구와 강제로 맞추어야 하는 요건들, 즉 침대 아래 있는 괴물들이 환자의 건강 결과 호전과 의사의 만족을 빼앗아 갈 수 있다. 이제는 진료 의사 결정을 증가시키는 기계에 대한 가치를 부여하고 투자를 하며 그 결과에 값을 지불하는 행위를 통해 이 괴물들을 물리쳐서, 환자에게 중요한 건강 결과의 개선을 이끌어 내기 위해 데이터 활용에 기반을 둔 새로운 케어가 주는 이득의 열매를 수확하자.

참고 문헌

[1] NTSB. Preliminary report highway HWY18MH010. Available from ⟨https://www.ntsb.gov/investigations/AccidentReports/Reports/HWY18MH010-prelim.pdf⟩; 2015 [Accessed 05.04.19].

[2] Bodenheimer T, Sinsky C. From triple to quadruple aim: care of the patient requires care of the provider. Ann Fam Med 2014;12(6):573-6. Available from ⟨http://www.annfammed.org/content/12/6/573.full⟩ [Accessed 05.04.19].

[3] Daniel G, Silcox C, Sharma I, Wright MB, Blake K, Frank R, et al. Current state and near-term priorities for AI-enabled diagnostic support software in health care. Available from ⟨https://healthpolicy.duke.edu/news/white-paper-release-current-state-and-near-term-priorities-ai-enabled-diagnostic-support⟩; 2019 [Accessed 05.04.19].

[4] Collier M, Fu R. Technology; ten promising AI applications in health care. Harvard Business Review May 10, 2018. Available from ⟨https://hbr.org/2018/05/10-promising-ai-applications-in-health-care⟩ [Accessed 05.04.19].

[5] JASON report. Artificial intelligence for health and health care. Dec 2017. Section 2.3. Available from ⟨https://fas.org/irp/agency/dod/jason/ai-health.pdf⟩ [Accessed 05.04.19].

의료 빅데이터의 크기 확장, 다양성, 속도, 진실성에도 불구하고 이러한 헬스케어 빅데이터에서 얻는 정보를 통한 이득은 크지 않다[7, 8]. 물론 헬스케어 빅데이터를 사용해 비용을 줄이고 재입원률을 낮추며 선별 능력을 개선하고 환자의 악화를 예측하고, 부작용을 예방하며 치료 최적화를 이룰 수 있는 가능성은 매우 크다[9]. 현재 상황은 더 많은 데이터 "쓰나미"가 몰려오면 더 복잡하고 처리하기가 만만치 않게 될 것이다. 여기에 대용량 출력이 가능한 차세대 염기 서열 분석으로 얻어지는 유전 정보[10], 홈 모니터링과 웨어러블 디바이스로 얻어지는 생리학적 데이터가 추가 되면 상황은 더 복잡해질 것이다[11].

헬스케어 데이터의 난제들

헬스케어 데이터는 몇 가지 독특한 이유들 때문에 인공지능 개발을 까다롭게 만든다.

1. **데이터 크기**: 유전체 데이터, 의료 영상, 웨어러블 디바이스에서 얻어지는 데이터 등을 포함해 헬스케어 데이터의 크기는 점점 더 커지고 저장·관리가 더 어려워지고 있다.

2. **데이터 위치**: 데이터는 임상 데이터와 청구 데이터 등 다양한 포맷으로 존재하고 종종 의원, 병원, 영상의학과 실험실 같은 기타 부서 등과 같이 여러 저장소에 보관되는 경우가 많다.

3. **데이터 구조**: 수기로 작성된 의사의 기록에서부터 심초음파까지 헬스케어 데이터 80% 이상이 구조화되지 않은 상태여서 데이터 번들로 다루기가 어렵다.

4. **데이터 무결성**integrity: 헬스케어 데이터의 일부 또는 대부분은 빈 상태이거나 부정확한 경우가 드물지 않다. 그렇지만 이 점은 데이터 마이닝과 데이터 분석 전략으로 상쇄할 수 있다.

5. **데이터 일관성**: 데이터들이 종종 일관성 없이 기록되는 경우가 많고, 어떤 현상에 대해서는 아주 간단한 의학 용어에 대해서도 보편적 정의가 없어서 의사들마다 다른 용어를 사용하는 경우가 많다.

적절한 데이터 찾기

피터 보렌캠프 Pieter Vorenkamp

피터 보렌캠프는 전기 공학자이며 암을 극복한 특별한 사람의 아버지로서, 이 글을 통해 암에 걸린 아들의 치료를 위해서 아들의 의무기록으로부터 데이터를 찾고 관리하는 데 겪었던 경험을 이야기한다.

> 환자 기록은 희귀 질환에 대한 치료 결과를 발전시키는 데 아주 소중한 도구다.
>
>> "팀의 아버지" — 미국 캘리포니아 라구나 비치, 타인을 위한 라이브 재단(The Live for Others Foundation, www.L4OF.org)
>> 미국 캘리포니아 어바인 소재 신티언트(Syntiant Corporation)
>> 최고운영책임자(COO, www.syntiant.com)

소아암은 성인암과 비교했을 때 고유한 특징을 갖고 있고 극도로 희귀하다. 그림 1에서 설명한 바와 같이 CI5-X 데이터베이스[1]의 통계를 보더라도 전체 암 환자의 90% 이상은 45세 이상에서 진단된다. 모든 암 환자의 단 1%만이 20세 이전에 진단된다.

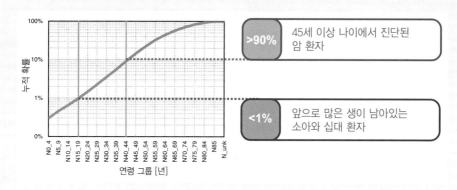

그림 1 전체 암 환자 집단의 누적 및 정규화 규모

성인 환자에서 발견되는 암의 종류는 소아 암 환자와 근본적으로 다르다. 그림 2에서 보듯이 상위 5위 성인 암(폐, 유방, 전립샘, 대장, 방광)과 상위 10위 소아 암(림프구성 백혈병, 뇌, 비호지킨 림프종, 호지킨 림프종, 뼈, 골수성 백혈병, 결체 및 연부 조직, 신장, 갑상샘, 고환) 사이에는 전혀 상관관계가 없다.

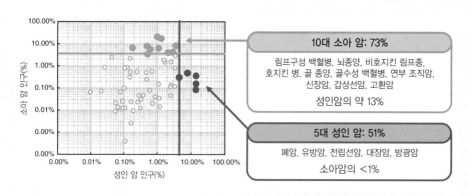

그림 2 성인 암과 소아 암과의 상관관계

활막육종 기준으로

활막육종synovial sarcoma은 결체 및 연부 조직 암의 아형으로 주로 10대와 젊은 성인에서 진단된다. 암은 초기에 주로 사지 관절이나 그 근처에서 발견된다. 활막육종은 염색체 전좌chromosomal translocation t(X; 18)를 특징으로 한다[2, 3]. 흔히 폐로 전이되면 5년 생존율을 많이 떨어뜨린다.

이런 요인들 때문에 제약업계의 연구와 약물 개발이 매우 드물고 제한돼 있다. 더군다나 소아 암 분야에서 대부분의 연구는 보통 새롭고 실험적인 치료를 바탕으로 전체 생존율 중앙값median overall survival rate의 호전이 관찰됐다고 하는 "성공한 이야기"에 집중돼 있다. 그렇지만 이런 결과는 보통 통계적으로 유의미한 샘플 크기에 기반하지 않은 경우가 많다[4]. 불행하게도 "성공하지 못한 이야기"들은 잊혀지고 고려되지 않는다. 종종 생존하지 못한 환자들에 대한 기록과 치료력은 소실되거나 무시된다. 이런 환자 기록에 숨겨진 중요한 데이터는 찾아내기 어렵다. 데이터는 전형적으로 비구조화돼 있고 종종 수기로 작성된 기록을 포함한다. 불행하게도 잠재적으로 가치있는 데이터로부터 완벽한 환자 과거력을 추출할 수 있는 도구는 오늘날 존재하지 않는다. 더 나아가 이런 데이터들은 의사들과 연구 팀 사이에 공유되지 않는다. 그렇지만 이런 기록에는 핵심적인 정보가 들어 있다. 대두되는 질문은 "우리가 어떻게 이런 정보에 접근하고 활용할 수 있을까?"인데, 좀 더 합당한 질문은 "미래의 활막육종 환자에게 도움이 될 수 있게, 과거의 환자와 환자의 과거력, 그들이 받았던 치료 프로토콜 등으로부터 무엇을 배울 수 있을까?"하는 것이다.

데이터셋 확장

몇 가지 "성공적인 이야기"와 "성공하지 못한 이야기"에 대한 정보를 모두 포함해 공유하고 유전체 과학의 혁신을 이용하며, 이 문제에 초점을 맞춘 재단의 지원을 받은 임상 팀과 연구자들 사이의 강한 협력이 결합될 때 아주 드문 질환에 대한 패턴과 공통점을 발견할 수 있는 기회를 높이고 치료로 발전시킬 수 있는 통계적 모델을 개발하는 데 도움이 될 것이라고 강력히 믿는다.

2017년 타인을 위한 라이브 재단L4OF, Live for Others Foundation은 ShareMD 협업 운동의 한 요소로 환자 명단Patient Registry 프로젝트를 시작했다. 활막육종 환자로부터 데이터를 수집하는 것에 기초를 둔 개념으로 환자와 부모님뿐만 아니라 연구자와 암 전문의로부터 큰 호응을 받았다. 지금까지 L4OF에는 80명 넘는 환자가 등록돼 있고 그 수는 빠르게 증가하고 있다.

L4OF 재단 소개

L4OF는 2015년 팀 보렌캠프^{Tim Vorenkamp}가 설립한 비영리 재단으로 활막육종 치료법을 찾기 위한 연구와 이 질환을 알리는 데 도움을 주는 것을 목적으로 한다. 사지에 생긴 드문 암과 5년간 투병하는 동안 팀은 희망과 깨달음의 상징이 됐다. 18세에 불과했지만 팀은 긍정적인 정신을 소유하고 삶에 대한 끊임없는 열정을 품었으며, 다른 사람을 돕고 그의 미션이 살아남을 수 있게 재단이 자리를 잡는 마지막 날까지 열심히 일했다.

팀의 소망을 이룰 수 있게 하고 이 질환을 가진 환자와 가족의 절박한 소망에 고무돼 우리는 유전 정보와 결합된 환자 의료 기록의 공유와 분석을 통해서 의미있는 한 발을 더 내디딜 수 있다고 강하게 믿는다.

L4OF 재단은 활막육종 환자 등록^{Synovial Sarcoma Patient Registry}을 만들었다. 이는 ShareMD 운동의 하나의 요소로, 활막육종 환자에 초점을 두면서 연구윤리위원회로부터 환자 등록에 대한 승인을 받았다. HIPPA 요건과 완전히 부합하도록 환자 정보는 익명 처리되고 적절한 동의 없이는 누구와도 공유되지 않는다. 이 재단의 장기 비전은 활막육종 환자를 위한 플랫폼을 넘어서 미래에는 더 많은 의료 전문가들과 연구자들을 참여시키는 것이다.

삶은 여행입니다. 이 여행을 같이 하는 사람들을 위해 살아가세요. **- 팀 보렌캠프**

참고 문헌

[1] Forman D, Bray F, Brewster DH, Gombe Mbalawa C, Kohler B, Piñeros M, et al., editors. Cancer incidence in five continents, Vol. X, IARC scientific publication no. 164. Lyon: International Agency for Research on Cancer; 2014.

[2] Ren T, Lu Q, Guo W, Lou Z, Peng X, Jiao G, et al. The clinical implication of SS18-SSX fusion gene in synovial sarcoma. Br J Cancer 2013;109:2279-85.

[3] Coindre JM, Pelmus M, Hostein I, Lussan C, Bui BN, Guillou L. "Should molecular testing be required for diagnosing synovial sarcoma?" A prospective study of 204 cases. Cancer 2003;98(12):2700-7.

[4] Krieg AH, Hefti F, Speth BM, Jundt G, Guillou L, Exner UG, et al. Synovial sarcomas usually metastasize after ⟩5 years: a multicenter retrospective analysis with minimum follow-up of 10 years for survivors. Ann Oncol 2011;22(2):458-67.

헬스케어 데이터 관리

데이터 프로세싱과 저장

추출^{extract}과 변형^{transform}, 적재^{load}의 앞글자를 딴 ETL 절차는 시스템에서 데이터를 추출하는 데 시간을 쓴다. 데이터가 일반적으로 구조화돼 있는 만큼 비즈니스 전문가들이 선호하는 데이터 웨어하우스를 위한 데이터를 구성하기도 하지만 스토리지는 보통 더 비싸다. 데이터 레이크^{data lake}는 데이터 과학자들이 선호하는 저비용의 데이터 저장소로, 차후 분석을 목적으로 비정형화된 데이터들을 포함한 대규모 원본 데이터를 저장한다. 데이터 웨어하우스는 비교적 사전에 정해진 규칙을 따르기 때문에 유연성이 떨어지지만, 데이터 레이크는 보다 유연한 설정을 갖는 것이 보통이다. 데이터 웨어하우스와 데이터 레이크는 각자 장단점이 있지만 아마도 그 장점을 이용한 하이브리드 형태의 "데이터 레저버^{data reservoir}"가 이상적인 데이터 저장소일 것이다. 헬스케어 데이터는 접근 및 분석을 위해, 서버 또는 분산 컴퓨팅 스토리지 플랫폼의 데이터베이스 관리 시스템^{DBMS}에 저장할 수 있다. 하둡^{Hadoop}이 바로 그런 시스템이다. 아마존, 구글, IBM 같은 회사들은 클라우드로 저장과 분석을 할 수 있는 서비스를 제공한다.

전자의무기록 사용과 상호운용성

HL7^{Health Level-7}은 소프트웨어 애플리케이션 간의 임상 및 행정 데이터의 원활한 이동을 위한 표준으로, 국제표준화기구에서 개발한 OSI^{Open System Interconnection Reference Model} 모형에서 7번째 애플리케이션 레이어를 말한다. HL7의 비전은 "누구나 안전하게 언제 어디서나 적절한 헬스 데이터에 접근할 수 있는 세상"으로, 헬스케어 기관의 인공지능 작업은 전자의무기록간의 상호운용성을 촉진시키기 때문에 HL7을 따른다. HIMSS에 따르면 상호운용성이란 "기관 내·외 경계를 넘어 서로 다른 정보 시스템, 디바이스, 애플리케이션 등이 아무런 장애 없이 정보에 접근하고 교환해 협력적으로 데이터를 사용할 수 있는 능력으로, 개인과 집단의 건강을 최적화시키는 것을 목적으로 하는 것"을 말한다. 이런 상호운용성은 기초적·구조적·의미론적·기관적일 수 있다. 의료 데이터의 이런 측면은 인공지능 프로젝트를 진행할 때 다기관 협력에서 핵심적인 역할을 한다. HL7에서 개발한 FHIR^{Fast Healthcare}

Interoperability Resources은 상호운용성을 바탕으로 전자의무기록을 교환할 수 있도록 하는 데이터 포맷에 대한 표준 역할을 하는 애플리케이션 프로그래밍 인터페이스다.

HL7은 때로 HIMSS의 전자의무기록 사용 모델과 헷갈리기도 하는데 이는 표 4.1에 정리했다. 여기서 7단계는 종이 차트가 더이상 사용되지 않는 상태를 말한다. 6단계는 해석 가능한 전자의무기록 시스템을 갖추고 7단계로 진입하기 직전 상태다.

헬스케어 데이터베이스

데이터베이스 관리 시스템

데이터베이스 관리 시스템의 종류에는 위계적hierarchical, 네트워크network, 관계형relational, 객체지향형object-oriented 등이 있다. 의료 데이터베이스는 최근에야 전자의무기록 시스템이 발전, 도입됐기 때문에 전통적으로 데이터베이스 관리 시스템이 없거나 거의 없는 원시적인 일반 플랫 파일을 사용해 왔다[12]. 그래서 헬스케어 데이터는 주로 하이퍼링크를 통한 간접 공유 방법에 의존하는 정적인 상태로 놓여 있었다. 요약하자면, 현재 헬스케어 데이터의 상당 부분은 일반 파일에 저장돼 있거나 기껏해야 상대적으로 간단한 위계적 또는 관계형 데이터베이스 관리 시스템에 저장돼 있고 이 또한 병의원의 로컬 운영 체제에 묶여 있는 실정이다. 생의학 데이터에서 객체지향 접근법을 사용하는 것과 관련된 자료들은 드물다[13].

표 4.1 HIMSS의 EMR 채용 모델

단계	설명
7	완전한 전자의무기록, 케어를 개선하기 위한 데이터 분석
6	의사 문서 작성을 위한 템플릿, 완전한 진료지원시스템(CDSS), 폐쇄 루프 투약
5	완전한 R-PACS 시스템
4	CPOE : 진료 의사 결정 지원(임상 프로토콜)
3	진료 기록, CDSS (오류 체크)
2	의무기록 데이터 저장소(CDR), 의학용어 표준화, 진료지원시스템, HIE 가능
1	검사, 영상, 약국 등 모든 핵심 보조 기능 탑재

단계	설명
0	검사실, 영상의학과, 약국에 대한 핵심 보조 기능이 탑재돼 있지 않음

관계형 데이터베이스

가장 흔한 헬스케어 데이터베이스는 관계형 데이터베이스로, 이것을 관리하는 시스템을 관계형 데이터베이스 관리 시스템RDBMS이라고 부른다. 오라클과 SQL$^{Structured\ Query\ Language}$ 서버가 대표적인 관계형 데이터베이스 시스템이다. 이와 반대로 몽고DB^{MongoDB}와 같은 NoSQL$^{Not\ only\ SQL}$ 계열의 데이터베이스도 있는데 이는 비관계형 데이터베이스 시스템에 속한다. 온라인 거래 프로세싱 데이터베이스는 주로 관계형 데이터베이스 시스템을 사용한다. 이 시스템의 주요 단점은 데이터들이 종종 격리돼 있다는 점이다. 이 문제를 해결하기 위해서 기업 데이터 웨어하우스 솔루션으로 온라인 분석 프로세싱 데이터베이스가 사용되기도 한다. 헬스케어 데이터를 관계형 데이터베이스로 처리하는 것은 여러 한계를 가지고 있다. 시계열 데이터, 큰 텍스트 문서, 이미지, 동영상과 같은 큰 헬스케어 데이터를 지원하는 기능이 없다. 더불어 관계형 데이터베이스가 가진 구조적 문제 때문에 질의가 어렵다.

객체지향 데이터베이스

객체지향 데이터베이스는 좀 더 효율적이고 유연하지만 관계형 데이터베이스가 제공하는 검색과 쿼리 기능과 같은 실용적인 기능은 부족하다. 그래서 객체지향 시스템과 관계형 시스템의 장점을 활용한 하이브리드 객체-관계 데이터베이스 관리 시스템이 도움이 될 수 있다. 이 하이브리드 데이터베이스 관리 시스템의 목적은 더 크고 복잡한 헬스케어 데이터를 처리하면서도 관계형 데이터베이스 시스템이 가지고 있는 테이블 구조와 쿼리 기능을 잘 살리는 것이다. 그렇지만 이런 객체-관계 데이터베이스 시스템은 설정 등이 복잡하기 때문에 사용에 더 높은 전문성을 필요로 한다. NoSQL 또는 차세대 데이터베이스는 큰 데이터 용량, 확장 가능한 복제 및 분배, 효율적 쿼리 등을 특징으로 한다. 이런 데이터베이스에는 몽고디비 같은 문서 기반 시스템이나 그래프 데이터베이스 등이 있는데, 이들이 헬스케어 데이터베이스의 미래다.

그래프 데이터베이스

그래프 데이터베이스 시스템은 링크드인, 트위터, 제피르 헬스$^{Zephyr\ Health}$, 독시미티 같은 회사에서 사용된다. 구체적인 예로 Neo4j가 있는데, 데이터를 그래프 요소인 노드^{nodes}와 에지^{edges}에 비선형적 형태로 저장한다. 버텍스^{vertex}라고도 불리는 노드는 어떤 대상^{entity}을 말하고, 에지는 노드 사이의 관계를 의미한다(그림 4.2). 이런 형태의 데이터베이스는 "3차원"에 가깝고 전통적인 관계형 데이터베이스에 대해 여러 비교우위를 갖고 있다(표 4.2). 빠르게 변하는 세상에서 연결과 관계에 대한 이 중심 교리는 케어의 질, 전체적인 효율성, 혁신적 방향성이 헬스케어의 새로운 패러다임이 됨에 따라 생의학에서 훨씬 더 요구되는 것들이다.

그래프 데이터베이스 관리 시스템 안에서, 그래프의 각 데이터 요소는 공통의 언어로 기술될 필요가 있다. "트리플"(⟨Subject⟩ ⟨Predicate⟩ ⟨Object⟩)인 자원 기술 프레임워크$^{RDF,\ Resource\ description\ framework}$는[14] 시맨틱 데이터베이스$^{semantic\ database}$에 저장되고, 시맨틱 SQL인 SPARQL$^{Simple\ Protocol\ and\ RDF\ Query\ Language}$ 등을 통해서 쿼리된다. 온톨로지와 이와 동반하는 추론 규칙을 데이터에 넣어서 데이터베이스를 풍부하게 만들 수 있다.

그림 4.2 관계형 데이터베이스와 그래프 데이터베이스 비교. 왼쪽은 데이터가 테이블 포맷으로 돼 있는 전통적인 관계형 데이터베이스이고, 오른쪽은 노드(둥근 테두리의 사각형)와 에지(화살표)로 데이터가 저장되는 그래프 데이터베이스다.

표 4.2 관계형 데이터베이스 대 그래프 데이터베이스

	관계형 데이터베이스	그래프 데이터베이스
포맷	테이블	그래프
관계	행과 열	무제한
데이터	구조화	구조화 및 비구조화
데이터 타입	간단하거나 중간 정도	복잡

	관계형 데이터베이스	그래프 데이터베이스
관계 개수	수백 개	수천에서 수십억
관계의 질	낮고 희박	높고 풍부
데이터 모델 타입	서로 연결된 테이블 집합	복합관계 그래프
데이터 모델	드물게 바뀜	수시로 바뀜
유연성	정적임	다이내믹
스키마	고정	유연
깊이있는 분석 성능	저조	좋음
인간과 기계	센 노동 강도 필요	기계의 보조를 받음

요약하면, 의료 및 헬스케어처럼 관계가 가장 중요하고 데이터가 지속적으로 변하는 영역의 경우 그래프 데이터베이스 관리 시스템이 기존 관계형 데이터베이스 시스템보다 훨씬더 그 요구에 부응한다. 그러한 검색 알고리듬을 갖춘 그래프 데이터베이스는 헬스케어에서 만성 질환 관리, 급성 유행병 위기 상황, 헬스케어 자원 분배 같은 기능들을 구현하는 복잡한 쿼리를 설계하는 데 유리하다. 현재 인덱스 환자에 비슷한 환자를 찾을 때도 이러한전략을 사용할 수 있다. 그래프 데이터베이스의 주요 단점은 상대적으로 크고 복잡하다는것인데 이는 큰 저장 용량, 의미론적 저장 기능의 향상, 검색 알고리듬 발전으로 일부 상쇄됐다. 이러한 그래프 데이터베이스나 그보다 더 발전된 버전인 하이퍼 그래프 데이터베이스가 다음 수준의 의료와 헬스케어로 발전하는 데 핵심적인 역할을 할 것이다.

데이터에서 지능까지의 연속체와 인공지능

데이터에서 지능에 이르는 연속체의 시작은 좋은 데이터와 데이터베이스 관리에서 시작한다. 이는 헬스케어 분야에서 특히 중요하다. 헬스케어 데이터가 종종 부정확하거나 불완전한 경우가 많기 때문이다. 헬스케어의 최선의 인공지능을 구현하기 위해서는 데이터-지능 피라미드에서 가장 하층을 구성하는 좋은 헬스케어 데이터로부터 시작할 필요가 있다. 이책의 시작부에서 약간 철학적으로 논의한 바와 같이 데이터는 처리·해석돼 의미를 이끌어

내고, 이것이 정보로 바뀐다. 컴퓨터는 데이터가 필요하고 인간은 정보를 필요로 한다. 최근 영상 해석과 딥러닝의 부상은 우리에게 의료 인공지능에서 데이터 부분이 얼마나 중요한지를 새삼 일깨워준다. 예를 들어 단순히 수천 개의 이미지와 레이블이 붙어 있는, NIH가 제공하는 CXR14 같은 큰 데이터셋을 얻어서 딥러닝을 위한 특성을 선택하고 데이터를 추출한다고 해서 좋은 인공지능을 만들 수 있는 것은 아니다. 권위있는 기관이 제공하는 큰 데이터셋에도 여러 가지 문제들이 있다고 알려져 있다. 불충분한 다양성, 낮은 레이블링 방법, 부정확한 레이블링, 일관적이지 않은 수준의 구조, 감추어진 계층화, 설명 문서의 부실함, 부실한 이미지 질 등이 그런 것이다[15].

정보를 통해서 사람들은 지식을 획득한다. 지식은 경험과 분석으로 얻어진다. 데이터 과학은 정보를 유용한 지식과 지능으로 바꾸는 도구다. 따라서 지능은 이런 지식을 적용하는 속도이면서 능력이다. 지혜는 어떤 관찰이나 의사 결정을 확정할 때 반드시 논리를 거칠 필요가 없는 앎의 질로 여겨진다. 오늘날 딥 강화 학습법, 재귀적 피질 네트워크recursive cortical network, 인지 구조cognitive architectures 등 혁신적인 인공지능 방법들은 이렇게 데이터에서 지능으로 이어지는 연속체에서 기계가 할 일뿐만 아니라 인간의 역할이 중시되는 방향으로 변하고 있다.

머신러닝 모델에 적절하게 데이터 입력하는 방법

알렉산더 스칼랫Alexander Scarlat의 『Machine Intelligence Primer for Clinicians: No math or programming required』에서 인용함

https://www.amazon.com/Machine-Intelligence-Primer-Clinicians-Programming/dp/1794256067/ref=sr_1_1?ie=UTF8&qid=1549684006&refinements=p_27%3AAlexander+Scarlat+MD&s=Books&sr=1-1&text=Alexander+Scarlat+MD

이 책의 다른 장에서는 인공지능/머신러닝 모델이 어떤 일을 할 수 있는지 다루는 반면, 이 장에서는 기계가 마술을 부릴 수 있도록 사전에 기계에게 어떤 일을 해줘야 하는지 개괄적으로 설명하고자 한다. 구체적으로 머신러닝 모델에 입력하기 전의 데이터 준비 과정을 다룬다.

먼저 원 데이터가 샘플들은 행으로, 특성은 열로 배치된 표 형태로 정리돼 있다고 가정한

다. 특성/열에는 일반 텍스트, 카테고리 텍스트, 민족과 같은 별개의 데이터, 심박수와 같은 정수, 12.58과 같은 부동 소수점수(실수), ICD, DRG, CPT 코드, 이미지, 음성 녹음 파일, 동영상, 파형 등이 포함될 수 있다.

인공지능 에이전트에 식단 제한이 있을까? 머신러닝 모델은 평균을 중심으로 +/- 표준편차만큼 흩어져 있는 표준화/정규화돼 크기가 작은 부동 소수점이 된 숫자를 좋아한다.

노(No) 관계형 데이터

만약 관계형 데이터베이스^{RDBMS, Relational Database Management System}에 데이터를 보관하고 있다면 먼저 1 대 다 관계로 데이터를 펼친 다음, 이것을 정리해 모델에 입력되는 하나의 샘플 또는 인스턴스가 정말로 해당 인스턴스를 제대로 대표할 수 있도록 데이터를 정리해야 한다.

예를 들어, 한 환자가 여러 종류의 혈색소 결과치를 가지고 있을 수 있는데 우리는 머신러닝 모델에 어떻게 입력할지 결정해야 한다.

- 최솟값, 최댓값, 일 평균, 비정상 값의 개수 등 하나의 요약된 값으로 제시할까?
- 환자를 진찰한 시점과 그날의 혈색소 값을 고유한 값으로 하는 시계열 데이터로 제시할까?

노(No) 결측치

결측치는 받지 않는다. 결측치를 사용하는 것은 공기를 삼키는 것과 같다. 0, n/a가 있다면 머신러닝은 이것을 결측값으로 여기지 않는다. Null 값은 분명 하나의 결측값이다. 결측치를 대체^{imputation}하는 가장 흔한 방법은 다음과 같다.

- 숫자형 데이터인 경우: 평균, 중앙값, 0 등
- 카테고리형 데이터인 경우: 가장 흔한 값으로 대체, n/a 또는 0으로 대체

노(No) 텍스트

우리는 유전자 코드가 A, C, T, G라는 네 개의 텍스트 문자로 구성돼 있다는 것을 알고 있다. 머신러닝 모델에 이런 DNA 데이터를 입력해 생명의 의미를 알아내고자 한다면 그 전에 머신러닝 모델에 원 텍스트를 입력할 수 없다는 것을 기억해야 한다. 그렇게 하면 인공지능이

트림하는 것을 보게 될 것이다.

단어 또는 문자를 숫자로 변환하는 다양한 방법이 존재한다. 이 모든 방법은 토큰화 tokenization로 시작한다. 이는 언어의 큰 단위를 더 작은 토큰으로 쪼개는 것이다. 보통 하나의 문서를 단어words로 쪼개는 것으로 충분하다.

- 하나의 문서를 문장들로 쪼개기

- 문장을 단어별로 쪼개기

- 하나의 문장을 n-그램으로 쪼개기: n-그램n-gram이란 같은 의미를 가지는 단어의 구조를 말하는 것으로, 예를 들어 3 단어 n-그램은 chronic atrial fibrillation, atrial chronic fibrillation, fibrillatiion atrial chronic으로 모두 같은 개념을 가진다.

- 단어를 문자로 쪼개기

텍스트가 토큰화되면, 텍스트를 숫자로 변환하는 두 가지 주요 접근 방식이 있으므로 텍스트가 머신러닝 모델에 더 적합해진다.

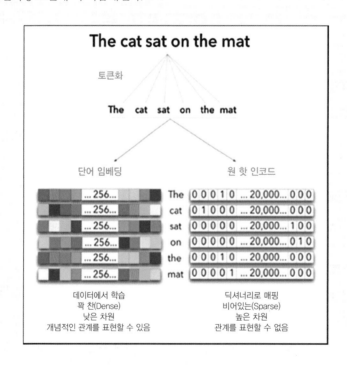

원 핫 인코드(위 그림에서 오른쪽)

영어에서 가장 많이 사용되는 2만 개의 단어로 구성된 사전을 이용하며, 각 단어당 하나의 열을 부여해서 2만 개의 열을 배치한 하나의 커다란 표를 만든다. 그러면 각각의 단어는 2만 개의 열에서 어떤 하나의 행이 된다. 예를 들어 위 그림에서 "cat"이라는 단어는 0, 1, 0, 0, ...으로 인코딩될 것인데, 전체 2만 개의 열에서 단 하나의 열에서만 1 값을 가지고 나머지는 0이된다. 이것이 원 핫 인코더로 오로지 하나의 열만 1 값을 취하고 나머지는 모두 0 값을 취한다.

이 방법은 아주 많이 사용되는데, 몇 가지 한계가 있다.

- 이렇게 만들어진 테이블은 대부분 희소한sparse 형태를 가진다. 즉 어떤 한 행을 기준으로 보면 대부분의 값이 0이다. 고차원 희소 테이블(여기서는 20,000 차원=열의 수)은 그 자체로 문제가 되는데, 이런 데이터를 머신러닝에 주입하면 심한 소화불량을 일으킨다. 이는 차원의 저주the curse of dimensionality라고 한다.

- 추가해서 한 문장sentence이 주어졌을 때 이 문장을 구성하는 단어의 순서를 이런 원 핫 인코더로 표현할 수 없다.

문서 감성 분석sentiment analysis 같이 많은 경우 단어의 순서가 그다지 중요하지 않다. "superb", "perfectly" 같은 단어와 "awful", "horrible"과 같은 단어는 문서 안에 실제로 있어도 고스란히 문서의 감정을 전달한다.

데이비드 로빈슨David Robinson의 『Does sentiment analysis work? A tidy analysis of Yelp reviews』이라는 글에서 인용함[1].

이와는 반대로, 의무 기록에서 "수막염의 징후 없음no signs of meningitis"과 같이 부정의 의미를 가진다고 해보자. 단어 순서가 중요하지 않은 모델에서는 해당 알고리듬이 문장을 시작하는 부분의 부정의 의미를 제대로 보지 못하는 문제가 있을 것이라고 예상할 수 있다.

그리고 의미론적 관계, 예를 들면 "mother-father", "king-queen", "France-Paris", "Starbucks-coffee"와 같은 관계도 그와 같은 인코딩 프로세스에서는 반영되지 않을 것이다.

"child-children"과 같은 복수의 의미도 원 핫 인코더에서는 놓치게 돼 서로 관련 없는 용어로 취급될 것이다.

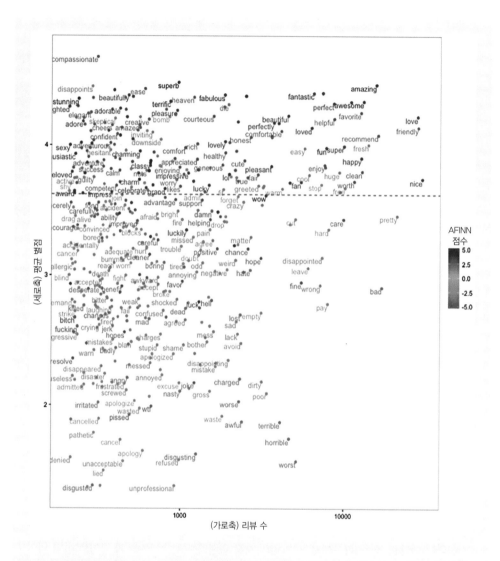

단어 임베딩/벡터화(Word Embedding, Vectorization)

또 다른 방법으로, 단어를 부동 소수점 숫자로 구성된 다차원 배열(텐서)로 인코딩하는 방식이 있다. 이런 텐서는 특수한 목적으로 있는 자리에서 학습된 결과일 수도 있고, 기존에 존재하는 사전 훈련된 모델일 수도 있는데 다음과 같은 예가 있다.

* word2vec: 구글이 제공하는 것으로 대부분 구글 뉴스 관련 훈련이 돼 있다.

- GloVe: 위키피디아, 트위터, 기타 웹 크롤러를 통해서 훈련시킨 것으로 스탠포드가 제공한다.

기본적으로 하나의 머신러닝 모델이 특정 맥락과 연관돼 있는 최선의 단어 벡터를 찾아낸 다음 그것을 다차원으로 구성된 텐서로 인코딩한다. 이것을 다른 파이프라인에 있는 모델이 사용한다.

이 접근법은 앞에서 봤듯이 영어에서 흔히 쓰이는 2만 개의 단어로 만들어진 것과 같은 고정된 영어 사전을 이용하지 않는다. 이 방법은 입력된 문서의 특정 맥락에서 벡터를 학습하고, 그 결과를 다차원 텐서 "사전"으로 만들어 낸다.

아르헨티나의 한 스타트업 회사가 변호사 개입 없이 판결을 제시하는 법적인 문서를 만들었는데, 33개 가운데 33개를 모두 인간 판사가 받아들였던 사례가 있었다[2].

단어 벡터화는 맥락에 민감하다. 아르헨티나의 스타트업 회사가 사용했을 가능성이 높은, 잘 만들어진 벡터화된 법률 단어 집합이라고 할지라도 이것을 의학적인 맥락에 적용한다면 실패할 것이다.

앞의 그림에서 단어 임베딩 사례의 각 셀에 숫자 0과 1대신 여러 가지 색을 사용해 약 256개의 차원과 훨씬 밀도가 높은 형식으로 저장할 수 있는 기능에 대한 아이디어를 제공했다. 머신러닝에 색을 바로 입력하면 결과를 장담하지 못한다.

어떤 단어가 256개의 차원이 아닌 단지 2차원으로 간단하게 표시되는 예를 보자. 각 단어는 (0, 0)좌표에서 시작해 (X, Y) 좌표로 끝나는 하나의 화살표로 표현된다.

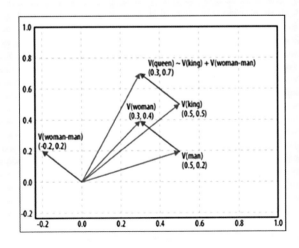

두웨 오싱아^{Douwe Osinga}의 『Deep Learning Cookbook: 빠르게 실무에 적용할 수 있는 딥 러닝으로 할 수 있는 모든 예제』(느린생각, 2019)에서 인용함[3].

이렇게 단어를 벡터로 표현했을 때 흥미로운 부분은 이제 제한된 2차원 공간에서 시각화가 가능하다는 점이다. 용어 "man"-"woman"의 개념적인 거리를 단어 벡터화 알고리듬에 의해서 물리적인 기하학적 거리로 표현할 수 있게 된 것이다. 그래서 이 경우에는 용어 "king"-"queen" 사이의 거리와 거의 유사하다. 만약 단지 2차원이라면 알고리듬이 "man"-"woman", "king"-"queen"과 같은 비교적 간단한 관계만 일반화할 수 있을 것이다. 수백 개의 차원으로 확장된다면 이보다 훨씬 복잡한 의미론적 관계를 학습할 수 있을 것이다.

그런 모델이 주어져 있을 때, 우리는 다음과 같은 질문에 대해 대답을 받을 수 있다. 이미 인간 수준을 뛰어 넘고 있다.

- 질문: 파리에 대한 것은 프랑스다. 베를린에 대한 것은? 답: 독일
- 질문: 스타벅스에 대한 것은 커피다. 애플에 대한 것은? 답: 아이폰
- 질문: 모든 유럽 국가들의 수도는 어디인가? 답: 영국-런던, 프랑스-파리, 루마니아-부쿠레슈티 등등

위 내용은 구글 뉴스로 훈련된 모델을 사용한 실제 사례다.

이와 비슷한 머신러닝 모델을 의료 텍스트에 적용해 훈련시킬 수 있고, 그 결과 다음과 같은 질문에 답을 얻을 수 있을 것이다.

- 질문: 급성 폐부종에 대한 것이 울혈성심부전이라면, 케토산증에 대한 것은 무엇인가? 답: 당뇨병
- 질문: 인공와우 이식의 3가지 합병증은 무엇인가? 답: 피판 괴사, 잘못된 전극 위치, 안면 신경 문제

단어 벡터화는 다른 머신러닝 모델, 특히 시계열 또는 텍스트 순서를 다루는 알고리듬과 같이 순서가 중요한 모델로 인해 텐서로 된 텍스트를 의미를 고려해 처리할 수 있게 해준다.

이산형 값을 갖는 카테고리 변수

드롭다운 메뉴에 상호배타적인 다음과 같은 약물이 나열돼 있다고 생각해 보자.

1. 비아두르Viadur

2. 비아그라Viagra

3. 바이브라마이신Vibramycin

4. 비코딘Vicodin

이 경우 약물들이 Vicodin=4와 같이 이미 인코딩돼 있어서 텍스트를 사용하지 않고 그 값들만 사용할 수 있을 것이라는 생각이 들 수도 있다. 그건 그리 좋은 생각이 아니다. 이 값을 그대로 사용하면 알고리듬은 숫자를 있는 그대로 하나의 순서인 것처럼 받아들이고, 근처에 있는 약물이 다른 약물과 비교해 서로 유사하다고 유추하게 될 것이다. 만약 1만 개 약물이 있다고 생각해 보자. 그럼 이런 것들이 큰 문제가 된다.

약물 리스트가 단지 브랜드 이름 알파벳 순서로 나열돼 있는 것일 뿐, Viagra와 Vibramycin 사이에 어떤 개념적 또는 약물학적 연관이 있다는 의미는 아니다.

상호배타적인 카테고리는 앞에서 언급한 원 핫 인코더를 사용해 어떤 숫자들로 변화시킬 수 있다. 그 결과는 여러 개의 열을 가진 하나의 테이블이 될 것이다. 이 경우에는 Viadur, Viagra, Vibramycin, Vicodin이라는 열들이다. 이전에 나온 "the", "cat" 등과 유사하다.

각 인스턴스(행)는 해당 열에 대해서만 1 값을 가지고 나머지는 모두 0으로 인코딩된다. 이 배열에서 알고리듬은 오류로 유도되지 않으며 모델은 아무 것도 없는 개념적 관계를 찾지 않는다.

정규화

어떤 데이터 값들이 creatinine=3.8, age=1, heparin=5000이라고 했을 때, 알고리듬은 이 숫자를 있는 그대로 읽어서 헤파린이 다른 값들에 비해서 아주 큰 값을 가지기 때문에 모델은 헤파린의 값을 중요하다고 판단하게 된다. 단위가 다르기 때문인데 이 효과를 제거하기 위해서는 정규화Normalization 방법을 사용한다.

각 열의 값을 정규화하는 데는 다음과 같은 방법이 가장 많이 사용된다.

- 평균과 표준 편차를 구한다[1].

- 원래 값을 정규화된 값으로 교체한다.

정규화되면 알고리듬은 크레아티닌과 환자의 나이를 이 샘플의 평균 유형의 특징에서 벗어나 중요한 것으로 올바르게 해석하지만, 헤파린은 정상으로 간주될 것이다.

차원의 저주

만약 1만 개의 특성(열)을 가진 테이블이 있을 때, 특성이 풍부하기 때문에 좋다고 생각할지도 모르겠다. 그런데 이 테이블의 샘플(예제) 수가 1만 개 이하인 경우 머신러닝 모델은 이 데이터셋을 받아들이지 않으려 하거나 아주 이상한 결과를 낼 것이다.

이것을 차원의 저주Curse of Dimensionality라고 부른다. 차원이 증가할수록 생성되는 초공간hyperspace의 "부피"가 더 빠르게 커져서 가용한 데이터들이 그 공간에서 희소하게 존재하게 된다. 이렇게 되면 통계적 유의성을 계산하는 것이 방해 받고, 머신러닝이 그러한 희소한 데이터를 가지고 어떤 패턴을 발견하기가 어렵거나 불가능해진다.

가급적 샘플의 수는 특성의 개수보다 적어도 세 자릿수 더 커야 한다. 1만 열 테이블은 최소 100만 행(샘플)으로 장식하는 것이 좋다[2].

텐서

앞에서 언급한 데이터 준비 작업을 마치고 나면, 머신러닝이 잘 소화할 수 있는 다차원 행렬인 텐서tensors가 얻어진다. 데이터의 종류에 따라서 다음과 같은 형태를 가질 것이다.

- 2D-테이블: 샘플, 특성

- 3D-타임 시퀀스: 샘플, 특성, 타임

- 4D-이미지: 샘플, 높이, 폭, RGB(색)

- 5D-동영상: 샘플, 프레임, 높이, 폭, RGB(색)

---

1 구해서 실제 값에서 평균을 빼고, 이 값을 표준편차로 나눈다. 이렇게 되면 모든 값들이 −1에서 1사이의 값으로 정규화된다. 어떤 책에서는 normalization이라고 하고, 어떤 책에서는 scaling이라고도 한다. 또 어떤 경우에는 이 둘의 차이를 두고 설명하기도 한다 − 옮긴이
2 물론 어떤 알고리듬을 사용하는지에 따라 달라질 수 있다 − 옮긴이

모든 경우 샘플이 첫 번째 차원인 것을 주목한다.

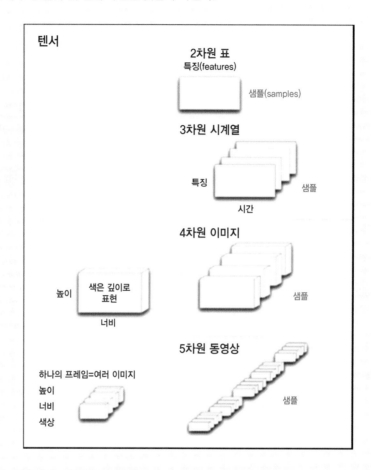

이번 장이 어떤 사람이나 어떤 인공적인 존재 모두에게 소화불량을 일으키지 않았으면 하는 바람이다.

참고 문헌

[1] http://varianceexplained.org/r/yel1p-sentiment/
[2] https://www.bloomberg.com/news/articles/2018-10-26/this-ai-startup-generates-legal-papers-without-lawyers-and-suggests-a-ruling?srnd=businessweek-v2
[3] https://www.amazon.com/Deep-Learning-Cookbook-Practical-Recipes-ebook/dp/B07DK1ZZXT?keywords=douwe+osinga&qid=1540440172&s=Books&sr=1-1-fkmrnull&ref=sr_1_fkmrnull_1

참고 문헌

[1] Weil AR. Big data in health: a new era for research and patient care. Health Aff 2014;33:1110.

[2] Healthcare Content Management White Paper. Unstructured data in electronic health record (HER) systems: challenges and solutions. 〈www.datamark.net〉; 2013.

[3] Chang AC. Big data in medicine: the upcoming artificial intelligence. Prog Pediatr Cardiol 2016;43:91-4.

[4] Chang AC, et al. Artificial intelligence in pediatric cardiology: an innovative transformation in patient care, clinical research, and medical education. Cong Card Today 2012;10:1-12.

[5] Roski J, et al. Creating value in health care through big data: opportunities and policy implications. Health Aff 2014;33(7):1115-22.

[6] Hughes G. How big is "big data" in health care? SAS Blogs October 11, 2011.

[7] Jee K, et al. Potentiality of big data in the medical sector: focus on how to reshape the health care system. Healthc Infrom Res 2013;19(2):79-85.

[8] Schneeweiss S. Learning from big health care data. N Eng J Med 2014;370:2161-3.

[9] Bates DW, et al. Big data in health care: using analytics to identify and manage high-risk and high-cost patients. Health Aff 2014;7(2014):1123-31.

[10] Feero WG, et al. Review article: genomic medicine?an updated primer. N Engl J Med 2010;362:2001-11.

[11] Chan M, et al. Smart wearable systems: current status and future challenges. Artif Intell Med 2012;56(3):137-56.

[12] Mandl KD, et al. Escaping the HER trap?the future of health IT. New Engl J Med 2012;366:2240-2.

[13] Gu H, et al. Benefits of an object-oriented database representation for controlled medical terminologies. J Am Med Inform Assoc 1999;6(4):283-303.

[14] Anguita A, et al. Toward a view-oriented approach for aligning RDF-based biomedical repositories. Methods Inf Med 2015;53(4):50-5.

[15] Blog from Luke Oaken-Rayner, 〈www.lukeoakdenrayner.wordpress.com〉; February 25, 2019.

05

머신러닝과 딥러닝

이 장에서는 머신러닝의 기초에 대해서 설명한다.

데이터 마이닝과 지식 발견

데이터 과학은 머신러닝 뿐만 아니라 데이터 마이닝$^{Data\ Mining}$을 포함하는 개념으로, 이 두 분야는 일부 겹치는 내용이 있어 종종 독자들을 헷갈리게 한다. 데이터 과학자는 데이터 마이닝 기술을 사용해 데이터베이스를 탐색하기도 하고, 통계학적 기술을 사용해 새로운 패턴 등의 데이터에서 정보를 추출하며 머신러닝 기술을 사용해 컴퓨터가 스스로 학습하도록 만들기도 한다. 다시 말해, 데이터 마이닝은 자동으로 학습하고 예측하는 기능을 포함해 머신러닝이 혜택을 볼 수 있는 정보 소스다. 대표적인 데이터 마이닝 방법으로 연관 규칙 마이닝$^{association\ rule\ mining}$과 순차 패턴 발견$^{sequential\ pattern\ discovery}$ 등이 있다. 연관 규칙 마이닝은 속성들 사이의 관계를 기술하는 방법으로 데이터의 속성 값이 있다/없다로 구분되는 이진 값만 가능하다는 한계를 가지고 있다. 순차 패턴 발견은 시간적·순차적 데이터에서 패턴을 발견하는 것을 목적으로 한다.

머신러닝의 역사와 현재 상태

머신러닝은 기계가 특정 과업을 해결하기 위해서 경험을 통해 학습하는 능력으로 정의할수 있다. 이런 머신러닝은 검색 엔진에서의 스팸 메일 필터링 등과 같이 우리 일상에서 광범위하게 사용되고 있다. 1959년 아서 사무엘Arthur Samuel이 처음으로 명명한 머신러닝은 시간이 갈수록 응용 범위가 넓어지고 있는 인공지능의 한 분야로써 외부 프로그램을 통한 지시가 없어도 컴퓨터가 스스로 학습하고 자신의 능력을 향상시킬 수 있도록 하는 컴퓨터 프로그래밍 기술이다. 즉 머신러닝 알고리듬은 인간이 경험이라는 시행착오를 통해서 "배우는" 것과 비슷하게 스스로 학습하고 능력을 개선시킨다.

페드로 도밍고스Pedro Domingos는 그의 책 『마스터 알고리듬』(비즈니스북스, 2016)에서 머신러닝 알고리듬을 크게 다섯 개의 학파 혹은 "종족tribes"으로 나눌 수 있다고 했다. 그렇지만 모두 데이터에 숨겨진 지식을 발견하는 것을 목표로 한다는 일관된 패러다임을 가진다고 했다. 저자는 이 책에서 표 5.1에서 정리한 다섯 가지 알고리듬의 핵심 특성들을 모두 가진 최종 마스터 알고리듬을 제안했다.

인공지능 초창기에는 기호주의자가 주류를 형성했다. 그렇지만 이제는 베이즈주의자들Bayesians이 어느 정도는 선전을 펼치고 있기는 하지만 그래도 연결주의자가 가장 득세하고 있다. 특히 2012년 이후 딥러닝 알고리듬의 인기가 치솟은 뒤부터 그런 경향은 뚜렷해졌다. 언젠가 미래에는 이 다섯 가지 알고리듬 학파를 모두 아우르는 단 하나의 "마스터 알고리듬"이 나오길 기대해 본다.

표 5.1 머신러닝 학파

학파	표현	기원과 영향	방법론	핵심 알고리듬
기호주의자	논리	철학 컴퓨터 과학	생산 규칙 시스템 역 추론 의사 결정 나무	역 추론
연결주의자	신경망	신경과학	역전파 딥러닝 딥 강화 학습	역전파
진화주의자	유전 프로그램	진화론	유전 알고리듬 진화 프로그래밍 진화 게임 이론	유전 프로그래밍

학파	표현	기원과 영향	방법론	핵심 알고리듬
베이즈주의	그래픽 모델	통계학	HMM 그래픽 모델 인과 추론	확률 추론
유추주의자	서포트 벡터	심리학	k–NN SVM	커널 머신

HMM, 은닉 마르코프 모형; k–NN, k–최근접 이웃 알고리듬; SVM, 서포트 벡터 머신.
마스터 알고리듬에서 인용함.

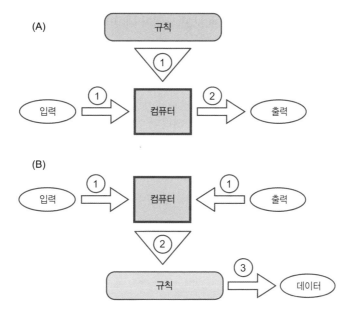

그림 5.1 (A)전통적인 프로그래밍과 (B)머신러닝. 이 도표는 전통적인 프로그래밍과 머신러닝의 주요 차이점을 설명한다. 통계학적 분석을 포함한 전통적인 프로그래밍에서는 입력 데이터에 대한 규칙을 제공하고 출력을 얻는 하향식 접근법을 사용한다. 머신러닝에서는 입력 데이터와 인간이 레이블링한 결과 데이터를 컴퓨터에 입력하며 이들 데이터 사이에 존재하는 규칙을 유도한다. 그런 다음 새 규칙이 새 데이터셋에 적용된다(자세한 내용은 텍스트 참조).

머신러닝 대 전통적인 프로그래밍

전통적인 프로그래밍(그림 5.1A)에서는 컴퓨터 프로그램(규칙)에 데이터(입력)를 집어 넣으면(단계 1) 어떤 해답(출력)이 나오는(단계 2) 방식으로 작동한다. 그런데 머신러닝(그림 5.1B)에서는 데이터(입력)와 그에 대응하는 해답(출력)을 컴퓨터에 주면(단계 1) 데이터에 존재하는 패턴을 검출하는 "규칙"이 유도된다(단계 2). 즉 데이터로부터 "학습"을 한다. 그런 다음 이렇게 유도된 규칙을 새로운 데이터에 적용해 새로운 해답(예측)을 얻는다(단계 3). 이와 같이 "상향식" 접근법을 쓰는 머신러닝은 인간이 내린 지시를 컴퓨터가 수행하게 하는 "하향식" 접근법(앞서 언급한 규칙 기반 전문가 시스템이 그런 예다)을 채택하는 전통적인 프로그래밍 기법과 상당히 다르다. 머신러닝은 전통적인 통계 분석과도 다르다. 통계 분석에서도 통계학적 규칙에 따라 데이터를 분석해 해답을 구하는 "하향식" 접근법을 사용한다. 한마디로 머신러닝은 입력 및 출력 데이터 모두로부터 학습하고 입력 데이터와 출력 데이터 사이의 관계에 대한 패턴을 찾는다. 머신러닝으로 학습된 결과는 모델model의 형태로 제시되고, 사용자는 패턴 정보를 담은 모델을 새로운 데이터에 적용해 보고 모델이 데이터에 적합한지 평가한다.

수식 계산 및 데이터 프로세싱뿐만 아니라 자동 추론까지 가능한 복잡하고 효율적인 알고리듬이 개발돼 기계 지능이 더 발전하고 있다. 알고리듬이란 어떤 과업을 수행하는 단계를 정의한 것이다. 현재 이용되고 있는 복잡한 알고리듬의 예에는 픽사Pixar 애니메이션의 가상 공간에서 3차원 캐릭터에 색을 입히는 렌더링 알고리듬, 나사NASA의 국제 우주 정거장의 태양광 패널을 조정하는 최적화 알고리듬이 있다. 그리고 최근에 사상 처음으로 얻어진 메시에 87Messier 87 은하 중앙에 존재하는 블랙홀 사진도 데이터 과학자가 CHIRPContinuous High-Resolution Image Reconstruction using Patch Priors라는 새 알고리듬을 사용한 결과물이다. 여기서는 실제로 구현했더라면 지구 크기의 거대한 망원경이 됐을 가상 망원경 컨소시엄에서 얻어진 데이터를 사용했다.

머신러닝 작업 흐름

지도 학습supervised learning 머신러닝 작업 단계에 대해 간략히 알아보자. 이런 단계는 약간의 수정을 통해 비지도 학습unsupervised learning에도 적용할 수 있다(그림 5.2).

- 데이터 수집(단계 1): 데이터 수집 전에 할 일이 있다. 팀원들이 모여서 프로젝트의 목표를 달성하기 위해 어떤 데이터를 수집할지 결정해야 한다. 팀원들의 의견이 모아지면 그 다음 단계인 데이터 수집을 위해 서로 효과적으로 협력할 수 있다. 데이터 수집은 기관의 데이터 획득 및 보관 능력에 따라 때로는 아주 도전적인 작업이 되기도 한다. 헬스케어 분야의 데이터들은 비정형화된 데이터가 많고 다양한 저장 포맷(현재 수행되

는 시술에 대한 용어, ICD-10 질병진단 코드, 환자 대면 정보, 인구학적 정보, 약물, 간호사 및 의사의 의무기록, 생체징후 등) 및 다양한 장소(병원, 의원, 요즘에는 웨어러블 장치)에 보관되는 등의 특징을 가지고 있기 때문에 데이터 수집이 어렵고 귀찮아지기도 한다(자세한 내용은 이전 장을 참고한다).

- **데이터 프로세싱(단계 2):** 데이터 수집 다음 단계로, 데이터 프로세싱 도구를 사용해 데이터를 정제·정돈해 머신러닝에 사용할 수 있도록 좀 더 구조화된 형태로 만드는 과정이다. 여기에는 결측값 대체$^{\text{missing value imputation}}$, 비균형 데이터 프로세싱, 이상점 감지, 정규화 등의 작업이 포함된다. 때론 데이터 랭글링^{wrangling} 또는 데이터 먼징^{munging} 과정을 거치기도 한다. 이 용어들은 단계 1에서 수집한 원 데이터를 다음 단계로 쉽게 넘길 수 있도록 데이터를 매핑할 뿐만 아니라 변환시키는 과정을 일컬을 때 사용한다. 이 단계에는 테이블, 쉼표-구분값 포맷 등으로 변환시키는 데이터 변화 과정과 하둡, 맵리듀스, 카산드라와 같은 데이터 플랫폼이 활용되기도 한다. 또는 데이터를 시술, 합병증, 동반질환 등에 따라 그룹핑하는 단계를 거치기도 한다.

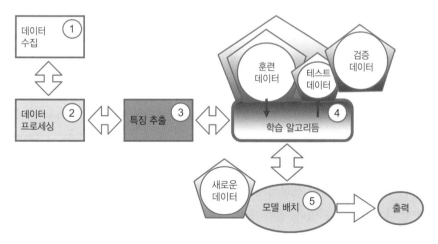

그림 5.2 머신러닝 작업 흐름. 데이터의 수집부터 모델을 배치해 실제 데이터에 적용해 보기까지 전체적인 머신러닝의 작업 과정이다. 대부분의 작업 과정들은 앞 단계로 피드백하는 과정을 가지고 있고, 모델도 배치된 이후에 적절한 조정 작업을 거쳐 재평가된다. 도표의 양쪽 화살표는 이런 과정들의 유동성을 나타낸다. 사용자는 데이터, 특성, 또는 모델에 대해 추가/정밀화/수정을 위해서 그 이전 단계로 돌아갈 수 있다. 딥러닝에서는 중간 단계들이 하나로 "압축"되기 때문에 이런 것이 불가능하다. 그래서 레이블된 샘플은 일단 입력되면, 압축된 특성 추출과 분류 단계를 거친다. 기계가 사람을 대신해 특성 추출을 수행하는 셈이다. 즉 딥러닝에서는 단계 3과 4가 결합된다. 비지도 학습에서는 알고리듬이 앞서 언급한 머신러닝 작업 흐름에서 예측 모델(predictive model) 대신에 데이터에 대한 그룹핑 정보를 도출한다.

데이터 수집 및 프로세싱 단계는 데이터 과학자의 프로젝트 수행 과정에서 가장 많은 노력과 시간이 투여되는 과정이다. 헬스케어 임상과 관련된 작업은 특히 그런 측면이 있다.

미래에는 의학에서의 인공지능 프로젝트가 좀 더 일반화되고 좀 더 정교한 수준에 도달하여 이 두 단계가 좀 더 효율적일 수 있기를 기대해 본다.

- **특성 추출(단계 3)**: 변수variables 또는 파라미터라고도 하는 특성features은 스프레드시트로 된 데이터라면 혈압, 환자 이름, 약물 등을 가리키는 "열 이름"을 의미하고, 사례examples는 실제 숫자 또는 데이터다. 특성 추출의 첫 번째 단계는 특성 선택feature selection으로, 좋은 예측 모델을 만드는 데 필요한 적절한 특성들을 선택하는 것이다. 다음 단계는 특성 추출feature extraction로, 이 단계에서는 기존의 특성을 가지고 가장 좋은 모델로 이어질 가능성이 가장 높은 새로운 특성 세트를 구성하게 된다. 이러한 특성 엔지니어링은 도메인 전문지식을 사용해 특성 추출을 정교하게 하는 과정이다. 이와 별개로 표현 학습representation learning이라고 하는 머신러닝이 있다. 분류자를 만들 때 유용한 정보들을 추출하기 더 쉽게 데이터를 변환하는 기법으로 여기서는 특성 엔지니어링이 사용되지 않는다.

- **알고리듬 학습(단계 4)**: 이 단계는 미래의 새로운 데이터에 적용했을 때 좋거나 훌륭한 예측값을 내놓을 수 있는 최선의 예측 모델을 도출하기 위해서 알고리듬을 학습시키는 과정이다. 이 과정 안에는 전체 데이터셋을 모델이나 알고리듬 훈련에 "맞춰" 사용할 훈련 데이터training data(보통 둘 중 더 크고 약 70%)와 테스트 데이터test data로 나누는 절차가 포함된다. 테스트 데이터는 마지막에 최종 선택된 모델의 일반화 오류generalization error를 편향되지 않는 방법으로 평가하는 데 사용된다. 레이블을 가진 데이터셋의 크기와 가용도에 따라 더 세분화해서 훈련 데이터, 테스트 데이터, 검증 데이터validation data로 나누는 경우도 있다. 검증 데이터는 모델 선택을 위한 예측 오류를 평가하는 데 사용된다. 뒤에서 더 자세히 다루겠지만 과적합overfitting 은 모델이 훈련 데이터에 대하여 과도하게 적합함으로써 새로운 데이터에 대한 일반화가 잘 일어나지 않는 상태를 의미한다.

- **모델 배치(단계 5)**: 마지막은 예측 모델을 배치하고, 새로운 데이터로 실제 세계에서 응용해 나가면서 모델을 개량해 나가는 과정이다. 이어진 절에서 설명하겠지만 모델 성

능을 평가하고 새로운 데이터나 과업을 위해 필요할 경우 알고리듬을 개선시킨다. 머신러닝은 알고리듬에 내재된 최적화 또는 손실 함수loss function와 같은 성능 지표를 참고하면서(이 개념은 뒤에서 다룬다) 점점 더 나은 예측 능력을 가지도록 "학습"하고 자기 개선 과정을 거친다.

디자인 싱킹과 생명공학 인공지능

줄스 셔먼 Jules Sherman

줄스 셔먼은 생명공학 분야의 디자인 싱킹에 대한 강력한 옹호자로, 이 글을 통해 디자인 과학의 개념과 그것이 헬스케어 문제를 해결하는 데이터 과학에 미치는 영향을 설명한다.

디자인 싱킹은 여러 모로 볼 때 분명 인간 중심의 과정이다. 여기서 디자이너에게는 사용자와의 교감을 통해서 사용자가 진정으로 원하는 것이 무엇인지 이해하는 것이 반드시 필요하다. 그러면서 "사람을 우선에" 두고, 사용자의 명시적인 또는 암묵적인 니즈에 맞는, 원하는 해법을 제시하여 문제를 해결해 나간다[1]. 나는 현재의 도구들을 가지고도 연구자로 또는 의료 기기 디자이너로 일하는 것을 즐기는 편이지만 인공지능을 사용한다면 다양한 방식으로 내 작업을 최적화시킬 수 있을 것이라 상상한다. 요약하자면 인공지능이 디자인 싱킹 프로세스의 반복과 테스트 단계를 강화시킬 것으로 본다.

인공지능은 이미 여러 방면에서 생명공학 분야를 바꾸고 있다. 몇 가지 예를 들자면, 인공지능은 임상 연구에서 실시간으로 실제 세계 데이터를 수집하는 데 도움을 주고 있다. 또한 약물 효과성을 검증하기 위해서 수백만 개의 복잡한 상호 작용을 수초 내로 테스트한다. 광대한 양의 데이터를 평가해 고도로 정확한 진단을 제공하고, 때로는 그 수준이 훈련된 전문가들을 능가한다. 보조기 설계는 인공지능을 적용했을 때 더 나은 결과를 얻을 수 있는 훌륭한 사례다[2]. 기계가 실시간으로 보내주는 사용자의 보행 데이터, 의지가 부착됐을 때 신체의 반응 정보가 실시간으로 생산자에게 피드백된다. 이런 데이터를 사용해 생산자는 초기 설계를 뛰어넘어 개인 맞춤화된 제품을 만들 수 있다.

핵심적으로 인공지능은 맞춤화된 해법을 제공할 것이다. 인공지능이 디자인 싱킹 프로세스에서 하나의 통상적인 절차로 자리잡으면, 생명공학 제품들이 개별 환자에서 더 적합하게 작동하게 만드는 데 도움이 될 것이다. 역동적이고 일관적인 사용자 피드백을 통해 제품 디자이너, 공학자, 제조담당자들이 아주 빠른 속도로 제품 개선 사이클을 돌릴 수 있을 것이다.

스마트폰 애플리케이션을 이용한 피부 관리 제품을 상상해 보자. 이 앱으로 사용자들은 인공지능이 적용된 카메라로 피부의 색조, 여드름, 잔주름을 촬영해 피부가 어떻게 개선됐는지 제품 제조사로 보내고, 제조사는 고객이 같은 제품을 다시 주문하는 경우 더 나은 효과를 볼 수 있도록 제형을 조정할 수도 있을 것이다. 그래서 제품들은 절대 똑같지 않게 된다. 제형이 사용자의 피부 변화를 따라가기 때문에 항상 더 좋은 결과로 이어진다. 이렇게 디자인 싱킹 프로세스의 핵심 원칙의 하나인 결과 측정에 바탕을 둔 제품 개선 순환 과정을 빠르게 돌릴 수 있다. 이런 것이 생명공학 인공지능의 미래다.

우리는 혁신의 시작점에 서 있다. 사람들은 전에 볼 수 없었던 새로운 방식으로 컴퓨터를 삶의 일부로 받아들이고 있다. 데이터 수집 분야의 혁신과 데이터에 기반한 제조 공정의 개선은 정보를 표시하는 바이트와 물리적인 원소가 하나로 융합되고 있음을 보여 준다. 따라서 앞으로는 기계들이 점차적으로 연구, 제조, 아이디어 구상, 테스팅, 개선 등으로 구성되는 디자인 싱킹의 여러 단계를 떠맡아 갈 것이다.

모든 것들이 점차 자동화되는 세상에서 사람의 1차 역할은 지금보다 더 "메타"적이 될 것이다. 처음에 개념을 구상하고 필요한 사항들을 개발자나 제조자에게 넘기는 역할을 하던 디자이너들은 점차 "디자인 과학자" 역할을 맡을 것이다. 디자인 과학자는 소프트웨어 시스템에 내재돼 있는 인공지능에 대한 가치를 측정하고 파라미터를 선택하며 적절한 미적 모형을 적용시키는 등의 역할을 할 것이다. 디자인 과학자들은 기존 수작업으로 수행되는 일들을 기계가 할 수 있도록 하기 위해서 복잡한 단계들을 조정하는 프로그램과 도구를 구성하는 역할을 맡게 될 것으로 보인다.

디자인 과학자는 다양한 분야의 성공적 혁신에서 발생하는 데이터를 활용하는 실용적인 디자인 프로세스 도구를 개발하기 위해 프로그래머, 수학자, 통계학자와 함께 일할 것이고, 그런 지식을 의료 및 의료 기기 디자인 혁신에 적용하게 될 것이다. 이 새로운 모델은 디자인 싱킹 프로세스를 진정으로 자동화시킬 것이다. 여전히 기계는 인간과 인간의 공감, 장기 비전을 종종 필요로 하는 니즈를 파악하는 첫 단계에서는 그다지 큰 진전을 이루지 못할 수도 있다. 그렇지만 인공지능의 도움을 받아 인간은 생성된 데이터, 즉 의미가 있는 데이터와 데이터가 주는 의미를 활용해 사용자와의 공감대를 더욱 높일 수 있을 것이다.

이제 "디자인 과학"이 생겨나고 있다. 그 잠재력이 꽃피우게 하기 위해선 의사, 컴퓨터 과학자, 환자, 디자이너들 사이의 다학제적인 협업이 핵심 요소가 될 것이다.

참고 문헌

[1] Brown T. Design thinking. Harv Bus Rev, June 2008;84-95.
[2] Berboucha M. Artificial intelligence and prosthetics join forces to create new generation bionic hand. Forbes Jul 13, 2018.

생명공학 분야의 데이터 과학

앞에서 설명한 대로 데이터 과학은 수학, 통계학(모델링과 생물통계학 포함), 컴퓨터 과학(프로그래밍, 데이터 개념, 데이터 마이닝)의 교집합이라고 볼 수 있다. 최신 생명공학 데이터 과학에서의 의료 인공지능 패러다임에서는 또 하나의 도메인이 추가된다. 바로 생명과학 지식(생명정보학, 임상 정보학, 생물학, 유전학, 유전체학, 의학, 건강 과학 등) 도메인이다. 생명정보학bioinformatics은 유전 정보를 중심으로 복잡한 생물학 데이터를 수집하고 분석하는 것을 중점적으로 하는 분야이고, 임상 정보학clinical informatics은 헬스케어와 관련된 데이터와 정보를 다루는 학문이다. 두 분야 모두 생명공학 데이터 과학뿐만 아니라 의료 및 헬스케어 인공지능에 모두 관련돼 있다.

몇몇 프로그램과 병원은 생명공학 정보학에 대한 펠로우 과정을 제공하고 있으며 임상 정보학에는 전문 자격증을 부여하는 제도가 마련돼 있다. 오렌지 카운터 소아병원Children's Hospital of Orange County은 데이터 과학과 의료 및 헬스케어 인공지능에 대한 고위 펠로우 과정을 시범 운영하고 있다. 조만간 대부분 전공 분야에서 세부 전공의 하나로써 이와 비슷한 훈련 및 교육 과정들이 생겨날 것이다.

애자일 데이터 과학 : 임상 연구 및 임상정보학에서의 인공지능 중심 접근법

라이언 오코넬 Ryan O'Connell

라이언 오코넬은 병리학자이자 컴퓨터 과학자로, 대용량 데이터베이스에서 데이터를 가져와 수 주나 수개월이 아닌 수 분에서 몇 시간 안에 특정 질문에 대한 답을 찾아내는 의학의 한 분야인 애자일 데이터 과학의 미래상에 대해 말한다.

애자일 데이터 과학Agile Data Science에 대한 개념은 지속적으로 향상되는 다음 능력과 관련이 있다.

1. 대용량 데이터셋의 획득

2. 빠른 데이터 읽기

3. 실시간 데이터 조합과 쿼리 수행

4. 새로운 툴을 새로 개발하는 대신 확립된 플랫폼과 라이브러리의 사용

임상 연구를 위한 헬스 정보 데이터베이스 가용성은 여러 가지 규제와 재정적 어려움에도 불구하고 천천히 증가하고 있다. 그와 같은 데이터베이스 가운데 하나가 MIMIC-IIIthe Medical Information Mart for Intensive Care III다. 이 데이터베이스에는 2001년과 2012년 사이에 베스 이스라엘 디커니스 메디컬 센터Beth Israel Deaconess Medical Center의 집중관찰실에서 치료받은 4만 명 이상의 환자가 생성한 비식별화된 데이터가 들어 있다. MIMIC-III 데이터는 플랫 파일flat file 포맷을 포함해 다양한 형태로 다운로드할 수 있다. 의료 영상을 제공하는 데이터베이스도 있다. 미국국립보건원NIH에서 제공하는 것으로, 10만 개가 넘는 영상 이미지가 포함된 흉부 X-선 14 데이터셋(Chest X-ray 14)과 같은 것들이다.

필요한 데이터셋을 얻고 나면, 이것을 처리하는 과정으로 넘어간다. 대용량 데이터를 처리하는 데 필요한 저장과 컴퓨팅 파워는 클라우드 회사들에서 쉽게 구매할 수 있다. 건강보험 양도 및 책임에 관한 법HIPAA을 준수하는 제품과 그렇지 않은 제품 등 컴퓨팅 리소스를 제공하는 회사들이 점점 더 많아지고 있다. 아마존 웹 서비스Amazon Web Services와 마이크로소프트 애저Microsoft Azure는 가장 큰 클라우드 서비스 제공자에 속한다. 클라우드 컴퓨팅 도구가 필요한 이유는 주로 특화된 일래스틱 컴퓨트 인스턴스의 가용성 때문이다. 일래스티서티

elasticity는 필요에 따라 실시간으로 더 많은 대규모의 컴퓨팅 리소스를 끌어와 사용할 수 있는 능력을 말한다. 핵심 컴퓨팅 엔진으로 클라우드 컴퓨팅 리소스를 사용하는 애자일 데이터 과학 툴을 개발하기 위해서, 의료 정보 기술 회사인 서너 코퍼레이션Cerner Corporation과 같은 회사들이 일래스틱 클라우드로 전환하는 것은 그러한 장점이 있기 때문이다. 이러한 애자일 클라우드 컴퓨팅 데이터 과학 툴들은 종종 주피터 노트북Jupyter Notebook을 프런트 엔드 프로그래밍 인터페이스로 사용한다. 오픈 소스 컴퓨팅 환경을 제공하는 주피터 노트북은 사용하는 언어에 구애받지 않기 때문에, 데이터 분석을 위해 파이썬이나 R 같은 프로그래밍 언어들을 하나의 인터페이스에서 사용할 수 있고, 여러 사람들과 협업하는 기능도 제공한다. 또한 연구자들은 여기에서 데이터를 분석하고 쿼리를 실행하며 그 결과를 실시간으로 시각화할 수도 있다. 질문에 답을 구하고 데이터를 시각화하는 빠른 순환 작업은 임상적 질문이나 가설에 대하여 반복하여 평가하고 개선하는 것을 가능하게 한다. 마지막으로 일단 임상적으로 중요한 프로젝트가 정해지면 파이토치PyTorch, 텐서플로TensorFlow와 같은 오프 소스 머신러닝 라이브러리를 사용하게 된다. 이런 도구를 사용하면 10여 년 전에는 수개월이 걸렸을 일을 아주 간단하게 처리할 수 있다. 또 클라우드 컴퓨팅 서비스는 빅데이터 분석을 위한 아파치 스파크Apache Spark 최신 툴을 제공한다. 스파크Spark는 하나의 컴퓨터로 처리하기에는 너무 큰 데이터셋에 대해 빠른 분석과 프로세싱, 모델 개발을 할 수 있는 병렬 분산 클라우드 컴퓨팅 패러다임이다. 실시간 모델 개발, 업데이트, 구현을 위한 사실상의 표준 툴이다.

무료로 손쉽게 얻을 수 있는 데이터셋을 사용하고 적어도 한 명의 임상 전문가와 한 명의 데이터 과학자로 팀을 만들어, 애자일 데이터 과학의 개념을 적용한 실험적인 프로젝트를 수행해 볼 수 있다. 임상 전문가는 목적에 맞는 환자 코호트를 선택하고, 그 코호트에서 가장 중요하다고 판단되는 목표를 파악해낸다. 그 다음 팀은 데이터셋에 들어 있는 요소들을 검토하고 파악한 목표에 기여할 수 있는 가능성을 가진 변수들을 결정하게 된다. 환자 숫자와 간단한 기술 통계는 프로젝트 진행 과정에서 타당성 점검기sanity check 역할을 한다. 코호트가 원하는 만큼 크지 않거나 데이터가 타당성 점검을 통과하지 못하면 팀은 재빠르게 질문을 수정하거나 중복되거나 빼먹은 것과 같은 오류가 없는지 깊이 들여다 본다. 이 분석 단계는 데이터 과학자나 분석가들이 보통 가장 많은 시간을 쏟아붓는 데이터 전처리 과정의 일부다. 그렇지만 애자일 데이터 과학 도구를 사용하면, 믿을 수 없을 만큼 빠르게 데이터 전처리를 할 수 있다. 이를 통해서 연구의 타당성을 결정하고 초기 모델을 구축해 그 예측 성능을 측정해 볼 수도 있다. 데이터 과학자, 도메인 전문가의 조합과 애자일 데이터 도구를 구축하면 전체 데이터 과학 프로세스의 혁신을 일으키고 다른 응용 도메인뿐만 아니라 의학에서의 발견을 가속하는 데 도움이 될 것이다.

생명공학 데이터 과학 팀은 다음과 같이 구성된다.

데이터 과학자^{data scientist}는 매우 다재다능하며 데이터 수집부터 머신러닝, 데이터 시각화로 마무리할 때까지의 데이터 과학 전체 프로젝트를 이끄는 사람이다. 이들은 R, 파이썬, SQL과 같은 언어로 프로그래밍할 수 있는 기술과 더불어 수학, 통계 분석, 데이터베이스 관리, 엔지니어링 기술을 고루 갖추고 있다. 데이터 관리자, 데이터 건축가로도 불리는 데이터 엔지니어는 데이터 과학자들이 데이터셋을 잘 활용할 수 있도록 소프트웨어 공학 기술로 대량 데이터셋을 처리하고 관리하는 역할을 주로 한다. 데이터 엔지니어는 주로 하둡, NoSQL, 파이썬과 같은 도구를 사용한다. 보통 R 언어와 머신러닝은 이들이 사용하는 도구가 아니다. 마지막으로 데이터 분석가^{data analyst}는 전형적으로 비즈니스 측면에 좀 더 초점을 두는 사람이다. 엑셀, 타블로^{Tableau}, SQL과 같은 도구들을 사용해 회사와 관련된 데이터 시각화와 커뮤니케이션 업무를 한다. 데이터 분석가는 보통 데이터 과학 프로젝트에 직접 관여하지 않는다. 그래서 머신러닝이나 딥러닝 등은 그들이 주로 사용하는 기술이 아니다. 대신 이들은 데이터 웨어하우징, 하둡에 기반한 분석에 주로 초점을 맞추고 데이터 건축, 추출, 변환, 로딩 기술에 익숙하다. 이런 전문가들은 기관에 따라 좀 다르기는 하지만 임원급 책임자들에게 내용을 보고한다. 여기에서 구분한 위 직종들은 개인의 기술, 경험, 선호도 등에 따라 업무 범위에서 상당히 겹치는 부분이 존재한다.

데이터 과학팀은 보통 병원 고위직 또는 회사의 핵심 임원들과 함께 일한다. 최고정보책임자^{CIO}는 보통 기관의 정보 기술 부서에서 가장 높은 책임자다. 최고의학정보책임자^{CMO, Chief Medical Information Officer}는 병원의 의료 정보 책임을 맡은 의사로 임상 및 정보 담당 부서 사이의 소통을 책임진다. 최고기술책임자^{CTO}는 의료 기관보다는 일반 회사에서 소프트웨어 공학 문제를 다루고, 소프트웨어를 통해서 수익을 내는 방법을 아는 사람이다. 마지막으로 최고지능책임자^{CIO, Chief Intelligence Officer} 또는 최고 인공지능 책임자^{Chief AI Officer}는 의료 기관에서는 매우 드문데 인공지능에 대한 광범위한 지식과 인공지능 프로젝트의 평가 혹은 배치에 대한 해박한 지식을 가진 사람이다.

화성에서 온 데이터 과학자와 금성에서 온 의사

데이비드 레드베터 David Ledbetter

– 미국 캘리포니아주 로스엔젤레스 로스엔젤레스소아병원 가상 소아 중환자실

데이비드 레드베터는 한 소아 병원의 선임 데이터 과학자로, 중환자실 셋팅에서 임상의들과 상당한 시간을 함께 보낸 경험을 가지고 있다. 이 글에서 임상의와 데이터 과학자들 사이의 문화적 차이와 그 협력 과정에 대해 말한다.

이제 데이터 과학자는 병원에서 핵심적인 자원이 됐다. 다양한 기술을 가지고 데이터 분석과 시각화, 데이터 인프라 구축을 비롯해 가장 대표적으로 머신러닝을 훈련하여 특정 예측을 수행함으로써 기관의 능력을 높이는 역할을 한다. 대다수 데이터 과학자들은 필요한 임상적 기초가 없어 임상적 맥락을 제대로 이해하는 데 애를 먹는 것으로 알려져 있다. 어떤 문제에 관한 임상적 중요성에 대한 데이터 과학자들의 이해 부족은 그들이 효과적인 인공지능 시스템을 개발하는 데 방해가 된다.

한편 의사들은 매일 환자를 치료하는 최전선에서 일하기 때문에 본질적으로 데이터 과학자에게는 알쏭달쏭한 임상적 상황과 용어에 익숙하다. 의사들은 직면한 문제를 이해하고 의사 결정을 내리는 데 어떤 정보가 필요한지 알고 있으며, 진료 과정에서 그러한 정보가 어떤 때 적절히 사용될 수 있는지도 알고 있다. 그럼에도 대부분 의사들은 수학자가 아니며 엑셀 분석을 뛰어넘는 데이터셋에 대해서는 불편해 한다. 그들은 전형적으로 실용적인 데이터에 기반한 성능 지표 보다는 P-값이나 상관계수와 같은 용어를 가지고 문제를 생각하도록 훈련된 사람들이다.

의사와 데이터 과학 팀 사이에는 천문학적 거리가 존재한다. 가장 중요한 문제는 양쪽 그룹에서 사용하는 언어를 서로 이해하지 못한다는 것이다. 의사들은 혈압, 수액, 라식스 등등 도무지 이해하지 못하는 용어들을 사용한다. 의사들은 어떤 문제 해결 방식을 임상적 작업 흐름에 적용되는 방법과 그것의 사용 편의성에 따라서 평가한다. 예를 들어 전자의무기록에 몇 번 클릭으로 일을 할 수 있는가를 따진다. 반면 데이터 과학자는 ROC Receiver Operating

Characteristics와 같은 난해한 함수와 어떤 알고리듬의 기술적인 참신함에 종종 더 관심을 기울인다. 예를 들어, 이것을 신경 정보 시스템 처리 학회NeurIPS에 제출할 수 있을지에 관심을 둔다. 만약 서로 간의 커뮤니케이션을 할 수 있는 능력이 없으면 극복 불가능한 문제들로 가득 찬 세계가 존재할 수밖에 없다. 이런 문제를 접근할 때에는 두 세계의 마인드셋을 함께 고려해야 한다.

이 간격을 메우려면 데이터 과학자들이 임상적인 세계에 노출할 기회를 가급적 많이 가지는 것이 중요하다. 임상적인 노출을 늘리는 훌륭한 한 가지 방법은 아침 회진에 참여하는 것이다. 이런 경험은 임상적 전략과 실제로 다급한 생사의 문제에 대한 관점을 제공한다. 데이터 과학자들은 간호사, 의사, 환자, 환자 가족끼리 어떻게 정보가 전달되는지 실제로 체감할 수 있고 어떤 정보가 의료 팀에게 중요하고 임상적 작업 흐름 속에서 어떻게 의사 결정이 이뤄지는지 엿볼 수 있는 기회가 될 것이다. 그런 과정을 통해 데이터 과학자는 자신이 만들어내는 솔루션의 임상적 타당성을 이해하기 시작한다.

특정 문제를 해결하기 위해 데이터 과학자와 의사가 하나의 팀을 만드는 것 또한 중요하다. 그렇게 하는 것은 의사의 관점과 데이터 과학자의 관점으로 문제를 함께 분석하게 만들고, 그런 시너지가 임상적 작업흐름에 맞는 실행 가능한 해법의 도출로 이어지는 것을 보장한다. 한 팀에서 데이터 과학자는 의사와 여러 문제를 논의할 수 있으며, 단순히 비용 함수를 최적화하는 문제를 넘어서 선택된 역치값을 가지고 모델을 배치하는 것의 중요성과 비용 분석의 4가지 값(참 양성, 참 음성, 거짓 양성, 거짓 음성)이 어떤 맥락을 가지는지 이해할 수 있게 된다.

협업은 업무 프로세스의 모든 단계에서 이뤄진다.

- 개념–중환자실에 어떤 문제가 있다.
- 디자인–어떤 정보가 어느 시점에 도움이 될까?
- 먼징–이런 값이 실제로 의미하는 바는 무엇인가?
- 평가–이것이 실제 병상 관리에 사용될 수 있을까?

임상적 관점에서 모델의 실패를 분석할 수 있는 능력은 모델에서 무엇이 잘못됐는지에 대한 상당한 인사이트를 가질 수 있게 만든다. 공통된 맥락과 체계적인 문제들을 발견하는 것은 모델의 정교함과 개선에 새로운 장을 열어준다.

데이터 과학과 의료 팀 사이의 공통된 문화를 만드는 것의 중요성은 아무리 강조해도 지나치지 않는다. 데이터 과학자는 컴퓨터 스크린 뒤에 앉아 있는 단순한 로봇이 아니고, 의사가 단지 환자 치료만 하는 사람이 아니라는 사실을 주지해야 한다. 저녁에 모임을 가지거나 노래방 등에서 재미있는 시간을 보내는 것과 같은 보조 활동은 서로의 인간미를 느끼게 하는 데 도움이 된다.

또 의사들을 데이터 과학의 세계에 노출시키는 것도 중요하다. 의사들을 데이터 과학 강좌에 참여시켜서 데이터 과학자들이 문제에 대해서 어떻게 접근해 나가는지 개념적으로 이해할 수 있도록 하자. 그렇게 되면 의사들은 데이터 과학이 어떤 일을 어떻게 접근하는지, 그 한계는 무엇인지 구체적으로 이해하고 기술에 대한 신비감을 걷어낼 수 있게 될 것이다. 데이터 과학자들이 하는 일이 로지스틱 회귀보다 더 복잡하지 않고 랜덤 포레스트가 수많은 임의의 이진 분류의 집합이며, 신경망은 단지 로지스틱 회귀를 쌓아 놓은 것에 불과하다는 점 등에 대한 감을 잡을 수 있을 것이다. 강좌를 마칠 쯤이면 데이터 과학자들이 단지 데이터들 사이의 최적의 회귀 직선을 찾고자 노력한다는 것을 이해하게 될 것이다.

좋은 데이터 과학자와 좋은 의사 모두에게 가장 가치있는 자질은 소통하고 경청하며 학습하는 능력이다. 불행하게도 모든 사람이 타고난 커뮤니케이터가 아니다. 하지만 소통은 다른 기술들과 비슷한 하나의 기술인 만큼 연습으로 그 능력을 키울 수 있다. 소통하는 능력이 없으면 프로젝트가 항상 그들의 능력치 밖에 있을 수밖에 없을 것이다.

데이터 과학자와 의사 모두 환자 케어를 개선하는 데 도움이 될 수 있도록 어떤 문제를 해결하고자 한다는 것을 항상 명심하는 것이 중요하다. 그렇게 해서 금성인과 화성인이 함께 진짜 문제가 무엇이고 어떻게 의사 결정이 이뤄지며 실제적으로 효과가 있는 인공지능 정보가 어떻게 임상적 작업 흐름에 제공되는지 이해할 수 있게 될 것이다.

머신러닝 전문가의 임상 도전기

애나 골든버그 Anna Goldenberg

애나 골든버그는 컴퓨터 과학 전공자로, 소아 병원 임상 세계로 들어가 데이터 과학자로서 중요한 역할을 하고 있다. 여기서 임상과 데이터 과학 사이에 존재하는 문화적 차이와 헬스케어에서 효율적인 인공지능을 구축하는 방법에 대한 관점을 밝힌다.

대화를 위한 학습. 특성feature이란 무엇인가? 입력 공간 안의 하나의 차원이다. 입력 공간 input space이란 무엇인가? 결과를 예측하기 위해 사용하는 모든 데이터를 말한다. 모델을 어떻게 학습시키는가? 목적 함수objective function를 최적화한다. 목적 함수란 무엇인가? 실제 결과와 모델의 예측한 결과 사이의 차이로서, 우리가 줄이려고 노력하는 오류를 수학적으로 표현한 것이다. 기타 등등 의사가 이런 용어들을 모두 알아야 할까? 아니다. 머신러닝 전문가가 어느 시점에서 의사들과 토론하기 위해서 이런 용어나 비슷한 용어들을 사용하게 될까? 아마도 그렇다. 나는 의사들과 일하기 전까지 기술적인 머신러닝에 대한 대화 능력이 진정으로 무엇을 의미하는지 깨닫지 못했다. 의사와 생물학자들에 있어 동료들이 알고 싶어하는 것은 모델의 작동 방법에 대한 것이 아니라, 모델이 그들을 위해 해줄 수 있는 것이라는 점을 이해하기까지 수년의 연습과 대화가 필요했다.

불확실성 포용하기. 머신러닝의 중요한 부분의 하나가 불확실성이다. 우리는 종종 환자 A의 진단을 직접 예측하기보다는 환자의 질병이 X형인지 Y형인지 예측하는 확률적 모델을 개발한다. 학습에 사용되는 불완전한 데이터를 가지고 하는 작업이기 때문에, 모델의 결과가 확실한 값이 아닌 확률 용어로 표현하는 것이 좀 더 설득력이 있다. 그렇지만 실제 임상에서 초기에 나는 임상 동료들이 환자에게 어떤 진단을 붙여야만 하기 때문에 내 알고리듬이 어떤 확률을 다루는 것이 아니라 질병을 예측하는 것을 보기 위해 원한다고 들었다. 공교롭게도 의학적인 의견들은 서로 다르다. 가장 불확실한 응급실에서 가장 확실한 집중 관찰실까지, 불확실성은 어느 곳에나 존재한다. 우리 지식의 한계를 인정하고 확률을 받아들이는 것이 중요하다. 나는 임상 세계에서도 불확실성을 이해하는 것이 미래의 머신러닝 도구들을 더 잘 활용하는 데 도움이 된다고 믿는다. 우리 머신러닝 개발자들은 확률적인 결과들이 임상적으로 더 쉽게 해석될 수 있도록 만들어야 한다.

블랙박스 모델을 해석하거나 말거나. 또 하나 흥미롭고 뜨거우며 늘 있는 논쟁은 소위 블랙박스 모델이라고 불리는 인공지능 해석 불가능성에 대한 것이다. 여러 의사들은 그와 같은 시스템을 절대 믿을 수 없다고 주장한다. 그러면서도 많은 의사들은 자신들이 하는 왜 의사결정을 했는지 항상 제대로 설명할 수 있는 것은 아니라는 점을 인정한다. 좀 더 정확히 표현하자면 그들이 수년 동안 환자를 경험하면서 만들어진 내부 분류자인 이전 경험에 따라, 감에 기반을 두고 어떤 판단을 내린다. 이렇게 인간마저도 내부의 복잡한 모델을 만들고 사후에 그런 것들을 설명하는데, 왜 인공지능 알고리듬의 평가 수준은 그렇게 높아야만 하는가? 의사들이 이해할 수 있는 모델을 설계할 것을 요청하는 것을 보면 또 다른 질문이 떠오른다. 도대체 누가, 고차원에서 추론 능력이 분명히 한정돼 있는 인간 추론이 가장 믿을 만한 것이라고 말했을까? 아마도 모델 설명 가능성에 대한 요구는 이런 도구들이 가진 힘과 최근에 나타난 것이기 때문일 것이다. 또는 의사들은 단지 이런 시스템과 상호 작용하는 데 있어 분명하고 신뢰할 수 있는 방법을 요구하는 것일 수도 있다. 비록 머신러닝 개발자들도 설명 가능성에 대한 이유와 목적이라는 측면에서 여러 의견으로 갈리기도 하고, 심지어 설명 가능성에 대한 정의가 이 맥락에서 어떤 의미인지에 대해서도 의견이 나뉘기도 하지만, 신뢰할 수 있고 사용자가 쉽게 상호 작용할 수 있는 모델에 대한 요청은 최근 헬스케어 인공지능 모델을 만드는 데 존재하는 여러 도전들 가운데 핵심이 되고 있다. 나는 의사와 컴퓨터 과학자가 힘을 합쳐 정확하고 신뢰할 수 있는 모델을 만들어 가는 방향으로 나아갈 수 있기를 진심으로 바란다.

컴퓨터 과학 배경을 가진 사람이 임상으로 옮겨가는 것은 새 언어를 배워야 하는 새로운 나라로 이사해서 자신을 익숙하지 않은 가치, 법규, 규제는 물론 특이한 관심과 같은 시스템에 온전히 몸을 던져야 하는 것과 비슷하다. 전문 지식을 배울 수 있는 놀라운 기회이기도 하지만 동시에 적절한 데이터에 접근할 수 없고, 접근한다고 해도 데이터의 여러 곳에 결측된 값들이 존재하는 상황에 늘 좌절감을 맛봐야 한다. 임상 데이터를 가지고 작업하는 것은 데이터가 불완전한 경우가 많아 매우 어려운 일임에도 불구하고 임상 전문가들과의 상호 작용을 통해서 많은 것을 채워나갈 수 있다. 전체적으로 보면 다양한 질병에 조건을 가진 취약한 사람들을 대상으로 더 정교한 진단, 예후, 치료를 제공할 수 있다는 것에 뿌듯함을 느낀다. 대학원 지도교수가 말씀하셨던 바와 같이 "비키세요. 나는 컴퓨터 과학자입니다."라는 어구를 사용할 수 있다면 좋겠다. 나는 그와 같은 꿈을 성취하고 있다고 믿는다.

의생명 데이터 과학에서의 프로그래밍 언어

의생명 과학 분야의 인공지능과 데이터 과학에 관심있는 사람들에게 특히 유용한 몇 가지 프로그래밍 언어가 있다.

BBC 코미디 시리즈인 몬티 파이튼 비행 서커스^{Monty Python's Flying Circus}에서 이름이 유래한 파이썬은 아주 유연하고 상대적으로 간단한 프로그래밍 언어로써 아주 다양한 목적으로 사용할 수 있는 범용 언어다. 현재 데이터 과학 분야에서 가장 인기가 높다. 과학 계산을 위한 넘파이^{NumPy}, 인공지능을 위한 파이브레인^{Pybrain}과 같은 수많은 특수 목적의 라이브러리들이 마련돼 있다.

R 언어는 통계적 학습과 데이터 분석가에게 인기가 높은 프로그래밍 언어로, 데이터 시각화에 특히 강점이 있다. 특히 학계에서 인기가 더 높다. 파이썬과 비슷하게, R 언어는 오픈소스로, 크랜^{CRAN, Comprehensive R Archive Network}을 통해 다양한 목적의 라이브러리를 제공한다.

매트랩^{MATLAB}은 매스웍스^{MathWorks}가 만든 고수준 프로그래밍 언어로 시각화, 프로그래밍 뿐만 아니라 숫자 계산을 위한 대화형 환경을 제공하며, 과학과 엔지니어링 분야에서 널리 사용되고 있다.

SAS^{Statistical Analysis System}는 비교적 비싼 상용 분석 소프트웨어로 다양한 통계 함수들을 제공한다.

그런데 의생명 데이터 과학에서 가장 뜨거운 논쟁은 파이썬과 R 언어의 우수성에 관한 것이다. 표 5.2에 각 언어의 장단점을 요약해 놓았다.

자신의 전공 분야에서 예측 분석 작업을 하는 사람들에게는 R이 파이썬보다 인기가 높다. SAS에 대한 선호는 R과 비슷하다. 전문 데이터 과학자들은 R보다 파이썬을 선호하는 경향이 높고 차이는 좀 더 벌어지는 것으로 보인다. 전체적으로 보면 효율적인 배치에 초점을 두는 경우는 파이썬이 더 선호되고, 통계 분석 특히 데이터 시각화 작업을 하는 경우에는 R이 약간 더 선호된다.

두 프로그래밍 언어 모두 머신러닝과 인공지능에 뛰어나다. 어떤 데이터 과학자는 R 언어를 체력보다 명석한 두뇌를 가진 배트맨에, 파이썬은 강하고 지적인 측면보다 근력이 뛰어나 슈퍼맨에 비유하기도 한다[1]. 저자는 파이썬은 매일 일하는 데 사용되는 그리고 충실히 해야 할 일을 할 수 있도록 하는 자동차와 비슷한 반면 R 언어는 주말에 사용하는 매력적인 그리고 남에게 보여주기 좋은 주말 스포츠카와 비슷하다고 본다. 둘을 합쳐서 보면 프리우스에 탄 슈퍼맨(파이썬)과 포르셰를 탄 배트맨(R)을 그려볼 수 있겠다.

표 5.2 데이터 과학과 인공지능에 사용되는 파이썬과 R 언어 비교

구분	python	R
목적(발표 연도)	범용(1991)	통계 분석(1993)
사용자	프로그래머와 개발자	연구자와 학자
인기도	+++	++
배우기 쉬운 정도	+++	++
사용처와 응용	+++	+++
데이터 처리 능력	++	+
속도	++	+
커뮤니티 지원	++	+++
시각화	++	+++
장점	공유를 위한 주피터 노트북 높은 코드 가독성과 간단한 문법 애자일 개발	뛰어난 데이터 시각화 광범위한 데이터 분석 라이브러리(CRAN)
단점	R 보다는 적은 수의 라이브러리 R에 비하여 시각화 유연성이 떨어짐	처음 배우기 까다로움 인기도 저하 딥러닝에 대한 지원 부족

인공지능 프로젝트에는 여러 프레임워크와 라이브러리가 사용된다. 아파치 소프트웨어 재단의 하둡은 프로그래밍 언어는 아니지만, 오픈소스 프레임워크로서 분산형 파일 시스템과 맵리듀스 프로그래밍 모델과 같은 툴을 사용해 하드웨어 클러스트 상에서 대규모의 데이터를 저장하고 프로세싱하는 데 사용된다. 구글 브레인의 텐서플로[TensorFlow]는 C++, 파이썬, CUDA 언어로 작성된 것으로 딥러닝에서 아마도 가장 잘 알려진 인공지능 라이브러리다. 유연한 구조를 가지고 있어서 중앙처리장치[CPU]뿐만 아니라 그래픽스 처리 장치[GPU] 및 구글의 텐서처리장치[TPU] 모두에서 구동된다. 마지막으로 케라스[Keras]는 파이썬 언어로 작성된 오픈소스 라이브러리로써 텐서플로 위에서 작동하는데, 고수준의 사용자 인터페이스를

가지고 있어서 딥러닝 모델을 구현하는 데 아주 편리하다. 그 외 딥러닝 라이브러리로 카페 Caffe, 테아노Theano, MXNet과 같은 프레임워크들이 있다.

머신러닝을 더 쉽게 이해하고 사용할 수 있게 하기

로버트 호이트Robert Hoyt

로버트 호이트는 의사들에게 임상 정보학 및 데이터 과학을 열정적으로 지도하는 임상 정보 의사로, 이 글을 통해서 데이터 과학을 새로 시작하는 사람들에게 간단한 소개와 머신러닝을 위한 실제적인 자원에 대해 말한다.

헬스 인포매틱스 편집자: 실용 가이드

인공지능은 모든 산업에서 널리 쓰이고 있다. 헬스케어에서도 예외는 아니어서, 이 분야에 종사하는 의생명 데이터 과학자들에게도 중요한 기술이 됐다. 인공지능에서 가장 중요한 요소 가운데 하나인 머신러닝은 간단한 의사 결정 나무에서부터 복잡한 신경망과 같은 알고리듬을 사용해 예측을 수행하고 문제를 해결한다. 이런 머신러닝은 오늘날 임상적 의사 결정 시스템CDS, clinical decision support과 위험 예측 부분에서 핵심적인 역할을 하고 있다.

머신러닝은 컴퓨터 과학에 기반하기 때문에 컴퓨터 과학이 아닌 학부에서는 머신러닝을 자주 가르치지는 않는다. 머신러닝 교육에는 고급 수학과 프로그래밍 경험이 요구되는 경우가 많다. 결과적으로 대부분의 대학원 수준의 정보 관련 학생들에게 머신러닝을 가르치지 않고 있다. 이와 비슷하게 임상 정보학과, 간호 정보학에서도 머신러닝이 소개되는 경우가 드물다. 그들이 반드시 광범위한 머신러닝 경험을 가지고 있을 필요는 없지만, 머신러닝의 핵심 개념에 대해 능통하고 사용 가능한 소프트웨어에 대해서도 잘 알고 있어야 한다. 의료계가 생명과학 데이터 과학과 머신러닝을 점점 더 많이 받아들이고 있기 때문에 교육에 대한 개선법과 관련 과제를 수행하는 소프트웨어에 대해서도 잘 알고 있을 필요가 있다.

통계학, 프로그래밍 언어, 머신러닝 작업을 간단하게 해주는 새로운 도구들이 개발되고 있어서, 컴퓨터 과학 비전공 학생이나 헬스케어 종사자들도 의생명 데이터 과학에 더 많이 참여할 수 있게 됐다. 더불어 새로운 도구 대부분이 오픈 소스인 경우가 많아 비용이 저렴하다. 예를 들어 자모비Jamovi는 R 프로그래밍 언어에 바탕을 둔 무료 통계 프로그램이다[1]. 래틀Rattle도 R 언어에 기반을 둔 것으로 무료 예측 분석을 위한 그래픽 사용자 인터페이스를 제공하며 관련 도서도 출판돼 있다[2].

저렴하고 직관적인 머신러닝 소프트웨어들도 개발돼 있다. 웨카^{WEKA}, 나임^{KNIME}, 오렌지^{Orange}, 래피드마이너^{RapidMiner} 등은 머신러닝에서 가장 흔히 사용되는 오픈 소스 도구들이다[3-6]. 웨카는 나임이나 오렌지와는 다르게 워크플로를 구성하기 위한 시각적 연산자가 필요 없다. 웨카는 꽤 직관적이고 광범위한 알고리듬을 제공하며, 관련 참고서와 여러 무료 온라인 코스들이 나와 있다[7, 8].

배우고 사용하기에 가장 쉽고 가장 최신인 머신러닝 소프트웨어 플랫폼으로 래피드마이너^{RapidMiner}가 있다. 교직원과 학생에게는 무료로 제공되고 있다. TurboPrep이라고 하는 탐색적 데이터 분석을 위한 데이터 전처리 모듈과 Auto-Model이라고 하는 직관적인 지도 및 비지도 학습 모듈이 내장돼 있다. 예를 들어 분류나 회귀 작업을 할 때 자동으로 적절한 알고리듬을 선택해 주고 동시에 실행시켜준다. 곡선아래면적^{AUC, Area Under the Curve}과 같은 성능지표 역시 자동으로 생성되고 비교해준다. 슬라이더를 사용한 다이내믹한 모델도 구성할 수 있어서 예측 변수를 바꿔 가면서 결과 변수가 어떻게 변하는지 확인할 수도 있다.

비지도 학습도 이와 비슷하게 직관적이다. k-평균을 사용할 수 있으므로 클러스터 수를 설정하거나 데이터셋에서 클러스터 개수를 결정하는 k-평균을 선택할 수 있다.

웨카를 사용하면 사용자가 알고리듬을 수정하거나 조절할 수 있는 반면 래피드마이너는 그럴 수 없다. 그러나 이런 점이 기초를 학습하고 머신러닝에 대한 감을 잡아 가는 동안에는 그렇게 문제되지 않는다.

이러한 머신러닝 프로그램이 점점 간단해지면 교수진이 기초 머신러닝을 가르치는 것이 쉬워질 것이다. 요즘과 같이 선택지가 넓어진 상황에서는 머신러닝을 배우기가 훨씬 편리해졌으며, 앞으로는 더 많은 사람들이 머신러닝을 배우고 다양한 방식으로 채택해 나갈 가능성이 높다.

참고 문헌

[1] Jamovi. ⟨https://www.jamovi.org⟩.
[2] Rattle. ⟨https://rattle.togaware.com/⟩.
[3] WEKA. ⟨https://www.cs.waikato.ac.nz/ml/weka/⟩.
[4] KNIME. ⟨https://www.knime.com/⟩.
[5] Orange. ⟨https://orange.biolab.si/⟩.

[6] RapidMiner. 〈https://rapidminer.com/〉.

[7] Witten I, Eibe F, Hall M. Data mining: practical tools and techniques. 4th ed.?Morgan-Kaufmann; 2017. 〈https://www.cs.waikato.ac.nz/ml/weka/book.html〉.

[8] Free online courses on data mining with machine learning techniques in WEKA. 〈https://www.cs.waikato.ac.nz/ml/weka/courses.html〉.

인공지능의 신뢰도: 임상 프로그래머의 관점

롭 브리스크 Rob Brisk

– 북아일랜드 콜레인 얼스터대학교 크레이개번 병원/컴퓨터 과학부 심장내과

롭 브리스크는 데이터 과학 배경을 가진 심장내과 전문의로, 데이터 과학자와 임상의라는 이중 관점을 가진 입장에서 이 글을 통해 머신러닝/딥러닝의 해석 가능성이 그렇게 확보할 수 없는 과제가 아니라는 관점을 제공한다.

머신러닝: 미래 의료로 가는 디딤돌

인공지능은 기술적으로 아주 넓은 주제다. 요즘은 머신러닝 기술이 급성장하면서 헬스케어 분야에 적용되는 것과 관련된 논쟁이 활발히 진행되고 있다. 아주 넓은 의미에서 "전통적" 프로그래밍은 인간 소프트웨어 엔지니어가 프로그래밍 언어에 기반한 규칙을 정교하게 조직화해 컴퓨터가 주어진 입력 데이터를 원하는 출력 데이터로 바꿔주도록 하는 것인 반면, 머신러닝은 보통 수많은 입력 데이터와 그에 상응하는 출력 데이터를 사용해 컴퓨터를 통해 머신러닝 알고리듬을 사용해서 그 입력 데이터와 출력 데이터 사이에 존재하는 논리 기반의 규칙을 찾아내는 컴퓨터 프로그램을 만드는 기술이라 할 수 있다.

머신러닝은 두 가지 상황에서 유용하다. 첫 번째는 인간이 거의 반자동적으로 수행하는 일로, 그렇기 때문에 오히려 필요한 절차를 일목요연하게 표현하지 못하는 과제를 자동화하는 것이다. 두 번째는 어떤 결과에 대해 인과 관계로 있을 것 같은 입력 데이터를 활용할 수 있는데도, 인간 전문가가 그 패턴을 찾아낼 수 없는 상황이다. 예를 들면 첫 번째 사례는 활동 심전도ECG에서 이상 리듬을 감지하는 작업이고 두 번째 예로는 영상의학과 의사가 감지하지 못하는 뇌 영상 이미지에서 초기 알츠하이머병을 감지하는 것이 있다[1,2].

블랙박스 효과: 투명성 없이 신뢰가 있을 수 있을까?

소프트웨어 엔지니어가 컴퓨터 프로그램에 대한 내부 논리를 작성했을 때, 그 프로그래밍 언어를 이해하는 다른 사람이 이해할 수 있는 형식으로 작업을 하는 것이 일반적이다. 그런데 머신러닝 시스템의 행동을 조절하는 규칙은 종종 복잡한 수학적 구조로 인코딩되고 멀쩡한 사람도 이해하기 어려울 수 있다. 그림 1은 딥러닝의 기초가 되는 머신러닝 기술의 하나인 인공 신경망ANN, Artificial neural network의 아주 기본적인 형태를 시각화한 것인데도 이해하기 쉽지 않다. 샐리언시 맵saliency map 또는 합성곱 신경망에 대한 디컨볼루션deconvolution과 같은 방식으로 이와 같은 알고리듬에 인코딩돼 있는 규칙을 설명하려고 시도돼 왔다. 그와 같은 접근법은 시스템의 기능의 어떤 측면에 대해서는 유용한 인사이트를 제공할 수 있지만 더 넓은 내부 논리는 여전히 너무나도 불투명한 상태로 남아 있다.

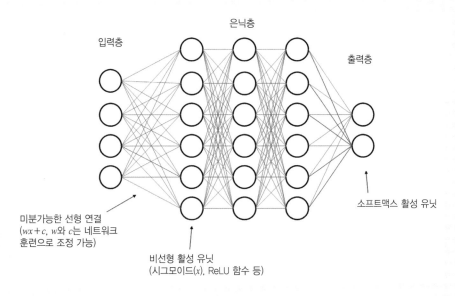

그림 1 기본적인 인공 신경망

임상 활용 측면에서 중요한 점은 어떤 머신러닝 시스템이 고품질의 데이터를 통해서 광범위하게 학습되고 검증됐다고 하더라도, 언제 그리고 어떻게 이 시스템이 사용자의 기대를 저버릴 것인지 예상하는 것이 극도로 어렵다는 사실이다. 한 아이의 부모라면 이 개념을 쉽게 이해할 수 있을 것이다. 부모로서 상당히 많은 관찰 데이터에 기반을 두고 아이의 행동에 대한 예측 모델을 개발하고 검증했다고 가정해 보자. 그렇게 개발된 모델은 대부분의 경우 믿을 만하다. 그렇지만 아이의 행동 충동을 조절하는 내부 논리의 불확실성 때문에 아이가 언제, 어떻게 예상을 깨버릴 지 예상하는 것은 불가능하다. 예컨대 대부분 이전 경우가 그랬으므로, 아이가 방에서 잘 놀 것이라고 예상하고 잠시 자리를 비우고 나서 돌아왔을 때 벽이 온통 크레용으로 뒤덮여 있는 경우를 얼마나 많이 경험했던가?

실제 사례로서 구글 알고리듬이 아프리카 및 카리브에서 온 커플을 고릴라로 색인한 경우와[3] 테슬라 오토파일럿이 트럭을 감지하지 못하고 충돌 사고를 낸 경우를 보자[4]. 사고 보고서에 따르면 충돌 직전 트럭이 자동차에게 약 7초 정도 감지된 것으로 밝혀졌다. 앞의 경우는 구글과 같은 회사도 알고리듬을 정확히 조절하지 못해서 사회적 문제를 피할 수 없었는데 하물며 디지털 헬스 분야의 더 작은 회사들의 알고리듬이 공정할지 의문이 들게 한다는 점에서 정신이 번쩍 들게 한다. 두 번째 경우는 헬스케어 관점에서 더 우려되는 경우로, 맞다/아니다에 따라 운명이 바뀌는 상황에서 불분명한 기술에 의존해 안 좋은 결과로 이어질 수 있다는 예를 보여 주기 때문이다.

앞으로 나아가기

인공지능 투명성에 대한 필요성은 광범위하게 인정되고 있다. 하지만 투명성을 확보하는 방안은 여전히 규제 당국에게는 열린 문제로 남아 있다[5, 6]. 이런 측면에서 딥마인드와 무어필드 안과 병원의 협력 사례를 눈에 띌 만한 성공 사례로 들 수 있겠다. 여기서는 광간섭단층촬영 영상의 판독을 여러 부분으로 나누고, 각 단계에서는 사람이 판독할 수 있는 영상을 생성하게 했다[7]. 비록 멀티오믹스 분석과 같이 인간의 두뇌에게는 덜 직관적인 과제에 그와 같은 프레임워크를 응용하는 것이 도전적인 일임에도 불구하고, 의료의 다른 부분에서도 비슷한 접근법들이 개발되고 있다.

궁극적으로 환자에게 전달되는 케어의 질에 대한 책임은 우리 의사에게 있다. 그러기에 우리가 집단적으로 부상하는 기술들을 잘 이해하고 무한한 가능성을 가진 머신러닝을 안전하고 책임있는 방법으로 활용할 수 있는 방법에 대하여 토론을 시작하는 것이 매우 중요하다.

참고 문헌

[1] Rajpurkar P, Hannun AY, Haghpanahi M, Bourn C, Ng AY. Cardiologist-level arrhythmia detection with convolutional neural networks. July 6, 2017. arXiv: 1707.01836.

[2] Ding Y, Sohn JH, Kawczynski MG, et al. A deep learning model to predict a diagnosis of Alzheimer disease by using F-FDG PET of the brain. Radiology 2019;290(2):456-64.

[3] Hern A. Google's solution to accidental algorithmic racism: ban gorillas. The Guardian Jan 12, 2018. 〈https://www.theguardian.com/technology/2018/jan/12/google-racism-ban-gorilla-black-people〉 [accessed 09.06.19].

[4] Stewart J. Tesla's autopilot was involved in another deadly car crash. Wired Mar 30, 2018. 〈https://www.wired.com/story/tesla-autopilot-self-driving-crash-california/〉 [accessed 09.06.19].

[5] The European Commission High Level Expert Group on Artificial Intelligence. Ethics guidelines for trustworthy AI. 〈https://ec.europa.eu/digital-single-market/en/news/ethics-guidelines-trustworthy-ai〉; 2019 [accessed 09.06.19].

[6] The US Food & Drug Administration. Proposed regulatory framework for modifications to artificial intelligence/machine learning (AI/ML)-based software as a medical device (SaMD)?discussion paper and request for feedback. 〈https://www.fda.gov/media/122535/download〉; 2019 [accessed 09.06.19].

[7] De Fauw J, Ledsam JR, Romera-Paredes B, et al. Clinically applicable deep learning for diagnosis and referral in retinal disease. Nat Med 2018;24(9):1342-50.

전통적 머신러닝

머신러닝, 더 정확하게는 전통적 머신러닝은 작고 덜 복잡한 데이터셋과 특성이 많지 않은 임상 시나리오에 적합하다. 전통적 머신러닝은 (1) 지도 학습과 (2) 비지도 학습으로 구분된다(그림 5.3). 준지도 학습, 앙상블 학습, 딥러닝 등에 대해서는 뒤에서 설명한다.

지도 학습

지도 학습은 훈련 데이터(잘 정제된 원본 데이터를 확보하여 라벨을 붙여 만든다)를 사용해 이전에 설명한 절차에 따라 알고리듬을 훈련시켜 결과를 예측하는 방법이다. 다시 말하면 지도 학습은 라벨을 붙인 훈련 데이터를 가지고 모델을 훈련시킨 후에 이 모델에 새로운 데이터를 주었을 때 입력 데이터에 대한 정확한 출력 또는 예측을 할 수 있도록 하는 방법이다. 액티브 러닝active learning은 사용자가 많은 수의 샘플에 대하여 수작업으로 라벨을 붙이는 작업을 쉽게 해주는 지도 학습 방법의 하나다.

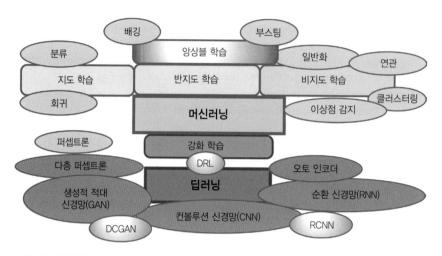

그림 5.3 전통적 머신러닝과 딥러닝. 전통적 머신러닝은 지도 학습과 비지도 학습으로 나눠진다. 준지도 학습법과 앙상블 학습도 또 다른 머신러닝의 방법이다. 딥러닝도 여러 가지 타입으로 나뉘는데, 강화 학습은 다른 학습법으로 여겨지고 있다. 물론 두 가지 특성을 결합한 방법인 딥 강화 학습도 있다. 딥러닝에는 GAN과 CNN이 결합된 DCGAN, CNN과 RNN이 결합된 RCNN 등과 같은 하이브리드 학습법 등이 있다.

요약하면 지도 학습은 인간에 의해 레이블링된 입력과 출력 데이터로부터 예측 모델을 개발하고, 그 다음 새로운 데이터를 대상으로 예측하는 데 이 모델을 사용한다. 이러한 지도 학습 방법론은 분류(이진 또는 여러 카테고리)와 회귀(연속 변수)로 이어진다. 분류에 자주 사용되는 방법론에는 서포트 벡터 머신^{SVM}, 나이브 베이즈 분류자, k-최근접 이웃, 부스팅 또는 배깅을 포함한 의사 결정 나무, 이름이 다소 잘못 붙여져 회귀라고 오해할 수 있는 로지스틱 회귀 등이 있다. 회귀에는 가장 많이 사용되는 선형 및 다항 회귀가 있고 그밖에 미래에 좀 더 인기가 높아질 수 있는 리지^{ridge}, 라쏘$^{LASSO, Least aAbsolute Shrinkage and Selection Operator}$ 회귀가 있다.

분류

분류^{classification}는 샘플이 어떤 것인지 어디에 속하는 것인지 라벨 또는 카테고리를 할당하거나 예측하는 기술이다. 예를 들어 자기공명영상에서 어떤 병변을 "종양" 혹은 "비종양"으로 판별하는 작업이 분류다. 이런 분류 전략은 이상(사기) 감지 또는 안면 인식에 사용될 수 있고, 의료 및 헬스케어 분야에서는 의료 영상, 표현형 확인, 코호트 식별에 사용된다.

흔히 사용되는 지도 분류 기술은 표 5.3에 정리돼 있다. 로지스틱 회귀는 회귀라는 이름 때문에 회귀 방법이라고 오인될 수 있는데 실제로는 분류에 속하는 기술로 이 절에서 포함시켜 설명한다.

표 5.3 지도 학습: 분류 기술

분류에 사용되는 기술	주요 도구
의사 결정 나무(decision trees)	노드와 가지
판별 분석(dicriminate analysis)	판별 함수
k-최근접 이웃(k-NN)	결정 경계
로지스틱 회귀(logistic regression)	회귀 함수
나이브 베이즈 분류자(Naive Bayes classifier)	결정 경계
서포트 벡터 머신(SVM)	초평면과 커널

서포트 벡터 머신

서포트 벡터 머신SVM, Support Vector Machine 기술은 "최대 거리" 분류 방식으로, 두 클래스를 가장 큰 차이로 분리하는 고차원 공간에서 선 또는 최적 초평면(의사 결정 면)을 이용해 분류하는 방법이다(그림 5.4). 일반적으로 분리 거리가 클수록 SVM의 성능이 좋아진다. 분류 경계 근처에 있는 점들을 서포트 벡터support vector라고 한다. SVM에는 2가지 형태가 있다. (1) 선형 SVM: 선형으로 분리하는 선형 최적화 방법을 사용하고 상대적으로 빨라 로지스틱 회귀와 비슷하다. (2) 커널 SVM: 커널이라고 하는 다양한 종류의 분리 구조를 사용하는 방법이다. 이 방법에서 사용되는 커널 트릭은 차원을 추가해 추가하지 않았을 때는 불가능했던 분리를 가능하게 만드는 수학적 트릭을 말한다. 이런 커널은 비선형 곡선 또는 최적 면을 사용해 분류 경계를 구한다.

이 방법은 스팸 걸러내기, 감정 분석, 이미지 분류와 세그멘테이션, 손글씨 인식, 사기 감지 등에 흔히 사용된다.

장단점

인기있고 상대적으로 복잡한 머신러닝 기술인 서포트 벡터 머신은 입력 특성과 출력 사이의 복잡한 비선형 관계가 있는 경우 유리한 방법이다. 이 방법은 데이터 포인트의 숫자 대비 특성의 개수가 많은 고차원 데이터셋에 사용되는[1] 가장 정확한 분류 알고리듬의 하나로 평가된다. SVM은 로버스트한 특징을 가지고 있고, 과적합을 최소화하고 노이즈를 피할 수 있다. SVM은 비교적 적은 수의 훈련 데이터셋에 흔히 사용된다. 훈련 데이터셋이 많아지면 쉽게 확장되지 않는다는 단점이 있다. 이런 경우 다른 분류 방법이나 딥러닝 등을 사용하는 것을 고려할 수 있다. 선형 SVM은 상대적으로 빠른 대신 비교적 덜 정확하고, 커널 SVM은 상대적으로 정확하지만 느리다.

다른 단점으로 SVM은 높은 수준의 메모리 및 프로세싱 능력을 필요로 한다는 점과 입력 특성과 출력 사이의 정확한 관계를 해석하는 데 어려움이 있다는 점이 있다.

최근 SVM을 적용해 단지 227명의 투명세포형 신세포암clear cell renal cell carcinoma CT 영상에 레디오믹스radiomics 특성을 적용해 고위험군인지 저위험군인지를 곡선아래면적(AUC)이 0.88~0.91 성능으로 분류한 논문이 발표되기도 했다[2].

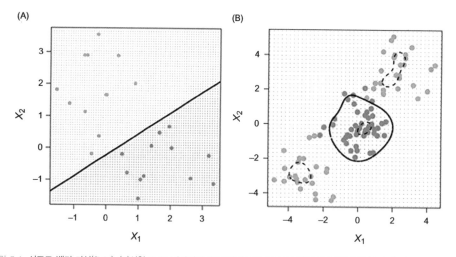

그림 5.4 서포트 벡터 머신(SVM). (A)선형 SVM. 파란색과 빨간색으로 표시된 두 클래스의 2개의 변수를 가장 잘 분류할 수 있는 직선을 의사 결정 경계로 삼는다. (B)커널 SVM. 방사 형태의 커널을 사용한 SVM이 원형의 의사 결정 경계를 잡아내고 있다.

---

1 케이스 대비 변수의 경우가 아주 많은 경우 – 옮긴이

나이브 베이즈 분류자

나이브 베이즈 분류는 지도 학습법의 일종으로, 사전 확률을 바탕으로 가장 가능성이 높은 결과를 선택한다는 베이즈 이론Bayes' theorem을 사용해 데이터를 분류하는 기술이다. 나이브 베이즈 분류는 예측 변수들이 서로 독립적이라는 가정을 깔고 시작하게 된다. 그래서 매우 순진하다는 의미로 이름을 "나이브"라고 붙였다. 이 방법으로 만들어지는 모델은 본질적으로 어떤 특성의 존재가 다른 특성에 의존하지 않는 확률 테이블의 형태를 가지게 된다. 요약하면 어떤 결과에 대한 확률은 주어진 특성들에 대한 확률들의 곱으로 구해진다. 이런 방법으로 구해지는 경계선인, 베이즈 의사 결정 경계선을 사용하여 샘플을 2개의 집단으로 나눈다(그림 5.5).

이 방법은 실시간 예측, 텍스트 분류, 스팸 걸러내기, 추천 시스템에 매우 적합하다.

장단점

이 방법은 통계학적 모델링을 사용하고 상대적으로 빠른 것이 특징으로, 입력 데이터가 고차원인 경우에도 잘 작동한다. 훈련 데이터셋이 크지 않아도 되고 해석이 상대적으로 쉽다는 점도 장점이다. 그렇지만 앞에서 설명한 커널 타입 서포트 벡터 머신과 비교했을 때 상대적으로 빠르지만 그와 동시에 정확도에서는 떨어지는 경향이 있다.

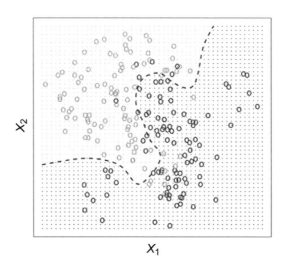

그림 5.5 나이브 베이즈 분류기. 바탕색 노랑과 파랑은 베이즈 의사 결정 경계(파선)로 나눠지는 두 지역을 의미한다.

특성들간의 완전한 독립성이라는 기본 가정이 현실에서는 매우 드물기 때문에 비현실적이라는 점과 데이터의 차원이 낮으면 상대적으로 성능이 떨어진다는 것이 단점이다.

이와 관련된 최근 논문에는 부인과 세포병리와 유방암 분야에서 베이지안 네트워크 모델링을 병리 정보학에 적용해 조직 병리 진단과 이와 관련된 예후에 대해 개별 환자 맞춤형 위험도를 평가한 예가 있다[3].

k-최근접 이웃

이 지도 학습 알고리듬은 분류와 회귀 모두 적용할 수 있으며, 어떤 샘플에 대한 가장 가까운 k 개의 이웃을 파악해내는 방법이다. 그래서 k-최근접 이웃이라는 이름이 붙여졌다(그림 5.6). 여기서 k는 특성 공간에서 지목한 점에 가장 가까이 이웃하는 샘플의 개수를 말하며, 해당 점이 속하는 클래스는 이웃하는 샘플에서 관찰되는 다수결로 결정된다. 예를 들어 k 값이 3이고 3개의 이웃이 있을 때, 3개 가운데 2개가 특정 클래스에 속한다면 관심이 되는 샘플의 클래스 역시 그 특정 클래스는 "이기게" 된다. 방금 언급한 베이즈 분류자와 유사한 k-최근접 이웃 의사 결정 경계라는 의사 결정 경계를 구할 수 있다.

k-최근접 이웃법은 텍스트 마이닝 및 카테고리화, 주식 시장 경향 분석과 예측에 적합하다.

장단점

이 방법은 해석이 상대적으로 간단하다는 장점을 가지고 있다. 이 방법은 모델에 기반하기 보다는 사례 기반의 방법으로 "게으른" 학습법으로 분류된다. k-최근접 이웃은 데이터 분포에 대한 사전 지식이 없는 상황에서 적합하다. 또한 잡음이 있는 훈련 데이터에 대해서도 상대적으로 탄탄한 특성을 보인다.

k-최근접 이웃은 데이터가 고차원이거나 잡음과 결측값을 가지고 있는 크기가 아주 큰 경우에는 성능이 떨어지는 단점이 있다. 그렇지만 이 알고리듬 자체는 결측값을 대처하거나 잡음을 걸러내고 데이터를 축소하는 데 이용할 수 있다[4]. k-최근접 이웃은 차원이 많은 경우 차원의 저주에 의해서 과적합에 취약하다. 그리고 미리 설정하는 k 값이 모델의 성능에 큰 영향을 줄 수 있다는 단점이 있다.

이 방법을 사용한 최근 문헌으로, 수정된 k-최근접 이웃 알고리듬(인스턴스 가중치로 향상됨)

144

을 사용해 당뇨병성 망막증의 진단에 활용한 논문이 있다[5].

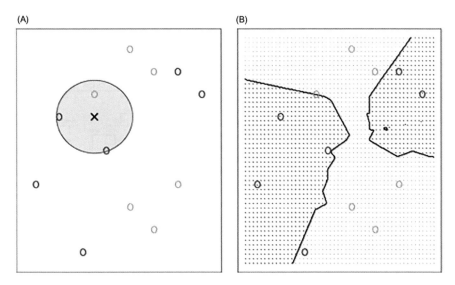

그림 5.6 k-NN. (A)k-NN 프로세스. 검토할 관측값(x로 표시)에 대해 k=3인 경우에, 3개의 주변 관측값들 가운데 2개는 파랑이고 1개는 빨강이다. 그래서 검토할 관측값 위치에서 보면 좀 더 흔한 파랑에 속하게 된다. (B)k-NN 의사 결정 경계. 검정 선이 의사 결정 경계이고, 바탕색 파랑과 노랑은 각각의 영역을 말한다.

의사 결정 나무

의사 결정 나무 방법은 뒤집어 놓은 나무와 같은 모양으로 표현되는 아주 간단한 모델로, 분류 및 회귀 트리CART, Classification and Regression trees라고 불리기도 한다. 나무에서 의사 결정 지점을 노드nodes라고 하고 노드를 서로 연결하는 것을 가지branches라 한다(그림 5.7). 잎leaves은 최종 결과가 된다. 여기에는 모델의 정확도를 희생하지 않으면서 나무의 크기를 줄여나가는 전략이 사용되기도 하는데, 이 기술을 나무에 빗대어 "가지치기pruning"라고 부른다. 이 기술에서는 노드에서 어떤 의사 결정을 하고 가지를 따라 가면서 분류 과제를 수행한다. 이 전략을 회귀에서도 사용할 수 있다. 그렇지만 앞에서 말한 방법들보다는 정확하지 않다고 알려져 있다. 따라서 의사 결정 나무 방법을 사용해 더 강력한 예측 모델을 만들려면, 배깅bagging, 부스팅boosting, 스태킹stacking과 같은 전략들이 필요하다(나중에 설명하는 앙상블 학습 참조).

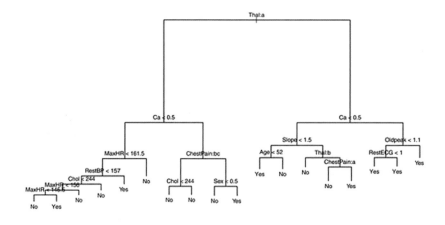

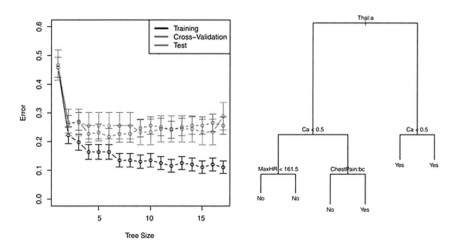

그림 5.7 의사 결정 나무. (A)가지치기 되지 않은 나무와 (B)가지치기 된 나무. 가지치기가 된 나무는 정확도를 줄이지 않으면서 노드의 개수를 줄인 결과다.

장단점

이 방법은 앞에서 설명한 분류 방법들에 비해 상대적으로 높은 설명 가능도를 가지고 있어 그 결과가 쉽게 수긍되고 쉽게 시각화할 수 있다는 장점이 있다. 의사 결정 나무는 잡음이 있고 불완전한 데이터에 대해서 상대적으로 로버스트한 특징을 가지고 있다. 또한 이상치뿐만 아니라 비선형 관계도 쉽게 다룰 수 있다. 그리고 다른 방법에 비해 상대적으로 빠르다.

단점은 다른 지도 학습법과 비교해 정확도가 떨어진다는 점이다. 반면 로지스틱 회귀와 같이 상대적으로 빠르고 효율적이다. 의사 결정 나무 기술은 보통 앙상블 기법을 사용해 좀 더 정확하고 과적합을 피하는 전략과 함께 사용된다. 작은 훈련 데이터셋에는 제대로 작동하지 않는 점은 단점이다.

이 기술을 적용한 사례로, 1200명 이상의 환자를 대상으로 한 연구에서 의사 결정 나무(5개의 예측 변수 포함)가 최종 사용자에게 더 적은 변수와 함께 더 사용자 친화적이라는 것을 밝힌 약물 내성 감염을 예측하기 위한 의사 결정 나무 대 위험 점수의 적용이 있다[6].

회귀

지도 회귀regression 방법론은 숫자를 예측하기 위해 출력 변수를 수치로 표현한다. 이런 회귀 방법은 시장 예측, 성장률 예측, 기대 수명 계산에 사용된다. 의료와 헬스케어에서는 위험도 및 결과 예측에 많이 사용한다.

표 5.4에 여러 회귀 방법들이 나열돼 있는데, 여기서는 선형 및 다항 회귀만 좀 더 자세하게 설명한다.

선형 회귀

선형 회귀는 아마도 임상의에게 가장 익숙한 방법일 것이다. 이 머신러닝 방법은 통계학에서 유래한 것으로 두 연속 변수들(하나는 독립 변수, 다른 하나는 의존 변수) 사이의 관계에 대한 강도를 파악한다. 선형 회귀에서 선형 직선을 적합하는 데는 상관 계수 r을 사용한 최소 제곱법이 사용된다. 단 한 개의 입력 변수만 사용할 때는 "단순simple" 회귀라고 하고, 변수가 여러 개 있는 경우에는 "다중multiple" 회귀라고 한다(그림 5.8). 그리고 선형 관계가 아닌 비선형 관계를 밝혀내는 다항 회귀polynomial regression가 있다. 일반화 선형 모델GLM, Generalized Linear Model은 정규 분포를 따르지 않는 변수들을 다룰 수 있도록 일반화된 선형 회귀를 말한다. 마지막으로 라쏘 회귀LASSO regression는 규제regularization(과적합을 줄이는 과정)와 변수 선택을 통해 예측 정확도를 높이는 방법이다.

표 5.4 회귀 지도 학습법

회귀 방법	설명
라쏘(LASSO) 회귀	축소와 단순한 스파스 모델(sparse models) 기반
선형 회귀	텍스트 참고
다항 회귀	텍스트 참고
리지 회귀	모델은 정규화된 선형 회귀
서포트 벡터 회귀	모델은 최대 마진을 기반으로 하지만 출력은 숫자

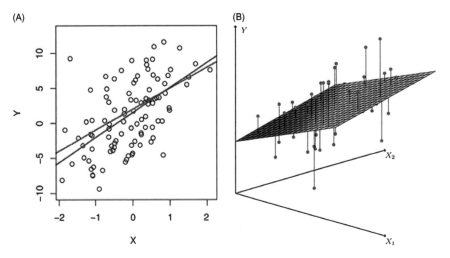

그림 5.8 선형 회귀. (A)단순 선형 회귀에서 모집단 회귀 직선(빨간색)과 최소 제곱 직선(파란색)을 보여주고 있다. (B)다중 선형 회귀에서 최소 제곱 직선은 하나의 면이 된다. 이 면은 관측값과 면 사이의 수직 거리를 제곱한 값들의 합이 최소가 되도록 한다.

장단점

아마도 선형 회귀는 데이터 과학에 대한 정규 교육을 받은 경험이 없는 사람들에게는 가장
익숙한 방법일 것이다. 선형 회귀는 빠르다고 평가되는 반면 회귀를 수행하는 다른 방법들
과 비교했을 때 그다지 정확하지는 않다. 선형 회귀는 비선형 관계가 있을 때는 성능이 떨
어진다. 단순 선형 회귀는 라쏘와 리지 회귀 방법을 통한 규제를 적용하여 과적합을 줄일
수 있는 점을 고려하더라도 그다지 정확하지는 않다.

이 기술을 사용한 사례로, 만성 비특이 요통을 가진 환자들을 대상으로 계층적 선형 회귀 분석을 적용하여 통증과 스트레스와의 연관 관계를 살펴본 논문이 있다[7].

로지스틱 회귀

이 방법은 앞에서 설명한 선형 회귀를 이진 분류 문제로 변용시킨 것이다. 로지스틱 회귀에서는 로지스틱 함수를 사용해 최대 우도maximum likelihood를 구한다. 그래서 로지스틱 회귀는 선형 회귀와 같은 진정한 회귀는 아니다. 복합 로지스틱 회귀multiple logistic regression는 여러 개의 예측 변수를 다루고 의학 연구의 중요한 툴로 흔히 사용된다. 로지스틱 회귀와 밀접하게 연관된 방법으로 선형 판별 분석LDA, Linear Discriminant Analysis이 있는데, 이 방법은 어떤 경우에는 로지스틱 회귀보다 안전한 특징을 보인다.

장단점

로지스틱 회귀는 커널 서포트 벡터 머신, 뒤에서 설명할 앙상블과 같은 지도 분류 학습법들에 비해 상대적으로 빠르지만 정확도에서는 뒤진다. 이 방법 역시 선형 회귀와 비슷하게 상황을 너무 단순화시키기 때문에 변수들 사이의 복잡한 관계를 잘 나타내지 못한다. 마지막으로 로지스틱 회귀는 결정 경계가 비선형인 경우에는 성능이 떨어지는 경향을 보인다.

　로지스틱 회귀 연구 사례로, 76명의 다양한 신경교종glioma 환자를 대상으로 해서 상대적으로 차원이 높은 데이터셋을 가지고 3개의 머신러닝 방법과 로지스틱 회귀 방법을 사용한 2년 사망률 예측 연구가 있었다[8].

비지도 학습법

비지도 학습법은 레이블이 없는 데이터를 가지고 알고리듬을 사용해 인간의 개입없이 데이터 세트에 내재된 패턴 또는 그룹핑 특징을 예측하는 방법이다. 이 방법은 정답이 없기 때문에 지도 학습법보다 더 도전적인 방법이고, 지도 학습법과 연결시켜 사용할 수도 있다. 이와 같은 종류의 학습법은 마켓 세그먼트를 발견하거나 새로운 데이터를 분석하고 레이블을 지정하는 것과 같이 좀 더 탐색적 목적으로 사용된다. 의료와 헬스케어 영역에서 사용되는 예로는, 유전자 발현에 따라 다양한 암의 서브그룹을 알아내는 과제가 있다.

이런 비지도 학습법에는 클러스터링, 일반화, 연관성, 또는 이상점 발견 등이 포함된다.

클러스터링

이 방법은 사람의 개입없이 비슷한 특징을 가진 데이터들을 그룹핑한다. 클러스터링 clustering은 고객 세그먼트와 추천 시스템에 사용될 수 있다. 의료 및 헬스케어에서 클러스터링은 생물학적 가설 생성, 새로운 집단이나 치료법 확인, 새로운 표현형 찾기 등에 사용된다.

클러스터링 방법론은 표 5.5에 간단한 설명과 함께 나열돼 있다. 여기서는 k-평균 클러스터링 방법에 대해서만 설명한다.

표 5.5 비지도 학습법: 클러스터링 방법론

클러스터링 방법론	설명
친밀도 전파(Affinity propagation)	점들 사이의 그래프 거리에 바탕을 둔 클러스터
DBSCAN	밀집 영역 클러스터에 대한 밀도 기반 알고리듬
퍼지 C-평균 클러스터링 (Fuzzy C-means clustering)	1개 이상의 클러스터에 포함될 수 있는 데이터에 기반한 모델
가우시안 혼합 모델(Gaussian mixture models)	가우스 분포에 기반한 확률 기반 모델
은닉 마르코프 모델(HMM)	순차(Sequence) 데이터에 대한 확률 모델
계층적 또는 병합 군집 (Hierarchical or agglomerative clustering)	클러스터 계층에 기반한 모델
k-평균 클러스터링	본문 참고
평균점 이동 클러스터링(Mean-shift clustering)	커널 밀도 추정(kernel density estimation)에 기반한 모델

k-평균 클러스터링

이 방법은 유사도similarity를 갖고 k 개의 그룹으로 구분할 수 있는 데이터에서 알고리듬을 사용해 해당 그룹에 속하는 데이터를 알아내는 흔히 사용되는 단순한 비지도 학습 방법이다 (그림 5.9). 거리 공식을 사용하는 프로세스를 거쳐 얻고자 하는 최종 결과는 클러스터 혹은 센트로이드centroids라 불리는 k 개의 특성 벡터를 구하는 것이다. k가 사전에 정해져 있지 않은 경우에는 reconstruction error(모든 점들과 센트로이드 사이의 평균 제곱 오차의 합) 또는

peakedness(가장 큰 클러스터가 가장 높은 peak 값을 가질 때의 k 값) 방법으로 구할 수 있다[2].

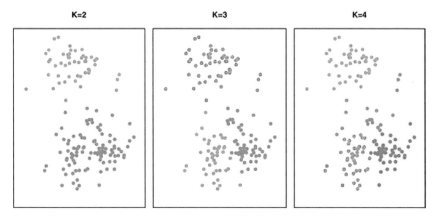

그림 5.9 클러스터링. 이 패널은 150개의 관측값에 있어 k가 2, 3, 4인 경우에 대해 클러스터링 방법으로 서로 다른 색으로 그룹핑했을 때의 결과를 보여 준다.

장단점

k-평균 클러스터링의 한 가지 장점은 구현하기가 상대적으로 쉽고 간단하다는 점이다. 이 방법은 다른 클러스터링 방법에 비해, 특히 변수의 개수가 많을 때 빠르다. 그리고 상대적으로 강력한 클러스터를 만들어낸다. 단점은 어떤 경우에 k 값을 예측하기가 어렵다는 것이다. 더불어 이 방법으로 얻어지는 클러스터는 다른 방법들이 구하는 클러스터들보다 계층적 유의성과 일관성이 떨어진다.

이 방법을 적용한 연구로는 양극성 장애를 가진 224명의 환자를 대상으로 중증도에 바탕을 두고 환자를 분류하기 위해 k-평균 클러스터링 방법의 효과성을 본 사례가 있었다[9].

차원 축소^{generalization, dimension reduction}는 데이터의 차원을 줄이는 방법을 말하는데, 보통은 특성들을 결합하는 방법을 취한다. 이처럼 추상화된 모델의 장점은 더 효율적이고 특성을 덜 사용한다는 점이다. 데이터 시각화나 데이터 압축에도 사용될 수 있다. 의료와 헬스케어에서는 데이터 시각화, 데이터 압축, 변수 선택 등에 이 방법을 사용한다.

---

2 여기서 peak 개념은 확률 밀도 함수와 연관된 값이다 – 옮긴이

이 방법에 속하는 기술들은 흔히 사용하는 주성분 분석^{PCA, Principal Component Analysis}을 포함해 표 5.6에 간략하게 기술했다.

표 5.6 차원 축소 방법

방법	설명
라플라시안 아이젠맵(Laplacian eigenmaps)	계산적으로 효율적인 비선형 차원 축소 방법
잠재 의미 분석(LSA, Latent Semantic Analysis)	자연어 처리(NLP)에서 문서를 표현하는 벡터를 만드는 방법
p-SNE	고차원 데이터셋 시각화를 위한 모델
주성분 분석(Principal components analysis)	본문 참고
랜덤 투영(Random projection)	유클리드 공간의 고차원 데이터를 저차원으로 바꾸는 모델
특이값 분해(SVD, Singular Value Decomposition)	행렬을 구성하는 요소들로 분해하기 위한 모델
t-분포 확률적 임베딩(t-SNE, t-distributed Stochastic Neighbor Embedding)	고차원 데이터셋 시각화를 위한 모델

주성분 분석

주성분 분석^{PCA}은 분류에 가장 의미가 있는 특성들을 알아내는 방법이다. 이렇게 알아낸 특성들은 계산에 사용되도록 선택된다. 이 방법은 이런 특성 추출을 통해서 고차원의 데이터셋을 저차원 데이터셋으로 바꾸기 때문에 차원 축소 방법의 하나로 취급된다. 주성분이란 여러 변수들이 선형으로 농축된 조합을 말한다. 주성분 분석은 회귀를 위한 목적의 차원 축소 기술로도 사용된다. 또한 지도 학습 방법을 적용하기 전 데이터 시각화 또는 데이터 프로세싱의 방법으로도 사용될 수도 있다.

장단점

이점은 다양하다. 낮은 노이즈 민감도, 메모리와 계산 능력에 대한 필요성 경감, 효율성 증가 등의 장점을 가진다. 이 방법의 단점은 이 방법과 관련된 가정과 관련돼 있다. 그것은 선형성과 주성분이 직교한다^{orthogonal}는 가정이다. 더불어 새로운 주성분들은 해석이 어렵다.

이 방법을 사용한 최근 연구 사례는, 4차원 기능적 MRI에서 원하지 않는 저주파 시그널 드리프트와 자발적으로 발생하는 고주파 글로벌 시그널 변동을 제거하고 이런 부산물들을 더 정교한 데이터 프로세싱 단계의 하나로 처리한 연구가 있었다[10].

다른 비지도 학습법에는 연관 규칙association rules, 패턴 검색 또는 인식, 데이터에서 시간적 순서 또는 관계를 파악하는 등의 방법이 있다. 연관 비지도 학습법associative unsupervised learnings 에는 어프라이어리Apriori, FP-Growth, 이클렛ECLAT, Equivalence CLAss Transformation 알고리듬 등이 있고, 구매자들의 행동을 예측하기 위해 판매 마케팅 전략에 사용되고 있다.

또한 아웃라이어 감지라고도 하는 이상점 감지anomaly detection에 비지도 학습법이 사용되기도 한다. 물론 이상점 감지에 지도 학습 방법과 준지도 학습 방법 모두 적용 가능하다. 또한 산업계에서 회계 및 구조 결함 발견에 사용되는 사기 감지fraud detection는 비지도 학습법의 하나로 의료 현장에서 의학적 문제 또는 오류를 감지하는 데도 유용하게 사용될 수 있다. 의생명 분야에서 이상점 또는 아웃라이어 등이 종종 중요한 새로운 지식의 발견으로 이어지기도 한다.

이상점 감지 방법을 사용한 의료 현장의 사례로는, density-distance-centrality라고 부르는 비지도 학습법을 사용해 56만 건이 넘는 약물 처방건들에 대해서 잠재적 이상 처방건들을 걸러내 투약 오류를 예방할 수 있었다는 보고가 있었다[11].

마지막으로 볼츠만 머신Boltzmann machine이 있다. 대칭적으로 연결된 노드(각 노드가 다른 모든 노드에 연결됨)의 네트워크인 볼츠만 머신은 비지도 학습법의 하나로 데이터셋에서 잠재적 특성들을 발견하는 데 사용된다. 제한된 볼츠만 머신RBM은 나중에 다룰 것이다.

준지도 학습법

지도 학습법과 비지도 학습법의 하이브리드 형이 준지도 학습법Semisupervised Learning이다. 이것은 적은 양의 레이블된 데이터셋과 상대적으로 많은 양의 레이블되지 않은 데이터셋을 함께 사용하는 방법이다. 준지도 학습법을 사용해 레이블 되지 않은 데이터에 대한 대리proxy 레이블을 만들어 낼 수도 있다.

장단점

이런 방법론들은 적은 수의 레이블된 데이터와 많은 수의 레이블이 되지 않은 데이터를 혼합해 사용할 수 있어서, 사람의 시간과 노력을 절약하므로 좀 더 효율적이다. 레이블되지 않은 데이터를 사용한다는 점은 사람의 편향을 실제로 줄일 수 있고 최종 모델의 정확도를 향상시킨다.

헬스케어 분야에서 이 기술을 사용한 최근 사례로는 생성적 적대 신경망^{GANs}과 결합된 준지도 학습법으로, 작은 수의 레이블된 의료 데이터를 사용해 사물 인터넷에서 유래한 의료 데이터의 처리와 해석을 위한 의사 결정 지원 시스템을 개발한 보고가 있다[12].

앙상블 학습

앙상블^{ensmble} 학습 전략(배깅, 부스팅, 스태킹)은 많은 수의 모델을 훈련시키고 그것들을 모아서 하나의 모델보다 더 성능이 좋은 모델을 만드는 방법을 말한다. 이것은 더 나은 예측과 안정성을 갖는 일종의 메타모델을 만드는 것이라고 할 수 있다. 모델 앙상블은 노이즈, 편향, 분산을 줄인다. 가장 많이 사용되는 경우는 물론 속도는 느릴 수 있지만 정확도를 개선하기 위해서 의사 결정 나무 알고리듬 모델들로 하나의 앙상블을 구성하는 경우다.

성능을 향상시킬 수 있는 3가지 앙상블 학습 전략이 있다(그림 5.10).

먼저 배깅^{bagging}은 bootstrap aggregating이라고도 하는데 여러 종류의 훈련 데이터셋을 만들어서 같은 모델 또는 알고리듬을 훈련시키고, 결국 모든 모델의 평균을 산출하며 분산이 감소한다. 모델을 만드는 과정은 병렬적으로 진행된다. 랜덤 포레스트$^{random\ forest}$는 자주 사용되는 지도 학습 알고리듬으로 수많은 의사 결정 나무들의 앙상블로서 과적합을 최소화하고 예측의 정확성을 높이는 방법이다. 랜덤 포레스트의 주요 한계는 느리다는 점이고, 그렇기 때문에 실시간 예측에는 이상적이지 않다. 랜덤 포레스트는 사기 감지나 주식 시장 예측에 사용된다.

두 번째 부스팅^{boosting}은 훈련 데이터를 가지고 여러 개의 모델을 만들어 사용하는데, 새로운 알고리듬이 이전 알고리듬의 오류를 수정할 수 있게 한 것이다. 그러면 순서가 지나면서 약한 모델들이 점점 더 강한 모델이 되게 하는 앙상블 방법이다. 이 방법은 편향을 줄인다. 배깅에서는 모든 모델에 대해 같은 가중치를 주지만, 부스팅에서는 모델의 성능에 따라서 모델의 가중치가 결정된다. 그라디언트 부스팅$^{gradient\ boosting}$은 이러한 앙상블 알고리듬의 일종이며 전형적으로 의사 결정 나무를 사용한다. 그 외에 Adaboost$^{adaptive\ boosting}$ 방법도 있다. 이 부스팅 기능을 위한 다른 도구에는 XGBoost, LightGBM 및 CatBoost가 있다.

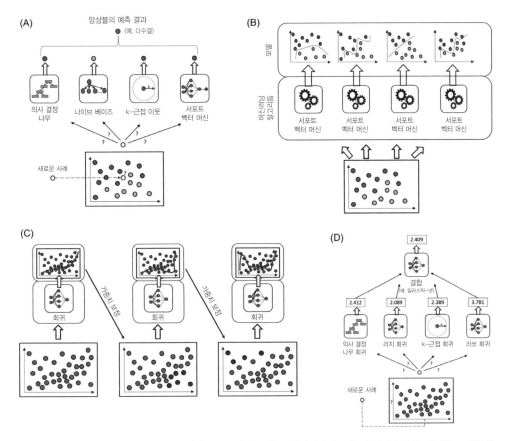

(A) 앙상블의 예측 결과 (예. 다수결)

의사 결정 나무 나이브 베이즈 k-근접 이웃 서포트 벡터 머신

새로운 사례

(B) 버깅

가중치 조정 서포트 벡터 머신 서포트 벡터 머신 서포트 벡터 머신 서포트 벡터 머신

(C) 회귀 가중치 보정 회귀 가중치 보정 회귀

(D) 2.409

결합 (예. 일라스틱-넷)

2.412 2.089 2.389 3.781

의사 결정 나무 회귀 리지 회귀 k-근접 회귀 라쏘 회귀

새로운 사례

그림 5.10 앙상블 학습: 배깅, 부스팅, 스태킹. (A)는 여러 가지 모델을 모아서 하나의 모델보다 더 우수한 성능을 갖는 모델을 만드는 일반적인 앙상블의 개념을 나타낸다. (B)여러 개의 SVM을 사용한 배깅으로 모델의 분산을 줄인다. (C)부스팅(Adaboost)은 더 나은 성능을 가진 모델에 가중치를 주는 방법으로 약한 모델들을 합쳐서 하나의 강한 모델을 만든다. 이 경우에도 편향을 줄인다. (D)스태킹은 서로 다른 종류의 회귀 알고리듬 집합을 사용해 분류자의 예측 능력을 증가시키는 방법이다.

마지막으로 스태킹stacking은 여러 가지 서로 다른 알고리듬을 만들고 이 알고리듬의 결과를 마지막 알고리듬에 전달해 그 결과를 최종 결과로 사용한다. 결과적으로 예측 정확도가 높아진다.

장단점

알고리듬을 결합하는 전략은 여러 모델들의 집단이 개별 모델보다 우수하다는 점으로, 특히 의사 결정 나무에서 많이 사용된다. 덜 안정적이고 더 약한 알고리듬을 실제로 합쳤을 때 안정적이고 강한 알고리듬을 합쳤을 때보다 역설적으로 더 좋은 앙상블 모델을 만들어 낸다. 배깅은 분산을 줄여서 과적합을 줄일 수 있고, 부스팅은 편향을 줄이는 장점을 가진다.

의료에서 앙상블 방법을 사용한 최근 연구 사례로, 외상 위험도 예측에 앙상블 머신러닝 모델을 사용했을 때 3개의 확립된 위험 예측 모델(베이즈 논리를 사용한 모델 포함)보다 더 우수한 성적을 보였다는 보고가 있었다[13].

보통 "전통적인" 머신러닝으로 분류되지 않는 방법으로 (1)강화 학습과 (2)신경망과 딥러닝이 있다. 이런 더 정교한 머신러닝 방법은 더 크거나 또는 이미지나 동영상 같은 더 복잡한 데이터에 적합하다. 이런 고급 방법론을 특성이 몇 개 되지 않는 간단한 데이터셋에 사용하는 것은 너무 과도한 것이고 권장되지도 않는다.

강화 학습

앞에서 설명한 지도 학습법(과제에 따른 분류 또는 회귀) 및 비지도 학습법(데이터에 기반한 클러스터링)과 더불어 또 다른 학습 방법으로 강화 학습reinforcement learning이 있다. 강화 학습은 지도·비지도 학습법에 이은 또 다른 학습법으로 종종 설명되기는 하지만 이 방법은 앞의 두 방법과 상당히 다르다.

강화 학습의 기원은 심리학자 에드워드 손다이크Edward Thorndike가 100여 년 전에, 고양이가 막대를 누르는 적절한 행동을 했을 때 얻어지는 긍정적 결과를 "강화하는" 것을 학습한다는 것을 관찰한 연구로 올라간다. 1951년 하버드의 마빈 민스키는 이 자연의 강화 학습을 모사하는 SNARCStochastic Neural Analogy Reinforcement Computer라고 불리는 장비를 만들기도 했다. 이 장비는 긍정적인 결과로 이끄는 행동을 선호하는 수십 개의 뉴런과 시냅스로 기능하는 모터, 튜브 및 클러치로 구성돼 있다.

강화 학습과 그 놀라운 능력은 몬테카를로 트리 서치 알고리듬과 함께 구글 딥마인드의 알파고 프로그램을 통해 드러났는데, 이 프로그램은 이세돌 9단과 겨뤄 승리했다. 2010년 런던에서 설립된 딥마인드와 창립자 데미스 하사비스는 수많은 인공지능 및 머신러닝 과학자들과 함께 인공지능 분야에서의 아폴로 프로젝트를 실행한다는 목표를 가졌는데, 딥 강화 학습을 사용해 범용 자기 학습 인공지능을 만드는 단 한 가지에 초점을 맞췄다. 강화 학습을 사용해 알파고 제로Alphago Zero는 스스로 바둑을 학습해 40일 만에 이전의 알파고를 이

길 수 있었다. 딥마인드는 2014년 5억 달러에 구글에 인수됐고, 딥마인드 헬스^{DeepMind Health}는 헬스케어 인공지능 응용 분야에 초점을 두고 있다.

강화 학습에서 모델은 자기를 데이터와 연관시키지 않고 대신 다이내믹 환경에서 입력 데이터를 받으면서, 가장 원하는 결과를 얻을 수 있도록 탐색을 통해서 최적의 방법을 찾는다. 이는 인간이 게임에서 최고의 점수를 따려고 시도하는 것과 유사하다(그림 5.11). 알고리듬의 해법에 대한 긍정적 피드백과 부정적 피드백이 있고, 강화 학습의 목표는 정책^{policy}(장기적인 상황에서 보상을 최대화하는 함수로 정의)을 학습하는 것이다. 이런 강화 학습은 비디오 게임, 자동 주식 거래, 로봇 내비게이션 등에 필요한 순차적 의사 결정 프로세스에 적합하다.

강화 학습에서 말하는 지적인 "에이전트^{agent}"는 자동적으로 움직이는 존재로 입력에 기반하여 어떤 일을 수행하고, 지적인 프로세싱 결과를 토대로 액션^{action}을 한다. 이런 에이전트는 인식^{perception}, 자율성^{autonomy}, 학습, 커뮤니케이션한다는 특징을 가졌다는 점에서 전통적인 소프트웨어 프로그램과 다르다. 이것은 본질적으로 목적 지향성을 가진 그 자체로 온전한 소프트웨어 프로그램이다.

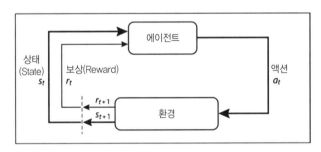

그림 5.11 강화 학습. 에이전트(알고리듬)는 환경(environment)과 액션(action)을 통해서 상호 작용하고 환경의 상태(state)에 대한 지식을 가진다. 에이전트는 수행한 액션에 대해 보상 또는 벌을 받는다. 강화 학습은 에이전트가 환경과 상호 작용하면서 경험을 통한 학습으로 보상을 최대화하는 행동을 할 수 있게 만든다.

의료에서의 강화 학습 : 데이터 과학자의 관점

루이스 에웨르헤무에파^{Louis Ehwerhemuepha}

– 미국 캘리포니아주 오렌지카운티 어린이병원

루이스 에웨르헤무에파는 데이터 과학 박사로, 이 글을 통해서 병원에서 근무하는 데이터 과학자로서 강화 학습과 이런 종류의 학습법이 의사들의 의사 결정과 지식 탐구에서 어떻게 도움이 될지에 대한 의견을 제시한다.

강화 학습은 인공지능의 한 분야로, 데이터에 대한 자동 이해 과정과 미래에 대한 예측 능력을 현재 의사 결정에 대해 옳은 경우에는 인센티브를, 그렇지 않은 경우에는 패널티를 주는 방법에 기초한 학습 알고리듬을 통해 구현한다. 강화 학습은 가상의 에이전트[agent]와 환경[environment], 액션[action], 보상[rewards], 관찰[observations]이라는 개념을 포함하는 일련의 규칙에 따라서 개발된다[1,2]. 가상 에이전트는 어떤 자동화된 의사 결정을 통해 액션[action]을 하고 환경에서 이 액션에 대한 결과를 관찰하면서 학습한다. 액션의 결과는 보상[reward]이 되거나 패널티[penalty]가 될 수 있다. 시행착오를 거쳐 가상의 에이전트는 환경의 상태에 기초한 최상의 보상을 얻을 수 있는 최적의 경로 또는 일련의 의사 결정을 학습하게 된다[3, 4]. 여기에 내재된 이론적인 프레임워크는 마르코프 의사 결정 프로세스라고 불리는 확률적 프로세스다[2,5,6].

강화 학습을 의료에 응용하는 것은 초기 단계에 있다. 강화 학습은 성인의 주요 사망 원인의 하나인 패혈증 예측에 적용돼 왔다[7]. 이 애플리케이션은 MIMIC III[Medical Information Mart for Intensive Care III][8]와 eICU Research Institute ICU 데이터베이스[9]의 데이터를 사용해 개발한 "인공지능 의사"가 패혈증을 예측한다. 환자의 생존에 대해서는 보상을 주고 사망하는 경우에는 패널티를 주는 방식으로, 그 데이터베이스에서 다차원 이산 시계열 임상 데이터를 바탕으로 강화 학습 모델이 개발됐다. 저자들은 인공지능 의사의 치료 계획이 인간 의사들보다 평균적으로 우수함을 보여줬다[1]. 물론 "인공지능 의사" 개발 목적이 치료 계획을 세우는 과정에서 인간과 인공지능 의사의 앙상블이 되게 했다는 점은 고려 대상이다. 완전한 인공지능 의사 단독의 결정이 아니라 둘의 협업으로 의사 결정이 이뤄졌다.

다른 사례로는 기관 삽관 가능 예측[10], 헤파린 용량 결정[11], 중환자실에서 인공호흡기 사용[10], 비소세포폐암 환자의 최적 치료 레지멘 예측[12] 등이 있다. 또한 강화 학습은 마취제와 같은 약물 주입 최적화에도 사용됐다[13]. 복수 에이전트를 사용한 딥 강화 학습 모델을 사용해 약물 디스커버리, 현재 사용되고 있지만 비싸거나 투여가 어려운 약물들을 대신할 수 있는 저렴한 대안 약물을 발견하는 데 적용한 사례도 있다[14].

이러한 의료에서 강화 학습을 응용한 사례들은 의사들을 도울 실시간 인공지능 의사 결정 지원과 상호 작용 엔진에 대한 상당한 기회가 있음을 시사한다. 인공지능 의사 결정 지원을 통합시키는 것은 의사들이 수준 높은 진료에서 지속적인 개선을 추구할 수 있는 방법을 제공한다. 전통적인 지도 및 비지도 학습법과 결합시키면, 미래의 강화 학습 모델은 의사들에게 여러 가지 복잡한 질환을 가진 환자들을 위한 다양한 치료 옵션을 제공할 수 있을 것이다. 또한 강화 학습 모델은 서비스 제공자가 진단을 하는 것이 어렵거나 안전하게 환자를 치료할 필요가 있는 경우 큰 가치를 제공할 것이다. 이런 것들이 성공을 거두려면 의사들이 강화 학습 모델을 훈련시킬 때 적절한 보상 메카니즘이 어떤 것인지 결정하는 데 참여하는 것이 아주 필요하다. 그 목적은 최근 딥 컨볼루셔널 신경망 연구 논문의 제목들이 암시하는 것과 같이, 의사들을 대체하는 것이 아니다. 강화 학습으로부터 얻은 정보를 환자를 위한 치료법을 개발하거나 수정하는 과정에서 부가적인 데이터나 혹은 정보로 활용되는 것을 말한다. 실제로 데이터 과학자와 머신러닝 전문가들은 의사나 간호사와 같은 케어 제공자들의 적극적인 협력을 통해서만이 안전하고 효과적인 인공지능 시스템을 만드는 데 성공할 수 있다. 그리고 데이터 과학과 의료라는 고도의 기술과 광대한 분야 사이의 전문 지식의 차이에 대해 다리를 놓을 수 있는 의사이자 데이터 과학자에 대한 수련에 대한 요구도 높아질 가능성이 있다.

참고 문헌

[1] Komorowski M, Celi LA, Badawi O, Gordon AC, Faisal AA. The artificial intelligence clinician learns optimal treatment strategies for sepsis in intensive care. Nat Med. 2018;24(11):1716.

[2] Lapan M. Deep reinforcement learning hands-on: apply modern RL methods, with deep Q-networks, value iteration, policy gradients, TRPO, AlphaGo zero and more. Packt Publishing Ltd; 2018.

[3] Henderson P, Islam R, Bachman P, et al. Deep reinforcement learning that matters. arXiv:1709.06560.aaai.org. 〈https://www.aaai.org/ocs/index.php/AAAI/AAAI18/paper/viewPaper/16669〉 [accessed 09.02.19].

[4] Kaelbling LP, Littman ML, Moore AW, et al. Intelligence AM. J Artificial Intelligence Res 1996;4:237-85.

[5] Karlin S. A first course in stochastic processes. Academic Press; 2014.

[6] Puterman ML. Markov decision processes. Handbooks Oper Res Manag Sci 1990;2:331-434.

[7] Singer M, Deutschman CS, Seymour CW, et al. The third international consensus definitions for sepsis and septic shock (Sepsis-3). JAMA 2016;315(8):801-10.

[8] Johnson AEW, Pollard TJ, Shen L, et al. MIMIC-III, a freely accessible critical care database. Sci Data 2016;3:160035.

[9] Pollard TJ, Johnson AEW, Raffa JD, Celi LA, Mark RG, Badawi O. The eICU Collaborative Research Database, a freely available multi-center database for critical care research. Sci Data 2018;5:180178.

[10] Prasad N, Cheng L-F, Chivers C, Draugelis M, Engelhardt BE. A reinforcement learning approach to weaning of mechanical ventilation in intensive care units. 2017. arXiv:1704.06300.

[11] Nemati S, Zeng D, Ghassemi MM, Clifford GD. Optimal medication dosing from suboptimal clinical examples: a deep reinforcement learning approach. Conf Proc IEEE Eng Med Biol Soc 2016;2016:2978-81.

[12] Zhao Y, Zeng D, Socinski MA, Kosorok MR. Reinforcement learning strategies for clinical trials in nonsmall cell lung cancer. Biometrics 2011;67(4):1422-33.

[13] Padmanabhan R, Meskin N, Haddad WM. Closed-loop control of anesthesia and mean arterial pressure using reinforcement learning. Biomed Signal Process Control 2015;22:54-64.

[14] Popova M, Isayev O, Tropsha A. Deep reinforcement learning for de novo drug design. Sci Adv 2018;4(7):eaap7885.

강화 학습의 진짜 가치는 딥러닝과 조합했을 때는 아주 강력한 기능을 발휘한다는 점이다. 패턴 인식을 위해 대형 신경망을 사용하는 딥러닝과 결합된 강화 학습을 딥 강화 학습이라고 한다. 알파고 역시 딥 강화 학습의 일종이다. 알파고는 복잡한 패턴에 대한 인식, 장기 계획, "지적인" 의사 결정 기능을 결합해 더 나은 의사 결정을 순차적으로 할 수 있어서 무수히 많은 인간과 비슷한 의사 결정을 흉내낼 수 있게 이상적으로 설계됐다(그림 5.12)[14]. 알파고는 3가지 요소를 가지고 있다. (1) 정책 네트워크policy network 이 요소는 현재의 상황을 평가하고 다음 단계를 예측한다. (2) 패스트 롤아웃fast rollout 이 요소는 의사 결정의 속도를 개선

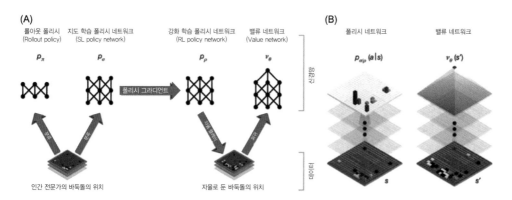

그림 5.12 알파고에 있는 딥 강화 학습법. (A) 강화 학습 폴리시 네트워크(policy network). 인간 전문가가 둔 바둑의 위치는 롤아웃 폴리시(rollout policy)와 지도 학습 폴리시 네트워크(supervised learning policy network)에 신호를 보낸다. 강화 학습 롤리시는 결과를 최대화하기 위해서 폴리시 그라디언트(policy gradient)를 개선한다. (B) 알파고의 신경망 구조. 폴리시 네트워크와 밸류 네트워크가 함께 작업해 최선의 다음 수를 결정한다. 폴리시 네트워크는 바둑판의 위치 s를 입력으로 받아들이고 파라미터를 사용해 이것을 여러 층의 컨볼루션 층으로 보내고 바둑 돌의 움직임에 대한 확률 분포를 출력한다. 밸류 네트워크 역시 여러 층의 컨볼루션 층을 가지고 있으며 제안된 바둑 돌의 위치에서의 기대되는 결과를 예측한다.

한다. (3) 밸류 네트워크value network 이 요소는 상태를 평가하고 어느 쪽이 이길지 예측한다.

강화 학습과 그 AI 동족인 딥 강화 학습은 의료 분야에서는 특히 가치있는 자산이다. 이런 방법론은 불확실한 환경에서 오류를 최소화하면서(그런 결과 이환율과 사망률을 줄일 수 있다), 장기적인 목표를 향하는 순차적 의사 결정 도구로 사용될 수 있기 때문이다. 의료와 헬스케어에서 강화 학습은 프로세스 최적화와 의사 결정 순서 최적화에 이상적으로 사용할 수 있다. 이런 강화 학습은 특히 딥러닝과 결합되었을 때, 진정한 인공지능으로 한 걸음 더 다가갈 수 있게 해준다.

강화 학습 방법은 표 5.7에 나열돼 있다. DQN^{Deep Q-Network}은 강화 학습과 딥 신경망을 합친 첫 번째 대규모 애플리케이션이다[15]. DQN에서, 강화 학습과 DQN이라는 새로운 인공 에이전트의 시너지 조합은 종단 간 강화 학습을 사용해 고차원 감각 입력에서 직접 성공적인 정책을 학습할 수 있다.

표 5.7 강화 학습 방법론

강화 학습 방법론	설명
A3C	DQN 없이도 지속적인 액션 공간을 위해 딥러닝을 활용하는 알고리듬
심층 결정론적 정책 경사법 (DDPG)	actor-critic 알고리듬에 기반하여 반복 재생과 별도의 타깃 네트워크를 활용하는 모델
DQN	Q-값 함수를 추론하기 위해 신경망을 사용하는 모델
유전 알고리듬	로컬 최적값을 위해 돌연변이와 교차를 사용
Q(Quality)-learning	Q-값을 최대화 하기 위한 오프폴리시 알고리듬
SARSA	현재 폴리시로 행한 액션을 바탕으로 Q-값을 배우기 위한 온폴리시 알고리듬
Temporal difference	현재의 밸류 함수로부터 부트스트랩 방식을 사용하는 모델 비의존 방법론

장단점

강화 학습의 장점은 학습의 방식이 좀 더 인간에 가깝다는 점이다. 또한 강화 학습은 지도 학습 또는 비지도 학습과 다르게 과제 또는 데이터에 기반한 방법이 아니다. 강화 학습은 변화하는 환경에서도 잘 작동할 수 있다. 그렇지만 강화 학습에서 일부 생의학의 문제는 여러 요인들이 동시에 상호 작용하는 경우가 많고, 시간적인 지체 없이 실시간으로 돌아가야 하는 경우가 있다는 점은 한계다. 더불어 강화 학습을 위해서는 많은 양의 데이터가 필요하고 설명가능성도 현저히 낮고 구현하기 까다롭다. 마지막으로 "탐색exploration"과 "활용exploitation"의 균형을 맞춰야 한다[3].

강화 학습과 DRL^{Deep Reinforcement Learning}에 대한 리뷰 논문은 기초 원리와 의료에서의 응용에 대한 이해를 넓히는 데 도움이 된다. 수학은 비교적 난해하지만 말이다[16]. 이와 관련된 논문으로, 중환자실에서 통증 관리 최적화에 DRL을 사용해 기존의 방법보다 더 효과적이었다는 보고가 있었다[17].

신경망과 딥러닝

약간 과장된 측면이 있기도 하지만 이것은 뉴런들과 정교한 시냅스 연결을 가지고 있는 두뇌의 영감을 받은 머신러닝 기법으로 인공신경망^{ANN, Artificial Neural Networks} 또는 신경망^{neural networks}이라고 한다.

앞에서 논의한 다른 머신러닝 기술들과 비교했을 때, 좀 더 정교한 신경망과 딥러닝(때론 수백 개의 뉴런 층을 가진다)은 의료와 헬스케어 분야에서 드물지 않게 존재하는 복잡한 비선형 관계에 특히 적합하다. 신경망에는 단순 퍼셉트론과 다층 퍼셉트론 즉, MLP라고 하는 다중 레이어의 퍼셉트론을 모두 포함한 퍼셉트론^{perceptrons}과 오토인코더, GAN, 컨볼루셔널 신경망^{CNN}, 순환 신경망^{RNN} 등이 포함돼 있다(표 5.8).

표 5.8 신경망

신경망 타입	특징	기능
MLP	히든 레이어	적응형 학습(adaptive learning)
오토인코더 신경망	인코더-디코더	차원 축소, 데이터 노이즈 제거
GAN	생성자(Generator)- 식별자(discriminator)	새로운 데이터 생성
CNN	컨볼루셔널 레이어와 ReLU	컴퓨터 비전
RNN	LSTM	순차 데이터(Sequential data)

3 강화 학습에서 exploration은 환경에 대한 새로운 탐구이고, exploitation은 과거 지식에 대한 탐구로 exploration/exploitation 딜레마는 강화 학습 이론에서 아주 중요한 주제다 – 옮긴이

퍼셉트론과 다층 퍼셉트론

퍼셉트론은 본질적으로 한 층으로 구성된 신경망으로 모든 신경망 모델 가운데 가장 간단한 구조를 가지고 있다. 이는 본질적으로 이진 선형 분류자다. 생물학에서 영감을 얻은 개념인 노드 또는 뉴런 모델은 데이터를 받아서 지정된 계산 함수(활성 함수라고도 하며 뒤에서 자세히 설명된다)를 실행한 다음 그 결과를 출력한다. 즉 노드 또는 뉴런은 계산 기능이 일어나는 곳이다. 뉴런과 퍼셉트론이 가시돌기-입력, 축삭-출력이라는 구조면에서 유사하지만, 둘 사이의 가장 큰 차이는 연결의 개수다. 퍼셉트론은 몇 개의 다른 퍼셉트론과 연결되지만 실제 생물학적 뉴런은 1만 개 이상의 뉴런들과 연결된다.

이런 노드들은 커넥션을 통해서 연결된다. 이 커넥션은 가중치weights라고 부르는 파라미터에 의해서 조절된다. 이 가중치는 각 연결의 정보 전달의 상대적 강도를 결정하고, 음 또는 양의 값을 가질 수 있다. 다시 말해 가중치는 입력 값이 신경에 미치는 영향을 조절하고 "학습"이라는 과정을 통해서 그 값이 재조정된다. 다른 파라미터로 편향bias이 있는데, 이 값

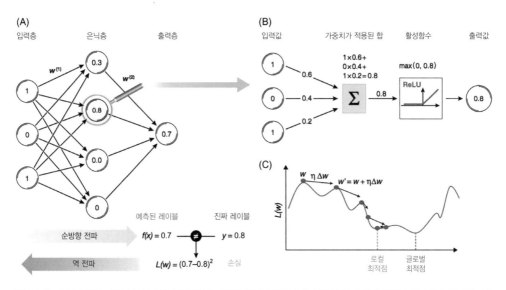

그림 5.13 그림 (A)에는 인공신경망에서 입력층은 데이터를 은닉층으로 보내고 출력층을 통해서 결과가 출력된다. 가중치 w(1)은 입력값과 출력값의 비교를 통해서 학습되는 파라미터다. 학습은 모델의 출력값과 실제 샘플 값에 대한 적합을 측정하는 손실함수 L(w)를 최소화하면서 이뤄진다. 그림 (B)에는 데이터와 뉴런의 수학적 함수가 표시돼 있다. 각 뉴런은 가중치가 적용된 합(a weighted summation)으로 입력을 계산하고(파랑색), 그 값을 활성 함수(여기서는 ReLU 함수)로 넘겨 출력값을 계산한다. 손실값(loss)은 네트워크를 따라서 역으로 전파되면서 L(w)의 경사(gradients)를 생성하고, 이 값은 글로벌 최적값을 찾기 위한 경사 하강법(gradient descent) 절차에 따라서 최적화된다(그림 (C)).

은 뉴런이 활성화되기 전에 입력의 가중된 합의 크기를 결정하는 숫자다. 입력값에 가중치가 곱해지고 나서 이 편향값이 고려된다.

커넥션을 통해서 학습하는 신경망에는 입력과 출력 사이에 활성 함수$^{activation function}$가 존재한다. 그리고 뉴런의 출력 범위를 제한할 수 있다. 활성 함수는 퍼셉트론의 출력값을 결정한다. 그래서 활성 함수는 신경망의 성능을 개선할 수 있다. 뉴런의 활성 함수는 선형 행동과 비선형 행동 사이의 균형이기 때문에 보통 시그모이드 형태다.

신경망 훈련은 순전파$^{forward propagation}$와 역전파$^{backward propagation}$라는 서로 다른 단계를 거쳐 일어난다. 순전파는 본질적으로 입력값들의 가중합의 계산을 거쳐 레이블을 예측하는 과정이다(실제 레이블과 비교하여). 역전파(오류의 역전파의 줄임말)는 신경망이 학습(또는 미세 조정)을 하는 메커니즘이다. 실제 출력값과 원하는 출력값 사이의 차이는 원하는 결과를 얻기 위해 손실 또는 비용 함수(다음 참조)라는 수정값을 계산하는 데 사용된다.

다층 퍼셉트론$^{multilayer perceptron}$은 여러 층의 순전파 네트워크를 가진 구조로 하나 이상의 은닉층을 가진다. 그래서 이런 신경망은 입력층, 은닉층, 출력층으로 구성된다(그림 5.13). 은닉층은 입력층에서 넘겨받은 값을 계산하고 그 결과를 출력층으로 넘긴다. 학습은 오류를 최소화 하기 위한 커넥션 간의 가중치를 찾는 일 뿐만 아니라 최적의 편향값들을 찾는 일도 포함된다.

손실 또는 비용 함수는 네트워크의 모든 가중치와 편향에 대해서 평가해 네트워크의 성능 "정도"를 나타내는 하나의 값으로 출력하는 함수다. 그 값이 작을수록 네트워크의 성능은 좋은 것이다. 참고로 어떤 저자는 손실 함수 또는 오류를 하나의 훈련 샘플의 요소로 구분하는 반면 비용 함수는 전체 훈련셋에 대한 요소로 보기도 한다. 본질적으로 네트워크에서의 "학습"은 반복적인 계산을 통해서 이런 손실 또는 비용 함수를 최소화하는 과정이라고 볼 수 있다.

경사 하강$^{gradient descent}$은 머신러닝 모델의 파라미터(선형 회귀에서는 계수, 신경망에서는 가중치)를 개선하기 위한 최적화 알고리듬으로, 이런 모델들의 비용 함수가 최솟값을 가질 수 있도록 만들거나 가장 높은 정확도를 보인다. 이런 전략은 반복적인 계산을 통해서 경사를 줄여 나가서 결국 비용 함수의 글로벌 최솟값(국소적 최솟값은 진짜 최솟값이 아니다)에 도착할 수 있게 한다(그림 5.14).

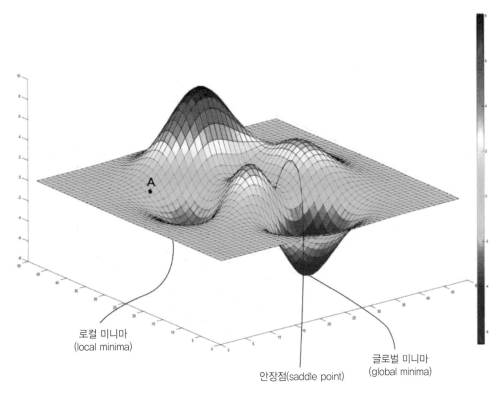

로컬 미니마
(local minima)

안장점(saddle point)

글로벌 미니마
(global minima)

그림 5.14 경사 하강법과 글로벌 최솟값. 글로벌 최솟값(글로벌 미니마)에 대한 경사 하강법을 사용한 최적화. 국소 최솟값이 보이지만 이것은 전체적으로 가장 작은 값은 아니다. 그림의 복잡한 구조는 신경망의 비선형 특징을 반영한다.

장단점

다층 퍼셉트론의 장점은 적응형adaptive 학습 능력과 역전파 알고리듬을 통해서 입력과 출력 사이의 매핑이 잘 된다는 점이다. 단점은 상대적으로 학습 속도가 느리고, 레이블된 데이터가 필요하다는 것이다. 더불어 과적합도 잘 일어난다.

이 기술을 사용한 최근 사례는, 교모세포종glioblastoma과 중추신경계 림프종을 감별하기 위해서, 라디오믹스radiomics 특성들과 다층 인식 네트워크 분류자를 사용해 GLM 또는 CNN과 비교해서 상대적으로 강력한 MRI 분류 전략을 수립했던 연구가 있다[18].

딥러닝

딥러닝의 발전에는 3가지 요인이 작동했다. 첫 번째는 초기 수학자들에서 1989년 얀 르쿤의 CNN으로 방법이 진화했고 2012년 이미지넷^{ImageNet}을 통한 제프리 힌튼의 성과에서 최고조에 달했다. 두 번째는 인터넷 초창기 펀치 카드에서부터 컴퓨터 저장 용량이 극적으로 증가하면서 결국 지금의 클라우드까지 발전해 왔다. 마지막으로 컴퓨팅 파워의 증가로 초기 ENIAC 컴퓨터에서 시작해 현재의 GPU까지 진화를 해왔다. GPU는 그래픽 카드의 일부로 메모리가 있는 특수 유형의 마이크로프로세서이고 CPU보다 많은 프로세싱 코어를 갖고 있다(이전 그림 참조).

2012년 제프리 힌튼이 이끄는 토론토 대학 팀은 65만 개의 뉴런과 5개의 컨볼루션층으로 구성된 딥러닝 알고리듬을 사용해 이미지넷이라고 하는 컴퓨터 비전 대회에서 이전의 오류를 절반 가량 줄였다[19]. 이 중요한 사건 이후, 스탠포드와 구글의 앤드류 응과 다른 사람들은 층의 개수와 뉴런의 개수를 훨씬 늘린 거대한 신경망을 작성해 더 큰 데이터셋으로 훈련이 가능하게 만들었다[20-22]. 텐서플로, 파이토치, 케라스와 같은 강력한 오픈 소스 소프트웨어 도구, 강력한 슈퍼 컴퓨터(앤비디아 DGX-1), 가용한 데이터의 증가에 힘입어, 딥러닝은 흥미롭지만 수수께끼 같은 머신러닝의 새로운 확장 분야가 됐다. 현재 딥러닝은 음성 인식, 자연어 처리, 시각적 개체 인식 및 감지 기능이 있는 컴퓨터 비전, 자율 주행 같은 분야에 응용되고 있다.

의료에서의 딥러닝을 검토한 리뷰 저널에서 컴퓨터 비전, 자연어 처리, 강화 학습, 일반화 딥러닝 등을 심도있게 다뤘다[23]. 이 책에서 오토인코더, GAN, CNN, RNN 등을 설명하려고 한다.

오토인코더 신경망

오토인코더는 세 개의 층 또는 그 이상으로 구성된 비지도 학습 도구이며 비교적 간단한 신경망으로 벡터로서의 입력 데이터를 "인코딩^{encoding}"해 더 압축된 형태로 만든다(그림 5.15). 따라서 차원 축소의 한 방법이다.

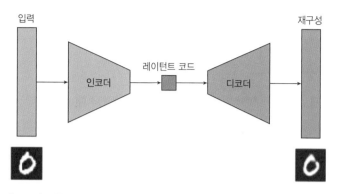

그림 5.15 **오토인코더.** 오토인코더는 고차원의 입력 데이터를 인코더(encoder)와 디코더(decoder)를 통해서 더 낮은 차원(Z)으로 바꾼다.

오토인코더에는 내부의 네트워크에 "병목bottleneck"이 있어서 여기에 원래 입력된 내용의 지식 형태나 정확한 사본으로 압축하도록 만든다. 디코더decoder는 보통 이런 인코더와 짝을 이뤄 압축된 데이터로부터 원래의 데이터를 재구성한다. 이런 오토인코더는 데이터 노이즈 제거에 사용될 수 있다. 주성분 분석과는 다르게 오토인코더는 비선형 방식으로 차원 축소를 실행한다. 오토인코더의 흥미로운 응용인 변이형 오토인코더VAE, Variational Auto Encoder라는 기술은 입력 데이터를 압축할 뿐만 아니라 오토인코더가 관찰한 유형의 새롭고 유사한 데이터, 그러니까 기본적으로 이전 이미지의 새 이미지를 합성한다.

오토인코더는 컴퓨터 비전, 이상점 감지, 정보 추출 등에 응용될 수 있다.

장단점

오토인코더는 주성분 분석보다 더 쉽게 데이터 차원을 줄일 수 있으며 더 정확하다고 알려져 있다. 신경망의 일종이므로 이미지와 음향 데이터에 적합하다. 오토인코더의 단점은 입력 데이터에 대한 이론적인 인사이트와 정보가 소실될 수 있다는 것이다. 특히 변이형 오토인코더에서 그렇다. 그리고 훈련을 위해 상대적으로 많은 데이터가 필요하다는 점도 잠재적인 단점이다.

오토인코더를 사용한 최신 의학 연구로는 파킨슨병의 유전자 예측에 3가지 방법론을 적용한 사례가 있다. 연구자들은 네트워크에 기반한 유전자 특성들의 추출, 오토인코더를 사용한 딥 신경망으로 차원 축소, 서포트 벡터 머신을 사용하여 파킨슨병 유전자 예측 전략을 사용했다[24].

생성적 적대 신경망

2014년 이안 굿펠로우$^{Ian\ Goodfellow}$가 소개한 방법인 생성적 적대 신경망$^{GAN,\ Generative\ Adversarial}$ ^{Network}은 서로 경쟁하면서 데이터를 새로 생성할 수 있는 두 개의 네트워크로 구성된 구조를 가진 딥 신경망의 일종이다[25]. 페이스북 인공지능 책임자인 얀 르쿤$^{Yann\ LeCun}$에 따르면 GAN은 "머신러닝에서 지난 10년 동안에 나타난 가장 재미있는 아이디어"다. GAN에서는 "생성자^{generator}"와 "구분자^{discriminator}"라는 두 개의 적대적인 모델을 비지도 학습의 형태로 역전파를 통해서 함께 훈련시킬 수 있다. 따라서 컴퓨터에 "상상" 능력을 제공한다. 컴퓨터 비전 및 이미지에서 준지도 분류자를 훈련하고 저해상도의 원본에서 고해상도 이미지를 생성하는 GAN의 많은 응용이 있었다.

딥러닝 개념은 다음과 같다(그림 5.16). 생성자는 새로운 데이터 인스턴스를 생성하는 신경망이다. 이는 구분자^{discriminator}라고 하는 다른 신경망과 짝을 이루는데, 구분자는 생성자가 생성한 데이터 인스턴스에 대하여 진짜인지를 평가한다. 이 구분자는 일종의 "판사" 역할을 하고, 생성자가 좀 더 진짜에 가까운 이미지를 만들어 내도록 강제한다. 그래서 이 두 신경망은 동시에 훈련된다. GAN은 CNN과 결합해 비지도 학습 딥 컨볼루셔널 GAN 또는 DCGAN(딥 컨볼루셔널 GAN)을 만들 수 있다[26]. DCGAN은 컨볼루셔널 레이어만 있고 풀링이나 완전 연결 레이어가 없다는 점에서 CNN과 다르다.

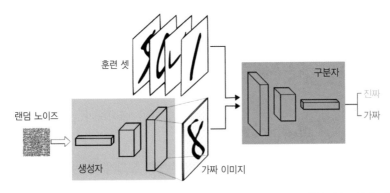

그림 5.16 생성적 적대 신경망. 생성자는 구분자가 입력을 실제로 착각할 가능성을 높이려고 한다. 반면 구분자는 생성자가 더 많은 이미지를 만들어 내도록 한다(상세 설명은 본문 참조).

장단점

GAN은 레이블된 데이터가 필요하지 않기 때문에 준지도 학습 방법으로 분류기를 훈련하는 데 좋다. 인공적이지만 좋은 새 데이터를 생성하기도 쉽다. 이미지 데이터 생성은 잘 하지만 GAN이 텍스트 데이터를 생성하기는 쉽지 않다. 더불어 상대적으로 거대한 컴퓨테이션을 필요로 하기 때문에 GAN 훈련이 쉽지 않다고 생각하는 전문가들도 있다. 마지막으로 생성자가 극도로 변이가 적은 샘플들을 만들어낼 때는 "모드 축소$^{mode\ collapse}$"가 발생한다는 점이 GAN의 약점의 하나다.

GAN을 이용한 최근 의학 연구로는, 훈련 데이터 부족 문제를 해결하기 위해 구안^{Guan} 등의 주도로 GAN과 전이 학습$^{transfer\ learning}$을 결합해 유방암 진단에 활용한 사례가 있다[27]. 저자들은 이미지 증강에 GAN을 사용하고, 유방암 진단에 CNN의 전이 학습법을 적용시켰다.

제한된 볼츠만 머신$^{RBM,\ Restricted\ Boltzmann\ Machines}$은 2개의 층으로 된 인공신경망으로 본질적으로 비지도 생성적 딥러닝 알고리듬에 해당한다. 첫 번째 층은 가시층$^{visible\ layer}$ 또는 입력층이라고 하고, 다른 층은 은닉층이라고 한다. 여기서 "제한된"이라는 단어는 같은 층에 있는 두 노드 사이에 연결이 없다는 뜻이다. RBM은 딥 빌리프 네트워크^{DBM}를 구성하는 요소로 여겨지기도 하는데, 분류와 차원 축소에 사용할 수 있다. 최근에는 GAN이나 변이형 오토인코더 방법에 비해서 덜 이용되는 경향이 있다.

컨볼루셔널 신경망

컨볼루셔널 신경망$^{CNN,\ Convolutional\ Neural\ Networks}$은 아주 자주 사용되는, 인지 신경과학과 시각 피질의 기능에서 영감을 받은 특징적인 3차원 컨볼루션 레이어 혹은 블록으로 구성된 딥 신경망이다. 컴퓨터 비전과 연관된 시각의 생물학적 구성에 대해서는 Cox 등의 리뷰에서 광범위하게 논의됐다. 여기에서 움직이는 이미지와 기타 요소들과 같은 주제들도 논의됐다 [28]. CNN은 위계적 또는 공간적 데이터(보통 이미지 또는 문자)에 대한 컴퓨터 비전 작업과 자연어 처리에 특히 적합하다.

CNN은 3가지 방식으로 의료 영상에 적용될 수 있다. (1) 분류-카테고리 결정(암의 존재 여부 또는 암의 타입) (2) 세그멘테이션-관심 부위(장기 또는 출혈과 같은)에 대한 픽셀/복셀 파악 (3)

감지-관심있는 부분에 대한 예측 등이 그것이다.

컴퓨터 비전computer vision은 보통 이미지 프로세싱, 객체 인식, 광학적 기호 인식 등과 같은 부분을 다루는 인공지능의 한 부분이지만 의학과 관련된 컴퓨터 비전과 관련해서는 나중에 논의하기 때문에 따로 떼서 설명하지는 않는다.

먼저 컴퓨터는 픽셀 밝기를 표시하는 숫자들의 행렬로 "본다"는 개념을 소개하는 것이 중요하다. 사람처럼 회색 색조로 보는 것은 아니다(그림 5.17).

CNN의 구조를 이루는 기본 요소들은 컨볼루션 층, 풀링 층, 완전 연결 층과 ReLUrectified linear unit 같은 활성 함수(그림 5.18 참고)[29] 등으로 구성된다. 이런 층들을 조합해 CNN이 특성들의 공간적 위계를 학습하게 하며 다음과 같이 설명된다.

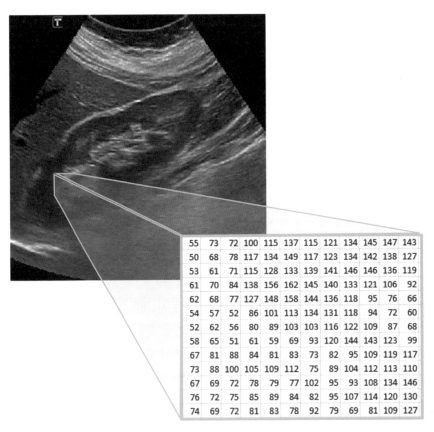

그림 5.17 사람의 시각과 컴퓨터 시각. 사람은 이 이미지를 신장으로 보지만, 컴퓨터는 픽셀 밝기를 나타내는 숫자들의 행렬로 본다. 컴퓨터 비전에서는 행렬 숫자들의 패턴(특성이라고 불린다)을 계산하고 머신러닝 알고리듬을 이런 이미지에 적용한다.

170

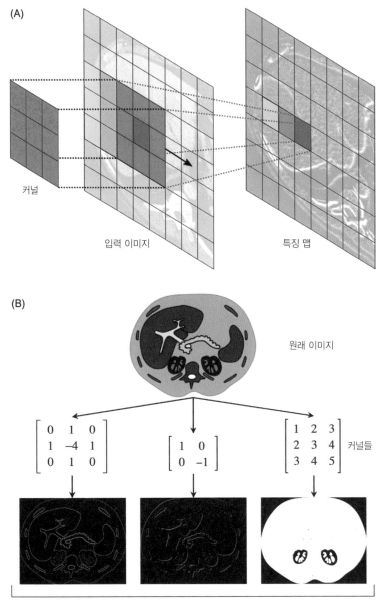

그림 5.18 컨볼루션. 컨볼루션 커널(또는 필터 행렬)을 소스 픽셀 또는 이미지 위에 놓고, 컨볼빙 프로세스를 거치면 해당 픽셀들이 특성 맵(feature map) 의 새로운 픽셀 값을 가진 영역으로 변환된다.

1. 하나의 컨볼루셔널 층(특징 맵 추출용)은 하나의 컨볼루셔널 "필터" 또는 "커널"이 개입 되는데, 이것은 원래의 픽셀 또는 입력 이미지의 위에 놓인다[4]. 이 컨볼루셔널 필터 혹은 커널은 소스 픽셀 또는 입력 이미지를 새로운 픽셀 값으로 바꾼다. 이렇게 바뀐 것들이 출력 특성 맵 또는 목적 픽셀이 된다. 즉 이 층은 이미지에 있는 픽셀들의 집합을 종합하고 변형해 출력 특성 맵에 의미 있는 특성 값들로 바꾼다. 본질적으로 컨볼루션 계산은 "필터링"이고 필터 행렬을 이미지 행렬에 적용해 "컨볼빙된convolved" 특성 맵 또는 행렬을 만들어낸다. 간단히 말하면 이 세 번째 함수(특성 맵)를 입력 데이터와 컨볼루셔널 커널이라는 두 함수로부터 유도한다.

   스트라이드stride는 입력 행렬에서 움직일 때 얼마나 움직일지를 말하는 것으로, 1 스트라이드는 1픽셀을 이동하는 것을 의미한다. 그래서 0 스트라이드는 있을 수 없다.

   ReLU는 활성 함수activation function의 하나다. 이는 CNN이 선형 연산으로부터 비선형 성을 보장하는 핵심 요소로, 훈련 속도를 높여 CNN을 개선시킨다. ReLU는 같은 목적으로 사용되는 시그모이드 함수나 하이퍼볼릭 탄젠트 함수와 다른 점을 가지고 있다. ReLU에서는 양의 입력 값에 대해서는 완벽히 선형을 가지지만 음 입력값은 모두 0으로 돌려 놓기 때문에 CNN에 보다 적합하다.

2. 풀링pooling 층은 특성 종합feature aggregation을 위한 것으로 앞에서 설명한 컨볼루셔널 층 다음에 놓고 컨볼루셔널 층의 결과를 입력으로 받아서 과적합을 방지하기 위해 파라미터의 개수를 줄인다. 이 과정 역시도 입력 파라미터 개수를 줄이기 때문에 더 빠른 계산을 하는 데 도움이 된다. 따라서 "다운샘플링"이라고도 하는 이러한 "풀링" 프로세스는 중요한 정보는 유지하면서 차원을 줄이는 역할을 한다.

   맥스-풀링max-pooling(최댓값을 사용하는 풀링으로 최소, 평균, 합을 이용하는 방법보다 선호된다) 은(그림 5.19) 이전 층들로부터 더 핵심적인 정보를 농축해 더 작은 텐서tensor로 변환시킨다. 텐서는 단순한 벡터나 고차원 행렬보다 복잡한 다차원 배열에 대한 용어다. 풀링 층은 모델의 훈련 속도뿐만 아니라 정확도도 올린다. 풀링 층을 지나면 차원의 감소로 인해 해상도는 줄어들지만 이미지에 대한 정보(공간당)는 점점 더 풍부해지고 연관성이 높아진다.

---

4 시각적으로 보면 그렇다는 뜻이다 - 옮긴이

이렇게 하면 CNN에서 첫 부분의 층들은 모서리나 형태와 같은 기본 이미지 특성들을 주로 다루게 되고 이후에 오는 층에서는 좀 더 추상화된 특성들에 초점이 맞춰진다. 따라서 딥러닝이 강력해지는 것과 함께 완전한 설명 가능성을 확보하기가 어려워지는 일들이 이런 뒤에 오는 층들에서 이뤄진다. 다시 말해 CNN 특성들은 초기에 좀더 일반적이고 뒤로 갈수록 좀 더 복잡해진다.

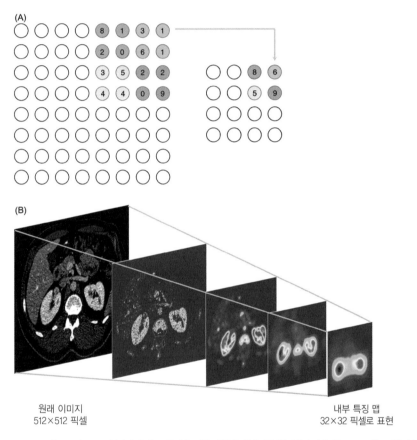

원래 이미지
512×512 픽셀

내부 특징 맵
32×32 픽셀로 표현

그림 5.19 CNN 풀링 프로세스. 그림 (A)에서 맥스-풀링은 픽셀 가운데 최댓값을 뽑아내서 다음 층으로 보내는 것을 설명한다. 예를 들어 녹색 숫자 1, 1, 3, 6 들은 하나의 값 6으로 바뀐다. 그림 (B)는 원래의 512 X 512 픽셀의 신장 CT 이미지가 다운샘플링돼 32 X 32 픽셀의 내부 특성 맵으로 변화되는 것을 보여준다. 이 과정을 통해서 가장 중요한 정보는 유지시키면서도 메모리 수요는 줄인다.

3. 완전 연결 층fully connected layer은 분류classification 작업을 위해서 사용되는데, 특성들을 마지막 출력에 매핑한다. 뒤 층들에서 이뤄지는 업샘플링upsampling 과정은 저장 공간을 줄이고 이미지에 대한 전송 필요성을 줄여서 CNN의 해상도를 증가시킨다. CNN의

마지막 출력은 플래트닝^{flattening}이라고 부르는 과정을 통해서 만들어지는 관심 영역에 대한 지형적인 디스플레이다. 이것은 CNN의 컨볼루션 부분의 출력값을 특성 벡터로 변화시켜, 신경망 분류기가 이 값을 사용해 이미지를 분류한다. 마지막 층에서는 ReLU 대신 softmax 활성 함수가 적용해 출력값을 하나의 확률 분포로 변환시킨다(그림 5.20, 5.21).

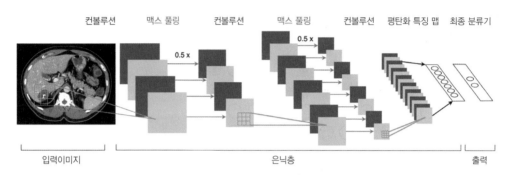

그림 5.20 컨볼루셔널 신경망. 왼쪽에 있는 이미지는 입력 이미지로, 컨볼루션 커널들과 함께 일련의 컨볼루션 프로세싱을 거치면서, 모서리와 꼭지점 같은 저수준 특성들을 가진 특성 맵으로 쌓인다. 그 다음 특성 맵들은 맥스–풀링 층에 의해서 "다운샘플링" 또는 "풀링"돼 최대 활성값만 가진 것들이 다음 층으로 넘어간다. 뒤에 오는 층에서의 컨볼루션은 이를테면 신체 장기 부분과 같이 주로 고수준의 특성들을 학습하게 된다. 이런 컨볼루션층과 맥스–풀링 층이 번갈아 배치된다. 마지막에는 펼쳐진(flattened) 특성 맵(하나의 벡터)이 되는데, 이것으로 목적에 따라 회귀 또는 분류 과제를 수행한다.

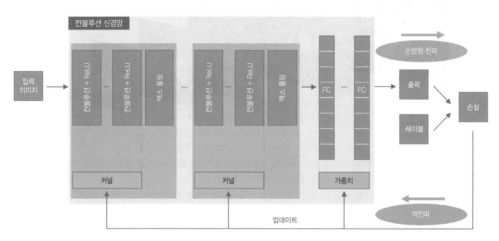

그림 5.21 CNN 구조. 이렇게 보다 자세한 CNN 구조는 세 가지 주요 유형의 레이어 또는 블록으로 구성된다. 즉, CNN은 컨볼루션 층(ReLU 활성함수 포함), 풀링 레이어(맥스–풀링), 완전 연결층(fully connected layers)으로 구성된다. 커널과 가중치는 순전파와 역전파 모두를 위한 모델의 성능 강화 도구의 일부다.

전체 컨볼루션과 풀링 과정은 그림 5.22와 같이 정리할 수 있다.

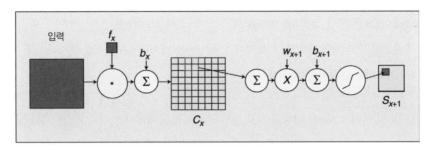

그림 5.22 컨볼루션과 풀링(다운샘플링 또는 서브샘플링). 선형인 컨볼루션 프로세스는 훈련 가능한 필터(f_x) 또는 커널과 이에 뒤따르는 훈련 가능한 편향(b_x)을 가지고 컨볼루션이라고 하는 변형 과정을 거쳐 입력(CNN 초기 단계의 이미지 또는 CNN 후기 단계의 특성 맵)으로 출력인 컨볼루션 층 C_x 를 만든다. 그 다음 비선형적인 서브샘플링 프로세스를 거치는데, 이 과정은 픽셀 그룹(여기서는 빨간색으로 표시된 4개의 픽셀)의 합을 구해 스칼라 W_{x+1} 에 의한 가중치로 구성된다(훈련 가능한 편향 b_{x+1} 포함). 마지막으로 이 값을 시그모이드 활성 함수로 전달한 다음 더 작은 특성 맵인 S_{x+1}이 만들어진다. 본질적으로 이 두 과정은 입력(이미지 또는 특성 맵)을 변환해 크기는 줄이지만 중요한 정보는 유지시킨다.

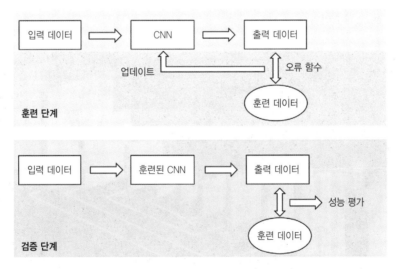

그림 5.23 딥러닝 훈련과 테스팅 과정에 대한 개괄. 훈련 단계에서 CNN 출력 데이터는 훈련 데이터와 함께 오류 함수를 통해 분석된다. CNN에 내재된 파라미터들은 이런 오류를 최소화하도록 조정된다. 검증 단계에서는 입력 데이터가 훈련된 CNN으로 전달되고, 그 결과를 가지고 CNN 성능을 평가한다.

훈련과 테스팅 딥러닝 프로세스는 그림 5.23에 요약돼 있다.

CNN을 사용한 의료 영상 프로세싱

버기 테머소이 Birgi Tamersoy, **브라이언 테이셰라**Brian Teixeira, **토비아스 헤이만**Tobias Heimann

버기 테머소이, 브라이언 테이셰라, 토비아스 헤이만은 뛰어난 CNN 개발 엔지니어로, 이 글을 통해 CNN의 기술적 측면에 대해서 이야기한다.

최근 몇 년 사이, CNN은 다양한 의료 영상 프로세싱 과제에서 인간과 비슷하거나 넘어서는 성능을 보여 주고 있다. 이런 성공에는 복수 요인이 기여한다.

다른 딥 신경망과 비슷하게 CNN 역시 점점 더 높은 수준의 추상화를 학습한다는 개념을 기반으로 한다. 예를 들어 의료 영상 이미지에 대한 국소 해부학적 주요 위치를 인식하도록 훈련된 CNN은[1] 초기 층에서 "모서리"나 "방울" 같은 저차원의 이미지 특성을 감지한다. 또 중간 단계에 있는 층에서 장기에 특이한 구조물들을 프로세싱하고 이런 정보를 바탕으로 마지막 층에서는 실제 해부학적 주요 위치를 알려 줄 것이다. 그와 같은 CNN 이미지 프로세싱 과정을 그림 1에 요약했다.

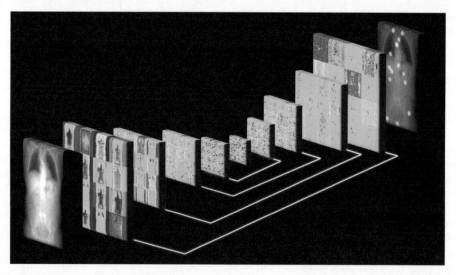

그림 1 주요 해부학적 구조 알아내기. 이 그림은 왼쪽에서 오른쪽으로 가면서 입력 정보가 나비 모양의 서로 다른 층들을 거치면서 프로세싱돼 최종 결과(구조물일 확률을 히트맵으로 표시)를 만들어내는 방법을 보여준다. 흰 선들은 서로 다른 층 사이의 스킵 커넥션(skip connections)을 나타낸다.

그림 1과 유사한 나비 모양의 CNN은 의료 영상 프로세싱 분야에서 특히 많이 사용된다. 이런 CNN을 "U-Net"이라고 흔히 부르는데[2], 2가지 핵심 단계로 구성된다. 하나는 인코딩 단계encoding stage로, 여기서는 입력 정보가 지능적이고 과제에 특화한 압축으로 정리된다. 그 다음 디코딩 단계decoding stage에서는 압축된 정보를 추출하여 원하는 결과를 만들어 낸다.

U-Net의 인코딩 단계에서 영상의 해상도는 점진적으로 줄어든다. 이 과정은 전통적으로 "맥스-풀링"이라고 하는 연산을 통해 이뤄지는데, 여기서는 한 층의 공간적인 하부 영역이 다음 층으로 넘어가기 전에 픽셀의 값들이 종합되는 과정을 거친다. 여러 단계의 맥스-풀링을 거치면, 이후의 층에 있는 필터의 효과적인 "수용 영역receptive fields"들이 확장된다. 즉 이런 필터 입장에서는 원래 입력 이미지에서 더 넓은 지역까지 노출되는 것이다. 이렇게 입력에 대한 전체적인 시각을 가지는 것은 전체적으로 일관적인 결과를 생성하는 데 꼭 필요하다. 그렇기 때문에 의료 영상 프로세싱에서 매우 중요하다.

U-Net의 디코딩 단계는 이렇게 심하게 압축된 정보를 받은 다음 점진적으로 "업-샘플링"이라고 부르는 연산 과정을 거치면서 해상도를 높여나간다. 디코딩 단계에서 "스킵 커넥션skip connection"이라는 방법을 흔히 사용한다. 이것은 인코딩 단계의 정보를 다시 프로세싱 과정에 포함시키는 것을 말한다. 스킵 커넥션은 효과적으로 높은 해상도의 국소 맥락을 더 낮은 해상도의 글로벌 맥락과 결합시키고, U-Net이 전체적으로 일관되면서도 국소적으로 정확한 결과가 나올 수 있게 해준다.

의료 영상 프로세싱 영역에서 CNN은 아주 복잡한 입력/출력 관계를 모델링하는 데 사용된다. 이런 목적을 달성하기 위해, 사용되는 네트워크는 매우 깊어야 할 뿐만 아니라 비선형 활성 함수도 도입해야 한다. 전통적으로 시그모이드 함수, 하이퍼볼릭 탄젠트 함수 같은 압축 함수가 이 목적으로 사용된다. 그러나 입력값이 아주 큰 경우에는 이 함수에서 이 값에 대한 접선의 기울기(그라디언트)는 아주 작기 때문에, 훈련 과정에서 역전파back propagation를 시행할 때 수치적 한계에 도달하게 된다. 이와 같은 그라디언트 소실 문제는 오랫동안 신경망의 깊이를 의미있게 확장하는 데 한계가 돼 왔다. ReLU 활성 함수는 음수값에 대해서는 미분값이 0이고(비활성화) 양수 값에 대해서는 미분값이 1을 가진다(활성화). 이를 감안할 때, 그라디언트는 임의의 수의 레이어를 통해 활성 노드에 전파될 수 있다[3]. 그래서 ReLU 활성 함수는 의료 영상 프로세싱 분야에서 더 깊은 네트워크를 훈련시키는 데 도움을 줬다.

CNN 기술은 의료 영상 프로세싱에서 딥 강화 학습^{deep reinforcement learning}에서도 성공적인 응용을 가능하게 했다. 최근 한 사례는 인공적인 에이전트를 사용해 큰 의료 영상 데이터를 효율적으로 파악할 수 있었다고 하는데[4], 여기서는 에이전트가 제한된 국소 맥락이 주어졌을 때 다음 단계를 결정하는 데 CNN을 채용했다. 최근 CNN에 대한 높은 인기와 이 기술에 대한 수많은 연구 덕분에 우리는 CNN이 의료 영상 프로세싱에서 오랫동안 아주 적절한 기술로 남아있을 것으로 기대하고 있다.

참고 문헌

[1] Teixeira B, Singh V, Chen T, Ma K, Tamersoy B, Wu Y, et al. Generating synthetic X-ray images of a person from the surface geometry. Proceedings of the conference on computer vision and pattern recognition, CVPR 2018. June 18-23, 2018, Salt Lake City, UT. IEEE; 2018. p. 9059-67.

[2] Ronneberger O, Fischer P, Brox T. U-Net: convolutional networks for biomedical image segmentation. Proceedings of the international conference on medical image computing and computer-assisted intervention, MICCAI 2015. October 5-9, 2015, Munich, Germany. Springer LNCS 9351; 2015. p. 234-41.

[3] Maas AL, Hannun AY, Ng AY. Rectifier nonlinearities improve neural network acoustic models. In: Proceedings of the ICML workshop on deep learning for audio, speech, and language processing, WDLASL 2013. June 16, 2013, Atlanta, GA.

[4] Ghesu FC, Georgescu B, Zheng Y, Grbic S, Maier AK, Hornegger J, et al. Multi-scale deep reinforcement learning for real-time 3D-landmark detection in CT scans. IEEE Trans Pattern Anal Mach Intell 2019;41

장단점

CNN은 모델 훈련을 위해 많은 양의 데이터가 필요하다는 점에서 전통적인 머신러닝과 다르다. 그렇지만 CNN은 사람의 개입이 필요한 특성 추출이나 이미지 세그멘테이션 작업을 필요로 하지 않는다(그림 5.24). CNN은 이미지 인식과 분류에 특히 장점을 가지고 있는 한편, 이미지에 어떤 변형(이전에 제시되는 이미지와는 다른 회전이나 방향 전환이 된 경우)이 있는 경우에는 어려움을 갖는다. 또 다른 문제는 데이터가 많지 않을 경우에 한계가 있다는 것과 과적합이 잘 된다는 점이다. 마지막으로 딥러닝이 설명이 어렵고 투명성이 결여돼 있다고 하는 점은 CNN 채용을 고려할 때 심각한 문제의 하나다.

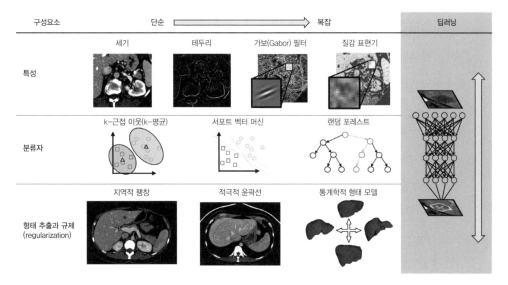

구성요소	단순 ⟶ 복잡				딥러닝
특성	세기	테두리	가보(Gabor) 필터	질감 표현기	
분류자	k-근접 이웃(k-평균)	서포트 벡터 머신	랜덤 포레스트		
형태 추출과 규제 (regularization)	지역적 팽창	적극적 윤곽선	통계학적 형태 모델		

그림 5.24 딥러닝과 특성. 이 그림에서 특성, 분류자, 형태 추출과 규제(regularization)와 같은 각각의 성분에 대해 간단한 요소에서 복잡한 요소들을 보여 주고 있다. 예를 들어 세기(intensity)에서 질감 표현기(texture descriptor)로 가면서 특성들이 좀 더 복잡해진다. 딥러닝에서는 특성들을 일반 머신러닝에서처럼 수작업으로 처리할 필요가 없으며, 분류자의 성능을 최대화하기 위해 종단간 방식으로 학습된다.

의료 영상(주로 영상의학 및 심장내과에 대한 의료 영상)과 딥러닝에 관해 도움이 되는 도표들과 함께 깊이 있게 고찰한 훌륭한 리뷰 논문들이 아주 많다. CNN을 활용한 최근 생의학 논문으로, 스탠포드 그룹에서 CNN을 활용해 5만 명의 환자에서 얻은 단일 전극 심전도를 사용해 12개 리듬 클래스를 판독했다. 그 결과 ROC 커브의 AUC가 0.97, 평균 F1 스코어(양성 예측도와 민감도의 조화 평균)가 0.84라는 성능을 보인 것을 보고한 사례가 있다[30].

인공지능으로 수십억 명의 사람들에게 영상 진단 제공하기

이스트밴 루벤스 Esteban Rubens

이스트밴 루벤스는 인공지능과 데이터 저장 전문가다. 이 글을 통해 전세계에 의료 영상 판독과 교육을 제공할 수 있도록, 연합 학습과 결합된 의료 영상 해석을 위한 CNN과 AI의 웅대한 비전을 말한다.

세계보건기구WHO 산하 기관인 범미보건기구PAHO, Pan American Health Organization에 따르면 전세계 인구의 3분의 2는 영상 진단에 접근하지 못하고 있다고 한다. 더군다나 진단 문제의

70~80%는 단순 X-레이 또는 초음파 검사로 해결될 수 있다고 한다[1]. 헬스케어와 개발의 세계에서는 작은 것으로 더 많은 것을 한다는 것이 하나의 만트라이며 "낮게 달린 과실"을 찾는 것을 높은 순위로 둔다. 따라서 영상 진단 검사에 접근하지 못하는 약 50억 명의 사람들에게 영상 진단 도구를 가져다 주는 것은 매력적인 제안이다. 불행하게도 이것에 대한 장애는 심각하다. 촬영 장비의 가격은 비싸고, 이러한 제대로 된 서비스를 받지 못하는 사람들이 살고 있는 곳에서 영상의학과 의사는 부족하다[2].

의료 영상 방법이 발전했음에도 불구하고 가장 기본적인 X-레이나 초음파 같은 검사들조차도 흔히 사용할 수 있게 되지는 않았다. 특히 저개발 국가의 외진 곳에서 더욱 그러하다. 다행히도 최근 반도체 기술의 발전은 초음파 이미징에서 혁명적인 도약을 자극하고 있다. 전통적인 초음파는 압전 결전체piezoelectric crystals에 기반을 둬서 비싸고 깨지기 쉬운 변환기를 필요로 하는 반면, "CMUTcapacitive micromachined ultrasound transducers"라고 불리는 마이크로머신을 생산하기 위한 컴퓨터 칩에 사용되는 기술을 사용해 기술 도약이 가능해졌다[3]. 이런 반도체 기반 변환기는 저렴하게 만들 수 있고 현지에서 쓰기에도 튼튼하며 결정적으로 거대한 컴퓨터 콘솔에 연결하지 않고도 스마트폰에 연결시킬 수도 있다. 가장 기본적인 스마트폰이라고 할지라도 의미 있는 컴퓨팅과 네트워크 기능을 가지고 있기 때문에 스마트폰은 이 새로운 변환기에 강력한 플랫폼을 제공하고 또한 이것들을 사용하는 데 필요한 소프트웨어를 구동시키는 데도 사용될 수 있다.

우리는 기초적인 기술 밖에 가지지 않은 의료인이 이 새로운 현장 사용 초음파기기POCUS, portable point-of-care ultrasound를 들고 이전에는 초음파 사용이 불가능했던 곳으로 가는 것을 상상할 수 있다. 그들은 이미지를 얻기 위한 검사자가 되기도 하고, 내재된 인공지능으로부터 최적의 조사 위치에 대해서 조언을 받을 수도 있다. 이런 이미징 기술을 외진 곳으로 가지고 가는 것이 첫 번째 단계다. 그런데 이것을 판독해 줄 영상의학 전문의가 없다면 아무리 좋은 영상이라도 좋은 게 아닐 수 있다.

아마도 인공지능이 그 차이를 메꿀 수 있다. 인공지능의 한 분야의 딥러닝에서 CNN 및 그와 유사한 알고리듬은 영상의학과, 심장내과를 비롯한 여러 종류의 의료 영상에서 보이는 컴퓨터 비전 문제들과 정확하게 연결된다[4]. CNN은 흔히 말하는 민감도와 특이도 측면에서 매우 정확하게 훈련이 가능하고 영상의학과 전문의보다는 뒤지지 않는 것을 허가 표준으로 가지고 갈 수 있다. 그런 수준의 정확도를 얻을 때 꼭 필요한 것은 상당한 양의 "레이블된 데이터labeled data"다. 의료 영상에서 레이블된 데이터라는 것은 방사선학 보고서뿐만 아니라, 아노테이션과 세그멘테이션 데이터와 같은 메타데이터와 그 외 영상의학과 의사 또는 다른 의사가 판독 과정에서 만들어내는 모든 데이터를 의미한다.

레이블된 데이터로 훈련 데이터셋이 준비되면 딥러닝 모델을 훈련시킬 수 있다. 훈련 과정은 반복적이며 여러 번 실행하고 각 단계에서 가장 낮은 오류를 얻기 위해 신경망과 관련된 매개변수를 조정하는 작업을 거친다. 궁극적인 목적은 레이블 되지 않은 새로운 데이터에 대해 정확한 추론 또는 예측을 해내도록 모델을 훈련시키는 것이다. 그 다음은 그렇게 훈련된 CNN을 저렴하고 튼튼하고 이동 가능한 POCUS에 임베딩하고 글로벌 단위로 배치해 아직까지 의료 혜택을 제대로 받지 못했던 수십억 명의 건강을 개선하는 것을 그려볼 수 있다. 인공지능 기능으로 강화된 POCUSAI-POCUS는 빠른 속도로 정상 이미지를 가려내서 PACS 판독 리스트에서 제외시키고, 명확한 경우들을 정상 또는 소견으로 자동 판독하고 불분명한 이미지만을 PACS로 전송해 영상의학과 의사가 판독할 수 있게 함으로써 인간 영상의학과의 능력을 상당히 증강시킬 수 있을 것이다.

아뿔사, 해결책은 그렇게 간단하지 않다. 단일 인구 집단 결과 데이터로 CNN을 훈련시키는 것은 전 세계 인구 집단으로 일반화되지 않는 모델일 수도 있다는 사실도 알려져 있다[5, 6]. 따라서 전 세계에 걸친 큰 인구 집단에 대해 효과적으로 사용될 수 있는 CNN을 훈련시키기 위해서는 레이블된 광대한 글로벌 훈련 데이터셋을 준비할 필요가 있다. 이런 대규모의 헬스케어 데이터 수집은 거의 불가능하다 할 정도로 비현실적이다. 이미징을 포함한 개인 건강 정보는 적절한 이유와 목적으로 사용될 수 있도록 전 세계에 걸쳐 강력히 규제되고 있다. 더불어 많은 국가들은 헬스케어 데이터가 국경을 넘는 것을 허용하고 있지 않다. 이것을 데이터 주거성 요건data-residency requirements이라고 부른다[7].

그러면 어떻게 개인 건강 데이터에 대한 프라이버시를 해치지 않고 데이터 보호에 관한 수많은 법률에 대한 가이드라인 안에 머물면서 전 세계 의료 혜택을 잘 받지 못하는 수십억의 사람들에게 AI-POCUS가 제공하는 이점을 보장하는 것이 가능할까? 여기에서 연합 학습federated learning 방법이 제시된다. 이는 2017년 구글 연구자들이 처음으로 제안한 방식으로[8], 연합 학습은 하나의 CNN 모델을 여러 개의 이동 가능한 기기에서 이용할 수 있게 함으로써 가능해진다. 각 기기는 로컬 데이터를 가지고 CNN을 훈련하는 데 사용된다. 이 데이터는 기기를 떠나지 않는다. 이렇게 다시 훈련된 모델은 중앙 저장소에 업로드된다. 이 중앙 저장소에서는 새롭게 받은 모델을 합쳐 각각의 로컬 기기가 기여하는 모든 개선점을 포함시키는 하나의 새로운 훈련 CNN을 만든다. 이런 과정은 원하는 수준의 정확도를 얻을 때까지 계속되거나 지속적인 개선을 위해서 항상 진행될 수 있도록 작동한다.

훈련 데이터가 각각의 로컬 기기를 떠나지 않고 모델이 암호화되며 방법론이 로컬 장치에 의해 제공된 단일 업데이트가 병합되기 전에 검사될 수 없도록 보장한다는 점을 감안할 때, 연합 학습은 처음에는 영상의학과 의사들과 함께 글로벌 모델 훈련을 위한 핵심적인 도구가 될 수 있다. 이를 통해서 이전에 한 번도 영상 진단 서비스를 받지 못했던 수십억 명의 사람들에게 처음으로 영상 진단 서비스를 제공한다는 원하는 결과를 만들어 낼 수도 있다. 이렇게 새로운 기술의 결합이(POCUS와 연합 학습) 잘못한 것이 없는데도 현대의 의료 영상의 수혜를 받지 못했던 수십억 명의 사람들의 삶에 크고 의미심장한 긍정적 영향을 미칠 수 있다는 것에 희망을 느끼지 않을 수 없다.

참고 문헌

[1] Pan American Health Organization. World radiography day: two-thirds of the world's population has no access to diagnostic imaging, 〈https://www.paho.org/hq/index.php? option=com_content&view=article&id=7410:2012-dia-radiografia-dos-tercios-poblacion-mundial-no-tieneacceso-diagnostico-imagen&Itemid=1926&lang=en〉; 2012 [accessed 30.04.19].

[2] Lungren MP, Hussain S. Global radiology: the case for a new subspecialty. J Glob Radiol 2016;2(1) Article 4.

[3] IEEE Spectrum. New "ultrasound on a chip" tool could revolutionize medical imaging, 〈https://spectrum.ieee.org/the-human-os/biomedical/imaging/new-ultrasound-on-a-chip-tool-could-revolutionize-medical-imaging〉; 2017 [accessed 30.04.19].

[4] Chartrand G, Cheng PM, et al. Deep learning: a primer for radiologists. RadioGraphics 2017;37:2113-31 〈https://doi.org/10.1148/rg.2017170077〉; [accessed 30.04.19].

[5] Saria S, Butte A, Sheikh A. Better medicine through machine learning: what's real, and what's artificial. PLoS Med 2018;15(12):e1002721 〈https://doi.org/10.1371/journal.pmed.1002721〉 [accessed 30.04.19].

[6] Zech JR, Badgeley MA, Liu M, Costa AB, Titano JJ, Oermann EK. Variable generalization performance of a deep learning model to detect pneumonia in chest radiographs: a cross-sectional study. PLoS Med 2018;15(11): e1002683 〈https://doi.org/10.1371/journal.pmed.1002683〉 [accessed 30.04.19].

[7] Information Technology & Innovation Foundation. Cross-border data flows: where are the barriers, and what do they cost? 〈https://www.itif.org/publications/2017/05/01/cross-border-data-flows-where-are-barriers-and-what-do-they-cost〉; 2017 [accessed 30.04.19].

[8] Federated Learning. Collaborative machine learning without centralized training data, 〈https://ai.googleblog.com/2017/04/federated-learning-collaborative.html〉; 2017 [accessed 30.04.19].

순환 신경망

순환 신경망$^{RNN, Recurrent Neural Network}$은 다음 단계가 이전 상태에 의존하도록 하는 피드백 루프를 가진 딥 신경망의 한 종류다(그림 5.25)[31]. 각 뉴런은 어떤 요소에 대한 내재된 기억을 가진다. 따라서 RNN은 LSTM$^{long short-term memory}$이라고 불리는 활성 데이터 기억을 가질 수 있다. 게이트 순환 유닛$^{GRU, gated recurrent unit}$은 LSTM의 변형으로, 구조적으로는 LSTM과 비슷하지만 좀 더 단순하고(3개의 게이트가 있는 LSTM에 비해 두 개의 "게이트"가 있음) 내부 기억을 가지지 않는다. 따라서 RNN은 CNN에 비해 더 긴 데이터 의존성이 있기 때문에 기억을 회상할 수 있어서 금융 거래 데이터, 음악의 악절, 음성 패턴뿐만 아니라 혈압이나 맥박 같은 연속적인 생체 측정 데이터와 같은 시간이 개입된 순차적 데이터에 적합한 신경망이다.

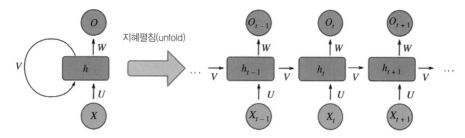

그림 5.25 순환 신경망. 이 구조는 순환층의 피드백 기전을 보여 준다. 둥근 화살표는 은닉층의 노드로 전달되는 피드백을 보여 주기 때문에 순환층이라고 불린다.

RNN에 대해 아주 간단히 소개하는 자리라 해도 두 개는 언급하고 싶다. 바로 은닉 마르코프 모형$^{HMM, hidden Markov model}$과 신경 튜링 머신$^{NTM, neural Turing machine}$이다. HMM은 마르코프 체인에 기초한 확률적 프로세스와 마르코프 가정, 즉 미래의 상태는 과거 상태가 아닌 오로지 현재 상태에만 의존하므로 "무기억^{memoryless}"이라는 점에 바탕을 두고 있다. RNN과 같이 HMM은 순차적 데이터를 다루지만 좀 더 간단한 선형 모델이다. RNN은 좀 더 복잡하고 적응적이며 비선형적이다. 또한 RNN은 마르코프 특성을 가지고 있지 않으며 먼 거리 의존성도 처리할 수 있다. NTM은 논리적 흐름과 외부 메모리 소스를 연결해 신경망의 개념을 확장한 RNN의 일종이다. 이런 NTM은 컨트롤러 또는 신경망, 메모리, 읽기 헤드, 쓰기 헤드라는 4가지 요소로 구성돼 있다.

장단점

RNN은 두 가지 장점을 가진다. 하나는 피드백 연결을 사용해 정보를 저장할 수 있다는 점과 순차적 데이터를 학습할 수 있다는 점이다. 이런 종류의 딥러닝은 어떤 데이터가 다른 데이터에 의존하는 순차적 정보를 가지고 같은 작업을 반복하는, 중환자실이나 주식 시장에서의 시계열 데이터 분석이나 번역 또는 언어 생성과 같은 작업에 사용된다. 단점은 순환 컴퓨테이션 속도가 느리고 종종 과거 정보에 접근하는 것이 어렵다는 점이다.

RNN을 사용한 최근 의학 연구에서는, 진단에 대한 우수한 결과와 함께 시간 척도를 확장하는 새로운 접근법으로 뇌파를 사용해 뇌전증 발작과 비뇌전증 발작을 간별하기 위해서 독립적으로 순환하는 신경망independently RNN을 사용한 사례가 있었다[32]. 또 다른 사례는 전자의무기록에 RNN을 적용한 것으로, 다양한 임상적 상황에서 FHIR 표준을 따르는 전자의무기록 데이터를 직접 사용해 정확한 예측 모델을 만들 수 있음을 보여 준 연구가 있었다(그림 5.26)[33].

CNN은 공간적인 데이터에 적합하고 RNN은 순차적 또는 임시 데이터를 처리하기 위해 설계된 신경망이다. 그런데 하이브리드형인 "CNN-RNN" 모델(순환적 CNN 또는 RCNNrecurrent convolutional neural network이라고도 불리지만 지역 CNN, R-CNN과 혼동해서는 안 됨)도 있으며, 이는 여러 레이블을 가진 이미지 분류와 순차적으로 복잡한 의료 데이터에서 사용될 수 있다.

RCNN을 적용한 최근 연구로는, 삼킴 가능한 무선 캡슐 내시경 기술에서 RCNN 방법을 적용한 실시간 단안 시각 거리측정 방식을 통해서 내시경 캡슐 로봇 조작을 정확하게 한 사례가 있다[34]. 이 방법을 통해서 내시경으로 수집되는 동영상 프레임에 대해 순차적인 의존성과 복잡한 운동 다이내믹스를 모델링할 수 있었다.

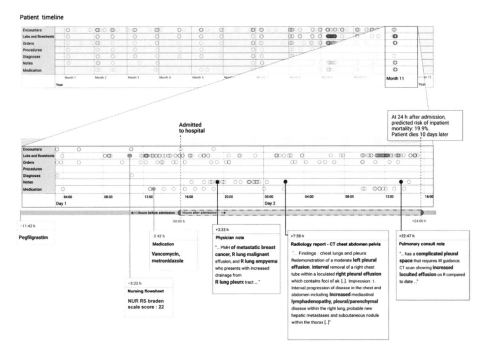

그림 5.26 환자 의무 기록과 사망률 예측. 이 사례는 흉막 삼출이 있는 전이된 유방암 환자다. 가장 위쪽의 그래프는 모든 시간 단계별 데이터 타입과 원이 있는 타임라인을 보여준다. 확대한 그림에서는 빨간색으로 강조된 어구들을 가진 가장 최근의 데이터를 보여준다. 오른쪽에 입원 환자 사망률의 백분율 확률에 대한 예측 결과가 보인다.

모델 성능 평가

평가 방법

모델의 예측 성능을 평가하는 여러 가지 방법론이 존재하는데, 먼저 이해하면 좋은 것은 완벽한 성능 지표(100% 정확도를 가지는 분류 문제와 0% 오차를 가지는 회귀 문제)는 단순히 비현실적인 기대일 뿐이라는 것이다. 데이터의 불가피한 오류(부정확하거나 불완전한 데이터)나 알고리듬의 한계가 있을 수밖에 없다. 모델의 성능 지표를 평가하기 전에 개발적인 전략으로 좋은 기초 예측 모델(예를 들어 랜덤 포레스트, 그라디언트 부스팅과 같은 방법으로 만든 좋은 예측 모델)을 가지고 시작하거나 익숙한 모든 예측 모델을 단순히 시도해 보는 것이다. 그런 다음 가장 좋거나 괜찮은 몇 개를 선택한다.

모델을 평가할 때는 훈련 데이터셋에 대해 교차 검증cross-validation 또는 홀드아웃 방법을 많이 사용한다. 교차 검증zss-validation은 원래의 데이터셋을 k개의 같은 크기를 가지는 서브 세트로 나눈다. 각 세트를 폴드fold라고 부른다. 그래서 k-1개의 폴드를 가지고 훈련 데이터 셋으로 사용한다. 홀드아웃 방법에서는 전체 데이터셋을 훈련 세트, 검증 세트(항상 사용되는 것은 아님), 테스트 세트로 나눠 사용한다(머신러닝 워크플로 섹션 참조).

회귀 모델의 평가

회귀 모델의 예측 성능 평가는 R^2라고 불리는 결정계수coefficient of determination가 많이 사용된 다. 이 값은 0에서 1까지의 값을 갖고 1이 가장 좋은 것을 의미한다. 이 값은 정확도 개선 없 이 R^2 값을 증가시킬 수도 있는 추가 독립 변수에 대한 조정이 필요할 수도 있다. 더불어 평 균 절대 오차MAE, Mean Absolute Error 또는 제곱근 평균 제곱 오차RMSE, Root Mean Square Error도 사용 된다. MAE는 예측한 값과 실제 값 사이의 절대 차이에 대한 평균이며, RMSE는 예측값과 실제 값의 차이를 제곱한 값의 평균을 구한 다음 이것에 제곱근을 취해 오류의 평균 크기를 측정한다.

　모델 파라미터는 모델에 "내부"인 구성 변수이며 모델에 의한 훈련 중에 스스로 학습하 는 특징을 말하는 것으로 사람이 정하는 것은 아니다. 이런 파라미터의 종류에는 신경망의 가중치weights, 선형 또는 로지스틱 회귀의 계수coefficients, SVM에서의 서포트 벡터support vectors 가 있다. 한편 하이퍼파라미터hyperparameters는 일종의 사전 믿음prior belief으로 "외부"에 있는 값으로 훈련을 하기 전에 초기화해서 지정해주는 값을 말한다. 이런 하이퍼파라미터의 예 로는 k-근접 이웃의 k 값과 신경망의 학습률learning rate이 있다. 본질적으로 하이퍼파라미터 는 모델의 성능을 최적화하도록 조정된 모델의 설정이다. 마지막으로, 하이퍼파라미터 자 동 최적화 과정을 하이퍼파라미터 최적화 또는 하이퍼파라미터 튜닝hyperparameter optimization or tuning이라고 부르는데, 대표적인 예로 그리드 검색grid search과 랜덤 검색random search이 있다.

분류 모델의 평가

이진 분류 모델의 성능은 혼동 행렬confusion matrix, 수신기 운영 특성 커브ROC의 곡선 아래 면 적AUC, 정밀도-회상 커브PRC, precision-recall curve의 AUC 등과 같은 지표를 사용해 평가한다.

혼동 행렬

혼동 행렬confusion matrix은 모델에 대한 예측된 값과 실제 값을 2×2 테이블로 정리한 것이다. 대부분의 의료인들은 역학 또는 생물통계학을 통해서 익숙할 것이다(표 5.9).

표 5.9 혼동 행렬

	실제 양성(질환)	실제 음성(질환)	
검사가 양성으로 예측(또는 검사 양성)	True positive	False positive(type 1 에러)	Total predicted positives
검사가 음성으로 예측(또는 검사 음성)	False negative(type 2 에러) Total actual positives	True negative Total actual negatives	Total predicted negatives Total population

이 표를 통해서 다음과 같은 지표들이 계산된다[5].

$$\text{Accuracy(정확도)} = \frac{\text{True positive} + \text{True negative}}{\text{Total population}}$$

$$\text{Precision(정밀도)} = \frac{\text{True positive}}{\text{True positive} + \text{False positive}}$$

(검사가 양성으로 예측)

정밀도는 양성 예측도positive predictive value라고도 한다.

$$\text{Specificity(특이도)} = \frac{\text{True negative}}{\text{False positive} + \text{True negative}}$$

(실제 음성)

$$\text{Sensitivity(민감도)} = \frac{\text{True positive}}{\text{True positive} + \text{False negative}}$$

(실제 양성)

민감도는 회상recall이라고도 불린다[6].

---

5 혼동(confusion)을 줄이기 위해서 용어를 그대로 사용했다 – 옮긴이
6 회상은 검사 전 질병이 있었다는 사실을 '회상'해 낸다고 생각하면 이해하기 편하다 – 옮긴이

$$\text{Error rate(오류율)} = \frac{\text{False positive + False negative}}{\text{Total population}}$$

오류율은 오분류율misclassification rate이라고도 한다.

$$F_1 \text{ score} = \frac{2 \times (\text{Recall} \times \text{Precision})}{\text{Recall + Precision}}$$

F_1-스코어는 F-값, 균형 F-값이라고도 하는데, 아마도 대부분의 독자들에게는 가장 익숙하지 않은 지표일 것이다. 이 값은 정밀도와 회상의 조화 평균harmonic mean[7]으로 이진 또는 복수 클래스 분류 모델의 정확도 지표로 사용된다. 이 값은 0에서 1 사이의 값을 취하고 클수록 정확도가 높다. 회상 또는 정밀도 가운데 어느 것을 강조하는지에 따라 F값과 연관된 2가지 다른 지표가 있다. F_2-값은 회상에 강조한다. 그래서 거짓 음성false negative에 초점을 맞춘다. 의료에서는 거짓 양성을 받아들일 수 있지만 거짓 음성을 받아들이지 못하는 상황이 있다[8]. 다음은 $F_{0.5}$-값으로 이것은 정밀도를 중요시한다. 그래서 거짓 양성false positive에 초점을 둔다. 거짓 음성은 받아들일 수 있지만 거짓 양성은 받아들이지 못하는 상황이 있을 수 있다. 마지막으로 회상과 정밀도의 조화 평균이 아닌 기하 평균geometric mean을 사용하는 G-값이 있다.

한계

위 혼동 행렬에서 유병률prevalence이 낮은 질환인 경우[9] 전체 인구의 참 음성true negative이 상대적으로 높기 때문에 이와 관련된 모델의 성능에서 정확도와 오류율은 진짜보다 더 우수한 것으로 보일 수 있다. 이 점에 대해선 뒤에서 실제로 계산해보자. 회상 또는 민감도, 수량, 완전성은 질병의 유병률에 따라서 높거나 낮을 수 있다. 예를 들어, 암에서 양성인지 악성인지를 가를 때 스크린 검사를 하는 경우 실제로 암을 가진 환자를 놓치지 않기 위해서 가급적 높은 회상 값을 가진 검사를 선호할 수 있다. 또한 정밀도(품질 또는 정확성)가 높은 것이 좋은 상황도 있다. 다시 암의 경우 정밀도는 암으로 진단된 사람이 실제로 암에 걸렸다는

---

7 조화 평균에 대해서는 https://terms.naver.com/entry.naver?docId=3405320&cid=47324&categoryId=47324을 참고한다 – 옮긴이
8 질병 스크린용으로 사용되는 검사는 거짓 음성이 낮을수록 좋다 – 옮긴이
9 원본에서는 incidence라고 돼 있는데 문맥상 발병률이라기보다는 유병률이 맞아서 수정했다 – 옮긴이

것을 반영하므로 거짓 양성이 뇌종양 진단에 치명적일 수 있다. 다만 경미한 근시에는 훨씬 덜 중요하다. 반대로, 거짓 양성이라고 해도 그다지 큰 문제가 생기지 않는 경우에는 높은 정밀도를 가질 필요는 없다. 마지막으로 F_1-값도 약점을 가질 수 있다. 정밀도와 회상이 균형을 이루지만 때로는 이것이 이상적이지 않다. 상황에 따라서 앞에서 언급한 바와 같이 정밀도나 회상에 강조를 둔 조정된 값들이 필요할 수도 있다.

CNN에서 흔한 분류 방법인 유병률이 낮은 암 환자 영상 판독 모델로 위 지표들을 계산해 보았다(표 5.10 참고).

표 5.10 유병률이 낮은 질환에 대한 혼동 행렬

	실제 질환 양성(질환 유)	실제 질환 음성(질환 무)	낮은 유병률(4/1,000)
검사가 양성으로 예측 (또는 검사 양성)	3	1	4
검사가 음성으로 예측 (또는 검사 음성)	1	995	996
	4	996	1000

각 지표는 다음과 같다.

$$\text{Accuracy(정확도)} = \frac{\text{True positive} + \text{True negative}}{\text{Total population}} = \frac{3 + 995}{1000} = 0.998$$

$$\text{Precision(정밀도)} = \frac{\text{True positive}}{\text{True positive} + \text{False positive}} = \frac{3}{3 + 1} = 0.75$$

$$\text{Specificity(특이도)} = \frac{\text{True negative}}{\text{False positive} + \text{True negative}} = \frac{995}{1 + 995} = 0.999$$

$$\text{Sensitivity(민감도)} = \frac{\text{True positive}}{\text{True positive} + \text{False negative}} = \frac{3}{3 + 1} = 0.75$$

$$\text{Error rate(오류율)} = \frac{\text{False positive} + \text{False negative}}{\text{Total population}} = \frac{2}{1000} = 0.002$$

$$F_1 \text{ score} = \frac{2 \times (\text{Recall} \times \text{Precision})}{\text{Recall} + \text{Precision}} = \frac{2 \times 0.75 \times 0.75}{0.75 + 0.75} = 0.75$$

따라서 이 특정 혼동 행렬 사례에서 유추해 볼 수 있듯이, 유병률이 낮을 때 정확도가 높을 뿐만 아니라 오류 또는 오분류율(실제 및 인지)이 상대적으로 용이함을 추측할 수 있다. 참 음성true negative은 정확도와 오류율 모두에 대한 계산에서 상대적으로 높은 숫자이기 때문이다. 요약하자면 정확도와 오류율은 모델 성능에 대한 좋은 지표가 아니다. 특히 질병 유병률이 낮은 경우에는 더욱 그렇다. 일반적으로 유병률이 낮은 상태에서 대부분의 경우인 참 음성은 정확도와 오류율을 더 좋게 보이게 하기 위해 상대적으로 높은 숫자이기 때문이다. 또한 이 사례는 참 음성 값이 높아서 분류의 불균형이 존재하는 경우에는 분류 모델을 평가할 때 정밀도와 F_1-값이 더 나은 지표라는 것을 보여준다. 참 음성 값이 큰 경우에는 밀도 회상 커브PRC 사용을 고려해 볼 수 있다.

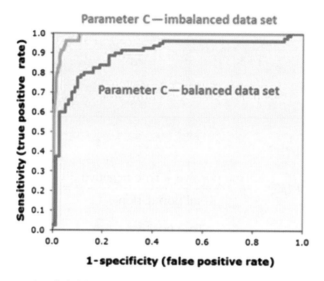

그림 5.27 ROC와 AUC. ROC는 y 축에 민감도, x 축에 1–specificity로 거짓 양성 비율을 놓고 플롯팅한다. 이 그림에서 가상의 파라미터 C에 대해 두 개의 데이터셋 관련 ROC를 보여 준다. 하나는 균형 잡힌(파랑), 다른 하나는 불균형을 이루는(노랑) 데이터셋이다. 완벽한 모델은 왼쪽 위 모서리에 근접할 것이다. 이 경우에는 균형 잡힌 경우보다 불균형 데이터셋의 AUC가 더 좋은 것으로 보인다.

수신기 운영 특성 커브

분류 모델 평가를 위한 가장 익숙한 곡선과 지표는 수신기 운영 특성 커브ROC와 AUC다(그림 5.27). 앞서 언급한 PRC와 유사하게, AUC를 큰 차이로 추정해 다른 예측 변수를 비교할 수 있다. PRC에서는 오른쪽 상단이 정밀도와 회상 모두 1에 가까운 완벽에 가깝지만 ROC에서는 그래프 왼쪽 상단이 더 낫다고 여겨진다. x축이 거짓 양성 비율을 유도하기 위한 1-specificity이기 때문이다.

AUC는 ROC 플롯의 곡선 아래 면적을 측정하며 참 양성 비율 또는 민감도(y축)와 거짓 양성 비율 또는 1-specificity(x축)를 모두 반영하므로 분류 모델의 성능을 측정하는 데 자주 사용된다. 참 양성 비율은 회상recall이라고도 하며, 거짓 양성 비율은 오분류된 데이터를 반영한다.

성능이 곧 결과는 아니다: 의료 인공지능의 안전성

루크 오크덴-레이너 Luke Oakden-Rayner

루크 오크덴 레이너는 영상의학과 전문의이며 인공지능 지지자이자 아마도 영상의학과 인공지능에서 가장 똑똑한 사람일 것이다. 그는 이 글을 통해 영상의학 인공지능 도구의 성능을 바라볼 때 주의해야 할 점에 대해 말한다.

성능이 결과는 아니다.

이 말은 의료 인공지능을 만드는 사람이라면 누구나 아로새기고 있어야 하는 주문이다.

그 이유를 설명하기 위해서 몇 가지 용어를 먼저 소개한다.

성능 테스팅Performance testing은 인공지능 연구 논문이나 제품 승인 과정에서 늘 접하게 된다. 우리는 환자군을 정하고, 우리 모델의 성능이 어떤지 측정하고 모델이 얼마나 "좋은지" 파악한다. 보통 현재 방법과 비교를 통해 이런 결정을 한다. 그런 다음 몇 가지 통계적 검증을 통해 결과를 분석하여 얼마나 믿을 수 있는지 추정한다.

이것은 마치 실험실에서 실험을 하는 것과 비슷하다. 그래서 대부분의 인공지능을 할 때 거의 실험실을 갖추지 않음에도 불구하고 이것을 종종 실험실 테스팅laboratory testing이라고 부르는 이유다. 주의해서 볼 것은 이런 종류의 실험에서 인공지능 모델 빼고 나머지 모든 것을 통제한다는 점이다.

임상적 검증clinical testing은 실험을 통제하지 않은 상태의 원하는 결과가 나오는지를 살핀다. 성능 테스팅과는 다르게 우리는 실제 헬스케어 맥락에서 시스템이 제대로 작동하는지 보기를 원한다. 우리는 좋은 성능이 실제로 더 좋은 임상 결과로 이어지기를 바란다.

임상적 결과clinical outcomes는 실제로 관찰되는 현상이다. 우리가 관심을 두는 두 가지 종류의 결과는 어떤 질환을 가진 환자의 사망과 장애에 대한 비율과 같은 환자 결과patient outcomes와 환자당 소요된 비용과 같은 헬스케어 시스템 결과healthcare system outcomes다.

그래서 임상적 검증은 다음과 같은 것이 핵심 요소가 된다.

- 실제 임상 환경

- 실제 환자들

- 진짜 중요한 실제 결과

실험에서 높은 성능이 좋은 임상 결과로 이어질 것이라고 예측하기 쉽다. 최근 발표된 논문들에서 인공지능 시스템의 성능을 의사들과 비교했을 때 우수한 결과를 보였다는 사례를 종종 본다.

그런데 우리는 이런 결과를 주의해서 볼 필요가 있다. 성능이 결과가 아니기 때문이다.

지난 수십 년간 컴퓨터 보조 진단CAD, Computer-Aided Diagnosis에서 얻은 경험은 어떤 가르침을 준다. CAD는 1990년대 유방 촬영술 스크린 검사에 컴퓨터 비전 기술을 적용할 때 사용했던 용어다. 사용했던 방법은 대부분 손으로 작성한 규칙으로 구성된 전문가 시스템과 손으로 작성한 특성을 가진 서포트 벡터 머신인 경우가 대부분이다.

이 기술은 현대 인공지능과 다르게 종종 컴퓨터 비전 과제를 제대로 수행하지 못했지만 미국 정부는 영상의학과 의사들이 CAD를 사용해 유방 촬영술 스크린 검사 보고서를 내면 8달러를 추가로 지불하기로 결정했다. 놀랍게도 2010년에 이르자 미국에서 촬영되는 유방 촬영술의 74%가 CAD로 판독되는 상황이 됐다[1].

초기 실험은 좋았다. 1990년 시행된 CAD의 성능 연구를 보면, CAD와 결합된 사람의 판독 성적이 사람만 한 경우보다 성적이 우수했다[2]. 더 많은 연구들이 뒤따랐고 비슷한 결과들을 내놓았다. 미국 식약처는 처음으로 1998년 유방 촬영술 CAD를 승인했고, 미국 메디케어는 2001년 CAD 사용에 대한 보상을 시작했다.

그러나 실제로는 많은 영상의학과 의사들이 이런 시스템이 제대로 작동하지 않는다고 느꼈고 사용하면서 실망하는 경우가 많았다. 그런 느낌은 증거 기반 임상 시험들이 십여 년에 걸쳐 진행되면서 사실로 밝혀졌다.

2007년 펜톤Fenton 등은[3] 43만 건의 유방 촬영술을 한 22만 2000명의 여자 코호트를 대상으로 4년 동안 3개의 주에서 연구를 진행했다. CAD를 적용한 경우 특이도가 90.2%에서 87.2%로 낮아졌음이 밝혀졌다. 생검 비율은 19.7% 더 추가 됐음에도 암 발견 비율의 변수는 1000 명당 4.15에서 4.20 건으로 바뀌었는데 통계적으로 유의하지 않았다.

2015년 레만Lehman 등은 더 큰 규모의 연구를 진행했다[4]. 63만 건의 유방 촬영술을 시행한 32만 명의 여자 환자를 6년간 추적했는데 그들은 민감도, 특이도, 암 발견율이 CAD를 사용한 경우와 그렇지 않은 경우에 차이가 없었다. 연구 기간 동안 경우에 따라 CAD를 사용하거나 사용하지 않았던 영상의학과 전문의들의 민감도는 89.6%에서 83.3%로 떨어졌다.

비슷한 결과가 다른 연구에서도 관찰됐다. 2008년의 체계적 문헌 고찰은 CAD가 암 발견율을 바꾸지 않고 회상률은 증가했음을 보여 주었다. CAD를 사용하는 대신, 이중 판독을 한 경우에는 암 발견율을 증가시키고 회상률은 감소시켰다.

실험실 연구와 임상 시험 사이의 차이의 원인에 대해서는 광범위한 논쟁이 있어 왔지만 어떤 시스템을 사용하는 사람이 중요한 역할을 하는 것으로 보인다. 여러 연구들은[5, 6] 의사들이 통제된 실험에 참여하는 경우 실제 환자를 치료할 때와는 다르게 행동한다는 점을 보여 줬다. 이것을 실험실 효과laboratory effect라고 부른다[7].

또 다른 문제는 사람은 컴퓨터가 주는 신호에 대해서는 과신하고 다른 증거는 불신하는 경향이 있다는 점이다. 이것을 자동화 편향automation bias 또는 자동화 유도 안주automation induced complacency라고 한다.

이런 효과는 유방 촬영술에서 CAD의 실패에 대한 가능한 이유가 될 뿐만 아니라, 자율 주행 자동차에서 여러 사망의 직접적인 원인으로 지목되기도 했다. 특히 흥미로운 한 연구는 CAD 피드백에 더 많은 부정확함이 있는 경우 CAD 사용은 민감도를 더욱 떨어뜨렸다고 보고한 경우로, 컴퓨터를 믿게 되면 사람은 덜 정확해진다는 것을 시사한다[8].

CAD의 실패 원인이 무엇이었든 간에, 허가를 위해 시행되는 성능 테스팅에 대한 의존과 메디케어의 보상 적용 결정은 부정적인 환자와 시스템의 결과로 이어졌다는 점은 분명하다. 우리는 이런 경험으로부터 배울 필요가 있으며, 그렇게 해야 진료실로 새로운 기술을 끌어들이는 것에 대해 과도한 흥분으로 똑같은 실수를 하지 않을 것이다[9].

현대의 인공지능은 전에 없는 대규모의 영역에서 환자에게 영향을 미칠 능력을 가졌기 때문에 이런 시스템을 승인하고 환자에게 적용할 때 우리는 성능이 결과가 아니라는 점을 기억할 필요가 있다.

참고 문헌

[1] Rao VM, Levin DC, Parker L, Cavanaugh B, Frangos AJ, Sunshine JH. How widely is computer-aided detection used in screening and diagnostic mammography? J Am Coll Radiol 2010;7(10):802-5.

[2] Chan HP, Charles E, Doi K, Vyborny CJ, et al. Improvement in radiologists' detection of clustered microcalcifications on mammograms. The potential of computer-aided diagnosis. Invest Radiol 1990;25(10):1102-10.

[3] Fenton JJ, Taplin SH, Carney PA, Abraham L, Sickles EA, D'Orsi C, et al. Influence of computer-aided detection on performance of screening mammography. N Engl J Med 2007;356(14):1399-409.

[4] Lehman CD, Wellman RD, Buist DS, Kerlikowske K, Tosteson AN, Miglioretti DL. Diagnostic accuracy of digital screening mammography with and without computer-aided detection. JAMA Intern Med 2015;175(11):1828-37.

[5] Rutter CM, Taplin S. Assessing mammographers' accuracy: a comparison of clinical and test performance. J Clin Epidemiol 2000;53(5):443-50.

[6] Gur D, Bandos AI, Cohen CS, Hakim CM, Hardesty LA, Ganott MA, et al. The "laboratory" effect: comparing radiologists' performance and variability during prospective clinical and laboratory mammography interpretations. Radiology 2008;249(1):47-53.

[7] Mosier KL, Skitka LJ. Chapter 10 Human decision makers and automated decision aids: made for each other? In R. Parasuraman and M. Mouloua (Eds.). Automation and Human Performance: Theory and applications 1996;10:201-20.

[8] Alberdi E, Povyakalo A, Strigini L, Ayton P. Effects of incorrect computer-aided detection (CAD) output on human decision-making in mammography. Acad Radiol 2004;11(8):909-18.

[9] Posso M, Carles M, Ru? M, Puig T, Bonfill X. Cost-effectiveness of double reading versus single reading of mammograms in a breast cancer screening programme. PLoS One 2016;11(7):e0159806.

그런 다음, 분류 경계값threshold에 따라서 참-양성, 거짓-양성 비율이 달라지기 때문에, 여러 가지 분류 경계값에 대해 달라지는 참-양성, 거짓-양성 비율 값들을 플롯팅한다. AUC 0.5는 본질적인 랜덤 분류자이고, AUC가 1이면 완벽한 분류자다. 회귀모델에서의 R^2 계수, 분류 모델에서의 F_1 스코어와 마찬가지로 1은 완벽한 값이다. 보통 AUC 값이 0.80 이상이면 좋다고 보고 0.90 이상이면 우수하다고 판단한다. AUC가 높을수록 몇 가지 주의 사항이 있는 분류자가 더 잘 분류한다.

지니 계수^Gini coefficient는 ROC 곡선과 그래프의 사선 사이의 면적과 삼각형 위 면적의 비율을 말하는데 대략 다음 공식으로 계산할 수 있다.

$$Gini = 2 \times AUC - 1 \text{ (0.6 이상을 좋은 모델로 평가할 수 있을 때)}$$

한계

정확도와 오류율이 큰 참-음성 값에 취약한 것처럼, ROC와 AUC의 경우에도 x 축으로 사용되는 거짓-양성 비율(1-specificity)을 구하는 공식[false positives/(false positives + true negatives)]을 보면, 분모에 참-음성이 들어가 있기 때문에 이 값이 크면 어떤 영향을 받을 것이라는 것을 알 수 있다. 참-음성 값이 커지면(분모가 커지면) 계산된 거짓-양성 비율(x축)이 낮아지고, 성능이 완벽한 분류 또는 ROC 곡선의 왼쪽 상단으로 이동한다. 즉, 불균형한 데이터셋은 실제로 성능에 변화가 없는 경우 분류자의 성능을 잘못 높일 것이다. 게다가 ROC는 유병률의 변화를 수용하지 않는다. 이것은 의학에서 희귀하거나 특이한 질병이 있기 때문에 매우 중요하며, 거짓 양성이 높은 수준의 영향을 미치기 때문에 분류자에게 영향을 미친다.

정밀도-회상 곡선

이름에서 알 수 있듯이 정밀도-회상 곡선^PRC은 다양한 경계값^threshold에 대해 ROC 커브와 비슷하게, 정밀도와 회상값을 그래프로 그린 것이다. 두 값 모두 0에서 시작해 1까지 범위에서 플롯팅한다. 그래서 두 값이 모두 1이 되는 그래프의 오른쪽 위쪽 모서리가 "가장 좋은 상태^nirvana"가 된다(그림 5.28). 훨씬 덜 알려진 PRC가 데이터셋에 불균형이 있는 경우에 더 적절한 평가 도구가 될 수 있다는 점에서 메트릭 및 곡선 해석에 대한 참 부정의 영향에 대한 이전 논의는 중요하다. 심지어 한 연구에서는 불균형한 데이터셋에서는 ROC 커브를 변환한 농축된 ROC(CROC, concentrated ROC)나 비용 커브^cost curve 보다도 PRC가 더 우수하다고 보고했다[35]. 즉, 질환에 대한 참-음성(병이 없으면서 검사도 음성인 경우) 환자가 많은 경우에 민감도 및 양성 예측도에서 진정한 개선이 없이 그냥 ROC 커브를 우호적으로 과장하는 경향이 있다[36]. 이것을 불균형 분류 문제^imbalanced classification problem라고 한다.

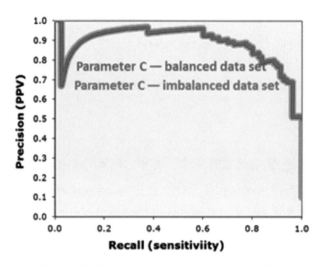

그림 5.28 PRC와 AUC. PRC 플롯은 y 축에 정밀도 또는 양성 예측도를, x 축에 회상 또는 민감도를 놓고 만든다. 이 그림에는 가상의 파라미터 C에 대해 두 종류의 데이터셋에 대한 PRC가 표시돼 있다. 파란색은 균형잡힌 데이터셋이고 노란색은 불균형 데이터셋을 사용한 경우다. 완벽한 모델은 오른쪽 위쪽 모서리에 가까운 곡선을 만든다. 이 경우 불균형 데이터셋에 대한 AUC와 균형 데이터셋 관련 AUC는 비슷한 것으로 보인다.

한계

PRC는 데이터 불균형이 존재할 때(보통 참–음성이 클 때) 더 적절한 지표이지만 PRC 아래 면적은 정밀도 값에 대한 산술 평균을 취하기 때문에 ROC에 비하여 해석하고 시각화하기 더 어렵다. 또한 PRC는 상황에 따라서 정밀도와 회상이 의미하는 바가 다른 상황을 고려하지 않는다. 다만 중요도는 같은 것으로 간주한다.

머신러닝과 딥러닝의 근본적인 문제들

해석 가능성과 설명 가능성

머신러닝이 가지는 공통적인 한 문제는 마치 "블랙박스"와 같다는 점에 있다. 데이터 과학자가 아니거나 이 분야에 대한 교육을 받은 경험이 없는 사람들은 오늘날 존재하는 많은 학습 기술들, 특히 머신러닝과 딥러닝을 이해하기 어렵다(그림 5.29)[37]. 설명 가능성explainability과 해석 가능성interpretability에는 차이가 있고, 인공지능 방법을 의사들이 광범위하게 받아들이도록 하기 위해선 적어도 해석 가능성은 필요하다. 해석 가능성은 인과관계를 설명할 수 있는 능력이고, 설명 가능성은 시스템이나 기술의 내부 작동 방법을 이해하는 것을 말한다. 예를 들어, 심장내과 전문의는 심박 조율기를 프로그램할 수 있고 작동 결과를 볼 수 있다. 심박 조율기를 프로그래밍하고 설정된 속도로 페이싱을 볼 수 있다는 얘기다. 그렇지만 심박 조율기 자체의 공학적 측면을 충분히 이해할 필요는 없다. 이해하면 도움이 되겠지만 그렇다고 그게 본질적인 것은 아니다.

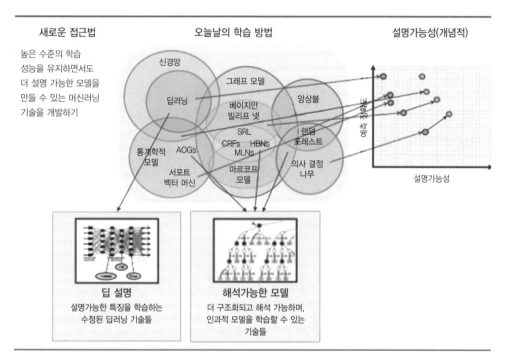

그림 5.29 머신러닝과 딥러닝, 그리고 설명 가능성. 그림에서 딥러닝과 같은 학습 방법은 상대적으로 높은 예측 정확도를 가지면서(y축) 또한 상대적으로 설명 가능성은 낮음을 보여 준다. 한편 의사 결정 나무와 같은 학습 기술은 좀 더 해석 가능하고 이해가 쉬우며 설명이 잘 된다. 이런 모든 기술을 위한 설명 가능성을 높이기 위한 전략이 존재한다(초록색 원으로 화살표가 있는 주황색 원들).

자연 블랙박스 대 인공 블랙박스

조나단 D. 리마 Jonathan D. Lima, **조아오 A.C 리마**Joao A.C. Lima

조나단과 조아오 리마는 부자 관계로 인공지능 열성팬이다. 아버지는 심장내과 전문의다. 그들은 이 글을 통해 인공지능에 붙여진 어떻게 보면 불공정한 블랙박스라는 딱지에 관한 견해를 밝히면서, 인간 역시 체계적으로 암호화된 방식으로 작동하는 복잡한 인지 과정을 가지고 있다고 말한다.

다음 수십 년 동안 인공지능은 우리 사회의 모든 기술 분야에 파괴적 혁신을 일으킬 것이다. 이런 예측은 쉽다. 이런 분야들은 지능에 상당히 의존하고 있고, 자연 지능natural intelligence[10]은 비교적 상품화하기 어렵기 때문이다. 이런 변화에 대해 여러 형태로 다양한 수준의 검증 과정으로 저항이 있겠지만, 이 글에서는 "내가 의사와 블랙박스 가운데 누구를 믿어야 하는가?"라는 주제로 한 가지 형태의 우려를 재구성하고자 한다.

이 질문의 저변에는 의사의 판단과 관련된 잘못된 이해가 있다. 결론을 말하자면, 의사의 판단은 아무도 제대로 설명할 수 없는 복잡한 알고리듬의 최종 결과물이 아니다. 정상 생체 신호를 무시하고 넘어가는 간단한 문제에서부터 종양 조직 검사를 할지 말지 결정하는 문제까지, 의사들은 훈련과 실습을 한 그들의 경험에 의해서 설계된 알고리듬을 수행한다. 이런 알고리듬들은 시간이 가면 갈수록 가능한 부분에서는 의료 산업계에서 표준화된다. 따라서 우리는 "내가 자연 블랙박스와 인공 블랙박스 가운데 어느 것을 믿어야 하는가?"로 문제를 재구성하고 싶다.

물론 그 대답은 간단하지 않다. 인공 블랙박스의 장점을 살펴보도록 하자. 주요 장점의 하나는 처리 속도다. 여러 가지 학습 과제에 대해 사람은 기계보다 더 나은 학습 곡선을 가지고 있지만, 3일 안에 바둑을 490만 회 둘 수는 없다. 또 다른 장점은 인공지능의 확장성과 이식성이다. 뛰어난 심장내과 전문의는 심장 에피소드로 진행하는 부정맥을 감지할 수 있겠지만 위험을 가진 개별 환자에게 모든 의사를 할당할 수 없다. 다만 그들에게 시계는 할당할 수 있을 것이다. 마지막 주요 장점은 중심성centrality이다. 하나의 알고리듬이 어디서나 사용 가능하다면, 모든 그룹의 사람들은 그 개발과 평가에 할당될 수 있다. 이렇게 하면 빠른 시간 안에 개선이 이뤄질 것이다.

이런 장점은 의미가 크지만, 사람의 조건을 과소평가하지 말자. 자연 지능의 근본적인 장점은 추론과 커뮤니케이션이다. 의학 영역에서 이것은 의학의 이론the Theory of Medicine으로 발

---

10 인간의 지능 – 옮긴이

현된다. 저널, 교과서에 명문화돼 있고 병원이나 대학에서 실행된다. 완벽하지는 않지만 이것으로 의사들이 신체 전체의 복잡한 시스템에 대한 생리학적 모델을 형성한다. 이 이론은 의료에서 가장 큰 도전들 가운데 어떤 한 문제를 해결하는 데 핵심적 역할을 하며, 어떤 고수준의 2개의 의학적 문제에도 완전히 똑같은 경우란 존재하지 않는다.

환자 과거력은 복잡한 구조의 데이터 소스로 그 가운데 상당 부분은 주어진 문제와는 상관없는 것들이다. 머신러닝에서 정보가 되지 않을 데이터를 입력하면 학습이 제대로 되지 않는다. 더군다나 그 구조를 잡아내는 모델을 만드는 것이 어렵고, 여러분의 학습 곡선에도 상처를 낸다. 이론을 가지고 의사들은 핵심 정보에 초점을 맞추고 그 요소들 사이의 복잡한 관계를 이해한다. 그들은 그 정보를 가지고 어느 정도의 불확실성을 고려해 진단을 하거나 치료 결정을 하거나, 비용을 들여 더 많은 데이터를 얻고자 시도하는 등 복잡한 과정의 진료를 수행한다.

이론의 유용성은 고차원의 의사 결정을 내리는 데 있기 때문에 자연 지능이 가장 영향력을 발휘하는 부분이다. 모든 성공적인 머신러닝은 깔끔하게 연결된 입력과 반응 관계로 잘 정의된 과제로부터 항상 시작된다. 이런 상황이라면 우리는 인공지능이 궁극적으로 자연 지능보다 더 효과적이고 덜 비싸며 더 빠를 것이라고 예측할 것이다. 진단가의 업무가 그런 설명과 부합하지는 않는다. 하지만 의학 이론, 환자 과거력, 추론을 사용해 그 업무를 해야 할 과제로 쪼갤 수 있다.

의사들에게 한 가지 사고 실험을 제안하고 싶다. 조수가 있는데 그렇게 똑똑하지는 않지만 빠르고 믿음직스런 조수다. 어떤 업무를 가르치는 데 상당한 노력이 필요한데 일단 훈련되면 여러분보다 더 일을 잘할 것이다. 또한 훈련만 된다면 비용을 낮추기 위해서 여러분은 그들을 백만 배로 불릴 수 있다. 그 조수를 동료 의사에게 보내서 그들의 검사를 도울 수 있고, 환자와 함께 집에서 필요한 일을 수행하게 할 수 있다. 그런 조수가 있다면 어떤 일을 훈련시키고 싶은가? 어떻게 하는 것이 가장 시간이 절약될까? 어떤 것이 가장 비용이 저렴할까? 어떤 것이 사람들의 생명을 가장 많이 구할까? 이런 고민 가운데 마이크로소프트는 병원 재입원을 선택했다.

자연적인 인간 지능의 상대적 장점을 이해하는 것은 인공지능을 의료에 통합시키는 것과 관련된 가장 중요한 문제들에 대한 답을 찾는 데 있어 핵심적 역할을 한다. 실험실에서 어떤 종류의 인공지능 소프트웨어를 개발해야 할까? 학교에서 어떤 종류의 자연 지능 의사를 길러내야 할까? 아마도 가장 중요한 것은 이런 혁신을 발전시켜 나가기 위해서 하나의 사회로서 우리가 어떤 데이터를 수집하기 시작해야 할까? 진료를 통해서 수집된 광대한 양의 데이터는 그 특성상 특정 시점에 행해진 관찰observational에 불과하다. 반면 매년 영상 촬영을 하는 프로그램이 있어 이렇게 진행된다면 인공지능 훈련에 더 유용한 데이터를 얻을 수 있지 않을까? 이런 노력은 현재 없는 상태다.

마지막으로, 헬스케어 산업은 상대적으로 자동화로 인해 사라지는 직업 문제에 상대적으로 피해가 덜하다. 헬스케어 결과가 좋으면 수명이 연장되고 더 많은 헬스케어 니즈가 창출된다. 이는 20세기의 감염병, 외상 치료, 영양실조, 영아 사망률, 임산부 사망률과 같은 주요 건강 위기를 해결한 것이 헬스케어 전문가의 부족 사태로 이어진 결과에 대한 일부 대답이 될 것이다. 결국 기계는 사람보다 훨씬 빠르고 훨씬 더 정확한 반면 학습을 잘 하지 못한다. 학습은 근본적으로 가능성과 불확실성에 바탕을 두고 있기 때문에 이것은 기계에게는 낯선 것이고, 따라서 설계할 때 프로그램 디자인의 요소로 넣어 줘야 하는 것이다. 인간의 뇌는 이런 목적을 잘 수행할 수 있게 자연적으로 설계됐다.

딥러닝, 랜덤 포레스트, 서포트 벡터 머신 등과 같은 높은 예측 정확도를 가진 머신러닝 방법들은 설명 가능성이 떨어지는 반면, 베이지안 믿음 네트워크Bayesian belief Networks, 의사 결정 나무와 같은 방법은 예측 정확도는 상대적으로 낮지만 설명 가능성은 높다. "설명 가능한 인공지능 또는 xAI"라는 주제로, 새로운 종류의 기술을 사용해 예측 정확도는 유지하거나 심지어 높이면서도 설명가능성을 높이려는 노력이 진행중이다. 설명 가능성을 높이는 전체적인 전략은 인지도를 높이고 머신러닝과 다른 기술을 가르쳐서 알고리듬을 일반화하며, 특성들을 이해하고 LIMELocal Interpretable Model-Agnostic Explanations[11]과 같은 설명을 위해 사용 가능한 서포트 툴을 사용하는 것들이 포함된다.

---

11 https://github.com/marcotcr/lime/에서 관련 파이썬 패키지를 확인할 수 있다 - 옮긴이

수준 높고 투명한 임상적 의사 결정 지원을 위한 해석 가능한 딥러닝

이잉 샤[Ying Sha], 메이 D. 왕[May D. Wang]

이잉 샤와 메이 D. 왕은 둘 다 생명정보학자로, 이 글을 통해 특징 스코어링과 데이터 합성[DS, data synthesis]에 초점을 맞춰 딥러닝을 좀 더 해석 가능하게 만들 수 있는 지능적인 전략에 대해서 설명한다.

최근 생명공학과 관련된 도구의 발전과 생명의학 빅데이터가 지수적으로 쌓여 가는 결과, 임상적 의사 결정 지원[CDS, clinical decision support]을 위한 데이터 분석 툴을 개발할 수 있는 가능성이 우리에게 주어지고 있다. 전통적으로 우리는 결측 데이터 대체, 특성 공학과 선택, 그다음 머신러닝 모델 훈련으로 이어지는 임상 데이터 분석 파이프라인을 발전시켜 왔다. 그렇지만 그 파이프라인은 무시할 수 없는 몇 가지 단점을 가지고 있다. 구체적으로 보면 임상 데이터셋에 어떤 정보가 없다는 것도 환자 상태에 대한 의사 판단의 어떤 측면을 반영한다[1]. 예를 들어 의사들은 환자가 안정 상태에 있을 때보다 나쁜 상태에 있는 환자를 더 자주 체크한다. 더불어 특성 공학과 선택은 새로운 특성 표현을 발견하는 것을 막고, 로지스틱 회귀와 같은 얕은 머신러닝 모델은 정교한 시간 의존성과 임상적 데이터 사이의 특성 간의 관계를 제대로 포착하지 못한다. 이런 도전에 대응하기 위해서 임상 데이터의 정교한 패턴들을 잘 반영한 딥러닝 기반 모델들을 개발할 수 있을 것이다. 최근 수십 년 동안 딥러닝 모델들은 자연 이미지 분류[2, 3], 사물 인지[4, 5], 자연 이미지 설명[6,7], 기계 번역[8], 비디오게임 인공지능[9] 등과 같은 다양한 과제에서 눈부신 성과를 거둬왔다. 그렇지만 딥러닝 모델들은 내재된 블랙박스 특성 때문에 비판을 받아왔다. 즉 전형적인 딥러닝에 내재된 비선형 벡터 변형 과정을 누적시켜 결과를 얻는 방식 때문에 연구자들은 어떤 한 특성이 오로지 하나의 계수와 연관되는 로지스틱 회귀 같은 전통적인 머신러닝 모델과 비교해 해석하기가 어렵다. 따라서 딥러닝 모델을 적용하는 것과 더불어, 궁극적으로 정확하고 투명한 임상적 의사 결정 지원을 위해 그런 딥러닝을 해석하는 방법을 개발할 필요가 생겼다.

우리는 특성 스코어링[FS, Feature Scoring]과 데이터 합성[DS, Data Synthesis]이라는 두 가지 관점으로 딥러닝 모델 해석 문제에 접근할 수 있다. 무엇보다 우리는 임상 데이터와 해당되는 결측 패턴 정보를 표현하기 위해서 장단기 기억 기술 같은[10] 딥러닝 모델을 만들고 훈련시킬 필요가 있다. 그렇게 합리적으로 좋은 딥러닝 모델을 얻고 나면, 파라미터들을 수정한 다음 사후 방법을 사용하여 해석할 수 있을 것이다. 구체적으로 특성 스코어링^{FS}은 전형적인 그라디언트 기반 접근법과 그 변형 방법을 사용해 모든 입력 특성들에 대한 특성의 중요도 점수를 근사시키는 방법을 말한다[11-13]. 한편 데이터 합성^{DS}은 관심이 가는 클래스 레이블에 대해 높은 예측도를 생성하는 딥러닝 모델을 만들기 위해서 입력 샘플을 합성하는 방법을 말한다[14]. 그림 2.1에 표시된 적용 시나리오를 고려해 경험이 부족한 의사들을 돕기 위해 심전도(ECG)를 판독해 주는 임상 의사 결정 시스템^{CDS}을 만든다고 생각해 보자. CDS가 왜 그런 분류를 했는지를 뒷받침하는 증거가 없는 경우 의사들은 그 결정에 의심을 가지게 된다. 특성 스코어링 방법을 적용해 개별 입력 특성들에 대한 중요도 스코어를 생성하고 그것을 시각화해 보여 준다면, 의사들은 ECG의 어떤 부분이 심장 잔떨림$^{atrial fibrillation}$이라고 예측하는지 알 수 있을 것이다. 더불어 우리는 데이터 합성 방법을 사용해 심장 잔떨림을 가장 잘 대표하는 심전도를 생성해서 모델에 제공할 수 있다. 이렇게 FS와 DS를 결합하면 의사들로 하여금 CDS에 대한 신뢰감을 주고, 또는 모델이나 데이터셋에 있는 잠재적 편향들을 발견하는 데 도움을 줄 수 있을 것이다.

딥러닝 해석을 위한 두 종류의 방법에 대한 평가는 상대적으로 아직은 미숙한 상태다. 우리는 FS와 DS를 질적인 방법과 양적인 방법, 두 가지로 평가할 수 있을 것이다. 전자는 임상적인 협력에 의존하고 후자는 자동화된 컴퓨터 평가에 의존한다. 가장 이상적이고 설득력 있는 평가는 질적인 것일 것이다. 그렇지만 질적 평가는 비용이 많이 들어간다. 의사들이 해석 가능한 딥러닝 방법을 평가하는 데 항상 시간을 쏟을 수는 없기 때문이다. FS가 생성하는 중요도 평가를 위해서 우리는 픽셀 플리핑$^{pixel flipping}$이라는 방법을 사용해 볼 수 있다[15]. 이는 해당되는 중요도의 순서에 따라서 원래 입력 특성을 파괴해 랜덤으로 입력 특성들을 파괴하는 것과 비교해서 모델의 정확도가 떨어지는지 관찰하는 방법이다. 양적으로 DS 샘플들을 평가하기 위해서 TRTS$^{Train on Real, Test on Synthetic}$ 방법을 적용할 수 있을 것이다. 이는 원래 입력을 가지고 딥러닝 모델을 훈련시키고 합성된 샘플을 가지고 모델을 훈련하는 방법이다[16].

정리하면, CDS에 딥러닝 모델을 적용하는 것은 거대한 도전과 기회를 주는 영역이다. 딥러닝 모델이 복잡하기는 해도 특성의 중요도를 근사시키고 클래스를 대표할 수 있는 데이터 합성 방법을 사용해 딥러닝 모델을 해석할 수 있다. 더 많은 연구자들이 이 흥미로운 분야에 참여해 궁극적으로 비용을 줄이고 헬스케어의 질을 향상시킬 수 있기를 희망한다.

참고 문헌

[1] Hripcsak G, Albers DJ, Perotte A. Parameterizing time in electronic health record studies. J Am Med Inform Assoc 2015;22(4):794-804.

[2] Krizhevsky A, Sutskever I, Hinton GE, editors. Imagenet classification with deep convolutional neural networks. Advances in Neural Information Processing Systems 25 (2), 2012.

[3] Szegedy C, Vanhoucke V, Ioffe S, Shlens J, Wojna Z, editors. Rethinking the inception architecture for computer vision. In: Proceedings of the IEEE conference on computer vision and pattern recognition; 2016.

[4] Redmon J, Divvala S, Girshick R, Farhadi A, editors. You only look once: unified, real-time object detection. In: Proceedings of the IEEE conference on computer vision and pattern recognition; 2016.

[5] Mask r-cnn. computer vision (ICCV). In: He K, Gkioxari G, Doll?r P, Girshick R, editors. 2017 IEEE international conference on. IEEE; 2017.

[6] Xu K, Ba J, Kiros R, Cho K, Courville A, Salakhudinov R, et al., editors. Show, attend and tell: neural image caption generation with visual attention. In: International conference on machine learning; 2015.

[7] Show and tell: a neural image caption generator. Computer vision and pattern recognition (CVPR). In: Vinyals O, Toshev A, Bengio S, Erhan D, editors. 2015 IEEE conference on. IEEE; 2015.

[8] Bahdanau D, Cho K, Bengio Y. Neural machine translation by jointly learning to align and translate. May 19, 2016. arXiv:1409.0473v7.

[9] Wu B, Fu Q, Liang J, Qu P, Li X, Wang L, et al. Hierarchical macro strategy model for MOBA game AI. December 19, 2018. arXiv:1812.07887.

[10] Graves A, Schmidhuber J. Framewise phoneme classification with bidirectional LSTM and other neural network architectures. Neural Netw 2005;18(5-6):602-10.

[11] Simonyan K, Vedaldi A, Zisserman A. Deep inside convolutional networks: visualising image classification models and saliency maps. April 19, 2014. arXiv:1312.6034.

[12] Visualizing and understanding convolutional networks. In: Zeiler MD, Fergus R, editors. European conference on computer vision. Springer; 2014.

[13] Bach S, Binder A, Montavon G, Klauschen F, M?ller K-R, Samek W. On pixel-wise explanations for non-linear classifier decisions by layer-wise relevance propagation. PLoS One 2015;10(7):e0130140.

[14] Erhan D, Bengio Y, Courville A, Vincent P. Visualizing higher-layer features of a deep network. Technical Report, 1341.

[15] Samek W, Binder A, Montavon G, Lapuschkin S, M?ller K-R. Evaluating the visualization of what a deep neural network has learned. IEEE Trans Neural Netw Learn Syst 2017;28(11):2660-73.

[16] Esteban C, Hyland SL, R?tsch G., Real-valued (medical) time series generation with recurrent conditional GANs, 2017. arXiv:1706.02633.

편향–분산 트레이드오프

예측 오류는 두 개의 타입으로 구분할 수 있다. 편향[bias]은 모델이 기대하는 예측과 모델이 예측하고자 하는 정확한 값과의 차이를 말한다. 편향은 또한 선형 회귀가 곡선으로 적합되는 것이 더 나았을 관계를 제대로 반영하지 못하는 것과 같이, 머신러닝 방법이 진정한 데이터 사이의 관계를 포착하지 못하는 것을 말한다. 한편 분산[variance]은 데이터셋 사이의 적합에서의 차이를 말한다. 복잡도가 높은 모델은 더 높은 분산을 가지는 경향을 가진다. 전체적으로 모델의 복잡도를 올리면 편향은 줄어들고 분산은 커진다.

이상적인 모델은 낮은 편향과 낮은 분산값을 갖는다. 그렇지만 보통은 이 두 파라미터 사이에는 트레이드–오프 관계가 존재한다. 모델에서 편향과 분산은 과소적합과 과대적합의 형태로 나타난다. 과소적합은 높은 편향의 결과이고 과대적합은 높은 분산의 결과다. 따라서 이 균형점을 찾으려면 낮은 편향과 낮은 분산을 보이는 지점에서 적합된 모델을 선택한다(그림 5.30). 좋은 편향–분산 균형을 잡기 위한 도구로 규제[regularization], 배깅[bagging], 부스팅[boosting] 등이 사용된다.

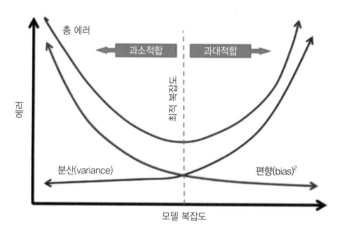

그림 5.30 편향과 분산. 그림에서 y 축은 오류의 정도, x 축은 예측 모델의 복잡도다. 모델의 복잡도가 증가할수록 편향(빨간선)은 줄어드는 반면 분산(녹색선)은 증가한다. 모델 복잡도에 따라 편향에서의 오차가 줄어들기 때문이다. 그와 반대 현상이 분산에서 관찰된다(자세한 내용은 본문 참조). 두 힘의 균형을 이루는 최적의 지역은 편향과 분산이 각각 낮은 지점이 아니라 모두 낮은 값을 가지는 지점이다(최적 복잡도 참조). 과소적합에서는 편향은 높고 분산이 낮은 반면, 과대적합에서는 분산은 높고 편향은 낮다.

적합(fitting)

과소적합은 모델이 너무 간단한 경우에 발생한다. 선형 모델에서처럼 샘플 데이터에 대한 학습이 좋지 않거나 특성 엔지니어링이 그다지 좋지 않거나 부적절할 때 발생한다. 해법은 좀 더 복잡한 모델을 사용하거나 좀 더 나은 특성 엔지니어링 전략을 사용하는 것이다. 과대적합은 모델이 너무 복잡할 때 발생한다. 결과가 너무 훈련 데이터에 맞춰지게 돼(과잉 학습 또는 적응) 모델이 데이터에 비해서 너무 복잡해진다(과소적합 상태와는 반대다)(그림 5.31). 바꾸어 말하면, 모델이 새로운 테스트 데이터에 대해서 제대로 된 분석을 할 수 없는, 일반화가 안 된다는 뜻이다. 특성 수는 많은데 그것에 대응해서 샘플이 충분하지 않을 때 나타날 수 있다. 과대적합은 속성의 개수가 적어서 속성의 선택이 이상적인 머신러닝에 핵심 문제가 되는 작은 연구에서도 나타날 수 있다. 과대적합을 극복하기 위해서 데이터 과학자가 사용하는 전략에는 더 많은 훈련 데이터를 사용하거나 특성의 개수나 복잡도를 줄이는 것, 가지치기, 교차–검증 샘플링 수행, 규제regularization 방법 등이 있다. 규제는 기계 및 머신러닝에서 벌점을 주는 조치를 취해서 과적합을 최소화하고 모델의 예측력은 유지시키는 데 사용된다.

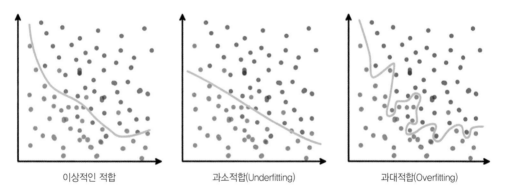

이상적인 적합   과소적합(Underfitting)   과대적합(Overfitting)

그림 5.31 과소적합과 과대적합. 먼저 그림 왼쪽은 이상적인 적합을 보여 준다. 과소적합된 분리 방법은 너무 간단하여 너무 많은 샘플들이 다른(잘못된) 쪽에 놓일 수 있다. 따라서 "잘못 분류된" 것이다. 과대적합된 분리 방법은 모든 샘플들을 정확하게 분리해 내지만 너무 복잡하고 높은 분산을 가진다.

아마도 과소적합과 과대적합은 옷에 빗대어 생각할 수 있다. 과소적합된 상황은 편하고 넉넉한 티셔츠와 비슷하다. 완벽히 맞지 않은 점은 편향이 높은 것으로 이해할 수 있고, 대부분의 사람들이 이 티셔츠에 맞출 수 있어 분산이 낮다고 볼 수 있다. 반면 과대적합 상황은 본인에게 딱 맞도록 맞춤화된 셔츠와 비슷하다. 대부분 사람들에게는 잘 맞지 않기 때문에 분산은 높으며, 몇몇 사람에게는 딱 들어맞기 때문에 편향은 낮다.

차원의 저주

머신러닝은 종종 차원이 높은 공간을 다룬다. 차원의 저주는 특성의 개수가 너무 많아서 특성 공간이 과도하게 커지고 이 공간을 채울 샘플이 충분하지 않을 때 발생한다. 일반적으로 특성의 개수가 증가하면 정확하게 일반화하는 데 필요한 데이터의 양은 기하급수적으로 커진다. 차원이라고 하는 특성의 개수가 증가하면 분류기의 성능은 최적의 특성 개수에 도달하기까지 좋아지는데 이것을 휴즈 현상Hughes phenomenon이라고 부른다. 전체적으로 이상적인 특성의 개수는 분류자와 사용 가능한 훈련 데이터의 크기에 달려 있다. 이 최적 개수를 넘어서면, 특성의 개수를 추가한다고 해도 모델 성능의 개선에 영향을 주지 않는다. 관측값의 희소성으로 인해 분류하기가 더 쉬울 수 있음에도 불구하고 말이다. 특성의 개수가 많아지면 과대적합이 발생한다.

　차원을 줄이기 위한 몇 가지 방법이 존재한다. 앞에서 비지도 학습법의 하나로 소개했던 주성분 분석은 자주 사용되는 방법의 하나다. 이외에 지역 선형 임베딩locally linear embeddings과 선형 판별 분석LDA, linear discriminant analysis 등이 있다. 또 보다 최적화된 특성 엔지니어링을 위한 수단으로 도메인 전문 지식을 사용하는 것과 관련된 또 다른 전략이 있다. 마지막으로 사용 가능한 데이터를 늘리는 분명한 전략이 있지만 이 마지막 전략은 매우 제한적이다.

상관 관계 대 인과 관계

상관은 두 변수 사이의 관계를 측정한다(선형 회귀 참조). 흔히 상관이 인과 관계를 내포하는 것이라고 오해한다. 사건들이 연관돼 있다고 해서 어떤 사건이 다른 사건을 일으킨 원인은 아닌 것이다. 그래서 흔한 금언에 "상관은 인과를 의미하지 않는다."라는 말이 있다. 그렇지만 이런 이해는 또 다른 오해로 이어진다. 데이터 과학으로 인과 관계를 추론할 수 없다는 오해가 있다.

　인과 관계란 어떤 변수의 값의 변화가 다른 변수의 값의 변화를 유발하는 것을 말한다(원인과 결과: 알려진, 관찰 가능한 연쇄 이벤트). 라이헨바흐의 공통 원인의 원리Reichenbach's common cause principle에서는 사건 A와 사건 B의 상관 관계는 (1) A가 B를 유발하거나 (2) B가 A를 유발하거나 또는 (3) A와 B가 상관을 이루도록 하는 공통의 원인을 가질 때 발생한다. 원인이 항상 결과보다 먼저 발생하기 때문에 공통의 원인은 두 연관된 이벤트보다 먼저 발생한다. 인과관계 네트워크는 사건들의 상호 의존적 관계를 표현하는 데 사용된다.

머신러닝 대 딥러닝

머신러닝과 딥러닝 사이에는 큰 차이가 존재한다(표 5.11). 전통적인 머신러닝 작업 흐름은 먼저 특성 추출 또는 엔지니어링을 거친 다음 머신러닝 알고리듬(상대적으로 얕은 구조를 가짐)을 훈련시켜 결과를 내는 반면, 딥러닝은 특성 추출과 분류 작업을 하나의 알고리듬으로 결합시켜 처음부터 끝까지 이어지는 하나의 학습 프로세스로 처리한다(그림 5.32). 그래서 딥러닝에는 주어진 문제를 풀기 위해 도메인 지식이 덜 필요한 점은 장점이지만 알고리듬이 내부에서 이뤄지기 때문에 알고리듬을 이해하기 더 어렵다는 점은 단점이다. 그래서 블랙박스라고 불린다.

표 5.11 머신러닝 대 딥러닝

	머신러닝	딥러닝
시기	1980년대	2000년대
사례	서포트 벡터 머신(SVM), 랜덤 포레스트	CNN, RNN, GAN
필요한 데이터	++	+++
정확도	++	+++
데이터 프로세싱	예	아니오
훈련 시간	++	+++
성능의 정점 도달	예	아니오
하드웨어 필요성	CPU	GPU
사람의 개입	특성 추출	필요 없음
상관 관계	선형	비선형

그림 5.32 머신러닝 대 딥러닝. 머신러닝과 딥러닝의 작업 흐름을 정리했다. 머신러닝에서는 특성 추출 이후에 얕은 구조를 갖는 알고리듬이 따라온다. 딥러닝에서는 특성 추출이 별도의 과정으로 존재하지 않고 처음에서 끝까지 이어지는 알고리듬에 포함된다. 이는 "블랙박스" 인식을 생성한다.

딥러닝과 비교해서 전통적인 머신러닝은 비교적 훈련시키고 테스트하기가 쉬운 반면 성능은 그 특성들에 의존하고 큰 데이터에 대해서는 한계를 가진다(그림 5.33). 이와 같은 상대적으로 얕은 모델은 레이블링을 하는 데 사람의 작업이 많이 필요하다는 점에서 유지 관리가 어렵고, 계산의 양도 많다는 점에서 상대적으로 비효율적이다.

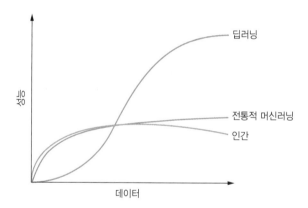

그림 5.33 성능. 사람의 뇌를 포함해 여러 가지 기술에 대한 데이터 대 성능과의 관계를 플롯팅했다. 신경망의 깊이를 증가시키면 성능 수준은 높아지지만, 전통적인 머신러닝 학습에서는 심지어 얕은 신경망보다 이른 시기에 정점에 도달한다. 딥 신경망은 데이터의 양이 커질수록 성능이 지속적으로 증가한다. 인간은 더 높은 수준의 성과에서 시작하지만 데이터의 양이 증가하면 피로를 느끼고 성능도 그다지 높아지지 않는다.

표 5.12 의료 및 헬스케어에서의 학습 및 사용 유형 요약

학습의 종류	의료 및 헬스케어에서의 사용	장점/단점
지도 학습		장점: 상대적으로 적용하기 쉬움 단점: 일부 생물의학 영역에서는 과도한 단순화

학습의 종류	의료 및 헬스케어에서의 사용	장점/단점
– 분류	의료 영상 표현형 코호트 파악	
– 회귀	건강 결과 예측 생존 예측 위험 예측	
비지도 학습		장점: 상대적으로 적용하기 쉬움 단점: 성능 측정이 어려움
– 클러스터링	새로운 환자와 치료법 파악 새로운 표현형 확인 생물학적 가설 생성	
– 일반화	데이터 시각화 변수 선택 데이터 압축	
강화 학습	프로세스 최적화 의사 결정 순서 최적화	장점: 인간과 비슷한 학습 단점: 큰 데이터가 필요
전이 학습	비소아과 데이터의 모델	장점: 딥러닝보다 빠름 단점: 큰 데이터가 필요
딥러닝	이미지 분류 텍스트 경과기록지 분류 순차적 예측	장점: – 높은 수준의 성능 – 복잡한 관계를 모델링 단점: – 큰 데이터와 긴 훈련 시간 필요(높은 유지 보수) – 과적합에 취약 – 논리적 추론이 안됨 – 인과 관계 표현 수단이 없음

한편 딥러닝의 성능은 데이터가 커짐에 따라서 지속적으로 높아지거나 네트워크 용량이 증가한다. 딥러닝이 고수준의 특성 표현을 배울 수 있기는 하지만 훈련을 위해서는 많은 데이터가 필요하고 컴퓨테이션 사용 관점에서 봤을 때는 비쌀 수 있다. 또한 인간의 성능은 데이터가 증가해도 그대로 남아있거나 심지어 피로로 떨어지는 점을 주목한다.

요약하면 앞에서 언급한 여러 가지 머신러닝, 딥러닝 방법은 각각의 장단점이 있어 특이한 응용 영역을 가지고 있다. 이것을 표 5.12에 요약했다(자세한 내용은 개별 섹션 참조).

참고 문헌

[1] 〈tacumasolomon.com〉 Blog on Aug 12, 2017.

[2] Sun X, Liu L, Xu K, et al. Prediction of ISUP grading of clear cell renal cell carcinoma using support vector machine model based on CT images. Medicine 2019;98:1-6.

[3] Onisko A, Druzdzel MJ, Austin RM. Application of Bayesian network modeling to pathology informatics. Diagn Cytopathol 2019;47:41-7.

[4] Triguero I, Garcia-Gil D, Maillo J, et al. Transforming Big Data into smart data: an insight on the use of the k-nearest neighbor's algorithm to obtain quality Data. WIREs Data Mining Knowl Discov 2019;9: e1289.

[5] Sarkar RP, Maiti A. Investigation of dataset from diabetic retinopathy through discernibility-based k-NN algorithm. Contemporary advances in innovative and applicable information technology. New York: Springer; 2019. p.?93-100.

[6] Goodman KE, Lessler J, Harris AD, et al. A methodological comparison of risk scores vs decision trees for predicting drug-resistant infections: a case study using extended-spectrum beta-lactamase (ESBL) bacteremia. Infect Control Hosp Epidemiol 2019;40:400-7.

[7] Du S, Hu Y, Bai Y, et al. Emotional distress correlates among patients with chronic nonspecific low back pain: a hierarchical linear regression analysis. Pain Practice 2019;19 [ePub].

[8] Panesar SS, D'Souza RN, Yeh FC, et al. Machine learning vs logistic regression methods for 2-year mortality prognostication in a small, heterogenous glioma database. World Neurosurg 2019;2:100012.

[9] de la Fuente-Tomas L, Arranz B, Safont G et al. Classification of patients with bipolar disorder using k-means clustering. PLoS One 2019;14(1):e0210314.

[10] Parmar HS, Nutter B, Long R et al. Automated signal drift and global fluctuation removal from 4D fMRI data based on principal component analysis as a major preprocessing step for fMRI data analysis. In: Proc SPIE 10953, Medical imaging 2019: Biomedical applications in molecular, structural, and functional imaging, 2019, 109531E.

[11] dos Santos HDP, Ulbrich AH, Woloszyn V, et al. DDC-outlier: preventing medication errors using unsupervised learning. IEEE J Biomed Health Inf 2019;23(2):874-81.

[12] Yang Y, Nan F, Yang P, et al. GAN-based semi-supervised learning approach for clinical decision support in health IoT platform. IEEE Access 2019;7:8048-57.

[13] Gorczyca MT, Toscano NC, Cheng JD. The trauma severity model: an ensemble machine learning approach to risk prediction. Comput Biol Med 2019;108:9-19.

[14] Silver D, Huang A, Maddison CJ, et al. Mastering the game of go with deep neural networks and tree search. Nature 2016;529:484-9.

[15] Mnih V, Kavukcuoglu K, Silver D, et al. Human-level control through deep reinforcement learning. Nature 2015;518:529-33.

[16] Jonsson A. Deep reinforcement learning in medicine. Kidney Dis 2019;5:18-22.

[17] Lopez-Martinez D, Eschenfeldt P, Ostvar S et al. Deep reinforcement learning for optimal critical care pain management with morphine using dueling double deep Q networks. Con Proc IEEE Eng Med Biol Soc 2019, 3960-3963. arXiv:1904.11115.

[18] Yun J, Park JE, Lee H, et al. Radiomic features and multilayer perceptron network classifier for a more robust MRI classification strategy for distinguishing glioblastoma from primary central nervous system lymphoma. Sci Rep 2019;9:5746.

[19] Krizhevsky A, Sututskever I, Hinton GE. ImageNet classification with deep convolutional neural networks, Vol. 1. La Jolla, CA: Neural Information Processing Systems Foundation Inc; 2012. p.?4.

[20] LeCun Y, Bengio Y, Hinton G. Deep learning. Nature 2015;521:436-44.

[21] Porter J, editor. Deep learning: fundamentals, methods, and applications. New York: Nova Science Publishers; 2016.

[22] Arel I, Rose DC, Kanowski TP. Deep machine learning?a new Frontier in artificial intelligence research. IEEE Comput Intell Mag 2010;5 1556-603X (13-18).

[23] Esteva A, Robicquet A, Ramsundar B, et al. A guide to deep learning in health care. Nat Med 2009;25:24-9.

[24] Peng J, Guan J, Shang X. Predicting Parkinson's disease genes based on node2vec and autoencoder. Front Genet 2019;10:226.

[25] Goodfellow IJ, Pouget-Abadie J, Mirza M et al. Generative adversarial networks. arXiv:1406.2661.

[26] Radford A, Metz L, Chintala S. Unsupervised representation learning with deep convolutional generative adversarial networks. arXiv.1511.06434.

[27] Guan S, Loew M. Using generative adversarial networks and transfer learning for breast cancer detection by convolutional neural networks. In: Proceedings medical imaging 2019: imaging informatics for health care, research, and applications; 2019, p.?109541C.

[28] Cox DD, Dean T. Neural networks and neuroscience-inspired computer vision. Curr Biol 2014;24:R921-9.

[29] Yamashita R, Nishio M, Do RKG, et al. Convolutional neural networks: an overview and application in radiology. Insights Imaging 2018;9:611-29.

[30] Hannun AY, Rajpurkar P, Haghpanahi M, et al. Cardiologist-level arrhythmia detection and classification in ambulatory electrocardiograms using a deep neural network. Nature Medicine 2019;25:65-9.

[31] Bao W, Yue J, Rao Y. A deep learning framework for financial time series using stacked encoders and long-short term memory. PLoS One 2017. 〈https://doi.org/10.1371/journal.pone.0180944〉.

[32] Yao X, Cheng Q, Zhang GQ. A novel independent RNN approach to classification of seizures against nonseizures. arXiv:1903.09326v1.

[33] Rajkomar A, Oren E, Chen K, et al. Scalable and accurate deep learning for electronic health records. NPJ Digital Med 2018;1 Article number: 18.

[34] Turan M, Almalioglu Y, Araujo H, et al. Deep EndoVO: a recurrent convolutional neural network (RCNN) based visual odometry approach for endoscopic capsule robots. Neurocomputing 2018;275:1861-70.

[35] Saito T, Rehmsmeier M. The precision-recall plot is more informative than the ROC plot when evaluating binary classifiers on imbalanced datasets. PLoS One 2015;10(3):e0118432.

[36] Ekelund S. Precision-recall curves: what are they and how are they used?; 2017. 〈www.acutecaretesting.org〉.

[37] Gunning D. Talk at DARPA; 2016.

06

인공지능의 다른 핵심 개념들

인지 컴퓨팅

인지 컴퓨팅은 인간 지능과 비슷하게 생각하는 방법을 컴퓨터에 가르치는 과학으로 느슨하게 정의된다. 간단히 인간의 두뇌를 흉내내기 위한 시도라고 할 수 있다. 인지 컴퓨팅 프레임워크는 사람의 두뇌와 두뇌의 자기 학습 능력을 모방하기 위해 머신러닝, 패턴인식, 자연어 처리뿐만 아니라 인공지능 도구와 같은 다양한 방법들을 이용한다. 인지 컴퓨팅은 스마트 기술과 인간의 공생적 융합이라고 할 수 있다. 인지 컴퓨팅의 수준을 단계별로 구분해 보자면, 첫 번째 수준은 자연어를 이해하고 인간과 상호 작용하는 것을 말한다. 두 번째는 증거 기반 가설을 생성하고 평가할 수 있는 능력, 세 번째는 사용자와의 상호 작용을 통해 적응하고 학습하는 능력을 말한다.

2011년 상징적인 슈퍼 컴퓨터 IBM 왓슨은 제퍼디 퀴즈 쇼에서 인간 챔피언을 물리쳤다. IBM 슈퍼 컴퓨터 왓슨은 처음으로 대중에 공개된 인지 플랫폼으로 강력한 자연어 처리와 지식 표현, 정보 인출, 자동화 추론 능력 등으로 무장한 인지 컴퓨팅 시대의 도래를 알렸다. 이 슈퍼 컴퓨터는 3초 안에 약 2억 페이지 정도의 내용을 스캔할 수 있다(그림 6.1)[1].

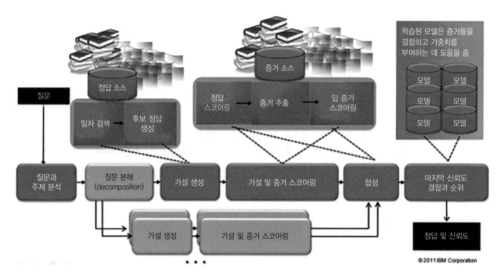

그림 6.1 왓슨 인지 컴퓨팅. 제퍼디 퀴즈 쇼에 적용된 DeepQA는 먼저 질문과 주제를 분석하고, 대답이 될만한 자료 소스들과 증거 소스들을 결합해 가설을 만들고, 증거에 대한 점수를 부여한 후에 최종적으로 가장 가능성이 높은 응답을 제시한다.

왓슨의 핵심 부분은 DeepQA라고 불리는 기술이다. 자연어 분석, 정보 소스 확인, 가설 찾기 및 생성, 증거 검색 및 평가, 가설의 융합과 중요도 평가 등을 수행하는 100개 이상의 기술들로 구성된, 대규모의 병렬 확률적 증거 기반 알고리듬이다[2]. 왓슨의 지식은 웹과의 연결이 없는 독립적인 시스템이다. 제퍼디 질문에 응답하기 위해서 왓슨은 4 개의 핵심 단계를 수행한다.

1. 질문 분석: 질문은 단어로 구분하고 질문의 각 부분을 분석한다.
2. 가설 생성: 대규모의 가능한 정답을 검색하고 가장 가능성이 높은 것들을 추린다.
3. 가설 및 증거의 스코어링: 관련된 문단에 대한 긍정적·부정적 증거를 수집한 다음, 알고리듬을 사용해 이 가능성에 점수를 부여한다.
4. 최종 결합 및 순위 부여: 증거에 가중치를 부여하고 최종적으로 가장 가능성 있는 해답을 결정한다.

DeepQA 구성의 원리는 다양한 해석과 가설을 고려할 수 있는 광대한 병렬 처리, 다양하게 연결된 확률적인 문제와 내용 분석을 위한 많은 전문가들, 최종 점수와 해답을 내놓기 위한 광대한 신뢰도 측정, 얕은 지식과 깊은 지식의 결합 등이라고 한다. DeepQA 구조와 방법론에서 고성능의 컴퓨팅 인프라스트럭처와 결합된 광대한 병렬 처리 구조라는 접근법은 인지 컴퓨팅 뿐만 아니라 인공지능에서도 필요한 것이다.

빅데이터가 머신러닝과 딥러닝을 더 높은 차원의 성능과 범위로 넓힌 것처럼, 빅데이터는 인지 컴퓨팅에 대한 기대도 높였다.

인지 시스템을 가진 인지의 시대(이전의 두 컴퓨팅 시대는 표 작성 및 프로그래밍 가능한 시스템)에 들어서면서 기계가 학습, 추론, 인식, 언어 처리 기능들에 대한 능력들을 가지게 됐다. 인지 컴퓨팅의 특징은 (1)다양한 데이터 소스로부터 데이터를 통합한 정보 수집 (2)새로운 정보에 맞춘 다이내믹 학습과 적응형 학습 (3)맥락에 따른 패턴 발견에 대한 확률적 접근 (4)의미에 바탕을 둔 언어 처리 (5)커뮤니케이션을 위한 높은 수준의 상호 작용 등이다[3].

표 6.1 인지 컴퓨팅과 인공지능

	인지 컴퓨팅	인공지능
정의	인간의 인지 능력을 모사해 문제를 해결하도록 설계된 시스템	인간의 지능을 필요로 하는 일들을 컴퓨터가 할 수 있게 하는 과학
방법론	머신러닝 딥러닝 자연어처리 규칙 기반 시스템 언어 인식 로봇공학 의미 분석	머신러닝 딥러닝 자연어처리
목적	인간 지능을 증강	인간 지능을 증강
능력	인간의 인지와 조언을 시뮬레이션	데이터에 있는 패턴을 찾고 예측을 수행
응용	IBM 왓슨	구글 딥마인드

어느 정도 이해가 되지만 사람들은 종종 인공지능과 인지 컴퓨팅의 차이를 헷갈려 한다. 어떤 면에서 인지 컴퓨팅은 정의하기가 더 어렵다(표 6.1)(그림 6.2). 인공지능에서는 의도적으로 인간의 사고 과정을 흉내내려고 하지 않지만, 인지 컴퓨팅은 그 기원이 인지 과학에 있어서 인간의 문제 해결 과정을 컴퓨터화된 모델로 시뮬레이션하려고 시도한다. 이런 과정에는 머신러닝, 신경망, 자연어처리, 감정 분석, 맥락 인식과 같은 인공지능 툴들을 사용한다. 가까운 미래에 인지 컴퓨팅은 스마트 디바이스 네트워크를 통해서 뭔가를 감지하고 과

거 데이터로부터 학습하며 근거 기반 가설로 추론하고 자연어를 사용해 시스템과 사람이 서로 소통하게 될 것이다. 머신러닝 및 딥러닝과 함께 인지 컴퓨팅이 가까운 미래에 인공지능의 필수적인 부분이 될 가능성이 크다. 인지 컴퓨팅은 인공지능의 한 분야로 생각되지만, 반대로 인공지능의 미래 방향은 인지 아키텍처에 있다.

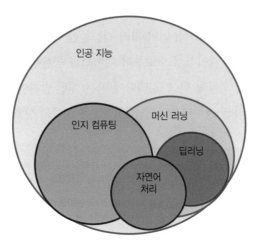

그림 6.2 인공지능과 인지 컴퓨팅. 인지 컴퓨팅과 인공지능의 관계를 간략하게 표시했다. 인지 컴퓨팅은 보통 인공지능의 한 분야로 여겨지고 있고, 머신러닝과 딥러닝, 자연어 처리 개념도 포함하고 있다.

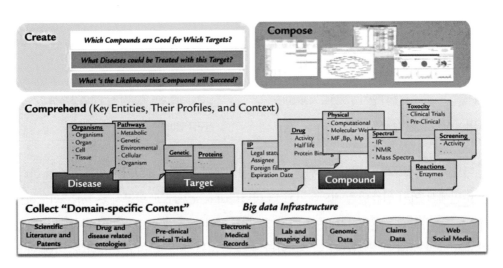

그림 6.3 생명 과학을 위한 왓슨 디스커버리 어드바이저. 이 그림은 데이터 집계, 개념 인식 및 도메인별 콘텐츠 수집을 포함하는 생명과학용 왓슨의 체계를 보여 주고 있다.

216

인지 컴퓨팅에 관한 최신 생의학 문헌의 한 사례로 IBM 왓슨을 다룬 고찰 논문이 있다[4]. 이 논문에서는 왓슨을 (1) 가속화된 발견에 대한 필요성 (2) 발견을 가로막은 데이터 허들 (3) 인지 컴퓨팅의 4가지 핵심 특징 (4) 생명 과학에 대한 파일럿 프로젝트 (5) 다른 생명 과학에 대한 잠재적 응용이라는 측면에 대해서 논했다(그림 6.3). 더불어 중국의 경험을 보고한 논문으로, 왓슨 포 온콜로지Watson for Oncology와 종양 전문가들 사이의 상대적으로 낮은 일치율을 보여 지역적인 측면을 고려한 의사 결정 지원 기능을 강화할 필요성이 있음을 주장한 논문이 있다[5].

IBM 왓슨 그리고 인공지능과 인지 컴퓨팅을 사용한 헬스의 새로운 시대

큐 리 Kyu Rhee

큐 리는 IBM 왓슨 헬스의 의료 책임자로, 이 글을 통해서 IBM 왓슨의 개요와 가치, 원리에 대해서 말한다. 구체적으로 헬스케어를 위한 미래의 여정에서 필요한 왓슨의 목표, 투명성, 기술에 대해서 서술한다.

미래를 예측하는 최선의 방법은 그것을 만드는 것이다. – 앨런 케이, 컴퓨터 과학자

헬스에서의 왓슨의 역사

IBM은 헬스를 "문샷moonshot"으로 삼기 이전 여러 해 동안 헬스케어에서 중요한 역할을 했다. 1962년에 오하이오 애크론 소아병원과 함께 초기 전자의무기록을 개발, 구현했다. 인공지능에서도 선구적인 역할을 해오고 있다. 인공지능에 대한 IBM의 기여의 중심은 왓슨Watson이다. 왓슨은 자연어로 된 자유 질문에 반응하는 시스템으로, 대답을 하기 위해서 자연어 처리, 머신러닝, 정보 추출, 지식 표현, 자동화된 추론 기술 등을 사용한다[1].

2008년 IBM은 왓슨에 대한 첫 번째 테스트를 성공적으로 마치고, 2011년 제퍼디 챔피언인 켄 제닝스를 이기는 쾌거를 이뤘다. 헬스분야에 인공지능을 이용하는 것은 자연스런 다음 단계였다. IBM은 의사들로부터 인공지능을 헬스케어에 이용하는 데 관심이 많다는 얘기를 들어왔기 때문이다. 2012년 IBM은 클리브랜드 클리닉과 메모리얼 슬론 케터링 캔서 센터MSKCC와 함께 왓슨을 실제 병원 환경에 사용할 수 있도록 작업을 시작하고 MSKKC와의 파트너십을 통해서 왓슨 포 온콜로지Watson for Oncology를 만들게 됐다.

2015년 IBM은 영상에서부터 가치 기반 케어를 위한 데이터 분석까지 여러 전문 기술을 가진 회사들을 인수해 공식적으로 왓슨 헬스Watson Health를 하나의 독립된 사업으로 출범시켰다. 이로써 IBM은 시스템을 훈련시키는 데 도움이 되는 가치있는 더 많은 헬스 데이터에 접근할 수 있었고, 인공지능이 다른 중요한 헬스영역으로 확대될 수 있는 계기를 마련했다. 우리 건강을 결정짓는 요소의 70%는 임상 너머에 있다. 예컨대 사는 장소, 먹는 방법, 스트레스 수준 같은 것들이 그런 요인들이며, 전체 건강에 큰 영향을 주는 요소들이다. 따라서 사업부의 이름을 그냥 헬스케어가 아닌 헬스라고 했고 여기에 집중하고 있다.

과학적 근거와 일치율 연구

헬스에서의 왓슨 기술을 지지하는 증거들이 축적되고 있고 특히 종양학, 유전체학, 임상 시험 매칭 등에서 두드러지고 있다.

왓슨 포 지노믹스Watson for Genomics는 인공지능을 사용해 유전체 데이터를 확인하고 해석해서 암 환자의 치료를 위한 실행 가능한 돌연변이actionable mutations에 대한 인사이트를 제공하고, 그것을 항암제 선택과 연관시킨다. 2017년 11월에 『온콜로지스트The Oncologist』에 발표된 연구에서[2] 노스 케롤라인 대학의 라인버거 암센터 연구자들은 IBM 왓슨 포 지노믹스를 사용해 인지 컴퓨팅이 특정 유전자 이상을 가진 암의 치료 옵션을 선택하는 데 효과적인지 암 전문가 패널과 비교했다. 1018명의 암 케이스에 대한 후향적 분석을 통해, 분자 종양 위원회는 703 케이스의 99% 환자에서 돌연변이를 파악했고 왓슨 포 지노믹스도 확인했다. 선별된 왓슨 포 지노믹스 유전자 리스트를 사용했을 때, 연구자들은 전체 1018명 가운데 32%인 324명에서 추가 잠재적인 실행 가능한 돌연변이를 발견했다. 이들 가운데 96명은 이전에는 실행 가능한 돌연변이가 확인되지 않은 사람들이었다. 왓슨 포 지노믹스가 케이스를 분석하는 데는 케이스당 3분 미만으로 소요됐다.

왓슨 포 온콜로지는 치료 옵션에 순위를 부여하고, MSKCC에서 선별한 동료 심사 연구 논문에 연결한다. 『애널스 오브 온콜로지』는 인도에 있는 매니팔 병원의 종양전문의들이 진행한 논문을 게재했다[3]. 그 병원 종양위원회는 왓슨 포 온콜로지가 유방암 치료에서 자신들과 93% 일치율을 보였다고 한다. 처음 맹목적인 방법으로 2~3년 전 치료 결정들과 비교한 후향적 연구에서는 왓슨 포 온콜로지와 과거 치료들 사이의 일치율은 73%에 그쳤다. 매니팔 종양 위원회가 수작업으로 같은 환자들을 다시 검토한 경우에는 일치율이 93%로 높아졌다.

이것은 왓슨 포 온콜로지가 의존하는 데이터가 최신 과학에 부합하는 상태를 유지하는 것임을 시사한다.

중국의 군사의학과학원 부속 병원의 의사들은 1,997명의 환자를 대상으로 한 연구에서 왓슨 포 온콜로지 권고로 치료 결정이 바뀐 경우가 5%에 이르는 것으로 발표했다. 외래 교수들인 경우(3%)는 전담 주치의(6%; P < .001)나 전임의(7%; P < .001)에 비해 자신들의 치료를 덜 수정했다. 중요한 것은 왓슨 포 온콜로지의 치료 결정에 따라 치료를 바꾼 106 케이스에서는 전문 치료 가이드라인을 준수하는 비율이 89%에서 97%(P < .01)로 상승했다는 사실이다[4].

왓슨 포 클리니컬 트라이얼 매칭은 등록 기준을 환자 의료 데이터와 수동으로 비교할 필요가 없으므로 적정성과 자격 요건의 우선 순위를 부여한 리스트를 통해서 개별 환자의 잠재적 임상 시험 옵션을 가려주는 시스템이다.

하이랜드 온콜로지 그룹과 노바티스가 발표한 데이터를 보면 왓슨 포 클리니컬 트라이얼 매칭은 임상 시험 자격 요건에 따른 환자 스크리닝 작업을 신속하게(기존 1시간 50분에서 24분으로 감축) 성공적으로 수행했다. 또한 매칭되지 않는 환자의 94%를 자동으로 제외시켜 전체적으로 스크리닝에 들어가는 작업량을 극적으로 줄였다[5].

메이요 클리닉은 왓슨 포 클리니컬 트라이얼 매칭을 사용했을 때 유방암 환자 임상 시험 참여자를 80% 정도 더 많이 모집하게 됐다고 한다. 도입 직전 18개월 동안 월간 3.5명이던 것을 도입 후 월간 6.3명으로 늘렸다. 유방암 환자 코호트에서 실험적 치료 프로그램에 대한 1상 시험까지 합치면 월간 8.1명(140%)이 연구에 참여하게 됐다[6].

가치와 원칙

의료 인공지능은 본질상 민감한 헬스 데이터를 처리할 수밖에 없고 결과에 따른 의사 결정은 사람의 생명에 영향을 줄 수 있다. IBM의 헬스 인공지능의 개발과 배치는 다음 가치를 반영한다.

- **목적**: 인공지능은 헬스 전문가들을 대체하는 것이 아니라 그들의 능력을 증강시키고 돕기 위한 것이다. 강화된 인공지능과 전문가의 조합은 더 나은 케어를 제공하고 헬스로 변화를 이끌어 내는 데 효과적이다.

- **투명성**: 인공지능이 기대되는 신뢰를 저버리지 않는 것이 핵심이다. 헬스 전문가들이

자신들의 권고, 판단, 사용에 대해 자신감을 가지는 것과 시스템이 훈련되는 방식을 이해하는 것이 아주 중요하다.

- **기술**: 헬스 전문가들은 새로운 기술을 익혀야 하며 또한 새로운 전문가들을 필요로 할 것이다. 예를 들어 데이터 과학자들은 임상 팀의 핵심 멤버가 될 것이다.

오늘날 IBM 왓슨 기술이 헬스 영역의 여러 가지 도전적인 과업에 적용되고 있기는 하지만 IBM을 비롯한 인공지능 산업은 아직 그 여정의 시작에 불과하다. 헬스케어 영역에서 이런 기술이 잠재성을 실현시키는 일은 시간이 지남에 따라 진화를 거듭할 것이다.

참고 문헌

[1] Kelly JE III. Computing, cognition and the future of knowing: How humans and machines are forging a new age of understanding. IBM white paper, 2015 (Computing, cognition and the future of knowing: How humans and machines are forging a new age of understanding).

[2] 〈http://theoncologist.alphamedpress.org/content/early/2017/11/20/theoncologist.2017-0170.abstract〉.

[3] 〈https://www.ncbi.nlm.nih.gov/pubmed/29324970〉.

[4] Jiang Z, et al. ASCO Annual Meeting, 2018.

[5] 〈https://ascopubs.org/doi/abs/10.1200/JCO.2017.35.15_suppl.6501〉.

[6] 〈https://meetinglibrary.asco.org/record/158490/abstract〉.

ExpansiveAI : 딥러닝과 인지 컴퓨팅의 융합

스피료 뮤즈스 Spyro Mousses

− 미국 애리조나주 스캇데일 시스템즈 온콜로지

스피료 뮤즈스는 인공지능 배경을 가진 유전체 과학자로, 이 글을 통해서 딥러닝과 결합된 인지 지식 표현의 개념에 대해 설명한다.

유전체학과 빅데이터가 인간의 질병에 큰 영향을 줄 것이라는 기대가 있지만, 우리가 지금 접근하는 데이터는 너무나 크고 복잡해서 전통적인 컴퓨테이션 접근법으로는 감당이 되지 않는 것이 오늘의 현실이다. 지난 십여 년 동안 우리는 인간의 지능을 증강시키고 새로운 과학적 지식을 만들어내는 것을 가속하는 데 도움이 될 수 있는 차세대 지능적 기계를 만들기 위해 노력하고 있다. 그 꿈은 "사람 + 기계"라는 새로운 패러다임을 통해 우리 사회를 힘들게 하는 질병들에 대항해 **빠른** 발전을 도모하는 것이다. 좋은 소식은 그 꿈을 정말로 실현시키는 데 좀 더 가까이 다가갔다는 것이다.

머신러닝 분야는 수십 년 동안 천천히 발전해 왔다. 그러다 2012년 토론토 대학교의 컴퓨터 과학자 제프리 힌톤이 아주 놀라운 연구 결과를 출판하면서 중요한 전환점이 마련됐다[1]. 간단히 요약하자면 힌톤은 딥 컨볼루션 신경망을 만들어 주석이 달린 이미지의 대규모 데이터로 훈련시켜, 놀라울 정도로 이미지 분류 작업을 효과적으로 수행하는 모델을 구현할 수 있음을 보여줬다. 이 기념비적인 발견 이후, 딥러닝이라는 새로운 분야는 빠르게 진화했고 "바둑" 같은 게임에서부터 당뇨병성 망막증을 진단하는 영역에까지 다양한 응용 분야에서 인간 전문가와 비슷하거나 종종 넘어서는 전례없는 정확도를 보여 주고 있다. 이런 움직임은 진정한 인공지능의 부활로 이어졌고, 모든 사람들이 이 분야가 다음은 어디로 갈지 궁금해하고 있다.

이런 추세에 맞춰 우리 팀은 발전하는 인지 컴퓨팅과 지식 표현에 관한 분야에서 진전을 이루어 왔다. 구체적으로 말하면 우리의 목표는 복잡한 생의학 모델을 표현할 수 있는 컴퓨테이셔널 프레임워크를 개발하는 것이었다[2]. 중첩된 하이퍼그래프hypergraphs의 유연성, 확장을 이용해 생의학 지식에 관한 여러 부분들에 걸쳐 있는 복잡한 다차원 관계를 표현할 수 있었다. 이 새로운 접근법은 관련된 지식을 발견하기 위해 복잡한 데이터셋을 마이닝하는 것뿐만 아니라 머신러닝에 대한 접근법을 탐구할 수 있도록 완전히 우리의 능력을 탈바꿈시켰다. 이것은 자동으로 새로운 지식을 생성할 수 있는 기계를 만들 수 있는 방향으로 우리를 이끌고 있다. 컴퓨터 시스템이 새로운 믿음을 "상상"할 수 있고 그 다음 머신러닝과 딥러닝을 통해서 컴퓨터가 생성한 그 믿음을 검증하고 확인할 수 있다는 아이디어는, 과학자들이 기계를 사용해 새로운 지식을 창출하는 능력을 엄청나게 배가시킬 수 있다는, 새로운 방법론적 패러다임을 제시한다. 진정으로 새로운 믿음을 상상할 수 있는 새로운 능력은 새로운 지식을 창출하는 시스템 개발로 이어진다. 이런 능력은 지금까지 인간 정신의 고유한 영역에 속하는 것이었다. 인간이 생성하는 지식과 컴퓨터가 생성하는 지식의 차이는 물론 그 규모에 있다. 과학적 지식 컴퓨팅은 이제 인간이 할 수 있었던 것보다 훨씬 **빠른** 속도로 새로운 과학적 지식을 생성할 수 있게 됐다.

최근에는 딥러닝과 과학적 지식 컴퓨팅이 서로 융합돼 가고 있다. 이런 융합은 우리가 빠르게 부상하는 딥러닝 도구들로 하이퍼그래프 지식 베이스에 포함된 데이터를 마이닝하면서 시작됐다. 한 예로 우리는 하이퍼그래프 지식 베이스로 얻은 특성들을 인공신경망 모델에 대한 다차원 입력으로 사용했다. 구체적으로, 알려진 합성치사synthetic lethal 유전자 쌍(이것들은 잠재적 항암제 타깃이다)을 이용해 모델을 훈련시킬 수 있었다. 우리는 하이퍼그래프 지식 네트워크의 구조안에서 자연적으로 발견되는 전체 암 유전체에 걸쳐 복수의 다른 분류자들과 관계의 차원을 융합했다. 실험 결과는 그 내용뿐만 아니라 계산 효율성이라는 측면에서도 놀라운 것이었다. 모델은 알려진 합성치사 유전자 쌍을 분류할 수 있었을 뿐만 아니라 완전히 새로운 유전자 쌍도 발견했으며, 우리는 이것들이 새로운 약물 타깃이 될 수 있는지 연구하고 있다. 기대하지 않았던 것이지만 이런 두 개의 융합 기술을 사용하면 기대하지 않았던 계산 효율성도 만들어낸다는 것을 배웠다. 즉, 하이퍼그래프 프레임워크는 우리에게 전에 없는 규모로 고차원 특성 데이터를 추출하는 데 있어 기대하지 않았던 계산 효율성과 유연성을 안겨주었으며, 이를 통해서 좀 더 효율적으로 모델을 훈련시키고 최적화할 수 있었다.

인식론적 관점에서 보면, 이런 기술의 수렴은 새로운 종류의 통섭을 가능하게 하고 지식에 관한 과학을 근본적으로 바꾼다. 다시 말해 대규모로 지식을 생성하기 시작하면, 우리는 두 가지를 실현시킬 수 있다. 첫 번째는 상상imagination은 새로운 지식 생성의 핵심이라는 것이다. 따라서 지식 생산의 속도 한계는 데이터가 아니고 시스템이 생성하고 검증할 수 있는 믿음 또는 가설의 숫자이다. 그렇기 때문에 우리는 광대하고 더 넓은 가설의 우주를 탐구하기 위해서 컴퓨터 상상이 필요하다. 두 번째는 지식은 발견되거나 획득되는 단순한 정적인 것이 아니라는 것이다. 대신 모든 과학 지식은 빠르게 진화한다. 진화하는 지식은 다양한 소스로 받은 증거를 가지고 끊임없이 수렴해 가는 믿음의 다이내믹 네트워크와 같다고 생각해 볼 수 있다. 이런 종류의 지속적인 통섭은 과학과 근거 기반 의학에 대한 전통적인 개념을 파괴하고, 제대로 해낸다면 우리가 어떤 영향을 미칠 수 있는 능력을 크게 바꿀 것이다.

요약하면 우리는 딥러닝과 인지 지식 컴퓨팅의 결합은 과학 혁명을 일으킬 수 있는 매우 강력한 새로운 플랫폼임을 알고 있다. 이 플랫폼은 우리로 하여금 지식의 광대한 우주를 더 많이 탐구할 수 있게 해준다. 그래서 그 이름을 광대한 인공지능, ExpansiveAI라고 붙였다. 시스템즈 이매지네이션Systems Imagination은 지속적으로 ExpansiveAI 플랫폼 기술을 발전시키고, 시스템즈 온콜로지Systems Oncology는 이런 접근법을 암 치료 분야에 적용해 인간이 상상하는 것을 넘는 과학적 도약을 얻기 위한 회사다.

참고 문헌

[1] Krizhevsky A, Sutskever I, Hinton GE. ImageNet classification with deep convolutional neural networks. Curran Associates Inc.; 2012. p. 1097-105.

[2] Farley T, Kiefer J, Lee P, Von Hoff D, Trent JM, Colbourn C, et al. The BioIntelligence Framework: a new computational platform for biomedical knowledge computing. J Am Med Inform Assoc 2013;20(1):128-33 Epub 2012 Aug 2.

자연어 처리

자연어 처리는 특수한 기술들을 통해서 컴퓨터가 사람의 구어와 문어를 이해할 수 있도록 하는 기술로 정의된다. 이런 자연어 처리는 인공지능, 컴퓨터 과학, 언어학의 융합으로 인간과 컴퓨터 간 상호 작용의 좋은 예다. 자연어 처리는 자동 번역, 정보 추출, 문서 인덱싱, 감성 분석, 정보 추출, 자연어를 사용한 챗봇, 가상 비서, 스팸 차단, 질의 응답 등에 사용될 수 있다. 이런 자연어 처리는 슈퍼 컴퓨터 왓슨의 핵심 부분이기도 하다.

자연어 처리는 자연어 이해NLU, Natural Language Understanding와 자연어 생성NLG, Natural Language Generation이라는 두 가지 요소로 구성돼 있다. 자연어 이해는 보통 더 어려운 요소로 여겨지고 있다(그림 6.4). 자연어 이해는 입력을 유용한 표상으로 매핑하는 것이고, 자연어 생성에는 텍스트 계획, 문장 계획, 텍스트 실현 등이 개입된다.

단어나 구를 개념으로 연결시키는 과정은 토큰화tokenization, 표제어 추출lemmatization, 매핑mapping 등으로 이뤄진다. 토큰화는 하나의 문장을 단어나 구, 또는 토큰으로 나누는 것으로 보통은 띄어쓰기를 기준으로 나눈다. 예를 들어 'myocardial infarctions', 'myocardial' 모두 토큰이다. 표제어 추출은 하나의 토큰을 하나의 표제어lemma로 매핑하는 표준화로, 사전에서 사용되는 단어의 기본형과 같은 개념이다. 예를 들어 'MI'는 'myocardial infarction'으로 매핑될 수 있다. 마지막으로 표제어를 개념으로 매핑하는 것은 하나의 단어가 여러 가지 다른 뜻을 가지고 있기 때문에, 또는 여러 가지 단어가 같은 뜻을 가질 수도 있기 때문에 어려운 작업이 될 수 있다.

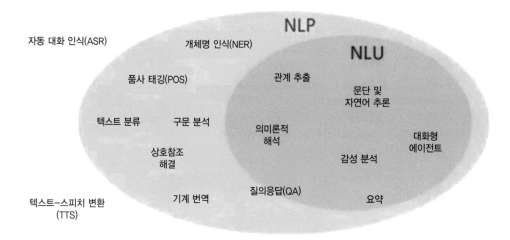

그림 6.4 자연어 처리와 자연어 이해. 자연어 이해는 더 많은 항목을 가지고 있는 자연어 처리의 일부다. 자연어 이해는 비구조화된 입력을 해석하고 이런 단어들을 컴퓨터가 이해할 수 있도록 구조화된 것들로 변화시키는 어려운 과제를 포함한다.

자연어 처리는 다음과 같이 진행된다. 말은 음성학적 분석으로 음소로 분리되고, 텍스트는 광학적 문자 판독optical character recognition과 토큰화 방법으로 분리된다. 어휘 분석lexical analysis은 단어들의 구조를 분석하는 과정이다. 그 다음 구문 분석syntactic analysis 또는 의존 분석dependency parsing은 문법에 따라 문장 안의 단어들을 분석하며, 다음 단어 사이의 적절한 관계를 잘 보이게 단어들을 정렬하는 과정을 거친다. 구문syntax은 단어의 구조적인 역할을 말하고, 의미semantics는 단어의 뜻을 말하며 의미론적 해석semantic interpretation은 이런 단어들에 대한 의미를 기술한다. 다음은 담화 통합discourse integration이 온다. 이것은 문장들의 순서상 의미를 분석한다. 마지막으로 화용 분석pragmatic analysis은 데이터가 실제로 의미하는 바가 무엇인지 분석하는 것이다. 입력 문서에서 결과까지 과정을 앞에서 설명한 것보다 더 자세하게 단계별로 기술도 가능하지만 자세히 설명하지는 않겠다. 문장 분할sentence segmentation, 토큰화, 품사 태깅parts-of-speech tagging, 표제어 추출, 불용어 제거stop words, 의존 분석, 명사구noun phrases, 개체명 인식named entity recognition, 상호참조 해결coreference resolution 등이 그런 단계에서 이뤄지는 작업들이다.

생의학 데이터에서 자연어 처리는 3가지 전략에 따라서 응용될 수 있다[6]¹.

첫 번째는 패턴 매칭 전략이다. 이는 아마도 문자열을 매칭하는 가장 간단한 접근법이다. 토큰화와 정규 표현식^{regular expression} 패턴 매칭은 이런 패턴 매칭 방법론의 일부다.

두 번째는 언어학적 접근법이다. 단어들을 심볼로 처리해 이것들이 문법 규칙에 맞게 조합됐는지 분석하는 것으로 좀 더 복잡한 문장들을 대상으로 한다. 개념을 파악하기 위해서 구문(문장 안에서 단어의 배열 규칙)과 의미(문장의 맥락에서 단어의 의미)에 대한 지식이 이 전략에서 사용된다.

세 번째는 보다 최근의 머신러닝을 사용하는 방법으로 특징, 훈련 데이터, 모델 같은 요소를 사용하여 데이터에서 직접 규칙과 패턴을 추론한다. 앞서 다룬 부분이다.

챗봇 또는 자동화된 지능적 에이전트는 자연어 처리 기능을 가진 지능적인 디지털 비서로서 고객 커뮤니케이션, 정보 수집 등 다양한 목적으로 사용된다. 챗봇은 다음과 같은 요소들로 구성된다. 지식 베이스^{knowledge base}는 질의에 응답하는 데 사용되는 정보를 포함한다. 데이터 저장소^{data store}는 사용자와의 상호 작용 과거력을 저장하는 곳이다. 자연어 처리 레이어는 사용자의 질의를 사용가능한 커뮤니케이션으로 해석한다. 애플리케이션 레이어는 애플리케이션 인터페이스가 위치하는 곳이다(그림 6.5). 이런 요소들은 인공지능 초기 시절의 초기 전문가 시스템을 떠올리게 한다.

자연어 처리와 관련된 최근 생의학 문헌의 한 사례는, 규칙 기반과 하이브리드 방법을 사용해 중국어 전자의무기록에서 임상적으로 유용한 정보를 추출했다고 한 보고가 있었다. 전자가 더 나은 결과를 보여줬다는 것이다[7].

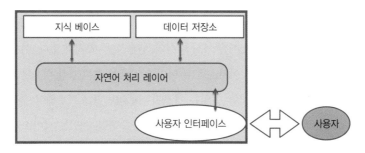

그림 6.5 **챗봇의 구조.** 챗봇의 구조를 간단히 표현했다. 챗봇은 지식 베이스, 데이터 저장소, 자연어 처리 레이어, 사용자 인터페이스로 구성된다.

---

1 저자가 이 논문을 아래와 같이 요약했지만 각 항목을 제대로 이해하려면 원본을 확인할 필요가 있다 – 옮긴이

의료에서 대화형 인공지능의 잠재력

자이 나허[Jai Nahar]

자이 나허는 인공지능 툴에 관심이 많은 소아 심장학자다. 이 글을 통해 외래, 가정, 병원에서 환자와 그 가족을 위한 대화형 인공지능의 활용 가능성에 대해서 이야기한다.

서론

4차 산업혁명은 앞으로 우리 삶의 핵심 부분이 될 여러 가지 중요한 기술을 도입시키고 있다. 자연어 처리와 대화형 인공지능은 앞으로 점점 더 많이 사용하게 될 기술들이다.

- **자연어 처리**: 컴퓨터가 사람의 구어와 문어를 이해할 수 있게 하는 인공지능 기술로 자연어 이해와 자연어 생성이라는 2개 요소로 구성된다[1].
- **대화형 인공지능**: 음성 사용자 인터페이스[UI]와 기계 지능을 사용한 대화를 통해 인간과 컴퓨터가 상호 작용할 수 있게 해주는 인공지능 기술이다. 이는 음성 기술과 자연어 처리, 머신러닝, 딥러닝 같은 인공지능 기술의 시너지 융합으로 가능하게 됐다.

자연어 처리와 대화형 인공지능: 기술 융합

자연어 처리는 대화형 인공지능 분야에서 2가지 중요한 역할을 한다. 바로 음성 인식 및 음성 사용자 인터페이스를 사용하는 대화형 에이전트이다.

음성 인식 시스템은 구어를 텍스트로 변환시킨다. 음성을 텍스트로 변환시키는 시스템은 의사들이 전자의무기록[EHR]에 데이터를 입력하기 위해서 사용하는 디지털 스크라이브[scribe]로 사용될 수 있을 것이다.

흔히 사용되는 대화형 에이전트에는 가상 비서와 챗봇 등 두 가지가 있다. 이들은 모두 가상 에이전트다. 애플의 시리, 구글 어시스턴트, 아마존 알렉사 같은 가상 비서는 텍스트 또는 문자로 어떤 일이나 서비스를 수행할 수 있는 인공지능에 기반한 소프트웨어 에이전트다. 챗봇은 인공지능이 조절하는 규칙을 사용해 인간과 대화를 수행할 수 있는 서비스다[1].

대화형 인공지능은 다음 기능들로 구성된다. 음성 인식 소프트웨어는 말을 텍스트로 변환하고, 자연어 처리 시스템은 자연어를 이해하며 사용자의 의도를 파악한 다음 이것을 맥락, 대화 관리, 지식 베이스로 통합시키고, 텍스트 형태의 대답을 생성한다. 이 텍스트 대답은 음성 대답으로 전환되고, 그 다음 사용자의 질의에 대한 응답으로서 사용자에게 전달된다.

대화형 인공지능과 헬스케어 전달의 접점

음성 기술을 장착한 대화형 인공지능 애플리케이션은 헬스케어 전달에서, 서비스 공급자 또는 환자 응대 부분에서 점점 더 많이 사용되고 있다. 그것들은 음성 디바이스를 통해 사람의 명령을 수행할 뿐만 아니라 고급 분석을 통해 가치있는 통찰을 제공한다.

그림 1에 대화형 인공지능의 몇 가지 중요한 용도가 표시돼 있다. 각각에 대한 상세한 설명은 이어지는 내용에서 소개한다.

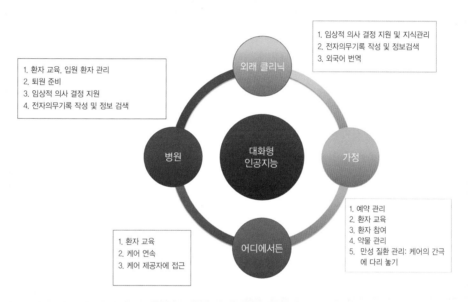

그림 1 헬스케어 전달에서 대화형 인공지능의 접점

외래 클리닉에서의 대화형 인공지능

전자의무기록 문서화와 추출: 전자의무기록과 통합된 대화형 인공지능을 장착한 음성 비서는 자연어 처리 기능을 활용할 수 있어서, 의사들이 환자를 보고 나서 관련된 기록을 전자의무기록에 빠르게 입력해 문서화하는 데 사용될 수 있다. 이것은 마찰 없는 신속한 문서화, 의무기록 코딩, 청구, 규제에 따른 요건 맞추기를 가능하게 한다. 이런 비서의 또 다른 중요한 기능은 전자의무기록에서 환자의 이전 방문 기록, 입원 기록, 응급실 방문 기록, 검사 기록 등의 정보를 추출하는 것이다. 의사들이 현재와 같은 전자의무기록을 채우느라 억지로 보내는 비생산적 시간을 줄여 주기 때문에, 음성 비서 기능이 통합된 스마트 전자의무기록은 의사의 번아웃을 줄이는 데 도움을 줄 것이다.

임상 의사 결정 지원: 의사 결정 지원 시스템과 결합된 대화형 인터페이스는 의사들이 진단하고 치료 계획을 세우는 데 도움이 될 것이다.

외국어 해석: 외국어 번역 서비스를 사용하는 것이 비용이나 지리적인 문제로 어려울 수 있다. 이러한 상황에서 자연어 처리(기계 번역)와 머신러닝을 활용한 스마트 음성 비서는 외국어 해석을 촉진시킬 것이다.

가정에서의 대화형 인공지능

대화형 인공지능에 사용되는 음성 사용자 인터페이스는 중요한 장점을 가지고 있다. 타이핑 또는 터치 스크린 방식을 사용해 컴퓨터 및 디지털 디바이스와 소통하는 전통적인 방식을 넘어설 수 있게 해준다는 점에서다. 노인이나 시각이 불편한 사람들은 그런 전통적인 방식으로 컴퓨터와 소통하는 것이 어려울 수 있는데, 이제 그런 지능적 음성 기술을 사용하여 컴퓨터와 소통할 수 있다.

대화형 인공지능이 장착된 가상 비서와 챗봇은 환자들이 집에서 건강과 질병을 관리하는 데 도움을 줄 수 있다. 그러한 가상 비서는 환자들이 진료를 예약하고 다음 진료를 준비하는 데도 도움이 될 뿐만 아니라 개인 헬스 코치 역할을 수행해 그들의 헬스케어 여정에서 질병에 대한 교육, 만성 케어 관리, 치료 순응도 향상, 적극적인 참여 등에서 도움을 줄 것이다. 환자 자신의 집에서 편안하게, 필요할 때면 시간에 구애받지 않고 언제나 감성적인 접촉을 통해서 맞춤화된 지속적 케어를 제공한다. 환자와 서비스 제공자 사이에서 지능적인 디지털 인터페이스 역할을 함으로써 양방향 대화와 필요할 때 헬스 정보 교환을 증진시킨다.

병원에서의 대화형 인공지능

입원 기간 동안 대화형 에이전트는 환자들이 자신의 치료 팀에 대한 정보 검색, 간단한 질문에 대한 답을 찾는 일, 입원과 관련된 교육 자료 검색, 퇴원 준비 사항 검색 등에 사용될 수 있다.

수술 또는 중재적 시술 중간에 수술방이나 시술실에서 집도의 또는 시술자는 멸균된 상태를 유지해야 한다. 이 경우 음성 기술이 장착된 스마트 가상 비서를 통해서 핸즈 프리 모드로 전자의무기록에서 음성을 통해 의학 정보를 추출할 수 있고, 환자 의무기록에 바로 새로운 정보를 입력할 수 있게 해준다[2].

언제나 사용가능한 대화형 인공지능

여행을 하거나 집을 떠나 있는 환자들은 모바일 폰에 통합된 스마트 음성 비서와 챗봇을 사용하여 헬스 교육 콘텐츠, 개인 케어 관리 계획 등에 접근할 수 있고 필요한 경우 자신의 헬스케어 제공자들을 접촉할 수 있다.

대화형 인공지능 도입의 난점들

헬스케어에서 대화형 인공지능이 널리 채용되는 것을 기대하는 상황에서 다음과 같은 난점들도 고려해야 한다.

- **프라이버시와 보안**: 헬스케어 프라이버시와 보안 유지는 개인의 건강 정보에 있어 다른 사람의 접근과 악용에 대응하기 위해 반드시 필요하다.
- **정확도**: 대화형 인공지능 시스템의 사용으로 적절한 결과를 얻기 위해서는 인간 대화의 내용과 맥락을 음성 디바이스가 정확하게 이해할 수 있어야 한다. 그렇지 않으면 비효율적인 이용, 사용자 좌절감, 오류, 법적인 문제들이 발생할 수 있다.
- **최적의 디자인과 사용자 경험**: 대화형 에이전트의 디자인은 최종 사용자가 사용할 때 부드럽고 고통스럽지 않아야 한다.
- **신뢰성**: 대화형 인공지능 시스템이 생산해서 최종 사용자에게 전달되는 콘텐츠는 신뢰할 수 있는 소스로부터 나와야 하고 제대로 정리돼야 하며 믿을 수 있어야 한다.
- **윤리**: 대화형 인공지능 시스템에서 나오는 데이터는 비윤리적으로 사용되어 최종 사용자에게 해가 되지 않아야 한다.

미래의 방향

대화형 인공지능 애플리케이션의 능력이 발전하면서, 최종 사용자와 맥락에 맞춘 공감 능력을 가질 수 있도록 인간화 시키는 것을 고려해야 하며, 이를 통해 자동적인 방식으로 상황에 적절하게 미리 반응할 수 있고, 최종 사용자와 인간 수준에서 소통할 수 있다.

결론

여러 가지 난점에도 불구하고 음성 기술에 기반한 대화형 인공지능 시스템은 헬스케어 분야에 큰 영향을 줄 것이다. 음성 기술이 적절히 사용되기 위해서 필요한 최적의 구현은 이 기술이 적절하게 사용될 수 있는 적절한 사용 지점에 대한 파악, 사용자 경험을 좋게 하는 디자인, 데이터에 대한 프라이버시와 보안 유지, 최종 사용자의 이익을 위한 윤리적 사용 증진 등을 필요로 한다. 자연어 처리와 머신러닝이 계속 발전하면서 대화형 인공지능은 헬스케어에서 부상하는 개척자이며, 의학 세계를 변환시킬 수 있는 강력한 잠재력을 가지고 있다.

참고 문헌

[1] Chang A. Analytics and algorithms, big data, cognitive computing, and deep learning in medicine and health care. AIMed 2017;.

[2] Small CE, Nigrin D, Churchwell K, Brownstein J. What will health care look like once smart speakers are everywhere? Harv Bus Publishing Education H0472H-PDF-ENG (digital article), March 6, 2018.

로봇공학

로봇robot은 체코어로 노동자 또는 집사라는 의미로, 체코 소설가 카렐 차펙Karel Capek가 처음으로 소설에서 사용한 단어다. 1979년 미국 로봇 연구소는 로봇을 물건이나 부품을 옮길 수 있도록 재프로그래밍 가능하고 여러 가지 조작을 할 수 있는 것 또는 다양한 일을 수행할 수 있도록 동작을 프로그래밍해 사용할 수 있는 도구로 정의했다. 물론 좀 더 최근의 로봇에 대한 개념은 훨씬 더 광범위해졌으며, 최근 인공지능 시대의 도래와 함께 더 많은 관심과 연구가 진행되고 있다. 이 분야는 인공지능과 공학을 활용해 로봇의 개념, 설계, 운용을 다룬다. 로보틱스는 여러 가지 과학이 융합되는 분야로 전자 공학, 기계 공학, 컴퓨터 과학, 수학, 물리학, 생물학, 인공지능 등이 관여된다. 최근 로보틱스는 좀 더 사람과 비슷하고 기계적인 것보다는 좀 더 살아있는 것과 비슷한 로봇들을 만들어내고 있다. 로보틱스 분야는 광대하고 관련된 주제도 다양하기 때문에 이것을 자세히 다루면 이 책의 논점에서 벗어난다. 그렇지만 특히 의료 및 헬스케어와 관련된 로보틱스에 관한 내용은 뒤에서 다룰 것이다.

모든 로봇은 몇 가지 기본 요소를 공유한다. 로봇은 과제 수행을 위한 기계적인 프레임, 파워소스와 움직임을 위한 작동기, 인간 및 로봇 감지를 위한 감지 메커니즘(후자는 힘, 기울기, 근접 센서 포함), 사용자 인터페이스를 가진 컴퓨터 컨트롤러, 그리고 여러 가지 계산을 위한 계산 엔진 등으로 구성된다. 로봇의 형태도 다양하다. 조작기(보통 고정식), 다리나 바퀴를 가진 로봇, 자동 잠수정, 무인 비행기 등이 모두 로봇의 형태다. 로봇의 용도는 여러 가지가 있지만, 두 가지 주요 분야는 산업, 그리고 자율 기능을 가진 서비스다. 산업, 군사, 항공, 농업, 교육, 나노로봇을 사용한 의학, 군집 로봇swarm robots, 드론 등이 있다. 로보틱스 분야는 아바타나 가상 비서까지 포함되기도 한다. 로봇과 관련된 용어도 많다. 조절 방법에 따라서 사전 프로그램된preprogrammed, 원격 조종remote controlled, 감독 자율supervised autonomous, 자율 autonomous 등의 용어가 사용되고, 운영 매체에 따라 위치 기반location, 용도에 따라 군사용, 산업용이라는 단어들이 사용된다.

아시모프의 로봇 3 원칙은 흥미롭게도 인공지능에도 일반적으로 적용할 수 있는데 다음과 같다. (1) 로봇은 인간에 해를 가하거나, 혹은 행동을 하지 않음으로써 인간에게 해가 가도록 해서는 안 된다. (2) 로봇은 인간이 내리는 명령들에 복종해야 하며, 단 이러한 명령들이 첫 번째 법칙에 위배될 때는 예외로 한다. (3) 로봇은 자신의 존재를 보호해야만 한다. 단 그러한 보호가 첫 번째와 두 번째 법칙에 위배될 때에는 예외로 한다. 이런 철학적 전제를 인공지능으로 확장할 수도 있다.

로보틱스와 관련된 최근 헬스케어 연구 사례로, 로보틱스를 완화 및 지지 케어에 적용한 노수Nwosu 등의 리뷰 논문이 있다[8]. 적용 사례로 치매와 노인 환자에 대한 보조적인 사용뿐만 아니라 수술 도움까지 소개돼 있다.

자율 시스템

로보틱스, 메카트로닉스, 인공지능이 수렴하면서 자율 시스템이 도래하게 됐다. 이런 시스템의 현재 사례에는 자율 주행 자동차, 드론, 다양한 상황에서 사용되는 로봇, 무기 시스템, 소프트웨어 에이전트, 심지어 의료 진단 도구까지 다양하다. 이런 발전은 윤리와 법적 이슈에 있어 다양한 논쟁을 불러 일으키고 있다. 이 분야의 미래 발전에는 디지털 트윈, 컴퓨터-뇌 인터페이스, 사이보그 같은 것들이 있는데, 다는 아니지만 상당한 부분은 의료 또는 헬스케어 애플리케이션이 될 것이다. 마지막으로 최근 유럽연합에서 나온 인공지능과 로봇공학 및 자율시스템에 관한 진술에서는, 자율 시스템이 법적 거버넌스와 규제 프레임워크뿐만 아니라 도적적 이상과 사회 경제적인 목적을 달성하기 위한 윤리적 원칙과 민주적 선행 요건을 설정했다[9].

드론 사용에 관한 최근 의학 문헌 가운데 하나로 백신, 약물, 진단 키트, 심장 마비에 쓰이는 제세동기까지 의료 보조 물품들을 배달하기 위해 사용된 사례들을 광범위하게 검토한 리뷰 논문이 있다[10]. 추가적으로 드론은 기본 헬스케어를 전달하기 위한 글로벌 원격의료 네트워크의 일부로 사용될 수도 있다.

로보틱 프로세스 자동화

로보틱 프로세스 자동화(RPA, Robotic Process Automation)는 양식에서 내용 채우기, 데이터베이스 읽기와 쓰기, 계산하기 등과 같은 반복적이고 규칙에 기반한 업무를 수행하는 컴퓨터로 코드화된 프로그램이다. RPA의 장점은 높은 처리량, 비용 절감, 업무량 절감, 오류 줄임 등과 같은 것이다. RPA는 좀 더 효율 위주의 접근인데 반해서, 머신러닝과 인공지능은 좀 더 데이터 위주의 인지적 접근 방법이다. 또한 어떤 측면에서 RPA는 지능적인 자동화로 가는 문지기라고도 할 수 있다. 발전된 로봇공학과 사물 인터넷을 가지고 산업계의 인공지능 중심의 디지털 전환에 기여하는 하나의 요소로 역할을 할 수 있다. RPA는 인공지능과 결합하여 인공지능을 위한 사전 작업을 자동화하는 역할을 할 수도 있다.

헬스케어를 위해 부상하는 디지털 근로자: 로보틱 프로세스 자동화 기반

숀 레인(Sean Lane)

숀 레인은 기술과 보안에 대한 강한 배경을 가진 발명가이자 기업가다. 이 글을 통해 헬스케어의 행정적인 업무 부담을 완화시켜 줄 미래의 디지털 근로자 역할을 할 수 있는 RPA 프로세스를 소개한다.

지난 수십 년 동안 전 세계의 많은 기업들은 데이터와 프로세스를 맹렬하게 디지털로 바꾸어 왔다. 디지털 저장은 일반적인 것이 됐으며, 회사들은 그들의 데이터를 자산으로 활용하기 시작했다. 데이터 검색과 분석 능력은 전에 없는 방식으로 오래된 산업계에 더 많은 지능을 만들었다. 또한 디지털화 노력은 고객들과 파트너들에게 새로운 제품과 더 나은 경험을 제공할 수 있는 능력의 신전의 문을 열어 주었다. 기업용 소프트웨어를 통해서 기술은 눈에 보이지 않게 우리를 둘러싼 모든 사업을 바꾸고 있다.

헬스케어도 예외가 아니다. 정부의 지시와 보조금에 일부 몰아붙여진 측면이 있지만, 의료 산업계는 디지털 시대로 들어가기 위해 대규모 전자의무기록 시스템과 기업 소프트웨어들을 구매했다. 전자의무기록과 기타 디지털 기술을 도입했던 흐름은 전체적으로 보면 상당히 가치가 있는 것이지만 사일로 형성이라는 일부 부작용을 만들어냈다. 데이터베이스라는 요새가 모든 기관에 만들어진 것이다. 그것들은 공유도 안 되고 상호운용성도 없도록 만들어졌다. 소프트웨어 사이의 상호운용도 안 될 뿐만 아니라 기관 사이의 상호운용성은 말할 필요도 없다. 보험사와의 연결, 다른 서비스 제공자들 사이의 연결, 그리고 최근까지도 환자와의 연결은 모두 불가능했다. 그런 부작용을 증명하는 증상으로는, 진료를 받을 때마다 채워서 제출해야 하는 "서류들", 신비한 청구 과정, 가려진 헬스케어 서비스 비용, 감지되지 않는 오류, 과중한 행정 부담으로 인한 서비스 제공자의 아주 작은 마진, 그리고 가장 중요할지 모르지만 질병 치료법을 찾아내고 약물 개발을 위한 지능을 발견하고자 하는 연구를 방해하는 것들이 있다.

헬스케어는 이런 문제를 무시해 왔던 것은 아니다. 사려 깊은 리더들과 도메인 전문가들은 상호운용성의 부족을 안타까워했으며 상호운용성을 해결하기 위해 많은 노력을 했다. 그런데 이렇게 커가는 문제에 대한 거의 마술같은 해법을 기다리는 사이에 헬스케어는 그 차이를 메꿀 임시방편을 만들어냈다. 그들은 아주 정교한 라우터를 만들었다. 그 라우터는 회전의자에 앉아서 수많은 행정적인 업무를 수행하기 위해 데이터를 추출하고 변환하는 일을 하기 위해 많은 시스템에 로그인한다. 전화나 팩스 같은 오래된 방법을 사용해 헬스케어 산업을 뒷받침하고 있는 소프트웨어 요새들을 넘나들며 일을 조율하고 아날로그적인 방식의 연결을 통해 커뮤니케이션하기도 한다. 그 라우터들은 사람들이다. 헬스케어는 상호운용성이 없는 시스템과 기관들 사이에 앉혀 놓기 위해서 말그대로 수백만 명의 사람들을 고용해 왔다. 인간 라우터의 영향으로 헬스케어 비즈니스 비용은 하늘로 치솟았다. 미국 헬스케어에서 1달러당 33센트는 행정 비용이다. 헬스케어에서 만들어지고 넓게 채택된 인간 임시방편은 비용을 부풀리고 전체 산업계에 회복할 수 없는 강력한 펀치를 날렸다. 헬스케어는 이런 방식으로 운영을 지속할 수 없다. 거의 1조 달러에 이르는 비용 문제를 해결하고 그 소중한 자원을 환자 치료, 신약과 치료법의 개발, 악성 질환 퇴치를 위한 연구에 재분배할 수 있는 해법이 분명히 있을 것이다.

다행히 더 나은 해법이 있다. 기술의 발전은 디지털 근로자에게 뛰어난 능력을 줄 수 있는 길을 열었다. 디지털 근로자는 사람 라우터들이 한때 하던 모든 행정 업무를 가상으로 떠안을 목적으로 만들어진 소프트웨어 로봇이다. 디지털 근로자는 사람과 같이 전자의무기록과 같은 기업 시스템에 UI를 통해서 로그인한다. 사람과 같이 업무를 이해하고 클릭하고 타이핑하며 연결하고 데이터를 끌어오는 등과 같은 일을 할 수 있도록 훈련된다. 또한 생각하고 의사 결정을 하게 훈련시킬 수도 있다. 그것은 하루 일과를 놓치는 일이 절대 없다. 프로그래밍되지 않은 실수도 절대 하지 않는다. 네트워크처럼 집단적으로 학습하기 때문에 같은 문제를 두 번 풀 필요가 없다. 이 새로운 디지털 근로자는 로보틱 프로세스 자동화RPA와 머신러닝이나 딥러닝 같은 머신 지능으로 작동된다. RPA는 모든 기업과 관련된, 전 세계적으로 빠르게 성장하는 기술 가운데 하나다. 지난 몇 년 사이에 있었던 RPA의 가장 큰 도약은 컴퓨터 비전(CV)이었다. 소프트웨어 로봇은 이제 발전된 컨볼루션 신경망을 통해 학습해 사용자 인터페이스를 이해할 수 있다. 그렇게 됨으로써 자동화의 취약성을 줄이고 사용자 인터페이스가 바뀐다고 해도 계속 일을 할 수 있다. 전체적인 일의 조율, 강력한 유지 보수, 학습 시스템을 위한 클라우드 기반의 플랫폼과 함께 디지털 근로자는 이제 전체 기업을 통해서 안정적으로 대규모 배치를 할 수 있는 상황이 됐다.

미국의 헬스케어 기관들은 전자의무기록을 도입했던 것과 같은 속도로 이 기술을 채용해 디지털 근로자를 고용하고 있다. 이런 채용은 생산성의 증가와 비용 절감으로 이어질 것이다. 헬스케어는 더 효율적이 될 것이고, 자원들은 인간이 직면하고 있는 가장 도전적인 임상 문제들을 해결하는 데 사용될 것이다. 대부분의 헬스케어 제공자들은 자신들의 매출 사이클 운영 안에 디지털 근로자를 채용하기 시작했다. RPA를 장착한 디지털 근로자는 청구, 보험 가능 여부benefit verification, 보험에 대한 사전 승인prior-authorization을 규모있게 처리하고 있다. 이런 매출 사이클 응용 이후에 디지털 근로자는 주로 재무 회계, 공급망, 인사, IT 분야로 널리 사용될 것이다.

디지털 근로자들이 빠른 성장에 맞춰 나가기 위해서 여러 헬스 시스템들은 중앙화된 디지털 근로자 운영 센터들을 만들어 나가고 있다. 이 센터들은 디지털 인력을 사용하는 전사적 혁신을 위해 조직의 무게 중심 및 거버넌스 초점 역할을 한다. 디지털 근로자를 채택하는 방법은 여러 가지 모델이 있다. 기관은 소프트웨어 도구를 구매해 자신들이 직접 소프트웨어 로봇을 만들 수 있다. 소프트웨어 개발을 하던 초기 시대와 같이, 소프트웨어 개발 환경은 점점 더 쉽게 접근하고 사용하기 쉬워지고 있다. 또 다른 방법은 소프트웨어 로봇 개발, 유지 관리 회사에게 맡기는 것이다. 기업에 맞춤화된 소프트웨어를 만들기 위해 회사에 용역을 주는 것과 상당히 비슷한 것으로, 이 방법은 비용이 들 뿐만 아니라 광범위한 사용자 커스터마이징이 필요하다. 세 번째는 SaaS^{Software-as-a-Service}와 비슷하게 기관이 단순히 디지털 근로자 서비스를 구독하는 방식이다. 이 옵션은 AIaaS^{AI-as-a-Service}로도 알려져 있다. 과거 기업용 소프트웨어를 도입하던 초기 시절의 경험으로부터 배운 점은, 그와 같은 AIaaS는 다른 모델들이 헬스시스템 안에 소규모 소프트웨어 회사를 만들지 않고도 모든 일을 처리할 수 있는 기능을 제공할 수 있도록 도약시킬 것이다. AIaaS의 주된 장점은 모든 디지털 근로자들이 서로 연결된다는 점이다. AIaaS 모델에서 하나의 디지털 근로자가 어떤 것을 배우면, 모든 디지털 근로자들이 그것을 배우는 효과가 나타난다.

디지털 근로자 시스템으로 가는 과정에서 헬스 시스템이 명심해야 할 중요한 것은 단순 자동화와 진정한 디지털 근로자에 상당히 차이가 있다는 점이다. 어떤 한 가지 일을 자동화하는 소프트웨어 로봇을 개발하는 것은 간단하고 처음에는 일부 생산성에 영향을 줄 것이다. 그렇지만 성공의 진정한 핵심 요소는 새로운 지능을 기반으로 그들이 일을 배우고 적응하며 바꿔나갈 수 있는 유연하고 학습 가능한 디지털 근로자를 만드는 것이다. 진정한 디지털 근로자는 사람 직원 및 관리자들과 소통해 비즈니스 지능을 제공하고 가치를 창출할 수 있는 새로운 업무 수행 방식을 권고하게 될 것이다. 자동화는 도입 첫날 고정된 가치를 제공한다. 디지털 근로자는 이틀째 이후로 더 높은 가치를 제공하기 시작한다. 자동화를 위한 소프트웨어 로봇을 만드는 것은 자동화를 구축하는 데 초점을 두게 되지만 그 다음은 순전히 유지의 문제로 변환된다. 디지털 근로자는 일단 만들어지면 시간이 지나면서 바뀌고 진화하며 더 영리해질 것이다.

인공지능과 관련된 기타 핵심 기술들

증강 및 가상현실

증강 현실AR, Augmented Reality은 실제 세계에서 사용자가 보는 것 위에 컴퓨터가 만든 디지털 이미지를 얹어서 스냅챗 렌즈 같은 복합 뷰를 만드는 기술을 말한다. 가상현실VR, Virtual Reality은 현재의 물리적 환경과는 완전히 다른 가상의 물리적 환경으로 몰입적 체험을 할 수 있는 기술이다. 오큘러스 리프트 같은 제품이 대표적이다. 마지막으로 혼합 현실MR, Mixed Reality은 AR과 VR의 요소를 결합해 마이크로소프트 홀로렌즈처럼 실제 세계와 디지털 이미지가 서로 상호 작용할 수 있도록 하는 기술이다. 모든 이런 변형된 현실은 "XR"로 혼합할 수 있다. 컴퓨터 비전을 가진 인공지능은 사물 인식과 추적 기능을 가지고 있기 때문에, 고급 XR 기술이 물리적인 환경과 상호 작용하는 데 필수적이고 이런 현실 변형 기술의 핵심이다.

증강 및 가상현실과 인공지능의 결합: 우수한 진료로 가는 길

프란 아얄라소마야줄라 Fran Ayalasomayajula

– 미국 캘리포니아주 샌디에이고 휴렛패커드

프란 아얄라소마야줄라는 공중 보건 전문가로, 이 글을 통해서 XR 기술 발전과 인공지능이 결합했을 때 헬스케어에 어떤 결과를 가져다 줄 수 있을지에 대한 산업적 관점을 제시한다.

57세 아프가니스탄 전쟁 참전 재향군인인 그레그는 만성 요통에 시달린다. 그가 사는 곳에서 가장 가까운 통증 클리닉까지 가려면 차로 1시간 15분이 걸린다. 복용하는 약이 "졸림"을 유발하기 때문에 안전상 클리닉에 갈 때는 아내가 보통 운전을 한다. 6개월 전 클리닉은 VR 통증 관리 치료라는 새로운 형태의 치료법을 도입했다. 그래서 이제는 그레그가 클리닉을 방문할 때 의사의 치료를 받기 전 20분 동안 VR 치료를 받는다. 그레그의 치료 반응은 긍정적이었다. 약을 줄일 수 있었고 자신이 케어를 주도하며 편안함이 유지됐다.

통증 전문가들에게 VR 치료는 이제 진료의 표준이 됐고 이것을 사용하는 클리닉이 늘고 있다. 환자에게 치료에 대한 안내를 하고, 그 반응을 면밀하게 모니터한다. 많은 사람들에게 효과가 있음이 입증됐다.

이는 VR, AR, MR 기술을 합쳐 부르는 XR 기술이 의료 현장에서 널리 채용되는 경로다. 의사들은 그 기술이 점진적인 방법으로 문제들을 해결하는 데 도움이 된다는 것을 알아가고 있다. 진료 행위에는 많은 자원이 투입된다. 약물 치료에 대한 것만이 아니다. 효과성과 효율성을 가진다면 진료의 문제들을 해결해 주는 새로운 도구와 방법들을 적용하는 것에 대한 문은 열려 있다.

기술이 적용되는 곳에서 XR은 상당히 긍정적인 영향을 미친다. 의학 교육과 훈련, 수술 계획과 진단, 재활, 심리학, 원격수술 등이 이런 기술의 효과를 높일 수 있는 영역들이다. 오늘날 콜로라도 의대, 일리노이 의대, 게르노블 의대, 튀빙겐 의대 등과 같은 대학들은 휴먼 시뮬레이션the Human Simulation과 같은 XR 기반의 시설들에 상당한 투자를 하고 있다. 전 세계적으로도 여러 기관들이 AR, VR을 사용하는 커리큘럼을 설계하고 있다.

그 결과 수행 능력이 뛰어나고 잘 훈련된 학생이 배출되고, 그들은 앞으로 진행될 레지던트 과정도 그런 기술이 통합된 프로그램이 있기를 기대한다. 이런 전도유망한 젊은 후배들과 비슷하게 이미 자리를 잡고 있는 의사들도 이런 새 기술을 도입하는 데 열정적이다. 미국 의사의 거의 20%가 VR을 사용한 적이 있고, 거의 70%에 이르는 의사들은 VR을 보수 교육과 치료 목적으로 사용하는 것에 대해 개방적인 입장을 가지고 있다[1].

기존의 업무 흐름에 쉽게 녹아 들어가면서도 간단한 사용법은 그 기술이 널리 사용될 수 있게 한다. 기술이 성숙하면서 우리는 XR과 인공지능이 수렴해 가는 현상을 관찰하기 시작했다. 예측 모델링과 학습 알고리듬은 피훈련자의 경험을 더 정교하게 만들고 수술장에서 수술자를 지원하며 재활 환자의 맞춤화된 치료를 가이드할 것이다.

이런 것이 바로 실현될 수 있을 것으로 보이는 첫 번째 영역은 의료 영상 분야다. 의사 결정 지원을 위한 지능 시스템에 사용할 수 있는 상당한 양의 데이터가 이미 있는 상태이기 때문에 보조 알고리듬과 VR 시각화 기술의 결합은 외과의사들이 더 자신있고 정교하게 데이터를 빠르게 검토하고 훑어보며 수술 계획을 맞춰볼 수 있게 만들 것이다. 이런 것들이 가능할 수 있는 조건들은 이미 무르익었다. 스타트업 에코픽셀Echopixel의 전 CEO이자 의료 영상 혁신의 선구자인 론 실링Ron Schilling 박사는 이것을 두고 "지식, 경험, 정보의 완벽한 조합"이라고 말했다.

XR 기술의 발전은 빠르게 진행되고 있고 실용적인 면에서 빠르게 도입되고 있다. 그 가능성은 무한하다. 예를 들어, 다중 감각과 무게 테스팅 기능을 결합하면 진정으로 몰입감 있는 경험을 만들어 내고 이것을 활용하면 다른 환경에서 신경학적 반응을 시각 트래킹, 히트맵, 뇌파 분석 등을 통해 더 잘 이해할 수 있게 될 것이다[2]. 앞으로 5년 동안 더 많은 기관들이 이 기술을 채용하고, 의사들이 진료에서 최선의 과학과 기술을 적용할 수 있게 도움을 주는 XR 하드웨어와 소프트웨어들이 만들어지는 것을 보게 될 것이다.

참고 문헌

[1] Cobos S. AR/VR innovations in surgery and healthcare. Premo Grupo. 14 August 2017. 〈https://3dcoil.grupopremo.com/blog/arvr-innovations-surgery-healthcare/〉
[2] Garnham, R. (March 2019). Virtual Reality: Hype of the Future? Ipsos Views. 〈https://www.ipsos.com/sites/default/files/virtual-reality-hype-or-future2019_web.pdf〉.

블록체인

블록체인은 특정한 타입의 분산·탈중앙화된 정보 원장 또는 데이터베이스로, 여기서 정보들은 네트워크의 여러 서버에 저장된다. 블록체인 운용 방식은 다음 절차를 밟는다. (1) 사용자가 어떤 거래를 요청한다. (2) 그 거래는 "블록"으로 생성된다. (3) 그 블록은 네트워크의 노드들에 전파broadcast된다. (4) 노드들은 그 블록이 전파됐다는 것을 검증한다. (5) 블록이 체인에 추가된다. (6) 그 거래가 검증된다. 소유자가 누구인지는 비밀이지, 거래는 그렇지 않다. 거래는 고유한 암호 키를 사용하여 보안 처리되기 때문에 관련 정보는 수정할 수 없다. 중앙화되고 투명성이 결여된 인공지능과 탈중앙화되고 투명한 블록체인이 언뜻 맞지 않는 짝이라고 보이겠지만 인공지능과 관련 기술인 머신러닝의 결합은 이 둘에게 더 큰 효율성을 가져다 줄 수 있다. 이러한 파괴적인 기술의 결합은 이상적인 상황을 만들어낼 수 있다. 즉, 인공지능을 위한 범용 익명 블록체인 데이터가 있는 AI용 분산 컴퓨팅 기판은 보다 공정하게 작동한다[11]. 더불어 수정할 수 없는 공간적인 맥락을 추가하기 위해서 암호화된 공간 좌표 시스템을 사용하는 지리 공간 지원 블록체인 솔루션은 헬스케어에서 훨씬 더 유용하게 사용될 수 있을 것이다[12].

헬스 데이터와 블록체인

E. 케빈 홀^{E. Kevin Hall}

— 미국 코네티컷주 뉴헤이블 예일대학교 의과대학 소아심장학과

케빈 홀은 블록체인에 관심이 많은 소아 심장학자로, 이 글을 통해서 블록체인이 보안과 헬스케어 데이터 접근에 어떻게 영향을 줄 수 있는지에 대해서 설명한다.

헬스 데이터와 블록체인

환자가 자기 의료 데이터의 주인이라는 주장이 오랫동안 이어져 왔지만 실제로 실효적이었던 적은 아직까지 없었다. 병원들은 환자의 요구가 있을 때 환자 기록을 줘야만 하지만, 전형적으로 그 과정을 보면 필요한 데이터에 대해 종이에 인쇄된 복사본이나 때로는 영상 데이터가 담긴 디스크를 주는 방식이다. 병원에서 환자 의무기록에 새로운 데이터를 추가한 경우에 이미 복사된 환자 데이터는 어떻게 되는 것일까? 아무런 일이 일어나지 않는다. 환자에게 전달된 복사본은 특정 시점에서의 복사본일 뿐이다. 새로운 데이터가 환자 데이터에 추가되자마자, 환자에게 준 데이터는 더 이상 정확한 데이터가 아닌 셈이다. 이런 문제는 병원 간, 병원 내, 개인 의원 등과 같이 여러 조직들이 개입되는 경우 더 복잡하게 꼬인다. 이들 각각의 기관들의 기록에는 어떤 환자에 대한 일부 또는 불완전한 "진실"만을 포함하고 있을 뿐이다. 그 진실은 아마도 이런 기관들의 데이터를 모두 합친 것이 될 것이다. 환자의 일생에 걸쳐 여러 기관들을 거치는 경우 문제는 좀 더 복잡해진다. 디지털 데이터의 장점은 복사하는 데 아무 비용이 들지 않는다는 것이다. 그렇지만 헬스케어 데이터에서는 이러한 "복사"가 말 그대로 복사일 뿐이다. 하지만 여러 데이터 소스 기관들이 똑같은 피어로 활동하면서 양방향으로 그리고 협력적으로 데이터를 동기화하게 된다면, 오늘날과 같은 형태는 아주 예외적인 것이 될 것이다.

우리는 분명 더 잘할 수 있을 것이다. 그런데 환자 중심이면서, 환자에 의해서 통제되는 더 나은 의료데이터 저장소는 어떤 요건들이 필요할까? 오늘날의 전자의무기록과 비교했을 때 진정한 해법은 그 개념부터 다르게 설계될 필요가 있다. 이런 문제에 대해서 가장 그럴듯한 해답은 몇 가지 핵심 특징을 충족해야 한다. 먼저, 그 시스템은 탈중앙화돼야 하고 고장 방지돼 있어야 하며, 언제나 사용 가능해야 하고 튼튼해야 한다. 탈중앙화 시스템은 부품 또

는 부품 그룹이 반응하지 않을 수 있지만 시스템 자체는 항상 기능하는 상태가 돼야 한다. 인프라 제공자의 컴퓨터가 오프라인일 때에도 데이터는 언제나 사용가능해야 하고 튼튼하며 정확해야 한다.

시스템에 추가되는 데이터는 확실하게 저장돼야 하고 수정 불가능해야 한다. 데이터가 영구적일 때, 파괴, 삭제, 변질되지 않는다. 이것은 개인과 집단에 대한 시간에 따른 종적인 헬스 데이터에 있어서 상당히 중요한 요소다. 데이터가 디지털로 이동하기 전, 데이터 수정 불가능성은 우리에게 생소한 개념이 아니었다. 데이터 변경 기능을 저장 매체에 설계한 것은 초기 컴퓨터 저장 장치의 출현과 그에 따른 천문학적인 비용 때문이었다. 데이터 수정불가능성은 어떤 사실을 나중에 수정할 수 없다는 뜻이 아니며, 한 번 있었던 데이터는 그것이 수정되거나 업데이트돼도 그대로 남아있는 것을 의미한다.

마지막으로 데이터는 필요한 경우 안전하게 공유돼야 한다. 환자 같은 데이터 주인은 암호화된 서명을 통해서 신뢰할 수 있는 다른 사람이나 그룹에게 자신의 데이터를 선택적으로 공유할 수 있어야 한다. 암호학은 비록 그 복잡성이 최종 사용자에게는 보이지 않지만, 보안 통신과 재무 거래에서 오늘날 광범위하게 사용되고 있다. 기술적 세부사항은 이 논의의 범위를 벗어나지만 간단히 설명해보면, 모든 참여자는 전형적으로 공개 키와 비밀 키를 모두 가지게 된다. 수신자에 대한 메시지는 수신자의 공개 키를 가지고 암호화되지만, 수신자는 그 사람이 가지고 있는 비밀 키를 사용해 복호화해야 그 내용을 읽을 수 있다. 그와 같은 접근법은 두 그룹 사이의 데이터에 대한 안전한 교환을 보장한다.

블록체인

앞에서 이야기한 요건들을 고려해 우리는 "블록체인"이라는 데이터 구조를 만들었다. 블록체인에 대한 아이디어는 가상 암호 화폐인 비트코인을 기술하는 2008년 논문에서 처음 소개됐다. 블록체인은 블록이라고 하는 길게 확장되는 기록 리스트를 말하는데, 각각의 블록은 앞의 블록에 대한 수학적인 해쉬를 사용해 암호학적 도장 정보가 포함된다. 이런 방식으로 앞선 블록에 대한 정보를 가진 블록들이 쭉 연결되어 하나의 "체인"을 형성하게 된다. 체인이 길어짐에 따라 어떤 한 블록이 수정되면 그 뒤에 따르는 모든 블록들이 그 수정된 내용을 반영할 수밖에 없다. 이런 방식으로 체인의 블록들이 변하지 않는 상태를 유지한다.

블록체인은 보통 노드라고 하는 독립적인 컴퓨터로 구성되는 분산 네트워크에 의해서 관리된다. 추가될 블록에 대한 동의는 사전의 서로 동의한 프로토콜에 따라서 자동으로 실행되는 "컨센서스consensus"라고 하는 수학적 분산 프로세스를 거친다. 전통적인 구현 방식에서는 하나의 블록은 고정된 기간마다 추가되고, 각 블록에는 저장할 데이터의 페이로드가 포함된다.

블록체인 안에 저장된 데이터는 앞에서 기술한 요건들을 충족한다. 데이터는 변경 불가능하고 튼튼하며 분산되고 암호학적인 동의 절차를 거치며, 다른 사람에게는 숨겨져 있다. 헬스케어에서 가장 문제가 되는 것은 만약 데이터가 블록체인에 분산되고 암호화되며 소유자(환자)의 허락이 있어야만 공유할 수 있다고 한다면 환자의 응급 상황에서 의식이 없어 보호자에게 그 권한을 줄 수 없는 상황에서는 어떻게 할 것인가라는 문제다. 현대의 블록체인 구현에는 "스마트 컨트랙트smart contracts"라고 불리는 기능을 제공한다. 스마트 컨트랙트는 블록체인에 공개적으로 저장돼 있는 단순한 프로그래밍 함수들로, 고급 기능을 제공하고자 할 때 사용한다. 응급 상황에서 미리 정해놓은 스마트 컨트랙트가 있다면, 이 스마트 컨트랙트를 통해서 먼저 의료진이 합법적이고 검증된 자인지를 확인한 다음 해당 환자의 주요 의료 정보에 접근하도록 권한을 부여할 수 있다.

분산된 구조와 컨센서스 절차를 포함한 요인들 때문에, 블록체인 거래 속도는 현재 일반적인 중앙화된 시스템보다 1~2배 느리다. 이것은 개선이 필요하다. 속도가 개선되고 밀리초당 수십, 수백개의 거래가 가능해지면, 이것은 데이터 매체를 하나의 배치 포맷에서 스트리밍 포맷으로 바꿀 것이다. 우리는 스트리밍이 우리가 음악과 동영상에 접근하는 방식을 어떻게 바꿨는지 지켜봐 왔다. 스트리밍이 있기 전과 다르게 우리는 더 이상 음악이나 동영상에 대한 완전한 복사본을 소유하지 않는다. 네트워크 스트리밍을 통해 실시간으로 접근해서 데이터에서 필요한 부분을 받아서 사용한다. 헬스케어 데이터도 실시간으로 스트리밍되는 세계를 상상할 수 있게 됐다. 그렇게 된다면 환자 데이터에 대한 실시간 모니터링이 가능해질 것이다. 그리고 수술과 같은 높은 위험도를 가진 절차들이 진행될 때, 보험 회사들이 실시간 생체 징후와 증거들을 사용하여 순간순간 위험도를 계산해 보험료를 재산정할 수도 있을 것이다.

이런 종류의 데이터 공유는 우리가 헬스케어에 대해 상상하는 방식을 근본적으로 바꿀 것이다. 많은 사람들은 진정한 정밀 의료 시대가 올 것이라고 말한다. 그런 시대의 도래는 데이터 공유, 접근, 헬스 데이터를 바탕으로 한 어떤 조치를 취하는 데 놓여 있는 현재의 한계 때문에 방해를 받고 있다. 현재의 한계는 환자의 데이터를 사용해 의료 분야에서 환자에게 직접적인 혜택을 주는 능력을 크게 제한하고 있다. 환자는 환자 자신의 데이터에 대한 진정한 소유권자이자 책임자이며, 이 데이터는 주인인 환자가 적절히 허락한 상태에서만 적절히 사용돼야 한다. 따라서 블록체인 데이터 구조는 안전하고 광범위하게 액세스할 수 있는 허가된 헬스 데이터 교환의 현재 제한사항에 대한 가장 좋은 잠재적 해법이다.

클라우드

클라우드는 공공 클라우드, 사적 클라우드, 하이브리드 타입으로 구분할 수 있다. 병원 내에 설치해 사용하는 사적 클라우드(그림 6.6)는 보안성과 자율성이 장점이고, 구글 클라우드 같은 공공 클라우드는 확장성과 비용 효과성이 장점이다. 적절한 가격 구조와 더불어 보안성과 확장성을 겸비한 하이브리드형 클라우드도 있다. 클라우드 안에서 머신러닝을 구동할 수 있게 되면서 의료 데이터를 하이브리드 또는 공공 클라우드에 저장하고 관리하는 것에 대한 매력이 더 높아지는 추세다. 또한 공공 및 하이브리드 클라우드 보안성이 좋아지면서 점점 더 선호되고 있다.

현재 헬스케어 클라우드 컴퓨팅은 클라우드 패러다임 그 자체로 존재한다기보다는 하나의 형태로, 확장성, 사용한 만큼의 요금 지불, 광범위한 네트워크 접근성과 같은 개별적 장점을 가진 하나의 시스템으로 사용되고 있다[13]. 그래서 클라우드 컴퓨팅은 주로 "오믹스-맥락OMICS-context"에서 유전체, 단백질체, 분자 의학 분야에서 주로 사용되고 다른 영역에서는 거의 사용되지 않고 있다. 현재 의료 데이터의 대부분은 HIPPA 규정 준수와 프라이버시 문제 때문에 로컬 저장소나 사적 클라우드에 저장되고 있다[14,15]. 클라우드 컴퓨팅 도입에 관한 최근 조사에 따르면 헬스케어 분야에서 종사하는 IT 책임자의 83%가 클라우드 서비스를 사용한다고 응답하고, 주로는 SaaS-기반 애플리케이션을 사용한다고 한다(67%)[16]. 카우어Kaur 등은 모바일 컴퓨팅, 무선 네트워크, 센서 기술 등이 융합된 CBIHCSCloud Based Intelligent Health Care Service라고 명명한 클라우드 시스템을 통해 당뇨병과 같은 만성 질환 환자의 모니터링에 활용할 수 있다며 클라우드의 잠재력에 대해서 이야기했다[17]. 커뮤니티 클라우드도 공통의 목적이나 관심 사항을 지원하기 위해, 특수 전문 과목 또는 병원에서 의료 목적으로 사용될 수 있다[18].

유전체 데이터를 공공 클라우드에 저장하는 것이 보안과 프라이버시에 대한 우려를 불러 있으켰지만, 인간 유전체를 비교 분석할 수 있는 컴퓨팅 기술의 보안을 강화하는 초기 노력은 성과가 있었다. 그와 같은 노력의 하나가 NIH의 지원을 받는 국립바이오메디컬컴퓨티의 iDASH[integrating Data for Analysis, anonymization, and Sharing]에서 주최한 데이터 프라이버시 및 보호 경쟁에 대한 비판적 평가[Critical Assessment of Data Privacy and Protection competition]다. 이 대회에서는 연구소들 사이의 협력을 촉진하면서도, 클라우드에서 행해지는 인간 유전자에 대한 컴퓨테이션을 보호하기 위한 암호화 기술의 능력을 평가했다[19]. 또한 클러스터, 그리드 및 클라우드와 같은 고성능 컴퓨팅 플랫폼은 신경과 전문의, 방사선 전문의 및 연구자가 신경 영상 연구에 사용하여 저장 또는 계산 능력을 모두 높일 수 있다[20]. 마지막으로 IBM 왓슨은 슬립헬스[SleepHealth]라는 애플의 오픈 소스 ResearchKit을 활용한 앱을 개발해 수면 습관과 건강 사이의 관계 연구를 시작했다. 이 앱은 HIPPA를 준수하는 왓슨 헬스 클라우드를 사용하며 클라우드 소싱 방식으로 데이터를 수집하게 됨으로써, 이전에는 불가능했던 수면과 건강 연구를 진행할 수 있다.

헬스케어 클라우드 컴퓨팅

티모시 추[Timothy Chou]

티모시 추는 클라우드 컴퓨팅의 창시자의 한 사람으로, 이 글을 통해서 광범위한 산업계 경험을 바탕으로 어떻게 모든 의료 기기와 장비들이 의료 사물 인터넷으로 수렴될 수 있게 하는지에 대해서 말한다.

오늘날 어떤 공항을 통과하거나 스포츠 경기를 볼 때 "클라우드"라는 단어를 듣지 않고 지나갈 수는 없다. 도대체 클라우드 컴퓨팅이란 무엇일까? 단순하게 계수와 저장 클라우드 컴퓨팅이라고 하는 것은 계수와 저장에 대한 보안, 가용성, 성능에 대한 관리다. 보안 관리는 정확한 패치 수준[patch level] 적용에 대한 보험이다. 성능 관리는 예상 가능한 컴퓨팅 인스턴스가 사용할 수 있게 보장하는 것을 말하고 가용성 관리는 클라우드 컴퓨팅 서비스가 저장된 데이터에 대한 3개의 복사본을 보장하는 것을 말한다. 계수와 저장 관리를 중앙화·표준화하면 그 관리를 자동화해 비용을 절감할 뿐만 아니라 품질을 끌어 올린다.

컴퓨트와 저장 클라우드 서비스는 새로운 비즈니스 모델을 가능하게 한다. 하드웨어를 먼저 구입하거나 하드웨어 놓을 자리를 마련하거나, 하드웨어 관리자를 고용하는 것이 아니라 관리되는 컴퓨터를 한 시간 동안 구매할 수 있다. 이런 경제는 완전히 새로운 사용 예들을 창출한다. 예를 들면 최소의 투자로 작은 팀을 위한 고성능의 컴퓨팅을 쓸 수 있게 된다. 클라우드 컴퓨팅이 시작되는 시점에 나는 중국에서 아주 유명한 대학교 가운데 하나인 칭화대학교에서 수업을 하나 개설했다. 아마존은 나에게 3,000달러의 가치가 있는 클라우드 컴퓨팅 시간을 주었다. 당시 수업에서 3,000달러면 캘리포니아 북부, 아일랜드, 북버지니아에서 3.5년 동안 사용할 수 있는 컴퓨터를 하나 살 수도 있거나 30분 동안 1만 대의 컴퓨터를 살 수도 있다고 이야기했다. 그것은 학생들에게 오늘날 우리가 어떻게 컴퓨팅을 할 수 있는지에 대한 것이 아니라 미래에 경제적으로 어떤 것들이 가능한지에 대한 영감을 주기 위한 예였다. 물론 오늘날 더 적은 돈으로 더 많은 컴퓨팅이 가능해졌다. 그렇다면 어떤 것이 가능할까? 클라우드 컴퓨팅은 어떻게 헬스케어를 변화시킬 수 있을까?

인공지능 기술의 응용에서, 특히 딥러닝에서 일어나고 있는 극적인 변화는 강력한 3개의 힘의 융합에 바탕을 두고 있다. 첫 번째는 저렴한 비용으로 대규모의 컴퓨팅이 가능한 시대가 됐다는 것이다(앞에서 언급). 두 번째는 수많은 종류의 신경망을 만들 수 있는 소프트웨어가 존재하는 것이다. 신경망 기술은 상당히 오랫동안 실험실에 있었다. 텐서플로^{TensorFlow}와 파이토치^{Pytorch} 같은 소프트웨어가 나온 것은 거의 최근의 일이다. 마지막으로 인터넷의 등장으로 우리가 상당한 양의 데이터를 가지게 됐다는 점이다. 페이스북 안면 인식이 상당히 정확하게 작동하는 것은 그들이 어마어마한 수의 사람 얼굴 사진을 가지고 있기 때문이다.

그러한 3개의 강력한 힘의 수렴은 극적으로 기계가 더 정확하게 되는 동력이다. 간단한 사례는 이미지넷^{ImageNet} 경연대회에서 찾을 수 있다. 2011년 시작된 이미지넷 경연대회는 이미지를 더 정확하게 인식하는지를 두고 인간과 기계를 경합시켰다. 첫 번째 경연에서는 사람이 95% 정확한 반면 기계는 단지 75% 정도 정확했다. 단지 4년 후에 기계는 97% 정확도에 도달했다. 헬스케어에서도 발전이 시작되고 있다. 스탠포드 대학교의 연구자들은[1] 네 명의 영상의학과 전문의에게 420개의 가슴 X-레이에 대하여 폐렴의 의심 소견을 어노테이션하도록 했다. 한 달 만에 그 팀은 CheXnet을 개발했는데, 이것은 민감도(긍정적인 것을 정확하게 식별)나 특이도(부정적인 것을 올바르게 식별) 면에서 네 명의 영상의학과 의사들보다 우수한 성능을 보였다. 이것도 좋은 출발이지만 단지 시작에 불과하다. 이제 우리 앞에는 적어도 4개의 도전과 기회가 놓여 있다.

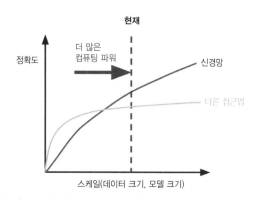

헬스케어 머신을 클라우드에 연결하기

스탠포드 대학교 프로젝트는 420개의 가슴 X-레이 영상을 사용했다. 하루에도 10만 개가 넘는 가슴 X-레이가 촬영되고 있다는 것은 쉽게 상상이 간다. 불행하게도 이런 이미지들은 고립된 X-레이 장비에 가둬져 있다. 만약 그것들이 모두 연결되고 전 세계에서 촬영되는 수년 치 가슴 X-레이를 사용할 수 있게 된다면 어떻게 될까? 폐렴 디지털 조수의 정확성을 상상할 수 있겠는가? 만약 모든 MRI 스캐너, 염기서열 분석기, 초음파, 혈액 분석기, 세포 계수기 등 모든 장비가 서로 연결된다면 어떻게 될까? 컴퓨트와 저장 클라우드 서비스를 가지고 있다고 해도, 다음 단계로 도약하기 위해서는 데이터가 필요하다.

디지털 서비스 매출

헬스케어 장비 제조사들은 디지털 서비스 제품을 만들 수 있는 기회가 생겼다. 오늘날 대부분의 임원들은 서비스를 고장난 것을 수리하는 것이라고 생각한다. 그러나 서비스는 정보다. 정보는 장비의 성능, 가용성, 보안을 유지하거나 최적화하는 방법을 말한다. 연결된 상태에서 장비 제조사들은 모든 장비의 경험으로부터 모든 정보에 접근할 수 있다. 만약 장비 가격의 1% 또는 맞춤형 디지털 서비스에 대한 월간 비용을 부과할 수 있다면 대부분의 헬스케어 장비 제조사들은 2배의 매출을 올리고 4배의 마진을 남길 수 있어서, 더 나아가 의미 있는 지속적인 매출 비즈니스를 만들 수 있다.

분석 애플리케이션

클라우드 컴퓨팅은 저렴한 계수와 저장만을 가져다 주는 것은 아니며, 더 강력한 애플리케이션을 더 빠르게 만들 수 있게 해준다. 지금까지는 대부분의 기업용 소프트웨어 회사들은 작업 흐름 애플리케이션을 만들어 구매, 주문, 인사 등의 사무실 뒷단의 운영을 개선하는 데 초점을 맞춰 왔다. 애널리틱스의 세계에서도 우리는 사람들에게 도구를 공급해 왔다. 최신 애널리틱스 애플리케이션을 만들려면 적어도 16개 종류의 소프트웨어 도구가 필요하다. 옛날에는 대부분 기능을 스스로 구현했어야 했다. 대신 오늘날에는 TensorFlow, Hadoop, Kubernetes, Kafka, Airflow, Databricks, Cassandra, Superset, D3, Django, Puppet 등 방대한 오픈 소스와 그 변형들을 관리형 클라우드 서비스로 사용 가능하다. 이제는 거인의 어깨에 올라서서 헬스케어 분석 애플리케이션을 만드는 것이 가능하게 됐다. 혈액 분석기, MRI 스캐너, 초음파, 유전자 분석기 등 헬스케어 장비의 제조사와 사용자들은 자신이 직접 재무, 인사, 구매 소프트웨어를 만들지 않는다. 대신 패키지로 구성된 기업용 애플리케이션 클라우드 서비스를 구매한다. 아마도 미래에는 도구를 구매하거나 데이터 엔지니어를 고용하는 대신 DevOps 인력과 머신러닝 전문가들이 패키지로 구성된 헬스케어 애널리틱스 애플리케이션 클라우드 서비스를 구매할 수 있을 것이다.

글로벌 건강을 위한 글로벌 애플리케이션

일단 애플리케이션을 클라우드 서비스로 사용할 수 있게 되면, 책을 구매할 수 있는 능력이든 폐렴 디지털 조수를 제공하는 능력이든 간에, 전 세계 모든 사람들이 즉시 사용할 수 있는 잠재력을 갖게 된다. 2040년에 이르면 전 지구 인구의 25%는 아프리카에 살고 있을 것이다. 최초의 세계 의료 시스템을 구축할 수 있는 방법은 없다. 의과대학을 만들고, 사람들을 훈련시키고, 전통적인 병원을 지을 충분한 시간과 자원이 없다. 대신 우리는 새로운 애플리케이션을 만들어 전 세계에 배치해 질병을 분석·진단하고 예방할 수 있는 기회를 가지고 있다. 소프트웨어 기술은 비용이 0에 가깝다. 필요한 것은 사람들의 열정과 창의성이다. 오늘날 많은 학생들은 미래에 데이팅 웹사이트나 소셜 네트워크 회사에서 일하기를 원하지 않는다. 우리가 현대의 컴퓨트 및 저장 클라우드 서비스의 경제학과 함께 그들의 창의성을 합칠 수 있는지 상상해보자.

아마도 클라우드 컴퓨팅은 세계를 바꿀 수 있고, 공항에 있는 모든 광고가 실제로 미래를 예측하고 있다.

참고 문헌

[1] 〈https://spectrum.ieee.org/the-human-os/biomedical/diagnostics/stanford-algorithm-can-diagnose-pneumonia-better-than-radiologists〉.

하이브리드 클라우드는 최근 공공 클라우드와 사적 클라우드의 장점을 살린 클라우드 인프라스트럭처의 하나로 부상했다[21](그림 6.6). 하이브리드 클라우드는 사적 클라우드의 커스터마이징, 효율성, 보안성, 프라이버시의 장점을 살리고 의료 분야에서 핵심이 될 수도 있는 공공 클라우드의 표준화와 비용 절감 효과를 결합한 형태다[22]. 하이브리드 클라우드

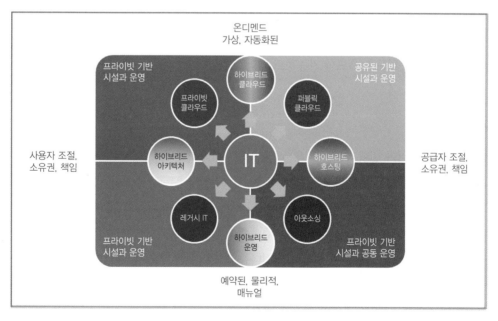

그림 6.6 클라우드 인프라스트럭처. 통제권의 소유, 온디맨드, 가상화, 자동화 연산 등에 따라서 다양한 형태의 클라우드 인프라스트럭처가 존재한다. 단순히 사적, 공적, 하이브리드형을 넘어 여러 형태의 클라우드가 있을 수 있다.

를 구성하는 일반적인 방법은 데이터 저장에 사적 클라우드를 사용하고, 필요한 서비스는 공공 클라우드에서 하게끔 구성하며 이 둘을 보안 연결을 통해서 소통하는 방식이다. 이런 전략을 좀 더 다이내믹하게 구성해서, 사적 클라우드가 필요에 따라 공공 클라우드 파트너의 자원을 활용하게 할 수도 있다(다이내믹 하이브리드 클라우드). 이런 하이브리드 클라우드를 구성하는 데 도전이 되는 것은 연결성과 지속적으로 필요에 따라 이런 배치들을 관리해 가는 것이다. 그렇지만 헬스케어를 위한 최상의 대안적 인프라스트럭처는 헬스케어 데이터 저장과 보안에 대해서 커스터마이징된 정교한 클라우드 시스템일 것이다. 예를 들어, 공급자의 소유권과 책임성이 유지되면서도, 공유 가능하고 사적 인프라스트럭처를 구축할 수 있는 일종의 "하이브리드 호스팅"이 필요하다.

사이버보안

헬스케어에서 사이버보안은 공격에 매우 취약하고 다른 분야보다 뒤처져 있다고 여겨진다 [23]. 앞에서 언급한 블록체인과 연관된 문제도 인공지능 보안으로, 인공지능의 실패가 얇은 것인지 아니면 일반적인 것인지에 따라 다른 수준의 결과로 이어질 것이다. 그래서 하나의 고립된 슈퍼 지능 시스템의 실패는 완전히 파국적일 것이고 우리 시대 유명한 리더들의 심각한 경고와 같을 것이다. 더불어 하나의 알고리듬이 해킹돼 의료 영상을 잘못 판독하거나 의사 결정을 잘못하도록 유도할 가능성도 있다.

사물 인터넷

최근 물리적 장비와 빌딩, 자동차, 가전, 웨어러블 디바이스 등의 내장 센서가 빠르게 발전하면서 이것들을 엮은 네트워크 연결성이 구성돼 이런 장비를 사용한 데이터 수집·교환이 가능하게 됐다. 사물 인터넷 플랫폼은 이런 디바이스들이 네트워크의 일부가 될 수 있도록 하는 연결성을 제공한다. 통신은 라디오 주파수 확인radio-frequency identification, 무선, 빠른 응답 코드 등 다양한 센서 기술을 통해서 이뤄진다. 연결된 디바이스들은 앰비언트 타입의 지능 ambient type of intelligence을 형성할 수 있으며 또한 인공지능이 필요하게 될 것이다. 인공지능 소프트웨어는 애플리케이션과 디바이스에 내장시킬 수 있어서, 그렇게 되면 데이터를 머신러닝 또는 딥러닝 프로세스를 위해 중앙 저장소에 보낼 필요가 없어진다.

의학에서의 인공지능: 조기 교육과 지속적인 인식 개선 캠페인의 필요성

조지 뮤리칸 George Murickan

조지 뮤리칸은 사물인터넷IoT 전문가로, 이 글을 통해 의료 기기와 관련된 개인적인 경험과 모니터링을 위한 미래 의료 기기에서의 인공지능의 중요성에 대해서 설명한다.

의료 인공지능이 주변에서 사용되기 시작했지만 그에 대한 인식도는 여전히 낮은 상태다. 의료 인공지능은 특히 일반 대중에게는 하나의 "금기"로 여겨지고 있고, 그런 경향은 사이버 해킹에 대한 뉴스들이 많아지는 것을 보면 충분히 이해가 되기도 한다. 너무 많아 싫증이 날 정도다. 그렇다면 어떻게 이것을 의미있고 실용적인 방법으로 관리하고, 의료 인공지능을 어떻게 의미있게 발전 시킬 수 있을까? 그 해답은 교육에 있으며 인지도를 높이기 위해 더 자주, 더 이른 시기에 교육할 필요가 있다.

우리 아이들이 그들의 웰니스를 모니터하고 개선할 수 있는 수단을 인지하고 약을 더 적게 쓰며 무엇보다 그와 같은 분야에서의 경력을 어떻게 준비할 수 있을지 등을 알게 하려면, 이런 교육적 노력은 고등학교 수준에서 시작할 필요가 있다. 어려운 일 같아 보여도 더 젊은 세대에서는 훨씬 더 쉽다. 만약 여러분이 더 젊은 나이에 인공지능의 개념에 대해서 소개를 받는다면, 젊은 마음에는 자연적인 호기심과 관심이 일어나서 인공지능에 대응해 더 잘 준비하고 필요한 과정들을 탐구해 나갈 수 있을 것이다. 대학 수준의 예과 코스에서의 이런 교육은 더욱 더 절실히 필요한 상황으로, 의료 전문가와 대학 책임자들은 서로 협력해 그런 노력들을 발전시킬 필요가 있다. 고등수학, 컴퓨터 과학, 자연 과학 학과들은 모두 서로 협업해서 인공지능을 사용할 의료 전문가들을 고취하기 위해서 여러 분야를 적절히 섭렵할 수 있도록 코스를 만들 필요가 있다. 더 시급히 필요한 것은 의과대학 교육 프로그램으로, 의과대학 졸업자들이 의료 인공지능에 대해 숙지할 수 있게 충분한 정보를 제공하여 그들이 인공지능이 주 조력자가 되는 의료라는 신세계에서 "잃어버린 세대"가 되지 않게 해줘야 한다. 이와 같은 노력에는 AI메드AI Med 같은 기관에 속한 경험있는 의사들이 온라인 세미나 등을 통해서 의료 전문직을 시작한 이후 자신을 더 잘 준비할 수 있게 도울 필요가 있다.

의료 인공지능을 한 지붕 밑 가정이라고 인식시키는 캠페인 역시 우선돼야 한다. 왜냐고? 인공지능 기술의 핵심은 데이터로 더 나은 예측과 혁신, 좀 더 중요하게는 기술의 오용을 줄이기 위해서 완전한 스펙트럼을 가질 수 있게 하려면 상당히 많은 데이터가 필요하다. 따라서 인공지능 조력 의학을 채용하고 기꺼이 데이터를 제공하려는 사람들이 많으면 많을수록, 우리 모두의 이익을 위해 데이터를 공유하고 진정한 혁신을 가속시키는 것이 더욱 더 빨라진다. 따라서 이렇게 하는 것은 의료 전문가와 대중 사이의 공생적 관계를 형성한다. 이렇게 되려면 대중을 향한 상당한 광고와 홍보가 필요할 것이다. 그러나 직접적이고 감동적으로 사람들을 도울 수 있는 실용적인 사용 사례, 궁극적으로는 오늘날 우리가 처해 있는 헬스케어, 비판적으로 이야기하면 "시크 케어sick-care"를 진정한 웰니스 케어로 나아갈 수 있게 하는 사용 사례를 제시할 수 있을 때만이 그런 일이 가능해진다. 그런 다음 얼리 어댑터를 활용하는 과제뿐만 아니라 좀 더 비판적인 사람들에게 다가가서 인공지능 사용으로 실제적인 혜택을 줄 수 있음을 보여주는 과제가 뒤따른다.

다음은 비판적인 사람을 수용자로 만들었던 실제 사례다. 내가 도움을 받는 세무사는 수년 동안 조기 발병 2형 당뇨병에서 유래된 심장 질환들을 앓아 왔다. 최근 내부 염증에 대한 내과적인 합병증 때문에, 몸의 염증을 조절하기 위해서 스테로이드의 일종인 프레드니손을 사용할 수밖에 없게 됐다. 이미 세밀하게 균형을 맞춘 10여 가지 약물에 스테로이드가 추가되자 혈당 수치가 높을 때는 300 이상으로, 낮을 때는 50대로 떨어지는 널뛰기 양상을 보이기 시작했다. 그를 돕기 위해서 나는 그와 그의 주치의가 이 상황을 조절할 수 있도록 혈당을 추적하고 분석해 의미있는 예측을 할 수 있는 의료 디바이스나 센서 기반 솔루션인 만물인터넷Internet of Everything 디바이스에 대해 조사했다. 나는 그에게 2018년 3월 FDA로부터 승인을 받은 만물인터넷 의료 기기를 구입할 것을 권고했다. 그 제품은 그 회사가 내놓은 6번째 버전의 제품이었다. 이 제품은 사용자의 복부에 부착하는 센서를 가지고 있고, 이를 통해서 1분에 수차례 혈액을 채취해 검사를 한다. 그런 다음 전송기를 통해서 사용자의 휴대폰에 있는 앱과 안전한 클라우드 서버 사이트로 동시에 데이터를 전송한다. 이 데이터를 바탕으로, 기기와 앱은 사용자에게 현재의 혈당 수준을 비롯해 앞으로 혈당이 오르거나 내릴지, 그리고 천천히 혹은 빨리 변할지 등을 예측해준다. 사용자가 선택한 기준 수치를 바탕으로(높고 낮음), 혈당이 그 값을 넘어서는 경우 사용자와 다섯 명의 다른 사람들에게 그 내용에 대해 경고를 보낼 수 있으며, 이를 통해서 사용자가 개입하고 도울 수 있게 한다. 또한 그 앱에는 사용자가 식사와 음료 섭취, 약물 복용, 운동, 기타 활동에 관해 입력하는 기능도 있어, 나중에 이를 활용해 추가적인 분석도 할 수 있게 돼 있다. 애플리케이션의 클라우드 부분은 과거 정보를 저장하고, 그 데이터들은 의사나 영양사들이 추가로 분석하거나 어떤 권고를 할 때 활용할 수 있다. 의사는 이를 통해 약의 종류, 복용 시간, 약물 사용 작용 등을 고려해 필요한 처방을 할 수 있다. 영양사는 사용자가 어떤 것을 먹거나 먹지 말아야 할지, 언제 먹어야 할지, 얼마나 먹는 것이 좋을지 권고해 사용자가 더 나은 생활 습관을 선택할 수 있게 도울 수 있다.

그 디바이스를 사용하기 시작하자 가족들은 늦은 시간에 혈당이 50 이하로 떨어졌다는 경고를 받고 수차례 잠에서 깼고, 낮에도 수차례 300 이상 올라갔다는 경고를 받았다. 그렇지만 천천히 가족들은 균형을 맞추기 위해서 그의 식사와 활동을 조절했다. 수개월 후, 그들은 그 데이터를 의사와 영양사에게 보냈고, 그들은 그것을 분석해 적절한 약물과 식사 패턴을 찾아내 권고해 줬다. 결과적으로 혈당 수치가 널뛰지 않고 안정화됐다. 나는 6개월 뒤 그가 안정되고 더 행복한 가족들 속에서 훨씬 더 건강하고 행복하게 지낸다는 이야기를 듣고 기뻤다. 그들은 기술 전문가가 아니었고 정말로 인공지능에 대해 의심하는 사람들이었으며 가족 모두 40세 이상에서 75세까지 나이든 사람들이었다. 온라인 동영상 안내와 앱은 그들도 쉽게 따라하고 이해할 수 있고, 포용할 수 있을 만큼 충분히 단순했다. 이는 인공지능이 어떻게 도움이 되는지를 알게 함으로써 더 나은 채용과 웰니스 케어로 이어질 수 있는지에 대한 작은 사례다. 만약 더 많은 사람들이 써보게 하고 보험회사가 이러한 장비에 대한 비용을 부담하게 하며 획득된 데이터가 다른 사람을 돕는 데 활용될 수 있게 할 수 있다면, 우리는 인공지능에 대한 인식과 교육을 확대함과 동시에 의료 인공지능의 채용을 통해 사회를 긍정적으로 돕고 있는 것이다.

인공지능과 관련된 핵심 문제들

인공지능 관련 이슈들은 아주 많다. 여기서는 주요 문제 서너 가지만 간략하게 다루고, 이 책의 나머지 부분에서 헬스케어 맥락으로 좀 더 자세하게 다루려고 한다. 이 책의 마지막 부분에서도 관련 주제들을 다루고 있다.

편향

데이터에 인종, 성별, 정치, 종교적 편향이 포함될 수 있기 때문에 인공지능 알고리듬은 이런 편향을 물려받을 수 있고 다른 알고리듬으로 전파될 수 있다. 편향은 문제 규정, 과거 또는 현재 편견에서 데이터 수집, 데이터 준비 등 학습 과정과 딥러닝 알고리듬의 모든 부분에 개입될 소지가 있다[24]. 인공지능에는 다섯 가지 유형의 편향이 있다. 데이터셋 편향dataset bias, 연관 편향association bias, 자동화 편향automation bias, 상호 작용 편향interaction bias, 확증 편향confirmation bias 등이다[25]. 이것에 대한 해법으로는 데이터에 내재된 편향을 검출할 수 있는 알고리듬 만들기, 편향에 대한 높은 인식도를 가지고 다양하고 투명한 윤리적 문화를 만드는 것과 같은 조치들이 있을 수 있다. 더불어 최근 법제화된 기업들이 부정확하고 불공정한 결정을 할 수도 있는 결함있는 컴퓨터 알고리듬에 대해 연구하고 수정할 것을 요구하는, 알고리듬 책임법안Algorithmic Accountability Act은 인공지능에서의 편향을 줄이는 데 도움이 될 것이다. 편향과 밀접하게 관련된 문제가 불평등이다. 인공지능에 의해서 유발된 불평등 문제는 경제적인 것뿐만 아니라 인종이나 성차별 같은 것도 포함된다. 버지니아 유뱅크스Virginia Eubanks는 통찰력 있는 책 『자동화된 불평등: 첨단 기술은 어떻게 가난한 사람들을 분석하고, 감시하고, 처벌하는가』(북트리거, 2018)에서 알고리듬 기술이 어떻게 관료체제를 흔들고 가난한 사람들에게 불이익을 주는지 보여 줬다[26].

윤리

인공지능과 관련된 윤리 문제들은 상당히 많은데 인공지능 윤리와 관련된 가이드라인은 매우 적다. 가장 뚜렷하게 드러난 윤리 문제는 군용 드론이나 사이버공격 같은 인공지능을 사용해 해를 입히는 것이다. 세계경제포럼WEF에 따르면 그 외에도 실직, 불평등, 인간성, 실수, 편향, 보안, 의도하지 않은 결과, 기술적 특이점, 로봇의 권리와 같은 것들이 있다[27]. 인공지능 윤리 프레임워크 가운데 가장 높게 평가되는 접근은 2017년 퓨처 오브 라이프 연구소에서 만든 "아실로마 23원칙Asilomar AI Principles"으로 100명이 넘는 학자, 과학자, 철학자, 산업계 리더들이 참여해 만들었다[28]. 이 원리들은 인공지능이 선한 일을 하도록 하는데 중심을 두고 있으며 안전, 법적 투명성, 선한 일을 하도록 하는 연구 목적, 책임성, 인간 중심의 가치, 이익과 부의 분배 등이 포함된다. 해법으로는 인공지능 개발자가 윤리적 문제를 인식하도록 하는 것과 동시에 자율 시스템이 자기 스스로 윤리적 문제를 인식하게 하자는 철학이 포함돼 있다[29].

안정성

인공지능 스스로가 권한을 가지게 되거나 나쁜 세력에 의해서 조절돼 인간에게 반하거나 치명적인 해를 입힐 수 있다는 우려가 커지고 있다. 인공지능의 자각과 의식에 관한 개념은 이런 토론이 헛된 것이 아님을 알려 주고 있다. 전통적인 규제 프로세스는 놀랍도록 빠르게 진화하는 인공지능 소프트웨어 환경에서는 불충분하고 나아가 부적절해지고 있다. 인공지능의 아버지인 앨런 튜링이라면 기계는 기계를 통제할 수 있도록 만들어져야 한다고 상기시켜 줄 것이다. 그래서 우리는 그에 합당한 "규제" 알고리듬을 가져야 할 필요가 있다. 현대 인공지능을 탄생시키는 데 큰 기여를 한 스튜어트 러셀은 인공지능 안전(인간 호환 인공지능)의 3가지 원칙을 제안했다. (1) 로봇의 유일한 목적은 인간의 가치 실현을 최대화하는 것이다. (2) 로봇은 처음에 그런 가치가 어떤 것인지 알지 못한다. (3) 인간의 행동은 인간의 가치에 대한 정보를 제공한다[30]. 더불어 자동화된 무기와 그것의 잠재적 위험에 대한 우려도 커지고 있다. 이런 우려는 구글 직원들이 미국 국방부의 자율 무기 프로젝트인 메이븐 프로젝트Project Maven에 참여하는 것을 반대하고, 무기와 인권 침해에 인공지능이 사용되지 못하도록 하는 인공지능 윤리AI Principles를 회사가 제정하게끔 만든 사건에서 분명히 드러났다. 아실로마 콘퍼런스에서 나온 또 하나의 가시적인 행동은, 치명적 자율 무기 시스템에 대한 서약the Lethal Autonomous Weapons Systems Pledge이 나왔다는 것이다.

법

인공지능에 관한 법률적인 문제는 데이터 규제 문제, 지적 소유권, 프라이버시에서 투명성까지 아주 다양하다. 관련된 기타 문제로는 자격과 책무에 대한 의무, 감독, 클라이언트 비밀 유지와 특권 등이 포함된다. 이런 모든 의무를 다할 수 있게 하기 위해서는 법조계가 인공지능에 대한 적절한 지식 기반을 유지하고 있어야 한다. 이러한 문제들 가운데 여러 가지 것들이 이 책의 여러 군데에서 다뤄졌거나 앞으로 다뤄질 것이다. 인공지능에 대한 일반적인 윤리적 · 정치적 문제들과 비슷하게 법적인 영역도 최근 몇 년 사이에 지수적으로 상승하고 있는 인공지능 기능과 확산에 대해 적극적으로 대처하지 못해 왔다.

의료와 헬스케어에서 인공지능의 법적인 측면

데일 C. 반 디마크 Dale C. Van Demark

– 미국 일리노이주 시카고 맥더모트 윌&에머리

데일 C. 반 디마크는 의료 인공지능에 특별한 관심을 가지고 있는 법률 자문가로, 이 글을 통해서 법 영역에서의 몇 가지 핵심 문제들, 특히 투명성과 표준, 그리고 어떻게 이런 일반 원칙들이 법적인 프레임워크 안에서 정의될 필요가 있는지에 대해서 이야기한다.

헬스케어 서비스에 인공지능 시스템 사용과 관련된 문제는 "새로운 것"을 그다지 좋아하지 않고 빠르게 움직이지도 않는, 복잡한 법률·규제 환경 안에 존재한다. 여기에는 강한 정책적 이유가 존재한다. 새로운 헬스케어 서비스는 안전하고 효과적이며 비용과 효과성이 높아야 한다. 또한 그와 같은 법률·규제 환경은 정보 기술이 오늘날과 같이 흔해진 시대에 만들어진 것이 아니다. 따라서 오늘날과 같이 정보 기술이 널리 퍼져있고 또한 증가하는 상황에는 일반적으로 적합하지 않다.

헬스케어 설정에 머신러닝을 사용하는 현재의 인공지능 시스템들이 효과성을 증명하고 있지만, 의료 현장에 채용된 예는 드물다. 그렇기 때문에 헬스케어 전달 환경에서 이런 기술들이 가지고 있는 법률·규제에 대한 함의는 아직 완전하게 알려지지 않아서, 이 글에서 그것을 모든 다루고자 시도하는 것은 부질없는 짓이 될 수 있을 것이다. 따라서 이 글은 현대 인공지능 시스템과 헬스케어 법률·규제 환경에서 핵심적인 두 개의 문제만 언급한다. 투명성에 대한 것과 헬스케어 전달 맥락에 적용 가능한 표준만 다룰 것이다.

투명성

"인공지능 블랙박스"는 현대의 인공지능 시스템이 왜 그런 결과를 냈는지 이해하지 못하는 현상을 말한다. 블랙박스 문제는 단순한 불편함을 넘어 논쟁적인 법적 문제를 만들어낸다.

예를 들어, 미국 법학의 기초 개념은 헌법에 명시된 개념인 적당한 법적 절차due process에 있다.[2] 헬스케어 분야에서 인공지능 투명성에 대한 가장 명확하고 직접적인 적용과 관련된 내용은 2016년말 통과된 21세기 치료법the 21st Century Cures Act에 명시돼 있다. 이 법에서 연방 정부는 "디바이스"의 정의에서 제외했으며 따라서 의사에게 권장할 수 있는 도구를 포함한 특정 임상적 의사 결정 지원 도구를 마케팅 목적으로 FDA 허가 또는 승인을 획득해야 하는 요구 사항에서 제외했다.[3] 정의에서 제외되는 소프트웨어는, 소프트웨어가 제공하는 권고에 관해 사용자가 그 근거를 독립적으로 검토할 수 있어야 한다는 점을 포함해 몇 가지 기준을 반드시 맞춰야 한다.[4] 이 법에 따른 미국 식약처의 가이드라인 초안을 보면 어떤 것이 필요한 지 가늠해 볼 수 있다.

> …인텐디드 사용자intended user는 1차적으로 소프트웨어 기능에 의존하지 않아도 스스로 똑 같은 권고사항에 도달할 수 있어야 한다. 그 권고를 지지하는 소스 또는 그 권고에 대한 내 재된 근거는 인텐디드 유저가 알 수 있어야 하고 쉽게 접근할 수 있어야 하며, 이해할 수 있 어야 하며…, 공개적으로 드러난…[5]

이 가이드라인이 공식적으로 채택되지 않을 수도 있지만, 초안에 담긴 분명한 생각은 일 부 현대 인공지능 시스템에 결여돼 있는 투명성이 무엇인지에 대한 개념을 포함하고 있다.

표준

헬스케어 제공자들의 전문적인 판단은 과거와 현재의 학습, 훈련, 경험 및 그와 같은 판단에 도움을 주는 도구의 활용에 의존한다. 전문가들은 사실과 상황을 수집하고 관련된 행위에 대 한 다양한 결론에 대해 가중치를 부여한다. 이런 맥락에서 인공지능 도구는 분석의 속도를 높이고 서비스 제공자의 지식을 넓히며 핵심적이거나 광대한 양의 데이터를 검토할 수 있다 는 점에서 매우 유용하다.

의사에게 적용할 수 있는 케어의 일반적인 표준은 비슷한 상황에 있는 의료 전문가 구성

---

2 헬스케어에서 적당한 법적 절차는 수혜의 제공이라는 맥락에 적용될 수 있다. 이 맥락에서 투명성은 적절하고 정확한 데이터를 사용 할 필요과 더불어 필수 요소가 된다.

3 21 USC §360j(o)(1)(E) 미국법전

4 21 USC §360j(o)(1)(E)(iii) 미국법전

5 2017년 12월 8일 임상 및 환자 의사 결정 지원 관련 FDA와 산업 간 가이던스 초안. 참고⟨https://www.fda.gov/downloads/ medicaldevices/ deviceregulationandguidance/guidancedocuments/ucm587819.pdf⟩

원들이 통상적으로 수행하고 소유하고 있는 합당한 정도의 기술, 지식, 케어를 고려할 필요가 있다. 일반적으로 불량품에 대한 생산물 책임은 부주의, 엄격한 법적 책임 또는 보증 표준 위반에서 유발된다. 일반적으로 계약에 직접 관련되는 보증 위반을 제외하고 봤을 때, 부주의negligence와 엄격한 법적 책임strict liability은 매우 다른 표준이다. 부주의negligence인 경우 어떤 정해진 책무duty가 있고, 그런 책무를 하지 않음으로서 손상의 가장 근접한 원인이 되는 것을 말한다. 엄격한 법적 책임strict liability인 경우 손상을 유발한 비합리적으로 위험한 결함이 있다는 것에 대한 증명이 필요하다. 이런 점을 염두에 두면, 인공지능 시스템이 어떻게 그다지 멀지 않은 미래에 이러한 표준들에 대한 적법성에 의의를 제기할 수 있을지에 대한 집중적인 사고 실험을 사용하는 것이 유용하다.

어떤 지점, 어떤 상황에서 인공지능 시스템들이 하나의 디바이스라기보다는 서비스 제공자처럼 보이기 시작할 것이다. 인공지능은 헬스케어 맥락에서 판단을 할 수 있게 될 것이고 우리는 그것을 기대하고 있다. 인공지능 시스템은 증상, 데이터, 과거력을 분석하고 치료 계획을 세울 것이다. 그와 같은 상황에서는 디바이스, 서비스 제공자, 환자(특히 인공지능 시스템이 소비자용인 경우) 중에서 누구에게 얼마 만큼의 책임을 지워야 하는지 결정하는 것이 어려워진다. 서비스 제공자가 높은 기능을 하는 인공지능 시스템에 의존해야 하는가 또는 인공지능 시스템의 결과가 단지 서비스 제공자의 궁극적인 의사 결정의 단지 하나의 요인인가? 인공지능 시스템이 맞고 서비스 제공자가 틀리면 어떤 결론을 내야 하는가? 인공지능 시스템은 어떤 표준을 가지고 있어야 하는가 하는 문제는 경험을 통해서 지속적으로 진화하는 경우 특히 어렵다. 후자의 문제는 발전된 인공지능 시스템의 "블랙박스" 특징과도 바로 연결된다.

헬스케어 전달을 위한 인공지능 시스템을 개발하는 사람들은 이미 존재하거나 분명한 애플리케이션이 없는 경우라 할지라도, 이러한 투명성과 표준에 대한 일반 원리를 매우 심각하게 받아들여야 한다. 법은 입법적으로 자주, 반응적 맥락에서 판례법을 통해 개발된다. 흔히 말하듯 나쁜 사실은 나쁜 법을 만든다. 좋은 사실과 개발자의 책임있는 행동은 장기간에 걸쳐 나쁜 법이 개발될 소지를 줄이게 될 것이다.

정리하면 딥러닝 성능의 빠른 성장으로 전체 데이터 과학과 인공지능이 널리 알려지게 됐다. 딥러닝은 보통 많은 데이터셋이 필수적인 요소인데 의료 분야에는 그와 같은 큰 규모의 데이터베이스가 부족한 상황이기 때문에, 의료계는 그와 같은 노력에 더 체계적으로 움직이고 협력해야 하고 데이터 과학 이해관계자들은 딥러닝에 대한 혁신적인 접근법에서 이런 한계를 수용해야 한다. 헬스케어 데이터의 이와 같은 난제는 인공지능 애플리케이션에서 특히 중요한 문제이지만 데이터 공유와 같은 노력과 그래프 데이터베이스와 같은 혁신을 통해 훨씬 개선될 소지가 있다. 의사들이 인공지능을 더 많이 채용할 수 있도록 인공지능 도구에 대한 평가와 투명성은 더 성숙해질 필요가 있다.

핵심 개념

- 최근 인공지능 시대의 도래에는 "ABC"로 요약되는 "3대 주역"이 있다. (1)정교한 알고리듬), 특히 모든 변형을 포함하는 머신러닝과 딥러닝 (2)새로운 컴퓨테이션 방법을 필요로 하는 대규모의 데이터 증가, 또는 "빅데이터"Big Data, (3)무어의 법칙을 무너뜨릴 수 있을 정도의 더 빠르고 더 저렴하며 더 강력한 병렬 처리가 가능해지면서 클라우드 컴퓨팅과 결합해 거의 무한대에 가까운 저장 능력을 가지게 된 것이다. 이런 요소들을 수렴해 인공지능의 새로운 시대를 열었다.

- 의료 인공지능의 미래와 그 성공의 상당 부분은 의료 데이터와 데이터베이스의 질과 완결성에 달려 있을 것이다.

- 헬스케어 데이터의 약 80%는 비구조화 데이터로 추산된다.

- 데이터는 다양한 방식으로 축적돼 전통적인 데이터 프로세싱 애플리케이션으로는 더 이상 처리할 수 없을 상태가 됐는데 이것을 "빅데이터"라고 한다.

- 생의학에서 빅데이터의 부피volume, 다양성variety, 속도velocity, 신뢰성veracity에도 불구하고, 이런 헬스케어 빅데이터에서 유래한 정보를 가지고 높은 가치를 창출하지는 못했다.

- 추출extract과 변형transform, 적재load의 앞글자를 딴 ETL 절차는시스템에서 데이터를 추출하고 데이터가 일반적으로 구조화돼 있기 때문에 비즈니스 전문가가 선호하는 데이터 웨어하우스용 데이터를 구성하기 위해 사용된다. 그러나 저장소는 일반적으로 더 비싸다. 데이터 레이크는 데이터 과학자들이 선호하는 저비용의 데이터 저장소로

서 나중에 분석을 목적으로 비정형화된 데이터들을 포함한 대규모의 원 데이터를 저장한다.

- HIMSS^{Health care Information and Management Systems Society}에 따르면 상호운용성이란 "기관 내·외 경계를 넘어 서로 다른 정보 시스템, 디바이스, 애플리케이션 등이 아무런 장애 없이 정보에 접근하고 교환해 협력적으로 데이터를 사용할 수 있는 능력으로, 개인과 집단의 건강을 최적화시키는 것을 목적으로 하는" 것을 말한다.

- 현재의 헬스케어 데이터의 상당 부분은 일반 파일에 저장돼 있거나 기껏해야 상대적으로 간단한 위계적 또는 관계형 데이터베이스 관리 시스템^{DB MS}에 저장돼 있으며, 이 또한 병의원의 로컬 운영 체제에 묶여 있는 실정이다.

- 헬스케어 데이터를 관계형 DBMS로 처리하는 것은 여러 한계를 가지고 있다. 시계열 데이터, 큰 텍스트 문서, 이미지, 동영상과 같은 큰 헬스케어 데이터를 지원하는 기능이 없다. 더불어 관계형 DBMS가 가진 구조적 문제 때문에 질의가 어렵다.

- 그래프 EBMS는 데이터 요소 사이의 관계 정의를 쉽게 하기 위해서 데이터를 그래프 요소인 노드^{nodes}, 에지^{edges}, 프로퍼티^{properties}로 저장한다. 이런 형태의 데이터베이스는 3차원에 가깝고 전통적인 관계형 데이터베이스에 대해 여러 비교우위를 가지고 있다.

- 그러한 검색 알고리듬을 갖춘 DBMS는 헬스케어에서 만성 질환 관리, 급성 유행병 위기 상황, 헬스케어 자원 분배 같은 기능들을 구현하는 복잡한 쿼리를 설계하는 데 유리하다. 현재 인덱스 환자와 비슷한 환자를 찾을 때도 이와 비슷한 전략을 사용할 수 있다.

- 1959년 아서 사뮤엘^{Arthur Samuel}이 처음으로 명명한 머신러닝은 시간이 갈수록 응용 범위가 넓어지고 있는 인공지능의 한 분야로서 외부 프로그램을 통한 지시가 없어도 컴퓨터가 스스로 학습하고 자신의 능력을 향상시킬 수 있도록 하는 컴퓨터 프로그래밍 기술이다.

- 전통적인 프로그래밍 및 통계 분석에서는 컴퓨터 프로그램(규칙)에 데이터(입력)를 집어넣으면 어떤 해답(출력)이 나오는 방식으로 작동한다. 그런데 머신러닝에서는 데이터(입력)와 그에 대응하는 해답(출력)을 컴퓨터에 주면 데이터에 존재하는 패턴을 검출하

는 규칙이 유도된다. 즉 데이터로부터 학습을 한다. 그런 다음 이렇게 유도된 규칙을 새로운 데이터에 적용해 새로운 해답(예측)을 얻는다.

- 데이터 수집 및 프로세싱 단계는 데이터 과학자의 프로젝트 수행 과정에서 가장 많은 노력과 시간이 투여되는 과정이다. 헬스케어 임상과 관련된 작업은 특히 그런 측면이 있다.

- 최신 생명공학 데이터 과학에서의 의료 인공지능 패러다임에서는 또 하나의 도메인이 추가된다. 그것은 생명과학 지식(생명정보학, 임상 정보학, 생물학, 유전학, 유전체학, 의학, 건강 과학 등) 도메인이다.

- 머신러닝, 더 정확하게는 전통적 머신러닝은 작고 덜 복잡한 데이터셋과 특성이 많지 않은 임상 시나리오에 적합한 기술이다. 전통적 머신러닝은 (1)지도 학습과 (2)비지도 학습으로 구분된다.

- 지도 학습은 인간에 의해 레이블린된 입력과 출력 데이터로부터 예측 모델을 개발하고, 그 다음 새로운 데이터를 대상으로 예측하는 데 이 모델을 사용한다.

- 이런 지도 학습의 종류로 분류(이진 또는 여러 카테고리) 또는 회귀(연속 변수)가 있다.

- 분류에 자주 사용되는 기술에는 서포트 벡터 머신^{SVM}, 나이브 베이즈 분류자, k-최근접 이웃, 의사 결정 나무(부스팅, 배깅), 이름이 다소 잘못 붙여져 회귀라고 오해할 수 있는 로지스틱 회귀 등이 있다. 회귀에는 가장 많이 사용되는 선형 및 다항 회귀가 있고, 그 밖에 미래에 좀 더 인기가 높아질 수 있는 리지^{ridge}, 라쏘^{LASSO} 회귀가 있다.

- 비지도 학습법은 레이블이 없는 데이터를 가지고 알고리듬을 사용해 인간의 개입없이 데이터셋에 내재된 패턴 또는 그룹핑 특징을 예측하는 방법이다. 이런 비지도 학습법은 클러스터링, 일반화, 연관^{association}, 이상점 감지 등에 사용된다.

- 지도 학습법과 비지도 학습법의 하이브리드형이 준지도 학습법이다. 이것은 적은 양의 레이블된 데이터와 상대적으로 많은 양의 레이블 되지 않은 예제를 함께 사용하는 방법이다.

- 앙상블 학습 전략(배깅, 부스팅, 스택킹)은 많은 수의 모델을 훈련시키고, 그것들을 모아 하나의 모델보다 더 성능이 좋은 모델을 만드는 방법을 말한다. 이것은 더 나은 예측

과 안정성을 갖는 일종의 메타 모델을 만드는 것이라고 할 수 있다. 모델 앙상블은 노이즈, 편향, 분산을 줄인다.

- 앞에서 설명한 지도 학습법(과제에 따른 분류 또는 회귀) 및 비지도 학습법(데이터에 기반한 클러스터링)과 더불어 또 다른 학습 방법으로 강화 학습reinforcement learning이 있다. 강화 학습이 지도, 비지도 학습법에 이은 또 다른 학습법으로 종종 설명되기는 하지만 이 방법은 앞의 두 방법과 상당히 다르다.

- 강화 학습에서 모델은 자기를 데이터와 연관시키지 않고 대신 다이내믹 환경에서 입력 데이터를 받으면서 가장 원하는 결과를 얻을 수 있도록 탐색을 통해서 최적의 방법을 찾는다.

- 강화 학습과 딥러닝이 결합된 딥 강화 학습은 의료 분야에서는 특히 가치있는 자산이다. 이런 방법론은 불확실한 환경에서 오류를 최소화하면서(그런 결과 이환율과 사망률을 줄일 수 있다), 장기적인 목표를 향하는 순차적 의사 결정 도구로 사용될 수 있기 때문이다.

- 앞에서 논의한 다른 머신러닝 기술들과 비교했을 때, 좀 더 정교한 신경망과 딥러닝(때론 수백 개의 뉴런 층을 가진다) 기술은 의료와 헬스케어 분야에서 드물지 않게 존재하는 복잡한 비선형 관계에 특히 적합하다.

- 현재 딥러닝이 응용되는 분야는 음성 인식과 자연어 처리, 사물 인식과 감지를 위한 컴퓨터 비전, 자율 주행 자동차 등이다.

- CNN의 구조를 이루는 기본 요소들은 컨볼루션 층, 풀링 층, 완전 연결 층과 ReLUrectified linear unit 같은 활성 함수 등으로 구성된다. 이런 층들을 조합해 CNN이 특성들의 공간적 위계를 학습하게 한다.

- CNN은 모델 훈련을 위해 많은 양의 데이터가 필요하다는 점에서 전통적인 머신러닝과 다르다. 그렇지만 CNN은 사람의 개입이 필요한 특성 추출이나 이미지 세그멘테이션 작업을 필요로 하지 않는다.

- CNN은 공간적인 데이터에 적합하고 RNN은 순차적 데이터를 처리하기 위해 설계된 신경망이다. 그런데 하이브리드형인 "CNN-RNN" 모델(순환적 CNN 또는 RCNN이라고도 부른다)도 있으며, 이것은 여러 레이블을 가진 이미지 분류와 순차적으로 복잡한 의료

데이터에서 사용될 수 있다.

- 모델이 이전에 본 적 없는 테스트 데이터셋으로 모델을 평가할 때는, 교차 검증 또는 홀드아웃 방법을 사용할 수 있다.

- 이진 분류 모델의 성능은 혼동 행렬confusion matrix, 수신기 운영 특성 커브ROC의 곡선 아래 면적AUC, 정밀도 회상 커브PRC 등과 같은 지표를 사용해 평가한다.

- F1-스코어는 F-값, 균형 F-값이라고도 하는데, 아마도 대부분의 독자들에게는 가장 익숙하지 않은 지표일 것이다. 이 값은 정밀도와 회상의 조화 평균harmonic mean으로 이진 또는 복수 클래스 분류 모델의 정확도 지표로 사용된다.

- 요약하자면 정확도와 오류율은 모델 성능에 대한 좋은 지표가 아니다. 특히 예를 들어 암처럼 질병 유병률이 낮은 경우에는 더욱 그렇다. 보통 낮은 발병률의 질병 상태에서 대부분의 경우인 참 음성은 정확도와 오류율을 더 유리하게 보이게 하기 위해 상대적으로 높은 숫자이기 때문이다. 또한 이 사례는 참 음성 값이 높아서 분류의 불균형이 존재하는 경우에는 분류 모델을 평가할 때 정밀도와 F1-값이 더 나은 지표라는 것을 보여 준다. 참 음성 값이 큰 경우에는 정밀도 회상 커브(PRC)를 사용하는 것을 고려해 볼 수 있다.

- 설명 가능성explainability과 해석 가능성interpretability에는 차이가 있으며, 인공지능 방법을 의사들이 광범위하게 받아들이도록 하기 위해선 적어도 해석 가능성이 필요하다. 해석 가능성은 인과관계를 설명할 수 있는 능력이고, 설명 가능성은 시스템이나 기술의 내부 작동 방법을 이해하는 것을 말한다.

- 딥러닝, 랜덤 포레스트, 서포트 벡터 머신과 같은 높은 예측 정확도를 가진 머신러닝 방법들은 설명 가능성이 떨어지는 반면, 베이지안 믿음 네트워크Bayesian belief nets, 의사 결정 나무와 같은 방법은 예측 정확도는 상대적으로 낮지만 설명 가능성은 높다.

- 이상적인 모델은 낮은 편향과 낮은 분산값을 갖는다. 그렇지만 보통은 이 두 파라미터 사이에 트레이드-오프 관계가 존재한다. 모델에서 편향과 분산은 과소적합과 과대적합의 형태로 나타난다. 과소적합은 높은 편향의 결과이고 과대적합은 높은 분산의 결과이다. 따라서 이 균형점을 찾으려면, 낮은 편향과 낮은 분산을 보이는 지점에서 적합된 모델을 선택한다.

- 과소적합은 모델이 너무 간단한 경우에 발생한다. 선형 모델에서처럼 샘플 데이터에 대한 학습이 좋지 않거나 특성 엔지니어링이 그다지 좋지 않거나 부적절할 때 발생한다. 해법은 좀 더 복잡한 모델을 사용하거나 좀 더 나은 특성 엔지니어링 전략을 사용하는 것이다. 과대적합은 모델이 너무 복잡할 때 발생한다. 결과가 너무 훈련 데이터에 맞춰지게 돼(과잉 학습 또는 적응) 모델이 데이터에 비해서 너무 복잡해진다. 과소적합 상태와는 반대다.

- 차원의 저주는 특성의 개수가 너무 많아서 특성 공간이 과도하게 커지는데 이 공간을 채울 샘플이 충분하지 않을 때 발생한다. 일반적으로 특성의 개수가 증가하면 일반화하는 데 필요한 데이터의 양은 지수적으로 커진다. 차원이라고 하는 특성의 개수가 증가하면 분류기의 성능은 최적의 특성 개수에 도달하기까지 좋아지는데 이것을 휴즈 현상Hughes phenomenon이라고 부른다.

- 흔히 상관이 마치 인과 관계를 내포하는 것이라고 오해한다. 사건들이 연관돼 있다고 해서 어떤 사건이 다른 사건을 일으킨 원인은 아닌 것이다.

- 딥러닝과 비교해서 전통적인 머신러닝은 비교적 훈련시키고 테스트하기가 쉬운 반면 성능은 그 특성들에 의존하고 볼륨이 큰 데이터에 대해서는 한계를 가진다.

- 한편 딥러닝의 성능은 데이터가 커짐에 따라서 지속적으로 높아진다. 딥러닝이 고수준의 특성 표현을 배울 수 있기는 하지만, 훈련을 위해서는 많은 데이터가 필요하고 컴퓨테이션 사용 관점에서 봤을 때는 비쌀 수 있다.

- 인지 컴퓨팅 프레임워크는 사람의 두뇌와 두뇌의 자기 학습능력을 모방하기 위해 머신러닝, 패턴인식, 자연어 처리뿐만 아니라 인공지능 도구와 같은 다양한 방법들을 이용한다. 인지 컴퓨팅은 스마트 기술과 인간(사용자와 전문가)의 공생적 융합이라고 할 수 있다.

- 자연어 처리는 특수한 기술들을 통해서 컴퓨터가 사람의 구어와 문어를 이해할 수 있도록 하는 기술로 정의된다. 이런 자연어 처리는 인공지능, 컴퓨터 과학, 언어학의 융합이고 인간과 컴퓨터 간 상호 작용의 좋은 예다.

- 로봇은 물건이나 부품을 옮길 수 있도록 재프로그래밍이 가능하고 여러 가지 조작을 할 수 있는 것 또는 다양한 일을 수행할 수 있도록 동작을 프로그래밍해 사용할 수 있는 도구로 정의된다.

- 전통적인 규제 프로세스는 놀랍도록 빠르게 진화하는 인공지능 소프트웨어 환경에서는 불충분하고 나아가 부적절해지고 있다.

데이터 과학과 인공지능 지식 평가를 위한 10가지 질문

다음은 데이터, 데이터 과학, 의료 인공지능 지식을 평가해 볼 수 있는 10가지 간단한 질문이다. 정답은 639페이지에 실려 있다.

분야	주제	스코어(각 항목당 2점, 분야별 10점이 만점이고 전체 100점이 만점임)	노트
인공지능	타이밍	의료와 헬스케어에 인공지능이 필요한 이유를 열거하라(5개) – – – – –	
데이터	빅데이터	빅데이터의 "V"를 나열하라(5개) – – – – –	
인공지능	구성 요소	인공지능의 구성 요소는 무엇인가(5개) – – – – –	
인공지능	타입	인공지능의 타입들에 대해서 열거하라(5개)	
데이터	문제	헬스케어 데이터와 관련된 문제를 나열하라(5개) – – – – –	

분야	주제	스코어(각 항목당 2점, 분야별 10점이 만점이고 전체 100점이 만점임)	노트
데이터 과학	지도 학습	흔히 사용되는 지도 학습법 5가지를 나열하라. – – – – –	
인공지능	신경망	흔히 사용되는 방법과 사용 예가 맞는지 확인하라. CNN – MRI 판독 RNN – ICU 데이터 분석 머신러닝 – 환자 클러스터링 인지 컴퓨팅 – 심전도 분석 자연어 처리 – EHR	
인공지능	전문 과목	인공지능 관련 활동이 가장 활발한 5가지 의료 전문 과목은 무엇인가? – – – – –	
인공지능	장애물	인공지능 채용에 장애가 되는 5가지 요인을 나열하라. – – – – –	
인공지능	역사	인공지능의 역사에서 5가지 의미있는 이벤트를 나열하라. – – – – –	
인공지능	역사	(보너스) 다음 이벤트와 관련된 인공지능 방법론은 무엇인가? MYCIN: 딥 블루와 체스: 제퍼디: 바둑: 이미지넷(ImageNet):	

의료 인공지능을 더 잘 이해하기 위한 10가지 단계

다음은 의료와 헬스케어 분야의 데이터 과학과 인공지능을 배우는 10가지 방법이다. 특별한 순서는 부여하지 않았으며 따라서 이런 방법들을 병행하거나 연달아 따라하면 된다.

- 데이터/데이터베이스, 통계학 리뷰: 의료 데이터 과학의 대부분은 생물통계학으로, 이를 매우 빠르게 진화하는 인공지능 소프트웨어에 대한 개괄적인 개념을 잡는 데 활용할 수 있다. 왜특히 헬스케어와 통계학(회귀, 혼동 행렬, 민감도, 특이도 등)은 데이터 과학과 인공지능을 이해하는 데 핵심적인 요소이기 때문이다.

- 헬스케어 정보학에 익숙해지기: 헬스케어와 의료 인공지능을 이해하기 위해서 필요한 기반 층들(데이터-정보-지식) 가운데 일부는 정보(정보학)이다. 앞서 언급한 데이터와 같이 정보학은 데이터 과학과 의료 인공지능을 완전히 이해하는 핵심 요소이다. 인공지능 프로젝트의 상당한 시간은 데이터와 정보학에 투여되기 때문에 이런 두 가지 영역을 제대로 헤쳐나갈 수 있는 능력은 도움이 많이 되고 생산적이다.

- 데이터 과학과 인공지능 교육 리소스 확인하기: 이 책의 672페이지에는 책, 교과서, 저널, 논문, 웹사이트 등 아주 포괄적인 자료들이 나열돼 있다. 인터넷에는 이 책에서 논의된 여러 주제들에 관한, 도움이 될 만한 동영상들이 많이 존재한다. 그리고 현재 진행중인 이런 주제와 관련된 서적이나 블로그 등도 도움이 될 수 있다.

- 데이터 과학 및 의료 또는 헬스케어 인공지능 모임에 참석하기: 스스로 자신만의 교육 전략을 수립하는 것이 중요하다. 물론 학과나 부서도 마찬가지다. 의료 인공지능에 초점을 맞춘 다양한 모임이 존재한다. 데이터 과학 또는 인공지능에 대해 아직 완전히 배우지 않은 상태라면, 이런 모임에서 이야기되는 주제들이 상당히 이상하게 들릴 수도 있다. 인공지능, 머신러닝/딥러닝에 관한 많은 세부 전공 논문들이 반드시 의학 저널에만 출판되는 것은 아니기 때문에 공격적인 검색 전략을 사용하여 좋은 논문들을 찾아볼 수 있다. 이 책의 뒤쪽에 나열돼 있다.

- 데이터 과학자 한 명과 사귀기: 커뮤니티 또는 모임에서 데이터 과학자를 만나서 그들이 하는 일이 무엇이고, 어떻게 프로젝트를 진행하는지 들어보는 것이 좋다. 좋은 상호관계가 생성된다면 서로를 초대해 자신과 관련된 관심사를 서로 나눠 볼 수 있다. 데이

터 과학자가 클리닉이나 병원에서 의사들과 함께 시간을 보내는 것은 의미있는 경험인 것과 같이 의사가 데이터 과학 부서를 방문하는 것도 아주 소중한 경험이 된다.

- 실제로 데이터 과학 경험을 할 기회 찾기: 다음 단계는 데이터 과학자와 함께 어느 정도 의미있는 시간을 보내고, 그들이 실제로 프로그래밍과 분석을 하는 기술을 관찰한다. 데이터 과학 또는 R, 파이썬 언어에 관한 코세라, edX, 유데미, 칸 아카데미와 같은 무크^{MOOCs} 온라인 강좌를 듣는 것도 고려해 볼 수 있다. 다른 옵션은 당신과 데이터 과학자가 모두 가능한 시간에 자주 컴퓨터 프로그래밍 언어 워크숍에 데이터 과학자를 초대하는 것이다. 의지, 자원, 시간이 있다면 데이터 과학 석사나 박사 학위 과정을 이수하는 것도 특별히 도움이 될 것이다. 교육과 경험보다 더 중요한 것은 그러한 프로그램에 참여해 보내는 동안 형성되는 네트워크다.

- 데이터 과학 지원자를 모집하기: 데이터 과학자와 처음 협업하는 때는 전일제 데이터 과학자를 고용할 필요가 없고, 파트 타임이나 가상으로 일부 데이터 과학 자원들이면 충분할 수 있다. 지역 대학 등에는 데이터 과학에 좋은 자질을 가진 자원들이 있고, 그 학생들 일부는 헬스케어와 관련된 프로젝트에 열심인 경우가 있다. 때로는 프로그래밍과 컴퓨터 과학을 잘 아는 예과 학생이 있을 수 있다.

- 소규모 데이터 과학 프로젝트 시작하기: 데이터 과학자의 지원을 받아 작은 인구 집단 데이터를 가지고 간단한 머신러닝 분석 방법을 사용하는 소규모 프로젝트를 시작하면서 데이터 마이닝과 분석법에 대해서 배울 수 있다. 좋은 전략 가운데 하나는 대중에 공개된 중환자실 데이터베이스인 MIMIC-III와 같은 가용한 데이터 소스를 활용하는 것이다. 데이터 과학을 생의학 연구에 통합시키는 연구 개발을 지원하기 위한 국립 보건원의 BD2K$^{Big\ Data\ to\ Knowledge}$도 훌륭한 자원이다.

- 임상 프로젝트 선택하기: 작은 프로젝트를 통해 충분한 경험을 쌓았다면 더 큰 스코프와 좀 더 복잡한 임상 프로젝트에 도전할 수 있다. 현재 프로젝트를 진행하면서 활동적인 데이터 과학 프로그램을 가지고 있는 센터와 협력하는 것도 좋은 생각이다. 그런 센터들은 당신이 접근할 수 있는 더 많은 데이터를 가지고 있는 경우가 많아 서로 "윈윈" 작업이 될 수 있다. 이러한 방식으로 얻어지는 경험과 인사이트는 여러분이 기대하는 이상이 될 것이다.

- 인공지능 열렬 지지자들의 협업체를 구축하기: 여러분이 있는 지역과 가까운 곳에 있는 인공지능에 관심이 있는 모든 사람들을 모이게 하고, 의사와 간호사 리더십 뿐만 아니라 행정가 등 다양한 종류의 리더들을 참여시키는 것이 중요하다. 이런 네트워크의 네트워크 효과는 매우 생산적이고 종종 의미있는 관계로 이어지며, 월간 또는 주기적인 모임을 통해서 좋은 프로젝트들이 제안될 수 있다.

참고 문헌

[1] Chen Y, Argentinis E, Weber G. IBM Watson: how cognitive computing can be applied to big data challenges in life and science research. Clin Ther 2016;38(4):688-701.

[2] Ferrucci D, Brown E, Chu-Carroll J, et al. Building Watson: an overview of the DeepQA Project. AI Mag 2010;31(3):59-79.

[3] Noor AK. Potential of cognitive computing and cognitive systems. Open Eng 2015;5:75-88.

[4] Chen Y, Argentinis E, Weber G. IBM Watson: how cognitive computing can be applied to big data challenges in life sciences research. Clin Ther 2016;38(4):688-701.

[5] Pan H, Tao J, Qian M, et al. Concordance assessment of Watson for oncology in breast cancer chemotherapy: first China experience. Transl Cancer Res 2019;8(2):389-401.

[6] Cai T, Giannopoulos AA, Yu S, et al. Natural language processing technologies in radiology research and clinical applications. RadioGraphics 2016;36:176-91.

[7] Chen L, Song L, Shao Y, et al. Using natural language processing to extract clinically useful information from Chinese electronic medical records. Int J Med Inform 2019;124:6-12.

[8] Nwosu AC, Sturgeon B, McGlinchey T, et al. Robotic technology for palliative and supportive care: strengths, weaknesses, opportunities, and threats. Palliat Med 2019; [Epub ahead of print].

[9] European Group on Ethics in Science and Technologies. Statement on artificial intelligence, robotics, and autonomous systems. March, 2018.

[10] Balasingam M. Drones in medicine?the rise of the machines. Int J Clin Pract 2017;71(9) [Epub].

[11] Mamoshina P, Ojomoko L, Yanovich Y, et al. Converging blockchain and next-generation artificial intelligence technologies to decentralize and accelerate biomedical research and health care. Oncotarget 2018;9(5):5665-90.

[12] Boulos MNK, Wilson JT, Clauson KA. Geospatial blockchain: promises, challenges, and scenarios in health and health care. Int J Health Geogr 2018;17:25.

[13] Griebel L, Prokosch HU, Kopcke F, et al. A scoping review of cloud computing in health care. BMC Med Inf Decis Mak 2015;15:17.

[14] Regota N, et al. Storing and using health data in a virtual private cloud. J Med Internet Res 2013;15(3):e63.

[15] Kaur PD, Chana I. Cloud-based intelligent system for delivering health care as a service. Comput Methods Prog Biomed 2014;113(1):346-59.

[16] Columbus L. 83% of health care organizations are using cloud-based apps today. Technology 7/17/2014.

[17] Kaur PD, et al. Cloud-based intelligent system for delivering health care as a service. Comput Methods Prog Biomed 2014;113(2014):346-59.

[18] Yao Q, et al. Cloud-based hospital information system as a service for grassroots health care institutions. J Med Syst 2014;38(9):104-12.

[19] Tang H, Jiang X, Wang X, et al. Protecting genomic data analytics in the cloud: state of the art and opportunities. BMC Med Genomics 2016;9(1):63.

[20] Shatil AS, Younas S, Pourreza H, et al. Heads in the cloud: a primer on neuroimaging applications of performance computing. Magn Reson Insights 2016;8(Suppl. 1):69-80.

[21] Your cloud in health care by VMware. ⟨http://www.vmware.com/files/pdf/VMware-Your-Cloud-in-Healthcare-Industry-Brief.pdf⟩.

[22] Nagaty KA. Mobile health care on a secured hybrid cloud. J Sel Areas Health Inform 2014;4(2):1-6.

[23] Kruse CS, Frederick B, Jacobson T, et al. Cybersecurity in health care: a systematic review of modern threats and trends. Technol Health Care 2017;25:1-10.

[24] Hao K. This is how AI bias really happens- and why it's so hard to fix. MIT Rev February 4, 2019.

[25] Chou Jm Murillo O, Ibars R. How to recognize exclusion in AI. Medium September 26, 2017.

[26] Eubanks V. Automating inequality: how high tech tools profile, police, and punish the poor. New York: St. Martin's Press; 2017.

[27] Bossmann J. Top 9 ethical issues in artificial intelligence. World Economic Forum October 21, 2016.

[28] ⟨futureoflife.org⟩.

[29] Torresen J. A review of future and ethical perspectives of robotics and AI. Front Robot AI January 15, 2018.

[30] Stuart Russell, TED Talk, May 15, 2017.

의료 인공지능의 현시대

미래는 이미 와 있다. 단지 골고루 분포하지 않을 뿐이다.

– 윌리엄 깁슨(William Gibson), 미국계 캐나다인 작가

의료 및 헬스케어에서, 특히 의료 영상 및 의사 결정 지원 같은 몇 분야에서 최근 인공지능AI에 대한 관심이 열광적으로 높아지고 있다. 의료 인공지능을 환대하는 이런 관심의 폭발은 여러 분야에서 머신러닝과 딥러닝의 성장과 채용으로 이어졌다. 그리고 지난 5~7년 동안 의료 및 헬스케어 인공지능에 관한 사용 가능한 자원이 전에 없이 훨씬 풍부해졌다. 인공지능 도구, 훈련된 전문가의 가용성과 더불어 의료 인공지능에 대한 벤처 자본 역시 높은 수준으로 올라갔고, 이제는 모든 인공지능 관련 투자의 10% 이상을 차지하고 있다. 헬스케어 인공지능의 여러 응용 영역 가운데 의료 인공지능 투자라는 관점에서 가장 활발한 분야는 의료 영상과 진단이고, 인사이트 및 리스크 분석 분야가 뒤따른다. 그밖에 활발한 분야는 생활 습관 관리와 모니터링, 응급실 및 병원 관리, 웨어러블, 그리고 정신 건강 프로젝트다. 더불어 여러 헬스케어 기업들이 성과뿐만 아니라 각 능력치에 따라서 인공지능 전략과 수행에 특히 강한 모습을 보이고 있다. 애트나Aetna, 앤섬Anthem, 시그나Cigna, 휴마나Humana,

메이오 클리닉Mayo Clinic, 서터 헬스Sutter Health[1]가 그들이다.

딥러닝 헬스케어 및 의료 응용은 특히 더 강력한 기능을 보이고 있지만 상대적으로는 아직 초보 수준에 있다. 딥러닝 및 그와 관련된 기술들은 증가하는 헬스케어와 의료 데이터에 점점 더 많이 응용될 것으로 보인다. 이 방법은 의료 영상에서 DNA 염기서열 분석 및 생체 조절 기능 관련 데이터 같은 유전체 데이터[2], 질병의 표현형 발현(임상적인 특성들, 바이오마커, 이미징, 질병 아형)[3] 등에까지 광범위하게 적용할 수 있기 때문이다. 딥러닝의 사용과 의사-데이터 과학자 간 협업의 대표적인 사례로 최근 국립보건서비스NHS와 구글 딥마인드가 환자 수백만 명의 안과 질환을 진단하는 프로젝트에 참여한 것을 들 수 있다(다음 장 참고). 눈에 띄는 다른 사례는 스탠포드 그룹이 「네이처」지에 보고한 피부암 연구다(아래 참고). 마지막으로 더들리Dudley 그룹은 환자의 전자의무기록을 미래 질환 프로파일을 예측하는 데 사용하는 딥 페이션트deep patient라는 개념을 깔끔하게 기술했다[4]. 그렇지만 딥러닝 예측은 여전히 기대에 미치지는 못하고 있다[5].

협력의 힘-인공지능(AI) 헬스케어를 향한 기반 시설 구축

데이비드 콕스 David Cox

- 영국 런던 신생아 전문의 과정, 토폴 리뷰(The Topol Review) 프로그램 인공지능 임상 강사

딘 모하메달리 Dean Mohamedally

- 영국 런던 유니버시티 칼리지 런던, NHS

헬스케어 인공지능 옹호자인 데이비드 콕스와 그의 동료인 딘 모하메달리는 이 글을 통해서 학계와 산업계, 헬스케어 제공자들 사이의 협력을 촉진하는 성공적인 영국의 산학협력 사업인 인더스트리 익스체인지 네트워크Industry Exchange Network를 소개한다. 콕스는 토폴 리뷰 프로그램의 인공지능과 로보틱스 임상 전임의다.

헬스케어 근무자들이 디지털 미래를 준비하는 방법에 대한 영국 NHS의 검토 작업인 "토폴 리뷰"[1]를 기념하는 토론에서 닐 로렌스Neil Lawrence 박사(아마존 IPC 머신러닝 팀의 책임자이자 아마존 리서치 캠브리지의 설립자)는 "자동화의 역사는 인간이 기계에 적응하는 것이었는데, 이제 인공지능이 우리에게 주는 희망은 기계가 인간에게 적응하는 것"이라고 말했다.

이런 희망은 흥분되지만 헬스케어 제공자, 학계, 산업계 사이의 관계에 대한 근본적인 재

검토와 변화를 필요로 하는 것으로 보인다[2]. 오랫동안 전 세계 헬스케어 시스템은 전 시스템에 걸친 헬스케어 기술에 대한 교육과 전문성 부족, 목적에 부합하지 않는 IT 기반 기설, 환자와 임상적 니즈를 충족하지 못하는 기술적 솔루션의 구입 등으로 몸살을 앓아 왔다.

단순하고 보편적인 "마법의 탄환" 같은 해법이 있을 것으로 기대하는 것은 순진한 생각이다. 그렇지만 일부 좀 더 진보적인 헬스 시스템은 그들의 협력 방법에 대한 재검토하고 재정의하고 있다. 지역 및 글로벌 대학과 기술 회사들 모두 상호 이익을 위해 장기적 관계를 구현하고자 시도하고 있는 것이다. 현재 전 세계적으로 이뤄지고 있는 광범위한 움직임을 모두 설명한다면 이 책의 두께가 두 배로 늘어날 것이고, 출판 시점에서는 이미 지나간 이야기가 돼 있을 것이다. 대신 여기서는 영국 NHS에서 진행되고 있는 청사진에 대해서만 소개하려고 한다. 이는 인공지능의 잠재력을 활용하고자 시도하는 모든 헬스케어 시스템에 적용할 수 있는 프레임워크로, 개인적으로는 검토됐던 다른 어떤 모델보다 전망이 있다고 생각한다.

2019년 초 영국에서 범국가적 프로젝트로 만들어진 "NHS를 위한 산업 변화 네트워크[IXN, Industry Exchange Network]"의 전제[3]는 사용자 중심, 환자 및 의사를 기반으로 하는 기술 개발은 보조적 역할을 하는 기술을 가진 다양하고 현대적인 인력의 개발과 궤를 같이 해야 한다는 것이다. 이런 전문 인력은 학계 및 산업계 협력을 가장 잘 활용할 수 있도록 헬스케어 시스템을 위해 전략적으로 설계해야 한다.

머신러닝과 인공지능은 이 시대 컴퓨터 과학 교육이 중점을 두는 핵심 분야다. IXN에 대한 개념은 유니버시티 칼리지 런던(UCL)의 컴퓨터 과학부가 8년의 걸친 개발, 운영 경험을 바탕으로 선구적으로 제안했다[4]. UCL IXN은 전 세계에서 가장 큰 컴퓨터 과학 관련 문제-중심 학습 프로젝트의 하나다. 매년 500명이 넘는 학부생과 석사 과정 학생들이 마이크로소프트, IBM, NTT 데이터, ARM을 포함한 300개가 넘는 기업 파트너들의 지원 하에 실제 세계 컴퓨터 과학의 문제들을 해결하기 위해 공을 들이고 있다. 학생들의 결과물은 개념 증명 기술 결과물로, 정말로 가치가 있다고 생각된 경우에는 더 진행시켜 나갈 수 있다.

오픈 소스 기술로 NHS를 지원하는, 영국 정부의 지원을 받는 아페르타 재단 CIC[Apperta Foundation CIC]1 설립 이후, IXN 모델에 참여하는 UCL 컴퓨터 과학 학생들이 병의원 또는 헬스

---

1 CIC는 Community interest company의 약자로 영국에서 사회적 기업을 부르는 말이다 – 옮긴이

시스템 문제를 풀기 위한 헬스케어 관련 프로젝트를 수행하는 수가 점점 더 늘어나고 있다. 작년에는 IXN 프로젝트의 3분의 1 이상이 헬스케어 관련이었다. NHS 멘토들과 파트너 기업 회원들이 적절하고 문제에 부합하는 프로젝트를 만들기 위해 협력하고 있다. 일련의 학생들이 수행하는 각 프로젝트에는 명망있는 산업계, 학계, 임상가 멘토들이 배정된다. 모든 프로젝트는 상호운용성, 효율성, 혁신성에 바탕으로 두고 설계되고 선택된다. UCL IXN 프로그램은 이제 세계에서 가장 큰 FHIR^Fast Healthcare Interoperability Resources과 OpenEHR^Open Electronic Health Record 교육 환경이다. 외부에 내용을 알리기 위해 학생들의 프로젝트를 출판하는 것이 IXN의 원칙이다.

UCL IXN은 그레이트 오몬드 스트리트 병원^GOSH에 있는 DRIVE라는 첨단 부서의 보완을 받는다. DRIVE는 디지털 리서치, 인포매틱, 가상 환경^Digital Research, Informatics, Virtual Environment의 약자로 이런 종류로는 세계 최초로 만들어졌다. GOSH와 UCL 대학, 기술·인공지능·디지털 혁신 분야의 선도적인 산업계 전문가들의 파트너십으로 세운 DRIVE는 진료에 혁명을 일으키고 환자 경험을 증강시키기 위해 최신의 기술의 파워를 활용하기 위한 독창적인 정보학 허브다[5]. DRIVE는 물리적인 부서이자 개념적인 부서다. 이런 부서는 IXN 모델을 지원하는 데 꼭 필요하다. 전용 물리적 공간과 공통의 문화를 제공할 뿐만 아니라, 의료인, 학계, 산업계가 함께 안전하고 비임상 공간 안에서 새로운 기술을 개발하고 검증하는 거버넌스를 제공한다.

UCL IXN을 통해서 개발된 학생 프로젝트들은 정신 건강을 위한 챗봇에서 시작해 웹 기반 치료, C형 간염 관리, 의사를 위한 머신러닝 교육까지 다양한 분야에 걸쳐 NHS 기술에 의미 있는 기여를 해왔다. 개발된 모든 소프트웨어는 오픈 소스로 아페르타 재단의 정부 지원을 받는 깃허브 저장소에 보관된다. 이런 오픈 소스에 대한 디폴트 라이선스는 AGPLv3로, 이 코드를 기반으로 추가 작업을 하는 경우 이것을 다시 모든 사람과 공유해야 한다는 것을 의미한다. 오픈 소스 코드가 소유권이 있는 코드에 임베딩되는 경우, 그 소유권이 있는 코드는 오픈 소스로 출시돼야 한다. 여기에 내재된 의도는 어떤 사람이나 기관이 "뭔가를 취하기만 하고 주지는 않는" 것을 방지하기 위함이다. 그렇지만 이것이 애저^Azure 같은 상업용 플랫폼에서 AGPLv3 애플리케이션이 실행되는 것을 금지하지는 않는다. 많은 IXN 프로젝트는 상업용 플랫폼에서 실행되는 AGPLv3 소프트웨어에 기반을 두고 있다.

UCL 컴퓨터 과학부 IXN 모델이 헬스케어 기술의 빠른 개발과 검증에 성공을 거두면서 다른 많은 영국 대학들도 수학, 물리학, 공학, 컴퓨터 과학, IT 강좌를 통해 프로젝트에 기여할 수 있게 하자는 제안을 받았다. 파이프라인 관리 운영과 국가적 수준에서 프로젝트의 우선 순위를 결정하는 것은 의사로 구성된 독립적 기구에서 평가한다.

UCL의 개방식 방법론은 국제적으로도 입증되고 있다. 미국에서는 여러 대학들이 컴퓨터 과학 학생들을 대상으로 마지막 학년을 위한 캡스톤 프로젝트를 개발하고 있다. 캡스톤 프로젝트는 개발 단위의 IXN 프로젝트에서 핵심 협력 요소를 모방한 것인데, UCL IXN 프로그램은 크고 작은 프로젝트에 걸쳐 전체 학년의 학생들에게 실제 세계에서 필요한 것을 제공한다는 부가 가치를 가지고 있다.

IXN 모델의 잠재적 가치는 헬스케어를 위한 새로운 인공지능과 디지털 제품을 만드는 데서 훨씬 벗어난다. 이 모델은 헬스케어 시스템/제공자, 학계, 산업계 사이의 개방적 협력을 촉진하고 관계를 강화한다. 의사들은 지역이나 국가 단위의 헬스케어 시스템을 개선하고 그들이 제공하는 케어의 질을 높이기 위해 헬스케어 기술의 잠재력에 대해 더 잘 이해할 수 있다. 서로 다른 헬스케어 기술 간의 차이를 배울 수도 있고 기술을 같이 설계하거나 개발할 것을 장려받는다. IXN 모델은 또한 컴퓨터 과학, 공학, 수학 등 보조적인 전문 기술을 가진 개인들이 그들의 경력 초기부터 헬스케어 시스템 및 의사들과 함께 일할 수 있는 경험을 할 수 있게 한다. 이것은 미래에 공생적인 방식으로 헬스케어 제공자들과 함께 일하도록 하는 의도를 가지고 있다.

IXN 모델의 규모를 키우는 것도 큰 잠재력을 가지고 있다. 하지만 가장 큰 영향은 의사들과 과학자들이 분야 간 경험과 지식을 공유할 수 있는 공인되고 가치있고 유연한 직업을 만들 수 있는 현대화된 전문 직업 코스와 연합될 때 실제로 구현될 것이다.

헬스케어의 미래는 의심의 여지 없이 기술에 의해서 강화될 것이다. 그렇지만 그 기술은 다양한 직군의 사람들로부터 동력을 받을 필요가 있을 것이다. 헬스케어 기술에서 큰 규모의 변화를 주는 것은 어려운 문제다. 하지만 IXN이 기초로 삼는 원칙과 기반 시설은 복제가 가능하고 학계, 산업계, 헬스케어 제공자들 간의 성공적인 장기적 협력에 있어 핵심적 역할을 한다. 그 결과는 지역, 국가, 글로벌 수준에서 환자, 의사, 시스템의 이익으로 돌아올 것이다.

참고 문헌

[1] Topol E. The Topol review: preparing the healthcare workforce to deliver the digital future, https://topol.hee.nhs.uk/.; 2019.

[2] Rimmer A. Technology will improve doctors' relationships with patients, says Topol review. BMJ 2019;364:l661.

[3] Cox DJ, Mohamedally D. A UK-wide IXN for the NHS-a new solution for a digital NHS. BMJ Opinion 2019. https://blogs.bmj.com/bmj/2019/03/20/a-uk-wide-ixn-for-the-nhs-a-new-solution-for-a-digital-nhs/.[accessed 21.03.19].

[4] Microsoft and Industry Exchange Network Projects. A white paper from Microsoft in association with UCL Computer Science, www.cs.ucl.ac.uk/staff/D.Mohamedally/msixn.pdf.; 2017 [accessed 21.03.19].

[5] Crouch H. GOSH looks to DRIVE healthcare technology forward. digitalhealth.net October 11, 2018. https://www.digitalhealth.net/2018/10/gosh-drive-healthcare-technology/. [accessed 21.03.19].

종합하면 빠르게 성장하는 의료 및 헬스케어 딥러닝과 인공지능에 대한 트렌드는 다음과 같은 분야에서 관찰되고 있다. (1) 의료 영상: 분류, 사물 감지, 세분화 기능을 갖춘 GPU 가속 딥러닝과 컴퓨터 비전 기술은 심전도, CT, MRI, 엑스레이뿐만 아니라 심초음파나 혈관조영술 동영상까지 광범위한 의료 영상 분석을 자동화시키고 있다[6]. (2) 의사 결정 지원: 딥러닝 기술은 진단과 치료, 복잡한 사건의 예측을 목적으로 의사의 경과 기록, 검사실 데이터, 약물 정보, 영상 판독지와 같은 다양한 형태의 전자의무기록을 정리하고 분석하는 데 사용될 수 있다. (3) 정밀 의료: 유전자 염기서열 데이터와 유전자 표현형 정보는 전체 인구 집단뿐만 아니라 개별 환자의 진단과 치료법 개발에 통합될 수 있다. 비구조화된 데이터를 체계적으로 정리하기 시작하면서 더불어 자연어 처리가 점점 더 중요해지고 있고, 관련 논문의 수도 증가하고 있다[7, 8]. 마지막으로 인공지능은 이제 약물 탐색, 블록체인 보안, 증강·가상·혼합 현실 같은 변형 현실 및 행정 작업, 로봇 자동화를 위한 작업 흐름에도 적용할 수 있다.

국가 수준에서도 의료와 헬스케어 인공지능 활용이 점점 더 활발해지고 있다. 미국은 물론 캐나다, 중국, 아시아 일부, 영국, 유럽 연합, 이스라엘, 호주 등과 같은 나라에서도 인공지능의 의료 응용에 대한 관심이 아주 높다. 의료 및 헬스케어 인공지능은 인공지능 에코시스템과 각 나아의 보건 전달 시스템이 교차하는 지점에 있기 때문에 특히 주목을 받는다. 각 나라는 자신만의 강점이 있다. 미국과 캐나다는 인공지능에 대한 기술 및 우수한 대학 연구 능력, 스타트업 자원이 강점이고 영국 역시 학계 명성을 장점으로 가진다. 이스라엘은 의료 영상 작업에서 중국은 안면 인식과 거대한 헬스케어 데이터 및 발전하는 인공지능 기술에서 강점을 가지고 있다.

중국의 의료 인공지능 훑어보기

린후아 탄 Linhua Tan

　　- 중국 항저우 저장대학교 의대 어린이병원

유 우니 카오 Yu Uny Cao

　　- 중국 항저우 저장성 지식재산권 교환센터

린후아 탄과 유 우니 카오는 지난해 AI메드 차이나AIMed China 프로그램의 좌장을 맡았다. 이 글을 통해 중국 의료 인공지능의 현재 상태, 증가하는 인공지능의 능력과 혁신적 헬스케어 솔루션을 위한 거대한 수요에 대해 말한다.

배경

전 세계 인구의 5분의 1을 차지하고 있고 빠른 경제 성장을 하는 상황에서 "불균형하고 불충분한 사회 발전과 사람들이 나은 삶을 위한 멈추지 않은 욕구 사이에 새로운 시대의 중국 사회의 핵심 모순이 드러난다"[1]. 그 욕구 가운데 더 나은 의료와 헬스케어가 있다.

2016년 중국 국무원은 "헬시 차이나 2030Healthy China 2030" 계획을 발표했다. 이것은 실행 안내 문서이자 유엔의 지속가능 발전을 위한 UN 2030 의제에 대한 중국의 약속이기도 하다. 2018년 건강한 중국 프로젝트를 위한 입법이 제안됐다. 같은 해 국제 개발 협력 에이전시 International Development Cooperation Agency도 설립했다. 이 기관은 중국이 글로벌 보건 문제에 관여하는 것을 관리하는 기관으로, 중국이 원조를 받던 나라에서 원조를 주는 국가로 탈바꿈했다는 것을 의미한다.

주요 난관

중국 헬스케어 시스템의 여러 가지 어려움은 중국이 처한 수요와 공급의 불균형에 기인한다. 공급 측면에서 보면 의사의 부족, 의사의 저임금, 지역 병원의 부재, 가정의학 의사에 대한 전통적인 무시가 있고, 수요 측면에서는 경증 및 중증 환자들 모두 주요 도시에 크고 전문화된 병원으로 쏠리는 문제가 있다[2, 3].

문제의 규모는 대단히 크다. "헬시 차이나 2030"에서는 2020년 중국 의료비 지출이 미국 달러로 환산시 1조 달러에 이를 것으로 예측하면서, 2030년에는 그 두 배에 이를 것으로 내다봤다. 지출은 헬스케어 분야에서 빠르게 증가하고 있다.

혁신적인 중국

불균형하고 불충분한 개발과 더 나은 의료 및 헬스케어 니즈 사이의 모순을 해결하기 위해서 국가 당국은 혁신에 기반한 개발 전략을 구사해 왔으며, 혁신적 중국의 모습은 어디서나 뚜렷이 관찰되고 있다. 세계 지식 재산권 기구WIPO/코넬 글로벌 혁신 지표Cornell Global Innovation Index 2018에서 큰 뉴스는 중국이 처음으로 가장 혁신적인 경제를 가진 국가 상위 20위 안에 포함됐고 중간 소득 경제의 모범 사례를 제공한다는 것이었다. 그런 성장은 중국이 최근 10여년 간 과학과 기술에 대한 지속적인 투자로 이어졌다. 유엔 보고서에 따르면 2017년 중국의 연구개발R&D 투자금은 구매력 기준 4520억 달러에 이른다. 이것은 미국의 5111억 달러에 근접한 수치이고, 중국의 연구 인력(연구자, 기술자, 지원 스태프)은 169만 명으로 가장 전 세계에서 가장 높다. 그 다음은 미국으로 138만 명이다[4].

따라서 이런 혁신이 더 나은 의료와 헬스를 전달하는 데 중요한 역할을 한다는 것은 놀라운 것이 아니다.

2018년 초 100개 넘는 중국국가과학기술진보상China's National Science and Technology Progress Awards들 가운데, 헬스 분야는 과학기술진보 분야의 다른 어떤 분야보다 많은 수상자를 냈다.

또한 입법부, 규제 당국, 대학 행정부가 대학의 기술 이전을 적극 장려하고 있다. 이를테면 중국에서 가장 높은 수준의 그룹에 속하는 병원인 쓰촨 대학 서중병원은 기관 차원에서 의학 연구에 대한 상업화에 적극적인 조치를 취했다. 그 결과 지난 5년 동안 60개 이상의 신약 물질에 대한 라이선싱 실적을 올렸고, 100억 위안(미국 달러 기준 15억 달러) 이상의 투자금을 유치했다. 병원의 조치는 그와 같은 활동을 국가 단위로 장려하기 위해서 국가위생건강위원회가 평가한다.

중국의 인터넷과 의료

중국은 약 25년 전에 인터넷 시대로 접어들었다. 그 이후 역동적인 전자 상거래 분야를 개발해 왔고 이제 이것은 국가적인 자부심이 되었다. 2015년에는 "인터넷 플러스" 모델을 국가적인 전략 과제로 채택했다.

의학에서 인터넷 플러스 모델은 맨 처음 중국 병원에서 의사를 만나기 전에 먼저 대기열에 번호를 남기는 방식으로 맨 처음 환자 "등록" 문제를 해결하는 데 도움을 줬다. 짧은 기간 동안 큰 대기업으로 성장한 선구적인 회사 위 닥터^{We Doctor}는 인터넷 플러스 의료 모델이라는 화두를 가지고 의사 부족, 홈닥터 부족과 같은 문제들을 해결하고 있다.

또 다른 인터넷 플러스 의료 회사인 딩샹위안^{DXY}은 의사에게 초점을 맞추고 의사로 구성된 중국 내 가장 큰 온라인 네트워크를 만들어냈다. 이후 DXY는 만성 질환 환자를 위한 온라인 컨설팅 서비스도 출시했다.

중국 인공지능과 의료

인터넷 플러스 물결 이후에 인공지능이 찾아 왔다. 세계적으로 유명한 인공지능 전문가인 리카이푸는 2018년 그의 책 『AI 슈퍼파워 : 중국 실리콘밸리 그리고 새로운 세계질서(리카이푸 지음, 박세정, 조성숙 옮김, 에이콘, 2019년 4월)』[5]에서 오늘날 미국과 중국이 인공지능 분야를 선도하고 있는데, 5년 이내에 몇 가지 인공지능 분야에서는 중국이 미국을 따라잡거나 앞지를 것이라고 예측했다. 그렇게 할 수 있는 이유로 대규모 인구, 역동적인 스타트업 문화, 다양한 기술자, 거대한 데이터, 국가 정책 등 여러 가지 장점을 들었다.

2016년 국가위생건강위원회는 중국 4개 도시를 보건 및 의료에 관한 빅 데이터셋을 위한 파일럿 사이트로 지정했다. 여기에는 지역 보건 데이터, 행정 데이터, 공중 보건 데이터, 출생과 사망 등록, 전자의무기록 등이 포함된다[6]. 이 프로젝트는 새로운 데이터 센터 기술, 컴퓨터 서버 및 저장, 인공지능을 활용한 데이터 분석 기술을 가진 큰 기술 기업의 사업으로 흘러들어 가고 있다.

최근 몇 년 사이 수십 개의 잘 알려진 인공지능 기술 회사들이 부상했고 그 가운데 일부는 유니콘 기업(기업 가치가 1조원이 넘는 회사)이 됐다. 이런 인공지능 회사들은 중국의 유수한 병원들과 긴밀히 협력하고 있다. 중국 식약처가 인공지능 진단 도구를 의료기기 허가 품목으로 포함시키는 발전도 있었다.

2019년 초, 중국의 선도적인 원스텝 헬스케어 플랫폼인 핑안 굿닥터^{Ping An Good Doctor}는 중국 내 8개 성과 도시에 1분 클리닉 서비스를 출시하고 1000개 기관과 서비스 계약을 맺었다.

이것은 핑안의 "인공지능 의사" 기술을 활용한 온라인 컨설팅 방식으로, 1분 클리닉 서비스를 자판기처럼 300만 명 이상의 사용자에게 제공한다.

알리바바는 자사의 시티 브레인 프로젝트를 진행하는 항저우에서 인공지능 앰블런스 프로젝트를 시험하면서 스마트 교통 통제 시스템의 기초를 만들고 있다.

마지막으로, 중국전통 한방의학TCM도 기술자와 기업가들로부터 더 많은 관심을 받고 있다. 2017년에는 처음으로 인공지능 기반의 TCM 클리닉이 개설됐는데, 여기서 의사는 고대 및 현대의 한방의학 대가들로부터 얻은 지식 데이터베이스를 활용해 진단과 처방을 할 수 있다.

참고 문헌

[1] China Daily. The 19th CPC National Congress [bi-lingual guide]. China Daily 2017 October 19. Available from, http://language.chinadaily.com.cn/19thcpcnationalcongress/2017-10/19/content_33442254.html.

[2] Reuters. AI ambulances and robot doctors: China seeks digital salve to ease hospital strain. 2018. Available from https://www..com/article/us-china-healthcare-tech/ai-ambulances-and-robot-doctors-china-seeks-digitalsalve-to-ease-hospital-strain-idUSKBN1JO1VB.

[3] The New York Times. China's Health Care Crisis: Lines before Dawn, Violence and 'No Trust'. The New York Times 2018 September 30. Available from , https://www.nytimes.com/2018/09/30/business/china-healthcare-doctors.html.

[4] The UNESCO Institute for Statistics. R&D data release, http://uis.unesco.org/en/news/rd-data-release.; 2018 [accessed 31.01.19].

[5] Lee KF. AI superpowers: China, Silicon Valley, and the New World Order. Houghton Mifflin; 2018.

[6] Zhang L, Wang H, Li Q et al. Big Data and Medical Research in China. BMJ 2018; 360:j5910.

영국 NHS의 인공지능 채택

크리스토퍼 켈리 Christopher Kelly

 - 영국 런던 딥마인드 NHS 잉글랜드

토니 영 Tony Young

 - 영국 캠브리지 NHS 잉글랜드, 영국 런던 사우스엔드 유니버시티 병원, 앵글리아 러스킨 대학교

크리스토퍼 켈리와 토니 영은 영국 NHSNational Health Service의 임상 기업정진 프로그램에 속한 의사들이다. 이 글에서 NSH의 현재 인공지능 채용 실태와 헬스케어 리더들 사이의 인공지

능에 대한 국제적 협력에 대한 미래 역할에 대해서 말한다.

영국 NHS는 세계에서 가장 크고 가장 오랜 전통을 가진 종합 헬스케어 시스템이다. 70년의 역사를 거치면서 안와 내 각막 이식, 완전 고관절치환술에서부터 CT, MRI 기술의 발전까지 여러 의학 발전의 최전선에 서 있었다. NHS는 인공지능을 포함한 광범위한 범위의 새롭게 부상하는 기술들에 대한 개발, 평가, 성공적인 배치에 대하여 세계의 리더가 되는 데 특출나게 유리한 입장에 있다.

이 글에서 우리는 NHS에서의 인공지능 잠재성을 정리하고 현재 상태와 도전을 탐색하고 인공지능 연구와 개발을 지원하기 위한 영국의 최근 노력, 이런 잠재적 변환 기술을 임상 진료에 안정적으로 사용할 수 있도록 바꾸는 데 필요한 여러 단계들을 정리하려고 한다.

인공지능이 NHS가 직면한 도전들을 해결하는 데 도움이 될 수 있을까?

1948년 NHS가 설립된 이후 헬스케어와 사회는 극적인 변화를 겪었다. 우리 사회는 고령화됐고, 고령자들은 종종 알코올 과다 섭취, 흡연, 안 좋은 식단, 운동 부족과 같은 이유로 다양한 생활 습관 질병들과 여러 개의 복잡한 장기 건강 문제를 가진다[1]. 영국 의료비 지출은 1948년 GDP의 3.5%에서 2016년 9.8%로 증가했다[2].

NHS만이 이런 도전적인 과제에 직면하고 있는 것은 아니다. 많은 국가들이 같은 문제로 씨름하고 있으며 임상 결과의 개선, 환자 경험의 증진, 헬스케어 제공자들의 노동 환경 개선, 이와 동시에 비용 절감이라는 의료의 4대 목표quadruple aim[3]를 위해 사투를 벌이고 있다. 인공지능은 이런 4대 목표를 실현시킬 수 있는 잠재력을 가지고 있고, 맞춤화 예측/예방, 조기 진단, 치료 최적화 등과 같은 장점을 줄 수 있다. 우리의 유전체, 엑스포솜exposome, 진료 기록, 기타 일상 생활에서 수집된 디지털 정보를 포함한 다양하고 광대한 데이터셋을 활용해 인공지능은 이런 비전을 실현시킬 수 있는 잠재력을 가지고 있다.

조기 진단과 관련해서 인공지능은 치료를 앞당기고 이환율, 사망률, 합병증을 줄일 수 있는 기회를 제공한다. 인공지능 시스템을 통해 전문가 수준의 진단법을 제공함으로써 헬스케어가 환자에게 더 가까이 다가가고, 비용을 줄이며 환자 경험을 개선할 수 있을 것이다. 더 나은 환자 분류triage, 진단의 속도 증진, 스케줄 개선 등을 통해 운영 실적과 생산성이 좋아짐으로써 의사들에게 직접적인 환자 케어로 돌아갈 수 있는 시간을 줄 것이다. 자가케어, 웨어러블을 통한 질병 모니터링과 새로운 질병의 출현을 알려주는 기능을 가진 새로운 인공지능은 NHS를 전환시킬 케어 패러다임을 만들어낼 수 있다.

NHS는 인공지능 연구와 개발, 배치에서 세계적 리더가 될 수 있는 유리한 지점에 서 있다

NHS는 단일 헬스케어 기관으로 세계에서 가장 크다. 직원이 130만 명에 이르고 매일 24시간 동안 100만명 넘는 환자를 보고 있어서[4], 여기서 생성되는 거대한 데이터는 헬스케어에서 세계를 선도하는 알고리듬을 개발하는 데 사용될 수 있다.

더군다나 영국은 국제적으로 명성이 높은 학술 기관들이 있는 곳이다. 이 기관들은 정부와 자선단체의 큰 연구 기금, 성공적인 생명 과학 산업, 발전된 제약 인프라, 헬스케어에 초점을 맞춘 풍부한 벤처 투자 회사 등에 접근할 수 있다. 한 예로 앨런 튜링 연구소는 이렇게 성장하는 인공지능 에코 시스템을 지원하기 위해 2015년 설립된 데이터 과학과 인공지능 관련 국립 연구소다.

NHS가 연구소와 기술 회사와 파트너십을 형성했을 때, 헬스케어 발전을 가속화시키는 큰 가능성을 갖는다. 예들 들어 마이크로소프트는 NHS 산하에 있는 GOSH 소아병원, 애든 브룩스 병원Addenbrooke's Hospital과 인공지능 개발에 대해 협력하기로 했다. 딥마인드는 무어필드 안과 병원, 임페리얼 컬리지 런던, 유니버시티 칼리지 런던 병원과 헬스케에에 필요한 새로운 알고리듬을 개발하기로 했다. 아마존은 NHS와 파트너십을 맺고 알렉사Alexa가 헬스케어 조언을 할 수 있게 만들기로 했다. 스타트업들도 NHS와 협업하고 있다. 센사인 헬스 Sensyne Health는 여러 영국 병원 재단들과 배타적 파트너십을 맺어 임상 인공지능 기술을 개발하고 있으며, 케이론 메디컬Kheiron Medical은 리즈 및 이스트 미들랜드에서 유방촬영술 영상을 시험하고 있는데, 이 프로그램은 NHS 잉글랜드의 테스트 베드 프로그램의 지원을 받고 있다.

영국 인공지능 산업을 가속화하기 위한 정부 전략

영국 정부는 NHS에서의 인공지능 중요성을 인식하고 있으며, 산업을 발전시키기 위한 여러 명확한 전략을 세워놓고 있다. 산업 전략 챌린지 기금ISCF은 "우리 시대 산업과 사회의 도전에 대응하기 위해" 4년 동안 연구 개발에 민관 합작으로 47억 파운드의 기금을 마련했다[5]. "핵심 도전" 과제의 하나는 데이터 사용 및 인공지능과 사용해 만성질환에 대한 예방, 조기 진단, 치료에 혁신을 불러 일으키는 것으로 여기에는 산업계와 학계에서 2억 1000만 파운드가 배정돼 있다. 2018년 11월에는 첫 번째 투자가 리즈, 옥스포드, 코벤트리, 글라스고, 런던에 있는 센터를 대상으로 이뤄진다고 발표했다. 초점은 영상, 병리, 진단이었다.

NHS는 인공지능 알고리듬을 헬스케어에 도입하기 위한 소개를 지원할 필요성을 인식하고, "데이터 기반 헬스케어 기술에 대한 실행 강령"을 마련했다[6]. 이는 환자, 의사, 연구자, 혁신가들 사이의 신뢰를 높이며 구제와 투자 과정, 계약 및 조달 진행 검토 단계를 간략하게 바꾸는 것을 목적으로 한다. 이를 통해 임상적으로 효과적인 혁신이 대규모로 이뤄질 수 있도록 장려하고 있다.

2019년 1월, NHS는 향후 10년 간의 핵심 목표를 설정했다. 디지털 기술은 "의사들이 최선의 진료를 제공하고 전체 진료 경로에 걸쳐 보장되지 않는 변형을 제거하며 환자들이 자신의 건강과 질병을 관리하는 것을 돕기 위한" 의사 결정 지원 시스템과 인공지능을 포함해 가장 중요한 환자 중심 시스템을 구축하는 데 핵심적인 역할을 한다.

NHS는 인공지능의 장점을 현실화하기 위해 더 많은 일을 할 수 있고 그렇게 하려고 한다

궁극적으로 환자에게 도움이 되는 인공지능 헬스 연구를 최적화하기 위해서 NHS가 초점을 두는 핵심 분야는 NHS 시스템 데이터 기반 시설, 규제 프레임워크와 임상 평가 전략의 수립, 인력 교육 지원이다.

"NHS"는 단수형 이름 때문에 하나의 조직을 의미하는 것으로 보일 수도 있겠지만, 실제로는 수백 개의 서로 다른 기관으로 구성돼 있다. 다양한 수준의 상호운용성을 가진 기관들 사이의 서로 다른 시스템을 가지고 있다는 사실은 단일 접근법으로 NHS 데이터셋을 모으는 것이 불가능함을 의미한다. 그렇지만 어려운 과제임에도 불구하고, 특정 질환 영역에서 이질적인 데이터셋을 합쳐서 새로운 인사이트를 얻어내는 것과 같은 놀라운 사례들이 나오고 있다. 퍼블릭 헬스 잉글랜드의 국가 암 등록 사업과 같은 것이 대표적인 사례다[7]. 머신러닝을 실제 세계 데이터셋에 적용하는 데 있어 가장 어려운 일 가운데 하나는 높은 수준의 레이블을 대규모로 만들어 내는 것이다. 이 문제를 극복했던 모범 사례는 망막단층촬영과 관련된 일을 하면서 딥마인드와 무어필드 안과 병원 팀이 했던 작업이다[8].

NHS의 목적이 인공지능의 잠재적 이점을 현실화하는 것이라면, 연구 목적을 위한 데이터 접근에 대한 절차를 간소화할 필요가 있다. 지역 건강·관리 기록 모범 및 디지털 혁신 허브Local Health and Care Record Exemplars and Digital Innovation Hubs 같은 사업은 이미 작동해서 이런 문제들을 해결해 나가고 있다[9].

의사들이 자신있게 혁신을 채용할 수 있도록 디지털 헬스 제품에 대한 신뢰할 수 있는 승인 절차를 세우고 공급자들이 그들의 제품이 규칙에 부합하도록 하며 헬스케어 제공자들과 책임자들에게 안심을 주기 위한 작업들이 진행중이다[10].

NHS가 인공지능 연구를 촉진할 수 있는 또 하나의 중요한 영역은 미래의 인공지능 알고리듬이 일관되고 비교 가능한 방식으로 검증할 수 있도록 표준화된 테스트셋을 개발하는 것이다. NHS는 예를 들어 유방촬영술 스크리닝, 당뇨병성 망막증 스크리닝, 폐 결절 진단 등 핵심 전략 질환 영역에서 데이터에 레이블을 붙이는 작업을 할 수 있었다. 환자들이 모든 배치된 알고리듬이 특정 질 표준에 부합해서 대표적인 인구 집단에서 독립적인 방식으로 평가됐음을 보증하기 위해서다.

빠르게 진화하고 있는 분야에 관한 헬스케어 근로자들의 교육과 훈련은 아주 중요하다. NHS는 최근 발표한 토폴 리뷰[11]를 통해, 인공지능을 포함한 고급 디지털 기술들이 환자에게 이익이 될 수 있도록 하기 위한 비전과 전략을 발표했다. NHS는 환자들과 폭넓은 대중이 헬스케어 분야의 데이터 과학의 장점을 포용할 때의 이점에 대하여 교육할 방법을 고민하고 있다.

결론

NHS는 환자에게 이로울 인공지능 시스템을 규모있게 개발하고 평가하고 배치할 수 있는 이상적인 환경을 제공할 수 있는 잠재력을 가지고 있다. 이런 잠재성을 완전히 현실화시키기 위해 NHS로서는 데이터 기술 기반 현대화, 현재와 미래 NHS 시스템을 위한 상호운용성에 대한 개선, 적절한 규제 환경, 이런 기술들의 상업화를 지원하기 위한 효과적인 방법의 개발과 같은 일들이 필요하다.

참고 문헌

[1] Khaw K-T, Wareham N, Bingham S, Welch A, Luben R, Day N. Combined impact of health behaviours and mortality in men and women: the EPIC-Norfolk prospective population study.

PLoS Med 2008;5(1):e12.

[2] Office of National Statistics. UK Health Accounts: 2016 [Internet]. 2018 April. Available from: https://www.ons.gov.uk/peoplepopulationandcommunity/healthandsocialcare/healthcaresystem/bulletins/ukhealthaccounts/2016.

[3] Bodenheimer T, Sinsky C. From triple to quadruple aim: care of the patient requires care of the provider. Ann Fam Med 2014;12(6):573-6.

[4] NHS England. The NHS long term plan [Internet]. 2019 January. Available from: https://www.longtermplan.nhs.uk/wp-content/uploads/2019/01/nhs-long-term-plan.pdf.

[5] UK Research and Innovation. Industrial Strategy Challenge Fund: for research and innovation [Internet]. 2017 May. Available from: https://www.gov.uk/government/collections/industrial-strategy-challenge-fund-jointresearch-and-innovation#from-data-to-early-diagnosis-and-precision-medicine..

[6] Department of Health & Social Care. Initial code of conduct for data-driven health and care technology [Internet]. 2018 Sep. Available from: https://www.gov.uk/government/publications/code-of-conduct-fordata-driven-health-and-care-technology/initial-code-of-conduct-for-data-driven-health-and-care-technology.

[7] National Cancer Registration and Analysis Service (NCRAS) [Internet]. Available from: https://www.gov.uk/ guidance/national-cancer-registration-and-analysis-service-ncras.

[8] De Fauw J, Ledsam JR, Romera-Paredes B, Nikolov S, Tomasev N, Blackwell S, et al. Clinically applicable deep learning for diagnosis and referral in retinal disease. Nat Med 2018;24(9):1342-50.

[9] NHS England. Local health and care record exemplars [Internet]. Available from: https://www.england.nhs.uk/publication/local-health-and-care-record-exemplars/.

[10] Department of Health and Social Care. Code of conduct for data-driven health and care technology [Internet]. 2019 February. Available from: https://www.gov.uk/government/publications/code-of-conduct-for-datadriven-health-and-care-technology.

[11] NHS Health Education England. The Topol Review [Internet]. 2019 February. Available from: , https://topol.hee.nhs.uk/.

참고 문헌

[1] Data from the Everest Group, 2019. www2.everestgrp.com.

[2] Rusk N. Deep learning. Nat Methods 2016;13(1):35.

[3] Deo RC. Machine learning in medicine. Circulation 2015;132:1920-30.

[4] Miotto R, Li L, Kidd BA, et al. Deep patient: an unsupervised representation to predict the future of patients from the electronic health records. Nat Sci Rep 2016;6(26094):1-10.

[5] Chen J, Asch SM. Machine learning and prediction in medicine- beyond peak of inflated expectations. N Engl J Med 2017;376(26):2507-9.

[6] Greenspan H, van Ginneken B, Summers RM. Guest editorial/Deep learning in medical imaging: overview and future promise of an exciting new technique. IEEE Trans Med Imaging 2016;35(5):1153-9.

[7] Kreimeyer K, Foster M, Pandey A, et al. Natural language processing systems for capturing and standardizing unstructured clinical information: a systematic review. J Biomed Inform 2017;73:14–29.

[8] Friedman C, Rindflesch TC, Corn M. Natural language processing: state of the art and prospects for significant progress, a workshop sponsored by the National Library of Medicine. J Biomed Inform 2013;46:765–73.

07

의사의 지능과 의료 인공지능

지능 기반 의료의 논리적 근거

현재 의료 현장에 있는 의사들은 퍼펙트 스톰을 맞이하고 있다. 개인 지식은 시간적인 제약으로 상대적으로 평평한 궤도를 따라 증가하는 것에 반해 알아야 할 의료 정보는 기하급수적으로 쌓인다. 더 복잡한 만성 질환들을 가진 환자들이 증가하고 있고, 많은 곳에서 다양한 종류의 데이터가 더 많이 증가하고 있다. 의료보험 청구분에 대한 지불 삭감이 높아지고 보험 회사와 시행에 대한 사전 승인을 받아야 하는 각종 수기와 검사 비율은 올라가고 있다. 전자의무기록EHR과 과중한 업무량에 대한 부담으로 스트레스가 심하고 번아웃이 발생하기도 한다.

다음 10년 동안의 정보학: 인공지능이 전자의무기록 사용 방식을 바꿀 수 있을까?

윌리엄 피스터 William W. Feaster

– 미국 캘리포니아 주 오렌지카운티 소아병원 최고헬스정보책임자

윌리엄 피스터는 마취과 전문의이자 임상정보의다. 이 글을 통해서 인공지능이 중요한 지식 원천을 발췌해서 전자의무기록을 만드는 방법과 자동화된 프로세스를 위한 인공지능의 활용법에 대해 말한다.

빌 게이츠는[1] 1995년 『미래로 가는 길』(삼성출판사, 1995)이라는 책에서 "우리는 항상 다음 2년 동안 일어날 변화는 과장하지만 앞으로 10년 동안 일어날 변화는 간과한다."라고 했다. 이 말은 인공지능이 의사가 전자의무기록을 가지고 일하는 방식을 재정의할 수 있는지 설명하려고 할 때 특히 들어맞는 것으로 보인다. 의사들은 여러 목적을 사용될 자료를 만들고 보험 청구를 위해 문서 작업, 클릭, 데이터 입력과 같은 일 등으로 인한 과부하에 시달리고 있다. 이런 행정적 과부담으로 인해 환자에게 할애할 시간을 뺏기는 것에 불만이 많다. 그래서 의사 번아웃 비율이 높다[2]. 의사들은 이런 부담을 줄여줄 방법을 간절히 원하고 있다. 일부는 일시적 해법으로 의사 대신 기록해주는 사람인 의료 스크라이브^{medical scribe}를 찾고 있고, 일부 기관은 좀 더 비용 면에서 효과적인 해법으로 검사실에서 구글 글래스 같은 도구를 사용해 가상화 스크라이브 방법을 모색하고 있다.

구글, 마이크로소프트, 서너^{Cerner}와 같은 전자의무기록 회사들은 진료실에 카메라와 마이크를 설치해 다양한 대화와 상호 작용을 저장하고 환자 방문, 전자의무기록 데이터 입력, 노트 작성과 처방 입력 등과 같은 일을 하기 위해서 음성 인식과 자연어 처리^{NLP} 기술을 활용하고 있다. 현재는 이와 같은 것들이 미래의 제품이지만 앞으로 2년 안에 이런 기술들이 광범위하게 사용될 것이라는 생각은 매우 낙관적으로 볼 수 있다. 의료 기관들이 이러한 최첨단 기술들을 적용하는 데는 오랜 시험 기간이 필요할 것이다. 여기서 첨단이라고 하는 것은 현재를 기준으로 본 관점으로, 마우스와 키보드를 사용하고 또는 음성 인식 소프트웨어로 강화된 컴퓨터와의 상호 작용하는 방식을 말한다. 그런데 문제는 이것도 과거 전자의무기록을 탈피한 방법은 아니라는 것이다. 비교하자면 마치 돼지에게 립스틱을 주는 것과 같다.

전자의무기록은 텍스트 포맷으로 돼 있어 분석하기에는 다소 불편함에도 불구하고 환자 데이터에 대한 유용한 저장소이고 의료 기관의 서비스를 운용하는 데 도움이 되기 때문에 그렇게 빨리 다른 것으로 대체되지는 않을 것이다. 전자의무기록이 케어의 질과 안정성을 개선한다는 점에는 대부분 동의할 것이다. 전자의무기록 덕분에 휘갈려 써서 잘 읽지 못하는 경과 기록이나 수기로 작성한 처방전이 사라졌고, 거기에 따른 투약 오류도 없어졌다. 그렇지만 이런 장점들은 수적으로 적은 데다 고임금을 받는 의사들의 수고에 의존한다는 점은 그다지 바람직하지 않다. 전자의무기록에서 수행하는 통상적 기능의 많은 부분은 로보틱 프로세스 자동화^{RPA}의 후보다. 그런 도구의 일부는 단지 널리 퍼지지 않았을 뿐 이미 사용 가능한 상태다. 예를 들어 환자 진료에 대해 청구할 때, 서비스 제공자들은 사용자들이 실행된 서비스의 수준이나 수기에 따라서 수작업으로 해당 의료 행위 분류CPT 코드를 선택한다. 자연어 처리를 통해 사용자 문서를 스캔하고 적절한 코드를 할당하는 발전된 도구들이 이미 나와 있지만 가격이 비싸다. 자동 청구 분석 소프트웨어가 청구서를 분석하고 보험회사에 지불 요청서를 보낼 때까지 사람이 중간에 끼어들 필요가 없어야 한다. 사람은 자동화 프로세스에서 문제가 되는 건들만 처리하면 될 것이다. 지금도 정교한 시스템에는 이런 기능이 포함돼 있다.

이런 일 이외에도 전자의무기록, 환자 치료와 관련해 의료 서비스 제공자들과 회사들이 인공지능 기술을 적용하고자 초점을 맞춰 가고 있는 주제는 다양하다. 여기에는 외부 공격을 분석하는 보안 시스템, 사전에 정의된 이미지 분석에 기초해 업무의 우선순위를 정하거나 폐렴에 대한 흉부 방사선 영상을 판독하는 이미징 시스템, 안과 검사를 자동으로 해석하거나 암성 피부 병변을 진단하는 시스템 등이 포함된다. 이런 기술의 많은 부분은 지금도 사용 가능하다. 하지만 비용 문제로 인해 적용 속도는 느려질 것이다.

인공지능 기술을 환자 케어에 응용하는 데 있어서 가장 흥미로운 분야는 서비스 제공자의 지능 증강이다. 여기서 의미하는 바는 기계, 서비스 제공자, 환자를 연결시켜 모든 의학 지식을 합성할 수 있는 기계 지능의 힘과 유전체 데이터부터 웨어러블까지 환자와 관련된 모든 데이터를 활용해 환자와 서비스 제공자에게 질환에 대한 최선의 진단과 치료 권고를 전달하는 것을 말한다. 전자의무기록을 통한 이와 같은 시도에서 우리가 처음으로 경험한 것은 비교적 간단한 규칙 기반 경고 시스템이다. 챌런Chanllen 등은[3] 사전 정의된 규칙에 기반한 임상 의사 결정 지원시스템이 의료의 질을 향상시켜 왔다고 기술한다. 그렇지만 사전 정의된 규칙은 복잡한 데이터, 진단적 불확실성을 제대로 처리하지 못한다. 그래서 머신러닝ML 알고리듬이 필요하다.

빅데이터에 있어 머신러닝의 진정한 힘은 한 환자 또는 한 병원의 데이터에 분석뿐만 아니라 비슷한 질환을 가진 여러 기관의 여러 환자의 것을 분석하는 것에서 나온다. 이것이 궁극적인 빅데이터의 도전이며, 오늘날 전통적인 의학 연구의 많은 부분을 바꿀 가능성이 있다. 가장 큰 장애는 건강보험이동성과 결과보고책무활동HIPAA 에 따라 보호되는 프라이버시 보호다. 데이터 공유를 위해 개인 식별 정보를 없애는 것이 어렵기 때문이다. 이런 데이터 교환을 촉진시킬 수 있는 최근 기술이 바로 블록체인이다. 블록체인을 사용하면 데이터 프라이버시가 유지되고, 데이터는 원래의 데이터베이스에 그대로 있으면서 필요한 데이터만 인출할 수 있다. 인출된 데이터를 분석해 최선의 치료와 환자 결과를 결정하는 데 이용 가능하다. 그렇게 된다면 컴퓨터는 의학 논문에 존재하는 최신 지식과 더불어 심지어 더 유용한 지능 조력자가 될 것이다. 컴퓨터는 비슷한 질환을 가진 수천 또는 심지어 수백만 환자들로부터 학습을 할 수 있기 때문이다. 이런 기술들이 더 멀리 있는 것처럼 보일 수 있다. 환자 데이터를 공유하는 것과 관련된 프라이버시 규제를 극복하지 못하고 있기 때문이다.

인공지능 이니셔티브는 케어 제공자만 대상으로 하는 것이 아니라 환자도 그 대상이 될 것이다. 현재 진행되는 정부 이니셔티브는 환자에게 데이터 소유권과 권리를 주는 것이다. 만약 이런 개념이 진화한다면 환자를 대상으로 하는 인공지능 애플리케이션은 환자에게 케어를 안내하고 적절한 교육 자료를 제공하며, 의사 또는 전문가와 언제 상담이 필요할지 등을 안내하게 될 것이다. 유전체 검사는 23앤드미23andMe 같은 회사 서비스 등을 사용해 모든 사람에게 열릴 것이다. 아직은 제한적인 분야에서만 실행되고 있지만 이런 회사들은 환자의 유전자 분석을 통해서 환자가 어떤 건강 위험에 놓일 수 있는지 예측할 것이다. 환자의 유전체 데이터에 접근할 수 있다면 복용하고 있는 약에 대한 약물유전체학 분석을 통해서 어떤 약물이 적당한지 그렇지 않은지를 알 수 있다. 따라서 의사들의 적절한 처방을 할 수 있도록 정보를 주게 될 것이다. 환자들이 자신의 데이터를 소유하는 것의 잠재적 이점은 환자가 자신의 의료 데이터를 통제하고 HIPAA의 제한 없이 자신의 데이터를 공유할 수 있다는 것을 의미한다. 아마도 그것이 그러한 데이터 공유 장애를 극복하는 방법일 것이다.

이런 모든 것들이 상당히 미래의 일처럼 보일 수 있다. 하지만 지금 그런 일들이 벌어지기 시작했다. 우리는 미래에 전자의무기록 업무에서 점점 더 많은 인공지능 도구가이 사용되는 것을 목격할 것이다. 10년이면 충분할 것이다. 많은 것에 대한 유일한 문제는 단지 그것이 고르게 분포하지는 않을 것이라는 것뿐이다!

참고 문헌

[1] Gates W. The road ahead. Viking Penguin; 1995.
[2] Verghese A, Shah N, Harrington R. What this computer needs is a physician: humanism and artificial intelligence. JAMA 2018;319(1):19-20.
[3] Challen R, Denny J, Pitt M, et al. Artificial intelligence, bias and clinical safety. BMJ Qual Saf 2019;28:231-7.

세부 전공과목에 상관없이 인공지능을 진료에 포함시켰을 때, 의사에게 이익이 될 수 있는 이유는 아주 많다.

첫 번째, 인공지능과 의사는 강력한 팀이 될 수 있다. 셜록 홈즈와 닥터 왓슨, 스타 트렉의 캡틴 커크와 미스터 스포크처럼 말이다. 인공지능은 의료 영상 판독에서 의사 결정 지원에 이르기까지 무수히 많은 활동에서 보조 눈과 두뇌 역할을 잘 수행할 수 있을 것이다. 이 파트너는 참을성, 객관성 등 자연적인 인간의 취약점을 보충하는 능력을 가졌을 뿐만 아니라 부가적 차원의 능력을 부여해 줄 것이다.

의사의 인공지능 수용

케빈 마허 Kevin Maher

– 미국 조지아주 애틀란타 에모리대학교 의과대학 소아과, 애틀란타 소아 헬스케어 심장내과 중환자실,
　조지아공과대학교 소아기술센터

케빈 마허는 데이터 과학에 열정을 가진 소아심장 전문의다. 이 글을 통해 인공지능을 이해하는 미래의 의사가 그렇지 않은 동료에 비해 가질 수 있는 잠재적 이점과 인공지능 수용으로 인해 강화되는 지능에 대해 이야기한다.

인공지능이 의료의 미래와 헬스케어 전달 방법에 대하여 중요한 영향을 줄 것이라는 사실이 점점 더 분명해지고 있다. 다양한 인공지능 애플리케이션이 의료 분야에 소개되면서, 얼마나 빨리 의사들이 그것을 받아들이고 채용할 수 있을지에 대한 다양한 변수가 존재할 것이다. 인공지능 채용 속도는 전문 과목, 지리적 위치, 나이, 개별 의사의 경험뿐만 아니라 법적 측면, 규제, 보험 같은 측면에 따라서 달라질 것이다.

변화는 어렵고 느리며 많은 사람들의 저항에 부딪친다. 특히 변화를 잘 이해하지 못하거나 심지어 두려움을 느낄 때 더욱 그렇다. 이것이 현재 인공지능과 함께하는 우리의 상황이다. 이런 불확성의 일부 이유는 의료에서 최종적인 인공지능의 통합이 어떤 식으로 일어날지 이 분야 전문가들도 모르기 때문이다. 인공지능이 빠르게 발전하고 새로운 애플리케이션들은 빠른 속도로 개발되고 있다. 15년 전을 생각해 보자. 전자의무기록은 매우 제한돼 있었고, 전국 여러 의료 기관에 여전히 종이 차트가 존재했다. 미국 정부가 전자의무기록 채용을 장려하자 전자의무기록 사용이 크게 늘었다. 오늘날은 전자의무기록을 사용하지 않는 의료 기

관은 일반적인 진료 표준에 어긋난 것으로 여겨진다. 이런 변화가 인공지능에서도 일어날까? 나는 그 대답이 "예"라고 하는 것에 의심을 없으며, 변화는 일어날 것이다.

오늘날 의료 서비스를 제공하는 것은 이전에 비해 훨씬 복잡하고 도전적이다. 의사들은 환자에게 할애할 시간이 부족함을 느끼고 있으며, 쏟아지는 정보에 압도되고 전자의무기록에 보내는 시간에 대해 좌절감을 느낀다. "OMIC(체학)" 혁명, 웨어러블 데이터, 의학 연구를 통해 계속 추가되는 지식 등으로 내일의 헬스케어 제공자는 주어진 환자의 정보를 다 감당하지 못할 것이다. 이것이 인공지능이 임상 케어와 만나는 지점이다. 인공지능은 아마도 유용하지만 관리가 불가능한 데이터의 홍수로부터 의사들을 구하게 될 것이다.

헬스케어 제공자들이 인공지능을 받아들이고 편안하게 느낄 수 있게 하려면, 인공지능에 대한 일정 정도의 이해가 필요하다. 인공지능이 어떤 식으로 진료를 지원할 수 있는지에 대한 지식은 헬스케어 시스템이 잘못 알려진 "블랙박스"와 같은 사고방식으로부터 벗어나도록 하는 데도 필요하다. 의사에게 인공지능 교육은 의과대학에서 시작돼야 하고, 교육받는 모든 사람은 인공지능, 정보학, 새롭게 수상하는 이 분야에 대한 현재의 응용법과 그 미래에 대한 깊은 이해를 갖춰야 한다. 석사 과정과 같은 고급 수련에 대한 기회도 의과대학에서 커리큘럼의 하나로 고려해야 한다. 미래에 이 분야의 교육자들과 리더들에 대한 수요가 매우 높아질 것이기 때문이다.

멀지 않은 미래에 혹은, 현재에도 인공지능은 의료 현장에서 의사 결정, 안전과 질 향상, 영상 및 병리 판독, 환자 상태 변화에 대한 조기 경고 제공 등과 같은 일을 더 잘하는 데 사용될 것이다. 그리고 그 작업 리스트는 계속 증가할 것이다[1-4]. 현 시점에서 부족한 것은 인공지능 알고리듬의 "골드 스탠다드"다. 어떤 인공지능 프로그램이 각 환자와 질병에 최선일까? 인구집단 x 또는 y에 대한 이상적인 알고리듬이 있을까? 그리고 이상적인 알고리듬은 어떻게 결정해야 하는가? 의사가 인공지능의 도움을 받아서 세운 치료 계획이 잘못됐고 환자가 고생한다면 누가 배상해야 할까? 연방정부는 인공지능 의사 전문가들과 함께 이 분야가 널리 현장에 적용될 수 있도록 하기 위해서 이 분야를 규제하는 어느 정도의 감독을 제공할 필요가 있을 것이다. 인공지능의 많은 요소에 대한 자세한 평가는 여전히 검토되고 연구되고, 토론을 위해 발표돼야 한다. 이런 활동에는 인공지능에 대한 법률적, 규제적, 신뢰성에 대한 내용과 의료에 적용되는 방법이 포함된다. 마지막으로 인공지능을 받아들이고 채택하도록 독려할 것은, 인공지능이 의사를 대체할 것이라고 하는 기대가 아니라 인공지능을 이용하는 의사가 그렇지 않는 의사들을 대체할 것이라는 인식일 것이다[5].

참고 문헌

[1] Poplin R, Varadarajan AV, Blumer K, et al. Prediction of cardiovascular risk factors from retinal fundus photographs via deep learning. Nat Biomed Eng 2018;2(3):158-64.
[2] Gulshan V, Peng L, Coram M, et al. Development and validation of a deep learning algorithm for detection of diabetic retinopathy in retinal fundus photographs. JAMA 2016;316(22):2402-10.
[3] Esteva A, Kuprel B, Novoa RA, et al. Dermatologist-level classification of skin cancer with deep neural networks. Nature 2017;542(7639):115-18.
[4] US Food and Drug Administration. FDA permits marketing of artificial intelligence-based device to detect certain diabetes-related eye problems. FDA news release, https://www.fda.gov/newsevents/newsroom/pressannouncements/ucm604357.htm; 2018.
[5] Obermeyer Z, Lee TH. Lost in thought the limits of the human mind and the future of medicine. N Engl J Med 2017;377:1209-11.

두 번째, 의학 지식의 양이 기하급수적으로 증가하고 있고 그 속도가 몇 개월에 걸쳐 2배로 뛸 정도여서, 의사들은 관련 문헌을 읽고 지적 능력을 유지할 충분한 시간이 없다는 것이다. 인공지능은 유용한 최신 지식 리소스가 될 수 있으며 심지어 전자의무기록의 일부가 될 수도 있다.

세 번째, 인공지능은 반복적인 업무를 줄이는 데 도움을 줄 수 있다. 의사들이 억지로 해야만 하는 일들에 대한 부담을 줄여줄 수 있는 것이다. 이런 현상은 특히 좀 더 경험이 많은 의사들에게 관찰된다. 그들은 자신의 일에 가장 노련해져서, 그런 성가신 일을 좋아하지 않기 때문이다. 성가신 업무는 통상적인 검사의 판독, 재처방, 검사 데이터 확인, 다양한 이해 관계자와의 일상적인 정보를 가지고 소통하는 일 등이다. 그러한 과중한 부담을 경감시킴으로써 그런 일들과 관련된 의료 과오를 피할 수 있게 해 준다.

의료 과오와 인공지능의 전망

존 리John Lee
– 미국 일리노이주 네이퍼빌 소재 에드워드-엘름허스트 헬스케어

존 리는 최고의료정보담당자CMIO이자 경험 많은 정보학 전문가다. 그는 이 글을 통해서 인공지능

의 적절한 사용을 통해 예방 가능한 의료 과오로 발생하는 수많은 사망을 줄이고 케어의 질을 높일 수 있다고 주장한다.

현대 의학 기술의 많은 부분은 세간의 이목을 사로잡는 용도에 집중돼 있다. 이런 모든 것은 충분히 흥분되고 신문의 헤드라인을 차지하지만, 목적이 빛나면 빛날수록 그런 기술의 잠재력은 특수한 용도에 제한돼 있는 경우가 많다. 반면 무시되기 쉽지만 훨씬 흔한 사례는 의료 과오와 함께 그것에 관여하는 수많은 매우 따분한 것들, 이를테면 약물 조화medication reconciliation,[1] 의사소통 붕괴, 권력 거리 등이다. 그것들은 일상적이고 섹시하지 않지만 너무나도 흔한 의료 서비스의 부산물이다[1].

미국 국립의학연구소IOM의 기념비적인 보고서 『인간은 실수하기 마련이다To Err is Human (IOM, 1999년 11월)』는 미국에서 연간 4만 4000~9만 8000 명이 예방 가능한 과오 때문에 사망하는 것으로 추산했다. 이는 자동차 사고, 유방암, 에이즈로 인한 사망 건수보다 더 높은 수치다[2]. 좀 더 최근에 나온 4개의 고찰 논문은 의료적 손상 정도가 IOM이 추산한 수치 대비 10 배 이상일 것으로 추산했다. 경우에 상관없이 놀라운 숫자다.

우리는 종종 이러한 과오의 원인에 대한 감을 갖고 있지만 이런 인사이트의 대부분은 철저한 후향적인 수작업 데이터 추출로 얻은 것들이다. IOM 보고서는 1984년 뉴욕 병원 중 임의로 선택한 51곳에서 임의로 선택된 3만 건의 퇴원 자료를 후향적으로 검토한 하버드 연구에 주로 의존했다[4]. 좀 더 최근에 제임스가 시행한 분석 역시 의무 기록 수십만 건을 수작업으로 진행한 검토에 의존하고 있다[3].

진정한 영향을 주기 위해서는 이런 과오를 파악하고 정리해야만 한다. 과오가 무엇인지 알아내기 위해, 발생 시점에서 오랜 시간이 지난 후 사람이 진행하는 하나의 수작업 검토에 의존할 수는 없다. 심근경색이 동맥경화반의 파열에 의한 것이라든지 암은 예전에 잠자던 유전자의 활성에 의한 것을 아는 것과 마찬가지로, 우리는 시스템의 의료 과오라는 "질병"의 병태생리학을 알 필요가 있다.

생화학, 조직학, 해부학, 영상 의학 기술 등을 사용해 질병 상태의 해부학과 병리를 연구해야 하듯이, 이런 과오에 대한 걸러지지 않은 진정한 원인들을 드러낼 수 있는 기술들을 사

---

1 이전 약물처방 이력을 조사하고 현재의 처방을 결정하는 일 – 옮긴이

용해야만 한다. 그런 데이터는 항공기의 "블랙박스"처럼 과오를 일으키는 모든 종류의 데이터를 수집할 것이고 후향적 수작업 검토 같은 것도 필요하지 않게 될 것이다.

시스템적인 과오는 과중한 부담을 떠안거나 산만한 상태에서 실수를 유발하는 인간의 경향 때문에 발생한다. 질병의 병태생리학을 알아내기 위해 생화학, 조직학, 영상의학 또는 익숙한 기술들을 사용하는 것처럼 그러한 인간의 경향을 분석할 수 있는 기술들을 사용할 필요가 있다.

만약 그런 과오 관련 메타데이터를 감지하고 기록할 수 있다면, 그런 데이터를 임상적 데이터 웨어하우스에 모아진 데이터와 결합할 수 있을 것이다. 그러면 데이터의 마술을 이용해 그런 과오의 인과관계를 파악할 수 있다.

어떻게 그런 일을 해야 할까? 안정성 데이터의 중심은 안정성 보고서다. 그렇지만 대부분의 안전성 보고서 시스템은 보고자가 여러 가지 항목과 한 무더기의 필요한 메타데이터를 채워넣어야 한다. 그 과정은 고달프고 데이터 수집도 상당히 어렵다. 그런 결과 진정한 과오와 시스템 안전 문제의 기껏해야 10% 정도가 감지되거나 보고된다[5]. 여기에서 "인공지능"이라는 표제 도구와 고급 데이터 도구가 명확성을 제공하고 묻혔을 수 있는 과오들과 안전성 문제들을 명백하게 드러나게 할 수 있다.

우리는 관찰자가 안정성 보고서를 압축하고 입력하는 데 들이는 노력을 줄여야 한다. 안정성 사고에 관한 실제 기술은 그저 이런 보고서의 일부일 뿐이다. 이런 과정에서 힘든 부분은 이들 보고서에 구조나 통계적인 분석을 더하기 위해 데이터나 메타태그들을 추가하는 일이다. 이런 활동은 지루하고 보고서 제출에 장애가 되기도 한다. 데이터 입력 프로세스의 지루한 부분을 완화할 수 있다면 안정성 보고서 생산을 촉진할 수 있고, 눈에 보이지 않는 90% 이상의 과오에 대한 분명한 그림을 얻을 수 있을 것이다.

임상 처리를 기록하는 전자의무기록 속 데이터는 종종 근본적인 시스템 안전성을 드러낼 수 있다. 다행히도 우리 헬스케어 시스템은 디지털 문서를 광범위하게 채택하고 있어 많은 양의 데이터가 수집되고 있다. 동시에 이런 데이터를 소비하고 분석할 수 있는 데이터 기술에도 쉽게 접근할 수 있다. 병원은 이런 도구들을 사용하여 과오와 안전성 문제를 더 빠르게 파악해나가기 시작했다[6]. 이는 그런 과오나 사건들이 내재화되거나 널리 퍼지기 전에 시스템적인 문제를 해결할 수 있도록 더 나은 기회를 제공한다는 것을 보여준다.

상해를 입히는 과오들은 물리적인 업무 과정에서 발생하기 때문에, 컴퓨터 비전은 이런 사고를 감지하고 기록하는 데 특이 유망한 기술이다. 가게에서 도둑질하는 행동을 감지하는 데 사용하는 기술이 있다[7]. 비슷한 기술을 활용해 손씻기를 하지 않는 직원, 낙상 위험이 있는 환자 또는 손상을 입힐 가능성이 있는 물리적인 사건 등을 알아낼 수 있을 것이다.

인공지능은 다른 질병 과정의 병태생리학을 알아냈던 것과 같은 방식으로 의료 과오의 병태생리학을 알아낼 수 있는 길을 만들어 줄 수 있다. 이는 대규모로 실수 관련 연구를 할 수 있게 해주고, 궁극적으로 심장병이나 암과 싸운 것과 비슷한 경로로 의료 과오를 대응할 수 있게 해 줄 것이다.

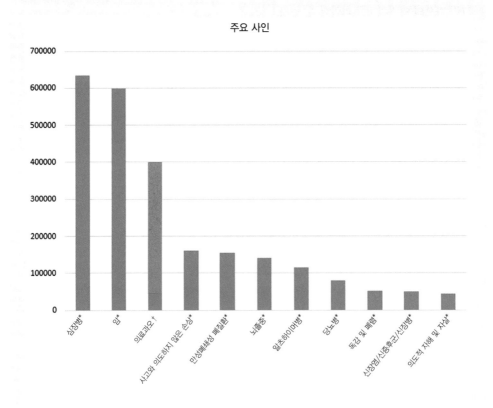

주요 사인

* https://www.cdc.gov/nchs/fastats/leading-causes-of-death.htm, accessed 2/6/2019
+ Kohn, L. T., Corrigan, J., & Donaldson, M. S. To err is human: Building a safer health system. Washington, DC : National Academy Press, 2000; A New, Evidence-based Estimate of Patient Harms Associated with Hospital Care. James, John T. PhD. 3, 2013, Journal of Patient Safety, Vol. 9, pp. 122-128.

참고 문헌

[1] Bush J. How AI is taking the scut work out of health care. Harv Bus Rev [Online] March 5, 2018. https://hbr.org/2018/03/how-ai-is-taking-the-scut-work-out-of-health-care.

[2] Kohn LT, Corrigan J, Donaldson MS. To err is human: building a safer health system. Washington, DC: National Academy Press; 2000.

[3] James JT. A new, evidence-based estimate of patient harms associated with hospital care. J Patient Saf 2013;9:122-8.

[4] Brennan TA, Leape LL, Laird NM, et al. Incidence of adverse events and negligence in hospitalized patients: results of the Harvard Medical Practice study. N Engl J Med 1991;324:377-84.

[5] Griffin FA, Resar RK. IHI innovation series white paper IHI global trigger tool for measuring adverse events. 2nd ed.?Cambridge, MA: IHI; 2009.

[6] Classen D, et al. An electronic health record-based real-time analytics program for patient safety surveillance and improvement. Health Affairs 2018;37:1805-12.

[7] Vincent J. This Japanese AI security camera shows the future of surveillance will be automated. The Verge [Online] June 26, 2018. https://www.theverge.com/2018/6/26/17479068/ai-guardman-security-camera-shoplifterjapan-automated-surveillance. [cited 17.01.19].

네 번째, 인공지능은 만성적이고 복합적인 질환을 가진 환자들을 관리하고 케어 관리를 높이는 데 도움이 된다. 특히 그런 환자들이 유전체 데이터, 영상, 웨어러블 기술 등 서로 이질적인 정보원을 가지고 있을 때 더욱 효과적이다. 인공지능이 그런 데이터들을 효과적으로 수집하고 관리하려면 중앙 데이터 및 정보 저장소가 꼭 필요하다.

다섯째, 의사들은 현재 높은 수준의 스트레스를 받고 있고 상당수는 번아웃에 직면해 있거나 이미 번아웃 상태다. 인공지능을 사용하면 특히 종종 좌절을 안겨주는 주 요인의 하나인 전자의무기록 관련 부담을 경감시킬 수 있다. 업무 로드를 자동화하거나 간소화하는 데도 도움이 된다. 심지어 인공지능은 번아웃과 불만족을 반영하는 지표를 가지고 의사의 번아웃 정도를 모니터하는 데도 도움이 된다.

인공지능은 번아웃을 방지할 수 있고 환자의 건강 결과를 증진시킨다

에디슨 기어하트 Addison Gearhart

애디슨 기어하트는 헬스케어 혁신 솔루션에 관심을 가진 소아과 레지던트다. 이 글을 통해서 선후배 의사들을 위해 높은 스트레스와 업무 부담을 줄일 수 있도록 자연어 처리와 로보틱 프로세스 자동화 같은 인공지능 기술을 사용하는 것에 대해 이야기한다.

치솟는 젊은 의사들의 번아웃 비율은 위험 수위에 달하고 있다. 이는 해결하지 않으면 잠재적으로 위험한 결과에 이를 수 있는 불길한 징조다. 의사의 번아웃 현상은 오랫동안 장시간 근무에 시달려온 경험 많은 의사에게서 나타나는 것처럼 보일 수도 있겠지만, 이제 이런 현상이 수련 과정의 모든 수준에 걸쳐 나타나고 있음이 분명해졌다. 메이오 클리닉의 연구는 레지던트 45%가 번아웃 증상을 보인 것을 발견했다[1]. 그 수치는 현재 의학 교육 시스템이 비효율적이며 최적이 아님을 시사한다. 앞으로 의사 부족이 전례 없이 높을 것으로 예측되는 상황에서, 고립되고 심리적으로 지쳐 시스템에서 떨어져 나가는 의사 수가 많아지는 시스템을 개선하기 위해서 우리는 상당한 자원을 할애하고 있다. 이런 안 좋은 통계에 내재된 함의는 미국 헬스케어 전달 시스템의 질을 위협한다. 쌓이는 증거들이 의사의 번아웃과 주요 의료 과오 사이의 연관성에 대해 말하고 있다[2].

단일 사건이 그런 유행을 악화시키지는 않았을 테지만 번아웃 빈도는 전자의무기록EMR 사용 증가와 궤를 같이 한다[3]. 전자의무기록의 도래로 진료 행태가 환자를 대하는 것보다 컴퓨터 스크린을 바라보는 데 더 많은 시간을 쓰는 식으로 바뀌었다. 그래서 수련의들이 번아웃 증상을 더 이른 시기에 보고하고 있다는 것은 놀라운 일이 아니다. 컴퓨터를 중심으로 한 업무는 종종 불균형적으로 레지던트 수련의의 어깨 위로 쏟아지고, 정해진 근무 시간이 있음에도 불구하고 레지던트들은 그 시간을 초과해서 근무하는 경향이 있다. 전자의무기록의 장점이 상당히 많음에도 불구하고, 그 사용 비용은 매우 비싸다. 젊은 의사들은 환자의 침상에서 보내는 소중한 시간을 잃어가고 있고 환자들도 그것을 알아가고 있다. 이런 탈인격화는 번아웃을 예방한다고 알려진 소중한 의사와 환자 간 관계를 해체한다. 젊은 의사들에게는 이런 현상이 의료의 심장이라고 하는 의사와 환자 간 관계를 함양하고 정교하게 다듬어야 하는 소중하고 대체불가능한 한정된 수련 시간 동안에 발생하고 있다.

매사추세츠주의 헬스케어 관련 큰 조직들이 공동으로 발행한 최근 보고서는 번아웃을 공중 보건 위기로 규정하고 치솟는 문제를 해결하기 위한 "콜 투 액션"을 촉구했다[4]. 폭발적으로 늘어난 의료 스크라이브 고용은 의사들의 직업 만족도가 올라가는 눈에 보이는 해법이다. 그런 해법은 더 큰 해법이 필요한, 큰 문제에 대한 임시 처방식 접근 방식일 가능성이 높다. 스크라이브는 이직률이 높고 최소한의 훈련을 받은 사람들이며 오류율도 매우 높다. 의사 아툴 가완지Atul Gawande는 미국 잡지 『뉴요커』에 게재한 "왜 의사들은 컴퓨터를 싫어하는가Why

Doctors Hate Their Computers"라는 글에서 헬스 IT의 과제들을 자세히 기술했다. 의사들이 전에는 불가능했던 방식으로 환자를 돌볼 수 있게 해 주고 의사들의 번아웃을 예방할 수 있는 인공지능 같은 떠오르는 기술들과 컴퓨터화의 역할을 다룬 것이다[5].

인공지능이라는 우산에 영향을 받는 도구들은 아마도 헬스케어가 의사의 번아웃을 낮추고 환자의 만족도와 건강 결과를 개선하고자 하는 현재의 도전 과제의 해결 방식을 현대화하는 데 필요한 약물일 수 있다. 환자가 생성하는 데이터와 의료 정보는 현재의 기술로 사람들이 처리하고 해석할 수 있는 수준을 뛰어 넘어 빠른 속도로 증가하고 있는 것은 부정할 수 없다. 그런 상황은 의사들을 당황하게 만들고 특히 지식 면에서 불리한 상황에 놓여 있는 이미 수련중인 의사들은 더욱 그렇다. EMR은 번아웃의 원인이기도 하지만 복잡한 의학, 과학, 환자 생산 데이터가 담긴 주목할 만한 재산이기도 하다. 이런 EMR에 인공지능 요소들을 적용해 저장된 광범위한 양의 데이터를 해석하고 분석해서 환자 맞춤형 스크리닝, 예측, 예후 분석을 바탕으로 더 나은 환자 상담과 중재에 필요한 인사이트를 얻을 수도 있을 것이다. 더 나아가 인공지능은 번아웃을 높이는 불필요한 경과 기록과 경고, "하루당 4000회 키스트로크"라는 이름이 붙은 것들로 꽉찬 받은 편지함을 줄이는 데 기여할 것이다.

자연처 처리NLP 같은 인공지능 분야는 문서화 부담을 줄여, 미래 진료에서는 좀 더 합리적으로 시간을 효율적으로 쓰는 시스템을 만들 수 있을 것이라는 희망을 준다. 자연어 처리는 컴퓨터가 언어를 이해하고 해석하며 조작하도록 도와주는 기술로 인간의 의사소통과 컴퓨터 이해 사이의 차이를 메워줄 것이다. 이런 시스템을 갖춘 부상하는 기술들은 충분히 정교해서 진료 중 의사의 목소리를 감지하고 효율적인 방식으로 컴퓨터와 소통할 수 있게 해 준다. 환자에게 신체 검사 소견과 함께 어떻게 판단하고 있는지, 앞으로 어떤 검사가 필요할지 등을 설명하고, 진료를 마쳤을 때 모든 처방이 자동적으로 입력돼 관련 경과 기록지 작성을 완료한 다음 여러분의 검토를 기다릴 상황을 상상해 보자. 그와 같은 시나리오에서 환자는 자신의 치료 계획에 더 능동적으로 참여하고 있다고 느낄 것이다. 그리고 의사도 문서 작성이나 처방을 입력하는 것보다 환자의 질병을 감별하고 원인에 대해 숙고하는 데 더 많은 시간을 쓸 수 있을 것이다. 우리는 이미 보통 사람들의 생각보다 훨씬 이 모델에 근접해 있다.

로보틱 프로세스 자동화RPA 같은 시스템은 의사들의 반복적인 작업에 대한 부담을 줄여 효율성을 개선하고 비용을 절감하며 번아웃을 예방할 수 있을 것이라는 희망을 준다. RPA는 사람이 했어야 하는 반복적이고 표준화된 작업을 자동화하는 스마트 소프트웨어다. 또한 지속적인 피드백 루프를 도는 광대한 데이터를 사용해 성능을 향상하고 업무 최적화를 꾀할 수 있다. RPA는 프로세스가 작동하는 방식에 대한 데이터를 수집하고 그 정보를 분석해 프로그램이 스스로 자신의 성능을 개선시켜 나간다. RPA는 지금 환자 스케줄 조정, 전자의무기록 코딩, 임상 문서화, 청구, 기타 문서화 작업에 사용되고 있다. 프로세스를 간소화함으로써 RPA는 시간이 많이 필요한 업무 부담을 줄여, 직원들이 좀더 두뇌를 많이 사용해야 하는 역할로 돌아갈 수 있도록 함으로써 직업 만족도를 높인다.

인공지능은 우리가 진료 방식을 근본적으로 바꿀 것이고, 그 영향은 의사 번아웃을 해결하는 것을 넘어설 것이다. 성공적으로 구현하기 위해서는 앞에 놓은 잠재적 도전들을 예측하고 이해할 수 있어야 한다. 인공지능에 대한 증거는 쌓이고 있고, 지금이 인공지능 모델로 전활될 시점이다. 그렇게 함으로써 젊은 의사들이 의료에서 가장 중요한 측면인 환자와 의사 간 관계에 다시 집중할 수 있도록 새로운 힘을 불어넣을 수 있을 것이다.

참고 문헌

[1] Dyrbye LN, Burke SE, Hardeman RR, et al. Association of clinical specialty with symptoms of burnout and career choice regret among US resident physicians. JAMA?J Am Med Assoc 2018;. Available from: https://doi. org/10.1001/jama.2018.12615.

[2] Tawfik DS, Profit J, Morgenthaler TI, et al. Physician burnout, well-being, and work unit safety grades in relationship to reported medical errors. Mayo Clin Proc 2018. Available from: https:// doi.org/10.1016/j.mayocp. 2018.05.014.

[3] Downing NL, Bates DW, Longhurst CA. Physician burnout in the electronic health record era: are we ignoring the real cause? Ann Intern Med 2018. Available from: https://doi.org/10.7326/M18-0139.

[4] Jha AK, Iliff AR, Chaoui AA, Defossez S, Bombaugh MC, Miller YR. A crisis in health care: a call to action on physician burnout. Boston, MA: Massachusetts Health and Hospital Association; 2019. https://cdn1.sph.harvard.edu/wp-content/uploads/sites/21/2019/01/PhysicianBurnoutReport2018FINAL.pdf.

[5] Gawande A. Why doctors hate their computers. New Yorker 2018. Available from: https://doi. org/10.1162/ POSC_a_00184.

의사 번아웃과 의료 인공지능

알랜 S. 영 Alan S. Young

알랜 S. 영은 외과의사이자 의사 기업가다. 이 글을 통해 인공지능이 현재의 의사 번아웃을 줄일 수 있을지에 대하여 논한다.

『헬스케어 위기: 의사 번아웃에 대한 콜 투 액션A Crisis in Healthcare: A Call to Action on Physician Burnout』[2]이라는 보고서가 나오기 수년 전부터 미국 의사들에게 심각한 문제가 있음을 암시하는 증상과 징후가 나타나기 시작했다. 메드스케이프Medscape의 『2019 국내 의료진 번아웃, 우울증과 자살2019 National Physician Burnout, Depression and Suicide』[3] 보고서에서 의사 1만 5000명 가운데 44%가 번아웃을 경험했고 59%가 차팅, 문서 작업 등과 같은 행정적 부담이 번아웃에 관여하는 요소들이라고 언급했다. 현업 의사들의 자살, 약물 남용 및 과다 복용, 알콜성 간경변 등과 같은 "절망사"[4] 유병률은 부인할 수 없을 정도로 과소 보고되고 있다. 이는 약물 남용, 정신과 질환, 자살 시도, 인간 관계 문제, 기타 흔한 시련 등이 모든 의사 그룹에서 의학 대학과 레지던스 초기에 시작되고 있다는 것을 반영한다. 뉴욕에서 의과대학생과 레지던트 수련의가 며칠 사이에 연이어 자살했다는 이야기는 의료 사회에 충격을 주었고 내재된 문제에 대한 관심을 불러 일으켰으나[5] 잠시뿐이었다. 세계는 여전히 의사들이 아프고 가난하고 나이든 사람들을 돌볼 것을 요구하고 있다. 이제는 누가 의사들을 돌볼 것일지에 대한 문제가 제기되고 있는 것이다.

개인적으로 나는 정형외과 PGY-2Post Graduate Year 2 이상으로 넘어가기 직전, 일반외과 PGY-1 과정에서 의사 번아웃을 경험했다. 당시는 전공의들을 "보호하기" 위한 근무 제한 시간 규정이 막 도입돼 1주일에 80 시간 이상 근무하지 못하게 돼 있었다. 처음에는 온갖 잡무로 빠듯했던 몇 년을 보내고 나서 도제 모델에 따른 정식 외과 수련을 받고 한 명의 독립적인 의사로 일하게 됐다는 것이 축복처럼 보였다. 레지던트 기간 동안 전자의무기록에 있는 모든 의료 문서들을 모두 채워넣어야 한다는 아이디어가 뿌리를 내렸고, 꽤나 빠르게 상당 수의

2 https://www.massmed.org/Publications/Research,-Studies,-and-Reports/Physician-Burnout-Report-2018/
3 https://www.medscape.com/slideshow/2019-lifestyle-burnout-depression-6011056
4 의사 산재이 굽타(Sanjay Gupta)
5 https://www.medscape.com/viewarticle/896460

병원들과 헬스 시스템들이 종이 차트에서 전자의무기록으로 이동한다고 선언했다. 첫 직장인 카이저 퍼머넌트에서 이틀간 에픽^{Epic} 전자의무기록에 대한 훈련을 종일 받고 나서야 일을 시작할 수 있었다. 컴퓨터 공학자인 아버지를 두었고 컴퓨터 게임도 많이 해봤기 때문에 나 자신이 컴퓨터를 잘 다룬다고 생각하고 있었다. 펜과 종이가 아니라 마우스와 키보드를 사용해 정식 문서를 빠르게 만들 수 있는 것을 좋아했기 때문에, 타이핑과 워드 프로세싱 기술에 심하게 의존하는 전자의무기록의 특성이 나를 당황하게 만들지는 않았다. 전자의무기록으로 이동해야만 하는 상황에서 그렇게 빠르게 적응하지 못한 나이 든 의사들이 일부 번아웃을 경험했지만, 대다수의 의료진은 전자의무기록 시대의 초기 과정들을 비교적 잘 견뎌냈다. 하지만 다가올 수년에 걸쳐 증가하는 도전에 직면해야 했다.

전자의무기록과 문서화가 의사 번아웃을 일으키는 핵심 요소라는 것은 여러 저널의 논문들과 사려깊은 글들에 잘 나와 있다. 의사 번아웃을 유발하는 또 다른 요인은 의사들이 전통적인 임상적 역할 이외에 일할 수 있는 기회들이 늘어났다는 점이다. 경영학에서 많이 이야기되는 주제로, 의사 결정에서 흔히 발생하는 오류가 있다. 사람들은 미래에 대한 의사 결정을 할 때 기회 비용에 바탕을 두고 의사 결정을 하는 것이 아니라 이미 들어간 매몰 비용을 먼저 고려하는 오류를 흔히 범한다고 한다. 의사들이 일반 대학, 의과대학, 레지던트, 임상강사 등의 기간 동안 투자한 시간과 돈, 에너지는 놀랄만큼 큰 부담이며, 의사들은 자신의 노력에 대한 대가를 누리기 전까지 수년 동안 그 부담을 짊어지고 간다. 미국의과대학협회^{AAMC}에 따르면 2018년 기준 졸업시 의과대학생들의 평균 부채는 19만 6520 달러라고 한다[6]. 이런 재정적인 압력은 의사들에게 빚을 빨리 해결할 수 있도록 일을 시작하게 하고 단시간 내에 더 좋은 급여를 받을 수 있는 역할을 선택하도록 유도한다. 막대한 빚 때문에 젊은 의사들은 억지로 뭔가를 해야만 하는 좋지 않은 환경이나 장소로 가는 것을 감수하는 선택을 한다. 좀 더 최근의 대학 졸업자 세대는 기술에 좀 더 능통하고 그들의 관심을 끄는 새로운 직업, 새로운 직능, 새로운 벤처회사 등을 쉽게 찾을 수 있다. 기술을 가진 플랫폼들은 구직자에게 영감을 주거나 영향을 줄 수 있는 독특한 경험 또는 업무 경험을 포함하는 채용 공고를 서로 공유 가능하다. 의료 관련 과학과 기타 뜨거운 주제들이 광범위하게 성장하면서, 어떤 의료 기관

---

6 https://store.aamc.org/medical-student-education-debt-costs-and-loan-repayment-fact-card-2018-pdf.html

이 경험 많고 감각이 뛰어난 의사를 보유하고 있는지에 대한 가치가 점차 줄어들고 있다. 새로운 의학 지식이 생성되는 속도는 의사 혼자서는 관련 진료 분야의 최신 지식을 따라갈 수 없을 정도로 빨라졌다. 이런 요인들이 역사적으로 진료 외에 다른 옵션을 가질 수 있는 기회가 거의 없었던 의사들에게 다른 경력을 따라갈 수 있는 기회를 주는 역할을 한다. 아주 좋은 병원 소속 최고의료정보책임자CMIO는 의과대학을 졸업하는 사람들 가운데 80%만이 선호도에서 있어서 상위 3개에 해당하는 레지던트 과정에 연결된다고 탄식한 적이 있다. 국가 내 다른 비슷한 기관에서는 이 수치가 90%라고 자랑한다. 그렇지만 그 최고의료정보책임자의 병원이 캘리포니아 실리콘 밸리 인근에 위치해 있다는 사실은 일부 의과대학생들이 어떻게 레지던트 자리를 포기하고 컨설팅, 생명공학, 좀 더 조건이 좋은 보상 패키지를 가진 벤처 회사 등에서 새로운 경력을 추구하는지 설명해준다.

의사들이 대규모로 바이오기업, 컨설팅, 벤처 캐피털과 같은 곳으로 이동하고 있는가? 그 대답은 분명하지 않다. 그렇지만 의료 인공지능의 부상은, 고령화되고 있고 좀 더 어려운 문제를 가진 환자들을 돌봐야 하는 서비스 제공자들이 처한 인력 문제에 대해 새로운 관심을 불러 일으켰다. 인공지능 "봇"이 의사를 대체할 것이라는 위협은 인간 의사가 더 높은 수준의 복잡한 의사 결정을 할 필요가 있다는 점에서 현실적이지 않다. 그렇지만 인공지능의 적용은 다양한 의사 그룹의 번아웃을 줄이는 역할을 할 것이다. 만약 임상적 의사 결정 지원 시스템 CDS 솔루션이 서비스 제공자가 그들이 가진 최고의 능력으로 기능을 할 수 있도록 환자를 제대로 선별하는 데 도움이 된다면, 서비스 제공자들은 케어를 가장 필요로 하는 환자들을 위해 더 높은 수준의 가치있는 케어를 제공할 수 있고 전체 환자 수를 줄일 것이다. 의학 수련 과정도 인공지능의 사용으로 대상자의 학습 경험을 증진하고, 학생들에게 좀 더 자신에게 맞춤화되고 개인화된 교육 과정을 제공할 수 있도록 개선될 것이다. 재무, 규정, 임상적 의무를 충족하는 데 필요한 구조화된 데이터 생성에 도움이 되는 잘 설계된 시스템을 통해서 의사에게 요구되는 문서화 작업을 경감시킬 수 있다. 의사들은 길고 고되고, 더이상 완전한 직업적 만족감을 주지 못하는 직업 진로를 향해해 나가는 데 추가적인 지원을 필요로 한다. 인공지능이 의사의 번아웃 문제를 치료해 줄 수는 없지만 점점 더 커져가고 있는 사회적 건강 위기가 되어 가고 있는 이 문제에 대해 일부 안도감을 제공할 잠재력을 가지고 있다.

마지막으로 인공지능 도구는 전자의무기록과 연동된 스마트 도구들과 증강 현실[AR], 가상현실[VR] 기술을 활용해 모든 수준의 의학 교육뿐만 아니라 임상 수련에 대한 중요한 자원을 제공할 수 있다.

네일러는 임상 의학과 헬스케어에서 인공지능 채택을 견인하는 7가지 요소가 있다고 말했다. 바로 (1) 인간의 판독을 넘어서는 디지털 이미징 기술의 발전 (2) 헬스 관련 데이터의 디지털화 및 데이터 공유 (3) 이종의 데이터셋을 분석할 수 있는 딥러닝의 적응력 (4) 연구에 가설을 만들어 낼 수 있는 딥러닝 능력 (5) 진료 업무를 간편하게 할 수 있는 딥러닝에 대한 전망과 환자에 대한 권한 부여 (6) 빠르게 확산하고 있는 오픈 소스 및 상용 (7) 딥러닝 프로그램 현재의 기초 딥러닝 기술만으로도 더 많은 데이터만 있다면 성능을 개선시켜 나갈 수 있는 능력이다[1]. 이런 요인들과 더불어 증가하는 헬스케어 데이터의 양뿐만 아니라 지수적으로 증가하는 의학 지식도 이런 변화를 견인하는 힘이다.

인공지능 학습을 위한 데이터 공유

앨라나 커밍스 Allana Cummings

앨라나 커밍스는 대형 소아 병원의 최고정보책임자[CIO]로, 이 글에서 인공지능 학습 시스템을 혁신시키기 위한 데이터 공유에 대한 비전을 밝힌다.

비전을 가진 헬스케어 리더들은 새로운 발전을 도모하기 위해서 인공지능 혁신들을 사용해 다른 방법으로는 가능하지 않았을 새로운 치료법 개발, 새로운 케어 표준, 집단 건강 전략 수립 등을 이끌어 왔다. 이런 성과 가운데 아마도 평가절하돼 있고 유일하고도 합리적인 방향은, 가장 의미심장한 발전은 다기관 학습 헬스케어 시스템 사이의 대규모 데이터 공유에 달려 있다는 프레임워크일 것이다. 여러 임상 또는 비즈니스 문제를 풀기 위해 어느 한 기관이 머신러닝 방법을 사용해 믿을 수 있는 비선형 모델을 구축하는 데 필요한 데이터를 충분히 생산하지는 못한다. 적당한 사례 건수를 제공하기 위해서는 협력적 노력이 절실하다. 우리는 더이상 컴퓨터가 제공하는 규칙 기반 예측에 도움을 받는 시대에 있지 않다. 머신러닝에서는 "더 많은 데이터가 더 영리한 알고리듬"을 만든다[1].

인공지능 선구자들은 데이터 공유가 인공지능 성공의 핵심이며, 똑같은 데이터 공유 전략들이 학습 헬스케어 시스템 전략에도 핵심적인 역할을 한다는 사실을 인식해 왔다. 상당한 데이터 교환에 따르는 위험성과 문제들을 줄이기 위한 창의적인 접근을 통해 학습 헬스케어 시스템과 정교한 인공지능을 위한 데이터 공유 수준을 획득하는 데 장애가 되는 요소들을 극복해 왔다.

아마도 데이터 공유에 대한 저항이 한 기관이 학습 헬스 시스템으로써 나아가고 인공지능 혁신가로 거듭나는 데 가장 중요한 장애물이었다. 성공적으로 인공지능 솔루션을 배치하는 헬스 시스템들은 미국 국립의학연구소[IOM] 같은 기관이 기술한 방법대로 데이터 공유에 대한 신중한 문화와 혁신을 만들어가고 있다. 학습과 공유에 대한 전문성에서 비롯된 기회들은 참여 기관들에게 윈윈 결과를 가져다 준다. 이는 혁신과 개선을 가속시키는 풍부하고 다양한 데이터셋들이 만들어지기 때문이다. 반대로 데이터 비밀 유지 자세를 유지하는 헬스 시스템들은 사일로에 갇혀, 발전된 인공지능 시스템과는 동떨어지게 되고 비효과적이면서 비효율적인 헬스케어 의료 행위로 한정돼 있다.

예일대학교 의과대학의 할란 크럼홀즈[Harlan Krumholz]에 따르면 학습 헬스 시스템의 잠재적 가치는 높은데 이를 장려하는 인센티브는 제도는 잘 정립돼 있지 않다[2]. 미국의학한림원의 견해 논문에서 크럼홀즈와 테리, 월드스트레이커는 일반적으로 데이터 관리를 담당하는 기관들이 데이터 공유 관련 비용을 부담하는 것을 관찰했다[3]. 데이터를 공유하고 상호운용성을 보장하는 것에 대한 금전적인 보상과 그렇게 하지 않는 데 대한 벌금은 기관들의 금전적 장애를 낮추기 위해 필요하다. 또한 공적 기금을 사용하는 연구에 대한 요건들을 포함해 데이터 공유에 대한 규제적 압박을 만드는 것에 찬성해야만 한다.

헬스케어 IT 산업계는 대량의 데이터를 공유할 수 있도록 애플리케이션 프로그래밍 인터페이스[API]를 표준화하기 위해 노력해 왔다. 학습 시스템 구축에 전념하는 헬스케어 기관들은 내부에서 만들어진 API를 다른 헬스 기관들과 공유해 집단적인 전문화에 기여해야 한다. API 연결과 여러 기관에 있는 데이터를 광범위하게 수집할 수 있는 도구들이 늘어나면서, 데이터 교환에 대한 좀 더 효율적인 비용 모델이 개발될 수 있을 것이다. 인공지능의 힘을 모두의 이익이 될 수 있도록 하고 싶다면, 이런 노력들을 적극 장려해야 한다.

환자들이 광범위한 데이터 공유에 동의하도록 장려하기 위해서 우리는 환자들과의 데이터 공유를 더 잘 해야 한다. 이렇게 하려면 새로운 도구와 인프라뿐만 아니라 규제 변화도 필요할 수 있다. 환자들은 그들의 일상 생활에서 인공지능의 이익에 항상 노출될 것이다. 헬스케어 시스템이 그것을 활용해 환자 자신들의 케어 경험을 높이고, 자신의 치료 의사 결정에 적극적으로 참여할 수 있다고 기대할 것이다. 스마트 기기의 인기와 활용도가 높아진 만큼 인공지능은 환자들이 시의적절하게 자신에게 딱맞는 정보에 접근하고, 자신들의 건강 관리에서 더 나은 의사 결정을 할 수 있도록 도움을 줄 것이다.

기관들이 데이터와 전문 지식을 공유하고자 결정했더라도, 미국의료정보보호법^{HIPAA} 요건들을 위반할 수 있고 위반시 큰 벌금이 부과된다는 위험을 늘 직시해야 한다. 기관들과 연구자들은 종종 건전한 데이터 공유 계약을 시작으로 하는 효과적인 데이터 공유 원칙들을 개발하기 위해서 노력한다. 혹시 있을지 모를 위험을 줄이기 위해 해당 요건을 충족하는지에 대한 적절한 모니터링을 통해서 환자와 기관의 데이터 관리가 이뤄져야 한다.

익명화된 데이터셋을 공유할 수 있는 방법을 찾아야 하는 공중 보건상의 긴박한 필요성이 지금보다 더한 경우는 없다. 플린트^{Flint} 수질 오염 사건에서 주민들의 전자의무기록이 수집되지 않았다면, 주민들은 여전히 수질로 인한 추가 납 중독의 위험에 처해 있었을 것이라는 점을 생각해보자. 그렇지만 HIPAA 원칙에 따른 "익명 처리" 방법이 예측 분석 시대의 환자의 이익과 원래의 데이터를 보호하고, 데이터 브로커들이 위협에 대처할 수 있을 것이라고 보는 것은 순진한 생각이다. 충분한 규모의 데이터셋이 있는 경우 그 데이터를 바탕으로 환자의 신원을 재식별하는 것이 가능하다. 그렇게 되면 인구 집단은 건강 데이터로 인한 차별이라는 잠재적 위협에 노출될 것이고, 더 많은 데이터를 공유하는 것에 대한 위험성을 더욱 높일 것이다. 그와 같은 장벽은 우리 인구 집단의 건강 데이터 안에 인공지능을 통해 수확될 것을 기다리고 있는 질병에 대한 치료법이 존재한다는 생각을 억압할 것이다. 대중의 신뢰를 유지하려면 우리는 연구를 위한 익명화된 데이터셋을 보호하는 방법을 계속해서 개선해야 한다. 환자의 프라이버시와 차별 보호를 보장하면서 적절한 데이터 공유 계약에 이를 수 있도록 행정적, 법적 부담을 줄일 수 있는 길을 찾아야 한다.

우리는 이런 데이터 공유의 문제들이 해결될 수 있으리라는 낙관적인 전망을 유지할 필요가 있다. 은행 업무, 전자상거래 같은 다른 산업들은 고객의 경험을 전환하고 비용을 줄이기 위한 새로운 서비스를 만들기 위해 데이터 교환과 보안 문제를 극복해 왔다. 동시에 우리는 환자들에게 우리가 그들을 돌보는 헬스케어 제공자이며, 팀 쿡 애플 최고경영자^{CEO}가 『타임』지 논평란에서 모든 데이터 브로커에 대한 연방 등록제를 주장했듯이 거의 매일 쏟아지는 사건들과는 다르다는 것을 보장해야 한다[4]. 헬스케어는 더 안전하고 간편한 데이터 교환 수단을 찾을 수 있을 것이다. 서비스 제공자들과 연구자들은 헬스케어 IT 기업들과 정부가 이끄는 길을 도울 수 있을 것이고, 환자들은 신뢰할 수 있는 파트너와 함께 자신과 모든 이의 헬스케어가 개선되는 이익들을 누릴 수 있을 것이다.

대규모 데이터 공유 이니셔티브로부터 수집된 데이터셋을 사용한 인공지능을 통해 얻은 딥러닝은 의학 발전을 촉진하고 케어의 질과 전달을 개선시킬 것이다. 그 기회는 데이터가 사일로에 갇혀있는 상황에서는 절대 구현될 수 없다. 시간이 지나면서, 더 광범위한 데이터 교환은 헬스케어 기관들 사이의 더 많은 전문성의 교환으로 이어질 것이고, 지속적인 인공지능 혁신으로 효과적인 학습 기관이 되어 그들의 환자를 위해 지속적으로 케어를 개선해 나가는 데 참여하는 모든 사람들과 기관들을 도울 것이다.

참고 문헌

[1] Domingos P. A few useful things to know about machine learning. Department of Computer Science and Engineering, University of Washington. Accessible at: https://homes.cs.washington.edu/Bpedrod/papers/ cacm12.pdf.

[2] Krumholz HM. Big data and new knowledge in medicine: The thinking, training, and tools needed for a learning health system. Health Aff 9millwood 33 (7) (2014) 1163-1170. Section of Cardiovascular Medicine, Department of Internal Medicine, Yale School of Medicine, New Haven, CT.

[3] Krumholz HM, Terry SF, Waldstreicher J. Data acquisition, curation, and use for a continuously learning health system JAMA 2016;316(16):1669-70.Vital directions from the National Academy of Medicine, October 25, Available from: https://doi.org/10.1001/jama.2016.12537.

[4] Cook T. You deserve privacy online. Here's how you could actually get it. Time Jan 16, 2019.

의료 인공지능의 채용: 앞에 놓여진 과제들

의사들이 인공지능을 널리 채용하는 데 걸림돌이 되는 현실적인 문제는 다음과 같다(표 7.1).

표 7.1 생의학 분야 인공지능 채용의 문제점들

데이터	관계형 데이터베이스	데이터 부정확성	데이터 불완전성
	데이터 공유	데이터 보안	데이터 표준화
	데이터 저장과 이동	데이터 소유권	데이터 크기
기술	블랙 박스	해석이 어려움	적절성
	비용	규제	작업 흐름
사람	인공지능 교육의 부재	신뢰	문화적 차이
	데이터 과학자의 부족	임상 챔피언의부재	자만심
기타	법적	편향	윤리
불공평	데이터 프라이버시	비즈니스 모델	불공평

머신러닝과 인공지능이 헬스케어에서 느리게 움직이는 이유

빌 보르히즈 Bill Vorhies

빌 보르히즈는 공학자이자 인공지능의 최근 부상을 면밀히 관찰해온 사람으로, 이 글을 통해 의료 세계와 데이터 과학 세계 사이에 존재하는 간극과 두 그룹을 위한 몇 가지 조언을 하고 있다.

18년 동안 일한 데이터 과학자이자 지난 4년간 데이터사이언스센트럴닷컴DataScience Central.com에서 편집장으로 일하면서 모든 산업에 걸쳐 인공지능과 머신러닝의 채택 추이를 관찰해 왔다. 다른 사람들과 마찬가지로 나는 인공지능의 헬스케어 응용에 높은 기대를 품어 왔다.

유명 언론들이 헬스케어 영역에서 활발한 발전이 이뤄지고 있다고 믿게 해서인지 나는 지난 12월 앤소니 창이 주최한 3일간의 AI메드AIMed 콘퍼런스에 초대됐을 때 무척 기뻤다. 이 행사는 헬스케어에서의 인공지능/머신러닝의 발전을 주제로 하고 있었고, 참가자의 80%가

의사 또는 병원 정보책임자/행정가들이었다. 나는 내 전문 분야의 도구들이 어떻게 환자와 의사, 병원에게 도움이 되고 있는지 실제 경험들을 들을 수 있기를 기대했다. 콘퍼런스가 진행되는 동안 곧 두 가지 사실을 알아차릴 수 있었다.

첫 번째는 미국 병원의 1% 정도만이 활발한 데이터 과학 프로그램을 가지고 있었다. 인공지능/머신러닝 도구를 사용하는 회사로 탈바꿈하기 위해 강력한 데이터 과학 프로그래밍을 지원하는 대기업의 비중이 20~33%에 이르고, 중간 크기 이상의 회사 절반 이상이 어떤 프로젝트를 진행하고 있는 상황과 대조를 이룬다.

두 번째, 콘퍼런스에 참석한 의사와 행정가들이 대부분 그와 같은 1% 얼리어댑터 병원 출신임에도 불구하고 의사들의 프레젠테이션이 전하는 메시지는 인공지능/머신러닝이 다가오고 있지만 아직은 적기가 아니라는 것이었다. 실제로 거기 있었다면 의사 99%가 결코 인공지능/머신러닝 기반 변화를 환영하지 않는다는 느낌을 받았을 것이다.

내가 그렇게 받아들인 것은 아마도 내가 읽어온 모든 극찬의 글들은 데이터 과학자의 관점에서 가능한 것들에 대한 것이었지, 그런 혁신들을 채용해야 하는 의사나 임상가의 시각에서 쓴 글이 아니었기 때문일지도 모른다.

공공 부문 또는 사적 부문 할 것 없이 기술 채용과 기대가 그와 같이 불균형을 이루는 곳은 어디에도 없다.

채용이 느린 이유들

내가 배운 것은 느린 채용의 근본 원인이 일부 재무적인 데 있다는 점이다. 하지만 특히 수백 개의 인공지능/머신러닝 헬스케어 스타트업과 빅테크 혁신 연구소에서 혁신을 통해 재무적인 성공과 영광을 추구하는 데이터 과학자들에게 가장 중요한 것은 자신들의 혁신적인 제품을 실제로 채용하게 될 의료 전문가들의 말에 더 자세히 귀를 기울여야 한다는 것이다.

분명히 해두자. 아마도 인공지능/머신러닝이 다음 10~20년에 걸쳐 이뤄낼 가장 큰 가치는 모든 사람들의 건강과 웰니스를 개선하는 데 있다는 것은 분명한 진실이다.

그러나 거기에 도달하기 위해서 그런 도구와 기술을 만들어내는 우리들은 헬스케어 자체의 고유한 성격에 대해서 배워야 할 것이 많다.

작동하는 곳과 작동하지 않는 곳

오늘날 인공지능/머신러닝이 가장 깊숙히 잠식해 들어간 부분은 누가 지불하는가와 관련있다.

모든 인공지능/머신러닝 기회 가운데 실제로 가장 큰 영역은 약물 개발과 혁신이다. 건강 보험회사가 아닌 거대 제약회사가 지불하기 때문이다.

두 번째로 가장 쉽게 채용할 수 있는 부분은 헬스케어 비즈니스 부분이다. 의사들의 운영 세계는 독특하기는 하지만 비즈니스 수준에서 보면 병원이나 헬스케어 기관은 일반 상업적인 세계와 상당히 유사하다.

인공지능/머신러닝이 뒤처져 있어도 가장 전망이 큰 부분은 의사와 환자 사이에 일어나는 일에 관한 응용이다. 한마디로 인공지능/머신러닝 증강 의사 부분이다. 인공지능/머신러닝이 성공적으로 헬스케어를 개선하기를 바란다면, 의사와 환자 사이의 공간으로 들어가야 하고 거기에서 그 가치를 증명해야 한다.

요약하자면, 의사들이 말한 대로 이런 점들이 데이터 과학자들에게 가장 도전적인 영역이다.

너무 많은 거짓 양성

데이터 과학자들은 기술 모두 확률적이고 거짓 양성false positive과 거짓 음성false negative 오류를 갖고 있다는 것을 두 번 생각할 필요조차 없다.

그렇지만 헬스케어에서 거짓 음성, 즉 질환 상태를 감지하지 못하는 것은 어떤 경우에도 피해야만 하는 궁극적인 실패를 의미한다. 예를 들어 의료 영상에서 암 또는 다른 질환을 자동으로 진단하도록 고안한 애플리케이션은 이러한 2형 오류를 최소화하도록 조절한다.

이는 필연적으로 거짓 양성을 높이며, 전체 모델의 정확도를 높여야 줄일 수 있는 값이다. 또 그렇게 하려면 사용 가능한 훈련 데이터의 양이 커져야만 한다.

영상의학 및 병리학 전문의들은 거짓 양성률이 너무 천천히 떨어진다는 이유로 모델이 양성이라고 표시한 모든 이미지들을 모두가 판독해야 한다는 데 불만을 가지고 있다. 사실 그들은 중요한 어떤 것을 놓치지 않기 위해서 거짓 양성이라 붙여진 것들에 더 많은 시간을 투여해야만 한다.

비슷하게 중요한 이벤트에 대비해 입원 환자 모니터에 사용하는 여러 종류의 사물인터넷

IoT 애플리케이션들이 나오면서, 의사들은 그런 기기들이 보내는 수많은 거짓 양성 신호에 "알람 피로"를 보고하고 있다. 이런 것들은 응급상황에 제대로 반응할 가능성을 줄일 수 있다.

과대 선전을 줄이자

자동화된 이미지 판독이라는 주제에 관해, 영상의학과 전문의와 병리학 전문의들은 언론이 이런 저런 암을 발견하는 데 새로운 수준의 정확도를 갖게 됐다고 종종 기술하는 "돌파구"와 같은 과대한 기대를 줄여주기 바란다.

영상의학과 전문의와 병리학 전문의들이 하는 일은 이미지에서 암이 발견됐다고 치료 의사에게 말하는 것이 아니라, 특정 부분이 의심되고 의사들이 그 부분을 좀 더 자세히 검토할 것을 말하는 것임을 상기시켜 주는 것이다.

내 작업 흐름을 깨지마

비용 문제로 병원은 특정 전문 분야의 사람들을 너무 적거나 많지 않게 유지한다. 즉 헬스케어 전문가들은 아마도 가장 업무 부담이 크거나 아니면 적어도 다른 어떤 분야의 근로자들보다 엄격한 관리를 받는 사람들일 것이다. 그래서 그들이 덜 이용되는 상황은 거의 없다.

그 결과 의사들이 가능하면 더 많은 환자를 보도록, 영상의학 전문이나 병리학자인 경우 가능한 한 짧은 시간 안에 많은 이미지나 슬라이드를 검사하도록 하는 자연적인 작업 흐름 패턴을 유지하고 있다.

이런 상황은 병원의 독특한 문화인데, 자신들의 혁신을 통해서 하루 아침에 현 상태를 파괴하고자 하는 헬스케어 데이터 과학 스타트업이 추구하는 독특한 문화에 정면으로 배치되는 부분이다.

포스 대 포모

포스FOSS, Fear Of Small Startups가 포모FOMO, Fear Of Missing Out[7]보다 더 무게가 나간다. 자동화 이미지 분류 같은 인공지능/머신러닝 솔루션의 전망이 좋아 보이는데도, 병원 행정가들은 일반 회사들과 마찬가지로 작은 신생 스타트업과 계약하기를 꺼린다.

---

7 남들은 하는 것 같은데 나는 하고 있지 않아서 생기는 불안. (https://ko.wikipedia.org/wiki/포모) 페이지 참고 – 옮긴이

전자의무기록 – 악마와의 거래

미국의사협회[AMA]의 올해 보고서에 의하면 여전히 전자의무기록과 관련된 임상 시스템이 의사 번아웃의 주요 요인이라고 한다.

그렇지만 헬스케어 인공지능/머신러닝을 개발하기 위해서는 전자의무기록에 있는 데이터가 필요하다.

헬스 데이터에 구조적·절차적 문제점들이 있지만 그 가운데 핵심은 전자의무기록에서 데이터를 추출하는 것이다.

어느 데이터 과학자를 막론하고 이런 작업에는 실질적으로 자연어 처리가 간절히 필요하고 일부 애플리케이션은 이미 사용되고 있기도 하다. 그렇지만 대부분은 기존 작업 흐름에 통합시키는 문제에서 좀처럼 나은 해법을 찾지 못하고 있다.

자연어 처리 솔루션에 대한 주요 문제들과 더불어 헬스케어에서 모든 형태의 데이터 수집에서 어려운 점은 서로 다른 데이터셋 간의 상호운용성이다. 거기에 일관성과 표준화는 존재하지 않는다. 그래서 데이터들은 상대적으로 작고, 데이터셋을 혼합하는 작업은 기껏해야 운에 의존해야 한다.

데이터는 너무 얇고 일반화되지 않는다

인공지능/머신러닝을 훈련시킬 때 필요한 헬스케어 데이터 관련 문제는 추출에서 끝나지 않는다. 첫 번째 주요 문제는 데이터가 너무나 얇고 일반화되지 않았다는 점이다.

10만 개 범위의 레코드를 가진 비교적 큰 데이터베이스가 몇 개 있기는 하지만 데이터 과학에 필요한 데이터베이스 작업을 위해 환자 데이터를 수집하는 것은 아직 초기 단계에 머무르고 있다.

지속적인 학습 중단

인공지능/머신러닝은 새로운 데이터가 준비되면 그것을 이용해 모델을 지속적으로 더 개선시킬 수 있다는 가정에 기초한다. 좋은 피드백 정보를 얻는 데 있어 한 가지 장애는 병원 자체에 있는데, 일부는 조직 구성의 문제다. 서로 다른 제조사에서 만든 비슷한 장비에서 생성되는 데이터나 혹은 같은 장비에서 다른 설정값을 지정했을 때 니오는 데이터들이 서로 비교 불가능하기 때문에 그런 결과가 발생하기도 한다.

심지어 좀 더 무서운 장벽은 미국 식품의약국^{FDA}의 이미지 기반 솔루션에 대한 승인이다. FDA는 불과 100~300개의 작은 이미지를 갖고 훈련하는 인공지능/머신러닝 분류 솔루션에도 매우 허용적인 태도를 취하고 있다.

그렇지만 이런 승인들은 매우 경직돼 있으며 새로운 해법으로 다시 출시하려면 승인 절차를 다시 밟아야 한다.

적절한 신제품 출시 시기

이 문제는 여전히 "빨리 움직이고 깨부수자"라는 생각을 하고 있는 데이터 과학 헬스케어 회사들이 정확하게 껴안고 있다.

사람의 개입없이 흔한 질환에 대한 진단적 조언을 제공하는, 불과 몇 개월 전에 출시될 것이라고 한창 떠들었던 영국에서 개발된 바빌론^{Babylon}이라는 챗봇이 좋은 예다. 조사를 한 의사 그룹은 챗봇이 흔히 제안하는 질병 100개에서 10~15%는 완전히 잘못된 것이라고 했다.

문제는 제대로 훈련시키지도 않고 성능을 검토하기도 전에 오로지 빠른 출시에만 너무 많이 신경쓴 결과라는 점이다.

요약

이 시장에서 기회를 잡고자 하는 데이터 과학자들을 위한 몇 개의 중요한 교훈이 있다.

- 약간 속도를 줄이자. 그리고 여러분의 혁신적인 애플리케이션이 실제로 진료라는 특수한 작업 흐름에 어떻게 통합될 수 있을지 분명히 이해하도록 하자.
- 현재 가용한 데이터 크기와 정확도 모두 한계가 있음을 분명히 이해하자. 그리고 개선하기 위해서 얼마나 오래 걸릴지도 이해해야 한다.
- 출시를 서두르지 말자. 사람의 건강이 위험할 수 있다.

인공지능 시대에서 헬스케어의 무료 혁신과 매치 메이킹

크리스 유 Chris Yoo

크리스 유는 경험 많은 헬스케어 IT 사업가다. 이 글을 통해서 헬스케어에서 인공지능이 가지고 올 혁신과 그로 인해서 발생하는, 앞으로 모든 이해관계자에게 전략적 항해를 요구하는, 거대한 중간 공간에 대한 전망을 밝힌다.

인간 역사를 관통해서 가장 영향력이 큰 기술적 변화는 두 가지 공통적 특징을 가지고 있다. 첫 번째는 혁신적인 기술은 우리 인간의 기본적인 니즈를 이전보다 좀 더 효율적으로 수행할 수 있게 해줬다는 점이다. 예를 들어 자전거는 A 지점에서 B 지점으로 이동할 수 있게 해 준다. 두 번째로 혁신적인 기술들은 개인 혹은 집단적으로 시간과 공간에 대한 경험을 바꾼다는 점이다. 예를 들어 비행기는 지구의 이편에서 저편으로 우리를 데려다 준다. 헬스케어는 이와 같은 두 가지 특징을 가진 기술이 곧바로 인간의 상황에 영향을 줄 수 있는 산업이기 때문에 그런 기술들은 더 쉽게 혁신적이라고 인식될 수 있다. 외과의사는 환자를 치료하기 위해 수술 전에 영상을 통해서 질병 상태를 "확인할" 수 있는 만큼, 그 기술은 수술을 더 빠르고 더 정확하게 만들어 더 나은 건강 결과로 이어지게 한다고 말할 수 있을 것이다. 그러나 헬스케어 인공지능이 가져올 변화는 전례가 없고 우리가 그냥 생각하는 것보다 훨씬 더 클 수 있다. 인공지능은 의도적으로 연결된 그룹 사이로 의미있고 실행 가능한 지식을 아무런 장애없이 확산시킨다는 세 번째 특징을 가진다. 인간의 직접적인 개입 없이도 솔루션이 자율적으로 진화할 수 있도록 하기 때문이다. 그래서 미래 의료에서는 "인간 + 기계"[1]라는 관계에서 "인간"의 역할은 질병이 진행하기 전에 미래의 환자 그룹에 대해 맞춤화된 케어와 최선의 치료법을 사회화하는 데 좀 더 초점이 맞춰질 가능성이 높다.

영상의학과 병리학에서 보이는 발전은 영상 이미지에서 패턴을 발견하는 일에서 인간과 비슷하거나 어떤 경우에는 더 나은 성적을 보이는 인공지능의 첫 번째 사례다[2, 3]. 망막 영상 판독을 하는 심층 신경망은 기존의 신체 측정과 대사적 측정법에 기반하는 수십년 동안 골드 스탠다드로 여겨져온 심혈관계 위험 측정법과 거의 같은 정도의 정확도를 보여준다[4]. 이런 초기 사례들은 우리가 인공지능을 사용하면 새로운 물리적 기술, 예를 들어 더 좋은 현미경이나 더 좋은 영상 기기에 의존하지 않는 새로운 진단 방법을 모색할 수 있다는 것을 보여준다. 여러 가지 원천에서 수집된 대량의 이미지 데이터의 디지털화는 정확한 결과를 생산하는 데 필요한 원재료를 인공지능에게 제공한다. 인공지능은 "빅데이터"를 필요로 하고, 데이터 양은 곧 높은 예측의 정확성으로 이어지기 때문에 이런 문제를 해결하기 위해 케어 제공자들은 협력적 공유를 가속시킬 것이다. 현재의 헬스케어 비즈니스 생태계는 다측면 플랫폼multisided platform을 진화해야 하고 참여자들을 위한 플랫폼 사이의 가치를 효율적으로 제공하는 매치 메이커들이 가장 이득을 취하게 될 것이다[5].

여러 다측면 플랫폼 네트워크를 따라 수집된 빅데이터가 인공지능의 연료가 된다는 사실이 확립되면, 의학이라는 지식을 가지고 환자를 치료하는 의사의 역할이 시스템의 매치 메이커로서 더욱더 중요해진다. 고급 케어를 제공하는 병원과 기타 기관들은 엄청난 비용을 합병 방식으로 대체하고 있고, 더 전문적인 시술은 원격 센터에서 더 자주 시행되고 있다. "의료관광"은 이런 느린 변화의 부산물이다[6]. 그렇지만 의사는 인공지능으로 출력한 결과를 취하는 전문지식을 가진 참여 주체로서, 가장 적절한 서비스 제공자와 소비자를 서로 연결시키는 역할을 한다. 상당히 많은 환자에 대해 매우 복잡하고 서로 다른 데이터를 소화하고, 두뇌를 사용해 해법을 내놓은 그들의 현재 핵심 능력은 인공지능에 의해 출력이 강화될 것이다. 이런 변화는 매우 빠른 속도로 일어나고 있으며, 이런 경향은 의료뿐만 아니라 다측면 플랫폼 모델에서도 매치 메이커들에게 전문가가 될 것을 요구하고 있다.

좀 더 앞을 내다보면, 인공지능의 예측 정확도가 증가함으로써 이제 환자는 기존의 환자가 아니라 네트워크상의 가장자리에서 더 건강하고 더 장수하는 "사전 환자prepatients"가 되도록 한다. 인공지능의 연료로써 빅데이터에 대한 수요가 증가하면서, 더 유익한 생활 방식에 대한 지식과 가정에 배치 가능한 좀 더 쉽게 접근할 수 있는 헬스케어 솔루션에 대한 수요가 빠르게 증가할 것이다. 다측면 플랫폼 헬스케어 생태계의 효율적인 운영과 함께, 소비자에게 더 가치있는 솔루션을 안겨줄 수 있는 협력을 가능케 해주는 무료 혁신 모델은 생산성에 대한 지수적 네트워크 효과로 이어질 것이고 결국 그만한 가치를 창출한다[7]. 의사는 인공지능을 이용해 환자를 치료하고, 환자는 인공지능을 이용해 적절한 해법을 가진 매치 메이커(의사)를 발견하는 선순환 구조는 네트워크 안에서 특정 참여자가 필요로 하는 적절한 지식을 가장 효율적으로 배치하는 법을 제공하는 인공지능에 대한 수요를 더욱더 끌어올린다. 인공지능은 헬스케어에서 종사자들을 대체하는 것이 아니라 해법을 만들어내는 새로운 생산자라는 새로운 비즈니스 모델을 창출하고, 사전환자와 의사의 니즈를 좀 더 일찍 해결하고 더 견고한 상호 작용을 할 수 있는 많은 기회를 제공하는 데 도움을 줄 것이다. 비즈니스 모델은 항상 그래왔던 것처럼 파괴적 혁신 과정을 통해 파괴되겠지만, 다측면 플랫폼 변화를 끌어안는 사람들은 인공지능 시대에 이득을 볼 것이다.

참고 문헌

[1] Daugherty PH, and Wilson, HJ., Human + Machine: Reimagining Work in the Age of AI, Harvard Business Review Press, Boston, MA, 2018.

[2] Bejnordi, et al. JAMA 2017. Available from: https://doi.org/10.1001/jama.2017.14585.

[3] Esteva A, et al. Nature 2017;1-4. Available from: https://doi.org/10.1038/nature21056.

[4] Poplin, et al. Nat Biomed Eng 2018. Available from: https://doi.org/10.1038/s41551-018-0195-0.

[5] Evans DS, Schmalensee R., Matchmakers: The New Economics of Multisided Platforms, Harvard Business Review Press, Boston, MA, 2016.

[6] Christensen CM., The Innovator's Prescription: A Disruptive Solution for Health Care, McGraw-Hill, New York, 2009.

[7] von Hippel E., Free Innovation, MIT Press, Cambridge, MA, 2016.

교육은 무엇보다 중요한 문제다. 현재 의과대학이나 수련 프로그래밍은 물론 보수 교육 과정에서도 데이터 과학이나 인공지능에 초점을 맞춘 교육이 없다. 이런 상황이 지속된다면 의료와 헬스케어에 이용할 수 있는 정교한 인공지능 기술이 많아지면 많아질수록, 그 지식 격차가 더 벌어질 것이다. 현재의 업무 부담과 여러 영역에서 지식이 증가하는 상황에서, 의사들은 단순히 시간이 없을 뿐만 아니라 어떤 지식이 얼마나 재미있고 직접 관련이 있는지 여부를 떠나 어려운 영역을 학습하고자 하는 욕구가 없을 수 있다는 점을 고려하는 것이 중요하다. 아마도 의료와 헬스케어에 부합하는 의료와 헬스케어 인공지능의 용어 체계는 인공지능을 더 쉽게 이해하게 만드는 데 도움이 될 것이다. 의사들은 생물학적 마인드셋을 가지고 있어, 분류 시스템과 같은 말이 유용할 것이다. 교육 부재와 의사들이 데이터 과학에 노출되는 기회가 없는 현실을 더욱 악화시키는 문제는 "블랙박스"라는 인공지능, 특히 딥러닝을 비롯한 여러 가지 도구들의 내재적 특징이다. 그래서 데이터 과학자들뿐만 아니라 의사들에게도 쉽게 설명하기 어렵고 투명하지 않게 다가온다. 위에서 언급한 두 개의 문제는 의사들의 인공지능 채용을 어렵게 만들지만 의지가 있고 열정적인 의사들에게는 완전히 새로운 분야를 배울 수 있는 큰 기회를 제공하기도 한다. 회귀 분석이 환자의 위험도에 대한 일부 인사이트를 제공해 주기도 하지만 미래에는 랜덤 포레스트, 컨볼루션 신경망CNN, 생성적 적대 신경망 같은 좀 더 정교한 데이터 과학 도구를 사용해 이런 인구 집단을 분석할 필요가 있다(그림 7.1). 전부는 아니더라도 일부 의사들은 그런 인공지능 방법들을 무작위대조시험이나 기간에 따른 클러스터 랜덤화 방법cluster randomization을 통해 실제 임상 데이터를 가지고 인공지능의 유효성을 검증할 필요가 있다고 생각하고 있다[2].

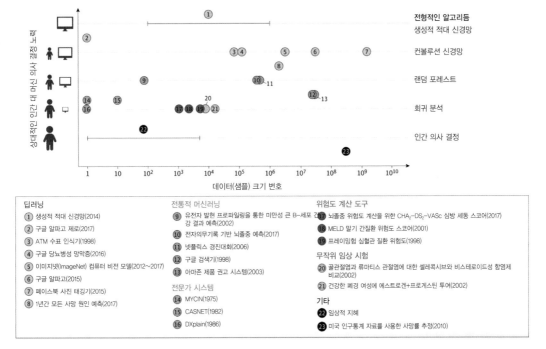

그림 7.1 인간과 기계 지능. 의학은 사람의 지능에 주로 의존하는 방법론에서 이제는 기계 지능에 의존하는 방법론으로 이동하고 있다. 현재 의학은 여전히 로지스틱 회귀 방법에 머무르고 있고 아직 머신러닝이나 딥러닝 영역에는 도달하지 못했다.

새로운 날이 열렸다: 융합 과학자

로더릭 이반 페티그루Roderic Ivan Pettigrew

– 미국 텍사스주 휴스턴 텍사스 A&M 대학교, 휴스턴 메서디스트 병원

로더릭 이반 페티그루는 의사이자 공학자다. 이 글을 통해서 공학과 의학에 대한 전문지식을 동시에 갖춘 피지셔니어physicianeers 교육의 개념과 데이터 과학 및 공학에 대한 배경을 가진 의사들이 두 가지 관점을 갖고 앞으로 매우 가치있는 일들을 할 수 있을 것이라는 전망을 밝힌다.

오늘날의 의학은 새로운 종류의 의사를 필요로 한다. 직업상 필요한 수많은 공학적 도구들을 완전히 마스터한 의사도 아니고 의학 교육을 통해서 진단과 치료법을 배운 공학자도 아니다. 오늘날 의료에서의 도전적인 문제들은 건강 결과를 개선하기 위한 효율적인 해법을 만들 수 있는 능력과 함께 생물 과학, 공학, 데이터 과학에 대한 융합 지식을 갖춘 마인드를 요구하고 있다. 생명 과학, 양적 과학, 공학의 융합은 우리의 가장 큰 헬스 문제를 해결하는 데 가장 유망한 접근법이다. 진정으로 필요한 것은 이런 융합적 마인드를 가진 의사다[1].

하나의 언어가 과도한 영향력을 행사하거나 어떤 인식을 형성하는 데 영향을 주지 않는 이중 언어를 구사하는 아이를 길러내는 것과 같이 공학과 의학을 융합시킨 교육에 몰입할 수 있도록 하는 것은 본질적인 장점들이 있다. 학생들은 과거 수련법의 유물이라는 선입견에 매몰되지 않고, 생명을 일으키는 자연적 융합 원리들을 배우게 된다. 진료에 대한 새롭고 혁신적인 접근 방법은 기존 진료를 단계적으로 발전시키는 데서 오지 않고, 이러한 미개발 접근법을 통해서 가장 빠르게 획득할 수 있다.

수렴의 핵심적 가치와 의사-데이터 과학자

데이터는 현대 의학의 화폐다. 요즘 의사들이 사용하는 도구들은 상당한 데이터를 만들어내고 있고, 가장 헌신적인 의사에게도 충분히 버거울 지경이다. 연구 분야에서 생성돼 추가되는 데이터는 어려움을 더 키운다. 그렇지만 환자의 이익을 위해 데이터를 이용할 줄 아는 의사에게는 기회와 전망을 준다. 더 나아가 자연과학과 융합된 데이터 과학은 새로운 통찰력을 제공할 수 있다.

그런 융합의 근본적인 힘이 드러난 사례는 200명의 팀이 블랙홀 이미지를 얻는 데 성공한 이벤트 호라이즌 망원경 프로젝트다. 원래 보이지 않는 블랙홀을 다양한 분야의 협력을 통해 촬영하는 데 성공했다. 지구의 여러 군데 위치한 망원경은 다측면 자료를 수집해 페타바이트의 데이터를 생성했고, 블랙홀과 연관된 방출이 생성한 데이터를 이용해 알고리듬이 가능성 있는 이미지를 재구성했다. 여러 분야의 전문가들이 어떤 이미지 또는 이미지의 집합이 가장 합리적인 것인지를 결정했다[2]. 이는 협업적 과학과 융합의 승리였다.

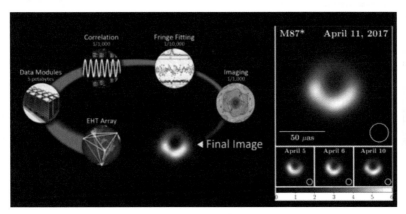

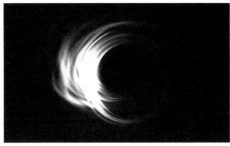

융합된 의사 데이터 과학자의 떠오르는 기회들

디지털 저장, 전송, 정교한 분석이 가능해진 데이터 과학이라는 새로운 시대는 인공지능에 의해서 더 강화되고 새로운 형태의 자연적 융합에 거대한 이득을 안겨줄 수 있는 기획을 제공해줄 수 있게 됐다. 차세대 의학 과학자들은 이런 데이터를 활용하기 위해 의사 데이터 과학자라는 이중 언어를 구성할 수 있도록 훈련돼야 한다. 의료 인공지능은 의사를 대체하기 위한 것이 아니라, 의사들에게 슈퍼파워를 가져다 주는 도구다. 인공지능은 더 일찍 질병을 진단할 수 있게 해주고 더 정밀한 진단을 할 수 있게 해준다. 새로운 생리학적 관찰을 가능하게 하고, 더욱더 맞춤화된 헬스케어를 제공할 수 있게 해준다. 블랙홀의 사례와 마찬가지로 위대한 임팩트가 보이지 않는 것을 볼 수 있게 해준다. 그 보이지 않는 것이란 연관된 정보의 융합과 목적을 가진 분석을 통해 얻을 수있는 새로운 발견들이다.

점차 분명해지고 있는 사실인데 의사 데이터 과학자들은 웨어러블 디바이스, 외부 센서,

스마트폰을 사용한 약물 순응도를 포함한 약물 정보 등에서 생산되는 어디에나 존재하는 풍부한 데이터를 사용한다. 의사의 의사 결정과 치료를 간편하게 만들고 우선순위를 부여하며 더욱더 정교하게 만들 수 있도록 환경 및 인구 집단 기반 데이터와 융합할 수 있는 좋은 위치에 서게 될 것이다.

이미 인공지능은 빠르게 임상 진료 영역에 포함되고 있다. 미국 FDA는 당뇨병성 망막증, 뇌졸중, 유방암, 4차원 심혈관 이미지 자동 분석에 사용되는 인공지능 기반 디바이스를 승인했다. 그렇지만 이런 초기 애플케이션들은 "갇힌 알고리듬"에 의존하고 있어서 아직은 머신러닝이 가지고 있는 풍부한 잠재력을 다 이용하지는 못하고 있다[3]. 융합된 의사 데이터 과학자의 핵심 과제는 상황에 더욱 잘 적응할 수 있고 성능이 개선된 인공지능을 만들 수 있게, 실제 세계 경험에서 관찰되는 높은 변이를 보이는 데이터를 포착하는 것이다.

피지셔니어로 들어가기

텍사스 A&M 대학과 휴스턴 메소디스트 병원은 최근 의학박사^{MD}와 공학 혁신 분야의 석사 학위^{Masters}를 부여하는 인메드^{EnMed}라고 하는 4년제 통합 과정을 신설했다. 이 과정은 학부에서 공학이나 그와 비슷한 배경을 가진 학생들을 대상으로 4년 커리큘럼 동안 의학과 공학 융합 과정을 제공한다. 이 과정의 핵심은 다양한 과학 분야에 걸쳐 다양한 언어에 대해 지적 그리고 개념적으로 능숙할 수 있게 학생들을 훈련하는 것이다. 그래서 졸업생들은 헬스케어의 큰 문제들을 해결하는 데 필요한 도구로써 공학과 의학이 융합된 마인드셋을 갖추게 될 것이다. 이렇게 배출되는 학습들을 피지셔니어^{physicioneer(physician + engineer)}라고 부른다. 발명이라는 마인드를 갖춘 의료 전문가를 개발한다는 목표 하에, 인메드 학생들은 실제 의료 및 헬스케어 문제에 대한 실용적인 해법을 발명하도록 요구받는다. 이런 요구가 문제 해결가 훈련의 핵심이 된다.

4년 커리큘럼은 임상 전 학습에 할애하는 6개월짜리 학기 3개와 통합 선택 임상 과정으로 구성된다. 통합 선택 임상 과정은 몰입형 아이디어 구상, 발명, 중개^{translation} 훈련 등으로 구성돼 있다. 수련은 의료에서의 공학 혁신에 대한 예비 과정으로 시작해서 주간 학습 목표, 학습 과제, 공식 학습 평가 툴 등으로 이뤄진다. 학습하고 있는 주제에 관련된 의학적 공학적 개념들도 포함돼 있다. 인메드는 팀 기반 학습을 위한 수업, 온라인 강의, 주간 학습 목표에 따른 독서물 등을 제공한다. 실험실, 교수와의 토론, 촉진 과정에는 임상과 공학의 전문가들이 참여한다. 임상 실습 과정에서는 학생들은 문제를 발견하고 해법을 설계하게 된다.

미래에 대한 전망

인공지능은 새로운 통찰력을 제공하고 효율적인 치료 경로를 개발하며 궁극적으로 더 나은 헬스케어를 만들어낼 것이다. 다음 세대의 헬스케어 전문가들은 생명 과학, 수리 과학 quantitative sciences, 공학의 융합을 통해서 의학을 이해해야 한다. 데이터 과학이 점점 더 환자의 케어를 이끌어가는 상황에서 의사 데이터 과학자의 역할은 이런 융합을 통해서 중요해질 것이다.

현재 데이터 과학이 중요한 역할을 하는 의료 영상 분야는 앞으로 어떤 일이 벌어질지 가늠해볼 수 있는 지표라 할 수 있다. 영상 데이터 획득 속도의 극적인 발전과 데이터 처리, 프로세싱, 정보 추출을 위한 새로운 방법들은 이미 진단의 내용과 효율성을 강화시키고 있다. 타깃화된 프로토콜은 스캔과 분석의 속도를 더 빠르게 하고 있다. 미래의 판독은 생물학적, 물리적인 데이터셋이 통합된 수리적 데이터와 분석 자료를 이용하게 될 것이다. 유전체, 단백질 표현, 대사작용, 조직과 기관의 생리학을 이미징 특징들과 결합하는 작업은 미래의 의료 영상 과학이 될 것이다. 우리 삶에서 헬스의 목표를 전망해 볼 때, 피지셔니어와 같이 과학적 다중 언어 구사자들과 의사 데이터 과학자들은 질병 치료에 중심을 두는 오늘날의 의료 생태계를 지속 가능한 건강에 초점을 두는 쪽으로 전환시키는 데 중추적인 역할을 할 것이다.

참고 문헌

[1] Chen S, Bashir R, Nerem R, Pettigrew R. Engineering as a new frontier for translational medicine. Sci Transl Med 2015;7(281):281fs13.
[2] Event Horizon Telescope. [Internet]. Cambridge, MA: Harvard University; 2019. Available from , https:/eventhorizontelescope.org/science. [cited 29.04.19].
[3] Food and Drug Administration. [Internet]. Silver Spring, MD: FDA; 2019 Available from: https://www.fda.gov/MedicalDevices/DigitalHealth/SoftwareasaMedicalDevice/ucm634612.htm [cited 25.04.19].

의료 에코 시스템에서 인공지능 구축하기

피유쉬 마투르^{Piyush Mathur}

    — 미국 오하이오주 클리블랜드 소재 클리블랜드 클리닉 마취과 연구소

프란시스 파패이^{Francis Papay}

    — 미국 오하이오주 클리블랜드 소재 클리블랜드 클리닉 피부 및 성형 연구소·외과, 케이스웨스턴리저브대학교러너 의과 대학

피유쉬 마투르와 프란시스 파패이는 모두 인공지능에 관심이 많은 의사. 이 글을 통해 문제 파악과 니즈에 대한 평가를 시작으로 구현, 확장, 일반화에 이르는 피라미드 방식으로 인공지능 생태계를 만들어가는 개념에 대해서 이야기한다.

배경

헬스케어는 다양한 케어 전달 노드, 데이터 입력과 상호 작용을 가진 일종의 복잡 적응 시스템(CAS)으로 설명할 수 있다. 모든 헬스케어 전달 시스템의 중심은 환자로, 다양한 환자 케어 수준에서 이뤄지는 의사 결정 프로세스에 의해 궁극적으로 영향을 받는다. 환자는 의료 의사 결정, 의료 제공자(결정자) 및 전자의무기록^{EHR} 같은 환경을 서로 연결하는 시스템을 평가하고 의료 효율성 향상, 비용 절감, 환자 접근도 개선 및 더 나은 건강 결과를 얻고자 하는 노력을 지지한다. 인공지능은 이런 복잡한 환경에서도 다양한 원천에서 질적으로 다양한 데이터를 지속적으로 수집하고, 다양하게 처리해서 실천 가능하고 효과적인 의사 결정 정보를 생산하는 하나의 해법을 제공한다. 어떤 인공지능 모델이라도 그 개발의 시작은 임상적이나 행정적인 문제를 분명히 인식한 뒤 인공지능 전략을 필요로 하는 솔루션을 개발하려는 니즈에서 출발한다[1].

개발 모델 고려

기술한 대로, 임상적 인공지능 해법은 물론 비임상적 행정 도구라 할지라고 그 중심에는 "환자-진단"이라는 대응 쌍이 존재한다. 모든 의사 결정과 환자 질병 프로세스 관리 모두 환자의 진단과 연결되기 때문에 이런 대응 쌍은 중요하다. 그런 시스템을 떠받치는 데이터 소스는 거의 실시간으로 적시성이 좋아야 하고 정확도와 질적인 측면에서 검증돼야 한다. 기기나 모니터 장비를 통해서 직접 수집하는 변수들이 양적으로 크고 잡음이 섞여 있고, 질적 검증

이 필요하기는 하지만 사람이 입력한 데이터보다 더 나은 해법이다. 모니터나 검사실에서 유래한 변수들은 전자의무기록을 통해서 투약, 임상적 경과 기록, 영상 판독지 같은 다른 데이터 요소들과 상호 작용한다. 머신러닝 알고리듬은 결과 예측에만 이용할 수 있는 것이 아니라 데이터 교차 검증, 결측 변수 대체, 트렌드 개발, 경고 시스템, 기타 환자 헬스케어 제공자 사이의 상호 작용 같은 분야에도 사용될 수 있다. 데이터가 프로세싱되면 이런 정보들은 전자의무기록, 전자 모니터링 장비, 모바일폰, 스마트워치, 다양한 웨어러블 디바이스를 통해서 환자와 헬스케어 제공자들에게 전달해 유용하게 사용돼야 한다. 실행 가능한 정보는 머신러닝 모델 전략이나 환자 헬스케어 제공자 상호 작용 못지 않게 중요하다. 실행 불가능한 데이터는 데이터 과부하를 통해 프로세스의 효율성을 떨어뜨리고 케어와 안전의 질을 낮추는 것이 증명됐기 때문이다. 과거에 수집된 데이터에서 벗어나 다양한 전략적 데이터 소스로부터 지속적으로 입력되는 데이터로 이동하는 것은 임상적 검증과 배치가 가능한 단계로 넘어가기 전에 이뤄져야 하는 아주 중요한 초기 단계다.

다양한 인공지능 기술이 사용과 검증에 성공했다고 주장하고 있지만, 최근 FDA 승인을 받은 시스템 대부분은 한정된 케어 공간에서 일부 해법에 초점이 맞춰져 있다. 인공지능 헬스케어 설계를 위한 시스템 차원의 접근법(그림 1)이 모색돼 왔다[2]. 그런 인공지능 플랫폼의 개발과 배치에는 상당한 노력이 필요하다. 전자의무기록을 비롯한 헬스케어 통합 솔루션의 종류가 제각각이고 상호운용성이 떨어지는 데다 여전히 진화 과정에 있기 때문이다.

사업 계획

본질적으로 인공지능 프로젝트 개발의 핵심 요소는 다른 프로젝트 관리 솔루션과 크게 다르지 않다. 고객의 파악과 제대로된 프로젝트 계획 수립은 성공의 핵심 요소다. 다양한 헬스케어 제공자들, 다양한 수준의 헬스케어와 프로젝트 관리자들과 다양한 머신러닝 전문가를 끌어들여 팀을 구성하는 것이 중요하다. 완전히 새로운 인공지능 헬스케어 프로젝트 팀을 만들고 운영하는 것보다는 다양한 산업계 또는 학계 협력자들과 계약해서 협업하는 방식으로 프로젝트를 진행하는 것이 최선의 방법이다. 데이터 소스를 파악할 때는 모니터에서 유도된 파형 데이터, 의료 영상, 비구조화된 경과 기록, 검사실 검사 수치, 텍스트로 된 환자 보고서 등을 포함해 다양한 기간 동안 전자의무기록에 보관돼 있는 문서들을 모두 고려할 수 있다[3].

시작할 때 명확한 인공지능 설계 전략과 개발 타임라인을 설정하는 것이 아주 중요하다. 총 인공지능 모델 개발 시간의 80%는 실제 모델을 개발하는 것이 아니라 데이터 프로세싱 작업에 달려있다고 잘 알려져 있기 때문이다. 연구와 개발 단계에 필요한 상당한 재원은 연구비, 투자금이나 다른 소스로부터 확보될 수 있다. 핵심 성과지표와 타임라인 이정표는 프로젝트 개발, 자원 효율성, 새로운 투자 적격성과 명성에 필수적인 요소다.

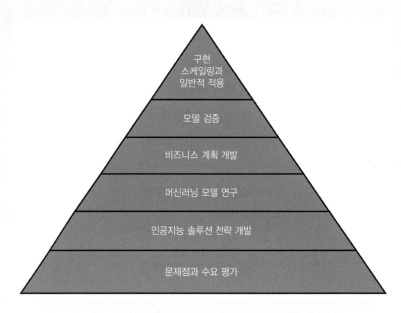

그림 1 헬스케어 시스템용 인공지능 개발과 구현에 대한 파라미드식 접근법

연구와 검증

머신러닝 모델을 만드는 절차는 데이터 프로세싱, 훈련 데이터셋과 테스트 데이터셋 구분, 모델 개발, 모델 훈련, AUC, F1 스코어를 구하는 등의 성능 평가 등으로 이뤄진다. 마지막에 최선의 모델을 선택하고 모델을 정교하게 해 나가는 과정은 반복적으로 이뤄진다. 엄정한 임상적 검증은 다양한 연구 방법을 사용하는 모델 검증과는 다르고, 여러 시행착오를 거친 후에 궁극적으로 동료 심사 저널에 발표된다[4]. FDA는 디지털 헬스 이노베이션 액션 플랜Digital Health Innovation Action Plan과 소프트웨어 사전 인증Pre-Cert 파일럿 프로그램Software Precertification (Pre-Cert) Pilot Program 등을 통해 인공지능 솔루션을 승인한다.

성공

성공적인 인공지능 배치의 지표는 다음과 같다.

1. 환자 안정성

2. 임상적인 임팩트(질 개선)

3. 행정적인 임팩트(프로세스 개선)

4. 재무적 임팩트(헬스케어 전달 비용 절감)

5. 수용성(사용자 인터페이스와 사용자 편의)

6. 지속 가능성과 확장 가능성

미래에 대한 고려

여러 엄밀한 검증 연구법들이 개발되고 있고, 이것들은 인공지능이 헬스케어에 미치는 영향에 대한 복잡한 질문들을 해결하는 데 필요하다. 개발된 도구가 단지 더 나은 데이터 표현 툴인가, 아니면 임팩트가 있는 헬스케어 솔루션인가? 그런 시스템을 다양한 다른 헬스케어 시스템으로 일반화할 수 있는가 아니면 비효율적이고 일관성이 없어 개별적인 배치 전략을 필요로 하는가? 인공지능 시스템이 확장 가능하고, 같은 헬스케어 환경에서 다른 인공지능 솔루션과 상호 작용이 가능한가? 이와 같은 질문들이 여전히 연구되고 있고 추가 혁신이 필요하다. 궁극적인 질문은 인공지능이 사람의 생명을 구할 수 있을 것인가 하는 것이다. 그 대답은 헬스케어 제공자들과 머신러닝 과학자들 간 성공적인 협업에 달려 있다. 우리 모두에게 이익이 될 복잡한 인공지능 솔루션을 개발하고 검증하며 배치할 수 있도록 말이다.

참고 문헌

[1] Topol EJ. High-performance medicine: the convergence of human and artificial intelligence. Nat Med 2019;25(1):44-56.

[2] Maheshwari K, Cywinski J, Mathur P, Cummings III KC, Avitsian R, Crone T, et al. Identify and monitor clinical variation using machine intelligence: a pilot in colorectal surgery. J Clin Monit Comput 2018.

[3] Rajkomar A, Oren E, Chen K, Dai AM, Hajaj N, Hardt M, et al. Scalable and accurate deep learning with electronic health records. NPJ Dig Med 2018;1(1):18.

[4] Mathur P, Burns ML. Artificial intelligence in critical care. Int Anesthesiol Clin 2019;57(2):89-102.

인공지능 세계에서의 개인 여정: 인공지능 허브

해밀턴 베이커^{Hamilton Baker}

해밀턴 베이커는 인공지능에 열정이 있는 소아 심장전문의로 누군가에게 영감을 주는 롤 모델이다. 수년 전 인공지능에 대한 호기심으로 이 분야에 발을 들여 놓았고, 이제는 병원과 그 너머에 영향을 줄 수 있는 인공지능 "허브" 프로젝트에 주도적인 역할을 하고 있다.

내가 처음 캘리포니아 다나 포인트에서 AI메드^{AIMed} 미팅에 참석했던 것은 2017년 12월 초였다. 당시 나는 우수 초록상에 선정되는 영광을 누렸다. 콘퍼런스에서 깊은 인상을 받고 내 경력을 인공지능의 의료 응용 분야로 돌리기 시작했다. 그 콘퍼런스 이후 나는 하루도 빠지지 않고 인공지능과 의료 간 연관성에 대해 어떤 것들을 배워 왔다. 그리고 연구 주제와 진료를 이 분야의 소아 심장학에 맞추었다. 구체적으로는 인공지능과 의학이 만나는 지점에서 일어나고 있는 놀라운 발전에 대한 인식을 넓히는 것을 사명으로 삼았다.

최근 사우스캐롤라이나 의과대학^{MUSC}에 MUSC 인공지능 허브^{MUSC AI Hub}를 만들었다. 이 기관의 목적은 이 분야에 관련된 일을 하고 연구하며 개발하는 사람들을 하나로 모으는 것이다. 이 허브는 MUSC의 인공지능 기술을 하나로 묶는 역할을 할 것이다. 더 나아가 MUSC 인공지능과 독지가, 투자가, 산업계, 기타 대학 파트너들을 연결시키는 포털 역할을 할 것이다.

궁극적인 목적은 윤리학과 다양성·포괄성을 유지하면서 인구 집단의 건강을 개선하고, 서비스 제공자들에게 더 많은 힘을 부여하며 가치를 증진시키고 비용을 절감할 수 있는 인공지능 도구를 개발하는 것이다. 이런 목표를 달성하는 가장 좋은 방법은 초기 투자자들이 성공을 거둘 수 있도록 하는 데 필요한 리더십, 자원, 프로젝트 관리를 제공하는 것이라고 믿는다. 모든 프로젝트에는 초기 프로젝트 구상부터 임상 적용과 채택까지 전 과정에 걸쳐 도메인 전문가, 머신러닝 전문가, 정보학자, 임상가, 윤리학자 등 해당 영역 전문가들이 필요할 것이다. 영향력 있는 임상적 고충에 따라 프로젝트 지원이 결정된다. 미래 계획은 안전한 인공지능 신속 테스팅 존^{Secure Artificial Fast Testing Environment Zone}을 만드는 것이다. 이것의 목적은 허브가 가지고 있는 임상적 데이터 웨어하우스를 활용해 안전한 심층 데이터 환경을 제공하는 것이다.

나는 우리 사회에서 이 분야에 대한 관심이 날로 늘어가고 있음에 깊은 인상을 받고 있다.

최근에는 클렘슨대학교Clemson University와 MUSC의 건강전문가대학College of Health Professionals의 학생 리더들을 통합시켰다. 미래 최상의 작품은 이런 학생들의 믿을 수 없는 열정에서 나올 것임이 분명하다.

또 다른 중요한 이니셔티브는 기관의 공식 비전과 전략 수립을 지원하는 것이다. 헬스케어 기관들은 머지않아 인공지능 도구와 기술에 상당한 투자를 해야만 할 것이다. 기관의 명확한 비전과 전략 개발은 중복을 피하고 효율성을 개선하기 위해 서로 다른 인공지능 프로젝트들을 한데 모은다. 나는 AI메드 같은 콘퍼런스 등을 통해서 최근 만났던 여러 사람의 협력에 큰 은혜를 입었다. 그들은 내가 이런 일들을 진행하는 데 영감과 지원을 제공해 주었다.

더불어 생의학 분야에 인공지능을 적용하는 것은 다른 분야들과 비교해서 고려해야 하는 더 복잡한 측면이 있다. 다음은 사회적인 관점에서 본 주요 이슈들이다[3].

편향. 이 책의 여러 부분에서도 논의되고 있고, 일반적으로 여러 모임이나 토론에서 이야기되는 인공지능 문제 가운데 하나가 편향이다. 의사들은 특정 인구 집단 혹은 단일 기간들을 통해서 만들어진 알고리듬이 좀 더 다양한 인구 집단과 여러 기관들의 상황을 대표하지 못하는 편향에 대해 걱정하고 있다. 그리고 의료 영상 이미지 질이나 특정 전문가 집단의 판독 등과 같이 샘플의 차이에서 이런 편향이 발생하기도 한다.

불공평. 머신러닝 연구의 여러 측면은 모든 인구 집단 구성원에 대해 공정하거나 공평하지 않을 수도 있다(앞 부분 참조). 이런 요소들이 이미 존재하고 있는 헬스케어 수혜 격차를 더 악화시킬 수 있다. 이런 문제를 해소하기 위해서 분배적 정의distributive justice라는 원리를 사용해 모델 설계와 배치에 적용하자는 논의도 있다[4].

윤리. 앞에서 언급한 편향과 불공정의 문제는 윤리와 연관돼 있다. 의료와 헬스케어 영역에서 인공지능 윤리와 관련해 자주 논쟁하는 주제들은 다음과 같다. (1) 안 좋은 의학적 결과가 벌어졌을 때 누가 어떤 책임을 져야 하는가? (2) 이런 새로운 기술이 모든 사람이 아니라 제3, 4 세계에 있는 사람들 같은 경우처럼 인공지능의 혜택에서 소외되는 집단이 발생하는 경우 어떻게 할 것인가? (3) 의사 또는 병원이 환자의 데이터를 사용해 인공지능 스타트업이나 회사 등을 통해 재무적 이득을 얻는 것이 정당한가? (4) 의료 데이터의 소유권자는 누구이고 어떤 권리를 갖는가? 등이다. 그리고 환자 데이터를 입력받아 예상 가능한 그

환자의 헬스케어 관련 의사 결정에 관한 신뢰도를 도출하는 자율 알고리듬의 윤리적 이슈
도 종종 다뤄진다[5].

의료 인공지능에 관한 윤리적 고려 사항

단톤 차[Danton Char]

단톤 차는 윤리와 인공지능에 특별한 관심을 가지고 있는 소아 마취전문의다. 이 글을 통해 편향,
의도되거나 의도되지 않은 인공지능 도구의 사용, 환자와 의사 간 관계에 관한 의료 인공지능의
윤리적인 문제를 설명한다.

아직은 인공지능이 임상에 적용되는 초기 단계지만, 헬스케어 이외의 영역에서 일어났던
일들을 고려했을 때 인공지능은 미래 헬스케어에 큰 영향을 끼칠 뿐만 아니라 독특한 윤리적
문제들을 제기할 것으로 보인다[1]. 하지만 인공지능이 임상에 적용된 사례가 많지 않아서 어
떤 특정한 윤리적 문제가 부상할지에 대한 진정한 이해는 제한돼 있다. FDA는 2018년 이 분
야에서는 처음으로 당뇨병성 망막증을 진단하는 IDx라고 하는 자동화된 진단 시스템을 승
인했다[2]. 따라서 헬스케어에 적용된 인공지능에 대해 현재까지 파악된 잠재적 윤리적 문제
는 여전히 모호하고, 비의료적인 맥락에서 인공지능을 적용했던 사례를 통해 추론할 수 밖에
없는 실정이다. 크게 보면 인공지능에 대한 잠재적 윤리 문제는 크게 4가지로 구분된다.
(1)훈련 데이터에 내재된 편향 (2)설계적 문제와 설계 의도 (3)의도하지 않았던 인공지능 사
용 (4)선량한 관리자로서의 의사와 환자 간 관계에 대한 영향 등이 그것이다.

헬스케어 영역 밖에서 도입됐던 알고리듬이 알고리듬 훈련 데이터에 내재된 편향을 반영
해 최종 편향된 결과로 이어지는 문제가 있음은 이미 알려져 있다. 예를 들어, 범죄자의 재범
위험을 예측해 판결에 도움을 주도록 설계된 프로그램이 충격적인 인종 차별적 성향을 보이
는 사례가 보고됐다[3]. 그와 같은 인종 차별적 편향이 헬스케어 인공지능에도 나타날 가능성
은 충분하다. 데이터에 적용된 어떤 알고리듬은 단지 이미 데이터가 내재된 내용만을 반영할
것이다. 특정 인구 집단에서 유전적인 연구가 없거나 아주 적은 경우, 유전적 소견을 바탕으
로 인공지능 알고리듬 결과를 예측하는 경우 편향을 보일 것이다. 프레이밍햄 연구 데이터에
따르면 비非백인 인구 집단에 대한 심혈관질환 위험도를 예측하는 데 사용하는 경우, 서로 다
른 인구 집단에 대해 위험도를 과소 또는 과대 평가할 수 있다고 한다[4].

헬스케어 전달에서 내재된 아주 미묘한 차별적 편향은 예측하기 어렵고 인공지능 훈련, 이어 그 판단에까지 흘러 들어가는 것을 예방하기도 어렵다. 그와 같은 편향은 자기 충족적 예언으로 이어진다. 만약 의사가 심한 조숙아와 외상성 뇌손상 소견을 가진 환자들의 집중 치료를 항상 하지 않았다고 한다면, 인공지능은 학습을 통해 그와 같은 소견은 치명적이기 때문에 치료를 하지 않도록 권고하게 될 것이다. 그렇게 되면 그와 같은 질환의 결과를 개선시킬 수 있는 기회가 날아가 버린다.

알고리듬을 만드는 데 가려진 설계자의 의도 역시 고려될 필요가 있다. 알고리듬은 이미 사회적 책임감보다 사업적인 이해를 우선해서 만들어져 왔다. 최근에 잘 알려진 사례로는 우버 그레이볼GreyBall과 폭스바겐 질소산화물 배출 알고리듬으로, 둘 모두 규제를 피하기 위해 설계됐다. 미국의 헬스케어는 건강과 이익이라는, 갈등을 일으키는 목적 사이의 긴장 속에 존재하고 있다. 이런 긴장이 헬스케어 인공지능에 고려돼야 한다. 이것을 만드는 사람이나 구매하는 사람은 실제로 침상에서 케어를 전달하는 사람이 아닐 가능성이 높기 때문이다. 질적인 지표를 사용해 보험 지불을 결정하는 경향이 높아짐에 따라 인공지능은 "시스템 기만"을 위해서 배치될 수도 있다. 인공지능은 질 지표를 개선하는 쪽으로 임상 활동을 안내할 수도 있고, 좀 더 나쁘게는 공적 평가나 규제 당국에 제출하는 데이터를 조작할 수도 있을 것이다. 임상 의사 결정 지원 시스템CDS도 실제 현장의 사용자들은 잘 모르는 상태에서 이해 관계가 있거나 보험 적용 등을 고려한 약물, 검사, 기기 등에 대해 설계자나 구매자의 이익을 강화하는 방향으로 진료 권고를 할 수도 있다.

많은 인공지능 시스템은 "블랙박스" 문제를 가지고 있다. 즉 의사나 환자 등 사용자에게 있어 그 작동법이 투명하지 않다는 얘기다. 신경망과 같은 인공지능 방법들은 심지어 설계자에게도 시스템 학습 방법이 불투명하다. 인공지능 시스템의 설계 의도는 이러한 불투명한 방식으로 작동하는 인공지능을 사용하는 경우에 더욱더 중요하다.

인공지능을 배치하고 나서 의도하지 않은 방식으로 사용되는 사례가 나타날 수 있다. 예를 들어 여러 연구를 보면 미국인의 대다수는 인생의 마지막 날을 집에서 보내고 싶어하는데, 그렇게 하는 경우는 드물다. 이 경우 1년 내 사망할 확률을 예측하는 시스템이 도움이 될수 있고, 그렇다면 사망할 것으로 예측되는 환자를 완화의학팀에게 알려서 도움이 되는 조치를 취할 수 있을 것이다. 불행하게도 생의 마지막 해는 종종 가장 의료비가 많이 들어가는 기간이기 때문에, 그와 같은 알고리듬이 잠재적인 의료 소모가 많은 환자들을 헬스케어 시스템이 기피해야할 군으로 분류하는 데 사용될 여지도 있다.

더불어 인공지능과 그 출력은 선량한 관리자로서의 의사와 환자 관계에 영향을 줄 수 있다. 최근까지 병원의 환자 치료에서 시스템에 기반한 접근법으로 지속적인 변환이 진행돼 왔다. 이는 전자의무기록의 출현, 상주하는 의사들의 교대식 근무, 응급 의학과 같은 새로운 전문가들의 등장 등과 같은 데 영향을 받은 것이다. 인공지능이 이런 경향에 마지막으로 추가되는 것일 수도 있는데 임상 의학은 지속적으로 교대 근무, 시스템에 기반한 모델로 이동해 질병이 발현해서 최종 회복될 때까기 전체 과정을 관장하는 의사의 수는 점차 줄어들고 있다. 이런 현상은 전자의무기록과 인공지능 접근법에 케어에 필요한 역할뿐만 아니라 의도하지 않은 권력과 권위를 부여한다. 개별 의사의 기억과 경험 대신 환자 케어를 책임지는 의료적 기억이 점차 헬스케어 시스템에서 포착되는 데이터와 그 정보를 관리하는 인공지능의 의사 결정으로 넘어가고 있다.

임상적 정보를 관리하고 임상적 의사 결정 지원을 제공하는 역할 때문에, 인공지능 도구들은 치료적 관계에서 실직적인 관계자가 될 수 있고, 그에 합당하게 환자에 대한 선량한 관리자로서의 책임에 따라 가이드를 할 필요가 있다. 환자와 인공지능 사이의 선량한 관리자로서의 관계라는 본성, 의사와 환자의 자율성에 대한 영향[5], 인공지능 시스템과 설계자가 가져야 할 책임감 등은 이제 긴급한 윤리적 문제로 떠올랐다.

인공지능이 헬스케어 분야에 적용되는 사례들이 늘어남에 따라 그에 합당하는 윤리적 가이드라인 필요하다. 인공지능 시스템을 사용하는 의사들은 인공지능이 만들어진 방법과 그 한계에 대해서 더 잘 알고 있어야 한다. 무지하거나 인공지능 시스템이 블랙 박스인 상황에 그냥 눈을 감는 행위는 윤리적으로 문제가 될 결과로 이어질 것이다.

참고 문헌

[1] Char DS, Shah NH, Magnus D. Implementing machine learning in health care addressing ethical challenges. N Engl J Med 2018;378(11):981-3.

[2] Abramoff MD, Lavin PT, Birch M, Shah N, Folk JC. Pivotal trial of an autonomous AI-based diagnostic system for detection of diabetic retinopathy in primary care offices. NPJ Dig Med 2018;1:39.

[3] Angwin J, Larson J, Mattu S, Kirchner L. Machine bias. ProPublica; 2016. ,www.propublica.org. [accessed online at 06.10.17].

[4] Gijsberts CM, Groenewegen KA, Hoefer IE, et al. Race/ethnic differences in the associations of the Framingham risk factors with carotid IMT and cardiovascular events. PLoS One 2015;10(7):e0132321.

[5] Cohen IG, Amarasingham R, Shah A, Xie B, Lo B. The legal and ethical concerns that arise from using complex predictive analytics in health care. Health Aff (Millwood) 2014;33(7):1139-11347.

규제. 편향과 윤리가 깊이 관련돼 있는 분야는 새로운 의료 기술에 대한 규제다. 인공지능과 관련 도구들을 "의료용 소프트웨어^{SaMD}"로 묶는다고 해도, 인공지능과 증강 현실^{AR} 같은 여러 가지 발전된 기술과 융합돼 나타나는 새로운 인공지능 도구들을 어떻게 효과적이고 빠르고 간편하게 승인할 수 있을까? 이런 기술에서의 패러다임 변화를 그에 상응하는 규제 방법에 대한 철학적 변화와 매칭시킬 필요가 있다. FDA와 미국의사협회^{AMA} 양쪽 모두 이런 새로운 기술의 시대에 규제와 감독을 개념화하는 방법에서 그와 같은 변화를 시도했다는 점은 상당히 칭찬받을 가치가 있다[6]. FDA는 새로운 제출 타입과 510(k) 노티피케이션, 드 노보$^{De Novo}$, 시판 전 신고$^{PMA, PreMarket Approval}$ 등과 같은 위험도에 따른 데이터 요건을 제안했고, 의료기기 방사선 보건센터^{CDRH}라는 지원 부서를 만들었다. 제안서에는 이러한 새로운 SaMD에 더 적절한 규제 프로세스가 될 수 있도록 알고리듬 수정 프로토콜을 포함해 총제품 생애 주기^{TPLC} 규제 접근법에 대한 좀 더 혁신적인 전략을 반영하고 있다(그림 7.2). 요약하자면 FDA의 굿 머신러닝 프랙티스는 임상 의학과 헬스케어의 인공지능 기술들의 지수적 성장에 잘 들어맞는 규제 전략 이상이다. 한편 AMA는 증강 지능$^{augmented intelligence}$에 대한 정책 권고 사항을 최근 승인했다. 권고사항에는 모든 적절한 연방 및 주 법률 및 규정에 부합하는 조건하의 지불보상 및 보험 급여를 포함해 다양한 요인들을 고려한 위해와 이득을 기반으로 한 헬스케어 인공지능 시스템에 대한 감독과 규제 방법이 들어 있다[7]. 이런 규제 부분은 국가나 대륙마다 차이가 있다[8]. 미래의 잠재적인 해법의 하나로 규제 대상이 개별 기기가 아니라 의사 면허처럼 인공지능 도구를 다루는 팀이나 개인을 논하는 경우도 있다. 또다른 해법은 "기계는 기계가 다루도록 한다"라는 튜링 철학을 반영해 알고리듬을 검토하는 규제 알고리듬을 만드는 것이다.

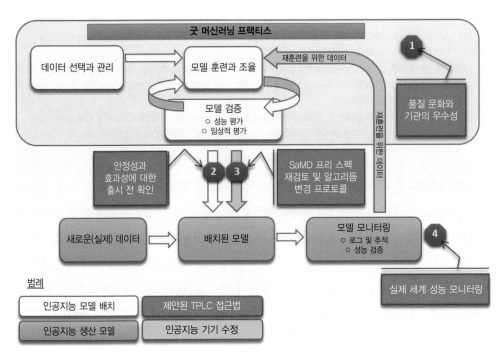

굿 머신러닝 프랙티스

데이터 선택과 관리 → 모델 훈련과 조율 ← 재훈련을 위한 데이터

모델 검증
○ 성능 평가
○ 임상적 평가

1 품질 문화와
기관의 우수성

재훈련을 위한 데이터

안정성과
효과성에 대한
출시 전 확인

2 3

SaMD 프리 스펙
재검토 및 알고리듬
변경 프로토콜

새로운(실제) 데이터 ⇨ 배치된 모델 ⇨ 모델 모니터링
○ 로그 및 추적
○ 성능 검증

4

실제 세계 성능 모니터링

범례

| 인공지능 모델 배치 | 제안된 TPLC 접근법 |
| 인공지능 생산 모델 | 인공지능 기기 수정 |

그림 7.2 FDA와 인공지능/머신러닝에 대한 총제품 생애 주기(TPLC) 접근법. 이 다이어그램은 일반적인 4개 주요 원칙을 설명하고 있다. 이 원칙은 (1) 질 높은 시스템과 굿 머신러닝 프랙티스에 대한 명확한 기대치 수립 (2) 이런 SaMD에 대한 안정성과 효과성에 대한 시판 전 보증 절차 진행 (3) 제조사에 의한 인공지능/머신러닝 다비이스에 대한 모니터링과 위험 관리 접근법 (4) 투명한 실제 세계 성능 모니터링 등이다.

의료 인공지능과 FDA

케빈 실즈 Kevin Seals

케빈 실즈는 영상의학과 전문의이자 혁신가다. 이 글을 통해서 의료 인공지능이 시작되고 있는 새로운 시대의 규제 프로세스로 새롭게 구성된 FDA 사전 승인precertification 프로세스를 진행했던 경험과 그 의미에 대해 설명한다.

　　머신러닝은 헬스케어에서 가장 뜨겁고 잠재력이 큰 전환 기술의 하나다. 머신러닝 능력이 혁신적인 제품을 만드는 데 있어 핵심적인 요소라지만, 강력한 기술과 실질적으로 유용한 임상 도구 사이에 문지기 역할을 하는 것은 규제 승인이다. 따라서 적절한 규제에 따른 승인 절차들을 잘 이해하는 것도 아주 중요하다. 승인을 받으려면 미국의 의료 기술을 규제하는 정부 기관인 FDA와의 상호 대화가 필요하다. 이 글에서는 헬스케어에서 인공지능 기술의 개발과 출시와 관련된 부분에 초점을 맞춰 핵심적인 FDA 승인 개념들을 개략적으로 설명하려고 한다.

FDA 승인의 핵심 개념은 특정 의료 기기에 대한 관련 위험도에 따른 분류 체계다. 머신러닝 소프트웨어는 FDA에 의해 이전에 하나의 의료 기기로 분류돼 왔다. 의료 기기는 관련 환자에 대한 위험도에 따라서 다음 3가지 가운데 하나로 분류된다[1].

클래스 I: 위해의 위험도가 낮음. 예: 칫솔

클래스 II: 중간 정도의 위험도. 예: CT 스캐너

클래스 III: 위험도가 높음. 예: 인공 판막

의료 기기 승인에는 다양한 경로가 있다. 어떤 특정 기기에 대한 적절한 경로는 관련된 위험도 수준과 깊게 관련돼 있다[2]. 이런 경로는 다음과 같이 정리된다.

- **시판 전 리뷰 면제**Exempt from premarket review: 단순한 의료용 붕대 같이 위험도가 낮은 디바이스(분류 I)로, 절차가 면제돼 승인 절차가 필요없다.

- **시판 전 신고**Premarket notification **또는 510(k) 지원**: "패스트 트랙" 승인 절차로 여겨지고 있고, 현재 헬스케어 머신러닝 기술들에 대한 가장 흔한 접근법이다. 이 카테고리에 들어가려면 2가지 요건을 갖춰야 한다. (1) 디바이스의 위험도가 클래스 II(중간)일 것 (2) 비교 대상 의료 기기가 존재해 안정성과 효과성을 비교할 수 있을 것 등이다. 기술이 "혁신적revolutionary"이라는 경우는 비교 대상 의료 기기가 없다는 것을 의미하므로 이 클래스에 포함되는 기술은 혁신적이라기보다는 "진화적인evolutionary" 기술들이다. 이 승인은 약 4~8개월, FDA 작업 20시간, 약 5000 달러가 소요된다.

- **시판 전 승인**PMA: 이 과정은 FDA 승인에서 가장 엄격하고 까다로운 절차다. 비교 대상 기술이 없을 것, 또는 클래스 III 디바이스일 것 등의 조건을 만족하는 경우다. 이 과정은 전형적으로 3~7년의 임상 시험 기간과 약 FDA 작업 1200시간을 필요로 한다.

- **드 노보**De Novo: 유사한 비교 대상 기술이 없으면서도 위험도가 낮거나 중간인 클래스 I 또는 클래스 II에 해당하는 경우에 해당하는 특별한 분류다. 이 경우 승인 과정은 510(k) 패스트 트랙 시스템에 근접한 승인 절차를 밟게 된다.

- **인도주의적 의료 기기 면제**Humanitarian device exception: 이는 연간 8000건 이하로 정의될 정로로 아주 드문 질환 환자에게 필요한 의료기기에 적용되는 경로다. 의료적인 니즈와 검증할 만큼의 환자 수를 모집하기 어려워서 만들어진 과정인 만큼 비교적 느슨한 절차다.

머신러닝 기술과 기타 디지털 헬스케어 애플리케이션은 FDA에게 독특한 난관이었다. 전통적인 의료 기기는 수년의 개발 기간을 필요로 하는 반면, 디지털 제품인 경우 빠르게 코드를 변경하고 저렴하게 바로 배치할 수 있어서 그 소요 시간이 수개월 단위로 좁혀지기 때문이다. 그렇게 되면 승인해야 하는 애플리케이션 수가 상당히 많아지므로 FDA는 상당한 업무량을 감당해야 했다. 더군다나 기존 규정들은 소프트웨어 애플리케이션이 없던 시대에 만들어진 것이어서, 소프트웨어의 FDA 승인을 받으려면 상당히 애매모호한 구석이 많았다.

지난 몇 년 동안 FDA와 미국 의회는 이런 문제를 개혁하고 가이드를 제공하기 위해서 앞으로 움직였다. 의회는 2016년 21세기 치료법21st Century Cures Act을 제정하고 FDA의 역할을 디지털 헬스 제품을 규제하는 기관으로 명확히 했다. 특히 이 법안의 제3060조항에 이어진 FDA 초안 가이던스는 특정 조건을 만족하는 의료 소프트웨어인 경우 규제 평가에서 제외한다고 명확히 했다[3]. 건강한 생활 습관을 장려하는 "웰니스" 소프트웨어, 확실한 형태의 전자 의무기록, 특정 종류의 임상 CDS 등 다양한 카테고리의 제품이 승인을 필요로 하지 않는 것으로 정의됐다. 이런 규제 필요성에 대한 명확성은 의료 기술 개발자들에는 아주 가치가 있다. 21세기 치료법은 혁신 제품breakthrough devices을 통한 신속 승인, 인도주의적 의료 기기 면제의 규제 완화 등 추가 규제 부담도 줄였다.

규제 절차 간소화는 머신러닝 기술에서 특히 중요한데, 이를 통해서 빠르게 부상하고 다수의 제품들이 시장에 나갈 수 있어 잠재적으로 굉장한 환자 이득을 제공한다. 이런 문제에 대한 핵심적인 접근법으로 FDA는 디지털 헬스 혁신 실행 계획DHIAP, Digital Health Innovation Action Plan의 하나로 디지털 헬스 소프트웨어 사전 승인 파일럿 프로그램을 수립했다. 애플, 핏빗, 구글 베릴리, 피어 세라퓨틱스 등 이 파일럿 프로그램에 선정된 기술 회사들은 실험적인 사전 승인 접근법을 사용해 평가받았다. 사전 승인의 기본 논리는 어떤 회사가 FDA와 함께 안전하고 고품질의 의료용 소프트웨어 개발을 위한 기본 준칙들을 수립하면, 미래에 힘든 규제 과정을 줄여주는 것이다. 이는 사전 승인을 받은 여행자가 간소한 여행 절차를 밟아 여행할 수 있는 제도인 미국 교통안전국의 사전 승인 접근법과 유사하다.

FDA의 사전 승인프로그램은 비록 아직 파일럿 단계지만, 껄끄러운 FDA 승인 과정에 대한 장기적인 해법 가운데 가장 유망한 방법 중 하나다. 특히 머신러닝 기술 회사에서 더욱 필요한 조치이고 가치가 있다. 그런 회사들의 제품이 가진 다이내믹한 특징은 규제적 모호성과 연관될 수 있기 때문이다. 예를 들어 어떤 머신러닝 제품이 FDA 승인을 받고 나서 나중에 추가 훈련 데이터를 수집해 알고리듬을 업데이트할 수 있는데, 이 경우에도 제품이 승인이 그대로 유지될지는 현재로서는 불분명하다. 새로운 데이터가 어떤 측면에서 문제가 될 수도 있고, 기존에 작동하던 알고리듬이 작동하지 않을 수도 있기 때문이다. 사전 승인은 훈련 데이터를 통한 업데이트가 있을 때마다 해야 하는 FDA 평가를 피할 수 있게 해 준다. 회사들은 자유롭게 자신들의 기술을 업데이트하고, 지속적인 질과 안정성이 유지되고 있는지에 대해서 주기적인 FDA 감사를 받으면 된다.

헬스케어 머신러닝 기술은 전에 없던 성장을 하고 있고, 기존 진료를 근본적으로 전환시킬 수 있는 잠재력을 가지고 있다. 기존에는 소프트웨어가 새로운 인공 심장과 같은 의료 기기로 분류돼 심사를 받았지만, 규제 당국은 새로운 디지털 기술의 평가에 대해 현대적이고 선제적인 접근법을 개발해 가고 있다. 의회의 21세기 치료법, FDA의 DHIAP 그리고 다른 새롭고 진보적인 노력을 통해서 디지털 제품들은 독특한 평가와 승인 프로토콜을 가진 하나의 카테고리로 여겨지기 시작했다. 디지털 제품을 기존 의료기기 패러다임에서 벗어나서 다루고자 하는 규제 당국의 의지는 헬스케어 혁신을 일으킬 잠재력을 가진 디지털 기기들을 만들고자 하는 수많은 개발자에게 큰 힘이 되고 있다[4].

참고 문헌

[1] The device development process-step 3: pathway to approval [Internet]. Available from: https://www.fda.gov/ForPatients/Approvals/Devices/ucm405381.htm. 2018 [cited 03.12.18].

[2] Van Norman GA. Drugs, devices, and the FDA: part 2. JACC Basic Transl Sci 2016;1(4):277-87.

[3] Bennett JD-M, Heisey CM, Pearson IM. FDA's evolving regulation of artificial intelligence in digital health products. Lexology [Internet]. Available from: https://www.lexology.com/library/detail.aspx?g 5 cf6351a3a944-4468-9214-d141a689955e. [cited 03.12.18].

[4] Press announcements?FDA selects participants for new digital health software precertification pilot program [Internet]. Available from: https://www.fda.gov/NewsEvents/Newsroom/PressAnnouncements/ucm577480.htm. [cited 03.12.18].

경제학. 앞선 문제들 못지 않게 중요한 것은 의료 및 헬스케어 인공지능의 경제학에 관한 문제다. 현재로써는 헬스케어에 인공지능을 적용한 것에 대한 지불 모델이 어떻게 설계돼야 하는지 분명하지 않기 때문이다. 잠재적 해법의 하나는 인공지능 중심 팀이나 서비스 형태로 하나의 임상 프로그램 안에, 그리고 전체 병원 예산안에 녹여 넣는 방법이다. 이런 전략은 그 팀이 예산과 인력을 가지고 인공지능 중심 프로젝트를 진행할 수 있게 할 것이다. 다른 인공지능 전문가들은 "서비스로서의 AI^Al-as-a-service" 모델을 구상하고 있는데, 인공지능을 마치 전기처럼 하나의 자원으로 보고 필요한 경우에 사용하는 개념이다. 이런 개념은 앤드류 응이 말한 "인공지능은 새로운 전력이다"라는 개념과 특히 잘 맞아 떨어진다. 아마도 우리는 헬스케어를 데이터 인프라스트럭처를 통해 개선할 여지가 많은 단 한 개의 전구를 가진 원시적 막사의 하나로 끼워 넣을 수 있을 것이다. 더불어 인공지능이 3, 4차 케어가 충분하지 않은 지역에 배치되고 이를 통해서 더 많은 환자들이 새롭게 진단을 받았을 때 소요되는 수기, 약물, 중재에 대한 비용은 어떻게 할지 등과 같은 문제도 제기되고 있다.

인공지능 파급에 대한 장벽과 기업가적 관점

알렌 마이어^Arlen Meyer

얼렌 메이어는 산업계 경험을 많이 갖고 있는 외과의사다. 이 글을 통해 인공지능의 장벽을 기술, 인간, 진입에 필요한 비즈니스 모델, 규제/사회/윤리/법 등과 연관된 환경이라는 네 가지 측면으로 나눠서 설명한다.

인공지능, 머신러닝, 신경망, 딥러닝 등은 새롭고 새로운 것들이다. 의료에 응용했을 때 그 잠재력은 아주 크다. 과대광고 주기에 있는 대부분의 것들과 비슷하게 논문, 콘퍼런스, 웨비나, 그리고 시대를 앞서 나가려고 하는 기관 등에서 자주 광범위하게 논의하는 주제이기도 하다. 그런데 그렇게 하는 것은 여러분이 실망의 골짜기로 이어지는 지점에 서게 되는 것을 의미하기도 한다.

컴퓨터 기술과 기타 4차 산업혁명의 다른 기술 분야의 발전에도 불구하고 머신러닝은 그 골짜기를 넘어가려면 먼저 극복해야 할 여러 가지 장벽들이 존재한다. 이것을 이해하려면 혁신이 파급되고 실제로 구현되는 것과 관련한 혁신 전파의 메커니즘을 먼저 이해할 필요가 있다.

그 장벽은 4가지로 구분해 볼 수 있다. 바로 (1) 기술 (2) 인간 (3) 법적, 규제적, 윤리적, 정치적, 사회적, 경제적 환경 (4) 진입에 대한 비즈니스 모델과 관련된 장벽이다.

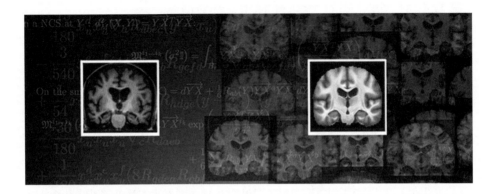

기술적 측면

최근 딜로이트는 기술적 장벽과 관련해 그림 1과 같은 발전의 요소들이 필요함을 역설했다.

예를 들어 설명 가능성도 하나의 장벽이다. 예를 들어 누군가가 2형 당뇨병의 발생을 예측한다고 생각해보자. 그럴 가능성이 있다는 것을 이야기하는 것으로, 그 다음 나올 질문은 "왜?"인데, 대부분의 알고리듬은 그에 대한 답을 하지 못한다. 어떤 예측을 제공한다면, 이런 종류의 질문에도 대답할 수 있어야 한다.

인간적 요소

의사들의 인공지능 기술 이용 여부와 활용 방식 같은 인간적 요소들은 기술 수용에 대한 ABCDE로 정리할 수 있다. 연구에 따르면 혁신에 개방적인지 여부는 기술적인 면보다는 정치, 문화적인 면에 더 큰 영향을 받는다고 한다. 여러 가지 문턱들, 여기서 개발된 것이 아니라not invented here고 언급되는 회의론, 영역 싸움 등이 모두 기술 채용을 더디게 한다.

- **태도**Attitudes: 어떤 증거가 한쪽 방향을 가리킬 때 그 증거가 특정 환자에 적용되는지 아닌지에 대해 판단하는 사고방식이다. 또는 "완전히 가이드라인에만 따르는 의료cookbook medicine"를 꺼리는 일반적인 편향을 반영하기도 한다.

- **편향된 행동**Biased behavior: 인간은 습관적으로 행동하는 존재이고 바꾸기는 쉽지 않다. 특히 외과 의사들은 기존의 것을 버리고 새로운 기술로 바꿀 때 생기는 교체 비용, 발생할 수 있는 합병증, 소송, 적응의 어려움 등을 어려워한다.

- **인지**Cognition: 요즘처럼 하루 단위로 굉장한 양의 정보가 생산되는 상황에서 의사들이 변화하는 표준, 가이드라인 또는 권고사항을 모두 알기는 어렵다. 어떤 증거를 제시하는 연구 논문에 대해 제대로 이해하지 못할 수도 있다. 어떤 의사들은 단순히 가이드라인이 잘못됐다거나 특정 환자나 임상 상황에서는 적용되지 않는다고 생각할 수도 있고 때론 그냥 거부할 수도 있다.

- **거부**Denial: 의사들은 때로는 "가장 마지막으로 본 케이스"에 기반해 어떤 결과가 안 좋았다거나 개선이 필요하다는 사실을 부인한다. 더 흔하게는 그들의 결과가 표준에 부합하는지에 대해 장단기 결과를 추적할 의지가 없거나 하고 싶어도 못할 수도 있다.

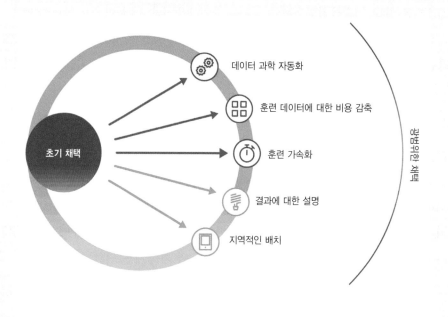

초기 채택

데이터 과학 자동화

훈련 데이터에 대한 비용 감축

훈련 가속화

결과에 대한 설명

지역적인 배치

광범위한 채택

—— 머신러닝을 더 쉽고 더 저렴하고 더 빠르게, 또는 셋 모두 가능하게 만듦
—— 새로운 영역에서 응용 범위를 넓힘

그림 1 발전의 다섯 가지 요소

- **감정**Emotions: 감정은 아마도 가장 강력한 동기 유발자다. 의료 과실이나 보상에 대한 두려움, 매출을 견인하는 부적절한 기술을 계속 사용하고자 하는 욕심, "다른 사람들이 다 하는 것"을 하기 위한 동료의 인정, 또는 정반대로 아무도 하지 않는 것을 시도해 보거나 가장 첨단의 기술을 사용해 마케팅적으로 경쟁적 우위를 점하고 싶은 심정 등 여러 종류의 감정이 존재한다.

윤리적 요소

영국 상원의 인공지능 특별 위원회는 법 개정 위원회에 시스템이 작동하지 않거나 사용자에게 해를 입히는 경우를 대비해 영국의 법이 "충분한지"를 조사해달라고 요청했다.

13명의 위원으로 구성된 위원회는 "인공지능의 발전에 따른 경제적, 윤리적, 사회적 함의"에 대한 보고서에서 일부 권고 사항을 제시했다.

보고서의 권고 사항 중 하나는 전분야에 걸쳐 인공지능 법률을 제정하고 국가적·국제적으로 채택할 수 있도록 하자는 것이었다. 위원회는 그와 같은 법률에 대한 다섯 가지 원칙을 제시했다.

1. 인공지능은 공공의 선과 인간의 이익을 위해 개발돼야 한다.
2. 인공지능은 공정과 투명성의 원칙 하에 운영돼야 한다.
3. 인공지능은 개인, 가족, 커뮤니티의 데이터에 대한 권리와 프라이버시를 축소시키는 데 사용돼서는 안 된다.
4. 모든 시민은 인공지능과 더불어 정신적, 감정적, 경제적으로 번창할 수 있도록 교육을 받을 권리가 있어야 한다.
5. 인간에 위해를 주거나 파괴하거나 속이는 자율적인 힘을 절대 인공지능에 부여해서는 안 된다.

너필드 생명윤리위원회The Nuffield Council on Bioethics는 다음과 같은 윤리적·사회경제학적 문제를 제시했다.

1. 신뢰성reliability과 안정성

2. 투명성과 책임성

3. 데이터 편향, 공정, 균등

4. 환자에 대한 효과

5. 신뢰^{trust}

6. 헬스케어 전문가에 대한 효과

7. 데이터 프라이버시와 보안

8. 인공지능의 악의적 이용

마지막으로 일부 환경적 SWOT 분석은 게임에 있어 와일드 카드 이상의 효과를 가진다.

환경적 요소와 사업 모델

상업용 인공지능 애플리케이션을 개발하는 스타트업들은 매우 경쟁적인 시장에서 움직인다. 사용 가능한 데이터를 두고 경쟁하고 인공지능 지능에 대한 시장의 니즈를 놓고 중간 크기의 회사들과 경쟁하며 중간 크기의 회사들은 종종 내부적으로 인공지능 애플리케이션을 개발하는 더 큰 회사와 경쟁한다.

여기에서 규제적 의료비 상환에 대한 문제가 발생한다.

의료 인공지능은 빠르게 발전하고 있다. 그렇지만 큰 규모로 성장하고 약속한 가치를 제공할 수 있을지 여부는 이런 장벽을 얼마나 빨리 허물 수 있는지에 달려 있다.

의사이자 경영학 석사^{MBA}인 알렌 마이어는 의사 기업가 협회 의장을 맡고 있다.

과잉 진단: 인공지능 도구들이 많아지면 아직 증상이 발현되지 않은 질환들까지 진단하는 과잉 진단이라는 잠재적 문제가 발생할 수 있다[9]. 증상이 발현되지 않은 상태로 남아 있는 위험보다 치료가 더 위험한 경우, 환자에게 이롭지 않은 위험 대 효능 비율 문제로 이어질 수 있다. 예를 들어 웨어러블 기기가 증상이 없는 심장 부정맥을 발견하면 일차진료의나 심장내과 전문의가 항부정맥약을 사용해 치료를 하겠다고 결정하도록 만들 수 있다.

복잡도: 생의학의 본성은 지속적으로 변화하는 환경을 가진 생물학적 시스템이기 때문에 본질적으로 매우 복잡하다. 또한 임상 의학의 여러 변수들을 이분법 또는 특정 카테고리

로 구분하는 결과 대신 애매하게 연속적인 값을 가질 수 있다. 마지막으로 질환이나 질병을 가진 개인이나 집단의 시스템과 관련한 복잡도가 있고, 이로 인해 어떤 예측 모델도 정확히 예측하는 것이 힘들 수 있다.

카오스와 의학

피터 R. 홀브룩 Peter R. Holbrook

– 미국 워싱턴 DC, 조지워싱턴대학교, 국립어린이건강시스템

피터 홀브룩은 인사이트가 훌륭한 유명한 소아 중환자 전문의로, 이 글을 통해 생의학에 카오스 이론과 복합 적응 시스템을 적용한 관점을 제시한다.

의학에선 대부분 환원주의적 접근법이 대세를 이룬다. 해부, 현미경, 유전자 분리, 유전자 변형 동물, DNA 염기서열 등과 같이 작은 단위로 점점 쪼개고 들어가서, 근본적인 단위가 이해될까지 파고든다. 그런 다음 그런 단위들을 다시 합치고 전체를 이해하려고 시도한다. 유명한 시몽-피에르 라플라스의 말을 빌리자면, 이런 접근법은 우주의 모든 조각의 위치와 속도가 주어지면 미래를 예측할 수 있다는 믿음과 같은 것이다[1].

그렇지만 20세기 들어서 상대성 이론, 퀀텀 이론을 비롯해 초기 조건의 미세한 차이도 결과에 상당한 차이를 만들 수 있다는 제어 시스템에 대한 연구 등은 그러한 믿음에 대해 재고할 필요성이 있음을 일깨웠다. "노이즈"를 잘 검토하면 겉보기에 혼동처럼 보이는 것에서 어떤 질서를 발견할 수 있다는 것이 카오스 이론이다. 수학과 카오스 이론을 통해 인류학, 사회학, 생물학, 진화론 등 여러 분야의 제어 구조가 깊이 연구돼 왔다[2]. 여러 가지 체계는 이제 복합 적응 시스템 CASs 설명될 수 있다.

복합 적응 시스템은 개별적인 하부 시스템을 이해해도 그것이 전체 시스템의 행동이 완전히 이해되지 않는 시스템이다. 그 핵심 특징을 다음 표에 요약했다.

속성	설명
결정론적(Deterministic)	시스템의 행동이 임의적이 아니고 자극에 대해 인과적으로 반응
자기-조직화(Self-ogarnizing)	시스템이 다른 힘이 아니라 자발적으로 함께 나타남
비선형(Nonlinear)	하나 이상의 지수적 확대 또는 억제 요소를 가진 함수

속성	설명
비반복적(Nonrepetitive)	비슷하지만 초기 조건이 절대 동일하지 않아 동일하지 않는 반응이 나타남
공간적 제약(Spatial limitations)	시스템의 행동이 가능한 선택지들을 포함하는 특정 공간안에 한정됨
끌개(attractors)을 중심으로 한 조직화	시스템 결과들이 특정 기하학적 구조를 중심으로 모임
창발적 행동(Emergent behavior)	전체 시스템은 부분의 합이 아님. 예 : 보행이나 창의성은 인간 신체의 부분들만으로는 가능하지 않은 현상임
교란(perturbations)에 대한 민감도	시스템은 내부와 외부의 변이에 대해 어느 정도 민감도를 가지고 조절
적응적(Adaptive)	변이에 흔들리지 않고 처리할 수 있는 능력
변화에 대한 저항	시스템은 여러 변수들을 처리하면서 진화해 유사한 자극에 대응할 수 있음
상 전이(phase transition)에 대한 영향	주요한 변화를 마주하면 흔들리거나(oscillate) 새로운 상(phase)으로 이동함
프랙탈 특성	혼돈 속에서 존재하는 통계학적 질서(텍스트 참고)

복합 적응 시스템[CAS] 데이터셋에서 보이는 핵심적인 현상은 프랙탈 요소다[3. 4]. 기하학적 프랙탈은 자기와 유사한 구성을 가진 객체다. 즉, 더 작은 단위의 구조는 전체의 구조와 유사한 구조를 가진다. 데이터들은 시간적인 축에서도 프랙탈 형태를 가질 수 있다. 즉 장기간에 걸친 데이터의 변동성은 단기간에 관찰되는 데이터와 유사한 구조를 가질 수 있다. 더 자세히 확대해 보면 점진적으로 구조에 대한 상세함이 더욱더 잘 관찰되고(스케일링) 구조를 기술하는 데 있어 특정 축이 존재하지 않는다(스케일-무변동성)(그림 1).

프랙탈 기하학적인 형태는 눈송이, 산맥, 해안선 같은 자연계와 기관지, 동맥 시스템, 뼈의 구조 등 의료에서 흔히 관찰된다. 제한된 공간 안에서 최대의 표면적을 얻을 수 있는 효율적인 방법이 프랙탈이다. 햇빛을 잘 받기 위한 나뭇잎, 산소를 최대한 잘 받아들이기 위한 기관지, 콩팥의 요관 구조 등이 그 예다. 작은 공간을 채우는 구조(DNA와 단백질 접힘, 암 전이)나 신호 전달 체계(심장의 전도 시스템)에서도 프랙탈이 잘 관찰된다.

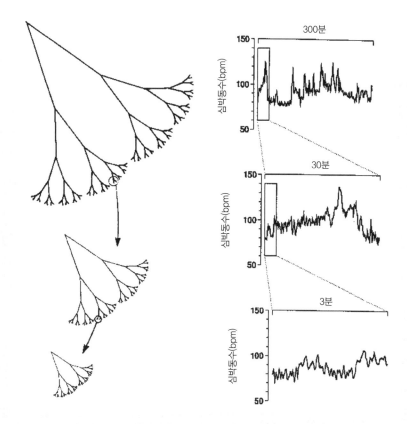

그림 1 자기-유사 구조물과 자기-유사 교란. 나무처럼 생긴 공간 프랙탈(왼쪽)은 자기-유사 가지들을 가지고 있어서 배율을 높인 구조도 배율이 낮은 구조와 유사한 형태를 보인다. 오른쪽은 건강한 심장 박동과 유사한 프랙탈 시간적 프로세스로 시간적으로 확대했을 때도 그렇지 않은 경우와 자기-유사한 특징을 보인다(출처 : Goldberger AL, Non-linear dynamics for clinicians: chaos theory, fractals and complexity at the bedside. Lancet 1996;347:1312-4).

전형적인 환원주의적 관점에서 의사들은 어떤 질환을 가진 한 환자를 마주 대한다. 여기서 질환이란 어떤 공격과 같은 것이고, 치료는 그것을 제거하는 데 초점이 맞춰진다. 예를 들어, 어떤 세균에 대한 약을 처방한다. 수십억년 된 장내 세균 같은 유기체들이 위협을 받음에도 불구하고, 환자의 내재적인 반응 시스템에 대한 효율성에 대해서는 그다지 신경을 쓰지 않는다.

신체 조절 시스템에 대해서 생각해보자. 세포 내 화학 반응은 조직, 기관, 기관계, 그리고 싸울 것인지 달아날 것인지와 같은 전체 유기체의 반응 프로세스와 동조를 이루면서 동시적으로 발생한다. 일주기, 성장, 발달, 성장, 노화 등은 일상 기능과 겹쳐진다. 바이옴은 기관에 압력을 가한다. 외상, 감염, 종양에 대한 위험은 지속된다.

미세 수준에서 진화한 조절 시스템이 자기와 유사한 거시 수준의 조절 시스템으로 적응하고, 누적된 신호들이 프랙탈과 같은 성격을 가지는 것이 가능할까? 심박수, 호흡수, 정상인의 보험에서 변동성 등은 모두 서로 상호 작용하는 조절 시스템의 결과로 프랙탈과 같은 특징을 보인다[3, 4]. 이런 프랙탈 패턴은 성장하고 나이가 들어감에 따라서 감퇴하는 것이 특징이다. 또한 질병, 병의 악화, 사망 등과 연관이 있는 좁은 범위의 프랙탈 패턴을 보이는 여러 가지 상태가 존재한다[4]. 그 특별한 경우가 패혈증으로, 감염성 자극에 대한 신체의 과도한 반응으로 여러 장기의 부전으로 이어지고 결국에는 사망에 이르게 할 수 있다[5].

그런 관찰들은 서로 다른 수준에서도 추출이 가능한 데이터, 임의의 방향에서 오는 교란에도 대처할 수 있는 능력, 크고 다측면을 가진 자기조직 제어 시스템 등 카오스 시스템과 일치하는 특징을 보여준다. 제어 시스템 폭의 축소는 대응력의 저하를 불러오고 결국은 사망이나 악화에 대한 위험도를 높인다. 따라서 카오스 이론을 따르는 의사들은 질병을 어떤 위협에 대한 직적접인 효과로 볼 수도 있고 또는 내재적인 제어 시스템의 실패 또는 제어 시스템의 요소들의 부조화로 인해 나쁜 성격을 가진 반응이 과도하게 일어나는 것으로 받아 들일 수 있다.

카오스 이론에 기반한 복합 적응 시스템은 질환에 접근하는 새로운 프레임워크를 제공한다. 특히 조절 시스템을 "정상"으로 돌려놓는다는 개념을 강조함으로써 어떤 위협에 더 잘 대처할 수 있게 해준다. 현재 복합 적응 시스템 분석의 발견들은 주로 진단과 예후에 관한 것이지만, 제어 시스템의 조절을 통해 더 나은 치료 결과를 유도할 수 있는 날이 반드시 올 것이다[5].

참고 문헌

[1] Hoefer C. Causal determinism. In: Zalta EN, editor. The Stanford encyclopedia of philosophy, Metaphysics Research Lab, Stanford University, Palo Alto, CA, 2016.
[2] Coffey DS. Self-organization, complexity and chaos: the new biology for medicine. Nat Med 1998;4(6):882-5.
[3] Goldberger AL. Non-linear dynamics for clinicians: chaos theory, fractals and complexity at the bedside. Lancet 1996;347:1312-14.

[4] Varela M, Ruiz-Esteban R, De Juan M, Chaos MJ. Fractals and our concept of disease. Perspect Biol Med 2010;53(4):584-95.

[5] Buchman TG. The community of the self. Nature 2002;420:246-51.

의사의 인지 구조와 의료 인공지능

시스템 1과 시스템 2 사고. 대니얼 카너먼^{Daniel Kahneman}은 의사 결정에 관한 연구 업적으로 노벨상을 수상한 심리학자로, 의사 결정에 시스템 1(빠르고 경험에 의존한 사고)과 시스템 2(느리고 분석적인 사고) 사고가 관여한다고 말했다(표 7.2)[10]. 이런 이분법적 구분은 의사(시스템 1 사고에 가까움)와 데이터 과학자(시스템 2 사고에 가까움) 간 사고법의 핵심 차이를 설명하는 데 편리하다. 의사들은 과거 경험과 판단에 근거해 빠르고 직관에 의존하는 시스템 1 사고를 하는 경향이 크다. 특히 응급실, 중환자실, 수술실이나 시술실 같은 급성기 치료 상황에서 처하는 의사들은 더욱 그런 경향이 크다. 한편 데이터 과학자는 더 느리고 논리적이며 점진적인 사고 경향을 보이는, 논리에 기반한 시스템 2 사고를 하는 경향을 보인다. 이 두 가지 사고 형태는 의료에 모두 필요하다. 하지만 의사들은 시스템 2 사고를 활용하는 데 필요한 시간과 도구가 부족하다.

표 7.2 시스템 1, 시스템 2 사고법

	시스템 1	시스템 2
뇌 구조물	변연계	신피질
속도	빠름	느림
사고 유형	직관적	논리적
	질적	과학적
	패턴	의도적
결정 타입	단순	복잡
의식 상태	무의식적	의식적

	시스템 1	시스템 2
노력 수준	낮음	높음
오류율	높음	낮음
특징	연관적	분석적
장점	빠름	정확
단점	편향	느림

상황에 따라 시스템 1과 시스템 2 사고를 적절히 배분하는 것이 가장 최선의 전략일 것이다. 인공지능은 미래에 다양한 임상 상황에서 이와 같은 배분 작업을 효과적으로 할 수 있도록 도와줄 수 있는 잠재력을 가지고 있다. 예를 들어 응급 상황에서 대부분을 시스템 1 사고에 의존하는 대신, 인공지능은 시스템 1을 보완하는 보조자로서 인간에 비교해 상대적으로 빠른 시스템 2 사고를 제공할 수 있다. 시스템 1과 시스템 2 사고의 결합은 신속하고 응급한 의사 결정이 종종 필요하지만 또한 신속함과 동시에 시스템 2 사고를 더 자주 사용해야만 하는 중환자실 상황에서 이상적일 것이다. 한편 과도하거나 중복적인 시스템 2 사고는 시스템 1을 통해 보완함으로써 전체 사고 프로세스를 더 효과적이고 빠르게 만들 수 있다. 예를 들어 비응급 상황에서 까다로운 진단 문제는 대부분 시스템 2 사고를 통해서 해결하겠지만, 그 과정에서 시스템 1 인지 기능을 적용해 인지적 단축 경로를 찾는 데 도움이 될 수도 있다. 요약하면 인간 의사와 인공지능은 주어진 케이스에 따라서 시스템 1 사고와 시스템 2 사고를 얼마 만큼 배분할지 결정할 수 있기 때문에 합리적이고 상황에 따른 빠른 대체가 가능한 이중 프로세스로 일할 수 있게 될 것이다[11].

의료 인공지능과 집단 지성

제프리 러틀리지 Geoffrey W. Rutledge

제프리 러틀리지는 의료 정보학에 대한 강한 배경을 가진 내과의사다. 이 글을 통해 규칙 기반 진단 예측 모델과 데이터 주도 진단 예측 모델을 결합시킨 모델과 여러 의사의 집단 지성이 가지는 가치에 대해서 설명한다.

DTC^{Direct-to-consumer} 헬스 정보 서비스[8]가 많아지면서, 사람들의 증상이나 징후를 이해하는 데 도움을 주는 도구 개발에 대한 관심이 다시 높아지고 있다. 인공지능에 기반을 둔 새로운 방법들이 개발되고 있고, 이것들이 그런 일을 하는 데 훌륭한 의사와 비슷하거나 더 우수한 성능을 보여줄 수 있을 것으로 기대하고 있다. 이것은 과거 질병을 포함한 과거력과 자신들이 가진 질병 위험 인자들에 관한 정보에만 의지해 약 1,000개의 가능한 상태들 가운데 어떤 것이 자신들에게 나타나는 한 세트의 징후를 가장 잘 설명해 줄 수 있을 것인지를 예측하는 작업이다.

지식 주도 진단 예측 모델

의료에서 인공지능 분야는 진단 모델을 만들어 보려는 시도에서 시작됐다. 첫 번째 규칙 기반 "전문가 시스템"들과[1] 기타 휴리스틱 심볼릭 메서드들은[2] 협소하고 제한된 진단 과제에 대해서는 제대로 작동했다[3]. 초기 "나이브 베이즈" 모델들은[4] 좀 더 강력한 빌리프 네트워크^{Belief Networks}(인과적 확률 모델)로 이어졌고[5] 복잡성을 제어하면서 모델의 범위와 정확도를 개선하려는 방법으로도 이어졌다[6].

그렇지만 지식 주도 전문가 시스템은 다음을 포함한 여러 가지 이유로 채택되지도, 사용되지도 않았다[7].

1. 사용 모델이 갖고 있는 근본 가정에 의해 부과되는 제한들(예를 들어, 베이지안 모델들에서 가장 흔한 가정은 증상들이 서로 조건부 독립 관계^{conditionally independent}임을 가정한다.)

2. 지식 관리의 어려움. 범용 진단 시스템을 만들기 위해서는 모든 전문 과목 의사의 집단 지성을 포함해야 함

3. 모델 성능 측정의 어려움과 기존에 확립되고 검증된 모델에 새로운 지식이 추가됐을 때 그 성능에 어떻게 영향을 주는지 예측하기 어려움

데이터 주도 진단 예측 모델

최근 의료 인공지능의 발전은 데이터 주도 심층 신경망^{DNN} 모델이 다양한 의료 응용 분야에

---

8   서비스나 제품이 중간 과정을 거치지 않고 소비자에서 직접 판매되거나 제공되는 것을 말한다. 의료에서는 의료 기관을 거치지 않은 서비스나 제품을 흔히 가리킨다 − 옮긴이

서 정확하고 신뢰할 수 있는 "전문가보다 우수한" 성능을 보여주는 것으로 입증하고 있다[8]. 그래서 자연스럽게 어떻게 심층 신경망이 임상 진단에서 더 나은 예측 모델을 만들 수 있는지 질문을 하게 된다. 심층 신경망은 환자에 대한 특성 등 주어진 입력 세트에 대해 가장 가능성 있는 설명을 예측하는 진단 모델을 만들기 위해, 대량의 컴퓨팅 파워를 적용해 대량의 훈련 데이터셋에 포함된 입력 값들에 내재하는 복잡한 관계를 발견하는 방법이다.

심층 신경망은 각 진단에 대해 발생할 수 있는 변동성 있는 값들을 가급적 많이 가지고 있는 대량의 샘플을 포함하는 훈련 데이터셋을 필요로 한다. 외래 일차의료 셋팅에서 생각해 보면, 적어도 1,000개의 가능한 진단/설명과 보수적으로 생각해 약 3,000개의 증상과 기타 관련된 특성들이 있다. 만약 가능한 진단 개수를 1,000개로 고정하고, 각 환자의 시나리오(증상의 집합)를 20개 이하로 한정하면, 가능한 증상 조합이 10^{51} 개가 넘고 10^9 개가 넘는 환자 시나리오가 존재할 수 있다[9].

데이터 주도 진단 모델을 만드는 때 가장 큰 어려움은 덜 흔한 질환이어서 빈도가 낮은 것들까지 포함해서 광대한 개수의 환자 시나리오가 필요하다는 점이다.

전문가 지식과 임상적 관찰을 결합한 모델

앞에서 규칙 주도 전문가 시스템의 모델의 기초가 되는 가정과 단순화에 대한 위 1번 문제는 충분한 데이터를 가지고 훈련한 심층 신경망을 통해서 해결할 수 있다. 2번 문제는 기여하는 전문가들(의사들)로 구성된 거대한 네트워크의 집단 지성을 수집해 여러 전문 과목에 걸친 지식의 컨센서스를 발견하는 방법으로 해결할 수 있다. 이는 헬스탭HealthTap이라는 회사가 내놓은 닥터AI 서비스의 첫 번째 버전에 녹아 있는 지식 모델의 기초이기도 하다[9]. 같은 네트워크에 있는 전문가들을 활용해 여러 가지 비교 대상 케이스들을 놓고 진단에 대한 컨센서스를 모으는 방법으로 3번 문제인 모델의 예측 정확도를 측정할 수 있다. 비교 대상 케이스들은 진단적 성능에 대한 객관적인 측정을 가능하게 해 준다.

마지막으로 데이터 주도 모델의 문제인 광대한 훈련 데이터의 필요성은 주어진 관찰 임상 케이스 데이터와 전문가 의사들의 집단 지성을 통해 얻어진 거대한 지식 모델을 사용해 만든

9　가능한 증상 개수가 3,000, 환자의 증상 개수가 20이면 3,000개에서 20개를 조합하는 경우의 수는 nCm(R 언어로 계산하면 choose(3,000, 20))으로 1.3 X 1,051이 된다. 그리고 1,000개 진단에 대해 최대 20개의 증상 가운데 5개에서 20개 보이는 환자 시나리오 수는 1,000 X 1,042,380 = 1.04 X 109가 된다. R 언어로 i <− 5:20; 1,000 * sum(choose(20, i))으로 계산할 수 있다.

시뮬레이션으로 생성한 데이터를 결합하는 방식으로 4번 문제를 해결할 수 있다.

의사들의 지성 수집

다양한 의료 전문 과목에 걸쳐 충분히 많은 의사를 통해 지성을 수집하는 것이 가능할까? 그리고 규모 있는 모든 의료 분야의 지식 모델을 만들고 세부 조정하는 것이 가능할까? 레이트RX^{RateRx} 프로젝트는 거대한 전문가 네트워크가 이런 일에 기여하는 방법을 보여준다.

레이트Rx 프로젝트에서 7,000명이 넘는 의사들이 약물 치료의 임상적 효과성에 대한 자신들의 지식을 공여했다. 그들은 6,577개의 약물 복용 쌍에 대한 21만 5,979개의 검토 작업을 수행해 약물 치료에 대한 임상 효과성에 대한 의사들의 집단지성을 담은 지식베이스를 만들었다[10]. 의사들의 임상적 효과성에 대한 별점에 대한 정확도는 1~5개 별점 범위에서 ± 0.3 별점이었다(그림 1).

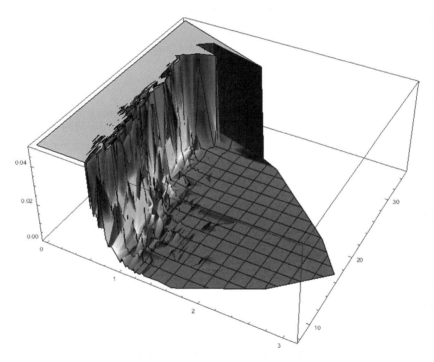

그림 1 평가 횟수(z축, 10~30)에 대한 함수로서 약물 효과성(x 축, 0~3)의 별점 정확도에 대한 P값(y축, 0.0~0.05). 적어도 30개의 평가가 있었던 모든 건들에 대한 평균 평가에서 0.3별점 차이는 통계적인 유의 수준은 P = 0.05다.

의사 기여 네트워크는 이제 쉐어날리지ShareKnowledge 프로젝트에 참여하고 있다. 어떤 위험 인자가 각 질병에 기여하고 증상이 각 질병에서 얼마나 자주 나타나는지 등에 대한 지식을 평가하는 프로젝트다. 우리는 그 정보를 각 질병에 대한 사전 확률, 각 질병에 대한 나이 및 성별 분포 등을 결합해 포괄적 지식 모델을 정교하게 다듬는다. 이 모델은 시뮬레이션 환자 데이터를 생성해 실제 관찰 환자 데이터를 보충해서 임상 진단을 예측하는 좀 더 효과적인 심층 신경망 모델을 개발하는 데 필요한 대규모의 훈련 데이터를 생성하는 데 사용된다.

개선된 임상 진단 모델

의사들 수천명의 참여와 집단 지성 덕분에 개선된 임상적 진단 모델을 배치해서 사람들이 자기 증상의 원인에 대해 이해할 수 있도록 돕고, 의사들이 자신들의 환자를 더욱 정확하게 진단할 수 있도록 지원하는 것이 곧 가능해질 것이다.

참고 문헌

[1] Van Melle W. MYCIN: a knowledge-based consultation program for infectious disease diagnosis. Int J Man Mach Stud 1978;10:313-22.

[2] Szolovits P, Patil RS, Schwartz WB. Artificial intelligence in medical diagnosis. Ann Intern Med 1988;108(1):80-7.

[3] Arene I, Ahmed W, Fox M, Barr CE, Fisher K MD. Evaluation of quick medical reference (QMR) as a teaching tool. Comput: Comput Med Pract 1998;15(5):323-6.

[4] Betaque NE, Gorry GA. Automated judgmental decision making for a serious medical problem. Manage Sci 1971;17(B):421-34.

[5] Andreassen S, Jensen FV, Olesen KG. Medical expert systems based on causal probabilistic networks. Int J BioMed Comput 1991;28(1-2):1-30.

[6] Heckerman DE, Nathwani BN. An evaluation of the diagnostic accuracy of Pathfinder. Comput Biomed Res 1992;25(1):56-74.

[7] Duchessi P, O'Keefe RM. Understanding expert systems success and failure. Expert Syst Appl 1995;9(2):123-33.

[8] Esteva A, Kuprel B, Novoa RA, Ko J, Swetter SM, Blau HM, et al. Dermatologist-level classification of skin cancer with deep neural networks. Nature 2017;542:115-18.

[9] Mukherjee S. You can now download an artificial intelligence doctor. Fortune January 10, 2017.

[10] Lapowsky I. Doctors on this site rate drugs to give patients more power. Wired Magazine March 11, 2015.

생의학에서의 불확실성. 생의학에 데이터 과학을 적용할 때 생기는 주요 문제 가운데 하나는 데이터 과학에서는 이진 또는 카테고리형 요소들을 사용해서 생의학에서 발생하는 아주 경험적인 "모호한" 성질을 가진 데이터로 표현해야 한다는 것이다. 또한 일반적으로 의료 데이터에 대한 인간의 판독은 사람마다 큰 차이를 보일 수 있고, 컴퓨터 보조 진단과 같은 결과를 활용하는 경우에 자동화 편향으로 인해서 그런 오류가 더 심해질 수 있다. 더불어 의료 영상 데이터를 판독할 때 검사자간interobserver의 상당한 변이를 보일 수 있기 때문에, 이런 데이터에 데이터 과학을 적용할 때는 그런 변동성을 고려할 필요가 있다. 또한 한 명의 의사도 같은 데이터를 판독할 때 상황에 따라 다른 판독을 할 수도 있다intraobserver variability. 이런 변동성은 단순히 데이터에 추가된 의학적 과거력에 영향을 받을 수도 있고 상황에 따라 변하는 인간의 정신적, 지각적 능력의 본질적 성질 때문일 수도 있다. 마지막으로 불확실성은 환자의 건강 결과에 대한 시간적 연속선상에도 나타날 수 있다. 예를 들어, 비대형 심근병증hypertrophic cardiomyopathy 가족력이 있는 환자가 10대에 심장 초음파 소견을 "정상"이라고 판독된 경우 27세때 비대형 심근병증이 발생하면 그 이전 검사를 "정상 아님"으로 재판독해야 하는지 고민을 불러일으킨다.

의사의 인지적 편향과 휴리스틱. 의사들은 종종 의사 결정 과정에서 인지적 편향과 휴리스틱에 취약한 경향을 보인다. 특히 과중한 업무에 시달리고 모든 것을 알고 있어 오늘 바로 쉽게 결정을 내릴 것이라는 다른 사람들의 기대로 스트레스를 받을 때 그 경향은 더 심해진다. 인지적 편향은 인지적 요인들에 바탕을 둔 상황에 따른 결과로 순수한 인지를 뒤트는 반면, 휴리스틱은 인지적인 수고를 덜기 위한 정신적인 지름길을 사용하기 때문에 편향으로 이어질 수 있다. 제롬 그루프먼Jerome Groopman의 『닥터스 씽킹』(해냄출판사, 2007년)[12]과 클레인Klein의 의사들의 편향과 휴리스틱에 관한 고찰 논문[13] 모두 의사들의 사고하는 방식의 인지적 결함 관련 여러 가지 내용을 다루고 있다. 표 7.3에 진단과 치료 과정에서 최고의 의사 결정을 방해하는 흔한 인지적 편향과 휴리스틱들을 정리했다. 이 가운데 몇 개는 나중에 더 자세하게 설명한다.

그런 인지적 장애 가운데 하나가 확증 편향confirmation bias이다. 이것은 의사가 기존에 가지고 있는 가설을 지지하지 않는 정보보다 지지하는 정보를 더 선호하는 경향을 말한다. 셜록 홈즈의 말을 빌리면 "데이터에 앞서 이론을 먼저 세우는 것은 아주 큰 잘못이다. 무의식적으로 사람들은 사실에 맞추어 이론을 생각하기보다는 이론에 맞추어 사실을 왜곡하기 시작한다"고 했다. 예를 들면, 심장전문의가 흉통으로 내원한 응급실 환자가 일부 이상이 있는 심전도를 정상의 변형이 아니라 비정상적으로 판독해서 비록 심장 효소들이 정상임에도 불구하고 심근 경색이라고 오진하려는 경향이 있다.

표 7.3 인지적 편향과 휴리스틱의 종류

편향 또는 휴리스틱	설명
확증 편향(Confirmation bias)	예전 또는 기존의 믿음을 확인시켜주는 정보를 미리 또는 선별적으로 찾으려고 하는 경향
가용성 휴리스틱(Availability heuristic)	자신의 기억이나 경험이 있는 사건이나 사례에 더 의존하려는 경향
착각적 상관(Illusory correlation)	어떤 증거가 지지하지 않는 상황에서 변수들 간의 관계를 과대평가하려는 경향
대표성 휴리스틱(Representativeness heuristic)	증거가 아니라 어떤 그룹의 대표적이거나 전형적이라고 하는 것에 기반을 두고 의사 결정을 함
이분법적 사고(Dichotomous thinking)	발생할 확률을 연속적인 값이 아니라 두 개의 카테고리 또는 결과로 보려는 경향
자동화 편향(Automation bias)	인간 지능보다 자동화된 의사 결정에 좀 더 무게를 두는 경향
닻내림과 적응(Anchoring and adjustment)	의사 결정을 할 때 하나의 정보에 너무 의존하려는 경향
선택 편향(Selection bias)	랜덤하게 선택되지 않은 데이터나 실험군에 의해서 발생하는 편향
감정 휴리스틱(Affect heuristic)	현재의 감정에 큰 영향을 받는 의사 결정
집단 사고(Groupthink)	한 집단이 옳은 결정이 아니라 집단 내 갈등을 최소화해 서로가 편한 방향으로 판단하려는 경향
신념 편향(Belief bias)	결론의 타당성에 근거해 주장의 강도를 판단하는 경향
더닝-크루거 효과(Dunning Kruger effect)	자신의 능력을 실제보다 과장해 자기를 평가하려는 인지적 편향(능력이 없어 자신의 실수를 알아차리지 못함)
프레이밍 효과(Framing effect)	어떤 상황의 부정적 또는 긍정적 맥락에 따라서 의사 결정이 달라지는 인지 편향
젬멜바이스 효과(Semmelweis effect)	기존의 패러다임에 어긋나는 증거에 대하여 반사적으로 거부하려는 태도

한편 휴리스틱은 인지적 부담을 줄이기 위해서 정신적인 지름길을 선택하는 사고법이다. 예를 들어 가용성 휴리스틱은 상황을 평가할 때 최근에 있었던 기억에 의존해 판단하려는 경향을 말한다. 착각적 상관은 두 사건이 서로 연관돼 있지 않고 우연히 발생했음에도 불구하고 인과적으로 서로 연관이 있다고 믿는 경향을 말한다. 클레인은 더 나아가 대표성 휴리스틱도 언급했다. 이것은 기초적인 비율을 고려하지 않고[10] 가용 정보에 기반해 어떤 결정을 내리려는 경향을 말한다.

이런 편향과 휴리스틱에 맞서, 클레인은 좋은 의사 결정을 하려면 다음과 같은 원칙을 지킬 것을 권고하고 있다. (1)기초적인 비율을 알아야 한다. (2)데이터가 단지 그럴듯 해 보이는 것이 아니고 진짜로 합당한 것인지 고려한다. (3)자신의 의사 결정이 잘못될 수도 있고 다른 대안적 가설이 가능한 이유를 찾아라. (4)현재의 가설을 검증하는 것이 아닌 부정하는 질문을 던져라. (5)자신이 생각하는 것보다 훨씬 더 자주 자신이 틀릴 수 있음을 기억한다.

이런 인간의 단점을 극복하기 위해 객관적인 인공지능을 의사 결정 과정에 포함시킴으로써, 종종 잘못된 결정에 이르게 하는 여러 가지 인간의 편향과 휴리스틱의 악영향을 중화시킬 수 있을 것이다.

의학에서의 증거 수준도 빠지지 않는다. 의사들은 종종 근거중심의학[EBM]에 대해 토론을 하거나 어떤 경우 숭배하기도 한다. 근거중심의학이란 의학적 근거를 중심으로 합리적 의사 결정을 하는 것을 목표로 한다. 근거중심의학의 핵심에는 근거 수준[level of evidence]이라고 하는 근거에 대한 위계 시스템이 있다. 의사들은 근거 수준이 높은 방법으로 진료하는 것을 목적으로 한다. 근거중심의학은 1979년 캐나다 정기 건강 진단 특별 조사단에서 시작됐다. 여기에는 근거 수준이 I, II.1, II.2, III가 있었다. 근거 수준 I은 적어도 하나의 무작위 대조 연구[RCT]가 있는 경우이고, III는 단순한 전문가 의견을 말한다. 이후 미국 질병예방특별위원회[USPSTF]가 약간 수정된 형태의 3 단계 근거 수준 시스템을 발표했다. 코크란 컬래버레이션[Cochrane Collaboration]을 사용한 메타 분석이 가장 높은 근거 수준이다.

근거중심의학의 전체 피라미드는 크게 관찰 연구, 실험 연구, 비평적 분석이라는 세 가지 카테고리로 나뉜다(표 7.4). 가장 낮은 근거 수준은 단순한 경험, 공개돼 있는 정보, 또는

---

10 여기서 기초적인 비율이란 30명의 기술자와 70명의 변호사가 있을 때, 주어진 정보를 가지고 그 사람이 기술자인지 변호사인지를 알아 맞추는 실험을 하는 경우 기술자가 전체의 30%라는 사실을 말한다 – 옮긴이

전문가의 의견이나 권고 등을 말한다. 이것보다 높은 다음 단계는 증례 보고로 연구 디자인이 없는 상황에서 얻어진 정보나 상태를 말한다. 환자 대조군 연구는 후향적인 방법을 질병의 진단이나 치료법을 비교하는 연구다. 코호트 연구 또는 종단 연구는 특정 질환이나 상태, 또는 위험 인자를 가진 환자들을 전향적으로 관찰해 중재 효과나 어떤 파라미터의 전후 상황을 관찰하는 연구를 말한다. 무작위 대조 연구는 환자군을 무작위로 치료군과 비치료군으로 나눠서 그룹 간 차이를 확인하는 연구다. 이런 무작위 대조 연구, 특히 이중맹검법을 사용한 경우는 가장 신뢰할 수 있는 연구 결과로 여겨진다. 비평적으로 분석된 논문이나 고찰 논문은 특정 분야에 대한 리더나 전문가들이 발표한 높은 수준의 근거다. 마지막으로 메타 분석은 종종 코크란Cochrane에서 수행되는데, 코크란은 편향되지 않은 방법으로 가용 정보를 연구하는 국제적인 가상 활동이다. 이것은 생의학에서 가장 높은 수준의 근거로 평가된다.

표 7.4 증거중심의학의 수준

증거 수준	수준의 정도
비평적 분석(Critical appraisal)	가장 높음
메타 분석(Metaanalyses)	
체계적 문헌 고찰(Systematic review)	
비평적 분석 주제(Critically appraised topics)	
개별 문헌에 대한 비평적 분석(Critically appraised individual articles)	
무작위 대조 연구(Randomized controlled trials)	
비무작위 연구(Nonrandomized controlled trials)	
코호트 연구(Cohort studies)	
환자 대조군 연구(Case–controlled studies)	
증례 보고(Case series and case reports)	
전문가 의견과 정보(Expert opinion and information)	가장 낮음

의학 논문 탐색을 위한 기술

토드 파인만^{Todd Feinman}

토드 파인만은 10여년 동안 의학 지식 관리 분야를 탐구해온 의사다. 이 글을 통해서 의사들이 최선의 의사 결정을 하는 데 도움이 될 수 있도록 의학 논문에서 증거들을 자동으로 검색, 검출, 분석할 수 있는 인공지능 기술의 사용에 대해 이야기한다.

매일 수백만 고객이 자동차, 펀드, 책, 생활용품을 구매하기 전에 제품에 대한 실제 증거를 찾기 위해서 온라인을 이용한다. 카팩스^{Carfax}, 이트레이드^{E-trade}, 아마존 리뷰, 컨슈머 리포트까지 이런 온라인 자료들은 머신러닝과 자연어 처리를 사용해 고객들이 자기에게 가장 맞는 제품을 찾을 수 있도록 도와준다. 그런데 자신의 고유한 의학적 상황에 대한 최적의 치료를 파할 때 필요한 실제 증거를 원하는 고객들을 위한, 이것과 비견되는 사용하기 편리한 온라인 검색 툴은 왜 없는 것일까?

매년 의학 논문의 양은 빠르게 증가하고 있다. 전 세계에 존재하는 약 2만 5000개의 저널을 통해서 매년 100만 여 개의 새로운 논문들이 출판되고 있다. 정책 입안자, 과학자, 헬스케어 종사자, 환자들은 현재와 같은 전통적인 검색 플랫폼을 사용하면서 자신들에게 중요한 증거를 통해 업데이트 상태를 유지하려고 힘든 싸움을 벌이고 있다. 웹앰디^{WebMD}나 업 투 데이트^{Up to Date} 같은 온라인 헬스케어 정보 사이트들이 치료법, 권고사항, 정보 같은 헬스케어 "콘텐츠"를 제공하기는 하지만 약물 치료에 대한 안정성과 효과성에 대한 임상 연구에 대해 밝혀진 증거들 정도다. 구글 스콜라나 펍메드^{PubMed} 같은 온라인 증거 검색 사이트는 사용하기 너무 어렵다. 검색 전략에 대한 전문 지식이 없는 사용자들은 원하지 않는 논문들이 검색되거나(부적절한 논문들), 꼭 검색돼야 하는 논문들을 놓치는 경우가 많다(적절하지만 추출되지 않은 논문들).

위와 같은 검색 및 추출 문제를 해결하기 위해서는 모든 종류의 헬스케어 논문을 효과적으로 탐구하고 분석할 수 있는 소프트웨어를 만들 필요가 있다. 이런 검색 플랫폼은 펍메드, 클리니컬트라이얼스^{ClinicalTrials.gov}, 뉴스피드, 가이드라인, 일부 상용 데이터베이스와 같은 다양한 소스로부터 많은 양의 적절한 의학 논문들을 빠르게 추출해낼 수 있을 것이다. 그런 다음 해당 논문이 그 플랫폼의 검색 쿼리에 어느 정도 적합한 것인지 순위를 부여할 수 있을 것이다.

혁신적인 검색 엔진은 현존하는 검색 엔진보다 대안을 제시하기 위해 시맨틱 웹, 자연어 처리, 머신러닝 기술과 같은 첨단 기술들을 사용할 것이다. 이런 인공지능 플랫폼은 소비자, 의사 또는 다른 사람들이 정보에 근거한 의사 결정을 할 수 있도록 실제 증거를 쉽게 사용할 수 있게 하는 기능들이 포함될 것이다. 그런 특징들이란 한정되는 것은 아니지만 다음과 같을 것이다.

- 어떤 의학적 질문에 대해 가장 적절한 초록으로 연결되는 링크를 포함하는 디지털 문헌 목록
- 새로운 논문이 발견됐었을 때 자동으로 알려주는 알림 기능과 신호 감지 시스템을 가진 문헌 모니터링 기능
- 저자 또는 의사 인플루엔서에 대한 매핑과 파악
- 데이터 시각화를 포함한 인터랙티브 고수준 분석 기능(타임라인 분포, 지리적 데이터, 환자 집단 매칭, 연구 분류 등)
- 온톨로지 시스템: 사용자가 자연어 검색 용어를 입력하면, 시스템이 그 검색 용어의 모든 비슷한 단어들을 포함해 검색해 주는 기능
  - 사용자가 쉽게 검색 파라미터를 확장하거나 축소할 수 있는 기능

일부 정보 공간에 있는 소프트웨어 회사들은 자신들이 이미 인공지능 기능을 갖춘 검색 엔진을 만들었다고 보고한다. 하지만 플랫폼 대부분은 정확도와 사용 편의성 부분에서 문제들을 가지고 있다. 이런 한계를 극복하려면 이 분야에 깊은 전문 지식을 가지고 있는 컴퓨터 과학자들은 다음과 같은 설계 특징을 검색 엔진 프로그램에 포함돼야 함을 깨달아야 한다.

- 기존 태그 방식의 한계를 극복할 수 있는 항목과 임베딩에 대한 의존
- 넓고 다양한 증거 소스를 조율할 수 있는 유연성을 갖춘 구조
- 수백만 개의 개념을 다룰 수 있는 강력한 온톨로지 시스템
- 모든 문서에 대한 인덱싱과 자연어 처리 기능
- 첨단 프로그래밍 방법론

- 상호 작용성과 재미있는 사용자 경험
- "단어 의미 판별" ('스트로크stroke'라는 단어가 골프와 관련된 것이 아닌 뇌 관련 용어라는 것을 아는 것) 기능, "반복적 검색"(머신러닝 기반으로 사용자의 프로필에 따라서 더 세분화시킨 검색) 같은 기능을 다룰 수 있는 능력

여러 제약회사와 의학계는 이미 의학 논문을 탐색하는 머신러닝과 인공지능을 사용하는 고급 검색 플랫폼을 채용하고 있다. 수백 명의 환자와 의사들이 그런 플랫폼을 테스팅하고 있고, 같은 고급 검색 엔진을 사용해 정보에 기반한 헬스케어 의사 결정을 하고 있다. 점점 늘어가는 환자들은 정보 공간에서의 이러한 인공지능 기술이 케어의 질을 올리고 비용을 줄이고 있음을 증명하고 있다. 환자들은 그 검색 결과와 관련된 특성들을 사용해 보험금 지불 거절을 회복시키고, 가장 좋은 결과를 가진 외과 의사를 파악하고 불필요한 수술을 피하고 있다. 이러한 증거 기술 공간에서 그 다음 큰 도약은 자동으로 임상 연구에서 적절한 데이터를 추출할 수 있는 소프트웨어를 만드는 것이다. 의학 논문에서 발견되는 증거를 자동으로 검색하고 추출하며 분석하는 일은 미국 헬스케어 시스템에 패러다임 전환을 가져올 것이다.

근거중심의학에 대한 여러 비판이 있다. 먼저 출판 편향publication bias이 있는데, 이것은 의사나 연구자들이 긍정적인 진단이나 치료 결과를 보인 연구들만 출판하려는 경향을 말한다. 그리고 근거 수준에 대한 기준이 완전히 동의되지 않았고 그러한 부정확한 정의로 종종 헷갈리고 잘못 나가게 되는 경우가 있다. 그리고 가이드라인이나 권고사항이 종종 시간에 뒤떨어져서 좀 더 최신의 연구 결과나 아이디어가 반영되지 않는다는 점이다. 그래서 정보가 시의적절하지 못해서 실시간으로 그 적절성을 담보하지 못한다. 심지어 잘 설계된 무작위대조연구조차도 분명한 행동 가능한 권고를 내지 못하고 "추가 연구나 조사가 필요하다"는 식의 결론으로 끝나는 경우가 많다. 마지막으로 출판되거나 콘퍼런스에서 논의된 임상 가이드라인이라 할지라도 의사들은 종종 그런 권고사항을 따를 동기를 부여받지 못한다 [14]. 앞에서 언급한 몇 가지 이유를 포함해 아주 다양한 이유 때문에 근거중심의학이 좀 더 구식 개념이 되어가고 있고, 현재의 의료 인공지능 시대를 반영할 수 있도록 수정될 필요가 있다. 적어도 전략적으로 서로를 보충하는 존재가 될 수 있도록 할 필요가 있다는 얘기다.

심한 오류가 있는 의학 지식 시스템을 바꾸는 게임 체인저로서의 인공지능

루이 아가-미르-살림 Louis Agha-Mir-Salim

  — 영국 사우스햄튼 사우스햄튼대학교 의과대학

레오 앤서니 셀리 Leo Anthony Celi

  — 미국 매사추세츠 캠브리지 MIT 의용공학연구소,
    미국 매사추세츠 보스턴 베스 이스라엘 디콘니스 메디컬센터 중환자 의학과 수면 분야 호흡기내과

활동적인 중환자 의학 전문의이자 MIMIC 창시자인 레오 셀리는 동료인 아가-미르-살림과 함께 이 글에서 더 효과적이고 정확한 의학 지식 시스템을 만들기 위해 실시간으로 환자를 위한 지식을 제공할 수 있는 인공지능 기반 새로운 패러다임에 대해 이야기한다.

지난 10여 년간 인공지능 분야가 눈부신 발전을 하면서, 헬스케어 영역에서도 인공지능이 헬스케어의 가장 큰 난제들을 해결하는 데 이용될 수 있으리라는 기대감으로 전례없는 흥분이 유발되고 있다. 희망과 과대 광고를 넘어서 우리는 더 나은 케어를 위해 가장 중요한 문제들이 무엇인지를 정의하고 결정할 필요가 있다. 아마도 예방 가능한 의료 과오와 치료로 인한 유해 사건을 없애는 것도 그 목록에 포함될 것이다. 비효율성을 걷어내고 진료 과정의 잘못된 관행을 바로 잡는 것, 케어 전달에서 불공정을 찾아내고 해결하는 것, 과대 검사, 과대 진단, 과대 치료로 인한 자원 낭비를 끝내는 것, 현재의 헬스케어 근무자들의 불만족 수준을 낮추는 일 등도 여기에 포함된다. 이런 사례 모두 일정 정도는 잘못된 의학적 지식 시스템에서 발생하는 정보의 갭에서 유발되는 것이다.

지식은 관찰과 실험으로부터 도출된 결론이나 모델을 통해서 얻어진다. 의학에서 지식은 의사가 진단하고 치료하는 데 사용되는 검사와 중재 및 진료 원칙의 기초를 형성한다. 이것은 병태생리학에서 질병 역학, 혈액 검사와 의료 영상에서 얻은 정보, 약물과 수기의 효과성에 이르기까지 적용되는 "기본적으로 참인 것들"ground truths로 구성된다. 그런데 사실 의학에는 기본적으로 참인 것들이 존재하지 않는다. 의료에서 참인 것들은 영원한 것이 아니라 새로운 지식이 도래하는 속도에 따라 그 반감기가 달라지기 때문이다. 예를 들어 1978년에 효과적이었던 중재 기술은 그 당시의 환자 집단에서는 이로운 것이었을 수 있다. 그렇지만 환자군의 인구학적 특성이 변하고 새로운 개념과 검사, 치료법이 진료에 들어오면서 1978년에

는 "기본적으로 참인 것들"이 시간의 검증을 견뎌내지 못할 가능성이 점점 더 커진다. 실제로 1978년 해리슨 내과학 교과서는 심근경색 관리에 대해 다음과 같이 기술하고 있었다. 6주간 침상 안정, 베타 차단제 피하기, 부정맥을 막기 위해 리도카인 처방, 죽상경화반이 불안정한 상태에서는 심장카테터법 중지 등의 내용이다. 그렇지만 현재는 본질적으로 그런 권고와는 정반대의 치료법을 권하고 있다.

현재의 진료는 무작위 전향적 연구, 관찰 연구, 전문가 의견 등에 기반한 기존의 증거들을 바탕으로 수행되는데, 의학적인 진실에 대한 시공간적 한계 검증을 신중히 고려하지 않고 행하는 경우가 많다. 약간 철학적인 측면에서 생각해 보면 결국 의사들은 현재의 진료과 미래에 최적의 어떤 것에 의해서 틀렸음이 입증될 가능성을 염두에 두면서 환자를 치료해야 한다. 현재로써는 대규모 무작위, 대조, 전향적 임상 시험이 한 치료가 특정 인구 집단에 어떤 이득을 줄지에 대한 최종 판결역할을 한다. 중환자실의 경우 20년 전에 수행한 TRICC 임상 연구가[1] 여전히 수혈에 대한 의사 결정의 지침으로 여겨지고 있고, 10년 전에 있었던 NICESUGAR 연구가[2] 혈당 조절 프로토콜에 관한 핵심 데이터로 여겨지고 있다. 만약 우리가 어떤 지식 시스템을 다시 개선하고자 한다면, 기존의 모든 임상 시험에 있어 모든 환자 그룹을 대상으로 시험을 다시 시행해봐야 할 것이다. 임상 시험 한 번의 연구비용 중앙값이 1,900만 달러인 점을 고려하면[3], 그와 같은 지식 시스템을 구축하는 것은 불가능하다는 점을 알 수 있다. 물론 비용만이 문제는 아닐 테지만 말이다.

이제 인공지능이 제대로 역할을 할 수 있는 지점이다. 실제 세계와 실시간 데이터에 초점이 맞춰져 있는 인공지능은 거의 연속적이고 데이터 주도적인 방식으로 의학의 참인 것들을 다루기 시작할 수 있는 첫 번째 임상적 접근법이라는 점을 시사한다. 따라서 좀 더 역동적인 의학 지식 시스템을 지원할 수 있는 헬스 데이터 기반 시설을 위한 투자가 필요하다. 재현 불가능한 생명의학 연구에 쏟아 붓는 연간 280억 달러에 달하는 연구비 일부를[4] 인공지능 연구뿐 아니라 진정한 학습 건강 시스템의 근간이 될 수 있는 데이터 헬스 기반 시설을 개발하거나 유지하는 쪽으로 시선을 돌릴 필요가 있다.

인공지능은 그 자체의 기회 때문이 아니라 데이터를 통한 지속적 학습으로 초점을 이동시키기 때문에 게임 체인저가 될 것이다. 인공지능은 의학 지식 시스템을 만들고 유지하며 검증하는 방법을 바꿀 것이다. 이것이 인공지능의 진짜 가치다. 지난 20여 년 동안 인공지능을 의료 현장에 도입하는 데 필요한 요건들을 충족시키기 위해 여러 가지 데이터 기반 시설들이 갖춰 왔다. 이제 크게 보면 그런 데이터를 생산적으로 활용할 수 있는 시스템을 설계하는 데 필요한 많은 데이터를 갖게 됐다. 데이터 규모, 복잡성, 역동성은 이제 가장 뛰어난 임상 의사라도 감당할 수 있는 수준을 넘어선다. 그 해답은 인공지능을 포함한 최고의 데이터 과학과 최고의 인간 의료진의 노력을 결합하는 하이브리드 시스템을 구축하는 데 달려 있다.

참고 문헌

[1] Hébert PC, Wells G, Blajchman MA, Marshall J, Martin C, Pagliarello G, et al. A multicenter, randomized, controlled clinical trial of transfusion requirements in critical care. N Engl J Med 1999;340(6):409-17.

[2] NICE-SUGAR Study Investigators, Finfer S, Chittock DR, Su SY-S, Blair D, Foster D, et al. Intensive versus conventional glucose control in critically ill patients. N Engl J Med 2009;360(13):1283-97.

[3] Moore TJ, Zhang H, Anderson G, Alexander GC. Estimated costs of pivotal trials for novel therapeutic agents approved by the US Food and Drug Administration, 2015-2016. JAMA Internal Med 2018;178(11):1451.

[4] Baker M. Irreproducible biology research costs put at $28 billion per year. Nature [Internet] 2015. Available from: http://www.nature.com/doifinder/10.1038/nature.2015.17711. [cited 13.05.19].

의사의 지각과 인지. 의사의 지각과 인지는 업무를 수행할 때 사용되는 세 가지 서로 다른 뇌 영역에 따라 구분할 수 있다. 그런 기능을 수행할 수 있는지 여부에 따른 것이 아니라 그런 영역들이 얼마나 오랫동안 사용되는지에 따른 구분이다(그림 7.3). 그 세 가지는 지각perception, 인지cognition, 수행operation이다.

1. **지각**: 의사들이 하는 지각 작업은 현재 기계도 충분히 정확하고 빠른 속도로 할 수 있다. 그런 작업 중 하나는 영상 이미지 판독이다. 영상 관련 전문의나 전문의 그룹보다는 못하지만 컴퓨터 비전과 CNN도 영상 이미지를 판독할 수 있다. 더불어 머신러닝과 딥러닝을 사용한 통합 데이터 분석을 통해서 인간이 할 수 있는 것을 넘어설 수 있는 능력을 가졌다. 딥러닝과 그 변형들이 나오면서 전통적인 이미지 판독과 통합 데이터 분석은 기계가 수행할 수 있으며, 여기서 인간은 여전히 감독과 설계 기능을 제공할 수 있다.

뇌

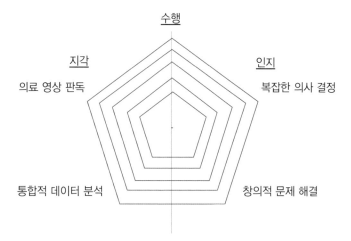

영상의학과 전문의

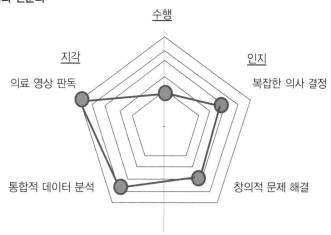

그림 7.3 의사의 뇌. 어떤 전문의가 하루 기준으로 인지, 지각, 수행이라는 측면에서 얼마나 시간을 할애하고 있는지를 거미줄 차트(레이더 차트)로 그려볼 수 있다. 방사형 오각형은 가장 안쪽에는 1점(사용하지 않거나 거의 사용하지 않음)을 부여하고, 가장 바깥에는 5점(가장 높은 수준으로 사용)을 부여한다. 예를 들어 영상의학과 전문의는 하루 상당량을 판독에 할애하기 때문에 "의료 영상 판독"에서 "5점"을 준다. 판독을 수행하지 않은 영상의학과 의사인 경우 수행 영역에서는 가장 낮은 점수를 부여한다. 아래 차트를 보면 뇌가 인지적인 작업보다는 지각적인 작업을 많이 수행하고 있음을 알 수 있다. 오각형 면적으로 보면 지각 대 인지 비율이 60대 40 정도. 참고로 이 거미줄 차트는 임상의가 어떤 일을 하는지를 보여주는 것이지 그런 일을 할 수 있거나 얼마나 잘 할 수 있는지 보여주는 것은 아니다.

2. **인지**: 인간이 기계와 비교해서 더 나을 수 있는 부분이지만 머지않은 미래에 기계도 이와 관련된 일을 할 수도 있을 것이다. 그런 일의 하나가 복잡한 의사 결정으로, 특히 실시간으로 이뤄지는 작업이 그렇다. 대부분의 전문 과목 분야의 의료는 그런 종류의 일들로 가득하다. 더불어 창의적 문제 해결과 의료와 헬스케어의 많은 영역의 핵심 부분들은 인간의 고유 영역으로 남는다. 딥러닝, 특히 심층 강화 학습과 같은 분야들이 이 분야에서 발전하고 있지만 의료에 완전히 적용될 수 있을 만큼 완전히 성숙하거나 정교하지 않은 상황이다.

3. **수행**: 특히 고도의 수작업으로 현 시점에서 컴퓨터는 그런 일을 할 수 없다. 로봇공학과 관련된 기술이 지난 10여 년간 발전하기는 했어도, 머지않은 미래에 로봇만으로 정교한 수기나 수술을 수행하지는 못할 것이다. 이 분야에서는 의사는 창의성과 전체적인 감독 기능을 수행하고 의사는 로봇으로부터 현장 시각, 생리적인 떨림, 외과 의사를 위한 더 나은 인체 공학 등과 같은 상대적인 강점을 제공받는 하이브리드 모델의 적용을 적극 고려할 만하다.

물론 공감이나 인간적인 접촉 같은 중요한 측면도 인공지능 전문가들이 복제하려고 탐구하고 있지만 아직 사람을 대체하지는 못한다.

영상의학과나 병리학 같이 지각을 집중적으로 사용하는 전문 과목이라면, 다가올 미래에는 이미지 양과 복잡도가 상승할 것이기 때문에 업무 부담을 경감하고 질적인 개선을 위해서 인공지능을 활용하고 인공지능이 가진 더 나은 판독법을 채용하는 것이 바람직할 것이다. 그러면 전문의들이 자신의 업무에서 인지적인 요소와 수행적인 측면을 더 탐구할 수 있게 할 것이다. 한편 정신건강의학과처럼 인지적인 요소를 집중적으로 차용하는 전문 과목들이라면, 이전에는 없었지만 컴퓨터의 도움으로 쉽게 할 수 있는 새로운 지각적 업무를 탐구하거나 미래에 인지적인 측면에 도움을 줄 수 있는 인공지능 채용을 위한 새로운 방법을 찾을 수 있을 것이다. 즉, 지각적 작업은 인공지능에 의해서 강화되고, 인지적 작업 역시 가까운 미래에는 인공지능을 통해 새롭게 탐구되고 강화될 것이다.

수행과 수작업 역시도 가까운 미래에는 로봇공학과 관련 기술들의 발전으로 강화될 것이다. 더불어 심장내과와 외과와 같이 수기에 집중된 전문의들은 인공지능과 수술 계획을 위한 가상 및 증강 현실 기술과 혼합된 기술들을 통해서 수술 전 평가를 시행하고, 딥러닝을 사용한 위험도 계층화와 맞춤형 수술 후 케어 등을 통해서 수술 후 계획을 새롭게 탐구할 수 있을 것이다.

요약하면 지각을 필요로 하는 작업에서는 인공지능을 통해 전문의들이 간과할 수도 있는 업무를 쉽게 할 수 있을 것이고, 가까운 미래에는 새롭게 개발되는 인지 중심적인 기능을 가진 인공지능의 도움을 통해 새로운 인지 업무를 수행하게 될 것이다. 아마도 균형이 잡히고 개인화된 작업 할당을 위한 인공지능 전략으로 과중한 업무에 시달리는 의사들의 번아웃을 경감시킬 것이다.

현재 인공지능의 의학적 응용

현재 의료 인공지능은 여러 가지 용도로 사용되고 있다. 그 응용 분야는 크게 열 가지로 구분해서 설명할 수 있을 것이다. 이와 같은 분류는 뒤에서 설명하는 전문 과목별 인공지능 전략과 활용을 논의할 때 유용한 프레임워크 역할을 할 것이다.

의료 영상. 이 분야는 자동 의료 영상 판독 또는 강화된 영상 판독을 위한 딥러닝(특히 CNN, 하단 참고) 같은 인공지능 기술을 활용할 수 있는, 전망이 아주 밝은 영역이다[15]. 이미지 판독 작업에는 분류, 회귀, 병소 위치 확인, 영상 분할 등이 있다. 인공지능을 적용할 수 있는 이미지는 흉부 X-레이, 병리학 조직 슬라이드, 안저 및 피부 사진, MRI 영상 같은 정적인 이미지뿐만 아니라 초음파, 내시경 검사, 심초음파 등에서 만들어지는 동영상으로 확대되고 있다[16]. 이와 같은 인공지능 컴퓨터 비전은 이미 한 사람의 의사나 의사 집단보다 어쩌면 더 나은 실력을 보여주고 있으며, 이미지의 양과 복잡도가 한 전문가가 감당할 수 있는 범위를 넘어서기 때문에 이미지를 중점적으로 다루는 영상의학, 병리학, 피부과학, 안과학, 심장학 등과 같은 분야에서 특히 필요성이 높아지고 있다.

의료 영상과 계산 해부학을 위한 기하학적 통계학

니나 미올란 Nina Miolane

니나 미올란은 기하학적 통계학을 전문으로 하는 통계학자다. 이 글을 통해서 기하학적 통계학과 변형된 주성분 분석을 사용해 해부학적 구조에 대한 수학적 모델링의 방법을 설명한다.

의료 인공지능은 의사들의 일상적인 진료에 도움을 주는 컴퓨터 도구들의 개발을 촉진시켰다. 예를 들어 의료 영상 이미지를 자동 판독해주는 머신러닝 파이프라인이 계속 개발되고 있다. 여기서는 의료 영상에서 장기 형태를 추출하는 데 사용하는 통계학의 수리적 기초와 그런 작업이 필요한 이유에 대해 설명한다.

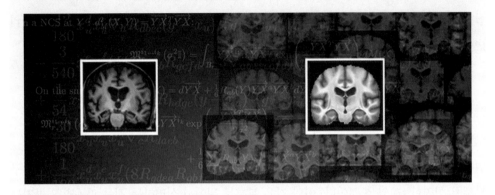

이미지 세기에서 장기 형태 진단까지

의료 영상 판독 머신러닝 모델은 이미지를 입력으로 사용한다. 입력으로 사용하는 이미지는 색상 값들로 구성된 배열이다. 이미지넷ImageNet 데이터베이스에는[1] 크기가 평균 469×387(=18만 1503 차원)인 2차원 이미지들이 1,400만 개 정도 들어 있다. 그와 대조적으로 의료 영상 데이베이스는 많아야 1만 개 정도이고, 그 크기는 훨씬 커서 전형적인 뇌 MRI인 경우에는 $256 \times 256 \times 192$ 크기의 복셀로 약 1,200만 개의 차원으로 이뤄져 있다. 따라서 이런 작은 데이터셋을 처리하기 위해서 입력의 차원을 줄이기 위한 방법을 고려하게 된다. 예를 들어 먼저 이미지에서 의미 있는 특성들을 추출해 장기 형태에 특성을 표현하는 특징을 만드는 것을 고려해 볼 수 있다.

계산 해부학

의료 영상에는 건강한 경우와 질병이 있는 상태의 장기 모양들을 보여준다. 여러 질환은 장기 형태 변화를 동반하기 때문에 이미지에서 장기 특성을 추출하는 것은 흥미롭다. 다음은 알츠하이머병 뇌 MRI 영상으로, 왼쪽은 알츠하이머병 환자의 뇌이고 오른쪽은 건강한 사람의 영상이다. 계산 해부학은 인구 집단에서 보이는 장기 형태의 변이를 수학적으로 모델링하고 분석하는 분야다[2]. 형태의 수학적인 표현이란 무엇일까? 어떤 장기 형태에 대한 통계적 분석은 어떻게 할까?

장기 형태에 대한 수학적 모델링

수학적인 관점에서 장기의 형태를 표현하는 방법에는 간접적인 방법과 직접적인 방법이라는 2가지 방법이 있다. 간접적인 방법에서는 형태를 어떤 "템플릿"의 변형으로 인코딩한다. 뇌를 예로 들어 보자. 우리는 인구 집단의 평균적인 건강한 뇌 형태를 표현하는 템플릿 뇌 형태를 만든다[3]. 그런 다음 환자의 뇌를 이 템플릿과 비교해 템플릿을 어떻게 변형했을 때 환자의 뇌와 같아지는지를 수학적으로 표시한다. 직접적인 방법에서는 템플릿을 사용하지 않는다. 처음에 장기의 고유한 특성들에 대한 지점들을 정한다. 이런 지점들의 3차원 좌표의 집합이 장기 형태를 인코딩하게 만드는 것이다. 또는 장기의 표면을 맞물리는 방식으로 표현할수 있다. 각 지점들을 연결한 점들의 3차원 좌표들이 기관이 형태가 되는 셈이다. 이렇게 만들어진 형태에 대한 수학적인 표상들은 컴퓨터에서 형태를 나타내는 데이터가 된다. 이런 표상들은 실제 완전한 의료 영상보다 덜 복잡하기 때문에 작은 데이터셋을 다루기에 더 쉽다.

장기 형태의 변동성에 대한 통계학적 분석

이제 장기에 대한 수학적 표현은 준비가 됐다. 어떻게 장기 형태에 대한 데이터셋에서 가장 중요한 특성들을 추출할 수 있을까? 건강한 심장 모양을 기준으로 한 템플릿에서 얼마나 변형됐는지로 표현된 심장 모양에 대한 데이터셋을 생각해보자. 형태 변이를 주된 모드로 인코딩하려면 얼마나 많은 파라미터가 필요할까? 통계학에서는 주성분 분석(PCA)이라는 방법을 사용해 이 질문에 답한다. 주성분 분석과 같이 보통의 통계학적 방법들은 숫자와 벡터에 대한 통계 분석을 하기 위해 개발됐다. 그러면 앞선 예에 나온 심장의 형태 변이 등과 같은 모양에 대해 통계를 내려면 어떻게 해야 하는가? 심장 변이는 수학적인 객체로 벡터가 아닌 "리군(Lie group)"이라고 알려진 요소다. 따라서 이런 형태들을 분석하기 위해서 통계학적 이론을 확장할 필요가 있는데, 이 새로운 이론은 "기하학적 통계학Geometric Statistics"이라고 한다[4]. 흥미롭게도 기하학적 통계학은 "리만 기하학Riemannian Geometry"에 의존한다. 리만 기하학은 아인슈테인이 일반 상대성 이론에서 시공간 기하학을 표현하는 데 사용했던 프레임워크다. 계산 해부학 영역에서, 기하학적 통계학은 주성분 분석을 일반화한 "탄젠트 PCAtangent PCA"

를 사용해 심장 형태에 대한 주성분을 계산할 수 있다. 한 논문에서는[5], 선천성 심장 질환인 팔로 네증후Tetralogy of Fallot를 가진 환자 18명의 오른쪽 심실 형태 변이의 90%는 10개의 파라 미터로도 충분했다고 보고했다. 원래 1,200만개 가까이 되는 파라미터를 10개의 형태 파라 미터로 줄일 수 있다는 의미다. 자동적으로 계산되는 이런 10개의 파라미터를 가지고 오른쪽 심실의 크기 같은 의미있는 계산을 쉽게 해낼 수 있다.

형태 데이터에 대한 머신러닝

이렇게 차원이 낮아지면 작은 데이터셋에 대해 머신러닝을 적용하기 쉬워진다. 예를 들어 앞서 언급한 논문에서는[5] 환자의 신체 표면 지수는 우심실의 형태를 기술하는 10개 파라미터 들의 선형 조합과 상관관계를 보이는 것을 보여줬다. 임상적인 관점에서 보면 이것은 환자의 신체 표면 지수로부터 우심실의 형태를 예측할 수 있음을 의미한다. 이런 데이터는 위 팔로 네증후 환자의 경우에는 재수술을 위한 최적의 시기를 예측하는 데 도움이 된다.

계산 해부학, 기하학적 통계학 그리고 관련 머신러닝 도구와 혁신적인 수학 모델은 인공 지능을 보강하는 도구로 사용돼 계산 의료 영역을 발전시킬 것이다.

참고 문헌

[1] Deng J, Dong W, Socher R, et al. ImageNet: a large-scale hierarchical image database. CVPR'09; 2009 IEEE conference on computer vision and pattern recognition, 2009, Miami, FL.

[2] Grenander U, Miller M. Computational anatomy: an emerging discipline. Q Appl Math 1998;56.

[3] Guimond A, Meunier J, Thirion J-P. Automatic computation of average brain models. in Wells WM, Colchester A, and Delp S (eds) Medical image computing and computer assisted intervention-MICCAI'98. MICCAI1998. Lecture notes in computer science, vol 1496. Springer, 1998, Berlin, Heidelberg.

[4] Miolane N. Geometric statistics for computational anatomy [Ph.D. thesis]. 2016.

[5] Mansi T, Voigt I, Leonardi B, Pennec X, Durrleman S, Sermesant M, et al. A statistical model of right ventricle in Tetralogy of Fallot for prediction of remodelling and therapy planning. IEEE Trans Med Imaging 2011. Available from: https://doi.org/10.1007/978-3-642-04268-3_27.

변형 현실. 증강 현실, 가상현실, 혼합 현실 등은 인공지능 기술을 적용해 다양한 목적에 그 자원들을 충분히 활용할 수 있을 것이다. 그 목적에는 환자와 가족을 포함한 모든 이해 관계자들에게 몰입한 시나리오에 대한 시뮬레이션, 교육, 훈련뿐만 아니라 일부 내외과적 전문 과목에서 필요한 수술 전, 수술 중 이미징과 치료 계획 등이 포함된다. 최근 리뷰에서 가상현실과 인공지능은 수술 훈련, 특히 복강경수술과 정형외관적 수술에 통증 관리, 정신 질환 치료에서 특히 유용하다고 했다[17]. 인공지능과 결합된 이 세 가지 변형 현실 기술들은 의사들에게 자신의 전문 진료를 할 때 또다른 "렌즈"를 제공할 것으로 기대된다.

의료에서 증강/가상현실과 인공지능의 역할

데이비드 액설로드 David M. Axelrod

– 미국 캘리포니아 스탠포드대학교 의사

데이비드 액설로드는 선천성 심장 질환과 관련된 가상현실에 관심이 많은 소아 심장전문의다. 이 글을 통해서 선천성 심장 질환과 의료 분야 증강/가상현실의 미래 역할에 대해 말한다.

기술에 관심이 많은 의사라 할지라도 얼핏 보기에 인공지능과 증강/가상현실과의 연관성을 바로 파악하기 어려울 것이다. 각자의 과대 광고 주기를 거치면서 새로운 길을 열어가는 동안, 기회나 열정이 아닌 진정으로 이 떠오르는 기술 둘을 연결시키는 것은 무엇일까? 현재 의료 증강/가상현실 애플리케이션은 대부분 임상 치료와 환자 및 치료자 교육에 활용되고 있고, 인공지능은 기존 애플리케이션과의 교차점을 의미 있는 수준으로 찾지 못하고 있다. 그렇지만 좀 더 깊이 조사해 보면, 인공지능과 딥러닝을 확장 현실XR에 결합하는 데 놀라운 가능성이 있음이 드러나고 있다. 인공지능과 가상 세계를 접목시킨 몇 개의 개발 사례는 특히 주목할 가치가 있고 협력적 전진에 대한 시작점의 예시를 보여준다.

정신 건강 서비스 제공자들은 완전한 몰입형 가상현실을 이용해 우울증, 불안, 외상후 스트레스 장애 등의 치료에 탁월한 효과를 낼 수 있음을 보여줬다. 철학적인 심리학자들은 유체이탈 가상현실 사망 체험으로 문턱을 넘어 사후세계를 경험하는 데까지 나아갔다[1]. 가상현실에서 동공 측정, 뇌파, 기타 생체 측정치 수집과 더불어 행동에 대한 관찰은 환자 또는 가상현실 이용자의 인지 상태에 대한 믿기 어려울 정도의 통찰력을 제공한다[2]. 이론적으로 가상현실 정신 건강 경험은 인공지능을 사용하는 의사에게 환자에 대한 풍부한 정보를 제공한다. 예를 들어 가상 환경과 상호 작용을 하는 사람들이 많아지면, 인공지능과 머신러닝을 통해서 생체 측정에 바탕을 두고 우울증을 진단할 수 있고 환자에게 맞춤화된 새로운 치료적 가상현실을 제공할 수 있을 것이다.

비슷한 방식으로 가상 환경 시뮬레이션 프로그램은 매우 중요한 임상적 상황에서 의료인의 행동과 생리학적 반응에 대한 인사이트를 제공한다[3]. 가상 환경 시뮬레이션은 군사, 교육, 기타 분야와 같이 의료에서도 인공지능을 사용해 훈련 플랫폼에서 거의 무한대로 임상적 상황을 학생들에게 제공할 수 있다. 그런 다음 인공지능을 갖춘 가상 환경은 사용자의 이전 행동과 반응을 통해서 학습하고 점점 더 도전적인 상황을 만들어 각 학생들의 니즈에 맞는 맞춤형 교육을 제공할 수 있다. 예를 들어 가상 환경 시뮬레이션에서 생물학적 모니터링을 통해 "코드 블루" 심폐 소생술 상황에서 교육자가 원하는 수준 이하의 실적을 보일 것을 예측할 수 있다.

데이터 분석, 표현, 고수준의 모델링은 인공지능과 가상현실의 가장 유망한 교차점이다. 정교한 가상 환경 데이터 획득 도구들은 이미 다양한 산업에서 복잡한 데이터 분석을 위한 몰입형, 3차원 인터페이스를 제공하고 있다[4]. 의료에서 진단과 관리에서 "빅데이터" 접근법이 상당한 관심을 끌고 있다. 그런데 그러한 거추장스럽게 많은 데이터셋은 인공지능을 도입함으로써 뭔가 의미있는 형태로 전환시킬 수 있을 것이다. 약학에서 뇌졸중 예방을 위해 항응고제를 처방받았던 모든 환자로부터 얻은 데이터셋을 통해서 항응고제에 대한 생물학적 반응에 관한 데이터를 확보할 수 있다면 인공지능을 이용해서 분석할 수 있을 것이다. 그럼 의사 과학자들은 어떻게 인공지능 결과와 상호 작용할 수 있을까? 가상/증강 현실 그리고 확장 현실은 다차원적이고 대화형이면서 완전히 몰입적인 인터페이스를 통해서 분석 결과를 볼 수 있을 뿐만 아니라 이전에는 불가능하다고 생각했던 새로운 데이터 해석 방법에 대한 길을 열어줄 것이다.

스탠포드에서 우리 그룹이 만든 초기 모델을 입증했듯이[5], 인체 시스템에 대한 정교한 가상 환경 모델에 인공지능과 머신러닝을 사용하게 될 것이다(그림 1). 미래에 인공지능으로 강화된 가상현실 경험에서는 머신러닝이 의료 데이터를 처리해 의사들에게 생리학적 모델과 상호 작용할 수 있는 몰입 환경을 제공하고, 환자의 건강 결과를 예측할 수 있게 해 줄 것이다. 선천성 심장 질환과 같이 복잡한 해부학적·생리학적 시나리오가 발생하는 경우, 인공지능으로 강화된 심장과 혈관에 대한 모델링 시스템으로 외과의사가 특정 환자의 좌심실의 경계를 평가하는 데 사용되는 가상 환경을 만들 수 있을 것이다. 머신러닝은 의료 영상에 기초해 점점 더 정확한 모델을 만들어 낼 것이고, 외과의사는 기존 경험에 의존해 심장내 패치와 봉합 선을 조작하면서 가상 환경 안에서 수술 계획을 세울 것이다. 인공지능은 예측 모델도 제공하기 때문에 가상 환경 안에서 외과의사들은 수술 방법에 따라 5년 후 또는 10년 후 심장의 상태를 예측할 수 있을 것이다. "오늘 가상 모델에서 심장내 판막은 적당해 보이는데 5년 후 그러니까 약 2억5000만회 심장이 뛰고 난 후에는막힐까?" 하는 식이다. 만약 가상 수술 결과가 최적이 아닌 경우 시스템은 다른 치료법을 선택하고 미래의 결과를 비교할 수 있을 것이고 심지어 인공지능에 기반하여 어떤 수술 기법을 제안할 수도 있을 것이다.

앞으로 개발돼야 하는 많은 것들 중 이런 도구들은 의료에서 인공지능과 가상/증강 현실의 나아갈 잠재적 방향을 가리키고 있다. 오늘은 과학 소설처럼 보이기도 하지만 이런 생각들이 요즘 의사 기술자에게 상당한 잠재력을 제공한다. 언제나 그렇듯이 큰 잠재력에는 항상 책임감이 뒤따른다. 그 책임감이란 지역과 전 세계의 건강을 개선하는 쪽으로 기술의 방향을 유지시키고 미래 치료 자산을 개선하며 의도하지 않은 결과로 발생할 수 있는 부주의한 위해를 예방하는 것이다.

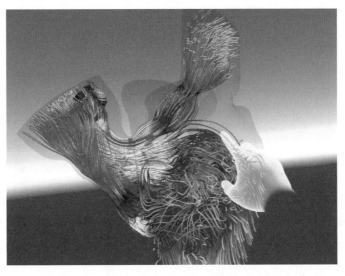

그림 1 사용자는 오픈 소스 소프트웨어인 심배스큘러(SimVascular.com)을 사용해 가상현실에서 시각화한 선천성 심장 질환 환자의에서 혈류와 상호 작용할 수 있다. 이 모델은 세계 최초 혈관 시뮬레이션 가상현실로 스탠포드대학교에서 수행했다(출처 : 앨리슨 마스던(Alison Marsden) 박사).

참고 문헌

[1] Barberia I, Oliva R, Bourdin P, Slater M. Virtual mortality and near-death experience after a prolonged exposure in a shared virtual reality may lead to positive life-attitude changes. PloS One 2018;13(11):e0203358.

[2] Juvrud J, Gredebäck G, Åhs F, Lerin N, Nyström P, Kastrati G, et al. The immersive virtual reality lab: possibilities for remote experimental manipulations of autonomic activity on a large scale. Front Neurosci [Internet] 2018; [cited 07.05.19]; 12. Available from: https://www.ncbi.nlm.nih.gov/pmc/articles/PMC5951925/.

[3] Chang TP, Beshay Y, Hollinger T, Sherman JM. Comparisons of stress physiology of providers in real-life resuscitations and virtual reality-simulated resuscitations. Simul Healthc J Soc Simul Healthc 2019;14(2):104-12.

[4] Donalek C, Djorgovski SG, Cioc A, Wang A, Zhang J, Lawler E, et al. Immersive and collaborative data visualization using virtual reality platforms. In: 2014 IEEE international conference on big data (big data); 2014 p. 609-14.

[5] Lighthaus Inc. & Stanford Children's Health. Axelrod DM (collaboration with Alison Marsden PhD). The stanford virtual heart. Stanford, CA: Lucile Packard Children's Hospital [Internet]. Available from: https:// www.youtube.com/watch?v 5 xW1EMBVmAW4. [cited 08.05.19].

의사 결정 지원. 의사 결정 지원은 의료에서 가장 어려운 도전 가운데 하나로, 응급 상황에서 특히 더 그렇다. 기계 지능이 복잡하고 어려운 임상 상황에 대해 해법을 돕는 방법은 의료 인공지능의 성배 가운데 하나가 될 것이다. 인공지능을 사용한 임상 의사 결정 지원 분야에 관한 출판 및 회사의 숫자는 이 분야에 대한 관심과 잠재력을 반영한다[18]. 최근 임상 의사 결정 시스템의 역사에 관한 리뷰 논문에서는 진단, 치료, 케어 코디네이션, 감사와 예방, 건강 유지 또는 웰니스 등을 지원하는 인지적인 도구와 인공지능 도구의 출현 덕분에 이 분야에서 극적인 개선이 이뤄졌다고 말하고 있다[19]. 인공지능이 인간 바둑 챔피언을 물리친 것은 놀라운 일이기는 하지만 응급실, 중환자실, 수술실 등에서 벌어지는 혼란스런 상황에서의 의료 행위는 바둑보다는 실시간 전략 게임인 스타크래프와 더 가깝다.

결과 표류와 의사 결정 지원에 미치는 영향

시빌 클라우스Sybil Klaus

시빌 클라우스는 환자의 치료 결과에 관심을 가진 입원 전문의사이자 연구자로, 이 글을 통해서 의사 결정 분야에서의 결과 표류outcome drift 또는 비정지성nonstationary에 대한 원리와 그것이 가치 기반 케어와 결과 평가에 미치는 영향을 말한다.

미국 의료 서비스는 가치 기반 헬스케어 전달 시스템 모델로 이동해 가고 있다. 이 시스템은 환자의 결과와 연관된 보험금 지급 모델을 통해서 환자에게 자신의 건강을 더 개선하도록 돕는 서비스 제공자나 병원에게 더 큰 보상을 한다[1]. 의료 전달에 대한 질은 환자의 건강 결과에 대한 질적 지표를 평가하는 벤치마킹 시스템으로 비교된다[2]. 많은 병원이 환자의 결과와 질에서 더 높은 개선을 가져다 줄 수 있는 중재법의 타깃이 될 고위험 환자를 파악하기 위한 알고리듬을 개발하고 있다[3]. 그런데 한 연구에 의하면 이런 알고리듬 성능은 코호트 선택, 데이터 원천, 예측 타깃에 대한 정의 등에 영향을 받을 수 있다고 한다[4]. 헬스케어 내 프로세스나 데이터는 비정지성이란 특성을 가지고 있기 때문에 알고리듬의 판별 성능을 영향을 준다. 비정지성은 대체로 모델링되는 데이터 생성 프로세스, 예를 들어 임상 프로세스와 환자의 특성이 시간의 흐름에 따라서 변하는 것으로 정의한다[4]. 더 나아가 예측 모델의 결과가 중재법에 영향을 주게 되고, 결국은 어떤 결과의 이환율을 바꿀 수 있다.

이환율과 환자 결과에 대한 정의에 대한 변동은 가치 기반 헬스케에 시스템에서 특히 고려해야 할 요소로써, 특히 서로 다른 헬스케어 제공자와 병원들의 질을 평가하는 데 중요하다. 특히 임상적 프로세스, 중재 또는 코호트 선택 등에 의존하는 정의를 가지는 건강 결과에서는 더 그렇다. 패혈증에서 혈액 배양을 검사하는 것이 그런 예다. 한 연구는 하나의 패혈증 알고리듬이 서로 다른 환자 코호트에 적용됐을 때, 예를 들어 입원 당시 패혈증인 환자군과 입원 후 나중에 패혈증이 발생한 군의 경우 예측 성능의 차이가 있음을 보여줬다[5]. 현재 개발되고 있는 많은 예측 모델들은 병원 단위로 개발되고 있어서 데이터 구조, 임상적인 절차, 질병의 유병률 등의 차이 때문에 다른 기관으로 쉽게 이전되지 않는다. 예측 애널리틱스 사용에서 상당한 차이가 있고, 알고리듬 성능과 건강 결과에 상당한 변이가 있는 경우, 이런 모든 요소들이 질을 측정을 통한 비교라고 하는 현재 시스템의 접근에 상당한 어려움을 줄 수 있다[6]. 이런 요소들을 설명하기 위해서 다음 시나리오를 생각해보자. 두 개의 유사한 대학병원이 각자 패혈증 고위험도를 예측하는 알고리듬을 개발했다. A 병원에서 알고리듬은 AUC(0.91)이라는 성능으로, 악화 8 시간 전에 고위험 환자를 성공적으로 예측한다. A 병원에서 패혈증 환자는 좀 더 일찍 치료되기 때문에 중환자 치료는 덜 필요하다. 패혈증 유병률이 지속적으로 감소함에 따라 병원 보험 지불 모델도 변한다. B 병원 알고리듬은 AUC(0.65)의 성능으로, 악화 2시간 전에 고위험 환자를 예측한다. B 병원 환자들은 집중 치료를 필요로 하게 되고, 전체 패혈증 유병률은 약간 줄어들 뿐이다. B 병원에서 의료진과 환자들은 더 많은 임상적인 케어를 필요로 하게 되고, A 병원과 비교해 더 나쁜 결과를 가진다. 환자 수, 제공된 집중 치료의 양, 패혈증 유병률에 상당한 차이가 있는 경우 이 두 병원의 케어 질을 비교하고 유사한 보험 지불 모델을 제공하는 것이 가능할까? 나아가 예측 알고리듬 성능이 지속적으로 개선됨에 따라서 질병 유병률은 지속적으로 줄어들 수 있고, 타깃이 되는 예측 결과에 대한 정의가 변해 결과 표류가 될 수 있다. 이런 점은 본질적으로 임상적 프로세스에 의존하는 어떤 건강 결과나 질적 측정에 특히 중요하다.

참고 문헌

[1]   What is value-based healthcare? NEJM Catalyst January 1, 2017.
[2]   https://www.cms.gov/Medicare/Medicare-Fee-for-Service Payment/sharedsavingsprogram/ Quality_Measures_ Standards.html. [accessed 09.06.19].
[3]   Arkaitz A, Andoni B, Manuel G. Predictive models for hospital readmission risk: a systematic review of methods. Comput Methods Prog Biomed 2018;164:49-64.
[4]   Jung K, Shah N. Implications of non-stationarity on predictive modeling using EHRs. J Biomed Inform 2015;58:168-74.
[5]   Rothman M, Levy M, Dellinger P, Jones S, Fogerty R, Voelker K, et al. Sepsis as 2 problems: Identifying sepsis at admission and predicting onset in the hospital using an electronic medical record-based acuity score. J Crit Care 2017;38:237-44.
[6]   Bates D, Heitmueller A, Kakad M, Saria S. Why policymakers should care about "big data" in healthcare. Health Policy Technol 2018;7(2):211-16.

인포매틱스 컨설팅 서비스를 사용한 의료 의사 결정의 혁명

앨리슨 캘러한 Alison Callahan

  – 미국 캘리포니아 스탠포드대학교 의과대학 생의학 정보학 연구를 위한 스탠포드 센터

니검 샤 Nigam H. Shah

  – 미국 캘리포니아 스탠포드대학교 의과대학 생의학 정보학 연구를 위한 스탠포드 센터

앨리슨 캘러한과 니검샤 모두 전자의무기록의 인공지능과 데이터 과학 사용에 관여하는 전문가들이다. 이 글에서는 다양한 상황에서 안심과 확신을 줄 수 있는 정보학 의뢰informatics consult라는 개념을 설명한다.

대부분의 의학적 의사 결정은 비용과 연구 수행의 복잡함 때문에 무작위 임상시험에서 생산된 "레벨 A" 증거에 기반해 내려지는 것은 아니다. 의사들은 사용 가능한 결과들 사이에 존재하는 추론적 간극이 존재하는 상황에서 자신의 환자에게 해당되는 위험과 이익을 고려하고 케어 의사 결정을 내리는 데 필요한 증거와 제한된 임상시험에 근거해 어떤 의사 결정을 반드시 해야만 한다. 그래서 종종 자신의 개인적 경험과 같은 동료들의 집단 경험에 의지하게 된다. 전자의무기록의 도래로 그 안에 담겨있는 비슷한 환자들과 그 치료 결과를 비교 분석해서 추론적 간극을 메꿀 수 있는 가능성이 열리게 됐다. 이제 전자의무기록에서 "내 환자와 비슷한 환자들"을 검색하고 그 데이터에 담긴진 수백만 명의 환자 집단 경험을 통해 상당한 것을 배울 수 있는 기회를 갖게 된 것이다.

사용 가능한 전자의무기록과 청구 데이터가 증가하면서 컴퓨팅과 데이터 과학 방법들과 결합하면, 의사들이 이런 데이터로부터 일종의 "셀프-서비스" 패러다임을 통해 여러 가지 도움을 받을 수 있을 것으로 여겨지고 있다. 그렇지만 그들이 수집하는 환자 집단, 불완전한 환자 기록, 어떤 특정 치료를 받는 어떤 환자 타입 등으로 인한 시스템 편향 등과 같은 한계를 고려하면 이러한 관찰 데이터로부터 신뢰할 수 있는 증거를 만들어내기란 그리 만만한 것이 아니다. 특히 수일 또는 몇 시간 이내에 뭔가를 결정해야만 하는 실제 임상 케어에서 주어진 시간 안에 해내는 일은 더욱 어렵다.

주어진 상황에 대한 의학적 판단에 필요한 정보에 따라 여러 가지 다른 방법들이 필요하다[1]. 여러 상황에서 그런 방법들이 적극적으로 검토되지만 그 구현 방법은 여전히 문제로 남는다. 통계적인 방법과 의학적 의사 결정 분야의 접점에 있는 기술들이 빠르게 진화하고 있는 상황에서 의사의 소견을 의사 결정에 반영시킬 수 있게 전체 프로세스에 인간 참여형 human-in-the-loop 디자인을 사용해 가용 데이터를 사용해 가장 좋은 최신의 가능한 증거를 생산할 수 있는 온디멘드 서비스를 제공하는 것이 최선이라고 믿는다.

따라서 우리는 그런 개념을 구체화해 인포매틱스 컨설트informatics consult라는 형태의 증거 생산 툴을 개발했다. 이것은 의사가 환자 문제에 대해 다른 전문가에게 자문을 구하는 방식과 똑같은 방식을 사용한다. 컨설팅을 주고 받는 것은 의사에게는 흔한 일이며 컨설팅 방식은 데이터 연구자와 실제 케어 제공자들 사이의 마찰을 줄인다. 단순히 온전한 "보고서"를 만들어 주는 것이 아니라 주어진 증거를 최대한 활용해 환자 치료에 가장 도움이 될 수 있는 의사 결정으로 이어질 수 있도록 의사와 데이터 과학자들 사이에 대화의 창을 만들었다.

스탠포드에서는 컨설팅 서비스를 제공하기 위해 먼저 임상 데이터 웨어하우스에서 현재 문제가 되는 환자와 비슷한 환자군을 검색해 낼 수 있는 검색 엔진을 개발했다. 검색 엔진을 사용해서 의사가 의뢰한 특정 사례와 비슷한 환자들을 검색하고 분석한 다음, 이들 환자가 받은 치료법과 특정 치료 이후 어떤 결과를 보였는지 등을 정리한 보고서를 제공한다[2].

컨설팅 모델에 대한 기관생명윤리위원회IRB 승인 파일럿 연구에서, 의사들로부터 120개의 컨설팅 요청을 받았고 100개의 보고서를 완성했다(그림 1). 완성하지 못한 20개의 요청이 있었는데 12개는 요청했던 환자와 비슷한 환자가 없었고 8개는 데이터 관련 치료 결과가 없었기 때문이다. 완결된 컨설팅을 보면 약 55%는 기술 통계 분석, 30%는 인과 추론 방법, 15%는 생존 분석이 필요했다. 예를 들어 카파 또는 람다 유리형경쇄free light chain가 중등도로 상승된 환자들이 암이 발생할 위험을 높이는지에 확인하는 요청이 있었다. 환자 1012명분의 데이터 분석으로 유리형경쇄의 중등도 상승은 무질병 생존malignancy-free survival을 유의미하게 낮춘다는 것을 알아냈다. 다른 요청 사례 과거 아무런 의학적 기록이 없는 18세 남자가 심장중격류interatrial septal aneurysm가 있었는데, 컨설팅을 요청한 의사는 항혈소판제 또는 항응고제 치료에 따라 혈정 생성의 위험도가 다른지 알고 싶어 했다. 대형 건강보험 청구 데이터셋을 사용해 항혈소판제 또는 항응고제 치료를 받은 3,688명의 환자를 찾아내 분석했는데 치료에 따른 큰 차이는 없었다. 또다른 예로, 항암 치료팀이 BRAF 또는 MEK 저해제 치료를 할 때 부작용으로 발생하는 결절성홍반erythema nodosum의 발생률을 알고 싶었다. BRAF 저해제 치료를 받은 7,940명의 환자 가운데 치료 시작 후 2년 이내에 결절성홍반이 진단된 예가 7명(0.09%)이었다. MEK 저해제를 치료를 받은 환자 수는 58명이었는데 2년 이내에 결절성홍반이 발생한 환자는 없었다. 전반적으로 우리 서비스를 사용했던 의사 100%는 같은 서비스를 동료에게 권고하겠다고 답했고, 약 절반 정도의 의사는 1년 동안 한 번 이상 서비스를 사용했고 어떤 의사는 7번 이용한 경우도 있었다.

대부분의 경우 우리 보고서는 감에 의존하는 의사 결정을 피하게 하면서 의사에게 안심 또는 확신을 줬다. 많은 경우 치료를 시작하기 전에 의사들이 걱정하는 특정 유해 효과에 대한 정확한 위험도를 제공할 수 있었다. 여러 개의 보고서들에 대해서 추가 분석이 이뤄졌고 동료 심사 저널에도 보고됐다.

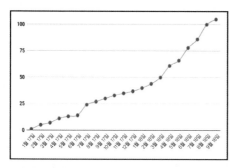

그림 1 시간 경과에 따른 누적 협진 건수(왼쪽)와 협의 기록지와 보고 응답을 받고 나서 의사들이 표현한 상위 감정(오른쪽)

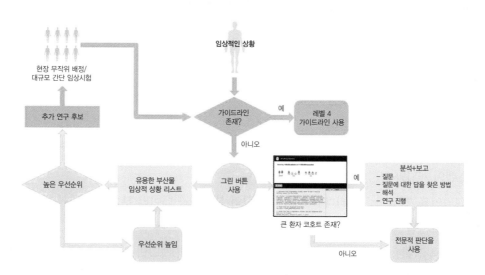

그림 2 학습형 건강 시스템의 한 부분으로 사용되는 그린 버튼 컨설트 서비스(Green Button consult service)의 개요. 출처: Longhurst CA, Harrington RA, Shah NH. A 'green button' for using aggregate patient data at the point of care. Health Affairs (Millwood) 2014;33(7):1229–35, appendix exhibit no. 2. Available from: ⟨www.healthaffairs.org/⟩. Project HOPE/ Health Affairs를 통해 재사용에 대한 승인을 받음.

지난 몇 년 동안 임포맥틱스 컨설팅 서비스는 임상적인 과정에서 부산물로 일반적으로 생성되는 건강 데이터에서 실행 가능한 통찰력을 생성할 수 있는 독특한 기회를 탐색해 왔다. 여러 병원으로 규모를 키운다면 전자의무기록에 저장돼 있는 데이터를 변형해 학습형 헬스케어 시스템에 정보를 제공하는 방식을 바꿀 수 있는 잠재력을 가지게 될 것이다(그림 2).

참고 문헌

[1] Schuler A, Callahan A, Jung K, Shah NH. Performing an informatics consult: methods and challenges. J Am Coll Radiol 2018;15:563-8.
[2] Callahan A, Gombar S, Jung K, Polony V, Shah N. Clinical informatics consult at Stanford [Internet]. Available from: http://greenbutton.stanford.edu.; 2018 [cited 29.01.19].

진단학. 지금까지 침상 생의학 모니터링은 일방향이었다. 생체 징후를 연속적인 값으로 화면에 표시할 뿐 내부적으로 데이터에 대한 분석이나 이해 과정은 전혀 없기 때문에 전혀 "지적"이지 않았다. 인공지능은 머신러닝과 딥러닝을 이런 풍부한 데이터 환경에 적용해(특히 RNN) 실시간으로 지식과 지능을 제공해 이 패러다임을 바꿀 수 있는 잠재력을 가지고 있다. 병원 환경에서 이런 모니터링 분야에서의 희망은 인공지능이 전자의무기록과 연동된 실시간 분석을 활용해 모니터링이나 전자의무기록 한 가지 측면한 고려한 방법이 아닌 좀 더 강건한 의사 결정 도구가 되는 것이다. 이와 같은 마이드셋의 변화는 인공지능에 의존한 시간에 따른 패턴 변화에 기반을 둔 분석과 의사 결정을 하고 피드백 루프를 통해서 휴먼 팀과 소통할 수 있도록 한다는, 급성기 진료 상황에서 복잡한 의사 결정을 위한 인공지능 시스템의 개념과 일치한다[20].

정밀의료. 정밀의료 패러다임은 의사 결정의 복잡성과 데이터 분석의 광대함이라는 측면에서 유사한 환자를 가려내고 평가하기에 좋은 딥러닝, 특히 심층 강화 학습 같은 인공지능 방법론을 적용하기에 특히 적합하다[21]. 고차원 수준의 정밀의료는 혁신적인 그래프 또는 하이퍼그래프 데이터베이스 구성과 새로운 지식 발견을 위한 컴퓨테이셔널 플랫폼을 필요로 할 것이다. 정밀의료 패러다임의 핵심 부분은 모든 사람에게 일종의 헬스 "GPS"를 제공할 유전자 표현형 커플링과 약물유전학적 프로필에 따라서 맞춤형 치료를 제공하는 것이다. 최근 인공지능과 정밀의료에 관한 어느 리뷰 논문은 정밀의료에서 인공지능 성공의 핵심은 데이터의 질과 적절성, 그리고 질병과 직접 연관된 조직에서 생리학적 유전체 정보를 읽어내는 기능적 유전체학functional genomics에 머신러닝을 응용하는 것이라고 주장했다[22]. 요약하면 인공지능은 개인의 위험도 예측에 매우 유용한 도구가 될 수 있고 그것을 통해 의학은 예방, 개인화, 정밀화로 방향을 전환시킬 수 있을 것이다.

약물 발견. 의학 생명정보학, 독성학, 화학, 신경생리학, 언어학 등 아주 다양한 분야의 지식들이 인공지능/머신러닝을 사용한 신약 후보를 설계하는 데 수렴될 수 있다[23]. 약물 발견을 위한 생명 과학 같은 상대적으로 거대한 데이터셋을 통합하고 분석할 수 있도록 인지적 해결책을 설계할 수 있을 것이다. 이 전략에는 과학 논문과 특허, 약물 및 질병 관련 온톨로지, 전임상시험, 전자의무기록, 검사실과 영상 데이터, 유전체 데이터 심지어 청구 및 소셜 미디어 데이터까지 도메인 관련 내용들을 수집하는 작업이 포함된다. 정신화학적 특성 예측, 제형 예측, 약물 흡수, 분포, 대사, 배설, 독성, 약물 타깃 예측 분야뿐만 아니라[24] 분자 정보학과 컴퓨터 보조 약물 개발 등에서[25] 생성되는 엄청난 데이터는 딥러닝 적용에 대한 많은 잠재력을 가지고 있다. 마크는[26] 약물 개발 프로세스에서 각 단계별 인공지능 사용법에 대해 설명했다(그림 7.4).

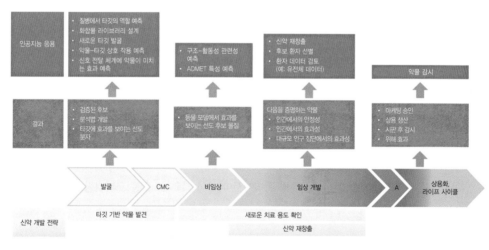

그림 7.4 인공지능과 약물 개발. 전체 약물 개발 전략(회색)과 프로세스(녹색)의 각 단계에서 인공지능이 응용(녹색)되는 방법을 보여주고 있다. 오렌지색은 인공지능과 약물 개발의 연결로 얻어지는 결과를 표시한다.

디지털 헬스. 현재의 디지털 헬스 포트폴리오는 소프트웨어와 하드웨어를 모두 아우르는 것으로 원격의료, 스마트폰 커뮤니케이션, 웹 기반 도구, 웨어러블 기술 등이 모두 포함된다. 이것은 의료와 헬스케어 전달에서 미래 만물인터넷을 만들어낼 것이다(나중에 자세히 논의한다). 특히 의미심장한 것은 스마트폰을 통해 환자 동영상 등 다양한 포맷을 가진 데이터를 제공할 수 있는 기능일 것이다. 디지털 헬스의 핵심은 인공지능과 정보 통신 기술을 사용해 들어오는 데이터에 대한 마이닝을 통해서 지속적으로 이상점 발견, 예측, 진단, 의사 결정 서비스를 제공하는 것이다. 디지털 헬스에서의 인공지능은 전략적이고 효율적으로 적용된다면, 헬스케어에서 감정 지능^{EQ}을 적용한 인간 대 인간의 유대를 새로 되살릴 수 있는 잠재력도 가지고 있다[27].

웨어러블 기술. 인공지능과 웨어러블 기술의 상호 시너지는 다음 수십년간 양쪽 기술이 번성하는 데 핵심 요소다[28]. 웨어러블 기술 데이터를 위한 데이터 마이닝은 매우 까다로운 작업으로, 의사를 위한 의사 결정과 감지, 예측을 이끌어내기 위한 모델링/학습을 위한 특징 추출 작업이 포함된다. 전문 지식과 메타 데이터가 다가오는 이런 데이터 "쓰나미"에 대응해 모델링과 학습 작업에 영향을 줄 수 있다. 더불어 웨어러블 기술은 인공지능 시대에 또 다른 전망을 보여주고 있다. 특히 단순한 인공지능 도구들이 의료기기에 광범위하게 내장됨으로써 새로운 가능성을 보여주고 있다. 예를 들어 커런트 헬스^{Current Health}사가 만들어 최근 FDA 승인을 받은 인공지능이 내장된 웨어러블 디바이스는 머신러닝 알고리듬으로 데이터에 있는 문제가 될 변화들을 감지하는 기능을 갖추고 있다. 센서가 내장된 스마트 약으로 약물 순응도를 모니터링할 수도 있다(아빌파이 마이사이트^{Abilify MyCite}).

내장된 인공지능이 웨어러블 기술을 진단 기기의 핵심으로 변환시킨다

샤리브 가파^{Sharib Gaffar}
샤리브 가파는 인공지능 응용에 강한 관심을 갖고 있는 소화심장내과 전임의다. 이 글을 통해서 인공지능과 웨어러블 기술의 결합이 질병 관리에서 디바이스를 가치있는 모니터링 자산으로 만들어 가고 있다고 말한다.

웨어러블 기술에 머신러닝을 접근시키는 현재의 방식은 임베딩과 원격 학습으로, 각각의 장점과 단점을 가지고 있다. 임베딩된 딥러닝은 사고하는 인간의 두뇌에서 일어나는 신경세포의 활동을 모사하는 프로세서로 구현하는 머신러닝으로, 이 구현법은 의료에서 장기 목적의 하나다[1-3]. 그렇지만 현재의 딥러닝 방법론은 데이터를 해석하고 적절한 알고리듬을 수행하기 위해 대용량 온보드 프로세싱을 필요로 한다. 대용량 온보드 프로세싱이라는 요건은 이식성을 어렵게 하고, 내장 인공지능에 한계를 부여한다. 지금까지는 이를 극복하기 위해 원격 학습에 의존해왔다. 간단한 프로세서를 가진 의료 혹은 환자용 웨어러블 기술은 데이터를 이해하는 것이 아니라 주로 수집하고 전송하는 역할을 하는 식이다. 환자용과 의료용 웨어러블 기술 모두에서 현재 발견되는 프로세서는 헬스 데이터를 수집할 수 있지만 해석을 위해 신경 세포의 활동을 모사하는 능력은 없다(그림 1). 이런 웨어러블 데이터는 대규모 원격 데이터 센터에서 분석되고, 데이터 프로세싱이 종료되면 그 해석된 결과가 사용자에게 전달된다[2, 4](그림 1).

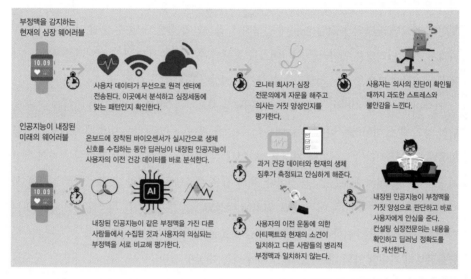

그림 1 현재의 심장 웨어러블은 원격 학습에 제한돼 있어서 감지와 진단 사이에 상당한 지연이 발생하고 거짓 양성 진단에서 그런 경향을 보인다. 미래 딥러닝이 가능한 내장 인공지능은 이런 장애를 극복해 온보드 사고와 지속적인 연결설을 획득하게 될 것이다. 출처: Vectors in the figure designed by rawpixel.com, freepik.com, Yurlick, Alekksall, Makyzz, Photoroyalty, and macrovector

심장내과 웨어러블은 특히 많은 기능을 필요로 한다. 정밀하고 바로 반응해야 하며 모바일이어야 하고 작은 임상 변화에도 민감해야 하며 항상 연결된 상태를 유지해야 한다. 다행히도 무어의 법칙은 첨단의 단계로 접어들고 있고 프로세서 회사들은 더 작고, 전력이 덜 소모되는 모바일 칩을 통해 딥러닝이 가능한 쪽으로 이동하고 있다[1-3]. 미래의 심장 웨어러블은 상당한 딥러닝을 수행할 수 있는 인공지능이 내장된 작고, 저전력이며 편리한 디바이스가 될 것이다.

온보드 딥러닝이 가능한 웨어러블은 주로 모니터링을 수행하고 데이터를 수집하며 원격 학습에 의존하는 것보다는 환자 케어에 더 큰 영향을 줄 수 있을 것이다. 내장된 딥러닝은 시간이 덜 급박한 프로세스 중간에 발생하는 거짓 양성 소견을 감별해 낼 수 있을 것이다. 현재의 웨어러블이 심전도 패턴을 평가하고 이런 패턴에 바탕을 두고 의심되는 진단을 전송할 수 있지만, 아직은 거짓 시그널과 실제 병리적인 부정맥을 정확하게 감별할 수는 없는 상황이다 (그림 1). 인공지능이 내장된 "사고하는" 심전도 웨어러블은 사용 초기부터 진보된 패턴 인식 기능을 갖추고 있어서 센서를 통해 수집된 데이터를 과거 정보들과 비교함으로써 오진을 피할 수 있다(그림 1). 딥러닝 심전도 웨어러블은 감지된 심방세동이 초기 무증상 환자에서 오는 것인지 아니면 환자의 움직임 때문에 발생하는 잡음인지 감별해 낼 수 있을 것이다(그림 1). 따라서 이런 딥러닝은 웨어러블 디바이스를 통해서 수집되는 건강 관련 데이터를 변환해 사용자의 건강에 도움을 주는 정보로 변환시키는 역할을 한다.

컨슈머 웨어러블 디바이스에 내장된 딥러닝은 사용자의 "정상 상태" 건강 데이터 위에 상당한 양의 헬스 데이터를 이용할 수 이용할 수 있을 것이다. 그런 다음 이렇게 수집된 정보를 활용해 비정상 소견이 보이거나 거짓 양성이 보이는 경우 실시간 분석을 통해서 환자의 불안과 스트레스를 피하게 도움을 줄 것이다. 이와 같은 시스템을 사용한 큰 프로젝트가 애플 하트 스터디Apple Heart Study다. 이는 애플 워치에 내장된 광혈류측정기를 사용해 심방세동 또는 심방조동을 진단하는 전향적 연구다[5]. 애플 하트 스터디와 그와 유사한 연구들은 수많은 사람들로부터 거대한 양의 데이터를 확보해야 하는 내장형 딥러닝 인공지능의 가장 큰 장애물을 직접적으로 해결해 보려는 시도다[2, 5]. 웨어러블 장비는 독립적으로 한 사람에 대한 많은 양의 데이터를 수집하게 되고, 현재 내장된 인공지능은 이 정보에만 근거해 결론을 도출할 수 있다. 웨어러블 장비를 사용하는 수많은 사용자를 가지고, 항상 연결된 미래의 내장형 딥러닝 프로세서는 한 사람의 이상 리듬을 같은 사람의 이전 건강 정보와 다른 사용자들로부터 수집된 건강 정보와도 비교할 수 있게 될 것이다. 이런 과정을 통해 바이오센서의 하드웨어적인 변경 없이도 학습을 통해 그 정확도를 높여갈 수 있을 것이다.

인공지능이 내장된 웨어러블은 거짓 양성 결과에 관련된 사용자의 불안을 줄여줘 의료의 인간적인 측면을 개선한다. 오늘날 의료 인공지능의 진단 능력이 개선되고 있지만 거짓 양성 진단이 환자의 정신적인 웰빙을 악화시킬 수 있다는 현실에 대해서는 무시하려는 경향이 있다. 내장된 인공지능 프로세서는 실시간으로 거짓 양성을 가려낼 수 있을 것이고, 그렇게 함으로써 불필요한 병원 방문을 줄이고 환자의 평온을 유지하는 데 도움이 된다(그림 1). 내장된 인공지능은 원격 학습을 사용하는 장비로는 제공하지 못하는 높은 환자 케어 수준을 제공할 것이다.

웨어러블 장비의 연결성은 지속적으로 개선되고 있어서 사용자가 장비를 착용하고 있는 순간에는 그 판단의 정확도를 더욱더 정교해질 것이다. 내장된 딥러닝은 다른 웨어러블 사용자들로부터 수집되는 모든 데이터를 통해서도 개선되고 궁극적으로 잘못된 결과를 발생을 예측하며 예방적인 조치를 할 수 있도록 질병의 초기 단계에서 의사들에게 관련 내용을 알려줄 수 있을 것이다. 딥러닝이 내장된 웨어러블은 의학의 미래를 질병의 마지막 단계에서 제한된 치료에 집중하는 것이 아니라, 좀 더 예방적이고 조기 중재를 하는 쪽으로 이동시킬 것이다.

참고 문헌

[1] Hof R. Deep learning: with massive amounts of computational power, machines can now recognize objects and translate speech in real time. Artificial intelligence is finally getting smart. Available from: https://www. technologyreview.com/s/513696/deep-learning/.; 2013 [accessed 24.02.19].

[2] Johnson KW, Torres Soto J, Glicksberg BS, Shameer K, Miotto R, Ali M, et al. Artificial intelligence in cardiology. J Am Coll Cardiol 2018;71(23):2668-79.

[3] Simonite T. Moore's law is dead. now what?. Available from: https://www.technologyreview. com/s/601441/ \\moores-law-is-dead-now-what/#comments.; 2016 [accessed 14.02.19].

[4] Lau E, Watson KE, Ping P. Connecting the dots: from big data to healthy heart. Circulation 2016;134(5):362-4.

[5] Turakhia MP, Desai M, Hedlin H, Rajmane A, Talati N, Ferris T, et al. Rationale and design of a large-scale, app-based study to identify cardiac arrhythmias using a smartwatch: the Apple Heart Study. Am Heart J 2019;207:66-75.

로봇공학 기술. 다빈치 시스템과 같은 외과용 수술 로봇들은 일반 병원에 이미 보급됐으며, 최근에는 3차원 시각화와 데이터 분석이 가능하도록 발전하고 있다. 한편 헬스케어에서 로봇 기술의 응용 분야는 물품 이송, 의료 장비와 시설 소독, 약품 관리, 다양한 목적의 재활 치료 등을 포함한다. 휴먼 로봇 간의 상호 작용과 관계는 물리 치료와 정신 재활, 교육과 훈련 등과 같은 다양한 임상 상황에서 유효성이 평가되고 있다[29]. 그리고 헬스케어 차별의 악화와 새로운 차별을 만들어 낸다는 것 등과 관련해 미래 사회에서 로봇의 역할과 윤리적 문제들에 대한 논쟁이 진행되고 있다[30]. 마지막으로 로봇 사용과 관련된 일부 윤리적인 문제는 인공지능을 사용하는 문제까지 확대되고 있다(6장 "윤리" 부문 참고).

가상 비서. 인공지능은 가상비서의 발전에도 깊이 관여한다. 자연어 처리 자체가 인공지능의 한 분야이기 때문이다. 애플의 시리, 구글 어시스턴트, 아마존 알렉사와 같이 텍스트나 보이스를 사용해 헬스케어 관련 일이나 서비스를 수행할 수 있는 인공지능 기능이 들어간 소프트웨어 에이전트들이 존재한다. 챗봇은 인공지능에 의한 규칙을 가지고 인간과 대화를 할 수 있는 서비스다. 정교한 챗봇은 머신러닝을 사용해 사람들과 대화하면서 "더 스마트"해질 수 있다. 이런 가상 비서들이 의료와 헬스케어에 영향을 주기에는 아직 이른 시기이기는 하지만 미래 애플케이션에서는 분명히 강력한 분야다.

감정 지능을 고려한 설계

레일라 엔티잠 Leila Entezam

레일라 엔티잠은 신경과학과 심리학에 관해 강한 배경을 갖고 있다. 이 글을 통해서 자연어 처리와 가상 비서 영역이 헬스케어 분야와 관련성이 높기 때문에, 인공지능의 감정 지능을 고려하는 것의 중요성에 대해서 말한다.

구글로 검색해 보면 감정 지능[EQ]은 "감정을 표현하고 인지하며 조절하고 공감을 가지고 조리있게 사람간의 관계를 조절하는 능력"이라고 정의한다. 본질적으로 감정 지능은 여러분과 교류하는 신체의 한 가지 방법인 느낌을 제대로 이해하는 능력을 말한다. 참여를 이끌어 내는 디자인에서 어떤 감정을 유발하기 위해서는 모든 것이 중요하다. 이미지, 단어, 단어의 나열, 색, 피드백 루프 등 모든 것이 사용자와 인터랙션하는 제품이나 플랫폼을 통해서 만들어지는 느낌에 영향을 준다.

감정에 초점을 맞추는 것이 왜 중요할까? 과학자들이 발견한 내용에 따르면, 사람은 먼저 느끼고 그 다음에 생각한다. 감각 정보가 주어졌을 때 뇌의 감정을 담당하는 부분이 인지적인 면을 담당하는 영역보다 약 5분의 1 정도 빠르게 정보를 처리한다. 템킨 그룹 Temkin Group에 따르면 감정은 브랜드 충성도에도 아주 큰 영향을 미친다. 2016년 연구에서 그들은 특정 브랜드에 대한 긍정적인 감정을 갖는 사람들이 8.4배 정도 그 회사를 신뢰하고 7.1배 정도 그 회사의 제품을 구매하며 6.6배 정도 회사의 잘못을 용서할 가능성이 높다고 한다[1].

감정 지능을 고려한 설계에서 목적은 흥분, 공포, 사랑 등 사용자들이 느낄 감정을 파악하고 그런 경험을 창출하는 데 필요한 디자인 요소를 파악하는 것이다. 사람은 제품과 본능적visceral, 행동적beahavioral, 반성적reflective이라는, 세 가지 수준에서 감정적인 연결감을 형성한다[11]. 디자이너가 긍정적인 경험을 제공하기 위해서는 적절한 감정을 불러일으키기 위해 각 수준에서의 인간 인지 능력을 이해해야 한다. 맥락에 따라서 즐거움과 신뢰 같은 긍정적인 감정 또는 공포와 두려움 같은 감정이 필요할 수도 있다[2].

헬스케어 전문가의 54%가 5년 이내에 인공지능의 광범위하게 채용될 것이라고 기대하고 있는 상태에서 사용자들에게 기술의 이득을 최대화하기 위한 감정 지능 중심 디자인에 대한 중요성은 아주 높다[3]. 기술 솔루션을 기획하고 프로그래밍하는 단계에서 다양한 목소리를 담아내는 것은 이런 목적으로 더 가까이 데려다 줄 것이다.

헬스케어 인공지능에서 큰 잠재력을 가진 것 중 하나는 어르신 돌봄에 특화된 알렉사 같은 음성 기반 비서다. 가트너에 따르면 가상 개인 비서VPA용 무선 스피커 시장이 2021년 35억 달러를 넘어설 것으로 예측했다. 란짓 아트왈Ranjit Atwal 가트너 책임연구원은 어르신 케어와 헬스케어에 특화된 장비는 2020년에 소비자 시장에 나오기 시작할 것이라고 예측했다[4]. 이런 맥락에서 감정 지능에 대한 인식은 영향과 참여를 최대화하기 위한 다음 요소를 눈여겨 볼 필요가 있다.

- **좀 더 "너그러워지기"**: 명령과 반응에 대한 유연성을 허용하는 것으로, 사용자가 정확한 명령을 하지 않았을 때 어떤 제안을 할 수도 있다.

- **천천히 말하기**: "좀 더 천천히 다시 말씀해 주시겠습니까?"

- **점점 더 크게 말하기**: "좀 더 크게 다시 말씀해 주시겠습니까?"

- **어떤 일을 마쳤는지 확인하기**: "1시간 전에 약을 복용하도록 알려드렸는데 기억하고 계신 가요?"

---

11 관심있는 독자라면 『감성 디자인』(학지사, 2011)을 검색해보기 바란다 – 옮긴이

인간의 의사 결정과 관련된 요소를 고려했을 때 헬스케어 인공지능의 가능성은 끝이 없다.

참고 문헌

[1] Jenblat O. Let's get emotional: The future of online marketing. Forbes agency council post, February 26, 2018.

[2] ⟨https://www.interaction-design.org/literature/topics/emotional-design⟩.

[3] Bresnick J. 54% of healthcare pros expect widespread AI adoption in 5 years. Health IT Analytics post, July 9, 2018. ⟨https://healthitanalytics.com/news/54-of-healthcare-pros-expect-widespread-ai-adoption-in-5-years⟩.

[4] Balk G. Voice activation and virtual assistants modernize health, senior care. HealthTech post, September 27, 2018. ⟨https://healthtechmagazine.net/article/2018/09/voice-activation-and-virtual-assistants-modernizehealth-senior-care⟩.

표 7.5에는 10가지 인공지능 응용 분야와 응용 사례, 그리고 그런 응용으로 직접적인 이 득을 보게될 임상가들을 정리했다.

표 7.5 인공지능 응용 분야와 임상 관련성

인공지능 응용	응용 사례(가장 관련이 있는 임상)
의료 영상	정적 이미지(모든 의사, 특히 영상 관련 전문의)
	움직이는 영상(모든 의사, 특히 영상 관련 전문의)
	하이브리드 이미지(모든 의사, 특히 영상 관련 전문의)
	치료와 결부된 라디오믹스(모든 의사, 특히 영상 관련 전문의)
	증상, 조건 관련 안면 인식(모든 의사)
변형 현실	의사 교육 및 수련(모든 의사와 간호사)
	환자와 가족을 위한 교육(모든 의사와 간호사)
	수술 전 계획(외과, 수기 전문 전문의)
	수술 시각 증강(외과, 수기 전문 전문의)
	통증 관리(마취과, 중환자실, 수기 전문 전문의)
	정신과 치료(정신건강의학과, 1차 진료의)
	재활(재활의학과, 정형외과, 1차 의료의)

인공지능 응용	응용 사례(가장 관련이 있는 임상)
의사 결정 지원	중환자실 의사 결정(중환자실, 외과, 심장내과)
	입원 환자 의사 결정(모든 의사와 간호사)
	외래 만성질환 관리(모든 의사와 간호사)
	위험 예측과 중재(모든 의사, 특히 1차 진료의)
	스코어 계산(모든 의사)
	환자 트리아지(모든 의사, 특히 응급의학)
의료 진단	실시간 데이터 분석(중환자실, 응급실, 마취과, 외과, 심장내과)
	내장된 인공지능 모니터링(중환자실, 응급실, 마취과, 외과, 심장내과)
	진단을 위한 인공지능(중환자실, 응급실, 마취과, 외과, 심장내과)
정밀의학	약물유전학 프로파일을 포함한 정밀 의학(모든 의사)
	새로운 질별 아형(모든 의사)
	만성 질환 관리(모든 의사, 특히 1차 진료의)
	인구집단 건강 관리(모든 의사, 특히 1차 진료의)
	임상 시험 후보자(모든 의사, 특히 1차 진료의)
신약 발견	새로운 약물(모든 의사, 약사, 연구자)
디지털 헬스	만성 질환 관리(모든 의사, 특히 1차 진료의)
	인구 집단 건강 관리(모든 의사, 특히 1차 진료의)
	원격 헬스 및 원격 의료(모든 의사와 간호사)
웨어러블 기술	만성 질환 관리(모든 의사, 특히 1차 진료의)
	인구집단 건강 관리(모든 의사, 특히 1차 진료의)
로봇 기술	로봇 보조 수술(수기를 중심으로 하는 세부 전문의)
	재활 치료(신경과, 재활의학과, 정형외과)
	행정적 업무 자동화(모든 의사 및 행정가)

인공지능 응용	응용 사례(가장 관련이 있는 임상)
가상 비서	의료기기 및 트리아지(모든 의사 특히 1차 진료의)
	헬스 코칭과 교육(모든 의사, 특히 1차 진료의)
	차트 리뷰 및 문서화(모든 의사와 간호사)
	정신과 치료(정신과 및 1차 진료의)

영상 중심 전문 과목: 심장학, 치과학, 피부과학, 소화기학, 안과학, 병리학, 영상의학. 수기 중심 전문 과목: 심장학, 치과학, 피부과학, 소화기학, 안과학, 호흡기학, 영상의학, 외과학. ED. 응급의학 전문의, ICU, 집중관찰실 전문의; PM&R, 재활의학과.

표 7.6 인공지능 응용 분야와 현재 인공지능 가용도

인공지능 응용 분야	현재 인공지능 가용도
의료 영상	+++
변형 현실	+
의사 결정 지원	++
진단	+
정밀의학	+
약물 발견	+
디지털 헬스	+
웨어러블 기술	+
로봇공학	++
가상 비서	+

표 7.6는 10개의 인공지능 응용 분야와 현재 인공지능 가용도를 정리한 것이다. 표에서 +는 인공지능 가용도가 낮음, ++는 중간, +++은 높음을 나타낸다. 현재 딥러닝 의료 영상 분야가 다른 어떤 분야보다 분명하게 앞서 있다. 그 다음은 의사 결정 분야와 로봇 기술이 뒤따른다. 기타 다른 인공지능 분야는 현재 가용한 상태이나 무르익은 상태는 아니다. 이 표는 나중에 전문 과목별 인공지능 가용도를 설명할 때 템플릿으로 사용할 수 있고, 의료 인공지능에서 의료인을 비롯한 사람들이 사용하기 편리한 "갭 분석gap analysis" 도구로 사용할 수도 있다.

참고 문헌

[1]   Naylor CD. On the prospects for a (deep) learning health care system. JAMA 2018;320(11):1099-100.

[2]   Park SH, Han K. Methodologic guide for evaluating clinical performance and effect of artificial intelligence technology for medical diagnosis and prediction. Radiology 2018;286(3):800-9.

[3]   Vellido A. Societal issues concerning the application of artificial intelligence in medicine. Kidney Dis 2019;5:11-17.

[4]   Rajkomar A, Hardt M, Howell MD, et al. Ensuring fairness in machine learning to advance health equity. Ann Intern Med 2018;169(12):866-72.

[5]   Lamanna C, Byrne L. Should artificial intelligence augment medical decision making? The case for an autonomy algorithm. AMA J Ethics 2018;20(9):E902-910.

[6]   Proposed regulatory framework for modifications to artificial intelligence/machine learning (AI/ML)-based software as a medical device (SaMD): discussion paper and request for feedback. ,regulations. gov..

[7]   Personal communications with Sylvia Trujillo and Jesse Ehrenfeld (AMA); 2018-2019.

[8]   Pesapane F, Volonte C, Codari M, et al. Artificial intelligence as a medical device in radiology: ethical and regulatory issues in Europe and the United States. Insights Imaging 2018;9:745-53.

[9]   Komorowski M, Celi LA. Will artificial intelligence contribute to overuse in health care? Crit Care Med 2017;45(5):912-13.

[10]   Kahneman D. Thinking, fast and slow. New York: Farrar, Straus, and Giroux; 2011.

[11]   Norman GR, Monteiro SD, Sherbino J, et al. The causes of errors in clinical reasoning: cognitive biases, knowledge deficits, and dual process thinking. Acad Med 2017;92(1):23-30.

[12]   Groopman J. How doctors think. Boston, MA: Houghton Mifflin; 2007.

[13]   Klein JG. Five pitfalls in decisions about diagnosis and prescribing. Br Med J 2005;330:781-3.

[14]   Greenhalgh T, Howick J, Maskrey N. Evidence based medicine: a movement in crisis? Br Med J 2014;348:g3725.

[15]   Ranschaert ER, Morozov S, Algra PR. Artificial intelligence in medical imaging. Cham: Springer; 2019.

[16]   Madani A, Arnaout R, Mofrad M, et al. Fast and accurate view classification of echocardiograms using deep learning. NPJ Dig Med 2018;1:6.

[17]   Li L, Yu F, Shi D, et al. Application of virtual reality technology in clinical medicine. Am J Transl Res 2017;9 (9):3867-80.

[18]   Shortliffe EH. Clinical decision support in the era of artificial intelligence. JAMA 2018;320(21):2199-200.

[19]   Middleton B, Sittig DF, Wright A. Clinical decision support: a 25 year retrospective and a 25 year vision. Yearbook Med Inform 2016;(Suppl. 1):S103-116.

[20]   Lynn LA. Artificial intelligence systems for complex decision making in acute care medicine: a review. Patient Saf Surg 2019;13(6).

[21]   Castaneda C, Nalley K, Mannion C, et al. Clinical decision support systems for improving diagnostic accuracy and achieving precision medicine. J Clin Bioinforma 2015;5:4.

[22]   Williams AM, Liu Y, Regner KR, et al. Artificial intelligence, physiological genomics, and precision medicine. Physiol Genomics 2018;50:237-43.

[23]   Dana D, Gadhiya SV, Surin LG, et al. Deep learning in drug discovery and medicine; scratching the surface. Molecules 2018;23:2384.

[24] Ekins S. The next era: deep learning in pharmaceutical research. Pharm Res 2016;33(11):2594–603.

[25] Gawehn E, Hiss JA, Schneider G. Deep learning in drug discovery. Molecular Informatics 2016;35(1):3–14.

[26] Mak MM, Pichika MR. Artificial intelligence in drug development: present status and future prospects. Drug Discov Today 2019;24(3):773–80.

[27] Fogel AL, Kvedar JC. Perspective: artificial intelligence powers digital medicine. NPJ Dig Med 2018;1:5–8.

[28] Banaee H, Ahmed MU, Loutfi A. Data mining for wearable sensors in health monitoring systems: a review of recent trends and challenges. Sensors (Basel) 2013;13(12):17472–500.

[29] Sheridan TB. Human–robot interaction: status and challenges. Hum Factors 2016;58(4):525–32.

[30] Russell S, Hauert S, Altman R, et al. Robotics: ethics of artificial intelligence. Nature 2015;521(7553):415–18.

08

전문 과목별 인공지능

전문 과목별 최근 인공지능 현황

펍메드^PubMed에서 "인공지능^AI"과 "의료^medicine"란 검색어 조합으로 1950년 이후 발행된 논문을 조회하면 1만 5,718개 논문이 검색된다. 이 가운데 1만 975개(70%)는 최근 10년에서 5년 전까지, 7,454개(47%)는 최근 5년 사이에 발표된 것들이었다. "AI"라는 검색어 단독으로 조회한 경우에는 8만 8,727개가 있었는데, 그 가운데 61%인 5만 3,729개가 지난 10년에서 5년 사이, 34%인 2만 9,932개는 지난 5년 이내에 발표된 것이었다. 2019년에는 펍메드에 등재된 전체 22만 개의 논문 가운데 인공지능 관련된 것은 인공지능과 의학을 조합한 경우 737개, 인공지능 단독으로 사용한 경우 2,179개로 전체 논문의 1% 미만을 차지하고 있다. 어떤 사람들은 생의학 보고서가 연간 백만 건이 넘는 것으로 추산하는데, 그런 숫자와 비교했을 때 인공지능 관련 보고서의 비중은 상당히 낮은 편이라 볼 수 있다.

표 8.1에서 1950년 이후 출판된 다양한 전문 과목별 인공지능 관련 보고서를 2019년 상반기에 발표된 논문 수에 따라서 "높은", "중간", "낮은" 수준으로 정리해봤다. 단순한 분석으로, 개별 논문 하나하나를 자세히 분석하지는 않았다. 한 논문이 하나의 전문 과목에 대응되기보다는, 하나의 논문이 여러 전문 과목에 걸치는 경우도 많은데 이런 부분을 자세히 고려하지 않았다. 영상의학과처럼 거의 300개가 되는 전문 과목들도 있고(딥러닝과 컴퓨터 비

전에 대한 관심이 높은 것을 고려하면 놀라운 일은 아니다), 감염성 질병처럼 의료 영상이 많이 개입되지 않은 분야인 경우 관련 논문이 그다지 많지 않았다.

전문 과목별 인공지능 전략과 응용

다음에 설명할 내용의 첫머리에는 각 전문분야의 업무에 대해 간략히 소개한다. 모든 독자, 특히 비의료인 독자들이 의사가 어떤 일을 어떻게 하는지 이해할 수 있게 하기 위해서다. 그 다음 고찰 논문과 대표 사례에서는 해당 전문 과목에 관련해 출판된 논문과 국내외 학회 등에서 발표된 내용을 통해 인공지능의 현재 상태를 알아본다. 다음 현재의 평가와 미래 전략에서는 해당 전문 과목별로 인공지능의 현재(수년 이내)와 미래(십년 이내와 이후) 기회에 대해 논한다. 이 절의 길이는 어느 정도 현재 활동성의 수준을 반영한다. 그래서 심장내과나 영상의학과 부문은 호흡기내과나 류마티스 내과보다 내용이 길다. 그렇다고 이것이 특정 전문 과목이 미래에 더 큰 잠재력을 가진 것을 시사하지는 않는다.

표 8.1 인공지능 관련 출판

전문 과목	출판된 총 보고서 개수(1950년 이후)	출판된 보고서 개수 (지난 10년)	출판된 보고서 개수 (지난 5년)	출판된 보고서 개수 (2019년 상반기)
높은 수준(> 2019년 100개 논문)				
영상의학	5,778	3,484	2,106	286
종양학	1만 825	7,606	3,741	253
외과학	1만 4,390	9,524	3,632	230
병리학	7,861	5,606	3,098	186
중간 수준(2019년 50-100개 논문)				
역학	3,168	2,349	1,373	75
신경학	1,110	885	751	64
심장학	662	475	370	55

전문 과목	출판된 총 보고서 개수(1950년 이후)	출판된 보고서 개수 (지난 10년)	출판된 보고서 개수 (지난 5년)	출판된 보고서 개수 (2019년 상반기)
중환자 의학	1,245	721	464	53
낮은 수준(< 2019년 50개 논문)				
정신과학	1,268	939	778	49
유전체 의학	520	492	425	44
소화기내과학	307	257	202	44
신경외과학	1,249	788	445	39
1차 의학	852	562	352	32
안과학	367	284	231	31
소아과학	563	447	381	27
호흡기내과학	331	244	204	26
피부과학	241	190	152	25
응급의학	298	209	175	21
마취과학	444	303	193	20
산부인과학	591	473	210	18
감염성 질환	374	306	224	16
내분비학	193	174	130	8

언급된 세부 전공별로, 1950년 이래 인공지능 관련 출판물의 개수와 10년, 5년 전 출판물 개수를 표시했다. 이 세부 전공들은 2019년 상반기를 기준으로 인공지능 관련 출판물 개수를 기준으로 높음, 중간, 낮음으로 분류했다.

　표에는 각 전문 과목에 있어 임상적 관련성과 현재 인공지능의 가용도가 제시돼 있다. 각 셀에서 +, ++, +++은 각각 낮은, 중간, 높은 임상적 관련성 및 현재 인공지능의 가용도를 표시한다. 예를 들어 임상적인 관련성이 +++이고 현재 인공지능의 가용도가 +인 경우, 임상적 관련성은 높은 데 비해서 현재 인공지능의 가용도는 낮은 상태로 앞으로 이 부분이 발전할 가능성이 높음을 시사한다. 임상적인 관련성이 +이고 현재 가용도가 ++나 +++인 경우에는 앞으로 의사들이 이 인공지능 애플리케이션을 사용할 가능성이 높다는 것을 의미한다.

모든 전문 과목을 아우르는 인공지능 응용

지금까지 의료 관련 인공지능에 대한 대부분의 검토 논문들은 특정 전문 과목을 중심에 두고 논의했지만 칭^{Ching} 등은 뛰어난 고찰 논문에서 생물학과 의학 분야를 포괄적으로 다루면서 딥러닝에 대한 기회와 도전을 논의하고 있다[1]. 다음에 기술된 일반적인 인공지능 응용 전략은 전문 과목에 상관없이 영상의학과에서부터 1차진료의까지 모든 의사들에게 적용되는 내용이다.

1. 딥러닝을 사용한 의료 영상 판독. 이는 생의학 분야에서 아마도 가장 인상적으로 인공지능의 효과를 보는 응용 영역일 것이다. 컨볼루션 신경망^{CNN}을 사용한 영상 판독은 인간과 비슷하거나 더 높은 성능(곡선 아래 면적으로 평가된 지표)을 보여주고 있다. 이 기술의 잠재적인 최적의 용도 중 하나는 기흉이나 뇌졸중처럼 급성 중재가 필요한 생명을 위협하는 질환에 대해 빠르고 효율적으로 스크리닝하는 용도로 사용하는 것이다. 이런 인공지능 능력은 상당히 많은 영상 검사를 시행하는 모든 병원 또는 이 분야에 대한 전문가가 없는 헬스케어 시설에서 이상적이다. 이런 스크리닝이 가지는 또 다른 측면은 생명을 위협하지는 않지만 그럼에도 불구하고 의미 있는 상태를 진단하는 데 걸리는 시간을 단축시킬 수 있다는 점이다. 예를 들어 작은 폐렴이 발견된다면 항생제로 사용하여 좀 더 빠른 치료가 가능하다. 물론 이런 스크리닝 전략은 이 기술에 과도하게 의존하는 자동화 편향이 있거나 인공지능이 작거가 초기 소견을 제대로 진단하지 못하는 경우에는 오히려 생산성을 떨어뜨릴 수도 있다. 이런 정교한 딥러닝에 의한 이미지 판독이 주는 또 다른 이점은 질병의 아형 진단, 치료 수정, 예후 등에 도움이 될 수 있는 기존에 알려지지 않은 의료 영상에서의 어떤 소견, 예를 들어 종양과 간질 간 경계를 발견하도록 도와줄 수도 있다는 점이다. 또 다른 의료 영상 판독에 딥러닝 응용은 전자의무기록이나 유전체 분석 기록 등 다른 정보를 추가해 라디오믹스 방법을 사용해서 의료 영상을 분석하는 것이다. 전체적으로 보면 지금까지 CNN과 의료 영상 판독에 대한 보고는 의사에 의해서 임상적으로 검증되지 않았고, 그런 초기 연구들이 아직 동료 심사 저널에 발표되지 않았기 때문에 이 기술에 대한 절대적인 유효성에는 의문이 많은 상황이다. 더불어 초기 연구들은 연구 기관 밖 다른 여러 병원에서 임상적으로 검증되지 않았다. 그런데 FDA는 비슷한 기술을 적용한 당뇨병성 망막증

에 대한 자동 진단 소프트웨어를 이 분야에서는 처음으로 승인했다.

2. 머신러닝과 딥러닝을 사용한 임상 의사 결정 지원. 날로 증가하는 데이터의 양과 종류, 임상 가이드라인, 치료 계획 등과 맞물리면서 환자 케어의 복잡성은 더욱 높아지고 있다. 따라서 충분한 임상 의사 결정 방향과 입력 데이터가 주어질 수 있다면, 이 부분은 머신러닝/딥러닝을 적용하기 좋은 분야다. 주 적용 분야는 전자의무기록 데이터를 사용해 위험을 예측하는 것이다. 이는 희소한 헬스케어 자원을 적절히 배분하는 것을 목적으로 한다. 딥러닝 모델을 사용한 위험 예측 분야에서 논의되는 한 측면은 이런 인공지능 도구가 위험도 예측의 성배라고 할 수 있는 실시간 위험 예측에 궁극적으로 적용할 수 있는지에 대한 것이다. 최근 심층 강화 학습을 통해서 중환자실에서 폐혈증 쇼크과 같은 이벤트를 예측하려는 시도가 있었는데, 이런 작업은 아직은 예비 단계이고 좀 더 많은 실제 세계 경험이 필요하다. 더불어 이런 인공지능 도구는 더 나은 자원 할당을 위해 응급실과 같은 환경의 업무 흐름에 적용시킬 수도 있을 것이다.

인공지능을 이용한 질병 예측: 데이터와 모델 설계에서의 편향

아르타 바크샨데 Arta Bakshandeh

– 미국 캘리포니아 오렌지 카운티 얼라인먼트 헬스케어

아르타 바크샨데는 예측 모델에 대한 데이터 과학을 이해하고, 그것을 유명한 데이터 분석 센터에 구축하고 집단 수준에 적용하고 있는 현업 의사다. 이 글을 통해 데이터와 모델 설계에 대한 편향에 대해 이야기한다.

머신러닝 모델이 의사들에게 환자의 질병에 대한 통찰을 주기 시작하는 시점에서, 우리가 어떻게 여기까지 왔고 어느 쪽으로 가고 있는지 진정으로 이해하는 것이 중요해졌다. 데이터 과학자들과 임상적 파트너십을 형성하는 것뿐만 아니라 데이터셋의 편향, 모델을 만드는 사람들의 생각을 이해하는 것이 중요하다. 의사인 우리는 환자들을 정확한 진단하는 데 필요한, 보이는 또는 보이지 않는 데이터를 갈구한다. 인공지능과 머신러닝은 의사로서 우리가 알고 있는 것을 취하고 업무 흐름을 도와주며 환자군을 선별·진단하고 가장 최신의 의학 정보를 바탕으로 치료 계획을 수립할 수 있는 고유한 기회를 제공한다.

머신러닝을 응용할 수 있는 놀라운 영역 중 하나가 질병 예측이다. 그렇지만 이 여정을 시작하기 전에 먼저 스스로에게 몇 가지 질문을 던져야만 한다. 예를 들어 우리가 해결하고자 하는 문제는 무엇인가? 데이터는 적절하고 신뢰할 수 있는가? 임상 결론에 이를 수 있는 충분한 데이터를 가지고 있는가? 등이다. 이런 질문에 대해 답을 하고 나면 더 어려운 일이 기다리고 있다. 우리가 어떤 질병의 진행을 멈추기 위해 중재를 할 수 있는가? 아니면 그것을 위해 무엇을 할 수 있는가?

다들 의료 분야 인공지능 모델을 만드는 데 광분하고 있지만, 종종 실제로 케어를 전달하는 임상 팀의 의견을 반영하지 않는 경우가 있다. 어떤 딥러닝 모델은 이미 임상 진단이 내려지기 6년 전에 치매 발생을 예측할 수 있다고 한다[1]. 그런데 지금까지 치매를 치료하거나 질병을 효과적으로 늦출 치료법 또는 약물이 없는 실정이다. 진단만 하고 치료가 없는 경우 치매가 올 것으로 예측된 사람은 수년 동안 걱정만 하면서 지내게 될 것이다. 영국에서는 HMS가 제공하는 QRISK 계산기의 단순한 알고리듬 고장 탓에 수천 명의 환자가 예측되는 심혈관계 위험 때문에 고지혈증약물인 스타틴계 약물을 처방받지 못하거나 잘못 처방되는 사례가 있었다[2]. 이것이 어떤 수준의 해악을 줄지는 지켜봐야 하고, 의사들에게 시스템의 결정을 뒤집을 수 있는 옵션을 주지 않은 이유에 대한 질문을 하게 만든다. 이는 해석 가능한 방식으로 예측 결과를 설명해 주고, 중재 방식을 사람의 선택으로 남겨두는 LIME^{Local Interpretable Model-agnostic Explanations} 같은 접근법을 사용함으로써 얻어지는, 알고리듬 출력의 투명성의 중요성을 잘 드러내는 사건이다[3].

또 다른 한편에서는 당뇨병성 망막병증을 진단하기 위한 딥러닝 모델이 성공적으로 훈련돼 두 종류의 검증 데이터셋으로 성능을 평가했는데, 민감도가 95.7%, 96.1%, 특이도가 93.4%, 93.9%였다. 이것은 세계적인 수준의 안과의사들보다 더 높은 성적이다[4]. 이 알고리듬을 활용하면 당뇨병의 악성 합병증의 조기 진단과 치료로 이어질 수 있다. 그러한 건강 결과의 호전은 오로지 의사들이 제시된 데이터를 잘 이해하고 어떻게 활용할지 선택하는 것에 달려 있다.

세계보건기구^{WHO}는 다가올 수년 이내에 전 세계적으로 430만 명의 의사, 조산사, 간호사, 보건 지원 인력이 모자랄 것으로 예측하고 있는데[5], 인공지능은 환자와 맞닿는 최전선에서 환자들의 의료 서비스를 이용하는 방법을 안내하고 소비자에서 직접적인 인사이트를 제공할 준비를 마쳤다. 애플 워치 같은 웨어러블은 이미 인공지능 기반의 심전도 모니터링을 통해서 심방잔떨림atrial fibrillation 같은 이상 리듬이 발견된 경우 환자들에게 알림으로 경고해 진료를 보도록 하고 있다[6]. 앞으로 우리는 처음에는 헬스케어 인공지능이 광범위하게 사용되는 것을 보고 난 후 미래 인공지능이 의사의 개입을 전혀 필요하지 않게 되는 효율성을 추구하는 것을 관찰할 가능성이 높다. 그렇지만 의사들이 환자 케어에 필요한 유전자, 행동, 사회, 사회경제, 생체 특성 등에 관한 데이터를 포함하는 잘 알려질 데이터셋이 없는 경우에는 상당히 어려울 것이다.

중재법이 있는 문제들을 해결하기 위해서 우리는 데이터 과학자, 학계, 실제 현장 의사들과 파트너십을 시급히 구축해야 한다. 기계 지능은 훈련에 사용된 데이터 이상 뛰어날 수 없으며, 훈련자에 의한 편견을 가질 수 있다는 사실을 늘 명심해야 한다. 의사들은 머신러닝이 출력을 하나의 새로운 데이터 포인트로 받아들이고 그것의 타당성에 대해서 항상 의구심을 풀어야 한다. 알고리듬의 출력을 맹목적으로 신뢰하는 그 순간이 의사인 우리가 위해를 가하지 않겠다고 한 히포크라테스 선서를 무시하는 순간이 될 것이다. 궁극적으로 머신러닝의 출력을 어떤 맥락에서 바라볼 수 있어야 무엇이 위험한지를 이해할 수 있다. 그것이 기계가 아닌 우리 인간이 살고 있는 이 세계에서 가장 소중한 것이다.

참고 문헌

[1] Ding Y, et al. A deep learning model to predict a diagnosis of Alzheimer disease by using 18F-FDG PET of the brain. Radiology 2018;. Available from: https://doi.org/10.1148/radiol.2018180958.

[2] Statins alert over IT glitch in heart risk tool: Thousands of patients in England may have been wrongly given or denied statins due to a computer glitch. BBC News/Health.⟨https://www.bbc.com/news/health-36274791⟩.

[3] Ribeiro M, Singh S, Guestrin C, et al. "Why should I trust you?" Explaining the predictions of any classifier.⟨https://www.kdd.org/kdd2016/papers/files/rfp0573-ribeiroA.pdf⟩.

[4] Gulshan V, Peng L, Coram M, et al. Development and validation of a deep learning algorithm for detection of diabetic retinopathy in retinal fundus photographs. JAMA 2016;316(22):2402-10. Available from: https://doi. org/10.1001/jama.2016.17216.

[5] World Health Organization. The world health report 2006: working together for health. Geneva; 2006.

[6] Apple Inc. ⟨https://www.apple.com/newsroom/2018/12/ecg-app-and-irregular-heart-rhythm-notificationavailable-today-on-apple-watch/Cupertino⟩; 2018.

3. 행정 지원을 위한 인공지능 도구의 사용. 인공지능은 헬스케어에서 사람이 하기 귀찮고 재미없는 업무 과정을 자동화하는 데도 사용될 수 있다. 로보틱 프로세스 오토메이션(RPA) 같은 비교적 원시적인 인공지능 도구들은 이미 다른 비즈니스 영역에서 행정적인 일들을 줄이는 데 역할을 하고 있는데 헬스케어 행정에서도 보험에 대한 사전 승인, 보험 적용 대상 파악, 의사 경력 관리 같은 일에 활용될 수 있다.

4. 커뮤니케이션을 위한 자연어 처리 사용. 가상 비서, 챗봇 같은 간단한 도구들은 수술실이나 시술실 같은 다양한 상황에서 의사 소통 수단으로 사용될 수 있다. 의사 대 환자, 의사 대 의사 또는 의사 대 케어 종사자 간의 소통도 자연어 처리 도구를 사용해 처리할 수 있다. 전반적으로 자연어 처리는 의료와 헬스케어 부분에서 상대적으로 덜 이용되고 있고 덜 이해된 도구이지만 제대로 이해하고 사용된다면 큰 이익을 가져다줄 수 있는 자원이다.

5. 데이터 마이닝을 위한 인공지능 도구. 머신러닝, 특히 비지도 학습법은 질병의 새로운 패턴, 새로운 진단법과 치료법 발견을 위한 환자 데이터 마이닝에 효과적인 도구가 될 수 있다. 이것은 의사들이 종종 암기해 적용하는 임상적 기준에 기반해서 질병을 진단하는 톱다운식의 전통적 의료와 다른 바텀업 접근법이다. 위험도를 계층화하고 더 나은 치료법을 알아내기 위해서 새롭게 또는 더 세분하게 질병의 아형을 구분해 내는 이런 패러다임 전환은 정밀의료의 전략과 같은 개념으로 매우 높은 생산성을 보일 수 있다. 더불어 이런 전략은 질환을 가지고 있고 특정 조건에는 부합되지만 다른 조건에는 부합하지 않아 조건을 다 충족시키지 못하는 환자군에서 질병을 진단하는 데 도움이 될 수 있다. 또한 데이터 마이닝은 임상 시험에 적절한 환자들을 선택하는 데도 사용할 수 있다. 임상 시험에서 환자 선택에 들어가는 상당한 비용과 노력을 머신러닝/딥러닝 도구를 사용해 줄일 수 있다.

6. 자연어 처리를 사용한 판독지 작성. 판독지 작성과 관리에 자연어 처리 기술을 도입해 일을 효과적으로 수행할 수 있다. 이미 영상의학 분야에서 관련 예비 연구들이 진행돼 왔다. 더불어 자연어 처리를 사용하면 일관적인 판독지나 경과 기록을 생성하는 데 도움이 된다.

7. 위험도 평가와 중재에서 머신러닝 또는 딥러닝의 사용. 잠재적 비용 절감을 할 수 있는 또 다른 영역이 위험도 평가와 그 위험도를 낮추기 위한 시기적절한 중재 부분이다. 이상 생체 징후, 부적절한 의사소통, 운동량 감소 등과 같은 증상들을 보일 때 의료진에게 이를 경고하여 적절한 조치를 취할 수 있게 한다. 또한 이런 기술은 투약 오류를 감지하는 데도 사용할 수 있다. 환자 치료 계획을 수행하고 추적하는 데도 이용될 수 있다.

전자의무기록 데이터를 사용하는 딥러닝의 어려운 점들

타샤 나가민 Tasha Nagamine, **메이여 사제나**Mayur Saxena

타샤 나가민과 메이여 사제나는 헬스케어 데이터 과학자다. 이 글을 통해서 전자의무기록 데이터에 딥러닝 모델을 적용했던 그들의 경험을 이야기하고, 딥러닝 적용시 전자의무기록 데이터에 존재하는 편향과 노이즈를 감안해 모델 작업시 고려해야 하는 점들에 대해서 말한다.

헬스케어에서 인공지능의 역할을 간과할 수 없다. 점점 더 많은 건강 정보가 디지털화되면서 의료 및 전체 사회는 이미 우리가 사는 세계의 많은 모습을 전환시킨 기술적 진보로부터 어마어마한 이득을 얻을 수 있는 위치에 놓이게 됐다. 지난 수년 동안 관찰된 것들 가운데 가장 전망이 밝은 경향 가운데 하나는 딥러닝을 사용한 인공지능의 전례 없는 발전과 더불어 전자의무기록 시스템의 성장이다. 그 결과 의료와 머신러닝 양쪽 전문가 모두 전자의무기록 데이터를 사용해 머신러닝 애플리케이션을 개발할 수 있게 됐다.

의료 데이터를 사용한 딥러닝은 이미 유망한 결과들을 내놓고 있다. 신경망을 통해 질병의 발현과 기대하지 않았던 합병증 같은 여러 가지 임상 건강 결과를 예측할 수 있었다[1-3]. 그렇지만 현재 시점에서는 아직은 연구용으로 제한돼 있으며, 실제 세계 상황에서는 검증되지 않았다. 여기서 우리는 전자의무기록을 사용한 딥러닝의 몇 가지 흔하지만 중요한 위험성에 대해서 논의하려고 한다.

머신러닝 대 딥러닝

머신러닝은 데이터를 통해서 숨겨진 패턴과 관계를 학습하는 알고리듬을 사용하는 인공지능의 한 분야다. 전통적으로 머신러닝 알고리듬은 사례 데이터에 기반을 둔 수학적 모델을 만들고, 이 모델을 통해 아직 보지 않았거나 미래의 데이터에 대하여 예측한다. 머신러닝의 장점은 예측에 필요한 규칙을 자동적으로 학습한다는 점이다. 따라서 머신러닝 알고리즘은 규칙 기반 알고리즘보다 효과적이고 확장성이 있다.

딥러닝은 머신러닝의 한 전문 분야다. 전형적인 머신러닝에서는 주로 하나의 함수, 종종 선형함수가 사용되는 반면 딥러닝에 사용되는 신경망은 여러 비선형 함수들로 구성된 복수의 층을 통해 데이터에서 패턴을 학습한다. 결과적으로 딥러닝은 전통적인 머신러닝으로는 제대로 처리할 수 없는, 극도로 복잡한 함수들을 추정할 수 있다[4].

헬스케어 분야의 딥러닝

두말 할 필요없이 헬스케어는 복잡하다. 예를 들어 혈압과 같이 언뜻 보기에는 간단한 것도 여러 가지 요인의 영향을 받는다. 단기 요인들에는 측정 오류, 신체 활동, 자세, 하루 중 측정 시기, 약물, 흡연, 카페인 섭취, 화이트 코트 고혈압의 경우 감정적 상태 등이 있다. 장기 요인에는 식단, BMI, 만성 질환, 나이, 생활 습관 등이 있다. 그래서 시간의 흐름에 따른 혈압 측정값들을 분석하는 것도 만만치 않은 작업이 된다.

이제 혈압 값과 환자의 전자의무기록에 들어 있는 수천가지 유사한 측정값들과 임상적 변수들을 결합해 환자가 언제 심장마비가 발생할지 예측하는 모델을 만든다고 상상해 보자. 혈압과 마찬가지로 대부분의 임상 변수들은 변동성을 일으킬 수 있는 다양한 소스가 있고 환자마다 상당히 다를 수 있다(그림 1A). 의학적 변동성의 광대한 복잡성은 정말로 놀랍다. 이런 점 때문에 딥러닝이 헬스케어에서 보이는 현상을 모델링하는 데 있어 직관적으로 매력적인 옵션이 된다. 전통적인 머신러닝은 데이터에 대해 단지 하나의 함수만을 적합하게 하려고 시도하는 반면(그림 1B), 딥러닝은 여러 데이터에 적합할 수 있는 다양한 함수들을 학습시킬 수 있기 때문이다(그림 1C).

그렇지만 실제 사례에서는 전자의무기록 데이터에는 딥러닝 애플리케이션에 필요한 데이터에 여러 가지 통계적인 문제를 갖고 있는 경우가 많다. 몇 가지 예를 들어 이런 점들을 설명하려고 한다.

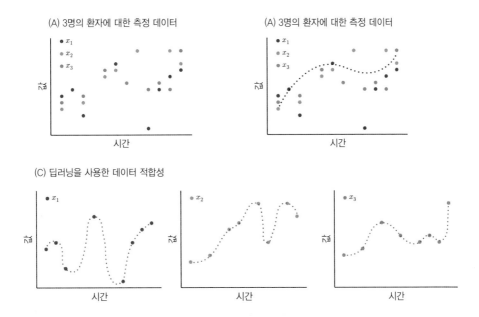

그림 1 임상적 변수는 변동성을 일으킬 수 있는 다양한 소스를 갖고 있고, 그런 소스는 사람마다 상당히 다르다(그림 1A). 전통적인 머신러닝 모델은 일반적으로 데이터에 대한 하나의 함수를 적합하게 하려고 시도한다(그림 1B). 반면 딥러닝은 본질적으로 아주 다양한 데이터 값에 맞는, 다양한 종류의 함수들을 학습할 수 있기 때문에 좀 더 복잡한 상황을 모델링하는 데 매력적인 옵션이다(그림 1C).

사례 1: 청구 코드

ICD-10과 같은 청구 코드는 환자의 진단을 반영한다. 그래서 여러 헬스케어 예측 모델을 만들 때 레이블이나 하나의 특징으로 흔히 사용된다. 그렇지만 ICD-10 코드는 여러 가지 이유에서 편향돼 있을 가능성이 아주 높다. 핵심 이유 중 하나는 의료보험과 관련된 문제가 ICD-10 코드를 전자의무기록에 입력하는 데 영향을 준다는 것이다. 환자가 적용받는 보험의 종류에 따라서 병원은 환자에게 적용된 의료 서비스에 따라 고정된 금액을 받거나(행위별 수가제) 환자의 전체적인 질병 상태와 건강 위험도에 따른 복잡도에 따라서 정해진 수가를 받기도 한다. 메디케어 어드밴티지 플랜이 그 예다. 이 경우 병원은 최대한의 보험청구금액을 확보하기 위해서 환자에게 적용가능한 모든 ICD-10 코드를 입력하게 된다. 그러면 질병 측면에서는 비슷한 환자라도 적용되는 보험에 따라 ICD-10 코드가 달라진다.

표 1 2형 당뇨병, 당뇨병콩팥병증, 고혈압을 가진 3 명의 유사 환자

	환자1	환자2	환자3
이름	안톤 루이스	토마스 슈미트	에릭 스미스
나이	56	56	56
성별	남성	남성	남성
진단	당뇨병성 신장병을 동반한 2형 당뇨병(만성 신장병 3기)	2형 당뇨병, 만성 신장병, 당뇨병상 신장병	고혈압성 심장병
	고혈압	고혈압성 심장병	당뇨병성 신장병을 동반한 인슐린-비의존성 당뇨병
혈당(mg/dL)	126	130	130
혈압	160/94	165/90	165/96
eGFR(ml/min/1.73 m2)	45	42	43
ICD-10	신장합병증을 동반한 2형 당뇨병	당뇨병성 신장병을 동반한 2형 당뇨병	심부전이 없는 고혈압성 심장병
ICD-10		고혈압성 심장병과 만성 신장병	
치료	Metformin, ACE 억제제	Metformin, ACE 억제제	Metformin, ACE 억제제

어떤 병원이 순응도 개선, 문서화, 효율성, 청구의 질 등을 개선하기 위해 임상 기록지에 기술된 문제로부터 ICD-10 코드를 할당하는 모델을 사용하기를 원한다고 생각해보자. 이 병원에 표 1과 같은 3명의 환자가 있다. 세 환자 모두 2형 당뇨병, 당뇨병콩팥병증, 고혈압을 갖고 있고 인구학적 특성, 검사 결과 등이 매우 비슷하다. 하지만 각 환자가 서로 다른 보험을 가지고 있고, 서로 다른 주치의가 각 환자를 치료할 수 있다. 그럴 경우 진단들이 조금씩 달라지고 ICD-10 코드도 달라질 수 있다.

그 병원의 데이터 과학 팀이 환자들의 EMR 데이터를 분석해 ICD-10 코드를 예측하도록 딥러닝 모델을 훈련시키려고 결정한다. 그림 1에서 보듯이 그 딥러닝 모델은 의사들이 기술한 차이를 감지해 서로 다른 ICD-10 코드를 예측하게 될 수도 있다. 이 딥러닝 모델은 전자 의무기록에 들어있는 편향을 그대로 재현하는 꼴이다. 이런 점을 고려할 필요가 있는 여러

가지 다른 상황들이 존재한다. 청구 코드는 매우 크고 복잡한 데이터 집합에서 단지 한 조각의 데이터일 뿐이기 때문이다.

사례 2: 진료 행태 차이

전자의무기록 데이터에는 또 다른 편향이 있을 수 있다. 의료계에는 심장내과전문의는 심장 문제를 보고 신장내과 전문의는 콩팥 문제를 보며 종양전문의는 암을 보는 것과 같이 보는 의사에 따라서 한 환자의 문제를 다르게 본다는 말이 있다. 서로 다른 의사들이 서로 다른 증상에 관심을 기울이고 서로 다른 검사를 실행하며 서로 다르게 문제를 기록하고 결국 치료 계획이 일치하지 않을 수도 있다. 이는 진료 행태의 차이로, 모든 진료과나 센터에서 나타나는 이런 차이를 고려할 수 있는 머신러닝 또는 딥러닝 시스템을 만드는 것은 어려울 수 있다 [5].

좀 더 일반적인 예를 생각해 보자. 병원이 미래에 환자에게 발생할 수 있는 일들을 예측하는 시스템을 만들고 싶어한다. 그런 일이란 질병의 악화, 부작용, 사망률, 계획하지 않은 병원 입원 등과 같은 것들이다. 일반적으로 이와 같은 예측 과제는 다음과 같은 구조를 가진다.

$$문제들* + 측정값 + 치료 → 결과$$

*: 문제 목록, 질병의 증상, 징후, 진단 등

이 문제도 매우 복잡해서 이 과제를 수행하기에 딥러닝이 좋은 후보로 보일 수 있다. 그렇지만 결과를 예측하고자 시도하는 경우, 진료 행태 차이로 단 하나의 모델이 상당히 큰 데이터를 가지지 않는 한 개별 환자의 패턴을 학습하기는 어렵다.

더군다나 모델들은 학습하는 데이터에 포함돼 있는 가장 흔한 질환이나 현상에 대해는 성공적으로 학습하는 경향이 있지만, 똑같은 모델이 드문 질환이나 현상에 대해서는 제대로 학습하지 못할 수 있다. 사실 모델의 임상적 가치는 그런 드문 경우를 제대로 감지하는 데 있다고도 말할 수 있는 것이다.

결론

헬스케어 데이터에 내재된 체계적인 노이즈와 편향 때문에 다른 영역에서는 효과적이라고 증명된 딥러닝 모델이라 할지라도 문제 해결이 어려울 수 있다. 딥러닝 시스템이 데이터에 존재하는 노이즈와 편향을 학습할 수 있으며, 전자의무기록 데이터 자체가 현재의 모델이나 전처리 방법으로 극복할 수 없는 편향을 가질 수 있다. 따라서 예측 모델을 여러 단계로 나눠서 딥러닝 또는 다른 방법을 사용해 각 문제들을 개별적으로 처리하는 것이 좀 더 효과적이다.

참고 문헌

[1] Esteva A, Robicquet A, Ramsundar B, Kuleshov V, DePristo M, Chou K, et al. A guide to deep learning in healthcare. Nat Med 2019;25:24-9.
[2] Miotto R, Wang F, Wang S, Jiang X, Dudley JT. Deep learning for healthcare: review, opportunities, and challenges. Brief Bioinform 2017;19(6):1236-46.
[3] Shickel B, Tighe PJ, Bihorac A, Rashidi P. Deep EHR: A survey of recent advances in deep learning techniques for electronic health record (EHR) analysis. IEEE J Biomed Health Inform 2018;22:1589-604. Available from:〈doi.org/10.1109/JBHI.2017.2767063〉.
[4] LeCun Y, Bengio Y, Hinton G. Deep learning. Nature 2015;521:436-44.
[5] Corallo AN, Croxford R, Goodman DC, Bryan EL, Srivastava D, Stuken TA. A systematic review of medical practice variation in OECD countries. Health Policy 2014;114(1):5-14.

8. 재활 또는 치료를 위한 로봇. 재활 치료를 위한 로봇 기술이 빠르게 발전하고 있다. 만성 질환에 대한 부담은 증가하는데, 관련 전문가들 수나 공급이 제자리인 상황에서 이 분야는 더 성장할 수 있다. 이미 뇌졸중이나 사고 이후 물리 치료에 로봇들이 현장에서 사용되고 있다.

9. 환자 의사소통을 위한 가상 비서. 헬스케어 영역 밖에는 챗봇과 가상 비서들이 많이 개발되고 있다. 이런 도구들은 헬스케어에서 만성 질환 관리에 효과적으로 사용될 수 있다. 환자 의사 소통의 많은 측면에서 도움이 되고 나아가 건강과 관련된 조언이나 의료적 환자 선별 작업을 개선하는 데도 사용될 수 있다.

10. 계획 수립과 교육/훈련에서 변형 현실 기술의 적용. 변형 현실의 여러 가지 방법들을 사용해 해부학/생리학 또는 다양한 목적의 시술 등을 가상의 시각 상황에 놓고 학습하거나 훈련하는 시도들이 이뤄지고 있다.

인공지능을 사용한 케어

율리 체티팰리^{Uli Chettipally}

율리 체티팰리는 응급의학과 의사로 헬스케어 인공지능에 깊은 관심을 가지고 있다. 이 글을 통해서 3가지 종류의 인공지능이 헬스케에서 사용되는 방법과 더불어 어떤 비즈니스 모델이 가능할지에 대한 개인적인 소견을 밝힌다.

인공지능은 이미 우리 곁에 와 있고 성장하고 있으며 헬스케어의 모든 거래와 상호 작용에 관여하고 있다. 헬스케어 비즈니스는 인공지능을 사용해 이득을 얻을 수 있는 방법을 이해하고자 노력하고 있다. 인공지능은 아마도 비용 효율성을 개선하고 더 나은 임상 결과를 얻고 의사의 인지 부담을 완화하며 환자 케어에 대한 만족도를 증가시키면서 편익을 개선시킬 수 있을 것이다. 이러한 인공지능 기술의 도입은 이 분야 리더들이 인공지능을 구현하고 배워나가면서 좀 더 편안해짐에 따라 점진적으로 늘어날 것이다. 이 과정은 인공지능이 의사결정 과정에서 어떤 역할을 하는지에 따라서 3가지 단계로 나눠볼 수 있다. 나는 이것을 인공지능 스펙트럼^{AI Spectrum}이라고 부른다. 한 단계를 마치고 새로운 단계가 시작되는 것과 같이 분명한 경계가 있는 것도 아닌 개념적인 분류이기는 하지만 인공지능의 능력을 더 잘 이해하는 데 도움이 될 수 있다.

1. 보조 지능^{assistive intelligence}: 여기서 인공지능 시스템은 큰 데이터를 수집하고 분석해 이해할 수 있는 정보로 변환하고, 사람은 그것을 보고 판단을 한다. 기술 자체는 데이터를 요약하고 정보가 사용자에게 전달된다. 이 단계는 기술적 단계^{descriptive stage}라고도 한다. 예를 들어 시스템은 특정 상태에 가진 환자들에 대한 최신 문헌을 통해서 최신 정보를 추출한다. 이 정보에 기반해 의사 또는 환자는 다음 검사를 진행하거나 다음 치료 계획을 수립한다.

2. 증강 지능^{augmented intelligence}: 이 단계에서 인공지능 시스템은 사람과 함께 일을 할 수 있다. 예측적 단계^{predictive stage}라고도 하는데 기계가 관심있는 결과를 예측한다. 기계가 어떤 해법을 권고하지는 않고 사람이 주어진 예측에 따라서 최선의 해법을 결정한다. 예를 들어 인공지능이 유방촬영술에서 이미지에서 정상 부분들을 구분하고 이상이 있는 악성이 시사하는 어떤 영역을 지목한다. 그러면 영상의학과 전문의가 그 이상 부

분을 들여다 보고 진단을 결정하고 판독해 주치의에게 알리게 된다.

3. 자율 지능autonomous intelligence: 이 단계에서 시스템은 인간의 도움 없이 의사 결정을 한다. 이런 기능을 가진 인공지능 시스템은 처방적prescriptive이라고 부른다. 전체 과정에서 인간은 핵심적인 역할을 하지는 않는다. 예를 들어 인공지능이 요로 감염이 의심되는 환자의 전화를 통해 데이터를 수집한 후 진단을 내리고 환자의 세부 정보를 바탕으로 처방전을 바로 약국으로 보낸다. 이는 가장 진보된 단계로 인공지능이 자율적으로 기능한다(그림 1).

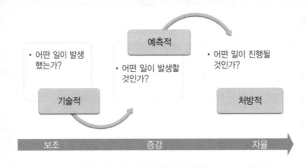

그림 1 인공지능 스펙트럼

인공지능 기술이 실제로 성공적으로 검증되기 시작하면서 병원 운영에 사용될 수 있는 가능성도 늘어나고 있다. 또한 새로운 비즈니스 모델에 대한 기회도 열리고 있다. 이런 비즈니스 프로세스는 현재 사람이 하고 있는 일상적인 과업들을 일부 대체할 것이다. 낮은 단계 기술을 필요로하는 일부터 점차 높은 수준의 일로 확장될 것이다. 그런 일들은 대부분 많은 데이터를 사용하고 그 성격상 분석적일 것이다. 사람은 사람만이 잘 할 수 있는 공감과 신뢰감을 쌓는 등 환자와 연관된 일을 주로 하게 될 것이다. 기계에서 분석적인 일을 아웃소싱함으로써 시간을 벌 수 있고 그 시간을 사용해 더 나은 진료를 제공하게 될 것이다. 이러한 소프트 스킬의 중요성은 기계가 더 많은 일상적인 업무를 떠안을수록 커질 것이다.

다음은 인공지능 사용으로 가능할 수 있는 새로운 비즈니스 프로세스와 모델 사례다.

1. 자율 인공 지능 엔진을 사용해 사용자가 주도하는 예약 시스템과 고객 서비스를 제공한다.

2. 자율 인공지능을 사용해 환자를 선별하는 시스템으로 질환의 중증도와 급성 여부, 가용한 서비스 등에 따라서 다양한 헬스케어 서비스를 연결한다.

3. 증강 인공지능을 사용해 원하는 임상 결과에 이르기 위한 검사가 진행될 때, 진료 현장에서 있는 의사에게 실시간으로 임상적 의사 결정을 지원한다.

4. 증강 인공지능을 사용해 병원 병실 가동률, 진료 여력, 환자 수 등을 예측하고 이 정보를 바탕으로 직원, 침상, 앰뷸런스 등의 자원을 관리한다.

5. 보조적인 인공지능을 사용해 실시간으로 특정 주제에 대한 연구 결과를 의사 결정자나 연구자에게 알려줄 수 있다.

6. 중등도, 급성 여부, 응급 여부 등과 같은 임상 상태에 따라 영상 데이터를 정리하고 이런 정보를 활용해 의사들은 보조적인 인공지능의 도움을 받아서 그날의 업무에 대한 우선 순위를 결정할 수 있다.

요약하면 인공지능 기술은 헬스케어 비즈니스 프로세스와 모델을 바꿀 가능성을 가지고 있으며 비용, 질, 효율성, 직업 만족도, 환자 참여도, 직원 구성 등에 영향을 줄 것이다. 이런 변화는 과중한 업무에서 해방시켜 사람만이 할 수 있는 일에 더 집중할 수 있도록 할 것이다.

마취과학(Anesthesiology)

마취과 전문의는 외과 팀과 함께 수술실이나 회복실에서 일하거나 중환자 관리 팀과 함께 중환자 관리 환경에서 일을 한다. 그래서 외래 환자를 보는 일은 드물다. 마취과 의사는 수술이나 "시술 전", 중간, 후의 생체 징후를 주의깊게 관찰하고 모니터링한다. 마취과 의사는 보통 수술 전에 환자의 과거력 등 환자에 대해서 자세히 살펴볼 시간이 거의 없다. 이 전문 분야는 "99%는 지루함, 1%는 테러" 라는 비행기 조종사의 상황과 비슷한 것으로 설명된다. 마취과 의사들은 기도 확보와 일반적인 소생술에서 가장 뛰어난 능력을 갖추고 있어 중환자 전문의와 업무 영역이 상당히 겹치는 측면이 있다. 마취과 의사는 보통 한번에 한 명의 환자를 보통 다룬다. 중환자 전문의와는 다르게 마취과 의사는 환자가 수술실이나 회복실을 떠난 다음, 환자의 단기 또는 장기 결과는 보통 모른다.

고찰 논문과 대표 사례

마취과 영역에서 인공지능 응용과 관련된 출판물은 여전히 상대적으로 적은 편이다. 일부 논문은 실제로는 중환자실과 관련된 것이다. 코너Connor는 최근 고찰 논문에서 마취과 전문의들이 인공지능을 배우고 적용시킬 적기가 됐다고 통찰력있게 주장했다. 그 이유로 마취과 진료가 높은 수준의 신뢰도를 필요로 하는 데다, 의료 영상 판독과 같은 단 한번으로 끝나는 인지 수행 과제와는 달리 데이터 해석, 신체적인 활동, 반응 등을 주기적으로 검토해야 하는 절박한 업무를 감당해야 하는데 인공지능이 이런 마취과의 업무상 필요를 충족시킬 수 있게 진화하고 있다는 점을 들었다[2]. 알렉산더Alexander는 이 고찰 논문의 의견에 동의하면서, 마취과 진료에 내재된 복잡성과 의사 결정에 영향을 줄 수 있는 규칙 기반 피드백의 부재로 인해서 과거 자동화에 대한 시도가 실패했었다고 말했다[3]. 임상 마취과 영역에서 새로운 머신러닝의 시대를 열었다고 평가받은 리Lee 등의 논문에 대한 마취과학 저널의 편집자가 논평을 냈다[4]. 그는 "자신이 약물행동학의 전문가라고 생각하면 우버가 그런 전문가들을 고용하고 있다."라는 흥미로운 말로 논평을 마쳤다. 마지막으로 인공지능 방법론에 대한 좀 더 광범위한 고찰과 중환자 의료를 다룬 한 논문은 의사 결정 지원에서 현재의 인공지능 능력을 강조하기도 했다[5].

한 보고서는 수술 전후의 의학적 안전을 위한 인공지능과 인간 지능 사이의 협력적 전략에 대해 충분한 복잡성과 행동의 단순성을 결합한 단순성 중심의 의사 결정 접근법이라는 흥미로운 개념을 제안했다[6]. 다른 그룹은 위험 예측을 위한 머신러닝 전략을 사용해 복잡한 데이터로부터 고위험 환자를 알아낼 수 있도록 하는, 임상적으로 정리된 수술 환자 데이터에 대한 자동화 데이터 파이프라인과 저장소에 대한 자신들의 작업을 보고했다[7]. 이 보고서는 6만 6,000명 이상의 환자 코호트를 대상으로 194개의 임상 특징을 가지고 랜덤 포레스트, 부스티드 의사 결정 나무 방법론과 라소 회귀를 적용했다. 성능 측면에서는 라소 회귀가 AUC 0.92로 가장 높은 위험도 예측 성능을 보여줬다. 이 머신러닝 전략은 전통적인 휴리스틱과 위험도 계산보다 우월함이 증명됐다.

마지막으로 리 등은 231명의 환자에서 바이스펙트럼 지수BIS를 맞추기 위해 프로포폴과 레미펜타닐 용량을 결정하기 위한 획기적인 딥러닝 접근법에 대해 발표했다. 200만 데이터 포인트를 수집해 신경망을 학습하고 이들 약물의 주입 속도에 따른 바이스렉트럼 지수를 예측하도록 훈련시켰다[8]. 이 딥러닝 접근법이 인상적인 면은 약물동태학이나 약물동역학을 고려하지 않고 순전히 입력(약물 주입)과 결과[BIS]만을 가지고 접근했다는 점이다.

인공지능에 가이드에 따른 자동화되고 안전하고 지속적인 환자 모니터링 – 현재 증거와 미래 지평선

아쉬시 K. 칸나 Ashish K. Khanna

- 미국 노스캐롤라이나주 윈스턴세일럼 웨이크포레스트 침례교 건강병원 웨이크포레스트대학교 의대 마취과 중환자 파트, 미국 오하이오주 클리블랜드 아웃컴 리서치 컨소시엄

카말 마헤슈와리 Kamal Maheshwari

- 미국 오하이오주 클리블랜드 아웃컴 리서치 컨소시엄, 미국 오하이오주 클리블랜드 클리블랜드 클리닉 수술 지능 센터 마취과

아쉬시 칸나와 카말 마헤슈와리는 인공지능과 건강 결과 개선에 관심이 많은 마취과 의사들로서, 이 글을 통해서 생체 데이터의 노이즈와 관련해서 충분한 신호가 부족한 상태의 병원 모니터링에서 인공지능의 중요성에 대해 말한다.

우리 대부분은 심장 박동 모니터링 장비에 대해 듣거나 사용해봤을 것이다. 심장 박동은 심장이 혈액을 분출하기 위해서 얼마나 빨리 뛰는지에 대한 척도로 심장 건강을 나타내는 지표다. 헬스케어 제공자들은 환자의 건강 상태를 이해하기 위해 혈압, 산소 포화도, 호흡수, 체온 등을 측정하는 생리학적 파라미터를 사용해봤을 것이다. 흔히 활력 징후로 알려진 이런 생리학적 지표는 대부분 간헐적으로 측정해 숫자로 기록되며 의학적 의사 결정을 내리는 중요한 자료로 활용된다. 이제는 스마트 디바이스를 이용해 지속적인 생체 징후 모니터링이 가능해져서 복잡하고 규모가 큰 데이터를 가질 수 있게 됐다. 이런 데이터는 아주 소중한 정보로, 최선의 결과를 얻기 위해서는 자세하고 지능적인 관리를 필요로 한다. 인공지능은 이런 데이터를 분석하는 데 핵심적인 역할을 할 것이고, 의학적 의사 결정을 내릴 수 있도록 유용한 정보를 생산할 것이다.

지속적 실시간 모니터링은 일부 중환자실, 수술 후 회복실, 수술실 등에서 사용되고 있다. 그리고 수술 중 모니터링 기술이 지속적으로 발전함에 따라 환자 결과를 개선하는 데 도움이 되고 있다. 수술 환자에게서 지속적 실시간 혈압 모니터링은 보통 5분마다 측정하는 간헐적인 모니터링에 비해서 수술 중 발생하는 저혈압을 거의 절반 정도로 줄이는 데 기여한다[1].

나아가 지속적인 모니터링에 의해서 생성되는 압력 곡선 정보는 전에는 얻기 불가능했던 환자 상태에 대한 정보를 더 많이 제공할 수 있다. 예를 들어 잘 측정된 동맥혈 파형에 대한 광대한 데이터셋으로 훈련된 머신러닝 알고리듬으로 앞으로 발생할 수 있는 저혈압 상태를 예측할 수 있다[2]. 파형 분석은 적절한 치료를 선택하는 데도 도움이 된다. 수술 중간 대부분의 환자는 혈관내 수액 투여를 필요로 하는데 얼마 만큼이 적절한 것인지는 분명하지 않다. 어시스티드 플루이드 매니지먼트Assisted Fluid Management는 수액이 필요한 경우 마취과의사들이 심장 박출량의 변동을 예측하는 방법으로 수액에 대한 반응 정도를 결정하는 데 사용되는 알고리듬으로, 현재 임상 연구가 진행중이다(ClinicalTrials.gov NCT03141411). 연구가 성공하면 이 알고리듬은 의사들이 수액의 적정양을 선택하는 것에 대한 인지적 부담을 경감하고 이를 표준화함으로써 임상 케어 변동성을 줄이는 데 도움을 줄 것이다.

그런데 안 좋은 사건들은 수술실이나 중환자실 같은 전통적으로 집중적인 치료가 제공되는 공간 밖에서 일어날 수 있고, 대부분 자택이나 일반 병동에서 발생한다. 예를 들면 입원 환자에게 발생하는 유해 사건 가운데 거의 절반은 일반 병실에서 발생한다[3]. 전체적으로 수술 후 30일 이내에 사망하는 비율은 1~2% 정도 되는데 이는 마취와 관련된 수술실 내 사망보다 1000 배 가량 높은 수치다[4-6]. 병동에서 발생하는 수술 후 사망 환자의 4분의 3 정도는 중환자실 문턱도 밟지 않았다[7, 8]. 미국의 300개 병원을 대상으로 한 대규모 조사에서는 그런 경우가 4만 4551 건이 있었다. 더 중요한 사실은 입원 병동에서 발생하는 급성 호흡기 이벤트가 전체 입원 환자 사망의 40% 정도에 관여한다는 것이다[9-11].

현재의 병동 모니터링 프로토콜은 환자들을 제대로 모니터링 되지 않은 상태로 남겨 두고 있다[12]. 보통은 환자가 안 좋아져서 때로는 "코드 블루"가 필요한 상황임을 알아채기까지 4~6시간이라는 긴 시간 간격이 있다. 보통 우리는 환자 상태를 시간적으로 스냅샷과 같이 모니터링하기 때문에 이런 패턴을 발견하는 데 실패하고, 신속 대응 팀을 통한 급성 심폐소생술에 대한 우리 대처는 대부분 시간이 지난 것이 된다. 심장이 아닌 부위 수술 후 회복 시간 동안 환자는 장기간 저산소증을 경험하는데(산호포화도가 90% 이하로 1시간 이상 지속) 불행하게도 이런 사실은 통상적인 생체 징후 모니터링 방법으로는 90% 이상 놓치게 된다[13]. 주요 복부 암 수술을 받은 거의 모든 환자를 대상으로 지속적인 모니터링을 적용했을 때는 거의 대부분 저산소증(산호포화도가 92% 미만)을 감지했는데, 전통적인 방식으로 간호사가 생체 징후를 측정하는 방법으로 저산소증을 감지한 경우는 1/5 이하였다[14]. 심장과 폐의 기능은 아주 밀접하게 연결돼 있어, 호흡 부전과 병동 저혈압을 구분하는 것은 현실적이지 못하다. 수술 후 저혈압(평균 동맥압이 65 mmHg 이하)이 15분 가량 지속되는 것은 환자 중 약 1/5에서 관찰됐고, 평균 동맥압이 70 mmHg 이하의 저혈압이 30분 이상 지속되는 경우는 1/4 환자들에서 관찰됐다. 지속적인 모니터링을 통해 감지된 이런 사건들은 전통적인 모니터링에 의존했을 때는 거의 절반 가까이 놓쳤다[15]. 대부분 오피오이드에 의한 호흡 부전은 간호사가 마지막으로 체크한 시간을 기준으로 2시간 이내에 발생하고, 이런 일들은 지속적인 모니터링과 교육으로 예방 가능하다[16].

일반 병동 케어에서 더 안정하고 더 스마트하며 지속적인 모니터링을 할 수 있는 방법은 없을까? 간단히 말하면, 한 가지 방법은 모든 환자 병실에 여러 파라미터를 측정할 수 있는 생체 징후 모니터 장비를 추가하고 모든 환자에게 이 장치를 연결한 뒤 침상 간호사가 진짜와 가짜 알람(가짜 알람은 진짜보다 훨씬 더 자주 관찰된다)을 확인하게 하는 것이다. 이런 상황은 분명 원하는 결과가 아닐 것이고, 환자 안전에 관한 차이를 만들 수 있는 조치도 아니다. 이런 상황에서 PRODIGY 연구와 같이 내부적으로 검증된 대규모의 지속적 모니터링 데이터 셋을 가지고 개발된 위험도 계층화 스코어는 침상 헬스케어 제공자에게 우선 순위를 부여하고 자원을 재배치하며 고위험 환자에게는 선제적으로 지속적 모니터링을 시행하는 데 도움이 된다[17, 18].

지속적인 생체 징후 모니터링은 복잡하고 대량의 데이터를 만들어내기 때문에 이를 활용해 의학적 의사 결정을 하려면 적절하고 빠른 분석이 필요하다. 인공지능은 미래에 핵심적인 역할을 하여 의사와 환자에게 도움을 줄 것이다. 센서와 지속적인 모니터로 실시간 생산되는 데이터가 증가하면서 알람이나 주의 신호도 증가할 수 있다. 또한 센싱된 데이터에 대한 예측 값을 개선하기 위한 여러 가지 지표와 복잡한 특성 스코어도 증가할 것이다. 그와 같이 복잡하고 큰 데이터는 뭔가 행동할 수 있는 정보로 바꾸기 위해서는 해석을 필요로 한다. 그렇지 않으면 무시되거나 알람 피로 또는 의료 과오로 이어질 수 있다. 인공지능은 이와 같은 문제를 해결하기 위해 적용할 수 있다[19]. 환자의 생체 징후, 검사실 데이터, 임상 의무 기록을 사용한 다양한 방식의 머신러닝 기술이 개발돼 중환자실에 도입되고 있으며 의미있는 예측 능력을 보여주고 있다[20].

머지않은 미래에 인공지능은 모니터링에 대한 해법을 제공할 것이다. 또 이와 같은 복잡 적응 시스템에서 실시간으로 의사에게 정교하고 실행가능한 의사 결정 지원을 제공함으로 써, 임박한 환자 상태 악화를 예방하고 환자의 건강 결과를 개선할 것이다.

참고 문헌

[1] Maheshwari K, Khanna S, Bajracharya GR, Makarova N, Riter Q, Raza S, et al. A randomized trial of continuous noninvasive blood pressure monitoring during noncardiac surgery. Anesth Analg 2018;127(2):424-31.

[2] Hatib F, Jian Z, Buddi S, Lee C, Settels J, Sibert K, et al. Machine-learning algorithm to predict hypotension based on high-fidelity arterial pressure waveform analysis. Anesthesiology. 2018;129(4):663-74.

[3] de Vries EN, Ramrattan MA, Smorenburg SM, Gouma DJ, Boermeester MA. The incidence and nature of inhospital adverse events: a systematic review. Qual Saf Health Care 2008;17(3):216-23.

[4] Fecho K, Lunney AT, Boysen PG, Rock P, Norfleet EA. Postoperative mortality after inpatient surgery: incidence and risk factors. Ther Clin Risk Manag 2008;4(4):681-8.

[5] Semel ME, Lipsitz SR, Funk LM, Bader AM, Weiser TG, Gawande AA. Rates and patterns of death after surgery in the United States, 1996 and 2006. Surgery 2012;151(2):171-82.

[6] Smilowitz NR, Gupta N, Ramakrishna H, Guo Y, Berger JS, Bangalore S. Perioperative major adverse cardiovascular and cerebrovascular events associated with noncardiac surgery. JAMA Cardiol 2017;2(2):181-7.

[7] Li G, Warner M, Lang BH, Huang L, Sun LS. Epidemiology of anesthesia-related mortality in the United States, 1999-2005. Anesthesiology 2009;110(4):759-65.

[8] Pearse RM, Moreno RP, Bauer P, Pelosi P, Metnitz P, Spies C, et al. Mortality after surgery in Europe: a 7 day cohort study. Lancet 2012;380(9847):1059-65.

[9] Perman SM, Stanton E, Soar J, Berg RA, Donnino MW, Mikkelsen ME, et al. Location of in-hospital cardiac arrest in the United States?variability in event rate and outcomes. J Am Heart Assoc 2016;5(10).

[10] Morrison LJ, Neumar RW, Zimmerman JL, Link MS, Newby LK, McMullan PW, Jr., et al. Strategies for improving survival after in-hospital cardiac arrest in the United States: 2013 consensus recommendations: a consensus statement from the American Heart Association. Circulation 2013;127(14):1538-63.

[11] Andersen LW, Berg KM, Chase M, Cocchi MN, Massaro J, Donnino MW, et al. Acute respiratory compromise on inpatient wards in the United States: incidence, outcomes, and factors associated with in-hospital mortality. Resuscitation 2016;105:123-9.

[12] Leuvan CH, Mitchell I. Missed opportunities? An observational study of vital sign measurements. Crit Care Resusc 2008;10(2):111-15.

[13] Sun Z, Sessler DI, Dalton JE, Devereaux PJ, Shahinyan A, Naylor AJ, et al. Postoperative hypoxemia is common and persistent: a prospective blinded observational study. Anesth Analg 2015;121(3):709-15.

[14] Duus CL, Aasvang EK, Olsen RM, Sorensen HBD, Jorgensen LN, Achiam MP, et al. Continuous vital sign monitoring after major abdominal surgery?quantification of micro events. Acta Anaesthesiol Scand 2018;62(9):1200-8.

[15] Turan A, Chang C, Cohen B, Saasouh W, Essber H, Yang D, et al. Incidence, severity, and detection of blood pressure perturbations after abdominal surgery: a prospective blinded observational study. Anesthesiology 2019;130(4):550-9.

[16] Lee LA, Caplan RA, Stephens LS, Posner KL, Terman GW, Voepel-Lewis T, et al. Postoperative opioid-induced respiratory depression: a closed claims analysis. Anesthesiology 2015;122(3):659-65.

[17] Khanna A, Buhre W, Saager L, Stefano PD, Weingarten T, Dahan A, et al. 36: Derivation and validation of a novel opioid-induced respiratory depression risk prediction tool. Crit Care Med 2019;47(1):18.

[18] Khanna AK, Overdyk FJ, Greening C, Di Stefano P, Buhre WF. Respiratory depression in low acuity hospital settings seeking answers from the PRODIGY trial. J Crit Care 2018;47:80-7.

[19] Sessler DI, Saugel B. Beyond failure to rescue': the time has come for continuous ward monitoring. Br J Anaesth 2019;122(3):304-6.

[20] Nemati S, Holder A, Razmi F, Stanley MD, Clifford GD, Buchman TG. An interpretable machine learning model for accurate prediction of sepsis in the ICU. Crit Care Med 2018;46(4):547-53.

현재의 평가와 미래 전략

전반적으로 마취과 전문의들은 기술을 선호하고 얼리어댑터인 경우가 많다. 그런데 흥미롭게도 오늘날까지 인공지능이 좀 더 널리 채용되지 못했다. 아마도 주된 이유는 의료 영상 판독 분야에서는 인공지능 기술이 무르익었지만 의사 결정 지원 분야에서는 여전히 좀 더 정교하게 발전될 필요가 있기 때문일 것이다. 인공지능을 활용한 마취과 진료에서는 실시간 피드백 기능을 갖춘 복잡한 의사 결정 지원 시스템이 핵심이기 때문이다. 이런 점이 의료 영상 판독을 주로 다루는 다른 분야와 다르다. 이와 같은 특수한 형태의 의사 결정 지원 시스템은 완벽을 기하기 위해서 시술전 환자에 대한 모든 데이터를 필요로 한다. 또한 마취과 전문의들을 보통 업무량이 많고 바쁘게 일한다. 인공지능이 이 분야에 나타나기 시작했지만 아직은 큰 영향을 주지 못하고 있다.

미래에는 다양한 상황에서 이뤄지는 모니터링 장비에 인공지능이 간단한 알고리듬 형태로 내장될 것이기 때문에 마취과 의사들의 모니터링 피로를 덜어줄 수 있을 것이다. 머신러닝, 딥러닝, 딥 강화학습이 의사 결정과 진단을 위해 더욱더 정교해질 것이고 이 그룹이 필요로 하는 실시간 복잡 의사 결정 프로세스를 지원할 수 있을 것이다. 인공지능을 활용한 약물 주입 애플리케이션이 훨씬 더 많아질 것이고, 일상적인 마취과 업무에 활용될 수 있을 것이다. 그리고 통증 관리 분야에서는 변형 현실 애플리케이션 관련 잠재력이 매우 크고 기관 삽관이나 기타 프로시저 등과 관련한 수술실에서의 로봇, 가상 비서 등도 많이 활용될 것이다. 수술실이나 마취과 팀의 업무를 줄여줄 로보틱 프로세스 자동화RPA도 많이 사용될 것이다(표 8.2).

표 8.2 마취과

인공지능 응용 분야	임상적 적절성	현재 인공지능 가용도
의료 영상	++	+++
변형 현실	+++	+
의사 결정 지원	+++	++
진단	+++	+
정밀 의료	++	+
신약 발견	++	+
디지털 헬스	+	+
웨어러블 기술	+	+
로봇공학	++	++
가상 비서	++	+

성인 및 소아 심장내과(Cardiology)와 심장 외과(Cardiac Surgery)

심장학은 심장과 혈관 질환을 다루는 다측면적인 전문 과목이다. 성인에서는 주로 관상동맥질환, 울혈성심부전, 고지혈증, 심방잔떨림, 고혈압과 같은 후천적인 심혈관 질환이 많고 소아에서는 후천적인 질환과 선천적인 심장 병들을 다룬다. 심장 전문의들이 주로 시행하는 검사에는 심전도(심장의 리듬 검사), 심초음파, 심장 및 가슴 CT 또는 MRI, 심폐 운동부하 검사 등을 비롯해 홀터 모니터와 같은 외부 센서나 내장된 모니터를 통해 부정맥을 진단하는 검사들이 있다. 풍선 혈관성형술, 스텐트/밸브 삽입, 생검, 전기생리학적 검사, 심장박동기 삽입 등을 위한 치료 또는 진단적 목적의 심장카세터삽입술을 시행하기도 한다. 심장 전문의는 중환자실을 비롯한 입원 환자와 외래 환자 모두 진료한다.

고찰 논문과 대표 사례

심장학은 영상과 임상 데이터가 풍부하고 심전도 앱이나 내장형 모니터, 바이오 센서 같이 가까운 미래에 더 다양한 데이터 소스를 갖게 될 세분 전문 과목이다. 하지만 최근까지는 인공지능과 관련된 출판물이 상대적으로 나오지 않은 상태이며, 인공지능 도입은 초기 발견 단계에 머물러 있다[9]. 본더만Bonderman의 짧은 고찰 논문은 심장학에서 편향과 잡음을 줄이기 위한 맥락에서, 심장학에서 이뤄졌던 매우 초기의 인공지능 연구를 다루고 있다[10].

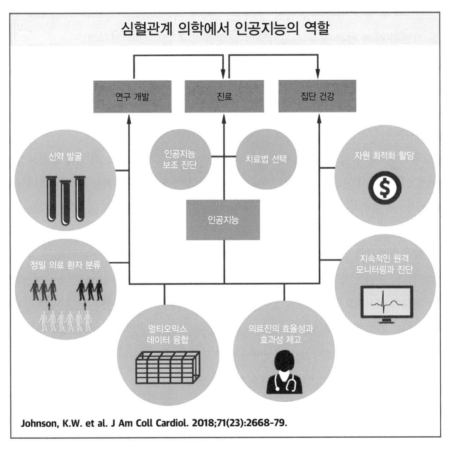

Johnson, K.W. et al. J Am Coll Cardiol. 2018;71(23):2668-79.

그림 8.1 심혈관 의학에서 인공지능의 역할. 심혈관 의학에서 인공지능의 역할은 인공지능 조력 진단, 지속적 원격 모니터링, 진단 기기, 멀티오믹스 데이터 융합, 정밀 위험도 예측 등과 같은 수단을 통해 연구개발, 임상 진료, 집단 건강까지 그 범위가 아주 넓다.

존슨Johnson은 연구에서 시작해 임상과 인구집단 건강에 이르기까지 인공지능이 심장학에 미칠 아주 다양한 차원에 대해 고찰했다(그림 8.1)[11]. 이 고찰 논문은 지도/비지도 학습을 비롯해 강화학습까지 머신러닝의 기초도 설명하고 있다. 또 다른 고찰 논문은 인공지능의 대한 대략적이고 간결한 개요와 심장학에서의 응용을 다루고 있다[12]. 샤미르Shameer는 머신러닝의 맥락에서 심혈관계 의학의 모든 측면을 다른 훌륭하고 간결하게 고찰했다[13]. 심혈관계 정밀 의료라는 맥락에서 인공지능이 얼마나 효과적일 수 있는지 살핀 논문도 있다[14]. 심장학 분야에서 규칙 기반 전문가 시스템과 비교해 딥러닝 접근법을 다룬, 약간 독특한 어느 고찰 논문은 컨볼루션 신경망, 순환 신경망, 딥빌리프 네트워크와 같이 데이터 과학을 강조하는 새로운 패러다임의 장점과 한계 및 표준화, 질과 같은 데이터의 한계까지 고찰했다[15]. 심혈관계 영상 인공지능 응용을 다룬 비교적 최근의 고찰 논문은 혁신적인 데이터 시각화 기법과 함께 심장 영상 인공지능의 잠재적 응용 가능성을 정리했다[16].

인공지능이 심장학에 혁신을 가지고 올 것인가?

존 S. 럼스펠드 John S. Rumsfeld

존 S. 럼스펠드는 심장 전문의이자 미국심장학회의 기술혁신팀장이고, 이 글을 통해서 심장학에서 인공지능이 천천히 적용되는 이유와 미래 심장학에서의 인공지능 전망에 대해서 말한다.

수많은 블로그와 신문 머리기사들은 인공지능이 심장 환자 케어를 개선하고 모든 심장 질환을 치료할 준비를 마쳤다고 주장하고 있다. 이런 뉴스 머리기사들만 보면 인공지능이 이미 심장 치료를 획기적으로 바꾸고 심혈관계 영상 판독, 위험도 예측, 심혈관 질환 위험 인자나 이미 질환을 가진 환자들의 케어에서 의사들을 대체하고 있는 것처럼 보인다. 그렇지만 아무 병원이나 클리닉을 방문해서 보면 케어에서 이런 모습은 전혀 사실과 다르다는 것을 알 수 있다. 인공지능을 다루는 머리기사와 실제 환자 치료 전선의 모습에는 엄청나게 큰 차이가 있다.

헬스케어 인공지능에 거대한 투자가 이뤄지고 있는 것을 감안하면 이런 차이는 어느 정도 놀라운 것이다. 2018년 기준 헬스케어 인공지능 시장의 총 규모는 20억 달러 이상이고, 2020년대 중반에 이르러서는 300억 달러 이상이 될 것으로 예측되고 있다[1]. 여러 헬스케어 인공지능 스타트업 회사뿐만 아니라 기술 대기업 회사들도 헬스케어 인공지능에 큰 투자를 하고 있고, 의료 장비 및 제약 회사들도 인공지능에 기반한 솔루션에 초점을 두는 경향이 커지고 있다. 당뇨병이나 고혈압 같은 심혈관계 위험 인자와 심부전, 심방세동 같은 질환들이 현재 개발이 진행되고 있는 인공지능 솔루션의 주요 초점이 되고 있다.

이처럼 인공지능에 상당한 투자가 이뤄지고 심장학 분야에 상당한 초점이 맞춰지고 있는데도 실제 심장 질환 케어에는 거의 적용되지 못하고 있는 실정이다. 여기에는 여러 가지 이유가 있겠지만 다음과 같은 3가지 주요 이유를 주목할 필요가 있다.

1. **증거 부족**: 심혈관계 케어에 인공지능을 적용하는 것은 여전히 초기 단계에 있기는 하지만 놀랍게도 지금까지 나온 증거 기반은 매우 얕다. 일부 인공지능 기술 회사가 임상적인 증거를 수립하기 위해 매진하고 있지만 전반적으로 증거 대비 과대 광고의 비율은 놀랍도록 높다. 임상적 검증 또는 증거는 헬스케어와 임상적 의사 결정에 활용될 수 있게 하는 데 필수적인 요소다. 높은 시장 가치를 가지는 의료와 헬스케어 분야는 기술 채용에 앞서 관련 증거를 요구한다.

2. **인공지능이 임상 문제를 해결할 수 있을지에 대한 불확실성**: 특히 위험도 예측과 임상 의사 결정 시스템과 관련해 인공지능 모델은 단지 현존하는 위험도 모델과 비교해 아주 미약한 또는 일부 진전된 성과만 보일 수 있다. 의사들이 앞으로 이런 모델을 사용할지도 미지수다. 용례 역시 아주 중요하다. 예를 들어 건강 결과가 나쁠 수 밖에 없는 고령의 안 좋은 환자를 위험이 높다고 분류하는 것이나 자원 활용 분야는 그다지 도움이 되지 않는다. 방법론에도 문제가 있다. 특히 인공지능이 전자의무기록 같은 관찰 데이터에 기반한 경우에는 더욱 그렇다[2].

3. **케어 전달 과정에 완전히 융합되지 못함**: 인공지능 도구가 효과적으로 활용될 수 있으려면 임상적인 케어 전달 과정에 융합될 필요가 있다. 가상 치료나 원격 모니터링 같은 임상 케어도 발전하고 있는 만큼 인공지능은 약속한 성과를 달성하기 위해 이런 작업 흐름에 통합돼야 하고 데이터 해석에 기반한 실행 가능한 도구가 돼야 한다.

규제, 지불 모델, 법적/도덕적인 고려 사항들과 함께 이런 도전적인 문제를 고려해 보면, 인공지능이 아직 심혈관 케어의 전환을 이끌어내지 못하고 있다는 것은 그다지 놀라운 일이 아니다.

그래도 여전히 인공지능이 심혈관 케어를 개선할 수 있다는 전망은 분명하다. 성공적으로 개발되고 적용된다면 인공지능 솔루션은 질환의 예방에서 관리까지 환자 접근성, 효율성, 질, 건강 결과를 개선시킬 잠재력을 가지고 있다. 이상적으로 인공지능 솔루션은 "증강 지능" 역할을 해 심혈관 질환에서 휴머니즘을 고취하고 의사와 환자의 긍정적인 참여를 이끌어 낼 수 있다[3]. 많은 사람은 영상 판독, 위험도 예측, 진단, 치료에 초점을 둔 인공지능 기반 심혈관 도구들을 사용해 원하는 목표에 도달할 수 있으리라 기대하고 있다. 특히 영상 판독, 위험도 예측과 관련해서 이런 방향에 대한 가능성을 보여주는 초기 몇몇 연구 결과들이 소개고 있다[4, 5].

인공지능의 전망과 현재의 실제 심혈관 케어와의 차이를 줄이기 위해 필요한 것은 무엇일까? 여기에 단순한 해법은 분명 없을 것이다. 하지만 심혈관 케어를 개선하기 위한 인공지능을 성공적으로 개발하고 채용하는 데 필요한 요소까지 고려한 로드맵이 만들어지기 시작했다. 미국심장학회는 그와 같은 로드맵을 개발하기 위해서 다분야 전문가들이 참여한 혁신 모임을 출범시켰다[6]. 개괄적으로 설명하지만 그 로드맵은 단순히 인공지능 애널리틱스와 관련된 기술을 갖추는 것만으로 충분하지 못하다고 생각한다. 예컨대 인공지능 도구는 임상 문제의 해결법에 관한 문제를 바탕으로 만들어질 필요가 있다. 또한 임상적인 케어 전달과의 융합과 해석 가능성을 염두에 두고 개발해야 한다. 임상적인 검증과 증거도 필요하다. 그리고 그런 도구를 사용하는 진화된 케어 모델에서 어떤 지불 모델이 필요하지도 고려해야 한다[7].

미국심장학회는 이런 로드맵에 따라서 심장 건강의 개선을 위한 심혈관 케어의 전환을 이뤄낸다는 높은 목적을 갖고 의학적 증거 개발, 임상적 통합, 지불 모델 구축을 지원하기 위해 의사와 기술계 전문가들이 인공지능과 관련된 디지털 헬스 솔루션을 공동 개발할 수 있도록 새로운 파터너십을 구축하고 있다. 모든 단계에서 환자 중심의 케어라는 뚜렷한 목표를 성취하기 위해, 임상적인 지능과 인공지능이 서로 협력할 필요가 있다. 궁극적으로 심장학은 인공지능이 유도하는 케어에서 도움을 받을 것이고 효율성과 환자의 건강 결과 개선을 이뤄나가는 데 심장학 의사들의 능력을 배가할 것이다. 그렇지만 우리는 지난 날의 과대 선전을 뒤돌아보고, 이런 잠재력을 현실화시키는 데 필요한 작업들을 끌어안을 필요가 있다.

참고 문헌

[1] Health IT Analytics.Post in Tools and strategies. Artificial Intelligence in Healthcare spending to hit 36B. December 28, 2018. https://healthitanalytics.com/news/artificial-intelligence-in-healthcare-spending-to-hit36b. [accessed 16.06.19].

[2] Statistical thinking. Is medicine mesmerized by machine learning? Statistical thinking.December 12, 2019., https://www.fharrell.com/post/medml/. [accessed 16.06.19].

[3] Verghese A, Shah NH, Harrington RA. What this computer needs is a physician: humanism and artificial intelligence. JAMA 2018;319(1):19–20.

[4] Zhang J, Gajjala S, Agrawal P, Tison GH, Hallock LA, Beussink-Nelson L, et al. Fully automated echocardiogram interpretation in clinical practice. Circulation 2018;138(16):1623-35.

[5] Rajkomar A, Oren E, Chen K, et al. Scalable and accurate deep learning with electronic health records. NPJ Digital Med 2018;1 Article number: 18. Available at: https://www.nature.com/articles/s41746-018-0029-1.

[6] Bhavnani SP, Parakh K, Atreja A, Druz R, Graham GN, Hayek SS, et al. Roadmap for innovation-ACC health policy statement on healthcare transformation in the era of digital health, big data, and precision health. J Am Coll Cardiol 2017;70(21):2696-718.

[7] Walsh MN, Rumsfeld JS. Leading the digital transformation of healthcare: the ACC innovation strategy. J Am Coll Cardiol 2017;70(21):2719-22.

몇몇 고찰 논문들은 MRI, 심장초음파, 관상동맥 칼슘 스코어링과 심장 CT 혈관 조영술까지 심장과 관련된 의료 영상 분야의 머신러닝에 초점을 맞추고 있다[17–20]. 이와 함께 41개의 관련 출판 논문을 바탕으로 심장학에서의 의사 결정 지원 시스템을 다룬 고찰 논문에서는 인공신경망, 퍼지 로직뿐만 아니라 지식 기반 시스템이 진단과 예측에 가장 흔히 사용되고 있다고 했다[21]. 한 고찰 논문에서는 지난 15년간 출판된 심장학에서의 데이터 마이닝 관련 논문들을 분석한 결과를 바탕으로 심장학 데이터 마이닝 모델을 개발하는 데 있어 다른 방법보다 신경망과 서포트 벡터 머신이 정확하고 더 효율적이라고 분석했다[22].

진단과 예후 예측을 위해 심전도에서 심장초음파에 이르기까지 심장 영상 영역에서의 인공지능과 데이터 과학에 대한 사용 예가 상대적으로 증가하는 추세다. 신체 신호 관련 분야에서는 심방세동과 심실빈맥과 같은 12개 분야의 심장 리듬 이상을 가진 환자 5만 명에게서 얻은 9만개 이상의 단일 전극 심정도를 데이터를 활용해서 34개의 층을 가진 컨볼루션 신경망으로 부정맥을 진단하도록 훈련해서 그 성능이 심장 전문의 수준으로 판독하는 성과를 거두기도 했다[23]. 최근 아티아^Attia 그룹은 심장초음파와 연관된 12 전극 심정도를 데이터를 갖고 훈련한 컨볼루션 신경망으로 무증상 좌심실 기능 이상을 가진 환자에서 좌심실 이상을 진단할 수 있었다고 보고했다[24].

의료 초음파에 대한 딥러닝

리마 아르나우트 Rima Arnaout

− 미국 샌프란시스코 캘리포니아대학교 컴퓨테이셔널 헬스 사이언스를 위한 베이커 연구소

리아 아르나우트는 의료 영상에 대한 컴퓨팅 과학에 열정이 많은 심장 전문의로, 이 글을 통해서 딥러닝 영역과 의료 초음파 분야가 융합하는 방법과 실제 의료와 연구에서의 활용법에 대해 말한다.

한 의사는 의료 분야에서 하나의 미충족 수요를 보고 의료계 밖에서 일어난 최근의 기술적 혁신이 생의학에서 활용될 수 있을 것이라는 가설을 세웠다. 그의 생각은 많은 동료 의사들로부터 핀잔을 받았지만 마침내 자신의 생각을 발전시키고 검증할 수 있는 한 과학자를 만났고 그 둘은 성공했다.

당시는 1953년이었다. 해당 기술은 초음파였고 의사는 잉게 에들러Inge Edler, 과학자는 칼 헤르츠Carl Hertz였다. 의료 초음파가 탄생하게 된 이야기다.

그런데 그 이야기는 오늘날에도 비슷하게 전개되는 것 같다. 이제 초음파는 의료의 한 분야로 자리를 잡았고 전 세계적으로 가장 많이 사용되는 의료 영상 수단이 되었다. 그리고 컴퓨터 과학과 공학 분야를 휩쓸고 있는 혁신적인 기술은 딥러닝이다.

딥러닝과 머신러닝은 전 세계에서 가장 큰 의료 영상 이미지를 가진 의료 초음파 데이터를 통해 더 나은 의료 초음파 기술을 제공함으로써 환자 케어를 개선할 수 있는 큰 잠재력을 가지고 있다. 제대로 해내려면 혁신가들이 임상적 전문 기술과 공학적 전문 기술을 모두 사용해야 한다.

초음파는 기술이 가진 핵심 장점을 갖고 있어서 CT와 MRI 같이 좀 더 정교한 이미지 수단들이 있음에도 불구하고 의료 진단과 환자 관리에서 그 활용성을 유지해 왔다. 초음파는 장기의 구조뿐만 아니라 심장 박동 또는 간의 혈류 흐름 같은 장기 기능을 실시간으로 보여줄 수 있다. 초음파는 방사선이 없고 비교적 저렴하며 이동하기 쉽다. 그렇기 때문에 상대적으로 환자나 질병의 타입을 신경쓰지 않아도 된다. 부자나 가난한 사람, 젊거나 나이 많은 사

람, 건강하거나 아픈 사람 모두에게 초음파는 풍부한 임상적 정보와 사용 편이성에서 뛰어나 균형성을 제공한다(그림 1).

그렇지만 초음파가 가진 문제들이 있다. 다른 이미징 수단과 비교해 초음파 이미지는 공간 해상도가 낮기 때문에 정확하게 해석하거나 재현하기가 어려울 수 있으며[1], 검사자의 손과 기술에 의존하기 때문에 좋은 이미지를 얻기가 쉽지 않을 수 있다. 초음파가 사용하기 쉽다는 말은 어떤 측면에서는 사기와 같다. 초음파를 들고 그냥 검사하는 것을 배우는 수준이면 몰라도 제대로 통달하려면 평생의 노력이 필요하다.

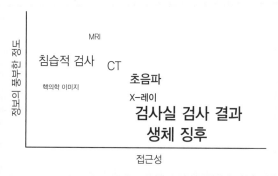

그림 1 정보의 충분도와 접근도에 따른 진단 검사에 대한 질적인 정리. 각 단어의 크기는 미국에서의 데이터 양을 반영한다.

딥러닝은 그런 통달의 과정을 가속화시키고 기술적으로 민주화시킬 수 있는 가능성을 갖고 있다. 딥러닝은 의료를 비롯해 여러 분야의 영상 분석 및 패턴 인식에 혁명을 일으키고 있다[2, 3]. 초음파 분야에서 딥러닝은 이미지 획득을 돕기 위해 여러 각도에서 어떤 심장의 단면을 인식하는 데 사용돼 왔다[4]. 그리고 드문 질환에 대한 스크리닝과 진단에서 그 능력을 보여주기 시작했다[5]. 이런 것들을 통해 딥러닝은 초음파 연상 획득과 판독의 정확성과 재현성을 개선하는 데 도움이 될 수 있다.

에들러와 헤르츠 시대처럼, 이런 목적은 오로지 다학제적인 협업을 통해서만 도달 가능하다. 딥러닝 모델은 특정 신경망에 대한 선택과 튜닝과 훈련에 사용되는 데이터에 대한 주석 달기와 큐레이션의 합작품이다. 데이터 과학자 전문가들은 신경망 연구를 이어왔다[6-8]. 또한 최고의 임상 전문가들이 데이터 큐레이션과 검증에 참여함으로써, 훈련된 모델이 현존하는 임상 전문가들을 대표할 수 있게 되기를 희망한다. 그렇게 된다면 이 모델들은 전 세계에 배치돼 초음파 영상이 사용되는 곳이라면 어디서나 환자의 진단과 관리를 개선하는 데 기여할 것이다.

의료 초음파가 탄생한 1950년대에는 지지자들보다 비판자들이 더 많았다[9]. 그와 대조적으로 오늘날 딥러닝은 의료 혁신 가능성을 가진 것으로 과대 포장되고 있다[10]. 이것을 곧이 곧대로 받아들이는 것은 초음파 영상 이미지에 관한 머신러닝이라는 관점에서 보면 특히 위험한 생각이다. 앞서 언급한 바와 같이 초음파 영상의 노이즈에 더해서 초음파는 관심 대상이 되는 각 구조물에 대해 서로 다른 측면 데이터, 동영상, 다양한 종류의 데이터 입력을 필요로 한다. 초음파에 대한 딥러닝에 대한 기초 연구도 필요하고, 의료 초음파의 지속적인 성공을 위해 의사들이 이해관계자와 혁신가로 적극적인 참여를 필요로 한다[11].

참고 문헌

[1] Thavendiranathan P, et al. Improved interobserver variability and accuracy of echocardiographic visual left ventricular ejection fraction assessment through a self-directed learning program using cardiac magnetic resonance images. J Am Soc Echocardiogr 2013;26(11):1267-73.

[2] Esteva A, et al. Dermatologist-level classification of skin cancer with deep neural networks. Nature 2017;542 (7639):115-18.

[3] Gulshan V, et al. Development and validation of a deep learning algorithm for detection of diabetic retinopathy in retinal fundus photographs. JAMA 2016;316(22):2402-10.

[4] Madani A, Arnaout R, Mofrad M, Arnaout R. Fast and accurate view classification of echocardiograms using deep learning. NPJ Digital Med 2018;1(1):6.

[5] Arnaout R, et al. Deep-learning models improve on community-level diagnosis for common congenital heart disease lesions. ArXi e-prints [Internet]. 2018. Available from: 〈https://arxiv.org/abs/1809.06993〉 [cited 19.09.18].

[6] Hinton G. Deep learning-a technology with the potential to transform health care. JAMA 2018;320(11):1101-2.

[7] Karpathy A. The unreasonable effectiveness of recurrent neural networks. Available from: 〈http://karpathy.github.io/2015/05/21/rnn-effectiveness/〉; 2015

[8] Montavon G, Samek W, Mu¨ller K-R. Methods for interpreting and understanding deep neural networks. ArXiv e-prints [Internet]. Available from: 〈https://ui.adsabs.harvard.edu/#abs/2017arXiv170607979M〉; 2017.

[9] Singh S, Goyal A. The origin of echocardiography: a tribute to Inge Edler. Tex Heart Inst J 2007;34(4):431-8.

[10] de Saint Laurent C. In defence of machine learning: debunking the myths of artificial intelligence. Eur J Psychol 2018;14(4):734-47.

[11] Lindner JR. The importance of understanding the technology that serves us. J Am Soc Echocardiogr 2018;31(7):A27-8.

예전에는 좌심실 기능에 대한 공간 정량화나 판막 질환 평가를 위해 심장 초음파에 대한 자동화 정량화를 다룬 연구가 있었는데[25], 최근에는 작업 흐름을 개선하기 위해 컨볼루션 신경망을 사용해 실시간 표준 뷰 분리와 이미지 세그멘테이션 작업을 실시간으로 해내려는 연구들이 있다[26, 27](그림 8.2).

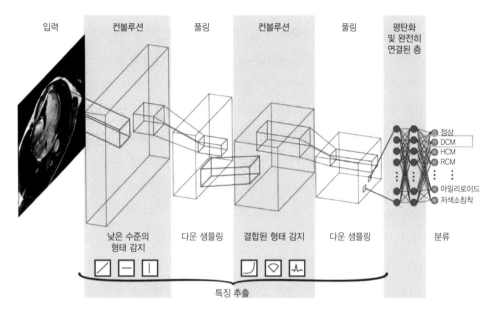

그림 8.2 심장 영상 컨볼루션 신경망에 대한 개략적인 다이어그램. 컨볼루션 레이어는 이전 레이어의 어떤 객체나 형태를 감지하는 필터 역할을 한다(빨강). 이런 형태에 대한 복잡도는 처음 레이어에서 마지막 레이어로 이동하면서 점점 더 높아진다. 풀링 레이어(파랑)는 데이터를 다운샘플링해 복잡도를 더 높인다. 이런 일련의 컨볼루션과 풀링 레이어는 점점 평평진 다음 하나의 레이어가 되고, 마지막에 예측되는 결과로 매칭되는 완전 연결 레이어로 전달된다. 이 그림에서 사용된 영상은 DCM(확장성 심근병증) 소견을 보인다. HCM은 비후성 심근병증을, RCM은 제한성 심근병증을 뜻한다.

그리고 머신러닝은 심구혈률이 유지되고 있는 심부전 환자에 적용돼 왔다. 심부전 환자의 표현형적인 위험도 평가 시스템을 구축하는 데 도움이 됐고[28] 전문가가 아노테이션한 심장 초음파에 대한 스페클 트래킹 데이터를 가지고 비후성 심근병증 환자와 좌심실 비대가 생긴 운동선수에게 적용하기도 했다[29]. 흥미롭게도 연관 메모리 분류자associative memory classifier를 통한 인지 머신러닝 전략으로 제한적 심근병증과 교착성 심막염을 감별할 수 있었다[30]. 한 연구는 자연어 처리NLP를 사용해 심장 초음파 판독지에서 구조화, 반구조화, 비구조화 데이터를 자동으로 대규모로 정확하게 추출할 수 있었다고 한다[31]. 딥러닝 알고리듬은 심장 MRI 데이터에 적용해 폐 고혈압 환자 예후 시도에 사용됐는데 전문가 평가보다 더 나은 성적을 보였다고 한다[32]. 망막 안저 사진에 대한 컨볼루션 신경망을 심혈관계 위험 요인 예측 도구로 사용한 논문도 있다[33]. 이는 높은 수준의 환자 케어에 있어 전문 과목의 경계를 넘어서는 작업의 좋은 사례다. 요약하면 심전도나 심장 MRI 같은 정적인 이미지는 딥러닝과 머신러닝을 적용하기가 상대적으로 간단하다. 심장 초음파나 3차원, 4차원 이미지에 대한 딥러닝과 머신러닝도 연구되고 있다.

성인과 소아 심장학의 다양한 상황에다 인공지능을 사용한 임상 의사 결정에 관해 발표한 논문들도 있다. 심장학에서의 의사 결정은 종종 복잡하고 다양한 휴리스틱과 편향에 특히 취약해서 때로는 그룹 사고group thinking, 매몰 비용의 함정sunk cost trap, 현상 유지 함정status quo trap 등과 같은 함정에 걸릴 수 있다[34]. 의무기록에 대한 인공지능과 데이터 과학을 통해 임상적인 이벤트를 감지하고자 하는 시도도 있었다. 어떤 연구에서는 양방향 장단기 메모리 알고리듬에 기초한 오토인코더autoencoders를 사용한 지도 컨볼루션 신경망 모델을 사용해 출혈 이벤트를 예측하고자 했다[35]. 한 다기관 연구에서는 심장 마비 예측을 위해서 단지 4개의 생체 신호만을 사용한 딥러닝 알고리듬, 이른바 딥러닝 기반 조기 경고 시스템DEWS이 민감도가 뛰어나고 거짓 양성률도 낮은 결과를 얻을 수 있었다고 한다[36]. 최윤제 교수 등은 시간적 연관성을 반영하기 위해서 딥러닝에 게이트 순환 유닛gated recurrent units을 가진 순환 신경망을 사용하면 12~18개월이라는 짧은 관찰 기간 동안에도 잠재적 심부전을 예측하는 능력을 개선시킬 수 있었다고 한다[37]. 마지막으로 서포트 벡터 머신 형태의 머신러닝을 사용한 위험도 계산기가 기존에 존재하는 미국심장학과 심혈관계 질환 위험도 계산기보다 약물 치료와 부작용 측면에서 더 우수한 성적을 보였다고 한다[38].

워너가 아주 초기에 발표한 선천성 심장 질환 진단에서 수학적 접근법에 관한 논문이 있기는 하지만[39] 성인이나 소아 선천성 심장 질환을 대상으로 하는 인공지능 연구 논문은 상대적으로 드물다. 급성 심장사에 대한 스크리닝 방법으로 사용되는 심전도 검사에서 인공지능을 사용해 진단의 정확도를 높이려는 노력이 있었다[40]. 인공지능 지원 청진 알고리듬이 가상 임상 시험에서 성공적으로 수행되기는 했는데, 심장 초음파를 바로 사용할 수 있는 상황을 고려하면 일상적인 진료에서 활용될 것 같아 보이지는 않는다. 청진기 같은 오랜 기술에 인공지능 전략을 추가하는 것은 의사들이 채용할 수도, 그렇지 않을 수도 있을 것이다[41]. 선천성 심장 질환을 가진 대규모 성인 환자 데이터로 훈련된 머신러닝 알고리듬이 예후 예측과 임상 관리에 도움이 됐다는 보고가 있었다[42, 43]. 앞에서 딥러닝 기반 조기 경보 시스템과 유사한 연구는 인공지능으로 만든 예측 모델이 임상적인 악화를 조기에 예측해 소아 중환자실 환자의 케어를 개선했다는 연구가 있다[44]. 4개의 인공지능 기반 알고리듬을 사용해 선천성 심장 수술에 대한 위험도 평가를 하기 위한 임상적 의사 결정 시스템을 개선했다는 연구도 있었다[45]. 어떤 혁신적인 보고서는 빠른 구조화된 팩트 발견과 전문 지식의 파급을 위한 다기관 협력 학습 프로젝트를 촉진하기 위해 머신러닝과 시스템 모델링을 제안했다. 이런 선진적인 사고 접근법은 때로는 수행하기 어려운 전통적 다기관, 무작위 임상 시험을 보조하거나 또는 덜 필요하게 만들 수 있을 것이다[46].

현재의 평가와 미래 전략

전반적으로 심장학은 다양한 프로시저를 수행하고 인지적 작업으로써 의사 결정이 필요할 뿐만 아니라 지각적인 작업으로 의료 영상도 많이 사용하는 분과이기 때문에, 심장학에 대한 인공지능은 현재까지 미개발 분야가 상당히 많이 남겨진 상태여서 앞으로 엄청난 가치를 창출할 수 있을 것으로 기대된다. 심장 전문의들은 현재 인공지능에 관심이 많지만 심지어 이미지 관련 분야에서조차 영상의학과 전문의들보다는 인공지능 방법론을 덜 채용하고 있다. 심장학 분야에서 인공지능 관련 콘퍼런스나 논문 출판 활동이 점차 증가하고 있으며, 외래에서 심전도 모니터링에 인공지능 알고리듬을 사용하기 시작했다. 의료 영상 영역에서 컨볼루션 신경망을 사용한 딥러닝은 심전도, CT, MRI와 같은 정적인 이미지에 이미 적용되기 시작했고, 장단기 메모리(LSTM) 같이 약간 변형된 컨볼루션 신경망이나 순환 신경망(RNN) 등과 결부된 기술들이 혈관 조영술이나 심장 초음파 같은 동영상 이미지 등의 해석에도 활용되기 시작했다. 이런 기술은 현재의 수축기와 이완기 기능을 넘어 심장 초음파를 통해 더 정교한 심장 기능을 평가하는 데 필요하다.

　미래에 심장학과 심장 전문의들은 하나의 기술적 자원으로써 인공지능으로부터 상당한 도움을 받을 수 있을 것이다. 첫째, 모든 심장 관련 영상에 통합 인공지능을 배치하는 것은 아주 어렵지만 해결 가능한 도전이 될 것이다. 심장 전문의가 해부학적 구조에 초점을 둔 심장 MRI, 생리학적 기능에 초점을 둔 심장초음파 등 관련된 모든 영상 검사를 하이브리드 이미지나 이미지 퓨전으로 통합하고 싶어한다고 가정해 보자. 모든 종류의 영상이 합쳐져 옮기기 쉽고 조작하기 편하게 하나의 4차원 이미지로 묶이는 "슈퍼 스캔"이라는 개념이 출현할 것이다. 인공지능도 이미지 획득부터 판독까지, 궁극적으로 맞춤화된 정밀 건강 평가에 이르기까지 전 과정에 활용될 것이며 이는 하나의 "인공지능 영상 연속체"로 통합될 것이다. 또 심장 전문의들은 다양한 인공지능 도구를 사용함으로써 의학적 의사 결정을 내리기 위해 필요한 상대적으로 지루한 작업들로부터 해방될 수 있을 것이다. 둘째, 인공지능을 사용한 복잡한 의사 결정과 딥 강화학습의 사용은 중환자실(정밀 중환자 케어), 입원 병동, 외래(정밀 심혈관 케어) 등을 가리지 않고 점점 더 복잡해지는 진단과 치료에 관한 정밀 심혈관 의학에서 특이 유용할 것이다. 이와 같은 맞춤 의학을 실행하려면 환자 관리에 필요한 핵심 정보를 전달하기 위해 많은 층의 데이터와 정보가 인공지능을 통한 전략으로 모두 융합될 필요가 있다. 맞춤화된 정밀 심혈관 의학에서는 약물유전체 프로파일과 웨어러블 장비를 비롯한 모든 형태의 생의학 데이터가 결합돼 얻어진 맞춤화된 정밀 진단과 치료 전략을 비롯해 인구 집단 데이터의 도움을 획득한 위험도 계층화 정보가 통상적인 진료에 활용될 것이다. 세 번째, 실제 치료 프로시저 이전에 심장 질환 관련 교육, 훈련, 프로시저와 중재법 시도 등을 할 수 있는 변형 현실 애플리케이션이 인공지능과 함께 하나의 자원으로 활용될 것이다. 심장학과 심장 외과에서 이뤄지는 수술이나 중재 프로시저의 복잡성과 뉘앙스를 고려했을 때 로봇이 인간을 대신해 심장 수술 전체 과정을 수행할 수 있기까지는 상당한 시간이 걸릴 것이다. 마지막으로 바쁘고 복잡한 심장 프로그램과 관련된 행정적인 측면은 이미 있는 로봇틱 프로세스 오토메이션 같은 도구로 관리할 수 있을 것이다. 예측 모델을 활용해 불필요한 재입원과 합병증을 예방할 수 있을 것이다. 요약하면 심혈관 질환은 여전히 단독으로 가장 큰 부담을 주는 질환이며 더욱이 선진국이나 저개발 국가 모두에서 진행되고 있는 고령화에 따라 부담이 줄어들지 않고 있기 때문에 인공지능은 심장학에서 상당히 많이 필요로 하고 있고 아주 시의적절한 자원이라고 할 수 있다(표 8.3).

표 8.3 심장학과 심장외과

인공지능 응용 분야	임상적 적절성	현재 인공지능 가용도
의료 영상	+++	+++
변형 현실	+++	+
의사 결정 지원	+++	++
진단	+++	+

인공지능 응용 분야	임상적 적절성	현재 인공지능 가용도
정밀 의료	+++	+
신약 발견	++	+
디지털 헬스	+++	+
웨어러블 기술	+++	+
로봇공학	++	++
가상 비서	++	+

중환자 의학(Critical Care Medicine)

중환자 전문의는 기술이나 업무 등에서 마취과 전문의와 상당부분 겹쳐서 종종 마취과 수련이나 전문의 자격증을 함께 가지고 있다. 이들은 보통 입원이나 외래 환경에서 환자는 거의 보지 않고 중환자실 환자들을 치료한다. 중환자실 전문의이나 팀은 내과 중환자실, 심장내과 중환자실, 외과 중환자실 같은 성인에 초점을 맞춘 중환자실과 소아 중환자실, 신생아 중환자실과 같은 소아를 보는 중환자실 팀과 함께 일을 한다. 중환자실에서 흉부 X-레이, 두경부 CT 같은 의료 영상을 보거나 중심정맥관이나 가슴관 삽입 같은 술기를 시행하고 생체 징후와 다른 모든 데이터를 통합해 해석하거나 응급 또는 지속적인 상태에서 의료적인 의사 결정을 하는 등 다양한 업무를 수행한다.

고찰 논문과 대표 사례

중환자 의학은 마취과처럼 데이터가 풍부하지만 마취과에서와 같은 이유로 중환자실 케어에 인공지능을 활용하는 것에 관한 주제로 출판된 논문 수는 아직 중간 정도 수준에 머물고 있다. 약 20년 전에 출판된 중환자실에서의 인공지능 응용을 다룬 고찰 논문이 있었는데, 여기에는 여러 과거 방법론들이 포함돼 있고 아직도 읽어볼 가치가 높다[47]. 급성 중환자 의료 분야에서 이뤄지는 복잡한 의사 결정에 인공지능을 통합하는 것에 관한 좋은 고찰 논문이 있다[48]. 여기서 저자는 미래 의사와 간호사는 과거 기준치에 근거한 의사 결정 대신 시간에 따른 패턴 인식이라는 새로운 패러다임으로 인공지능을 채용할 필요가 있다고 지적했다. 새로운 인공지능과 인간 간 시너지적인 사고는 이런 패러다임 전환을 반영해 의학 교육과 실무 교육에 사용한 시간 패턴 관련 표현형에 대한 데이터를 필요로 한다. 한 훌륭하고 사려깊은 고찰 논문에서는 중환자 의학에서 빅데이터의 잠재력뿐만 아니라 한계와 단점에 대해서 논했다. 저자들은 미래 중환자실 데이터 관리에 대한 개방적, 협력적 환경의 필요성을 역설했다[49]. 마지막으로 존슨^{Johnson}은 정밀의료에 필요한 현재의 중환자실 데이터베이스의 한계를 지적했다[50]. 저자들은 분리, 오염(잘못되고, 빠져있고, 부정확한 데이터), 복잡성(다양한 형식의 데이터)이라는 3가지 난제를 해결해야 한다고 주장했다.

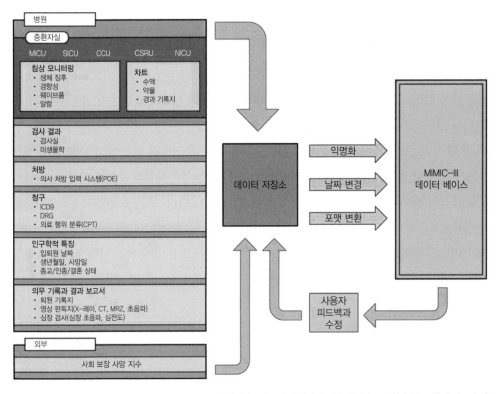

그림 8.3 MIMIC 데이터베이스. 업데이트된 MIMIC-III 데이터베이스에는 익명 처리된 임상 데이터로 구성돼 있고, 일정 정도의 사용 동의를 거쳐 연구자와 학생에게 광범위한 접근을 허용하고 있다. 데이터 저장소에는 여러 종류의 중환자실 데이터 상당량과 사회 보장 사망 지수 같은 외부 데이터 소스를 포함하고 있다.

병원 환경에서 인공지능을 적용한 예는 미래 모델링을 위한 데이터를 정리하는 데 있어 생체 징후 경고가 실제인지 아니면 인공물인지를 자동 분류하기 위해 전문가가 레이블링한 생체 데이터 스트림을 훈련하는 머신러닝 알고리듬을 사용하는 것이다[51]. 애널리틱스와 연동된 데이터베이스의 가치를 잘 보여주는 사례는 MIMIC^{Medical Information Mart for Intensive Care}라고 하는 중환자실 데이터베이스다[52](그림 8.3). MIMIC은 매사추세츠 종합병원에 있는 대규모 단일 센터 데이터베이스로, 5만 명 이상의 성인과 약 8000명 정도의 신생아 데이터 등 입원 환자 수만명의 중환자실 치료 정보가 담겨 있다. 이 데이터들은 환자 상태에 대한 데이터 마이닝과 모델링에 활용되고 여러 논문을 통해 결과들이 발표된 바 있다. 이 데이터베이스에는 일반적인 데이터(환자의 인구학적 정보, 병원 입퇴원일, 사망일, ICD-9 코드 등), 생리학적 데이터(시간별 생체 징후, 인공호흡기 셋팅), 약물(혈관 주사약물 등), 검사실 결과(영상 데이터 등), 수액 밸런스, 의무 기록과 각종 판독지(영상, 경과기록, 퇴원 기록 등) 등이 포함돼 있다. 이런 데이터는 플랫 파일로 다운로드할 수 있다. MIMIC-III 데이터베이스를 다루는 코드는 공개돼 있고, 코드가 포함돼 있는 주피터 노트북도 공개돼 있다. MIMIC-III는 MIT 그룹이 주관하는 "데이터톤^{datathon}"에서 활용해 왔다. 이 대회는 의사와 데이터 과학자들로 구성된 다학제적 참가자들이 임상적으로 가치가 있는 연구 질문과 임상 문제에 대해 질문하고 해결하는 것을 목적으로 한다[53].

다학제적인 데이터톤과 거기서 배운 교훈

크리스티나 첸^{Christina Chen}

크리스티나 첸은 데이터 과학에 강한 배경을 가지고 있는 신장 전문의로 여러 데이터톤의 집행 위원을 맡고 있다. 이 글을 통해서 의사와 데이터 과학자들과 함께 임상적인 질문을 해결하는 데이터톤의 실무적 경험의 가치에 대해서 말한다.

디지털 헬스 데이터의 양이 증가하고 "빅 데이터" 연구의 복잡도가 증가함에 따라 팀에 기초한 협업적 노력이 더 많이 필요하게 됐다. 그와 같은 협업적 노력 가운데 하나가 데이터톤이다. 데이터톤은 컴퓨터 산업계에서 다양한 전문가가 모여서 문제를 파악하고 정해진 시간(보통 24~48시간) 이내에 혁신적인 소프트웨어 솔루션을 개발하는 해커톤^{hackathon}에서 유래한 개념이다[1]. 모든 참가자들의 해법은 행사 마지막에 발표된다. 특히 데이터톤은 해커톤 모델을 데이터 애널리틱스에 적용한 것으로, 전문가들 간의 실시간 효과적인 아이디어 교환을 하는 플랫폼 역할을 한다. 이와 같은 행사는 다양한 사람들에서 훌륭한 참여 기회를 제공하고 협력적인 데이터 과학 프로젝트를 소개하며 새로운 아이디어를 도출하고, 미래 협력을 위한 길을 트는 역할을 한다. 이런 행사는 짧은 기간에 진행되지만 참여자들은 오래 지속되는 이득을 취할 수 있다.

새로운 네트워크 개발과 협업 창출

연구자들은 종종 사일로에 갇혀 다른 부서나 기관, 산업에서 노출된 기회가 제한된다. 이런 한계를 극복하기 위해서 데이터톤은 전문가들이 실시간 훌륭하고 효과적인 아이디어 교환을 위한 장소와 기회를 제공한다. 그리고 종종 다른 분야에 있는 사람들은 이해하기 어려운 자신들만의 분야에서 통용되는 전문 용어를 사용하는 경우가 있다. 크고 이름을 잘 모르고 덜 협력적으로 일하는 상황에서는 어렵지만, 작은 규모로 일을 하는 것은 효율적인 의사 소통을 할 수 있는 우호적인 환경을 제공한다. 이런 밀접한 협력은 다양한 전문가들이 함께 모여 일을 함으로써 주어진 문제를 더 깊고 빠르게 이해할 수 있기 때문에 임상적으로 흥미롭고 기술적으로 가능하며 통계적으로 견실한 해법을 효율적으로 제시할 수 있게 해 준다. 장기적인 목적은 행사에 이후에도 참여한 그룹들이 프로젝트를 계속 진행하고, 미래 프로젝트에서 서로 협력할 수 있는 토대를 마련하는 것이다.

공공 데이터 접근과 코드 공유 장려

MIMIC-III는 공개적으로 접근할 수 있는 수준 높은 정밀도를 가진 임상 중환자실 데이터베이스다. 이를 활용한 여러 논문들이 발표됐고 여러 데이터톤에서 활용돼 왔다[2-4]. MIMIC-III는 관련된 사람들이 데이터를 관찰하고 공유된 문제들을 출판할 수 있는 플랫폼 위에서 운영되고 있다. 데이터톤에서 이 데이터베이스를 사용하는 사례는 데이터 탐구를 통해서 가능한 것이 무엇인지 보여준다. 나아가 이 플랫폼은 특정 문제에 관해 직접 질의하고 결과를 받아볼 수 있다. 이런 기능들은 관련된 사람들이 서로 협력하고 개념을 공유하는 것을 쉽게 해준다[5]. 이런 공개 데이터 접근법을 사용해 좋은 논문들이 많이 출판됐다는 사실은 공개 데이터의 중요성을 일깨워 주고, 다른 사람이나 기관들도 기꺼이 자신들의 데이터를 공개하는 것을 장려하도록 하는 효과를 만들어낸다.

의학 연구에서 재현성의 부족은 일관되고 신뢰할 수 있는 발견을 생산하는 데 방해가 돼왔다. 투명한 연구 프로세스는 연구의 질을 개선하는 데 도움이 되고 연구의 방법과 설계를 완전하게 이해할 수 있게 해 준다. 데이터톤은 오픈 소스 코드와 공유의 개념과 같은 연구에서 재현성을 기술들을 이해하고 활용할 수 있는 기회를 제공함으로써 연구 재현성을 촉진하는 계기를 제공한다[5, 6].

성공적인 데이터톤을 위한 조언

전형적인 데이터톤은 보통 24~48시간이라는 짧은 기간 동안 진행된다. 행사가 원활하고 생산적으로 진행될 수 있도록 하는 데 필요한 다음과 같이 몇 가지 조언을 제시한다.

1. 데이터 접근: 데이터 없이는 데이터톤도 없다. 데이터톤 동안 핵심은 데이터에 접근할 수 있는 플랫폼으로, 과거에는 물리적인 서버 또는 클라우드 서비스 같은 방법을 사용해 왔다. 데이터톤은 짧은 기간 동안 진행되기 때문에 데이터에 대한 연결성을 고민하기보다는 프로젝트에 집중하는 데 시간을 사용할 수 있는 것이 좀 더 생산적이라고 할 수 있다. 보통 행사를 시작하기 전에 사용되는 데이터에 대한 형태가 공개된다.

2. 잘 정의된 질문: 행사 이전에 의사들과의 미팅을 통해서 팀들이 관심 영역을 확인하고 제한된 시간과 데이터톤에서 사용되는 데이터셋을 고려해 흥미롭고 적절한 질문을 개발하는 데 도움이 된다.

3. 데이터 과학자와 의사의 적절한 비율: 데이터 과학자와 의사들의 비율을 적절히 배분하려는 노력은 좀 더 균형있는 참가 그룹들을 만든다. 어떤 데이터톤에서는 사전에 임의로 참자자를 배분하기도 했고, 어떤 데이터톤에서는 의사들에 대한 적극적인 참여 유도가 필요하기도 했다.

4. 멘토의 참여: 데이터와 임상적 문제 모두를 잘 아는 의사와 데이터 과학자로 구성된 멘토 그룹을 두는 것이 데이터톤 그룹에 매우 도움이 됐다.

5. 데이터톤 사전 워크숍: 데이톤 이전에 부트캠프 또는 워크숍을 통해서 데이터톤 참가자들이 관련 문제를 조사할 기회를 주고 가용한 데이터에 대한 정보를 줄 수 있다. 도움이 됐던 워크숍들의 종류에는 PICO[P-patient, problem, population; I-intervention; C-comparison, control, comparator; O-outcome]와 같이 연구할 주제에 대한 질문을 구체화하는 방법, 통계학과 역학, 머신러닝 방법론, 깃허브와 같은 코드 공유와 버전 관리 플랫폼 사용법, 주피

터 노트북처럼 문서화를 촉진하는 프로그램 사용법 등에 관한 것들이었다. 이런 워크숍에서는 행사에 사용될 데이터셋을 사용하는 것이 이상적이다.

데이터톤은 관심있는 질문에 대해 조사하고 데이터에 익숙해지며 좋은 습관을 만들고 협업을 하는 훌륭한 기회를 제공한다. 사전에 협력적인 다학제적인 검토는 추가로 조사할 가치가 있는 아이디어를 확인하고 성공할 것 같지 않은 것들을 검토하는 데 도움이 된다. 제한된 시간은 비상한 혁신적인 아이디어를 탐구할 수 있게 해준다. 이런 행사는 기술과 연구라는 관점에 더해, 오래 지속되는 우정으로 이어지고 헬스케어를 개선할 책임이라는 공통의 목적을 서로 고무시키는 계기를 마련해 준다.

참고 문헌

[1] Aboab J, Celi LA, Charlton P, Feng M, Ghassemi M, Marshall DC, et al. A "datathon" model to support cross-disciplinary collaboration. Sci Transl Med 2016;8(333):333ps8.

[2] Johnson AEW, Pollard TJ, Shen L, Lehman L-WH, Feng M, Ghassemi M, et al. MIMIC-III, a freely accessible critical care database. Sci Data 2016;3:160035.

[3] Li P, Xie C, Pollard T, Johnson AEW, Cao D, Kang H, et al. Promoting secondary analysis of electronic medical records in China: summary of the PLAGH-MIT critical data conference and health datathon. JMIR Med Inform 2017;5(4):e43.

[4] Serpa Neto A, Kugener G, Bulgarelli L, Rabello Filho R, de la Hoz MÁA, Johnson AE, et al. First Brazilian datathon in critical care. Rev Bras Ter Intensiva 2018;30(1).

[5] Johnson AE, Stone DJ, Celi LA, Pollard TJ. The MIMIC Code Repository: enabling reproducibility in critical care research. J Am Med Inform Assoc 2018;25(1):32-9.

[6] Moseley ET, Hsu DJ, Stone DJ, Celi LA. Beyond open big data: addressing unreliable research. J Med Internet Res 2014;16(11):e259.

지능적인 강화학습 인공지능 에이전트를 배치하여 인간 의사의 경험보다 훨씬 많은 양의 환자 데이터로부터 내재된 지식을 추출하도록 한 연구에서[54], 이 인공지능 모델이 패혈증에 대해서 환자의 건강 결과를 개선할 수 있는 맞춤화된 치료 지침을 제공했다. 또한 검사실 데이터와 생체 징후에 대한 자연어에 기반 예측 모델을 통해 사망에 대한 더 나은 예측 성능을 보여 줬고[55], 어떤 머신러닝 모델은 결과 예측에서 시간의 중요성을 강조하기도 했다[56]. 마지막으로 원격 중환자실 시스템과 머신러닝 기반 임상 의사 결정 시스템(패혈증 예측과 인공호흡기 관리)을 연결시키려는 시도가 진행중인데, 원격 중환자실로부터 얻은 광대한 양의 데이터를 갖고 일반화가 가능한 머신러닝 기반 임상 의사 결정 알고리듬을 구축하고자 노력하고 있다[58].

소아 및 신생아 중환자 케어

소아 중환자실 케어에서 인공지능을 사용해 "정밀 중환자 치료"를 하려는 강한 논의가 진행되고 있다. 이 경우에는 인지적 구조를 가진 실시간 딥러닝을 통해서 개별 중환자를 위한 맞춤 치료를 제공하고자 시도한다[59]. 어떤 연구는 생체 지표 데이터에 대해 로지스틱 회귀, 랜덤 포레스트, 컨볼루션 신경망 등을 활용한 인공지능을 적용해서 일반적인 스크린 알고리듬보다 8시간 일찍 소아중환자 패혈증을 예측할 수 있었다고 보고했다[60]. 인공지능을 사용해서 소아 심장 중환자 환자 중 향후 악화될 위험성이 있는 환자를 조기에 발견하기 위한 시도가 진행중이다. 이 인공지능 전략은 신경망, 의사 결정 나무 분류 및 로지스틱 회귀를 사용해 실시간 개별화된 위험도 평가를 제공하는 것을 목표로 한다[44]. 윌리엄스 등이 보고한 내용에 따르면 k-평균 클러스터링 비지도 학습법을 적용해 다양한 예후 정보를 주는 10개의 클러스터를 발견할 수 있었다고 한다[61]. 소아 중환자실 전문가들은 이와 같이 복잡한 환경에서 인공지능 도구를 적용하는 데 관심이 많아 보인다[62]. 신생아 중환자실 팀에서는 소아와 달리 데이터를 적극적으로 활용하려는 학문적 움직임이 덜하기는 하지만, 싱Singh 등은 빅데이터 허브와 규칙 기반 엔진과 딥러닝을 사용한 실시간 분석을 통해서 미래 신생아 중환자실의 미래를 제시했다[63].

가상 소아 중환자실

랜들 C. 웨젤 Randall C. Wetzel

랜들 C. 웨젤은 소아 중환자 전문의로 가상 소아 중환자실 개념을 만들었다. 이 글을 통해서 가상 소아중환자실의 개념과 질 향상, 교육, 중환자실 데이터 분석 등에 줄 수 있는 장점에 대해서 설명한다.

　페이스북과 구글이 없었고 야후가 이제 갓 시작할 무렵, 그러니까 지금과 같이 연결된 세상이 만들어지기 전인 1997년 몇몇의 소아 중환자 전문의들이 세인트 루이스에서 만나 인터넷이라고 하는 새로운 정보 기술의 활용 방법과 연결된 세상이 소아 중환자 케어에 어떤 잠재적 영향을 줄 수 있을지에 대해 토론했다. 2일간의 토론 후에 합의 계획이 만들어졌다. 소아 중환자에게 질 높은 케어를 개선하기 위해서 데이터 공유, 소아 중환자 케어에 더 많은 인터넷 지원, 원격 의료와 원격 학습의 가능성을 탐구하자는 것이 주요 내용이었다. 가상 소아 중환자실VPICU, Virtual PICU의 핵심 개념에는 우리 환자에 대한 디지털 데이터를 모아서 중증 질환들이 소아에게 발병하는 이유를 발견하고, 그런 지식을 더 빨리 퍼트리려는 목적이 있다. 그 발상의 동기는 의료 데이터가 점점 더 디지털화됨에 따라 우리는 우리 환자에 대응하는 디지털 데이터를 가지게 되고 나아가 환자가 하나의 데이터가 될 것이며 이런 데이터를 분석하고 그 정보와 지식을 활용해 다음 환자를 치료할 수 있을 것이라는 개념이었다. 이런 생각은 한번에 한 명 이상의 소아를 치료하는 것이 가능한 소아 중환자 케어 진료를 위한 하나의 공유 정보 공간을 만드는 비전으로 이어졌다. 논의를 거쳐 처음 제안된 사이버PICUCyberPICU를 버리고 VPICU가 선택됐다. 이는 언젠가 머지않은 미래에 우리의 집단적 경험이 아이들에게 도움이 될 수 있는 연결되고 공유되며 협력적인 "가상의" PICU에서 진료를 할 수 있게 하자는 의미를 담고 있다[1](www.vpicu.org).

처음에 VPICU는 소아 중환자의 건강 결과, 중환자실의 유형, 환자의 종류에 따른 빈도와 인구학적 특성, 정확한 진료 정의 등과 같이 중환자실 진료를 더 잘 이해하는 데 초점을 맞췄다. 국립 소아 병원 및 관련 기관 연합회NACHRI의 중환자 케어 포커스 그룹과 함께 VPICU는 소아 중환자실 케어를 더 잘 이해하고 연구를 뒷받침하기 위해서 데이터베이스를 개발했다. 이는 모든 중환자실 입원, 중환자실 진료 수행 방법, 치료된 환자 유형, 중증도가 조정된 건강 결과 등에 관한 정보를 모은 데이터 저장소로 성장했다. 이후 로스앤젤레스 소아 병원의 VPICU, 소아병원연합회, 위스콘신 소아병원 사이에 파트너십이 만들어졌고 지금은 버추얼 피디아트릭 시스템, LLC(VPS, www.myvps.org)라고 하는 회사 형태로 운영되고 있다.

VPS는 주로 북아메리카에 위치한 160개 병원과 전 세계 PICU, 흉부심장 중환자실, 신생아 중환자실에서 수집된 170만 명의 중환자실 입원 환자에 자세한 질병 데이터를 제공한다. 다양한 전자 검증 시스템을 통해서 평가자 간 신뢰도가 0.9를 초과하도록 특별히 훈련된 임상각들에 의해서 높은 수준이 데이터가 수집되고 있다. 지난 15년간 VPS는 데이터와 사용자 맞춤 벤치마킹을 통해 수백개의 지역 질향상 프로젝트를 지원했다. 그리고 150개 넘은 연구 논문에서 높은 수준의 검증된 데이터를 제공했다. VPS, LLC는 소아 중환자의 진료를 개선하기 위해 양질의 보고서를 중환자 전문의와 병원들을 지속적으로 제공한다[2, 3].

동시에 VPICU는 소아 중환자실에 대한 가장 큰 온라인 모임 지원을 포함한 다양한 프로젝트를 통해 온라인 교육을 지원해 왔다(www.pedsccm.org). 또 서던 캘리포니아 원격 의료 네트워크를 지원했고 대형 사고 발생시 골든 타임 안에 중환자 케어를 제공하기 위한 원격 소아 외상 네트워크를 개발하는 데도 협력했다[4]. 교육적인 측면에서서 VPICU는 VPS 데이터베이스를 사용한 연구와 원격 의료를 제공하기 위한 펠로우십에 재정적인 지원을 해왔다. 현재도 VPICU는 중환자 전문의들과 데이터 과학자들의 상호 이해를 촉진하고 협력을 유도하기 위한 교육 미션을 지속적으로 수행한다.

VPICU의 핵심에는 데이터 애널리틱스가 있다. VPICU는 현재 소아중환자실에서 사용할 수 있는 임상 의사 결정을 지원하기 위해 머신러닝과 인공지능을 적용하는 데 초점을 두고 있다. 수년에 걸쳐 VPICU는 이런 목적을 촉진하기 위해서 임상 데이터 수집, 데이터 구조, 데이터 원칙, 데이터 큐레이션 기술들을 개발해 오고 있다(https://ieeexplore.ieee.org/abstract/document/5999031/citations?tabFilter=papers#citations).

VPICU는 헬스케어 데이터에 대한 딥러닝과 인공지능 응용을 촉진하기 위해서 머신러닝 전문가들과 의사들이 함께 하는 국가에서 가장 큰 연례 모임을 만들었다(www.mucmd.org). VPICU의 데이터 과학자들은 인공지능 임상 의사 결정으로 나아가기 위해서 중환자 케어 데이터에 대한 딥러닝을 방법론을 지속적으로 탐구하고 있다[5, 6]. VPICU의 중요한 프로젝트 중 하나는 중환자 케어에 인공지능을 응용할 수 있는 인적 자원을 제공하기 위해서 데이터 과학자들이 중환자 전문가들과 함께 일할 수 있게 하는 훈련 프로그램을 제공하는 것이다. 아울러 데이터 연구의 가장 큰 장애 가운데 하나는 고품질 의료 데이터에 대한 가용성이다 [7]. MIMIC이 성인 중환자 케어 분야의 머신러닝 응용을 널리 퍼트리는 데 기여한 것과 마찬가지로 VPICU는 소아과 분야의 데이터 과학 연구를 지원하고 대규모 데이터 저장소를 만들기 위해서 소아중환자실 사이의 데이터 협력을 주도하고 있다(http://vpicu.net).

미래의 도전은 잘 큐레이션된 고품질 데이터, 잘 훈련된 데이터 과학자, 인공지능 기술에 익숙한 의사에 대한 수요가 될 것이다. 우리는 지식의 발견을 바로 침상으로 가지고 가는 시간을 줄일 필요가 있고 침상에서 거의 실시간 임상 의사 결정을 지원할 필요가 있다. 중환자 케어에 대한 윤리적인 인공지능 응용, 데이터 민주화, 우리 환자에 대한 좀 더 세밀한 디지털 복제를 만드는 것도 해결해야 한다. VPICU는 환자 케어를 개선하기 위해서 지속적으로 한 번의 숨쉬기, 한 번의 심장 박동에서 환자의 모든 반응 데이터를 윤리적으로 수집하고 학습해 나갈 것이다.

참고 문헌

[1] Wetzel Randall C. The virtual pediatric intensive care unit: practice in the new millennium. Pediatr Clin North Am 2001;48:795-814.

[2] Wetzel RC, Sachedeva R, Rice TB. Are all ICUs the same? Paediatr Anaesth 2011;21(7):787-93. Available from: https://doi.org/10.1111/j.1460-9592.2011.03595.x Epub 2011.

[3] Wetzel RC. Pediatric intensive care databases for quality improvement. J Pediatr Intensive Care 2016;5:81-8.

[4] Burke RV, Berg BM, Vee P, Morton I, Nager A, Neches R, et al. Using robotic telecommunications to triage pediatric disaster victims. J Pediatr Surg 2012;47(1):221-4. Available from: https://doi.org/10.1016/j.jpedsurg.2011.10.046.

[5] Marlin BM, Kale DC, Khemani RG, Wetzel RC. Unsupervised pattern discovery in electronic health care data using probabilistic clustering models. Proceedings of the 2nd ACM SIGHIT international health informatics symposium (IHI'12). New York: ACM; 2012. p. 389-98. Available from: http://doi.acm.org/10.1145/2110363.2110408.

[6] Carlin CS, Ho LV, Ledbetter DR, Aczon MD, Wetzel RC. Predicting individual physiologically acceptable states at discharge from a pediatric intensive care unit. J Am Med Inf Assoc 2018;25(12):1600-7. Available from: https://doi.org/10.1093/jamia/ocy122.

[7] Wetzel RC. First get the data, then do the science. Pediatr Crit Care Med 2018;19(4):382-3. Available from:https://doi.org/10.1097/PCC.0000000000001482

시계열 지속적 생리학적 데이터 : 위험도와 불확실성을 관리하기 위한 인공지능

피터 C. 로쎈 Peter C. Laussen

– 캐나다 온타리오 토론토 토론토대학 부속 어린이병원 중환자의학과

피터 로쎈은 중환자실 케어 생리 데이터와 관련된 연구 경험이 상당히 많은 소아 중환자실 전문의다. 시계열 데이터의 개념과 정밀 중환자 케어를 구현하기 위한 도전적인 문제들을 제기한다.

중환자실은 역동적이고 복잡하며 자원이 많이 투여되는 환경으로, 인간이 여러 가지 기술과 직접 상호 작용하는 곳이다. 의사 결정에서 시의적절함이 매우 중요하고, 종종 의사들이

여러 소스를 통해서 나온 데이터를 빠르게 취합해야만 하는 상황들이 발생한다. 그래서 환자의 질병이나 진단, 환자의 생리학적 상태, 치료에 대한 예측하지 못한 반응, 임상 팀의 데이터를 정확히 해석할 수 있는 능력 등에 따라서 진료의 형태가 바뀌고 관리의 불확실성이 있을 수 있다. 그리고 업무 흐름, 커뮤니케이션, 혼란, 자원 활용 등과 관련해 중환자실 환자의 특이한 다양한 업무적 압박이 존재한다.

전형적으로 환자들은 심장 박동, 혈압, 산소포화도와 같은 생리적 신호를 읽어내는 다양한 모니터들과 인공호흡기 같은 장기 기능을 지원하는 장비들, 약물 주입을 위함 주입 펌프 등으로 둘러싸여 있다. 이런 환경에서의 임상 의사 결정을 지원하기 위해서 성인, 소아 중환자실과 관련된 연구들이 증가하고 있다. 중환자실 케어 데이터 수집과 관련해서 여러 가지 성공 사례들이 나오고 있지[1], 고빈도 파형을 가진 데이터 사용과 관련해서는 복잡하고 난제가 많은 실정이다.

시계열 데이터의 문제점

디바이스와 모니터에서 나오는 지속적인 생리학적 데이터 스트리밍은 시계열 데이터로, 한마디로 움직이는 데이터다. 그 데이터는 여러 가지 특징을 가지고 있다. 양과 속도 면에서 크고 신호의 빈도가 다양하며 노이즈에도 취약하다. 이런 데이터가 침상에서 의사 결정을 하는데 핵심이라는 것은 분명한 사실인데, 실시간 침상 예측 분석을 위한 모델링, 데이터 수집과 레이블링, 그리고 이런 데이터를 통합한다는 측면에서는 여러 가지 한계를 가지고 있다. 데이터가 정리돼 있지 않고 관리, 저장, 인출하는 것이 어렵다.

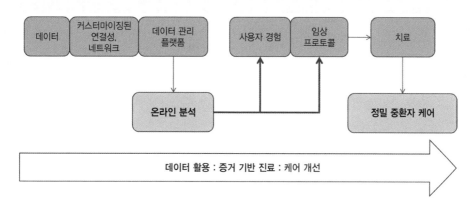

그림 1 복잡한 생리 데이터의 의미있는 사용

양적인 문제는 데이터 저장을 어렵게 하고 데이터가 입출력에 묶여 병목이 발생하며(I/O bound), 효율적인 압축과 압축 해제 방법이 필요하다. 또한 효율적인 데이터 인출과 분석을 위한 파일 인덱싱 설계를 필요로 한다. 이러한 문제들 때문에 고빈도 파형 데이터에 대한 여러 가지 접근법들이 사용된다. 한 가지 방법은 저 빈도(1 Hz) 단위로 데이터를 저장하는 것이다. 이 방법의 문제는 환자의 생리적인 시스템의 변동성을 충분히 잡아내지 못한다는 점이다. 또는 일정 기간 동안 데이터를 수집한 다음에 파형 데이터를 삭제하는 것이다data purging. 데이터를 삭제한다는 것은 데이터가 수집될 때 또는 일정 저장 기간 동안에 특정 데이터셋의 특성들이 파악됐다는 가정을 한다. 데이터가 삭제되면 추가 정보 인출은 불가능하다.

다른 방법은 데이터가 환자 소유임을 인정하고, 저빈도 및 고빈도 데이터를 영구적으로 수집하고 보관하는 것이다. 현재 규모가 크고 다양한 고빈도 생리적 신호 데이터를 관리할 수 있는 바로 사용가능한 제품은 없다. 우리는 2016년부터 데이터 수집, 파일 인덱싱, 압축과 압축 해제를 원활히 처리하기 위한 자체 데이터 관리 플랫폼을 만들고 배치해 사용하고 있다(그림.1, www.laussenlabs.ca). 수집되는 데이터는 질환과 치료의 복잡도에 다르다. 보통 시간당 500개 이상의 신호, 소아 중환자실 42개 침상에서 하루 7000만~1억5000만 개의 생리학적 데이터 포인트가 생산된다. 현재 4000명이 넘는 환자에게서 측정한 70만 시간 이상, 2조 데이터 포인트에 이르는 데이터가 데이터베이스에 저장돼 있다.

데이터 분석

데이터가 일단 획득되고 연속성과 질이 보장되면, 그 다음 단계는 이 데이터를 쉽게 분석할 수 있게 하는 것이다. 중환자 케어에서 이런 데이터를 사용해 할 수 있는 여러 가지 일이 있다. 그중 일부를 소개하면 다음과 같다.

1. 나이, 질병, 치료, 시간 등에 따라 생리학적 표현형과 맞춤화된 생리학 기술[2]

2. 저산소증과 혈역학적인 불안정성[3], 인공호흡기의 효과성, 신경학적인 손상 위험, 대사 상태와 같은 환자의 생리학적 상태 이해

3. 데이터 패턴 인식을 통해서 생리학적 상태에 따라, 패혈증이나 심장 마비와 같은 이벤트가 발생할 위험도 등에 대한 조기 경보 시스템 개발[4, 5]

4. 예상되는 환자의 경과를 바꾸기 위해서 직접적 특정 중재를 시행한 후 또는 치료 프로토콜에 따른 환자의 반응 추적

5. 중환자실 입원 기간과 재입원 위험도 같이 검증된 결과 척도에 대해 효율성을 보장하기 위한 임상적 의사 결정 지원 및 비즈니스 애널리틱스 개발

6. 심장 박동의 변화와 같이 시그널 프로세싱을 강화하고 파형을 분석하는 일과[6] 복잡한 파형에 내장돼 있을 수도 있는 전에 알려지지 않은 신호 발견

7. 생리학에 대한 새로운 인사이트 개발, 특정 치료 반응할 가능성이 있는 환자군 판별[7], 맞춤화된 중환자 관리를 할 수 있는 예후와 예측 전략 수립

생체 데이터에 대한 전망과 문제점

결정을 내리는 방법과 모델 또는 알고리듬에 갖고 있는 신뢰 사이에는 불연속이 존재한다[8]. 모델은 불투명할 수 있고 가중치가 부여된 특징과 구성 요소, 모델을 만든 사람의 우선 순위와 판단 그리고 입력값과 연관된 맹점들 때문에 단순화돼 있다. 모델은 조건이나 행동에 대해 고려하지 않은 수학적인 출력이다. 따라서 모델을 사용할 때 따라오는 위험은 부정확한 가정, 의미없는 연관성, 편향으로 인한 오류 등이다. 모델은 실수, 결과, 건강 결과에 대한 피드백을 필요로 한다. 모델은 설명 가능해야 하고, 확장가능하고 맥락에 대한 민감도를 보여야 한다.

침상에서 연속적인 생리학적 신호에 의해서 생성되는 데이터를 사용해 중환자 케어에서 생리학적 상태와 환자의 표현형을 이해하는 것이 가능하다. 동시에 이런 상태를 결정하기 위해 큰 생리학적 데이터를 이용하는 것이 침상에서 의사를 대체하는 것이 아님을 이해하는 것도 중요하다. 그것은 우리의 의사 결정을 강화하고 의사소통과 정보 전달을 개선하고, 나아가 의사로서 경험과 능력치의 한계를 뛰어넘을 수 있는 수단을 제공한다.

참고 문헌

[1] Johnson AE, Pollard TJ, Shen L, Lehman LW, Feng M, Ghassemi M, et al. MIMIC-III, a freely accessible critical care database. Nat Sci Data 2016;3:160035.

[2] Eytan D, Goodwin AJ, Greer R, Guerguerian AM, Mazwi M, Laussen PC. Distributions and behavior of vital signs in critically ill children by admission diagnosis. Pediatr Crit Care Med 2018;19(2):115-24.

[3] Potes C, Conroy B, Xu-Wilson M, Newth C, Inwald D, Frassica J. A clinical prediction model to identify patients at high risk of hemodynamic instability in the pediatric intensive care unit. Crit Care 2017;21(1):282.

[4] Meyer A, Zverinski D, Pfahringer B, Kempfert J, Kuehne T, Sundermann SH, et al. Machine learning for realtime prediction of complications in critical care: a retrospective study. Lancet Respir Med 2018;6(12):905-14.

[5] Tonekaboni S, Mazwi M, Laussen PC, Eytan D, Greer R, Goodfellow S, et al. Prediction of cardiac arrest from physiologic signals in the pediatric ICU. In: The proceedings of machine learning for healthcare conference, 85, ISSN 1938-7228, Palo Alto, CA.

[6] Goodfellow S, Goodwin A, Greer R, Laussen PC, Mazwi M, Eytan D. Atrial fibrillation classification using step-by-step machine learning. Biomed Phys Eng Express 2018;4(4):045005.

[7] Wong HR, Atkinson SJ, Cvijanovich NZ, Anas N, Allen GL, Thomas NJ, et al. Combining prognostic and predictive enrichment strategies to identify children with septic shock responsive to corticosteroids. Crit Care Med 2016;44(10) e1000-3.

[8] Topol EJ. High-performance medicine: the convergence of human and artificial intelligence. Nat Med 2019;25(1):44-56.

중환자 케어 인공지능 구현의 장애물

미자예 L. 마즈위 Mjaye L. Mazwi

- 캐나다 온타리오 주 토론토 토론토대학교 환아병원

대니 에이탄 Danny Eytan

- 캐나다 온타리오 주 토론토 토론토대학교 환아병원, 이스라엘 하이파 이스라엘기술대학교 테크니언 의학부

세바스찬 D. 굿펠로우 Sebastian D. Goodfellow

로버트 W. 그리어 Robert W. Greer

- 캐나다 온타리오 주 토론토 토론토대학교 환아병원

앤드류 J. 굿인 Andrew J. Goodwin

- 캐나다 온타리오 주 토론토 토론토대학교 환아병원, 호주 뉴사우스웨일즈 시드니 시드니대학교

미자예 마즈위, 대니 에이탄, 세바스찬 굿펠로우, 로버트 그리어, 앤드류 굿원 등은 이 글을 통해서 도메인 지식 부재에서 데이터 큐레이션, 데이터 통합 문제 같은 중환자실 인공지능 채용의 잠재적 장애 요소에 대해서 설명한다.

현대의 중환자 진료는 환자를 지원하는 다양한 의료 기술에 의존한다. 다양한 기술을 사

용하는 이 환경에는 데이터가 아주 많고, 2000 Hz에 이르는 빈도로 데이터가 표집되고 표시된다. 중환자는 질병의 경과와 치료 중재에 반응해 예측 불가능한 비선형 반응을 특징으로 한다[1]. 이렇게 아주 다양한 반응과 임상 연구로 뒷받침되는 증거 부족은 개별 환자 수준에서 최적의 치료에 대한 상당한 불확실성으로 이어진다. 이렇게 불확실하고 역동적이며 데이터가 풍부한 환경이야말로 인공지능이 정말로 필요한 분야라고 할 수 있을 것이고 인공지능을 통해 임상의의 인지적 부담을 경감시키고 그들의 의사 결정을 도울 수 있다[2].

중환자 의학의 여러 문제에 있어 머신러닝 같은 기술을 응용하는 것에 대한 관심에도 불구하고, 환자의 침상에서 사용되는 머신러닝 모델은 매우 제한돼 왔다[3]. 모델을 실제로 사용해 보는 것이 모델 설계와 효율성에 대한 진정한 검증으로 생각되기 때문에 이런 결핍은 문제로 볼 수 있다. 모델을 환자의 침상으로 가지고 가지 못하게 된 주요 원인은 다음과 같은 것들이다.

1. 연구자들의 도메인 지식에 대한 부족 – 임상 문제의 본질과 모델 개발에 사용되는 데이터 유형에 따른 한계에 대한 인사이트 부족으로 인해 모델 개발을 방해한다. 다학제 팀에 의사를 포함시키는 것은 맥락에 대한 이해를 돕고 특징 공학에 도움이 되며 모델의 결과물을 환자 케어에 통합시키는 메커니즘을 파악하는 데 도움이 된다.

2. 불균일하고 띄엄띄엄 표집된 데이터 – 임상 데이터는 아주 다양한 유형을 갖고 있으며 같은 조건을 가진 서로 다른 환자에서조차 결측값은 흔하다. 이는 모델 개발에 문제를 일으키고, 때론 정확한 예측을 위해 필요한 최소한의 데이터셋은 무엇인지 고민하게 만든다. 더불어 기관 간의 표준화된 데이터 수집 원칙이 없어 기관 간의 모델을 옮겨 사용하는 것을 불가능하게 한다.

3. 데이터 큐레이션 – 고도로 큐레이션한 후향적 데이터셋을 사용해 개발한 모델은 실제 환자 케어 과정에서 발생하는 잡음이 많고, 아티팩트가 끼어있는 데이터에 잘 들어 맞지 않는다. 이런 문제는 환자 케어 현장에서 실제 환자 데이터에 대해 전향적 예측을 하기 위해 그런 모델을 배치하는 작업을 힘들게 만든다.

4. 의료 데이터의 분절화 – 의료 환경에서 생산되는 다양한 종류의 데이터는 보통 여러 가지 형태로 다양한 서로 다른 저장소에 저장된다. 영상 검사에서 사용되는 이미징 데

이터는 영상의학과에 보관되고 인구학적 데이터나 건강 결과는 전자의무기록에, 바이오마커 데이터는 검사실 데이터베이스에 저장된다[4]. 이런 상황은 데이터에 대한 접근을 어렵게 해서 다양한 소스로부터 데이터를 통합해 모델을 개발하고 배치하는 데 장애가 된다. 이런 문제는 회사 고유의 상용 포맷 또는 상호운용성의 문제는 이런 상황을 악화시킨다. 그래서 환자의 필요에 의해 구입되어 도입되는 기술을 승인하는 데 있어 핵심적인 고려 사항은 그런 장비에서 표시되는 데이터에 쉽게 접근할 수 있는지 여부와 다른 유용한 데이터 타입들과의 상호운용성이 돼야 한다고 믿는다.

5. 설명 가능성 – 전통적으로 의학 연구는 가설에 기초한 검증으로 이뤄지고 그를 통해 질병의 병태생리학을 이해하게 된다. 병태생리학에 기초하여 치료제를 찾게 된다. 데이터에 기반한 모델 개발은 의학 연구의 새로운 패러다임이다. 모델 개발과 사용되는 분석 기법에서 어떤 변수를 포함하고 가중치를 두는 것에 대한 불확실성은 의사들 사이에 불안감을 조성해 모델을 사용한 예측 도구를 실제 환자 케어로 가져가는 것을 주저하게 만든다. 모델 개발에 설명 가능성을 포함하면 이런 우려를 줄인다.

6. 규제 장벽 – 의학 연구 승인 여부를 결정하는 전통적인 기관생명윤리위원회[IRB]는 시간이 경과함에 모델의 성능을 개선하기 위해 입력 데이터들을 파악하고 개발 과정을 반복하는 유연한 접근법을 필요로 하는 데이터 기반 모델링 기술에는 적합하지 않다. 환자의 프라이버시에 대한 우려 역시 데이터 접근과 굳건한 모델 개발에 필요한 대규모의 정교한 훈련 데이터를 생성하는 것을 어렵게 한다. 이는 의료 인공지능 사용하는 것을 어렵게 하는 중요한 장벽이며 이런 장애를 극복하는 방법이 의료계와 연구계가 풀어야할 주요 문제 가운데 하나다.

7. 의료 데이터에서 시간 변수에 대한 처리 – 의료 데이터에서 사용되는 서로 다른 시간 변수 처리 방법은 효과적인 데이터 융합에 문제를 일으킨다. 질병의 진행에 대한 시간적 순서에 관한 정보는 오로지 질환의 진행을 반영하는 데이터가 시간에 대해 정확하게 정렬돼 있어야 발견되는 것이기 때문에 중요한 문제다. 실시간 또는 거의 실시간 예측을 목표로 하는 모델을 구현하기 위해서 이런 시간에 대한 데이터 정렬은 모델을 훈련시키는 데 사용되는 과거 데이터뿐만 아니라 환자의 케어 현장에서 모델의 입력 데

이터 역할을 하는 전향적 데이터에서도 유지돼야 한다.

8. 인공지능 예측 도구를 실제 임상에 융합 – 모델 결과를 가장 효과적으로 실제 임상에 도입시키는 방법은 중요한 문제다. 복잡 데이터 모델에 대한 데이터 시각화 형태가 될 수 있고, 단순한 경고 시스템이 될 수도 있다[5]. 실제 임상에 통합시킬 때는 케어를 방해하는 요소를 최소화하고 거짓 양성, 잦은 경고로 인한 피로, 의사들의 불필요한 인지 부하를 최소화할 수 있게 해야 한다.

9. 윤리적·법적 고려사항 – 모델 배치는 환자 케어를 바꾸는 것에 대한 윤리적·법적 함의를 이해하는 것이 수반돼야 한다. 임박한 어떤 사건을 예측하는 모델을 예로 들어 보자. 모델 예측 결과를 환자와 가족에게 밝혀야 하는 책임에 대한 결정과 더불어 예측에 대해 기대되는 의사의 반응을 모델 배치 전에 특정할 필요가 있다.

이상적으로 모델 배치는 건강 결과, 프로세스, 균형있는 척도 등을 미리 파악해 개선된 과학 프레임워크에서 이뤄져야 한다. 이런 프레임워크는 모델 성능이 정적이지 않고 시간에 따라 이상적으로 개선되는 것이기 때문에 이를 고려해 다이내믹한 특성을 가져야 한다.

여기서 나열한 문제들은 상당하지만 우리는 이런 장벽 중 어느 것도 극복할 수 없다고 믿는다. 의사들과 이 분야 연구자들은 이런 장벽에 대한 해법을 찾기 위해서 긴밀히 협력할 필요가 있다.

참고 문헌

[1] Buchman TG. Nonlinear dynamics, complex systems, and the pathobiology of critical illness. Curr Opin Crit Care 2004;10(5):378-82.

[2] Workman M, Lesser MF, Kim J. An exploratory study of cognitive load in diagnosing patient conditions. Int J Qual Health Care 2007;19(3):127-33.

[3] Patel VL, Shortliffe EH, Stefanelli M, Szolovits P, Berthold MR, Bellazzi R, et al. The coming of age of artificial intelligence in medicine. Artif Intell Med 2009;46(1):5-17.

[4] Dimitrov DV. Medical Internet of Things and big data in healthcare. Healthc Inform Res 2016;22(3):156-63.

[5] Harrison AM, Herasevich V, Gajic O. Automated sepsis detection, alert, and clinical decision support: act on it or silence the alarm? Crit Care Med 2015;43(8):1776-7.

현재의 평가와 미래 전략

전반적으로 중환자 의학 인공지능은 이와 비슷한 마취과학과 비교해 그 학술적·임상적 활동이 증가하고 있다. 하지만 아직 인공지능의 다양한 도구가 잘 활용되지는 않는 상황이다. 주된 이유는 마취과와 비슷하게 실시간 복잡한 의사 결정 지원을 위한 인공지능 도구가 아직은 최적 상태에 도달하지 못했기 때문이며, 앞으로 좀 더 정교하게 개선될 필요가 있다. MIT 그룹과 MIMIC 팀의 작업은 중환자실 인공지능, 머신러닝/딥러닝의 유지하고 발전시키는 데 도움이 되고 있다.

중환자 의학의 미래 임상적 적절성과 현재 인공지능의 가용도 프로파일은 마취과와 유사하다. 일단 중환자실에서 필요한 실시간 복잡 의사 결정을 위한 딥 강화 훈련이나 기타 딥러닝 기술들이 충분하게 정교해진다면, 이 분야의 인공지능 채용률은 아주 높아질 것으로 예측된다. 딥 강화 훈련 및 딥러닝, 머신러닝을 위한 풍부한 데이터 소스를 제공하는 중환자 데이터 저장소는 아주 큰 가치를 가질 것이다. 더불어 인공지능과 변형 현실 같은 기술은 가상 또는 심폐소생술 시뮬레이션 등을 통해 중환자실에서 의사들의 교육 및 훈련에 중요한 역할을 할 것이다. 바쁜 중환자실 행정 업무에 문서화와 업무 흐름의 부담을 줄이는 데 있어서 로봇과 자동화된 조력자가 유용하게 사용될 것이다(표 8.4).

표 8.4 중환자 의학

인공지능 응용 분야	임상적 적절성	현재 인공지능 가용도
의료 영상	++	+++
변형 현실	+++	+
의사 결정지원	+++	++
진단	+++	+
정밀 의료	++	+
신약 발견	++	+
디지털 헬스	+	+
웨어러블 기술	+	+
로봇공학	++	++
가상 비서	++	+

피부과

피부과Dermatology 전문의는 피부의 질환을 다룬다. 간단한 일광화상이나 발진부터 전신 질환의 피부 발현(루푸스), 흑색종과 같은 암까지 다양하다. 그래서 피부과 전문의는 다른 의사들에 비해서 자신들의 관찰 기술을 사용해 피부의 병변을 해석하는 데 상당한 시간을 할애한다. 피부확대경검사는 피부를 확대해 조사하는 검사법을 말한다. 피부과 의사는 레이저 수술, 절제, 병변에 대한 생검 등과 같은 작은 수술을 시행하기도 한다.

고찰 논문과 대표 사례

영상의학과, 안과학, 병리학, 이제는 심장학 등에서 의료 영상 판독과 관련한 딥러닝/컨볼루션 신경망과 관련해 활발한 움직임이 있는 반면 피부과학에서 인공지능 관련 발표된 논문 숫자는 상대적으로 낮다. 피부과학과 피부 병변에서 이미징과 진단에 인공지능과 머신러닝을 응용하는 것과 관련된 훌륭한 고찰 논문이 있다[64]. 이 고찰 논문은 편향 분산 트레이트오프, 과적합과 미적합, 손실 함수 등을 포함해 이미지 판독에서 발생하는 머신러닝의 여러 측면을 비교적 자세하게 고찰했다.

에스테바 등은 피부암에 딥러닝을 적용한 획기적인 논문을 발표했다[65]. 이 연구에서 저자들은 2,000개가 넘는 다양한 진단으로 구성된 13만 개에 가까운 피부 데이터셋을 사용해 컨볼루션 신경망을 훈련했다. 이 신경망의 성능과 2개의 이진 분류를 사용하는 이용 방법에 대해 21명의 피부과 전문의와 비교했는데, 두 가지 과제에서 모두 전문가들과 같은 수준을 보여줬다(그림 8.4). 이 결과로 중요한 의학적 케어의 한 부분에 대해 스마트폰을 통한 저가의 보편적 접근이 가능해졌다. 이 논문이 출판되고 나서 코크란 데이터베이스 시스테믹 리뷰Cochrane Database Systematic Review는 제대로 선별된 환자 집단에서는 컴퓨터 보조 진단이 민감도가 높고 전문의들이 악성 흑색종을 놓칠 위험을 줄이는 데 도움이 되기는 하지만 전향적 연구가 더 필요하다고 결론내렸다[66]. 핸슬 등은 국제적으로 58명의 피부과 전문의 그룹과 컨볼루션 신경망의 성능을 비교했을 때 컨볼루션 신경망이 더 우수했다는 "인간 대 기계" 비교 논문을 발표하기도 했다[67]. 마지막으로 장Zhang 등은 피부 질환 진단을 개선하기 위해서 가장 좋은 상황은 컨볼루션 신경망과 인간 전문가의 협력적인 노력을 기울일 때라고 이야기했다[68].

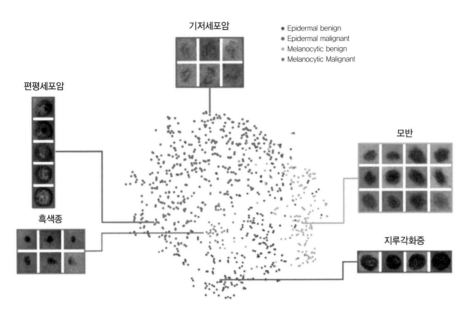

편평세포암

기저세포암

- Epidermal benign
- Epidermal malignant
- Melanocytic benign
- Melanocytic Malignant

모반

흑색종

지루각화증

그림 8.4 **피부 병변 분류.** 색으로 표시된 클러스터는 컨볼루션 신경망을 적용해 분류한 피부 병변에 대한 카테고리다. 이 컨볼루션 신경망은 2000개의 진단으로 구성된 12만개 이상의 병변 이미지로 훈련됐다. 그림에서 이미지들은 클러스터의 여러 점들에 대응한다. t-분포 확률적 임베딩(t-distributed stochastic neighbor embedding)이라고 불리는 고차원 데이터에 대한 시각화 방법이 마지막 은닉층에 적용됐다.

현재의 평가와 미래 전략

전반적으로 피부과학에서 인공지능 사용 사례는 드물기는 하지만 인공지능이 피부 병변을 진단하는 두 번째 눈의 역할을 할 것이라는 기대로 임상적 호기심과 관심이 증가하고 있다. 피부과 모임 주제들을 살펴보았을 때 인공지능과 이미지 판독에 대한 토론이 거의 없다는 것은 이런 임상적인 관심은 아마도 아직은 호기심 수준에 머물러 있고, 영상의학과나 다른 전문 과목에 비해 실제 임상에 정말로 적용하려는 경향을 보이는 것 같아 보이지 않는다. 인공지능 기능을 갖춘 피부과 시각 진단 도구를 개발하려는 노력들이 있다. 앞으로 이런 도구들이 많이 사용되면 피부과에 의뢰하는 환자수가 증가할 것으로 보인다. 이런 선별 행위들이 인간의 검토와 중재가 필요할 수도 있는 진단 사례를 증가시킬 것이기 때문이다.

미래에 인공지능의 조력을 받는 피부과 전문의들은 진료실에서 컨볼루션 신경망이 내장된 피부경을 통상적으로 사용할 것이다. 인간과 인공지능의 협업은 피부과 질환들을 거의 완벽하게 진단하게 만들 것이다. 인간 머신 간 시너지는 또한 통상적인 스크리닝에서 추적까지 피부 병변 사진을 전송하는 디지털 헬스와도 결합될 것이다. 그러면 불필요한 클리닉 방문을 줄일 수 있고, 글로벌 헬스케어를 위해 가치있는 서비스를 전 세계 어디서든지 사용할 수 있게 될 것이다. 정확한 레이블링이 동반된 모든 피부 병변에 대한 유니버설 시각 이미지 저장소는 진단 능력을 아주 높게 높이는 역할을 할 것이다. 앞서 말한 전략들은 진단과 치료라는 관점에서 정밀 피부과학을 성취할 수 있는 정교한 의사 결정 시스템과 결합될 것이다. 피부과에서 수행되는 거의 대부분의 절차는 인공지능과 변형 현실 기술을 적용해 피부 손상을 최소화하면서 시행될 것이다. 마지막으로 인공지능은 바쁜 피부과 진료실과 클리릭의 행정적인 부담과 작업 환경을 개선할 수 있을 것이다(표 8.5).

표 8.5 피부과

인공지능 응용 분야	임상적 적절성	현재 인공지능 가용도
의료 영상	+++	+++
변형 현실	++	+
의사 결정지원	++	++
진단	+	+
정밀 의료	+	+
신약 발견	+	+
디지털 헬스	+++	+
웨어러블 기술	+	+
로봇공학	++	++
가상 비서	++	+

응급의학

응급의학Emergency Medicine과 의사는 짧은 시간 동안 많고 다양한 환자군을 보고 여러 가지 빠른 의료적 의사 결정을 해내곤 한다. 마취과 의사나 중환자실 의사들과 유사하게, 응급의학과 의사들은 종종 부적절한 데이터나 정보에 기대해 이런 결정을 내려야 한다. 응급실 의사는 때로는 창상 봉합이나 카세터 삽입과 같은 작은 수기들을 수행한다. 중환자실 의사들과 비슷하게 응급의학과 의사는 모든 데이터가 준비되지 않은 상태에서 많은 환자의 수많은 상황에서 빠른 의사 결정을 해야 하기 때문에 마치 실시간 전략 게임을 하는 듯 하다. 전형적인 응급의학과 의사들은 입원이나 외래 환자를 보지 않는다. 그래서 환자의 마지막 상태, 예를 들어 사망이나 기타 심각한 상태를 알지 못한다.

고찰 논문과 대표 사례

응급의학 분야 인공지능에 대한 학술 활동이나 논문 출판은 매우 드물다. 최근 인공지능과 머신러닝이 응급의학에 줄 영향에 대해 고찰한 한 논문에서는 알고리듬의 불투명성과 데이터 보안에 대한 우려가 있기는 하지만 인공지능이 반드시 응급의학에 통합될 것이라고 전망했다[69]. 인공지능이 포함될 영역에는 공중 보건 감시, 실시간 초음파를 포함한 의료 영상 분석, 임상 모니터링, 임상 결과 예측, 인구 집단 및 소셜 미디어 분석, 생체 징후 및 경고, 홈 모니터링 등이 있다. 최근 또다른 고찰 논문은 응급의학과 헬스 인포매틱스와 임상 및 운영 시나리오에 따른 맥락에서 머신러닝과 자연어 처리와 같은 기초 인공지능의 개념을 소개하고 있다[70].

한 보고서는 인공지능이 응급실 운영에 어떤 도움이 되는지 정확하게 기술했다. 환자가 도착했을 때는 자원 낭비를 줄이기 위해서 정확하게 환자의 위험도를 평가하고 분류할 수 있고, 도착하고 나서는 적절한 케어 수준을 할당하기 위해 진단에 이르는 시간을 줄일 수 있으며 퇴원할 때는 맞춤화된 추적 계획을 위해 불리한 사건을 예측할 수 있다[71]. 어떤 연구에서는 전통적인 응급실 환자분류 체계와 머신러닝 방법론을 비교했는데, 랜덤 포레스트를 사용한 머신러닝이 집중 케어, 응급 프로시저, 입원 등이 필요한 높은 중증도를 예측하는 데 더 우수한 성적을 보였다[72]. 마지막으로 고토[Goto] 등은 라쏘 회귀, 랜덤 포레스트, 그라디언트 부스팅 의사 결정 나무, 딥 신경망 등 소아 응급실 환자 분류를 위한 머신러닝 예측 도구들을 소개했다[74].

외상 환자 케어를 위한 증강 지능

무스타파 카비어[Mustafa Kabeer], **데이비드 깁스**[David Gibbs]

무스타파 카비어와 데이비드 깁스는 외상 케어를 전문으로 하는 소아 외과의들로서, 이 글을

444

통해 인공지능이 외상과 같이 복잡하고 시간을 요하는 의료 환경에 어떤 가치를 가져다 줄 수 있을지 말한다.

가용 정보 양의 기하급수적인 증가는 헬스케어 종사들에게 케어의 질을 향상시킬 수 있는 기회를 창출하기도 하지만 의사 결정의 복잡도를 크게 증가시키는 요인이 되기도 한다. 환자들은 지속적으로 증가하는 정보에 접근할 수 있게 되면서, 헬스케어 제공자들이 소비자 친화적인 방식으로 빠르고 정확한 결정을 할 것이라고 기대하게 된다. 이런 지형을 빠르게 파악하지 못한 환자, 종사자, 케어를 제공하는 기관은 심각한 결과를 맞이할 것이다. 동시에 증강 지능은 변동성을 줄이고 질을 향상시키며 환자와 서비스 제공자의 만족을 높이는 방식으로 개별 임상 정보를 실시간으로 증명된 효과적인 케어 알고리듬에 동화시킬 수 있는 기회를 제공한다.

아마도 외상 분야만큼 변동성을 줄이고 최적의 치료 프로토콜에 대한 개선된 접근도가 사람들의 생명을 구한다는 것을 분명히 보여주는 분야는 없을 것이다. 1970년대 개선된 프로토콜의 나오기 이전 외상 케어는 분절돼 있었고 개별 종사자들이 일반적인 내외과적인 케어를 위해 마련된 자원들을 갖고 최선을 다해 진료하는 방식을 취했었다. 전문외상처치술 Advanced Trauma Life Support 훈련의 도입, 외상 센터 인증, 케어에 대한 시스템적인 접근, 연구를 상당히 강조하는 전문의 과정 등이 구현되면서 외상 케어의 수준이 올라가 생존률이 올라가고 이환율은 떨어지게 되었다.

그렇지만 전문성이 개선되고 지식이 성장하면서 결과에 대한 완벽성 및 투명성에 대한 기대치는 외상 전문가들이 해결해야 하는 문제를 키우는 요인이 되고 있다. 케어 프로토콜은 수적으로 증가하고 복잡도 면도 점점 높아지고 있다. 때로는 최신 연구 결과나 전문가 컨센서스 논문에 따라 빠르게 바뀌기도 한다. 표준화를 촉진하도록 의도된 시스템이 흔들리고 제대로 문제없이 작동하는 케어 시스템 보다는 개별 케어 제공자의 지식에 의존하게 되는 상황으로 바뀌고 있다. 나아가 많은 외상 환자들은 가장 큰 능력을 가진 3차 외상 센터와는 멀리 떨어진 곳을 통해 처음 외상 시스템에 들어 오게 된다. 처음 환자를 보는 팀 또는 지역 병원 서비스 제공자들은 더 높은 수준의 센터에 조언을 구할 수 있는 능력을 보유할 수도 있지만, 어떤 질문을 해야 할지 모르거나 귀중한 시간이 흘러가기 전에 문제를 잘 인식하지 못할 수도 있다.

현재 그리고 가까운 미래에 인공지능 능력은 높은 수준의 지식과 환자가 외상 시스템에 들어가는 순간부터 재활, 회복이 마무리될 때까지의 케어 표준을 제공할 수 있다는 큰 전망을 제공한다. 외상에서는 환자가 처음으로 외상 시스템에 들어올 당시 최고 수준의 케어와 만났을 때 가장 좋은 결과가 기대된다. 손상된 환자의 초기 평가와 안정화는 ABCDE^{Airwary, Breathing, Circulation, Disability, Exposure} 알고리듬에 따라 이뤄지는데 이 과정에는 수많은 의사 결정 지점이 존재한다. 기도 지지에 대한 기전, 출혈 조절, 척추 및 사지 안정화, 수액 투여 등의 모든 측면의 케어를 나아가게 할 수도 있고 지연시킬 수도 있다. 병원에 도착하자마자 다양한 평가와 중재가 이뤄지는데 여기에는 환자에 대한 완전한 평가와 신체 검사, 영상 촬영, 검사실 분석 등이 포함된다. 이런 평가와 동시에 필요한 경우 협진에 대한 알림과 예비 중재 결정을 내려야 한다. 적절한 평가와 중재가 빠르면 빠를수록 환자의 결과는 좋아진다. 동시에 외상 시스템은 유한한 자원을 고려해서 적절한 케어가 시의적절하게 해롭거나 불필요한 과정 없이 적절한 환자에게 제공되게 해야 한다.

증강 지능은 모든 수준의 케어 제공자에게 주어진 소견에 따라 특정 중재의 잠재적 이익을 알려주는 방식으로 복합 손상 환자에서 중요하고 유익한 역할을 할 수 있다. 현재 날개뼈(견갑골)과 첫번째 갈비뼈 골절과 같은 흔하지 않은 소견이 있는 경우, 케어 제공자에게 주요 혈관의 손상 가능성이 있으니 CT 혈관조영술을 시행하도록 알려줄 수 있어야 한다. 복합 두부 손상 환자에서 첫 진료시 뇌압 상승이 의심되는 경우에는 의사에게 마니톨 주사나 과호흡이 도움이 될 수 있음을 주지시키고, 산소 공급이나 적절한 관류압 유지를 통해 최적 산소 전달 등 기초 요건들을 알려줄 수 있어야 한다. 폐손상이 있는 복합 폐 좌상인 경우에는 특별한 인공호흡 조치들이 도움이 될 수도 있다.

이런 기술은 복잡하고 스트레스 강도가 높은 의료 환경에 사용하기 쉽고 걸림돌 없이 통합되는 것이 중요하다. 외상 케어는 많은 팀원이 앰블런스나 응급실 외상 관리부, 이후 중환자실이나 수술실과 같이 매우 특수한 위치에서 실행한다. 외상 진료가 다이내믹하고 빠른 속도로 진행되는 것을 감안하면 인공지능 중재는 키워드 인식에 기반을 두고 훈련된 음성 기간 접근법이 필요할 수도 있다. 알렉스와 비슷한 그런 시스템들은 특별한 영상 촬영, 중재, 혈액 검사, 침상 안정 기간 등을 할 수 있도록 뇌손상에서 정형외과적인 손상, 고형 장기 손상을 포함해 다양한 시나리오에 맞춰서 훈련된 스마트 중재 알고리듬에 통합돼야 한다. 현재는 이런 일을 수행할 때 현재 권고사항을 기억하기 위해서 인쇄된 가이드라인이나 기억에 의존하고 있다. 그래서 현재의 외상 케어 시스템은 유해한 변동성을 가질 잠재력이 여전히 높은 상황이다.

음성 인식 기능을 갖춘 인공지능은 먼저 앰블런스에 배치할 수도 있을 것이다. 앰블런스에 연결된 병원으로 무선 통신을 할 때부터 알고리듬이 작동돼 권고 사항을 전달하거나 요원들이 하는 질문에 대해 응답할 수 있게 할 수 있을 것이다. 또 처음 들어 오는 음성 보고에 따라서 환자를 받는 병원에 있는 인공지능이 영상, 약물, 혈액 은행, 기타 전문의 등 필요한 자원들을 적시에 준비시킬 수도 있을 것이다. 인공지능 증강 시스템은 현재의 대부분의 센터에서 시행하는 집단 페이징 시스템처럼 일괄적인 통보 방법을 사용하는 것이 아니라, 각각의 전문의에게 개별화된 안내문을 전화나 무선 호출기로 전송시킬 수 있을 것이다. 일단 환자가 도착하면 전자의무기록에 통합된 인공지능 시스템이 환자의 초기 영상 소견, 검사 결과 등에 따라서 어떤 추가적인 검사를 해야할지 알려줄 수도 있다. 특히 일반적이지 않은 손상 환자의 경우, 놓치는 부분이 생기지 않도독 중요한 검사들을 시행할 수 있도록 보장해 줄 것이다. 마지막으로 강력한 인공지능 중간 시스템은 서비스 제공자들 사이의 소통을 촉진해 환자가 한 부서에서 다른 부서로 이동할 때 체크리스트에서 빠지는 부분이 없도록 도와줄 수 있다.

인공지능 증강 시스템은 개별 환자의 케어 개선을 넘어 질 향상과 연구 동기에 대해 상당히 좋은 기회를 제공한다. 대부분의 현재 연구는 연구자들이 프로젝트 시작 전에 질문들을 잘 정의하는 단계를 필요로 한다. 인공지능은 묻지 않았던 질문들을 확인하고 잠재적으로 대답할 수 있다. 외상 케어는 환자어와 케어 시스템의 이익을 위해 인공지능을 배치하는 데 기역할 수도 있을 뿐만 아니라 그것으로부터 많은 이득을 볼 수 있는 전형적인 진료 영역이다.

현재의 평가와 미래 전략

응급실은 앞서 언급한 마취과학, 중환자 의학과 비슷하게 인공지능 도구와 방법론으로부터 도움을 받을 수 있는 상당히 많은 복잡한 의사 결정과 업무가 이뤄지는 곳이다. 그럼에도 불구하고 최근 미팅 주제나 개인적인 소통을 바탕을 볼 때 전반적으로 응급의학 인공지능 관련 도구와 관련한 학술적 임상적 활동이 매우 드물다. 응급실 의료 영상 분야는 이제 종종 컨볼루션 신경망과 컴퓨터 비전으로 그 기능이 보강되고 있다. 이런 지원 시스템은 응급 의학과 전문의에게 큰 도움이 된다. 뇌 CT나 심초음파와 같이 좀 더 정교한 의료 영상 파판독에 대한 경험이 부족한 경우 더 그렇다.

미래에 응급의학은 중환자실, 외과, 마취과 등 빠른 사고와 의사 결정이 필요한 다른 전문 과목들과 같이 실시간 의사 결정을 지원하도록 하는 딥 강화 학습 인공지능 전략의 큰 도움을 받을 것이다. 이런 인공지능 방법론은 바쁜 환경에서 최선의 의사 결정을 낼 수 있도록 전문의의 능력을 배가시키는 역할을 할 것이다. 더불어 응급실은 마취과 전문의에게 있어 수술방과 유사한 곳인 만큼 과거력 청취, 환자 우선 순위 결정, 퇴원 및 추적 등의 업무에서 인공지능의 도움을 받을 수 있을 것이다(표 8.6).

표 8.6 응급의학과

인공지능 응용 분야	임상적 적절성	현재 인공지능 가용도
의료 영상	++	+++
변형 현실	++	+
의사 결정지원	+++	++
진단	+++	+
정밀 의료	++	+
신약 발견	++	+
디지털 헬스	+	+
웨어러블 기술	+	+
로봇공학	++	++
가상 비서	++	+

내분비학(Endocrinology)

내분비 전문의는 신체의 내분비 시스템과 각종 샘들을 다룬다. 갑상샘이나 인슐린을 분비하는 췌장 등 본질적으로 신체 대사 또는 생화학적 과정에 참여하는 호르몬 분비 기관이다.

내분비 의사가 가장 많이 보는 질환은 성인들의 당뇨병, 갑상샘 질환, 생식기 관련 것들이다. 소아 질환에서는 성장 장애가 많다. 내분비 의사는 외래 환자를 많이 보는 반면 수기나 의료 영상을 많이 보지는 않는다. 뼈 나이 확인 등을 위한 영상 판독을 위해 영상의학과의 자문을 구하기도 한다. 외래 환자 관리가 내분비 의사의 업무의 상당 부분을 차지한다.

고찰 논문과 대표 사례

내분비학에서 인공지능 사용에 관해 출판된 논문은 상대적으로 적은 편이다. 출판된 논문들 대부분은 당뇨병, 특히 당뇨병성 망막증과 관련된 것들이다. 구비Gubbi 등은 특히 당뇨병성 망막증의 의료 영상 판독, 만성질환의 발현을 늦추는 예방 약물, 질환의 표현형에 따른 내분비계 질환의 조기 진단 등 내분비 전문의에 적합한 인공지능 분야에 대한 의견을 발표했다[75]. 인공지능은 당뇨 관리를 위한 인공 췌장의 기능적인 요소로 사용돼 왔다. 유사한 고찰 논문에서는 전문가 시스템, 머신러닝, 폐쇄 루프 시스템에서의 퍼지fuzz 논리 등을 포함해 당뇨병 관련 인공지능 방법을 설명하고 있다[76]. 마지막으로 당뇨병에서의 인공지능을 다룬 한 고찰 논문에서는 지금까지의 응용 분야는 자동화된 망막 스크리닝, 임상적 의사 결정, 인구 집단 위험도 계층화에 대한 예측, 환자의 자기 관리 분야 등 네 가지로 정리할 수 있다고 한다[77].

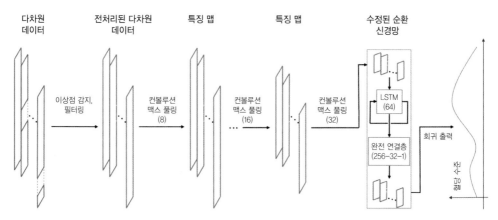

그림 8.5 혈중 혈당 예측을 위한 순환 컨볼루션 신경망의 구조. 왼쪽에 있는 데이터는 혈당과 다른 데이터를 포함하는 시계열 데이터다. 다차원 데이터를 먼저 컨볼루션 신경망에 보낸 다음 이후 수정된 순환 신경망(빨간 상자)으로 보낸다. 순환 신경망에는 장단기 기억 셀들과 완전히 연결된 레이어가 포함되어 있고 혈당값을 출력한다.

내분비 내과 외래에서 인공지능 기반 당뇨병성 망막증 스크리닝에 관한 환자 경험에 대한 연구가 있었다[78]. 딥러닝 알고리듬이 안저 사진을 자동으로 읽어서 그 결과를 실시간으로 환자에게 전달해 주는 방식이었다. 보통 전통적인 망막 등급을 판정하는 기관에서는 2주가 걸린다. 환자 중 약 78%는 자동화된 스크리닝 프로세스를 선호했다. 한 연구에서는 2형 당뇨병 진단 관련해 전문가 알고리듬에 기반한 방법 그리고 특징 공학과 머신러닝(k-최근접 이웃, 나이브 베이즈, 의사 결정 나무, 랜덤 포레스트, 로지스틱 회귀와 함께 사용한 소프트 벡터 머신)을 가용해 새로운 데이터에 근거한 프레임워크를 비교했다. 성적은 데이터에 기반한 방식이 AUC 0.98로, 0.71이 나온 전문가 알고리듬 기반 방식에 비해 우수한 성적을 보였다[79]. 마지막으로 리(Li) 등은 RCNN 모델을 사용해 미래 인공 췌장에 사용할 수 있는 매우 짧은 회전 시간을 가진, 스마트한 혈당 수치 예측 접근법을 소개했다(그림 8.5). 당뇨병 환자 이외 내분비 질환에 대한 연구로는 성장 호르몬 결핍 환자의 전사체^{transcriptomics}에 대해 랭크 회귀 및 랜덤 포레스트 등의 머신러닝을 적용한 사례가 있다[81].

현재의 평가와 미래 전략

전반적으로 당뇨, 안저 이미징과 관련된 질병 관리에 관한 일부 인공지능 연구를 제외하면 내분비학 인공지능에 관한 연구는 드문 실정이다. 당뇨병을 제외하고 임상적 활동이 적은 것은 인공지능 채용과 관련된 관심이 딥러닝과 컨볼루션 신경망을 사용해 의료 영상 이미지 중심으로 이뤄져 왔다는 사실을 감안하면 이해할 만하다. 이와 연관이 있는 당뇨병성 망막증에서는 의미있는 작업들이 이뤄졌다. 내분비 전문의들은 이미징에 초점을 두지 않기 때문에 현재의 인공지능 사용은 딥러닝, 머신러닝, 퍼지 로직 등을 사용한 당뇨병과 혈당 조절 같은 다른 분야로 진화할 필요가 있다.

미래에는 폐쇄 루프 시스템, 퍼지 로직, 순환 컨볼루션 신경망^{CRNN}과 같은 흥미진진한 혁신적인 발전이 당뇨 치료를 위한 인공 췌장 등에 지극히 유용하게 사용될 것이다. 이는 미래에서 가장 심각한 부담을 주는 질환 가운데 한 가지를 관리하는 데 상당히 의미있는 진보가 될 것이다. 또한 정밀 의학과 결합한 인공지능 조력 공중 보건이 단순히 질병 치료를 개선하는 방식뿐만 아니라 질병을 선제적으로 예방하는 방식으로 집단의 이환율과 사망률을 낮추기 위한 당뇨병으로 수렴할 것이다. 마지막으로 당뇨는 복잡한 측면을 가진 질병으로 이 병을 적절하게 치료하기 위해서는 복잡한 추적 전략이 필요하기 때문에 챗봇뿐만 아니라 자동화 도구들이 환자 관리를 위한 인공지능 포트폴리오의 일부가 될 것이다(표 8.7).

표 8.7 내분비학

인공지능 응용 분야	임상적 적절성	현재 인공지능 가용도
의료 영상	++	+++
변형 현실	+	+
의사 결정지원	+++	++
진단	+++	+
정밀 의료	++	+
신약 발견	+	+
디지털 헬스	+++	+
웨어러블 기술	+++	+
로봇공학	++	++
가상 비서	++	+

소화기학

소화기학Gastroenterology은 식도, 위, 장에 이르는 소화기 질환과 간, 쓸개, 췌장 등의 질환을 치료한다. 소화기 전문의는 CT/MRI 같은 영상 이미지를 보고 위내시경, 대장 내시경 등과 같은 수기를 시행한다. 흔한 질환으로는 소화성 궤양, 위염, 위식도 역류, 위장관 출혈, 간염, 궤양성 대장염이나 크론병 같은 염증성 장질환, 다양한 흡수불량증후군, 각종 암 등이 있다. 소아에서는 역류, 음식 과민증 같은 섭식·영양 장애, 간 질환, 설사/변비 등이 있다.

고찰 논문과 대표 사례

소화기학에서 인공 신경망에 관한 한 고찰 논문은 질병의 분류 정확도와 생존 예측에 대한 인공지능 기술의 부가 가치를 다뤘다[82]. 최근 소화기학에서 인공지능에 대한 관심이 늘어난 것은 주로 의료 영상 딥러닝이 작동하기 시작했기 때문이다. 그에 따라 소화기 내시경에 있어 인공지능, 특히 딥러닝의 활용을 고찰한 논문이 있다[83]. 이렇게 컴퓨터 조력 진단을 두 번째 관찰자로 사용하면 폴립과 출혈, 염증, 감염 등과 같은 조건을 관찰하는 데 더 나은 경험을 제공한다. "광학 생검"이라는 개념은 생검을 하지 않고 실시간 인공지능을 통한 이미지 분석을 사용해 관찰하는 조직 부위에 대한 진단을 하는 방법을 말한다(그림 8.6). 소화기학에서 인공지능을 응용 가능한 방법은 (1)전자의무기록 바탕의 인공지능과 내시경 플랫폼의 기술적 융합으로 최적의 작업 흐름 구축 (2)인공지능으로 염증성 장질환과 같은 여러 질환에 대한 조기 진단을 포함한 임상적 응용 범위 확대 (3)인공지능 사용에 대한 법적·윤리적 고려를 필요로 한다고 정리할 수 있다.

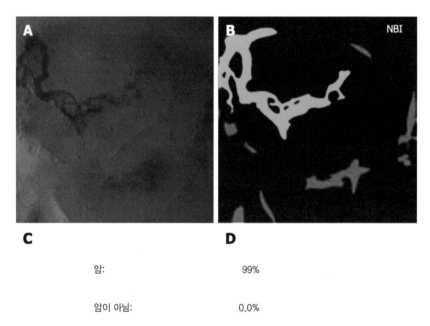

그림 8.6 인공지능 조력 내시경 시스템. (A)협대역 영상(Narrow Band Imaging) 내시경 (B) 혈관 영상 추출(녹색이 혈관 이미지다) (C), (D)는 인공지능 시스템이 서포트 벡터 머신을 사용해 종양 대 비종양의 확률을 계산해 출력한 결과물

한 고찰 논문은 소화기학에서 예측 모델을 사용한 임상 의사 결정 시스템과 딥러닝을 사용한 내시경에 대해서 논의했다[84]. 또 다른 논문은 캡슐 내시경은 물론 상부 위장관 및 하부 위장관 의료 영상을 포함해 다양한 인공지능 적용 논문을 두루 고찰했다[85]. 또한 소아 염증성 질환에서의 크론병과 궤양성 대장염을 분류하는 머신러닝에 대해 고찰한 논문도 있다[86]. 여기서 머신러닝은 287명의 소아 환자에게서 얻은 내시경과 조직 검사 소견을 바탕

으로 지도 및 비지도 학습법으로 질병을 분류했다.

현재의 평가와 미래 전략

전반적으로 소화기학 학회 주제와 토론 등을 봤을 때, 내시경 이미징에 대한 딥러닝과 컨볼루션 신경망에 사용 관련 활동 이외 다른 영역에서는 인공지능에 관한 활동이 저조하다. 심장학, 호흡기내과와 비슷하게 소화기학은 아주 다양한 환자를 다루는데 이 분야에서 인공지능에 기반한 정밀 의학은 덜 사용되고 있다.

표 8.8 소화기학

인공지능 응용 분야	임상적 적절성	현재 인공지능 가용도
의료 영상	+++	+++
변형 현실	++	+
의사 결정지원	+++	++
진단	++	+
정밀 의료	++	+
신약 발견	++	+
디지털 헬스	+	+
웨어러블 기술	+	+
로봇공학	+++	++
가상 비서	++	+

미래에는 인공지능 기능이 내장된 내시경 검사가 일상적으로 사용돼 소화기 전문의의 능력을 높이는 데 기여할 것이다. 내시경은 이미지 획득부터 시작해 컨볼루션 신경을 통해 의심되는 병변을 해석하고 조직 검사를 할지 말지 등을 결정하는 데까지 일련의 업무 흐름으로 쭉 이어지는 절차다. 소화기학 검사는 자택 모니터링에서부터 병원 전자의무기록에 있는 여러 가지 데이터를 포함한다. 더불어 소형 카메라를 내장한 캡슐 내시경은 추가 내시경이나 대장 내시경을 대체하는 중요한 역할을 할 수도 있다. 가까운 미래에 컨볼루션 신경망이나 기타 순환 신경망 등 인공지능과 소형화된 캡슐 기술의 결합을 통해 이와 비슷한 검

사를 완전히 비침습적으로 할 수 있게 만들 가능성도 있다. 마지막으로 모든 영상, 전자의무기록, 클리닉이나 병원 밖에서 얻어지는 데이터를 모두 통합해서 인공지능 전략을 통해 소화기 질환을 가진 환자들에서 정밀 소화기 의료와 케어를 제공할 수 있을 것이다(표 8.8).

공중 보건학과 역학(Public Health, Epidemiology)

전 세계 공중 보건을 다루는 의사는 글로벌 헬스에 전문화된 사람들이다. 이들은 감염병과 당뇨, 정신 질환 같은 만성 질환 관련 지식뿐만 아니라 예방 접종, 질병 유행, 공중 위생, 환경 건강을 포함하는 역학의 기초 개념에 대해서 잘 알고 있다. 이들 전문의들이 다루는 흔한 질병으로는 호흡기 질환, 설사 질환, 영양실조, 말라리아, 결핵, HIV 같은 흔한 감염병 등이 있다. 이 분야 전문의들은 흉부 X-레이 같은 비교적 단순한 영상을 다루는 소규모 수술이나 정맥내 주사 등과 같은 비교적 간단한 시술을 시행하기도 한다. 글로벌 공중 보건 기관들은 유엔 지속가능발전목표(SDGs)를 따른다.

고찰 논문과 대표 사례

글로벌 시장이나 공중 보건 또는 역학에서 인공지능 적용 관련 고찰 논문이나 출판된 보고서는 드물다. 왈Wahl 등은 자원이 부족한 상황에서 인공지능이 어떻게 건강에 기여할 수 있을 것인가라는 적절한 질문을 가지고 고찰한 논문을 출판했다[87]. 이 고찰 논문은 유엔이 2017년 빈곤과 공중 보건을 개선하기 위한 인공지능 개발과 배치에 대해 토론하기 위해서 글로벌 미팅을 소집했다고 알려주고 있다. 이 고찰 논문에서는 인공지능 자체에 대한 내용은 거의 논의하고 있지 않지만, 자원이 열악한 환경에서의 인공지능 사용법에 대해서 잘 설명해 주고 있다. 전문가 시스템은 헬스 프로그램을 지원하는 데 사용될 수 있다. 머신러닝은 감염성 질환과 그 패턴에 대해서 모델링이 가능하고 자연어 처리는 전자의무기록과 소셜 미디어 등을 사용해 전염병 발생을 감시하고 예측하는 데 사용될 수 있다. 다른 고찰 논문에서는 공중 보건에서 인공지능과 빅데이터에 초점을 맞추고 있다[88]. 여기서 저자들은 빅데이터의 기초와 빅테이터가 공중 보건에 가지는 맥락뿐만 아니라 의사들에 미칠 수 있는 영향에 대해서 강조했다. 인공지능과 자동화가 특별한 인공지능specialized AI의 두 가지 핵심 요소이고, 미래에 일반화된 인공지능generalized AI으로 재편될 필요가 있을 것이라고 결론

짓기도 했다. 티보^{Thiebaut} 등은 공중 보건과 역학 관련 800개 이상의 논문을 검토하고 나서 공중 보건에서 인공지능 사용이 증가하고 있다고 보고했다. 이 논문에는 전자의무기록에서 환자 기록을 익명화하는 데 있어서 기존 방법보다 더 우수한 성능을 보인 순환 신경망 사용법을 소개한 논문에 대한 소개도 포함돼 있다[89]. 한 고찰 논문은 정밀 공중 보건에서 빅데이터를 활용할 때에 대한 장애를 설명하고, 그 해법으로 지식 추론 과정의 모든 수준에 걸친 연구 설계와 상호운용성에 대한 정보학에 기초를 둔 공식화를 언급했다[90]. 마지막으로 역학에서 머신러닝 사용과 관련된 긍적적인 토론을 담은 한 논문에서는 여러 가지 응용 사례를 소개하고 있다. 여기에는 병원내 감염 위험도 예측, 패혈증 쇼크가 발생할 위험이 가장 높은 환자를 예측 하는 것 등이 포함된다[91].

캐나다의 한 그룹은 빅데이터와 글로벌 공중 보건 지능 네트워크를 형성했다. 이런 노력과 빅데이터 활용, 그리고 국제 감염병 발병을 감지하기 위한 능력으로 여러 생명을 구할수 있는 조기 경보 시스템을 제공할 수 있다[92]. 구오는 중국에서 뎅기열 예측에 자주 사용되는 머신러닝 방법론을 보고했는데 서포트 벡터 회귀가 다른 방법들보다 가장 적은 예측 오류율을 보였다고 한다[93]. 마지막으로 헬스 시스템을 평가하기 위해 비지도 머신러닝을 사용한 흥미로운 방법론은 전통적인 보건 기관 설문지 방식보다 우수하고 자원을 절약할수 있는 잠재력을 보여줬다[94].

글로벌 헬스케어와 인공지능

산제이 조시^{Sanjay Joshi}

– 미국 마이애미주 홉킵톤 델 EMC, 인더스트리 CTO 헬스케어, 글로벌 CTO 오피스

소우미아 비스와나탄^{Sowmya Viswanathan}

– 미국 텍사스주 댈러스 테넷 헬스케어, 미국 메사추세츠주 보스톤 버드 T.H. 챈 보건대학원

웨이커 모^{Weike Mo}

– 중국 베이징 디지털 차이나 헬스 테크놀로지스, 중국 상하이 통지대학교 상하이동방병원

수니타 나드하무니^{Sunita Nadhamuni}

– 인도 벵갈루루 델 EMC 벵갈루루센터

산제이 조시, 소우미아 비스와나탄, 웨이커 모, 수니타 나드하무니 등은 글로벌 헬스 전문가다. 이 글을 통해 아시아에서 가장 큰 헬스케어 시스템 두 곳을 설명하고, 글로벌 헬스케어에서 인공지능이 채용되고 확대되는 것에 대한 도전적 문제들을 말한다.

OECD와 인구 통계 자료에 따르면 중국 인구의 약 42%, 인도 인구의 약 65%가 농촌에 거주한다. 이 두 수치를 합하면 12억 명이나 된다. 현재의 의사와 헬스케어 종사들로서는 환자 접근, 케어, 추적 결과 확인 등이 거의 가능하지 않은 수준이다. 이 글은 중국과 인도의 공중 보건 규모에 대해 소개하고, 관련된 핵심 임상적인 문제들을 제시하고, 인공지능의 구성 요소와 사용 사례를 요약해 제시하고자 한다.

중국의 공중 보건 개요

가장 많은 인구를 가진 나라로서 중국 환자와 병원 규모는 광대하다. 2018년 11월까지 환자 75억명이 병원이나 의원을 방문했다[1]. 중국에 있는 3만 2,476개 병원 가운데 2,498개 만이 티어 3(중국 정부 기준 가장 수준 높은 병원)에 속하고 나머지 대부분은 초급 수준의 병원이다[2]. 각 병원에 입원하는 연간 평균 환자 수는 10만명이 넘는다(그림 1). 중국 티어 3에 속하는 병원 중 하나인 장저우대학교 병원은 2017년에 650만 명의 외래 환자를 보았다고 한다[3]. 의사들은 한 환자당 5분 미만 동안 진료를 한 셈이다. 공립병원의 전체 비용은 지난 수년동안 빠르게 상승하고 있다(그림 1). 제한된 헬스케어 자원을 가지고 증가하는 의료 수요에 대응하는 것이 정보나 회사들에게 도전이자 기회가 되고 있다.

중국 정부는 빅데이터와 인공지능을 사용해 이와 같은 공중 보건 문제를 추적하고 있다. 헬스케어 데이터와 관련한 중국의 가장 큰 시도는 국가 암 빅데이터 플랫폼National Cancer Big Data Platform이다. 정부 기관인 국가위생건강위원회와 국가발전 및 개혁위원회가 다른 파트너들과 함께 이것을 운영하고 있는데, 중국 내 200개 이상의 암 전문 병원들을 중심으로 세계에서 가장 큰 데이터 웨어하우스를 만들고 있다[4]. 이들 대부분은 2010년대 초반부터 전자 의무기록을 사용하는 최상위 병원에 속한다. 2년 전 이 프로젝트에는 총 3,600만 명의 환자 데이터가 수집됐다. 서로 다른 리소스로 얻어지는 데이터를 표준화하기 위해서 SNOMED-CTSystemized Nomenclature Of MEDicine Current Terminology와 같은 용어 시스템을 사용했고 의료 자료를 구조화기 위해서 자연어 처리 기술을 적용했다. 병원 간 데이터를 통합하기 위해서

OHDSI^Observational Health Data Sciences and Informatics/OMOP 모델을 수정한 공통 데이터 모델이 적용됐다. 수백만 가운데 일부만 있어도 종단 의료 데이터로서 가치가 있지만, 인공지능을 적용하는 목적은 이런 데이터를 더 깊이 이해하고자 하는 데 있다.

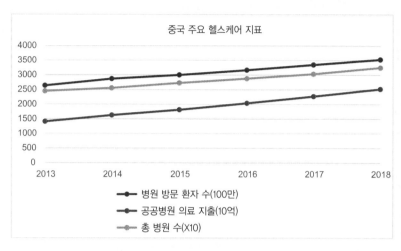

그림 1 중국의 헬스케어 통계

인도의 공중 보건 개요

대부분의 개발도상국이나 신흥 경제 국가들은 장티푸스나 콜레라 같은 전염성 질환에서 당뇨, 암, 심혈관 질환, 고혈압과 같은 비전염성 질환으로 역학적 전이를 경험한다. 인도 역시 예외가 아니다. 그런데 인도를 두드러지게 만드는 것은 그 변화 규모다. 생활 습관 변화와 빠른 도시화로 비전염성 질환으로 인한 사망이 인도 연간 사망의 60%, 숫자로는 580만 건에 달하는데[5], 30~70세 사이 조기 사망도 큰 비중을 차지하고 있다.

상식에 반하게 인도의 농촌은 상당히 높은 비전염성 질환으로 인한 부담을 지고 있다. 비전염성 질환의 위험도를 역설적으로 증가시키는 초년기의 영양 불량, 예방적 케어의 중요성과 이런 만성 질환에 대한 지속적 관리 필요성에 대한 낮은 인식, 수준 높은 헬스케어 시설이나 서비스 제공자에 대한 낮은 접근도, 의료 비용을 부담할 능력이 없어 매년 5,500만 명이 의료 빈곤층으로 떠밀리고 있는 실정 등의 이유 탓이다[6].

인도 정부는 인프라 구조, 장비와 물품, 인적 자원 가용도와 능력, 헬스케어 프로그램에 대한 수행과 성과 등에 대한 간극을 메우기 위해서 헬스 시스템을 강화시킬 필요성을 느끼고 있다. 이런 간극과 유니버설 헬스 케어라는 비전을 달성하기 위해서 아유쉬만 바럿Ayushman Bharat 또는 "건강한 인도" 프로젝트가 2017년 국가 건강 정책의 일부로 구체화됐다. 아유쉬만 바럿은 가급적 인도 농촌 가정과 가까운 곳에서 헬스케어를 제공해줄 헬스 및 웰니스 센터 15만 곳을 통해 케어의 연속성을 추가한다. 이 센터들은 모성, 소아 건강 서비스와 비전염성 질환 등을 포함하는 포괄적인 1차 케어를 제공한다. 무료 약과 진단 서비스, 질 표준, 새로운 건강 제공자, 재정 모델, 표준 치료 프로토콜 수립과 같은 사업도 포함돼 있다.이는 소요 규모와 인공지능 채택에 속도를 내게 될 대규모 예방적 원격 의료 시스템이다. 2007년에서 2017년까지 인도 내 비전염성 질환의 증가는 그림 2에 표시돼 있다.

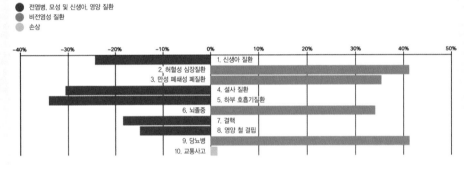

그림 2 인도에서 사망과 장애를 일으키는 원인들[7]

글로벌 헬스의 임상적인 도전들

사회가 파악하는 것보다 더 빠른 속도로 글로벌화되면서 글로벌 헬스케어와 관련된 임상적인 문제들이 여러 분야에서 가장 중요한 문제로 되고 있다. 글로벌 교통 시스템의 발전으로 대륙 간 희귀 질환과 전염병이 빠르게 확산돼 왔다. 동시에 의사들은 헬스케어 관련 기술 도구의 발전으로 환자 케어 데이터를 즉시 사용할 수 있게 됐다. 비전염병과 만성질환이 부상하는 가운데 모든 사람을 위한 헬스케어에 대한 더 나은 접근도도 제공할 수 있게 됐다.

미국에서는 약 6,000만 명이 아예 보험에 가입돼 있지 않거나 충분할 만큼 보험에 가입돼 있지 않다. 그래서 그 가운데 절반 정도가 비용 때문에 헬스케어 서비스를 이용하지 못하고 있다[8]. 증가하는 헬스케어 비용과 서비스 제공자에 대한 접근 부족으로 케어를 받지 못하고 있는 것이다. 환자의 요구와 기술 발전에 힘입어 영상 방문을 제공하는 원격의료 서비스, 원격 환자 모니터링, 그리고 데이터 애널리틱스 솔루션이 나오고 있다. 유전자 검사를 사용하는 정밀 의학이 부상하고 있다. 웨어러블 장비와 가정 진단 도구의 수적 증가는 환자 중심의 연구가 디지털 헬스케어 교육에 대한 증거 기반 방법론에 맞춰져야 할 필요성을 유발했다. 전통적으로 첫 악수 또는 "터치"로 의사와 환자 간 라포가 만들어진다고 교육을 받은 헬스 전문가들은 이제 전자의무기록에 익숙해져야 하고, 모바일 헬스케어, 가상 헬스케어, 온라인과 오프라인 디지털 코스, 시뮬레이션 같은 개념을 흡수해야만 한다[9].

이렇게 빠른 변화는 상당한 수준으로 의사들, 특히 베이비부머, X 세대 의사들의 번아웃을 유도했다. 의사들 약 32%는 이런 번아웃이 진료가 컴퓨터화되는 것과 연관돼 있다고 말하고 있다[10]. 헬스케어 리더들과 최고경영자들은 글로벌 헬스케어 투자에 대해 똑같은 자세를 취하고 있지는 않다. 하버드 T.H. 찬 보건대학원 글로벌 전략 부서장인 아시스 자[Ashish Jha]에 따르면 「포천」 500대 기업 가운데 약 9% 정도만이 글로벌 헬스케어 전략을 갖고 있다. 500대 기업 가운데 74%가 분명한 지표를 갖고 환경 전략을 수립하고 있는 것과는 대조된다[11].

글로벌 헬스케어와 인공지능이 수렴하려면 기술과 인공지능이 가진 함의에 관한 의사들과 대중에 대한 디지털 교육, 증거에 기반한 정책 수립, 기업들의 뚜렷한 태도 변화가 일어나야 할 필요가 있다.

글로벌 헬스케어에서 인공지능과 머신러닝

과거 인공지능의 발전 과정에는 3번의 "겨울" 또는 "하이프–실패 주기"가 있었다. 1966년 러시아어를 영어로 번역하는 "기계 번역"과 관련된 ALPAC 보고서[12], 1973년 "언어 이해"에 대한 "조합적인 데이터 폭증"이라고 언급한 Lighthill 보고서[13], 1980년대 후반 의료 관련 LISP과 MUMPS 등에 대해 다룬 "전문가 시스템"에 관한 보고서와 관련이 있다. 2019년 현재 다소 과대포장된 측면이 있지만, 머신러닝과 딥러닝은 글로벌 헬스케어와 농촌 원격의료에 있어 큰 기여를 할 것으로 기대된다. 의사와 헬스케어 종사자들의 부족해 농촌 인구 집단에 대한 헬스케어 서비스가 제대로 이뤄지고 있지 않기 때문이다[14]. 중국과 인도의 농촌 지역에서 의사·헬스케어 종사자들은 인구 1,000명당 약 2명이고, 절반 이상이 자격 미달인 사람으로 구성돼 있다.

전통적으로 임상 지식은 경험적인 학습이나 수련을 통해 전수된다. 확률적 추론이 현재 인공지능과 머신러닝의 핵심을 이루지만 일반적 인과 추론GCI[15] 같은 기술들이 더 개발될 필요가 있다. 임상 치료는 임의 할당이 실제로는 어렵기 때문이다. 예측 모델은 패턴과 모델을 통해 나온 입력과 출력을 연결한다. GCI의 맥락은 다음과 같은 임상적 의사 결정 프로세스의 범위 안에 놓인다.

1. 임상적인 방법이 작동할 것인가?

2. 왜 작동할까?

3. 프로세스와 액션은 무엇이었는가?

4. 효과와 부작용은 무엇이었는가?

다음은 글로벌 헬스케어에서 인공지능을 실제 응용할 수 있는 10개 영역이다.

1. 모성 및 소아 건강OBGYN

2. 항생제 저항성과 감염성 질환의 기원과 확산(독감, 말라리아, 뇌염, 뇌수막염, 지카, 치쿤구니아, 콜레라, 장티푸스, 결핵, 메티실린 내성 황색포도알균 등)

3. 비전염성 예방 케어

4. 원격 병원 그리고 연결된 앰블런스

5. 원격 피부과, 원격 영상의학, 원격 병리학

6. 정신 건강

7. 질 좋고 규제 하에 이뤄지는 데이터 수집과 임상적 의사 결정 시스템을 통한 보고서

8. 대규모 건강 결과 파악과 실제 세계 증거RWE

9. 환자 추적 관리

10. 잘못된 정보, 잘못된 보고서, 사기

인공지능은 크게 다음 4가지 과정으로 개발된다.

1. 데이터 시각화와 변형을 통한 집계
2. 모델링과 모델 튜닝
3. 모델 해석과 검증
4. 배치

하드웨어 또는 프로토콜 측면에 있어 전력, 네트워킹, 환경이 취약한 지역에서 데이터 분석, 의사 결정, 업무 자동화, 규모의 보고와 결과 등을 제공하기 위해 규모를 확대하는 것은 가까운 미래의 도전적인 과업이 될 것이다. 중국와 인도에서 원격 의료는 2025년까지 연평균 20% 이상 성장할 것으로 기대되고 있다. 2025년이 되면 총 글로벌 시장이 1,300억 달할 것으로 예상되고 있다[16]. 글로벌 헬스케어에서 인공지능을 구현하기 위해 사려깊고 실용적이며 실제 세계에 기반을 두고 정책과 결과에 기반한 접근법을 취할 필요가 있다.

참고 문헌

[1] Chinese government statistical data. http://www.nhc.gov.cn/mohwsbwstjxxzx/s7967/201901/57dec69d2c8c4e669864b067d2a1fb2e.shtml. [accessed March 2019].

[2] Chinese government statistical data. http://www.nhc.gov.cn/mohwsbwstjxxzx/s7967/201901/94fcf9be64b84ccca2f94e3efead7965.shtml. [accessed March 2019].

[3] Reported by PharmNet. http://news.pharmnet.com.cn/news/2018/02/12/491165.html. [Accessed March 2019].

[4] Shi WZ. Progress of China National Cancer big data platform. Beijing, China: International Cancer Big Data Application Form; 2018.

[5] WHO report 2015.

[6] Selvaraj S, Farooqui HH, Karan A. Quantifying the financial burden of households' out-of-pocket payments on medicines in India: a repeated cross-sectional analysis of National Sample Survey data, 1994-2014. BMJ Open 2018;8(5):e018020.

[7] "What causes the most death and disability combined?", India top 10 and 2010 to 2017 change, IHME. http:// www.healthdata.org/india. [Last accessed March 2019].

[8] http://www.commonwealthfund.org/publications/press-releases/2017/oct/underinsured-press-release.

[9] https://www.jmir.org/2019/2/e12913/#Discussion.

[10] https://www.healthexec.com/topics/quality/more-half-physicians-burned-out-or-depressed.

[11] http://fortune.com/2019/03/25/private-sector-global-health-strategy/

[12] https://en.wikipedia.org/wiki/ALPAC

[13]   http://www.chilton-computing.org.uk/inf/literature/reports/lighthill_report/contents.htm. [last accessed March 2019].

[14]   WHO report 2018.

[15]   Kosuke IK, van Dyk DA. Causal inference with general treatment regimes. J Am Stat Assoc 2004;99(467):854-66. Available from: https://doi.org/10.1198/016214504000001187.

[16]   Global telemedicine market: global market insights. 2019.

현재의 평가와 미래 전략

전반적으로 아직은 빅데이터, 애널리틱스, 이미지 판독 등에서 인공지능이 가져다줄 수 있는 이익에 대해 이해를 해나가는 초기 단계에 있다. 공중 보건이나 글로벌 헬스케어에 관련된 고찰 논문 등을 살펴봤을 때 이런 주제들을 넘어서는 부분에 대한 관심이 있다는 증거는 빈약하다.

미래 글로벌 및 공중 보건 분야와 역학은 대규모 인구 집단이라는 맥락에서 유행병과 자연 재해를 연구하고 관리하는 데 머신러닝/딥러닝 같은 방법을 적용하기에 이상적인 분야다. 예를 들어, 딥 강화학습법을 사용해 유행병을 완전히 추적하고 선제적으로 방제할 수도 있을 것이다. 더불어 인공지능의 도움을 받아 더 많은 인구 집단 보건 및 정밀 의학에 대한 경험이 수집되면서, 이런 방법을 공중 보건 및 글로벌 헬스케어에 직접적으로 사용할 수 있을 것이다. 마지막으로 드론과 같은 로봇공학을 활용해 지리적으로 접근이 어려운 지역이나 자연 재해 상황에서 공중 보건 중재를 원활하게 관리할 수 있을 것이다(표 8.9).

혈액학

혈액학Hematology은 낮적혈구 빈혈을 포함한 빈혈, 출혈과 응고 장애, 백혈병, 림프종, 골수종과 같은 혈액 암 등의 질환을 보는 전문의다. 혈액학 전문의들은 혈액과 골수암인 환자들을 진료하기 위해서 종종 종양 전문의들과 함께 일한다. 혈액학 전문의들은 보통 외래와 입원 상황에서 환자들을 진료한다.

고찰 논문과 대표 사례

혈액학에서 인공지능 관련 논문은 극히 적다. 시바팔라라트남Sivapalaratnam의 간략한 고찰 논문은 혈액학 내 인공지능의 영향과 미래에 대해 논했다[95]. 전이 학습을 포함해 컨볼루션 딥신경망을 백혈구 확인 시스템에 적용한 사례가 있었다[96]. "WBCsNet"이라고 불리는 컨볼루션 딥신경망은 96%의 정확도로 백혈구를 가려내는 성적을 보여줬다. 또 다른 혈액학 내 인공지능 사용 사례로는 조혈모세포 이식 분야에서 효율적인 매칭을 위해 환자 등록부에 적용된 경우가 있었다[97].

표 8.9 공중보건학 및 역학

인공지능 응용 분야	임상적 적절성	현재 인공지능 가용도
의료 영상	+	+++
변형 현실	+	+
의사 결정지원	+++	++
진단	+++	+
정밀 의료	+++	+
신약 발견	++	+
디지털 헬스	++	+
웨어러블 기술	++	+
로봇공학	++	++
가상 비서	++	+

현재의 평가와 미래 전략

전반적으로 혈액학에서 이미징 외에 인공지능 사용에 대한 활동은 매우 적다. 이미지 판독을 아주 강조하지 않는 다른 전문 과목들과 마찬가지로 이 분야 인공지능 사용은 임상 의사 결정이나 진단 분야 인공지능이 발전하면서 점진적으로 늘어날 것이다.

　미래에 혈액학에서 인공지능은 여러 층의 데이터와 약물유전학 등에 기반한 정밀 혈액학을 구현하는 창의적인 방법을 제공할 것이다. 많은 혈액학 관련 환자들은 정교한 진단이 아주 중요하고 그에 따른 궁극적인 치료가 결정되기 때문에 그런 인공지능이 특히 가치가 높다. 나노공학 분야가 발전하면서 미래에는 항응고제 치료에서도 새로운 차원의 접근법들이 제시될 것이다(그림 8.10).

감염학(Infectious Disease)

감염내과 전문의들은 감염의 증상과 징후에서 영상 이미지, 체액이나 조직 샘플에서 채취한 배양 검사 등 감염과 관련된 모든 것에 초점을 맞춘다. 그런 다음 모든 데이터를 취합해 치료 계획을 수립하고 항생제, 항바이러스제, 항진균제 등을 투여한다. 치명적인 감염으로는 HIV/AIDS, 결핵, 폐렴, 설사와 말리리아 등이 있다. 감염 전문가들은 중환자실에서 입원실, 외래 진료실까지 다양한 임상적 상황에서 환자들을 치료한다.

표 8.10 혈액학

인공지능 응용 분야	임상적 적절성	현재 인공지능 가용도
의료 영상	++	+++
변형 현실	+	+
의사 결정지원	+++	++
진단	++	+
정밀 의료	++	+
신약 발견	++	+
디지털 헬스	+	+
웨어러블 기술	+	+
로봇공학	++	++
가상 비서	++	+

고찰 논문과 대표 사례

머신러닝과 딥러닝에 대한 데이터와 잠재력이 언급되고 있음에도 불구하고, 현재 감염병에서 인공지능 응용과 관련된 논문은 상대적으로 적다. 옹Wong 등은 정보 및 커뮤니케이션 기술이 발전하고 데이터 수집 시스템이 갖추어짐에 따라 감염병과 공중 보건 감시에서 빅데이터 분석법의 역할에 대해 고찰했다[98]. 저자들은 인공지능 방법론이 선제적 전략을 제공하는 데 있어 광범위한 감염병 질환에 대한 헬스케어 서비스 분석에도 도움이 될 뿐만 아니라 정보 기관들을 지원하는 데도 도움이 될 것이라고 이야기한다. 그리고 공유 데이터 저장소, 질병 전파의 잠재적 효과를 예측하는 감염병 모델, 비상시 대응을 위한 인공지능 등 감염병에 대한 통합적인 빅데이터 개념 모델이 매우 중요해질 것이라고 결론내렸다. 발레론Valleron은 빅데이터와 컴퓨터 파워라는 시대 변화에 맞게 대학병원 감염관리팀은 데이터 과학에 대한 전략과 데이터 과학 맨파워를 늘릴 필요가 있다고 주장했다[99].

한국 질병관리청에서 발표한 한 보고서는 딥러닝 모델과 장단기 모델을 사용해 감염병 발병 1주 후의 상황을 예측하는 연구를 소개했다[100]. 이들 모델은 전통적인 시계열 방법인 ARIMA 방법보다 20% 가량 더 우월했다고 보고했다. 과거 MYCIN 프로젝트를 생각나게 하는 한 연구가 있다. 바로 감염병 진단과 항생제 처방을 지원하기 위한 온톨로지 기반 임상적 의사 결정 시스템과 관련된 연구다[101]. 500개 이상의 감염병을 포함하고 있는 이 시스템은 이 분야에서 기존 존재하는 감염병 기반의 온톨로지보다 훨씬 더 폭이 넓은 것으로, 시스템 성능은 ROC가 거의 90%에 이르는 결과를 얻었다. 이 방법은 최상의 의사 결정 도구를 구성하는 데 있어 인간과 기계의 시너지를 보여주는 좋은 사례다. 최근에 비지도 학습의 일종인 클러스터 분석을 사용한 패혈증 환자의 연구에서 서로 다른 특징을 가진 4개의 새로운 아형을 밝혀낼 수 있었다고 한다[102]. 이런 연구는 전통적인 톱다운 방식인 임상적 기준 패러다임이 아니라 미래에는 환자의 데이터를 바탕으로 바텀업 방식으로 환자의 특징을 분류하는 접근법의 예시일 수 있다. 그렇지만 이런 의미있는 발견에도 불구하고 복잡한 환자 데이터와 전자의무기록에 인공지능을 적용해 사용하는 것이 더 나은 결과로 이어질지는 두고 볼 필요가 있다. 마지막으로 인공 신경망과 퍼지 로직을 사용한 인공지능이 결핵 진단에 대한 효율성과 특이성을 올릴 뿐만 아니라 치료를 개선하는 데 도움이 됐다는 연구가 있었다[103].

현재의 평가와 미래 전략

전반적으로 감염병에 대한 인공지능과 머신러닝/딥러닝에 대한 일부 임상적 기관 단위의 활동이 있지만 글로벌 수준의 활동은 없다. 감염병 분야에서는 활용할 수 있는 데이터원이 많아 빅데이터와 머신러닝/딥러닝을 적용해 많은 혜택을 볼 수 있는 이상적인 영역이다.

미래에는 감염병과 역학 분야에서 전략적인 자원 분배와 질병 통제를 위한 지속적인 실시간 모델링이 개발될 것이다. 모든 나라들이 감염병 질환에 대한 데이터를 제공해 이런 노력이 국제적인 수준에서 진행된다면 인공지능 활용에 대한 혜택은 훨씬 더 커질 것이다. 적절한 항생제 또는 항진균제, 항바이러스제를 통해 좀 더 정밀하게 감염병이 치료될 것이고, 적절한 약물 유전체적인 매칭을 통해서 저항성을 가진 병원체를 최소화하면서 감염 환자들의 생명을 더 많이 구하게 될 것이다(표 8.11).

표 8.11 감염병학

인공지능 응용 분야	임상적 적절성	현재 인공지능 가용도
의료 영상	++	+++
변형 현실	+	+
의사 결정 지원	+++	++
진단	+++	+
정밀 의료	++	+
신약 발견	++	+
디지털 헬스	++	+
웨어러블 기술	++	+
로봇공학	+	++
가상 비서	+	+

내과 일반 및 가정의학과/일차의료(Internal and Family Medicine/Primary Care)

성인 대상의 일반 내과와 가정의학 전문의와 소아 의사 등 일차 의료 의사는 흔한 질병과 일반적인 문제를 가진 환자들을 본다. 흔한 성인 만성병에는 심부전, 만성 폐쇄성 폐질환, 신부전, 당뇨병, 암, 알츠하이머병, 감염성 질환들이 있다. 소아과는 따로 설명할 것이다.

고찰 논문과 대표 사례

시디-기본스Sidey-Gibbons는 머신러닝과 의학을 포괄적으로 훌륭하게 고찰했고 R 컴퓨터 코드를 사용한 머신러닝의 실제 사례를 소개했다[104]. 크리타나웡Krittanawong은 편집자에게 보내는 서신에서 의료 영상, 환자 선별, 행정 부담, 의사 결정, 임상적 예측 스코어 등 인공지능이 의사에게 도움을 줄 수 있는 분야들을 개괄적으로 설명했다[105]. 의료에서의 인공지능 사용에 대해 고찰한 한 논문은 이미지 판독뿐만 아니라 지수적으로 증가하는 의학 논문에서 지식을 추출하기 위한 인지적인 프로그램과 자연어 처리 등에 인공지능을 이용할 수 있을 것이라고 했다[106]. 또한 인공지능은 만성병 환자의 케어 과정을 최적화하고 복잡한 질환에 대한 맞춤 치료를 제공하며 의료 과오를 줄일 수 있을 것이다. 이 고찰 논문은 의료에서 인공지능을 지능적으로 사용하려면 인간이 필요함을 주지시키는 것으로 마무리했다. 좀 더 최근에 나온 고찰 논문은 인실리코 임상 시험in silico clinical trials를 비롯해 의료와 헬스케어 인공지능이 가져다 줄 혜택을 다시 상기시켰다[107]. 어느 고찰 논문은 퍼지 이론, 러프 세트 이론rough set theory, 유전 알고리듬, 인공 신경망 등과 같은 방법 등 의료 빅데이터 마이닝에 사용되는 기술과 그 응용에 대해 논의했다[108]. 이런 기술들이 질병 위험도 평가, 임상적 의사 결정 지원, 실질적인 약물 사용 가인드라인 등에 활용될 수 있다는 것이다. 마지막으로 린(Lin) 등은 통찰력있고 포괄적인 고찰 논문을 통해 인공지능이 일차 케어의 변화를 가져올 10가지 방법을 이야기했다[109](그림 8.7).

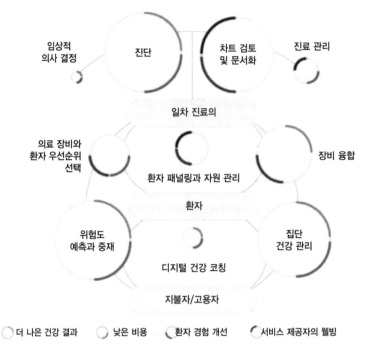

그림 8.7 인공지능이 일차 의료에 가져올 변화. 각각의 원은 인공지능으로 해결될 문제 공간을 말하고, 색이 들어간 사분원은 영향을 받게될 의료의 4대 목표(더 나은 건강 결과, 낮은 비용, 환자 경험 개선, 서비스 제공자의 웰빙)를 가리킨다. 원의 크기는 시장 가치에 비례한다.

저자에 따르면 인공지능은 의사들이 환자에 대한 인지적·감정적 측면의 부담을 줄이고 환자와 의사 간 관계를 증진시키게 될 것이라고 한다. 인공지능이 일차 케어에 변환을 가져다 줄 10가지 부문은 다음과 같다.

1. 위험 예측과 중재(1,000억 달러): 인공지능 기술로 더 나은 예측을 할 수 있고, 계획되지 않은 재입원이나 입원 기간 감축 등 예방 가능한 조건을 피함으로써 비용을 절약할 수 있다.

2. 집단 건강 관리(890억 달러): 인공지능 도구는 집단 건강 프로젝트를 관리하고 실행하는 스마트 플랫폼으로 활용할 수 있다.

3. 의학적 조언과 환자 선별(270억 달러): 인공지능 기술은 환자들이 의학적인 조언을 구하는 자원 역할을 하고 인간 의사의 역량을 강화하는 데 사용될 수 있다.

4. 위험도 조정 패널링과 자원 분배(170억 달러): 인공지능 도구는 의사와 간호사에 대한 적절한 근무와 자원 할당을 결정하는 데 사용될 수 있다.

5. 디바이스 통합(520억 달러): 내장형 인공지능은 웨어러블 의료 및 헬스케어 디바이스의 일부가 될 필요가 있으며, 의사들은 이 새로운 데이터 자원을 활용해 인사이트를 얻을 수 있다.

6. 디지털 건강 코칭(60억 달러): 인공지능 기반으로 완전 자동화된 텍스트 기반의 건강 코칭은 건강을 증진시키고 입원이나 병원 방문을 줄일 수 있다.

7. 차트 리뷰와 문서화(900억 달러): 인공지능을 사용한 자동 의무기록 문서화가 가능해지고 전자의무기록 작성과 관련된 의사들의 소진을 줄일 수 있을 것이다.

8. 진단(1000억 달러): 당뇨병성 망막증, 심장 질환, 파킨슨 병과 같이 다양한 질병의 진단에 인공지능이 활용돼 헬스케어와 삶의 질을 향상시킬 것이다.

9. 임상적 의사 결정(10~20억 달러): 인공지능 지원 의사 결정 도구는 가까운 미래에 전자의무기록에 내장돼 전자의무기록이 단순한 경고만 하는 것 이상의 기능을 할 수 있을 것이다.

10. 업무 관리(100억 달러): 인공지능을 탑재한 자동화된 알고리듬은 보험 적격성 체크와 보험 사전 승인 같은 반복적인 업무에 대한 인간의 부담을 경감시킬 것이다.

또한 병원 재입원 예측에 대한 전통적인 예측 점수법과 비교했을 때, 머신러닝은 3개의 서로 다른 병원 세팅에서 모두 우수했다는 보고가 있었다[110]. 1만 6,000건 이상의 퇴원 건수에 대해 이런 자동화된 전략은 재입원 위험이 가장 높은 환자군을 효율적으로 가려낼 수 있었다. 마지막으로 완화 돌봄 역시도 딥러닝과 전자의무기록을 통해서 자동화된 스크리닝과 알림 서비스를 통해서 개선할 수 있다고 한다. 이런 시스템은 예후를 과대 평가하는 경향이 있는 의사들의 단점을 보완할 수 있고, 완화 의료 스태프가 부족한 문제를도 메우는데 도움이 된다[111]. 물론 완화 케어의 인간 대 인간의 측면은 의사 결정 프로세스의 핵심으로 남겨질 필요가 있다.

현재의 평가와 미래 전략

전반적으로 의료 인공지능이 주로 딥러닝을 사용한 주로는 의료 영상 부분에 일부는 의사 결정 부분에서 초점이 맞춰져 있어서 일차 진료 의사들은 인공지능과 일차 진료 간 연관성이 크게 와 닿지 않을 것이라는 것은 충분히 이해가 된다. 그렇지만 앞에서 언급한 논문들이 이야기하는 대로 인공지능이 의료 영상 판독과 의사 결정 지원 이외에도 일차 의료 의사들에게 도움이 될 수 있는 영역은 다양하다. 차트 리뷰, 진료 관리, 위험 예측, 공중 보건 관리 등은 인공지능 지원 솔루션의 수적 증가와 더불어 큰 시장 잠재력을 가지고 있다.

미래에는 인공지능의 지원을 받는 일차 의료 의사들은 맞춤화된 헬스케어 계획과 질환 모니터링 등을 통해 정밀 일차 의료를 전달하는 데 유리한 위치에 서게 될 것이다. 안저 검사 또는 피부 검사 등 인공지능 의료 영상 판독을 사용한 통상적인 스크리닝과 진단법이 높은 수준의 정확도를 갖춘 자동화된 시스템으로 사용할 수 있게 돼 세부 전문의에게 의뢰할 때 소요되는 스크리닝 시간을 줄일 수 있을 것이다. 이런 스크리닝 검사는 추적에 관해 적절한 권고 사항과 함께 이뤄질 것이다. 모바일 인공지능을 탑재한 웨어러블 기술은 일차 의료 의사들이 늘상 사용하는 헬스케어 포트폴리오의 일부가 될 것이다. 마지막으로 체중 관리, 정신 건강 문제, 금연 등 필요한 건강 이슈에 대해서도 개인 대상 코칭을 할 수 있는 건강 아바타도 사용할 수 있게 될 것이다(표 8.12).

표 8.12 가정의학 및 일차 의료

인공지능 응용 분야	임상적 적절성	현재 인공지능 가용도
의료 영상	++	+++
변형 현실	+	+
의사 결정지원	+++	++
진단	+++	+
정밀 의료	++	+
신약 발견	+	+
디지털 헬스	+	+
웨어러블 기술	+	+
로봇공학	+	++

인공지능 응용 분야	임상적 적절성	현재 인공지능 가용도
가상 비서	+	+

신장학(Nephrology)

신장내과 전문의는 콩팥과 요로의 질환을 다룬다. 이 분야 전문의들은 입원 또는 외래 환경에서 환자를 본다. 콩팥과 요로의 영상 이미징은 콩팥의 기능을 보는 검사실 데이터 만큼이나 중요하다. 급성 및 만성 신부전 환자를 대상으로 투석 치료를 시행한다. 당뇨, 심장 마비등 만성 질환을 가진 환자들을 아주 복합한 경로로 진행할 수 있고 그 가운데 신부전이 포함되기도 한다.

표 8.13 신장학

인공지능 응용 분야	임상적 적절성	현재 인공지능 가용도
의료 영상	++	+++
변형 현실	++	+
의사 결정 지원	+++	++
진단	+++	+
정밀 의료	+++	+
신약 발견	++	+
디지털 헬스	+++	+
웨어러블 기술	+++	+
로봇공학	++	++
가상 비서	++	+

고찰 논문과 대표 사례

신장학 인공지능에 대해 출판된 논문은 많지 않다. 신장학에서의 인공지능 사용에 관한 일반적인 고찰 논문은 없지만, 맞춤화된 투석 치료를 강조하면서 인공 신장에서의 인공지능에 초점을 맞춘 고찰 논문이 하나 있다[112]. 내분비학에서의 인공 췌장과 유사하게 인공 신장은 실시간 의사 결정과 바이오 피드백과 디바이스에 내장된 모바일 인공지능을 사용한 예측 모델링을 필요로 한다. 이런 모델에는 빈혈, 체내 총 수분량, 투석중 혈압 같은 요소들이 포함될 필요가 있을 것이다.

말기 신부전 환자를 대상으로 최적의 빈혈 치료를 위해 인공지능을 사용했을 때 조혈자극제 투여 빈도와 수혈 횟수를 줄일 수 있었다는 보고가 있었다[113]. 소아 신장학 분야의 한 연구는 혈액 투석을 받은 어린이의 건체중$^{dry\,weight}$을 예측하는 데 인공지능을 사용했다[114]. 저자들은 신경망 모델을 사용해 예측했고, 그 성능은 대부분의 경우에 경험 많은 신장학자들보다 더 우수했다고 보고했다.

현재의 평가와 미래 전략

신장학은 이미지를 적극적으로 사용하는 분야가 아니어서 이 분야 인공지능에 관한 학술적 또는 임상적인 활동은 미미하다. 그렇지만 신장학 의사 결정을 위한 인공지능 개발과 관련된 몇 개의 흥미로운 개발이 이뤄지고 있다.

미래에는 콩팥 질환, 특히 만성 신부전을 가진 환자의 맞춤 치료를 위한 정밀 신장학에 인공지능이 기여할 수 있을 것이다. 그리고 하나의 투석실과 같은 역할을 하게 된 디바이스에 내장된 모바일 인공지능 기능을 가진 인공 신장이 개발될 가능성이 있다(표 8.13).

신경과학(Neurosciences)(신경과(Neurology)/신경외과(Neurosurgery)/신경정신의학과(Psychiatry)/심리학(Psychology))

이 전문 과목 의사들은 중추 및 말초 신경계 질환들을 본다. 여기에 포함되는 질환들을 보면 뇌전증, 말초신경병증, 근이영양증, 뇌종양 등이 있다. 이 분야 의사는 영상의학과와 함께 MRI, 기능적 MRI, CT, PET 등과 같이 뇌 영상 이미지를 보고 뇌파 검사 등을 활용해 병을 진단한다. 심장내과 의사와 심장 외과의사 사이의 관계와 비슷하게 신경과 의사는 수술이 필요한 질환인 경우 신경외과 전문의와 업무 관련성을 가진다. 신경정신의학과 전문의는 정신 질환을 가진 환자들 돌보며 우울증, 조현병 등에 대해 정신과 약물을 처방한다. 심리학자는 이런 환자들을 보지만 약물을 처방하지는 않는다. 정신장애진단 및 통계편람

(DSM-V)은 200개가 넘는 정신 질환에 대한 진단 분류 체계로 정신 질환 진단에서 표준으로 사용된다.

고찰 논문과 대표 사례

이 전문 과목들에 대한 인공지능의 영향을 고찰한 몇 개의 중요한 고찰 논문이 있지만, 인공지능이라는 개념이 철학적으로나 과학적으로 이 분야에 가장 근접하다는 측면에서는 아이러니다. 가나패시Ganapathy 등은 고찰 논문에서 신경과학에서 인공지능의 응용은 인간 두뇌의 지적 기능을 더 잘 이해하기 위해서 반드시 필요한 것이라고 기술했다[115]. 저자들은 신경과학에서 인공지능의 응용 영역으로 신경외과 수술의 정교화, 뇌전증 수술의 결과 예측, 결과 예측을 위한 인공지능 보조 기능적 정합functional registration, 기타 신경종양학, 신경외상학, 이미징 서비스, 뇌졸중, 신경 재활 등을 꼽았다. 다른 고찰 논문에서는 머신러닝과 자연어 처리 인공지능을 통한 뇌졸중의 조기 발견, 진단, 치료 예측, 예측 평가 등을 중점적으로 다뤘다[116]. 자연 지능을 포함해 신경외과 분야의 인공지능에 대한 훌륭한 고찰을 담은 리뷰 논문에서는 진단, 수술 전 계획, 결과 예측 등과 같은 여러 분야에서 머신러닝과 실제 임상 전문가들을 서로 비교하면서 신경외과 영역과 관련된 함의들을 정리했다[117]. 저자들은 머신러닝 모델이 의사들의 의사 결정 능력을 보강할 수 있는 잠재력을 가졌다고 보면서도 머신러닝 모델을 검토하는 데 출판 편향, 정답의 정의, 해석 가능성 등과 관련한 여러 가지 어려움이 있다고 했다. 신경외과의 인공신경망ANN에 대한 한 고찰 논문에서는 진단, 예후, 결과 예측 등을 포함하는 의사 결정 작업에 여러 가지 응용 가능성이 있다고 이야기했다[118]. 마지막으로 신경정신과 영역에서는 2개의 의미있는 고찰 논문이 있다. 하나는 신경정신과 영역이 데이터가 점점 더 복잡해지고 고차원 형태를 띠게 되면서 전통적인 통계 분석으로 더이상 충분하지 않기 때문에, 통계학적 학습법에 기반하는 머신러닝이 그 대안이 될 수 있음을 설명했다[119]. 다른 고찰 논문은 컨볼루션 신경망CNN을 사용한 뇌 영상 분석과 순환 신경망(RNN)을 사용한 모바일 디바이스 데이터 분석에 초점을 맞췄고 나아가 뇌 기능과 관련한 의미론적으로 해석 가능한 모델을 통계학적 머신러닝 개념에 포함시키는 것과 같은 미래의 개념을 제시했다[120].

자폐 스펙트럼 장애를 가진 아이들에게 로봇을 활용한 접근법을 사용했을 때, 성인과의 상호 작용과 비교해서 로봇과 상호 작용을 할 때 좀 더 학습에 집중하고 더 즐거워 한다는 것을 보여줬다[121]. 또한 뇌졸중 환자에서 전기공학적 로봇 보조 상지 훈련 방법이 무작위 대조군시험에서 더 우수한 성적을 보였다[122]. 이런 점은 로봇과 가상 비서가 미래에 헬스 케어 교육과 만성 질환 관리뿐만 아니라 재활과 정신과적 치료에도 큰 역할을 할 수 있을 것임을 시사한다. 만약 강력한 인공지능 도구와 결합된다면 이런 지지 서비스가 환자에게 가치를 전달하는 데 매우 유용할 것이다.

누구나 접근할 수 있는 글로벌 정신 건강에 대한 모바일 인공지능 솔루션 촉구

데니스 월 Dennis Wall

데디터 월은 신경과학에 열정을 가진 유명한 데이터 과학자다. 이 글을 통해서 소아와 성인 정신 건강을 위한 표준 케어 수준을 바꿀 수 있는 이동식 인공지능 도구를 구축하는 개념에 대해서 설명한다.

미국에서 뇌를 매개로 한 신경학적 질환과 정신과 질환은 비전염성 질환 장애의 28%를 차지하고, 조기 사망 원인의 40%를 차지한다[1, 2]. 현재 정신 건강 진단 표준은 주관성과 확장 가능성에서 여러가지 문제를 가지고 있다. 좀 더 일관적이고 지속적인 방식으로 클리닉 밖에서도 기능할 수 있는 모바일 솔루션으로 전환하거나 그 자리를 양보해야만 한다. 조기 인지 기능이 장기간에 걸친 정신 건강에 미치는 영향력의 중요성을 고려했을 때 정밀 모바일 헬스가 우선적으로 고려해야 할 대상은 발달 장애 아동들이다. 그들 가운데, 자폐 스펙트럼 장애는 10세 이하의 어린이에게서 전 세계 2억 1,400만명, 미국에서는 100만 명의 환자가 보고되고 있다[3, 4]. 5세 이하로 보면 미국에서의 유병률은 125명당 1명에서 40명당 1명 정도까지의 수준을 보이는 것으로 보고되고 있다[3, 5, 6]. 따라서 이 질환은 세계적으로 아동의 건강에 가장 부담을 주는 질환의 하나다[7, 8]. 자폐 스펙트럼을 가진 아동은 반복적으로 제한된 행동과 관심을 보인다. 언어, 사회적 집중력, 얼굴 인식, 사회적 상호 작용 등의 장애를 포함한 사회적 커뮤니케이션 장애를 보이기도 한다[9-16]. 이 모든 것은 초기에 치료하지 않은 채로 놓아두면 일생에 걸쳐 장애로 남는다[9].

조기 중재는 일생에 걸친 케어 부담을 상당히 줄일 수 있는 것으로 알려져 있다[9, 17]. 자폐증에 대한 표준 치료SOC에는 응용행동분석ABA 치료법을 적용한 조기 중재가 포함돼 있다. 이 치료는 자폐를 가진 소아의 IQ를 늘리고, 눈맞춤, 얼굴 마주보기, 감정 인식 등의 개선 효과가 있다. SOC는 자폐증을 가지고 있는 소아의 몇 개의 핵심 장애를 개선하는 데 도움이 되지만 이런 치료법들은 치료가 필요한 환자들에게 재빨리 적용되지 못하고 있다[3]. 치료 순서 대기 기간이 12개월이 넘을 수도 있고 이런 치료의 접근도에 뒤처지는 것은 소수 민족계, 농촌 지역, 그리고 가난한 지역에 있는 경우 더 심하다[19-23]. 그래서 최고의 효과를 보일 수 있는 조기 중재의 최적 타임을 놓치고 있다[9]. 상황을 더 나쁘게 하는 것은 가족당 헬스케어 연간 비용이 연간 3만 달러가 넘어가고, 미국의 경우 2025년에 이르러서는 자폐 스펙트럼 환자 치료 비용이 5,000억 달러에 이를 것으로 추산되고 있다[24].

모바일 인공지능의 강력한 잠재력이 있고 이런 표준 치료가 지연되는 것을 고려했을 때 새로운 도구가 절실히 필요한 상황임을 알 수 있다. 집에서 사용 가능하고 자폐 어린이와 가족 등 1차 이해관계자들이 손쉽게 사용할 수 있는 모바일 유비쿼터스 컴퓨팅 솔루션이 있다면 이런 수요에 저렴한 방식으로 대응할 수 있는 최선의 방법이 될 것이다. 더 나아가 그런 접근법은 적응형 환자 맞춤 중재에 필요한 피드백 루프를 만들 수 있는 최선의 방법이고, 모바일 장비를 통해서 풍부한 데이터를 더 많이 수집할 수 있는 길을 열어 준다. 이런 방향으로 나아가는 한 발걸음으로, 우리는 구글 글래스^{Google Glass}를 사용한 새로운 웨어러블 치료법을 개발했다. 이것은 자폐 어린이들을 위한 다이내믹 사회 훈련으로, 인공지능을 사용해 아이들이 사회적 상호 작용을 하는 자연스러운 순간에 얼굴에 드러나는 인간의 핵심 감정(행복감, 슬픔, 분노, 놀라움, 두려움)을 발견하고 해석할 수 있도록 한다[25-27]. 우리가 연구한 바에 따르면 그 시스템은 모든 자폐증 어린이들이 힘들어 하는 눈맞춤, 감정 이해, 사회화를 의미있게 개선했다[28, 29]. 더 나아가 이 도구는 치료에 대한 잠재력뿐만 아니라 진단과 치료를 위해 발전된 모델을 만들 수 있게 해주는 새로운 컴퓨터 비전 라이브러리를 생성해줬다.

두 번째 사례로 우리는 게스왓^{GuessWhat}이라고 하는 확장 가능한 프로토타입의 모바일 앱을 만들었다. 자폐아들을 소셜 파트너와 함께 사회적인 상호 작용에 참여시키는 앱으로, 카메라의 초점을 아이에게 두면서 친사회적인 학습을 강화함과 동시에 어린의 진전 정도를 측정할 수 있다. 게스왓의 가장 간단한 수준은 모바일 제스처 게임(몸의 움직으로 그 의미를 파악하는 게임)의 형태를 가진다. 예를 들어 "가축"이라는 주제와 연관된 이미지들 가운데 하나를 선택한다. 그리고 나서 예를 들어 부모님 같은 자폐증 환자의 사회적인 파트너는 스마트폰을 자신의 앞머리에 올려서 어린이가 그것을 보고 흉내를 내도록 한다. 아이의 연기가 정확히 맞추거나 못맞추면 스마트폰을 위/아래로 돌리고, 그 다음 이미지로 넘긴다. 그러면서 한번 알아맞추는 데 설정된 약 90초 정도의 시간 동안에 폰 앞에 있는 카메라가 아이의 행동을 기록한다. 기록된 영상은 게임에 통합된 컴퓨터 비전 알고리듬과 감정 분류기에 보내져 아아 얼굴에 드러나는 감정을 감지하고 눈맞춤, 주시, 집중력 등도 자동으로 감지한다. 또한 이런 과정에서 완전히 새롭고 맞춤화된 컴퓨터 비전 라이브러리가 만들어진다. 이런 간단한 게임이 친화적 행동, 사회적 상호관계, 눈맞춤, 감정 등을 더 자세히 인식할 수 있는 새로운 모델을 훈련시키는 데 필요한 레이블된 컴퓨터 비전 라이브러리를 자동으로 만들면서 자폐증의 치료와 경과를 추적할 수 있는 완전한 데이터 과학 해법 역할을 할 수 있다. 실제로 더 많은 게임을 할수록 라이브러리는 더 좋아지고 인공지능 모델은 더 정교해진다.

조기 발단 뇌 건강에 초점을 맞춰 장기 정신 건강을 호전시키고자 하는 이 두 사례는 모바일 인공지능의 잠재력을 보여주는 두 개의 작은 발걸음에 불과하다. 정신 건강 헬스케어가 발전하려면 확장 가능하고 환자와 특정 문제에 맞춤화된 도메인 특화 인공지능 기능을 갖춘 모바일 솔루션이 필요하다. 앞에서 소개한 두 개의 솔루션은 손바닥에서 실행되는 웨어러블 게임으로 치료와 동시에 환자의 변호를 추적할 수 있고, 이 분야의 성배와 같은 도메인에 특이하고 맥락에 의존적인 컴퓨터 비전 라이브러리를 구축할 수도 있는 시스템이다. 모바일과 웨어러블 기술 같은 유비쿼터스 컴퓨팅의 발전과 인공지능 및 컴퓨터 비전의 발전은 핏빗과 같은 단순한 헬스케어 소비자 도구를 넘어서 다수의 환자군을 대상으로 진단, 과학, 치료적 가치를 가져다 주고 환자와 의사들 간의 커뮤니케이션 포털을 만들 수 있게 해준다. 진실로 이런 도구를 잘 활용하면 의학에 새로운 패러다임을 창출할 수 있다. 유비쿼터스 컴퓨팅 도구를 사용해 헬스케어를 위한 새로운 모델을 검증하고 배치하는 데 필요한 데이터에 대한 보상으로 소비자에게 가치를 제공하고, 환자와 의사 간 유연한 대화의 장을 마련하며 동시에 전 세계 모든 사람들의 정신 건강을 위한 개선 과학과 예방 중재에 필요한 피드백 루프를 가능하게 하는 패러다임이다.

참고 문헌

[1] Prince M, Patel V, Saxena S, et al. Global mental health 1-no health without mental health. Lancet 2007;370 (9590):859-77.
[2] Schroeder SA. We can do better-improving the health of the American people. N Engl J Med 2007;357(12):1221-8.

[3] Baio J, Wiggins L, Christensen DL, et al. Prevalence of autism spectrum disorder among children aged 8 years?Autism and Developmental Disabilities Monitoring Network, 11 Sites, United States, 2014. MMWR Surveill Summ 2018;67(6):1.

[4] Boyle CA, Boulet S, Schieve LA, et al. Trends in the prevalence of developmental disabilities in US children, 1997-2008. Pediatrics 2011;127(6):1034-42.

[5] Nicholas JS, Charles JM, Carpenter LA, King LB, Jenner W, Spratt EG. Prevalence and characteristics of children with autism-spectrum disorders. Ann Epidemiol 2008;18(2):130-6.

[6] Xu G, Strathearn L, Liu B, et al. Prevalence and treatment patterns of autism spectrum disorder in the United States, 2016. JAMA Pediatr 2019;173(2):153-9.

[7] Murray CJ, Lopez AD. Alternative projections of mortality and disability by cause 1990-2020: Global Burden of Disease Study. Lancet 1997;349(9064):1498-504.

[8] Whiteford HA, Degenhardt L, Rehm J, et al. Global burden of disease attributable to mental and substance use disorders: findings from the Global Burden of Disease Study 2010. Lancet 2013;382(9904):1575-86.

[9] Dawson G. Early behavioral intervention, brain plasticity, and the prevention of autism spectrum disorder. Dev Psychopathol 2008;20(03):775-803.

[10] Dawson G, Rogers S, Munson J, et al. Randomized, controlled trial of an intervention for toddlers with autism: the Early Start Denver Model. Pediatrics 2010;125(1):e17-23.

[11] Dawson G, Webb SJ, McPartland J. Understanding the nature of face processing impairment in autism: insights from behavioral and electrophysiological studies. Dev Neuropsychol 2005;27(3):403-24.

[12] Howlin P, Goode S, Hutton J, Rutter M. Adult outcome for children with autism. J Child Psychol Psychiatry 2004;45(2):212-29.

[13] Landa RJ, Holman KC, Garrett-Mayer E. Social and communication development in toddlers with early and later diagnosis of autism spectrum disorders. Arch Gen Psychiatry 2007;64(7):853-64.

[14] Palumbo L, Burnett HG, Jellema T. Atypical emotional anticipation in high-functioning autism. Mol Autism 2015;6(1):47.

[15] Sasson NJ, Pinkham AE, Weittenhiller LP, Faso DJ, Simpson C. Context effects on facial affect recognition in schizophrenia and autism: behavioral and eye-tracking evidence. Schizophr Bull 2016;42(3):675-83.

[16] Xavier J, Vignaud V, Ruggiero R, Bodeau N, Cohen D, Chaby L. A multidimensional approach to the study of emotion recognition in autism spectrum disorders. Front Psychol 2015;6:1954.

[17] Dawson G, Jones EJH, Merkle K, et al. Early behavioral intervention is associated with normalized brain activity in young children with autism. J Am Acad Child Adolesc Psychiatry 2012;51(11):1150-9.

[18] Angell AM, Empey A, Zuckerman KE. Chapter four?A review of diagnosis and service disparities among children with autism from racial and ethnic minority groups in the United States. In: Hodapp RM, Fidler DJ, editors. International review of research in developmental disabilities. Academic Press; 2018. p.?145-80.

[19] Chiri G, Warfield ME. Unmet need and problems accessing core health care services for children with autism spectrum disorder. Matern Child Health J 2012;16(5):1081-91.

[20] Dawson G, Bernier R. A quarter century of progress on the early detection and treatment of autism spectrum disorder. Dev Psychopathol 2013;25(4 Pt 2):1455-72.

[21] Gordon-Lipkin E, Foster J, Peacock G. Whittling down the wait time: exploring models to minimize the delay from initial concern to diagnosis and treatment of autism spectrum disorder. Pediatr Clin North Am 2016;63(5):851-9.

[22] Siklos S, Kerns KA. Assessing the diagnostic experiences of a small sample of parents of children with autism spectrum disorders. Res Dev Disabil 2007;28(1):9-22.

[23] Ning M, Daniels J, Schwartz J, et al. Identification and quantification of gaps in access to autism resources in the U.S. J Med Internet Res 2019;21.

[24] Leigh JP, Du J. Brief report: forecasting the economic burden of autism in 2015 and 2025 in the United States. J Autism Dev Disord 2015;45(12):4135-9.

[25] Voss C, Washington P, Haber N, et al. Superpower glass: delivering unobtrusive real-time social cues in wearable systems. Proceedings of the 2016 ACM international joint conference on pervasive and ubiquitous computing: adjunct; 2016. ACM; 2016. p.?1218-26.

[26] Washington P, Voss C, Haber N, et al. A wearable social interaction aid for children with autism. Proceedings of the 2016 CHI conference extended abstracts on human factors in computing systems; 2016. ACM; 2016. p.?2348-54.

[27] Washington P, Voss C, Kline A, et al. SuperpowerGlass: a wearable aid for the at-home therapy of children with autism. Proc ACM Interact Mob Wearable Ubiquitous Technol 2017;1(3):112.

[28] Daniels J, Haber N, Voss C, et al. Feasibility testing of a wearable behavioral aid for social learning in children with autism. Appl Clin Inf 2018;9(1):129-40.

[29] Daniels J, Schwartz JN, Voss C, et al. Exploratory study examining the at-home feasibility of a wearable tool for social-affective learning in children with autism. NPJ Digital Med 2018;1(1):32.

현재의 평가와 미래 전략

전반적으로 신경과학 분야는 인공지능에 대한 인식을 넓혀가기 시작하고, 인공지능에 좀 더 초점을 맞추면서 인공지능이 할 수 있는 여러 가지 기능에 관심을 가지기 시작했다. 신경과학 분야 학술 미팅에서 종종 연사들이 인공지능 분야에 관한 강연을 하고 있고 임상 상황과 학술 모임에서 인공지능 관련 내용이 늘어가고 있다. 신경과학은 이 분야 전문가들이 잘 알고 있는 인지적인 요인과 설계를 현재의 딥러닝 패러다임에 결합시켜 인공지능을 더욱 발전시킬 수 있을 것이다.

앞으로는 가상현실, 로봇공학, 가상 비서 기술 등을 통해 신경과, 신경외과, 정신과 등 신경과학과 관련된 모든 전문 과목들이 정밀 재활과 관련된 치료 분야에서 이런 기술로부터 많은 도움을 받을 수 있을 것이다. 뇌 영상 분야 역시도 다양한 방법들을 융합시키면서의 앞서 심장학에서 설명했던 것과 유사하게 하나의 "슈퍼스캔"이라는 개념으로 발전할 것이다. 또한 다른 모든 정밀 의학과 함께 "정밀 신경정신의학"은 인공지능이 가진 모든 기능들을 전략적으로 사용할 수 있을 것이다.

마지막으로 인공지능과 신경과학 사이에는 융합과 시너지가 필요하다. 이런 쌍두마차는 아주 밀접하게 연관돼 있는 두 과학 분야의 지식과 능력을 더욱 발전시킬 것이다.

표 8.14 신경과학

인공지능 응용 분야	임상적 적절성	현재 인공지능 가용도
의료 영상	+++	+++
변형 현실	+++	+
의사 결정지원	+++	++
진단	+++	+
정밀 의료	+++	+
신약 발견	++	+
디지털 헬스	++	+
웨어러블 기술	++	+
로봇공학	+++	++
가상 비서	+++	+

산부인과

산부인과^{Obstetrics/Gynecology} 전문의들은 청소년기 이후 모든 연령의 여성 환자들을 본다. 일반적인 신체 검사에서부터 출산이나 여성 생식기 시스템에서 발생하는 의학적 문제들을 다룬다. 산부인과 전문의는 수술방에서 외래 진료실을 오가면서 외과 의사와 내과 의사의 역할을 모두 하는 유일한 전문가들이다. 이들은 산전에 태아 심전도를 통해서 심장 박동의 이상 소견을 통해서 태아의 상태를 추적하고, 태아 심초음파는 이런 추적 과정에서 중요한 역할을 담당한다. 산모, 태아와 관련된 의학, 즉 주산기 의료는 고위험 산모의 내외과적 문제를 다룬다. 기타 생식기 내분비학, 불임, 부인과 종양, 가족 계획 등을 다루는 분과가 있다.

고찰 논문과 대표 사례

산과 및 부인과 인공지능 사용에 관해 고찰한 몇 개의 논문이 출판돼 있다. 어느 짧은 주석은 인공지능과 빅데이터가 산부인과에 미칠 수 있는 영향에 대해서 언급하고 관련 내용을 다룬 몇 개의 논문도 소개하고 있다[123]. 왕Wang 등은 보조 생식 기술이라는 맥락에서 인공지능을 고찰하고 그 한계와 문제점도 다뤘다[124]. 생식의학에서 인공지능을 적용할 수 있는 부분에는 난모 세포 평가와 선택, 정자 선택과 정액 분석, 배우 선택, 체외 수정 예측 분야 등을 들 수 있다(그림 8.8).

그림 8.8에는 인공지능을 응용할 수 있는 다양한 부분들이 나열돼 있다. (A) 의사 결정 나무 모델을 사용해 처음에 AMHR2 발현의 높고 낮은 수준, 그 다음에는 LIF 발현이 높고 낮은지에 따라 난포세포를 분리하는 과정을 보여준다. (B) 인간 정액 샘플에 대해 정량적인 특성을 파악한 다음 2-클래스 서포트 벡터 머신 분류기를 훈련하는 모습을 보여준다. (C) 신경망을 사용해 정액 파라미터를 예측하는 의사 결정 시스템을 만드는 방법을 보여준다.

어느 한 논문은 출산 중 태아 심박동을 인공지능으로 해석하는 데 초점을 맞췄다[125]. 이 보고서에 따르면 출산 중 태아 심장 박동 모니터링에 인공지능을 사용했을 때, 인공지능 도구와 인간 관찰자 사이의 일치도는 중간 정도였고, 인공지능 보조가 신생아 건강 결과(신생아 산증, APGAR 스코어, 사망)를 개선하지 않았다고 보고했다. 이는 인공지능에 대한 알고리듬의 성능이 반드시 건강 결과를 개선하지 않을 수도 있다는 중요한 점을 지적한다. 또 다른 고찰 논문은 딥러닝이 활발히 일어나기 전에 출판된 것으로 부인과 질환에 인공신경망의 사용에 초점을 맞췄다[126]. 2010년에 발표된 것임에도 불구하고 저자들은 다양한 데이터 소스로부터 얻은 여러 측면의 데이터에 바탕을 둔, 인공 신경망으로 만든 섬세하고 복잡한 패턴과 비선형적인 통계학적 모델이 전통적인 로지스틱 회귀보다 우수했다고 발표했다. 부인과 영역에서 인공 신경망을 사용할 수 있는 영역에는 부인과 종양, (특히 조기 진단과 예후 예측, 조력 생식, 생식기 내분비학, 부인과 비뇨기학(수술 결과 예측)를 비롯해 체외 수정 등이 포함된다.

시모포우로우Simopoulou 등은 시험관 아기시술에서 배아 선택을 위한 모델에 사용되는 기초 수학 모델에서 생명정보학까지의 발전 단계를 설명했다[127]. 마지막으로 산과학에서 퍼지 논리와 신경망을 결합한 퍼지 인지 맵의 사용한 의학적 의사 결정 시스템을 소개한 흥미로운 논문도 있다[128].

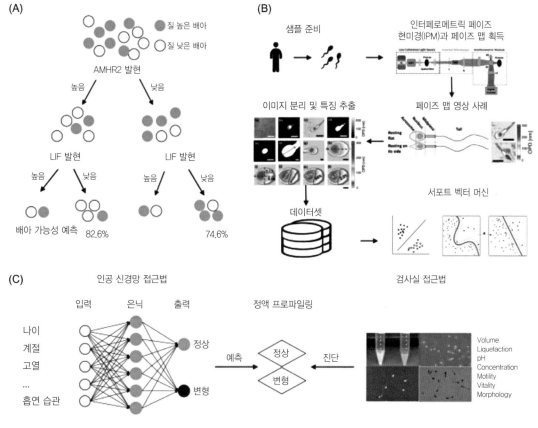

그림 8.8 생식의학에서 인공지능 응용

현재의 평가와 미래 전략

산과 및 부인과 영영에서 인공지능 사용에 대한 관심의 상당 부분은 태아 모니터링(심전도, 뇌파와 유사하게 신호 대 잡음 비가 매우 낮은 검사다)과 시험관 아기시술에 집중돼 있다. 다른 임상 영역과 비슷하게 산과 및 부인과는 아주 다양한 환자군을 포함하고 있고 태아도 임상 영역의 핵심 부분이다. 이런 복잡도 때문에 정교한 머신러닝과 딥러닝이 의사들의 업무 부담과 의사 결정 스트레스를 줄이는 데 도움이 될 수 있을 것이다.

미래에는 인공지능 보조 태아 모니터링 전략이 인간의 부담을 줄이고 예방적 접근법을 통해서 태아 이벤트에 대한 진단적 정확도를 올리는 데 기여할 것이다. 또한 모니터링 기술의 발달로 정확하면서도 비침습적인 방식으로 지속적인 홈 모니터링이 가능해질 수 있다.

산부인과 진료 및 케어에 관련한 모든 부분에서 인공지능의 지원을 바탕으로 의사들은 정밀 의학의 범위에서 더 나은 의사 결정을 하게 될 것이다(표 8.15).

표 8.15 산과학과 부인과

인공지능 응용 분야	임상적 적절성	현재 인공지능 가용도
의료 영상	++	+++
변형 현실	++	+
의사 결정 지원	+++	++
진단	+++	+
정밀 의료	+++	+
신약 발견	++	+
디지털 헬스	++	+
웨어러블 기술	++	+
로봇공학	+	++
가상 비서	+	+

종양학

종양학Oncology 전문의들은 암 진단을 받은 환자를 추적하고 진단과 치료 전략을 수립하는 사람들이다. 일차 진료의는 보통 암에 대한 환자 스크리닝을 담당한다. 종양 전문의는 특정 암에 초점을 맞춘 의사들로 암에 대한 지속적인 감시와 더불어 합병증과 후유증의 치료를 담당한다. 방사선 종양 전문의들을 고 에너지 방사선 치료법을 사용해 암을 치료하다. 소아와 청소년기 암을 주로 다루는 소아 종양 전문의도 있다. 어떤 경우에는 종양학과 혈액학의 겹치는 임상 분야도 존재한다.

고찰 논문과 대표 사례

종양학 인공지능 사용에 관한 많은 논문이 출판돼 있다. 아마도 암 환자에 대한 정밀의학과 치료법에 대한 관심과 더불어 IBM 왓슨과 같은 인지 컴퓨팅의 암 적용에 대한 관심 때문일 것이다. 종양학 인공지능에 대한 어느 고찰 논문에서는 인공지능의 가상적인 측면(머신러닝, 알고리듬)과 물리적인 측면(로봇, 의료기기)을 다뤘다[129]. 종양학에서 인공지능이 영향을 줄 수 있는 분야에는 종양 세그멘테이션, 조직병리 진단, 종양 진행 추적, 예후 예측 등이다. 저자들은 암의 진행과 치료 효과를 추적하는 암 관련 플랫폼의 파워에 대해서도 논했다. 종양학에서의 머신러닝과 이미지 정보학에 대해 고찰한 좋은 자료들도 있다[130]. 이 고찰 논문은 머신러닝과 딥러닝 등을 라디오믹스radiomics에 적용하는 방법 및 3가지 응용 사례를 소개하고 있다. 수(Xu) 등은 암 유전체와 정밀의학에 대한 인공지능 응용을 고찰했고, 이 분야에서는 아주 다양한 방법으로 인공지능을 적용할 수 있다고 했다[131]. 방사선 종양학에 대한 고찰 논문도 많이 있다. 어떤 고찰 논문은 방사선 종양학에서 이미지 세그멘테이션, 치료 계획 생성 및 최적화, 정상 조직 합병증 확률 모델링, 치료의 질 개선, 적응적인 재치료 계획 등 이 분야에서 인공지능을 적용할 수 있는 영역들에 대해 고찰했다[132]. 자연어 처리는 종양학 인공지능 프로젝트에서 핵심적인 요소다. 자연어 처리에 대한 한 고찰 논문은 종양 전문의들의 진료에서 비구조화 데이터를 자동화했을 때의 이득에 대해 이야기했다[133]. 마지막으로 칸타르지안Kantarjian과 유Yu는 암 환자 케어와 연구에서 인공지능 응용 잠재력에 이야기했다. 국가적/국제적 암 등록에서 치료에 잘 반응하거나 반응하지 않은 암 환자를 알아내기 위한 유전체나 분자 마커 등에 이르기까지의 내용들을 담고 있다[134].

왓슨 포 온콜리지WFO의 사용에 있어 좋고 나쁜 경험에 대한 중요한 논문들이 발표됐다. 그 시스템은 500개 이상의 유방암 사례로부터 얻은 데이터를 통합한 이후 암다학제팀과 치료 선택 일치율이 매우 높은 것으로 보고됐다[135]. 그리고 왓슨 포 지노믹스 도구는 인간이 하는 큐레이션이 체성 차세대 염기 분석 결과를 해석하는 데 충분하지 않기 때문에, 분자 암다학제팀이 이 도구와 같은 인지 컴퓨팅의 도움을 받았을 때 환자의 케어가 개선될 수 있을 것이라고 전망했다[136]. 왓슨 포 온콜리지는 의사의 진료 기록이나 케이스 보고서와 같이 비구조화된 데이터와 연관된 데이터 질 문제를 제대로 해결할 수 없었고, 그로 인해서 앰디 앤더스 병원과 결별하게 됐다[137]. 유방암에서 영상 오믹스와 기능적 유전체 특징에 대한 컴퓨터 보전 진단을 결합했을 때 환자 분류 정확도가 3% 가량 상승한다는 보고가 있었다[138]. 이 연구에서 1기 유방암과 다른 병기를 구분하기 위해서 기능적 유전체 정보와 병리학적 조직 이미지에 대한 함께 분석할 수 있는 컴퓨터 보조 진단 기법을 사용해 서포트 벡터 머신을 학습시켰다. 유방암 환자의 림프절 HE 염색 조직절편 데이터를 사용하여 딥러닝 알고리듬을 사용해 림프절 미세 전이를 확인하고, 그 성능을 11명의 병리학자들과 비교한 연구가 있었다. 시간 제한을 두지 않은 검사 비교에서도 딥러닝이 더 우수한 진단적인 성적을 보여줬다[139]. 이 연구의 매력적인 양상에서 23개 팀이 참여하는 국제 경진대회인 카멜리온16CAMELYON16, Cancer Metastases in Lymph Nodes Challenge을 열었는데, 대부분의 팀들이 딥러닝 컨볼루션 신경망을 사용했다. 마지막으로 정밀 종양학에서 개인이 건강 결과를 예측하기 위해 순차적인 종양 바이오마커 측정을 통해 다이내믹 리스크 프로파일링을 시도한 흥미로운 연구가 있었다[140].

현재의 평가와 미래 전략

전반적으로 왓슨 포 온콜로지 활동이 아닌 부분의 종양학 인공지능에 대한 학술적인 또는 임상적인 활동은 상대적으로 낮은 수준에 머물러 있다. 엠디 앤더슨 암 센터와 IBM 왓슨 포 온콜로지 프로젝트가 깨지면서 상대적으로 적은 출판 활동은 인공지능 채용과 경영 책임성에 대한 중요한 교훈과 반향성을 불러일으켰다. 2013년 시작된 이 파트너십은 미디어를 통해 대중의 관심을 끌어 모았지만 암을 치료할 수 있다는 과대 기대는 전혀 실현되지 않았다. 실패의 원인으로는 경쟁 입찰의 부재, 불충분한 기업 실사, IT 분서가 아닌 구매팀의 의사 결정으로 이뤄진 점 등을 들 수 있다. 환자의 건강 결과를 개선하고 비용을 낮췄는지에 대한 다양한 질문에 병원은 적절하게 대답하지 않았다.

종양학이 여러 신체 시스템을 다루고 여러 가지 측면을 가진 전문 과목이기 때문에, 미래에 인공지능은 종양학의 핵심 자원이 될 가능성이 아주 높다. 자연어 처리를 사용해 공중 보건 관리의 한 부분으로 조기 암 진단을 위해 전자의무기록에서 핵심적인 정보를 발견할 수 있을 것이다. 인공지능을 사용해 환자에게 가장 효과가 있고 효율적인 항암제를 선택하는 데도 인공지능이 도움을 줄 것이다. 환자 케어에서 중요한 요소 가운데 하나인 의료 영상과 영상의학은 극도로 정교해지고 심지어 병리학 수준에 가까이 갈 것이다. 영상의학에서 병리학까지 연결되는 인공지능 장착 이미지 컨티넘을 형성할 것이고 치료에 대한 반응이나 그 결과 같은 부가 정보들이 포함될 것이다. 다른 분야와 마찬가지로 면역 치료를 포함한 약물유전체 프로파일 데이터를 포함하는 암에 대한 정밀의학적인 접근법이 환자의 생존율을 개선하기 때문에 종양학에서 더 중요한 요소가 될 것이다. 마지막으로 항암치료를 받는 환자의 부작용을 차료하기 위한 변형 현실 전략들이 도입될 것이다(표 8.16).

표 8.16 종양학

인공지능 응용 분야	임상적 적절성	현재 인공지능 가용도
의료 영상	++	+++
변형 현실	++	+
의사 결정 지원	+++	++
진단	+++	+
정밀 의료	+++	+
신약 발견	++	+
디지털 헬스	+	+
웨어러블 기술	+	+
로봇공학	+	++
가상 비서	+	+

안과학(Ophthalmology)

안과 전문의는 망막을 보는 안저경 등을 사용해 눈을 검사하고 눈의 질환을 다룬다. 광간섭단층 촬영OCT은 안과학에서 사용하는 또 하나의 영상 진단법이다. 눈에 오는 질환은 아주 다양하다. 대표적으로 녹내장, 백내장, 당뇨 환자에서 나타나는 당뇨병성망막증, 노인 환자에서 보이는 황반변성 같은 질환들이 있다. 근시, 원시, 난시 등을 교정하는 것과 더불어 안과 의사는 레이저 수술이나 기타 안 질환에 대한 수기를 시행한다.

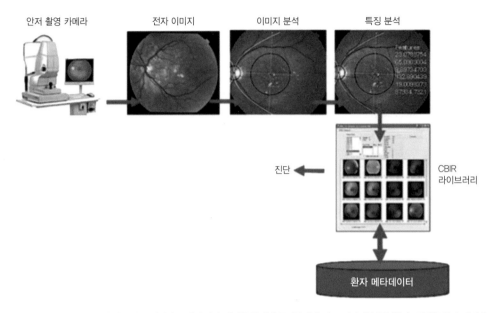

안저 촬영 카메라   전자 이미지   이미지 분석   특징 분석

진단   CBIR 라이브러리

환자 메타데이터

그림 8.9 망막 안저 사진과 인공지능. 카메라로 망막 안저 사진을 촬영해 특징을 추출하고 이미지를 분석한다. 진단은 환자 메타데이터와 컨텐츠 기반 이미지 검색(CBIR) 라이브러리에 있는 다른 망막 기저 사진들과 비교해 이뤄진다.

고찰 논문과 대표 사례

의료 영상 분야 딥러닝과 컨볼루션 신경망의 도래로 이 분야에서는 상대적으로 많은 논문이 출판됐다. 대부분은 안저 검사와 관련된 딥러닝에 초점이 맞춰져 있다. 카푸어Kapoor 등은 안과 인공지능의 현재 최고 기술 수준에 대해 고찰했다[141]. 이 논문은 안과 부분만 다루지 않고 인공지능에 대한 간단한 리뷰와 인공지능이 다른 의료 분과에 미칠 수 있는 영향에 대해서도 이야기했다. 안과학에서 인공지능이 영향을 줄 수 있는 주요 영역에는 미숙아망막병증retinopathy of prematurity이나 녹내장 스크리닝 같은 다양한 안과 질병에 대한 원격 안과학과 다양한 안과질환에 인공지능과 딥러닝을 적용하는 것 등이 포함된다. 다른 한 고찰 논문은 바른 진단과 축적을 위한 인공지능과 환자 메타데이터의 활용에 대해서 다뤘다(그림 8.9)[142]. 그 외에도 안과 인공지능에 대해 고찰한 다수 논문이 있다[143-145].

  의료 인공지능과 관련해 가장 의미있는 연구 가운데 하나는 굴샨Gulshan 등이 망막 안저 사진을 통해 당뇨병성 망막병증을 진단하는 딥러닝 알고리듬의 정확도를 검증한 연구다[146]. 이 연구에서 인공지능 알고리듬이 당뇨병성 망막증을 진단하는 데 안과전문의 수준에 맞먹는 특이도와 민감도, 곡선아래면적[ROC] 0.99라는 성능을 보여줬다(그림 8.10). 연구에 사용된 컨볼루션 알고리듬은 10만개가 넘는 이미지를 학습하고 훈련 데이터셋에서도 높은 민감도와 특이도를 보여줬다. 2018년 아브라모프[Abramoff] 등은 당뇨병성 망막증 자동 진단 시스템(IDx-DR)을 발표했는데, 2019년에 FDA는 생의학에서 완전한 자동 인공지능 기반 진단 도구로서는 처음으로 이것을 승인했다[147].

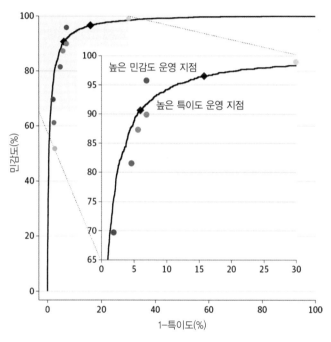

그림 8.10 당뇨병성 망막병증 ROC(Reciever Operating Characteristic) 커브. 자동 진단 알고리듬의 성능(검정색 다이아몬드와 검정색 선)을 안과전문의 여덟 명의 매뉴얼 등급(색깔 있는 점들)을 ROC 커브로 비교했다. ROC 커브에서는 왼쪽 상단의 지점이 가장 성능이 좋은 상태다. 알고리듬과 더 높은 성능을 보인 1명의 안과전문의가 있었다(보라색 점).

현재의 평가와 미래 전략

대중과 안과학계는 앞에서 언급한 자동 인공지능 보조 진단 도구가 처음으로 미국 식약처에서 승인된 것에 고무되어 왔다. 이제 당뇨병성 망막증과 같이 흔한 안질환에 대한 스크리닝은 높은 수준의 정확도를 확보할 수 있게 돼다. 이것이 글로벌 건강에 미치는 함의는 매우 크다. 딥러닝 알고리듬은 안과 질환의 진단을 개선하는 데 도움을 주고 결과적으로 안질환으로 치료하기 위해 안과의사에게 의뢰되는 환자 수도 증가할 수 있다.

앞으로 인공지능을 장착한 안과 전문의는 영상의학과 비슷한 전략을 취할 필요가 있다. 지각적인 작업이 인공지능으로 이관됨에 따라 업무에서 비지각적이고[nonperceptive], 프로시저에 관련된 부분이 좀 더 중요해질 것이다. 자동화된 안과 검진이 가능해짐에 따라 눈 검사는 안과 전문의가 상주하는 클리닉 대신 자동화된 판독 시스템을 갖춘 일반 센터에서 이뤄질 수 있게 된다. 정밀 안과 의학에서는 안저 검사상 이상 소견을 적절히 추적할 수 있고 통상적으로 환자의 메타데이터를 포함하게 될 것이다. 흔한 안과 질환에 대한 광범위한 스크리닝으로 인해 안과 질환의 발병률이 증가할 것이다. 이런 사실은 국가적·국제적 건강 예산에 반영될 필요가 있고 과잉 진단과 과잉 치료를 피하기 위한 치료 전략을 함께 고려해야한다(표 8.17).

표 8.17 안과학

인공지능 응용 분야	임상적 적절성	현재 인공지능 가용도
의료 영상	+++	+++
변형 현실	++	+
의사 결정 지원	+++	++
진단	+	+
정밀 의료	+++	+
신약 발견	+	+
디지털 헬스	++	+
웨어러블 기술	++	+
로봇공학	+	++
가상 비서	+	+

병리학(Pathology)

병리학자는 전형적으로 현미경 슬라이드 형태로 돼 있는 조직 절편 또는 여러 종류의 조직검사를 통해 얻은 의료 이미지들을 판독한다. 이런 현미경을 통해 관찰하는 형태학은 여전히 진단 병리의 골드 스탠다드다. 병리학자들은 영상 판독과 더불어 "맨눈" 병리학으로 일컫는 부검도 수행한다. 마지막으로 여러 종류의 검사실 검사는 병리학자와 그가 속한 부서의 관리 하에 관리된다. 최근 디지털 병리학의 도래로 병리학자들의 업무 흐름이 개선됐다. 전체적인 슬라이드 이미징, 빠른 네트워크, 저렴한 저장 방법 등은 병리학자들이 디지털 슬라이드 이미지로 효과적으로 처리할 수 있게 해 주고 있다.

고찰 논문과 대표 사례

병리학은 이미지에 초점을 맞춘 분야로써 이 분야에는 딥러닝과 컴퓨터 비전 분야를 중심으로 한 인공지능에 관한 훌륭한 논문들이 많이 출판됐다. 최근 한 고찰 논문은 임상적, 영상의학적, 유전체 데이터를 병리학 데이터와 융합시킨 딥러닝의 중요성을 다뤘다[148]. 이 논문은 병리 절편에 대한 컨볼루션 신경망과 컴퓨터 비전에 관해 상당한 분량을 할애하고 있다. 또 다른 한 논문은 검사실 의학의 자동화와 인공지능에 대해 고찰했는데, 이런 기술들을 제대로 결합시킨다면 효율성을 증가시킬 수 있고 나아가 맞춤 의학 및 맞춤 공중 보건에도 기여할 수 있다고 강조했다[149]. 더불어 디지털 병리와 인공지능을 고찰한 논문은 디지털 슬라이드를 고급 알고리듬, 컴퓨터 보조 진단 기술과 연결된 병리학 작업 흐름에 통합시키는 주제로 다뤘다[150, 151].

임상병리학에서 자동화와 인공지능의 사용에 관해 고찰한 논문도 있다[149]. 저자들은 이런 기술의 겹합으로 정밀의학의 핵심적인 부분인 새로운 진단과 예후 모델을 개발을 통해 임상병리학에 혁신을 불러 올 것이라고 지적했다. 다른 저자들은 임상병리의 분야의 작업 흐름뿐만 아니라 규제에 맞춘 내용을 고찰했다[152]. 머신러닝의 기초 개념과 이런 머신러닝 모델이 어떻게 임상병리학과 연관되는지 설명한 고찰 논문도 있다[153]. "인간 대 머신" 비교를 주제로 한 다른 분야의 연구와 유사하게, 유방암 환자의 림프절 조직 슬라이드 판독 작업에서 딥러닝 알고리듬과 11명의 병리학자들의 성적을 비교한 연구가 있었는데 이 머신러닝 알고리듬의 일부는 병리학자들보터 더 나은 성능을 보여줬다[139](그림 8.11). 더불어 컨볼루션 신경망을 사용해 혈액 배양 그람^{gram} 염색을 자동 판독하는 시스템은 다른 모든 그람 염색 판독 활동으로 확장 가능하다는 연구 보고가 있었다[154]. 더 나아가 전립샘암 위험도 계층화와 치료법 선택을 다룬 한 보고서는 다중 파마미터 MRI와 디지털 병리학은 모두

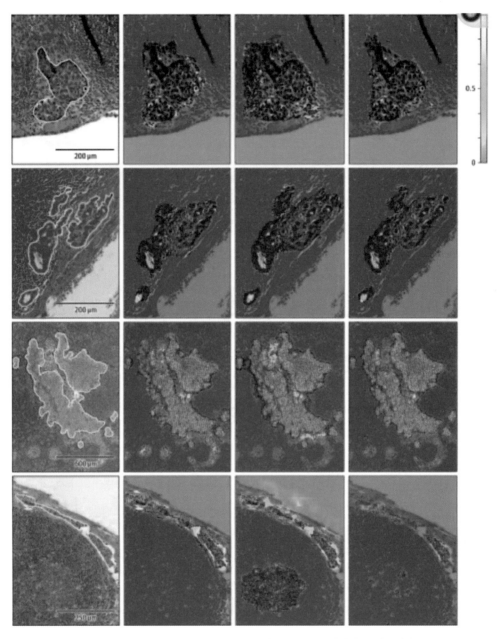

그림 8.11 **카멜리온16 경진대회의 확률 지도.** 오른쪽 위에 있는 컬러 슬라이드는 각 픽셀 위치에 대한 전이일 가능성에 대한 확률을 표시한다. (A)는 카멜리온16 데이터셋에 있는 유방암 환자 림프절 HE 염색 조직 절편에서 미세전이 영역을 아노테이션한 슬라이드 (B–D)는 대회 참가 상위 3팀의 예측한 확률 맵을 원래 이미지에 겹쳐 표시한 모습.

490

인공지능 병리학-영상의학 결합 평가 방법을 통해 이 질병을 더 자세하게 분석할 수 있을 것이라고 지적했다[155]. 니르[Nir] 등은 패치 기반의 컨볼루션 신경망 훈련과 평가는 오류가 있을 수 있고 모델에 대한 더 실제적인 성능을 평가하려면 복수 전문가 데이터를 사용해야 한다고 주장했다[156]. 마침내 오설리번[O'Sullivan] 등은 부검 로봇과 인공지능의 흥미로운 통합에 대해서 이야기했다[157]. 이런 것들이 개발된다면 수술법에 대한 가치있는 인사이트를 제공할 수 있다.

현재의 평가와 미래 전략

현재 상황을 보면 병리학자들은 영상의학과 전문의에는 조금 못 미칠지 몰라도 딥러닝을 이미지 판독의 파트너로 포용해 나갈 것이 분명해 보인다. 이렇게 포용하려면 모든 병리 이미지들이 디지털화되고 클라우드에 저장할 필요가 있을 것이다. 만약 병리학자들이 인공지능 포용에 열린 자세를 취하지 않는 다면 영상의학과 전문의들보다 병리학자의 직무가 더 불분명해질 것이다. 임상병리 데이터 부문도 교육을 통해 더 개선될 것으로 보이고 그런 검사 데이터는 정밀의학의 핵심 층의 하나가 돼야 한다.

미래에 병리학자의 업무 중 일부 또는 상당 부분은 컴퓨터 비전으로 대체되겠지만 전혀 새로운 가능성도 존재한다. 아마도 가장 흥미로운 것은 미래에 현재의 병리학자와 영상의학과의 업무를 동시에 수행하고 컴퓨터 비전과 딥러닝에 대한 강한 배경 지식을 가진 새로운 의료 영상 전문 분야가 생겨날 수 있다는 점이다. 또한 분자에서 시작해 현미경, 사람 크기만한 해부학적 이미지까지 모두 포괄하는 의료 영상 컨티넘을 다루는 세부 전문가들이 생길 가능성도 있다. 미래 검사실은 완전히 자동화돼 거의 사람이 없을 것이고 인공지능이 처음부터 끝까지 모든 업무를 수행하는 것을 상상할 수 있다(표 8.18)

표 8.18 병리학

인공지능 응용 분야	임상적 적절성	현재 인공지능 가용도
의료 영상	+++	+++
변형 현실	+++	+
의사 결정 지원	++	++
진단	+++	+

인공지능 응용 분야	임상적 적절성	현재 인공지능 가용도
정밀 의료	+++	+
신약 발견	+	+
디지털 헬스	+	+
웨어러블 기술	+	+
로봇공학	++	++
가상 비서	+	+

소아과

소아과^{Pediatrics} 의사는 소아 일차의료를 하거나 소아 심장학 또는 소아 감염병처럼 더 세부화된 전문 영역의 진료를 한다. 소아과 환자들은 소아에게 나타나는 희귀 질환이나 연령 등과 같이 다양한 환자군을 형성하기 때문에 진료가 까다롭다. 어떤 소아과 세부 전문의들은 소아 질환을 가진 어른 환자들을 보기도 한다.

고찰 논문과 대표 사례

소아과 인공지능에 대해 출판된 논문들은 많지 않다. 그렇지만 소아에 관련된 영상의학과, 심장학, 종양학, 신경학, 안과학, 병리학 등 특정 세부 영역에 대한 인공지능 관련 출판물들이 증가하고 있다. 그리고 데이터 마이닝과 정밀 의학을 적용하기 좋은 글로벌 건강과 감염성 질환에 대한 출판물들이 있는데, 이 내용들은 일부 소아과 질환에 잘 적용된다. 코콜^{Kokol} 등은 간략한 "종합적" 미니 고찰 논문에서 여러 시기에 걸친 소아 의학 관련 인공지능 등을 검토하고 여러 가지 이유들 때문에 인공지능이 여전히 널리 채용되지 못하고 있다고 결론 내렸다[158]. 소아과 영역의 인공지능의 주요 주제에는 두뇌 매핑, 패턴 인식, 발달 장애, 응급 의료, 머신러닝, 종양학, 유전자 프로파일링 등이 있다. 슈^{Shu} 등은 좀 더 포괄적인 고찰을 시행해 소아 인공지능 사용의 다양한 주제를 다뤘다. 의사 결정 지원, 병원 모니터링, 의료 영상, 진단, 정밀 의학, 약물 개발, 클라우드 컴퓨팅, 빅데이터, 디지털 의학, 웨어러블 기술, 로봇 기술, 가상 비서 등이 그 주제에 포함돼 있다[159]. 마지막으로 어린이 건강에서 데이터 과학의 중요성을 고찰한 베네트Benett 등은 소아과와 관련한 데이터 과학에서 특별히 고려해야 하는 3가지 특징을 이야기했다. 관련 데이터의 양이 작기 때문에 데이터 공유가 절대적이라는 것, 선천성 질환의 희귀성을 고려해야 한다는 것, 시간 변수의 중요성 등이 그것이다. 이 고찰 논문은 비소아과 데이터를 통해서 개발된 모델을 이용한 트랜스퍼 학습의 흥미로운 측면도 소개한다[160].

소아 의학의 인공지능에서 몇 가지 중요한 업적들을 주목할 필요가 있다. 중국의 한 연구 그룹은 100만 명 이상의 환자에 대한 다양하고 광범위한 전자의무기록(증상과 징후, 과거력, 검사실 데이터, 영상 판독지)에 인공지능을 적용했다. 그들이 개발한 머신러닝 분류기는 진단을 할 때 의사들이 사용하는 가설 연역 추론 방법과 유사한 방식으로 의무 기록을 조회할 수 있다. 모델은 전자의무기록에서 임상적으로 적절한 정보를 추출하기 위해서 딥러닝 기술을 적용한 자동화된 자연어 처리 방법으로 구현됐다[161]. 이 모델은 흔한 소아 질환 진단에서 주니어 소아과 전문의들보다 더 나은 능력을 보여줬고 질병의 중증도에 기반한 환자 선별 도구로 사용할 수 있을 것이다. 이보다 더 이른 시기에 나왔던 연구는 신생아 패혈증 진단에 대한 머신러닝 연구로 9개의 머신러닝 알고리듬을 적용했는데, 그 가운데 8개가 치료 민감도와 특이도 측면에서 인간 의사들의 수준을 앞서는 성능을 보여줬다[162]. 인공지능 도구

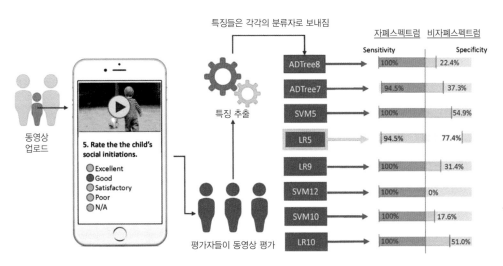

그림 8.12 신속하게 자폐증을 진단하는 모바일 분류 모델. 이 그림에는 다양한 모델의 성능 지표가 포함돼 있다. 연구 참여자들은 동영상을 직접 업로드하거나 유튜브 링크를 사용할 수 있다. 크라우드소싱을 통해 모집된 동영상 판독자들이 자폐증과 관련된 특징을 태그해서 특징 벡터를 생성하고 이것을 8개의 자동 분류 알고리듬에 넘겨 분류하게 했다. 가장 우수한 성적을 보인 것은 다섯 가지 특징을 사용한 로지스틱 분류기였다(LR5).

를 혁신적으로 응용한 또 다른 예는 가정용 동영상을 활용한 모바일 자폐증 진단 시스템이다[163]. 이 연구에서 사용된 머신러닝 모델은 2분 분량의 동영상 162개를 통해 신속하고 정확하게 진단했다고 한다. 동영상은 웹 포털을 통해 업로드하고 3명의 판독자가 자폐증과 관련된 여러 가지 특징(눈맞춤, 전형화된 말투, 반향언어증 등)을 기록해 특징 벡터를 만든 뒤 이것을 8개의 분류기가 자동으로 판독하게 했다(그림 8.12). 이 모델 가운데 5개의 특징을 사용하면 로지스틱 회귀 분류기가 의사 결정 나무나 서포트 벡터 머신을 사용한 다른 모델보다 우수한 성적을 보였다.

소아 의료에서의 인공지능

슈덴 디사이^{Sudhen Desai}

슈덴 디사이는 대형 어린이 병원에서 근무하는 소아 영상의학 전문의로, 이 글을 통해 소아 희귀 질환 관련 인공지능 프로젝트에 필요한 기관 간의 협력에 대한 비전을 말한다.

소아 의학의 세계는 역사적으로 의료기기 개발, 약물 개발, 기술 발전 등과 관련해서 성인 의료에 몇 발자국 뒤처지는 양상을 보여왔다. 소아 의료 제공자들의 도구에 인공지능을 도입하는 것은 운동장을 평평하게 할 수 있는 길을 열어 소아 환자에 대한 케어 제공 방법에 있어 깊은 영양을 줄 수 있는 잠재력을 갖고 있다.

소아과 영역에 인공지능을 사용하는 것은 성인 치료에서는 고려할 필요가 없는 고유한 문제들이 존재한다. 예를 들어, 정상 심장 박동수도 신생아와 10대 청소년이 다르다. 내가 일하는 소아 영상의학에서도 정상 성장의 중심도 환자의 나이에 따라 변한다. 3세 소아의 팔꿈치 영상은 14세 소아의 것과 다른 성장 센터를 가진다. 소아에서는 정상이라고 하는 그 정의도 "이동 표적"이다.

따라서 소아 인공지능 알고리듬은 소아 고유의 "정상"과 "병리학" 사이의 차이를 제대로 다루기 위해서 성인 병리학을 평가하는 데 사용되는 것보다 더 강건해야 한다. 이런 알고리듬은 개발되고 있다. 소아 영상에서 중심 정맥관 확인[1], 소아 팔꿈치 골절 확인[2], 뼈 나이 결정[3] 등의 시도들이 있었다. 다른 것들도 개발 중이고, 이런 인공지능 사용은 이미징 업무 흐름을 쉽고 효율적으로 만들 것이다.

이런 기술들은 소아과 케어 모델에 파괴적 혁신을 일으킬 수 있는 거대한 잠재력을 갖고 있으며, 인공지능 알고리듬은 현재 소아과 병원의 의료 전달자들의 작업 흐름에 신뢰할 수 있는 보조자로서 역할을 하게 될 것이다. 그렇지만 시간과 자원이 필요하기 때문에 이 기술들은 비임상 병원 의사 결정권자들의 강한 지원을 필요로 한다.

소아 인공지능 분야에 참여하는 기관들은 다양하다. 소아전문병원FSPH과 대학 소아 병원들이 이런 노력에 관여하고 있다. 비록 전통적인 대학 병원이 그들의 부속 소아 병원에 제공하는 기반 시설과 같은 측면에서는 부족하기는 하지만 소아전문병원이 소아 인공지능 기술을 개발하는 리더들이다. 이 글을 읽은 독자라면 충분히 이해하겠지만 소아전문병원은 현재 표준보다 업그레이드된 하드웨어, 소프트웨어, 지적인 능력 등이 필수적으로 필요한 인프라에 기꺼이 투자하려고 한다.

이런 소아전문병원들은 독특한 문제점에 직면하고 있다. 소아전문병원은 일반 대학병원들과 비교할 때 일반적으로 환자의 규모가 적어서 알고리듬/모델을 훈련하고 정교하게 다듬는 데 필요한 데이터가 충분하지 않다. 그 병원들은 컴퓨터와 데이터 과학자들을 고용하고 있는 경우가 드물고 그런 전문가들과 쉽게 접촉할 수 있는 상황도 못된다. 또한 대부분의 의료 환경과 비슷하게 기존 하드웨어나 소프트웨어가 모델을 강건하게 훈련하는 데 필요한 대량의 데이터 전송이나 그런 모델들의 출력을 손쉽게 통합시킬 수 있도록 준비돼 있지 않다.

그렇지만 점점 더 많은 소아 병원들이 인공지능 개발 프로그램을 시작하고 있기 때문에 조만간 데이터 공유와 협업을 목격하게 될 것이다. 시간이 지남에 따라 소아 특이 알고리듬을 위해 사이트에 중립적인 데이터베이스와 인프라를 구축할 수 있기를 기대한다. 이런 것들을 통해서 북미 및 국제 병원들이 최신 알고리듬에 아무런 제한없이 접근하고 가장 효율적이고 가장 적절한 방식으로 아픈 어린이들을 치료할 수 있기를 소망한다. 그렇게 된다면 진단, 탐색, 치료 등의 개선이 일어날 것이다. 소아 헬스케어 전달은 이런 기술적 강화를 통해 개선될 것이다. 더불어 현재 가용한 기술에 알고리듬을 내장해 CT, MRI 같은 이미징 장비의 성능을 개선할 수 있을 것이다. 그렇게 해서 촬영 시간을 줄이고 촬영시 필요한 마취 시간도 줄이며 조영제의 방사능 노출도 줄일 수 있을 것이다.

지금 당장은 그런 것들이 희망사항에 불과해 보일지 모르지만, 인공지능은 소아들도 성인에 뒤처지는 현상이 없는 공간을 창출해낼 것이다. 사실 우리 소아 환자들의 문제는 소아 영역의 인공지능을 성인 알고리듬이 필요한 것보다 더 견고하게 만들 것이다.

참고 문헌

[1] Yi X, Adams S, Babyn P, et al. Automatic catheter and tube detection in pediatric X-ray images using a scale-recurrent network and synthetic data. J Digit Imaging 2019;. Available from: https://doi.org/10.1007/ s10278-019-00201-7.

[2] Rayan J, Reddy N, Kan H, et al. Binomial classification of pediatric elbow fractures using a deep learning multiview approach emulating radiologist decision making. Radiology 2019;. Available from: https://doi.org/10.1148/ryai.2019180015.

[3] M. Cicero and A. Bilbily. Machine learning and the future of radiology: How we won the 2017 RSNA ML challenge. November 23, 2017. https://www.16bit.ai/blog/ml-and-future-of-radiology.

최근 중추성 사춘기 조숙증 여아의 성선자극호르몬방출호르몬^{GnRH}에 대한 반응과 엑스지부스팅과 랜덤 포레스트 분류기를 비교한 연구가 있었다. 이 연구에서는 머신러닝 해석 가능성을 높이기 위한 LIME$^{Local Interpretable Model-Agnostic Explanation}$을 적용했다[164]. 마지막으로 자연어 처리를 사용해 카와사키병을 진단하는 연구에서는 의사들이 차트를 매뉴얼로 검토한 것보다 우수한 성능을 보여줬고 이런 도구가 전자의무기록 시스템에 내장될 필요가 있다는 주장이 담겼다[165].

현재의 평가와 미래 전략

전반적으로 일차 의료와 전문 분야 모두에서 소아과 분야는 인공지능을 충분히 활용하고 있지 않지만 심장학이나 소아 중환자실 같은 영역들은 인공지능을 도입하기 시작했다. 인공지능 도입의 주요 장애물에는 특히 소아과 의사들의 인공지능과 그 도구에 대한 이해 부족이 있다. 소아과는 집단의 다양성과 희귀 질환에 대한 불확실성이 결합돼 있는 영역이기 때문에 소아과 영역은 빠른 진단과 정확한 의사 결정 프로세스를 위해 인공지능을 도입하기에 이상적인 부분이다.

미래에는 인공지능과 관련된 여러 프로젝트들이 유용하게 활용될 것이다. (1) 유전자 스퀀싱 기술과 안면 인식 기능을 가진 인공지능을 사용함으로써, 미진단 유전성 신드롬은 과거의 현상이 될 수 있을 것이다. (2) 일생에 걸친 정밀 의료로 유전체 프로파일, 가족력, 이미지 데이터, 검사 데이터 등과 같은 다층적 정보는 소아기뿐만 아니라 한 개인의 전체 일생에 걸쳐 진단과 치료의 전략적 무기가 될 것이다. (3) 의사들이 부족한 지역에서는 정교한 인공지능 도구를 활용해 폐렴, 심장병, 설사병 등 흔한 소아 질환들을 진단하게 될 것이다. 또한 소아에서는 희귀 질환이 있어서 소아 의료 영상에 대한 수가 많지 않은 경우가 종종 있어서 빠른 진단과 판독을 위한 딥러닝 라이브러리를 만들 수 있도록 의료 영상을 수집하고 서로 다른 종류의 이미지들을 연결시키는 작업이 이뤄질 것이다. 또한 로봇 기술과 변형현실 기술들이 소아 치료에서도 유용하게 사용될 것이다(표 8.19).

표 8.19 소아과

인공지능 응용 분야	임상적 적절성	현재 인공지능 가용도
의료 영상	++	+++
변형 현실	++	+
의사 결정 지원	+++	++
진단	+++	+
정밀 의료	+++	+
신약 발견	++	+
디지털 헬스	+	+
웨어러블 기술	+	+
로봇공학	++	++
가상 비서	+	+

호흡기내과

호흡기내과Pulmonology 세부 전문의는 폐와 가슴의 질환을 진단하고 치료하는 의사들이다. 그들이 다루는 흔한 질환에는 반응성 기도 질환, 폐암, 만성폐쇄성폐질환COPD 등이 있다. 이들은 폐 기능과 용적을 검사하는 폐기능 검사를 수행하고 조사한다. 또 폐와 기도를 내시경적인 방법으로 검사하는 수기인 기관지 내시경을 수행한다. 이 전문의들은 중환자실 의사들과 밀접한 관계를 갖고 있고 때로는 중환자 의학을 전공하기도 한다.

고찰 논문과 대표 사례

호흡기내과 분야에서 인공지능을 다룬 체계적 고찰 논문이나 보고서는 많지 않다. 호흡기학 인공지능에 초점을 둔 포괄적인 리뷰 논문은 없다.

가슴 영상과 인공지능 사용에 대한 한 주석에서는 작업 흐름 표준, 만성폐쇄성폐질환의 부담 추정, 악화 위험도, 주어진 지리적인 위치에 따른 사망률 예측 등 인공지능 알고리듬을 적용할 수 있는 잠재적 분야를 논의했다[166]. 곤잘레즈Gonzalez 등은 가슴 CT 소견에 딥러닝 기반 분석을 적용해 호흡기 질환과 사망률 등을 포함한 결과를 직접 예측할 수 있었다는 경험을 공유했다[167]. 흥미롭게도 이 그룹은 다른 코호트에 같은 방법을 적용하기 위해 트랜스퍼 학습transfer learning을 적용했다. 마지막으로 최근 한 보고서는 성인에서 인공호흡 유지와 기관절개술 등을 예측하는 데 그라디언트-부트싱 의사 결정 나무 알고리듬을 사용한 인공지능을 사용한 경험을 보고했다[168]. 마지막으로 소아에서 생리학적 데이터 머신러닝을 사용한 한 연구는 인공신경망을 사용해 천식에 대한 스코어를 예측하는 모델을 사용했고[169], 또 다른 논문은 소아에서 약물들에 대한 반응에 기반을 둔 소아 천식 표현형 발견에 대한 결과를 보고했다[170].

현재의 평가와 미래 전략

전반적으로 호흡기학 인공지능 사용에 대한 학문적 또는 임상적인 활동은 매우 적다. 가슴 CT, MRI에 대한 딥러닝/컨볼루션 신경망의 활용에 덧붙여 호흡기 전문의들은 기관지 내시경과 같은 이미지 관련 프로시저에 인공지능을 사용해 볼 수 있을 것이다.

미래에는 호흡기학의 여러 분야에서 인공지능 응용을 고려해 볼 수 있을 것이다. 호흡기 전문의들은 다른 영상의학과나 심장내과보다 다루는 이미지 종류가 많지 않지만, 정밀 호흡기학 검사 등을 통해 여러 가지 발전이 이뤄질 가능성이 있다. 예를 들어 가정에서도 해볼 수 있는 폐 기능 검사를 인공지능이 장착된 기기에 연결해 사용할 수도 있을 것이다(표 8.20).

표 8.20 호흡기내과

인공지능 응용 분야	임상적 적절성	현재 인공지능 가용도
의료 영상	++	+++
변형 현실	++	+

인공지능 응용 분야	임상적 적절성	현재 인공지능 가용도
의사 결정 지원	+++	++
진단	+++	+
정밀 의료	+++	+
신약 발견	++	+
디지털 헬스	++	+
웨어러블 기술	++	+
로봇공학	++	++
가상 비서	+	+

영상의학과

영상의학과^{Radiology}는 X-레이부터 CT, MRI 같은 고급 영상 검사, 그리고 초음파 검사(심장 초음파인 경우에는 주로 심장내과 전문의가 주로 실행한다) 등을 통해 얻은 의료 영상을 판독하는 전문화된 의사들이다. 중재 시술을 하는 영상의학과 의사는 조직 검사나 중재(혈관에 카테터를 넣어 막힌 혈관이나 혈관 꽈리를 치료)와 같은 "침습적"인 시술을 수행한다. 핵의학과는 방사성 물질을 사용해 질병을 진단하거나 치료한다.

고찰 논문과 대표 사례

영상의학과 전문의는 의료 영상에서 어떤 질병에 대한 특이 소견을 감지하도록 명시적으로 프로그래밍돼 있는 컴퓨터 보조 감지 및 진단 소프트웨어에 매우 익숙하다. 의료 영상 판독에서 컨볼루션 신경망의 성과들이 나오면서 이 분야는 의료 전문 과목 가운데 인공지능에 대해 가장 열정적인 모습을 보여왔다. 따라서 지수적으로 증가한 출판 논문의 수에도 이런 현상이 반영돼 있다. 영상의학과는 이제 연간 발표 논문 수 측면에서 의료 인공지능을 이끌어가는 분과라고 할 수 있다. 영상의학과의 뒤를 잇는 분야는 종양학, 외과, 병리학 등이다. 영상의학과 인공지능에 관한 고찰 논문과 코멘트는 상당히 많이 출판돼 있는데 여기서는 몇 개만 언급하고자 한다.

영상의학 관련 인공지능과 머신러닝에 대한 최근 한 고찰 논문은 이미지에 관련된 인공지능뿐만 아니라 작업 흐름과 감시 기능에 대해서도 고찰했다[171]. 그 논문에서 영상의학과 인공지능의 성공을 진단적 정확성 재고, 빠른 회전 시간, 더 나은 환자 결과, 더 나은 영상의학 직업의 질 등으로 정의했다. 또다른 고찰 논문은 인공지능과 인간의 지능이 어떻게 진화해오고 진화할 것인지를 논의했고 이런 인공지능을 이미지 관련 작업에 활용하는 방법에 대해서 훌륭하게 표를 정리하고 있다(그림 8.13)[172]. 또한 전통적인 영상의학과 이미지 판독과 관련해서 특징 공학과 분류 같은 전통적인 머신러닝과 딥러닝의 차이에 대해서도 설명했다(그림 8.14). 같은 해에 출판된 다른 고찰 논문에서는 머신러닝이 작업 흐름에 미치는 영향에 집중해서 고찰했다. 특히 검사 스케줄 조정, 환자 선별, 임상적 의사 결정, 이상 소견의 감지와 판독, 후처리, 용량 예측, 질 관리, 영상의학과 보고서 등에 대해서 중점적으로 다뤘다[173]. 리우Liew 등은 인공지능 시스템의 법적 · 윤리적 문제에 대해서 언급했다[174].

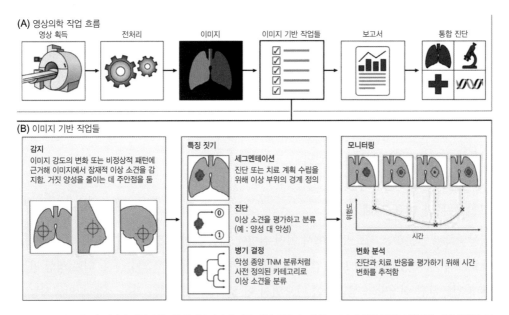

그림 8.13 **인공지능과 이미징 작업.** (A)는 통상적인 이미지 관련 작업 흐름이고 (B)는 이미지 관련 작업이 발전해 나갈 방향을 설명하고 있다. 이미지 작업은 이미지 획득, 전처리, 소견에 대한 특징 파악에 뒤이어 판독 순으로 이어지고 그것을 바탕으로 다른 자원들을 통해 하나의 진단으로 정해진다. 인공지능은 이런 모든 단계에 영향을 줘서 더 빠르고 더 정확하게 프로세스를 진행할 수 있게 해준다. 이미지 관련 작업(B)에서는 이상 소견을 발견하고 그에 대한 상세화(세그멘테이션, 진단, 암에서의 병기 결정)가 이어지고 이후 변화에 대한 모니터링이 자동으로 진행될 수 있다.

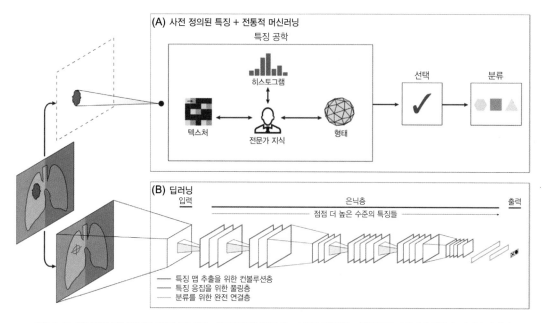

(A) 사전 정의된 특징 + 전통적 머신러닝

특징 공학

히스토그램

텍스처

전문가 지식

형태

선택

분류

(B) 딥러닝

입력

은닉층

점점 더 높은 수준의 특징들

출력

— 특징 맵 추출을 위한 컨볼루션층
— 특징 응집을 위한 풀링층
— 분류를 위한 완전 연결층

그림 8.14 영상의학 머신러닝과 딥러닝의 차이. 이미지에서 의심되는 소견을 진단하는 전통적인 머신러닝 방법과 딥러닝 방법의 비교. (A) 전통적인 머신러닝에서는 전문 지식과 특징 추출(암의 형태나 위치 등에서 대한 특징)에 기반에 두고 병변을 선택하고 분류한다. (B) 딥러닝은 병변에 대한 특징 공학을 적용하지 않고 컨볼루션층, 풀링층, 완전히 연결된 레이어를 거치면서 낮은 단계에서 높은 단계로 이미지를 해석한다.

데이터를 실행 가능한 인사이트로 변환 – 인공지능 연속체

외르크 아우뮐러[Jörg Aumuller]

- 독일 에를랑겐 지멘스 헬시니어스 디지털헬스케어 마케팅

외르크 아우뮐러는 인공지능과 최신 기술에 강한 배경을 가지고 있으며, 이 글을 통해서 이미지 데이터 획득에서 인구 집단 건강 관리까지를 망라하는 의료 영상에서의 인공지능 연속체 개념에 대해 설명한다.

의료 인공지능이란 무엇일까? 대부분의 사람들은 이 질문에 대해 1970년대로 돌아간다면 인공지능이란 마이신[MYCIN]과 같은 것이라는 구체적인 사례를 갖고 대답할 것이다. 마이신은 스탠포드대학교에서 만든 감염성 질환에 대한 규칙 기반 전문가 시스템이다. 오늘날 대부분의 사람들은 흉부 엑스레이나 CT에서 보이는 폐 결정을 자동으로 감지하는 소프트웨어,

환자 선별에 사용되는 챗봇, 또는 신부전, 발작, 수술 후 출혈을 일으킬 수 있는 환자를 예측하는 알고리듬과 같은 것이라고 대답할 것이다.

모두 훌륭한 사례지만 더 큰 그림은 어떻게 정의할 수 있을까? 현지화를 해보자. 뒤에 나오는 그림은 인공지능 컨티넘이라고 정의한 것으로, 인공지능 세계를 탐험하는 데 사용되는 지도로 생각할 수 있다. 유용한 첫 단계는 인공지능의 "대서사" 내에서 오늘날 의료 인공지능의 특징을 규정하는 것이다. 다시 말해 과제에 특화한 좁은 인공지능ANI, Artificial Narrow Intelligence에서 시작해서 슈퍼 인공지능ASI, Artificial Super Intelligence으로 끝나는 진화다.

전혀 좁지 않은 좁은 인공지능

의료는 슈퍼 인공지능ASI로부터 분명 많은 혜택을 볼 것이다. 지금까지의 어떤 인간 의사보다도 기술적으로나 심리적으로, 감정적으로 우수한 지능을 가졌다면 누가 그것을 원하지 않겠는가? 그러나 매우 매혹적이기는 해도 우리가 예측할 수 있는 미래까지는 실현되지 않을 것이다. 현재 의료 인공지능은 아직 좁은 인공지능ANI의 영역에 머물러 있다. ANI는 미리 정의된 범위 안에 있는 특정 데이터셋에 기반해 단 하나의 직무를 수행하는 인공지능 솔루션이다. 그러나 이 영역 안에서도 여러 가지 탐색해볼 만한 유용한 응용 분야들이 존재한다. 많은 좁은 인공지능 솔루션은 지칠줄 모르고 그 업무가 얼마나 편협하고 좁은지 상관하지 않기 때문에 인간보다 훨씬 빠르고 훨씬 더 정확하게 직무를 수행할 수 있다.

더불어 현재 사용되는 기술은 잘못된 레이블링에 취약하다. ANI가 좁아 보일 수는 있지만 상당히 다양하고 혁신가들에게 아주 많은 가능성을 제공하고 있다. 자세히 들여다 보면 ANI에서 ASI로 진행되는 길을 걷고 있음이 분명하다. ANI 안에서도 또 다른 발전이 이뤄지고 있는데, 좀 더 많은 데이터가 융합되고 더 많은 데이터 소스로부터 데이터들이 취합되면서 그 복잡도가 상당히 증가하고 있다.

이런 점을 염두에 두면 의료 인공지능의 또 다른 응용분야는 ANI 발전 궤도에 따라 맞춰 생각해 볼 수 있을 것이다. 시작은 주로 자동화와 정량화를 목적으로 하는 알고리듬이 사용되는 분야로, 종종 의료기기나 소프트웨어 솔루션에 내장된 형태로 사용된다. 더 나아가면 인공지능 알고리듬이 개인, 집단, 특정 코호트에 대한 고급 분석과 예측을 수행하는 좀 더 복잡한 분야에 접근할 것이다.

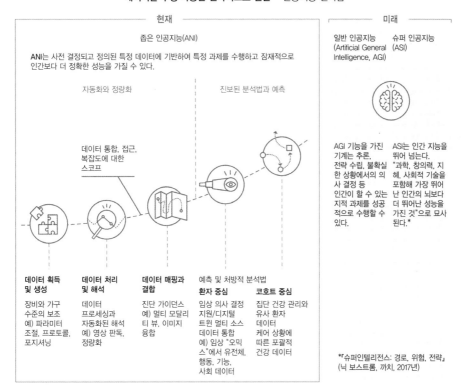

데이터를 수행 가능한 인사이트로 변환 – 인공지능 컨티넘

현재 / 미래

좁은 인공지능(ANI)

ANI는 사전 결정되고 정의된 특정 데이터에 기반하여 특정 과제를 수행하고 잠재적으로 인간보다 더 정확한 성능을 가질 수 있다.

일반 인공지능 (Artificial General Intelligence, AGI) / **슈퍼 인공지능** (ASI)

자동화와 정량화 / 진보된 분석법과 예측

데이터 통합, 접근, 복잡도에 대한 스코프

AGI 기능을 가진 기계는 추론, 전략 수립, 불확실한 상황에서의 의사 결정 등 인간이 할 수 있는 지적 과제를 성공적으로 수행할 수 있다.

ASI는 인간 지능을 뛰어 넘는다. "과학, 창의력, 지혜, 사회적 기술을 포함해 가장 뛰어난 인간의 뇌보다 더 뛰어난 성능을 가진 것"으로 묘사된다.*

데이터 획득 및 생성	데이터 처리 및 해석	데이터 매핑과 결합	예측 및 처방적 분석법	
			환자 중심	**코호트 중심**
장비와 가구 수준의 보조 예) 파라미터 조절, 프로토콜, 포지셔닝	데이터 프로세싱과 자동화된 해석 예) 영상 판독, 정량화	진단 가이던스 예) 멀티 모달리티 뷰, 이미지 융합	임상 의사 결정 지원/디지털 트윈 멀티 소스 데이터 통합 예) 임상 "오믹스"에서 유전체, 행동, 기능, 사회 데이터	집단 건강 관리와 유사 환자 데이터 케어 상황에 따른 포괄적 건강 데이터

*『슈퍼인텔리전스: 경로, 위험, 전략』 (닉 보스트롬, 까치, 2017년)

자동화와 정량화: 인공지능 컨티넘의 기초

이제 좁은 인공지능ANI의 궤도 안에 존재하는 다섯 가지 응용 분야에 대해 간략히 설명하고 자 한다. 디지털화 프로세스의 극초반에도 우리는 주로 데이터 획득과 데이터 생성의 개선에 대해 말한다. CT 이미징을 예로 들면, 환자의 위치를 제대로 잡아주는 딥러닝 보조 3차원 카 메라는 스트레스가 많거나 초보인 촬영자가 검사하더라도 더 높은 품질의 CT 영상을 얻으면 서도 방사능 노출은 줄일 수 있게 도움을 줄 수 있다. 비슷하게 카메라 기반 인공지능 시스템 은 검사실에서 검사 튜브의 위치나 순환 위치를 조정해 작업 흐름을 개선할 수 있다.

이와 같은 알고리듬은 의료 장비로부터 수집되는 디지털 데이터의 평균적인 질을 향상시 킬 수 있다. 인공지능 컨티넘이라는 관점에서 생각해보면, 개선되고 표준화된 데이터 품질은 치료를 위한 더 복잡한 알고리듬 개발을 더 쉽게 해줄 것이다. 즉 데이터 획득 알고리듬은 환자와 사용자에게 직접적인 이득을 가져다 주기도 하지만 더 높은 ANI 응용으로 발전하는 데 필요한 기초를 제공한다.

데이터의 복잡도가 증가함에 따라 우리는 데이터 프로세싱/해석, 데이터 매핑/통합 단계에 이르게 된다. 전 세계 여러 그룹이 데이터 프로세싱과 해석에 대한 연구들을 진행하고 있다. 이미징 분야에서 우리는 데이터 세그멘테이션과 특징 분석 도구와 자동으로 시각화하고 측정하고 분류하는 알고리듬에 대해 말한다. 영상 분야를 넘어서 영상 판독지나 기타 다른 종류의 검사 결과지와 같은 입반 텍스트 문서에 대한 의료 데이터 마이닝을 생각할 수 있다.

데이터 매핑과 통합은 하나의 데이터셋을 넘어서, 비록 유사한 카테고리에 속하는 데이터이기는 하지만 여러 종류의 데이터셋을 다루기 시작하고 서로 다른 정보원에서 얻어진 데이터에 대해 인공지능 알고리듬을 적용한다. 가장 전형적인 사례가 이미징이다. 움직이는 초음파와 3차원 MRI 데이터셋을 융합해 실시간으로 삽입되는 카세터를 시각화할 수 있다. 이렇게 되면 작업 흐름 최적화나 원하지 않은 변이를 줄일 수 있어 의사나 환자에게 엄청난 이득을 안겨줄 수 있다.

더 높은 지대: 고급 분석과 예측

ANI 궤도를 더 타고 올라가면 새로운 지형이 나타난다. 여기서 인공지능은 고급 분석과 예측에 사용된다. 이것이 오늘날 우리 시대 의료 인공지능의 최전선에서 벌어지고 있는 일들이다. 바로 빅데이터를 통한 환자 중심의 예측과 코호트 분석 진행이다.

환자중심 예측 시뮬레이션은 흔히 "디지털 트윈"이라고도 불린다. 고수준의 디지털 트윈은 일생에 걸친 생리학적 데이터 모델이다. 그것은 이미지, 의무 기록, 오믹스 데이터를 비롯한 검사실 데이터 등 사용 가능한 모든 환자 데이터를 통합 사용하며, 때로는 행동 데이터나 사회적인 요인과 같은 데이터에 의존하기도 한다. 이런 데이터셋이 통합돼 다차원적인 위험 모델뿐만 아니라 어떤 질병의 경과나 치료의 반응을 시뮬레이션을 하는 데 사용된다. 디지털 트윈은 정교한 의사 결정 시스템에 넘겨서 치료 가이드라인이나 최신 임상 시험 결과 지식이 개별 환자 데이터셋에 적용시켜 가능한 한 정밀한 환자 맞춤법 치료를 제공할 수 있게 해준다.

예측 알고리듬이 개인의 디지털 트윈 데이터셋을 비슷한 환자들과 비교하기 시작하면 복잡도는 더 증가한다. 그런데 이런 시나리오가 실제 현실이 되려면 해결해야 될 기술적인 측면과 법적이 측면이 존재한다. 오늘날 주로 이야기하는 것은 심장과 같은 개인의 장기에 대한 낮은 수준의 디지털 트윈 모델이다. 이는 다룰 수 있는 수준의 여러 데이터 소스에 기반을 두고 있다. 예를 들어 심장인 경우 다이내믹한 기계적이고 유체 역학적인 모델링을 위한 MRI 데이터, 전기생리학적 데이터, 혈압과 같은 생체 데이터 등과 같은 데이터들이 이용 가능한 데이터 소스다. 이와 비슷한 모델들이 현재 임상 시험을 통해 평가되고 있다.

요약하면 앞서 설명한 인공지능 컨티넘의 개념은 복잡도, 데이터 소스의 수, 환자의 관여 정도가 증가되는 특성을 가진 궤도를 따라 인공지능의 의료 응용을 분류하는 데 도움이 된다. 컨티넘의 가장 낮은 끝에는 현재 사용 가능한 의학 기술에 내장된 인공지능 도구가 있고 환자의 케어와 안전의 질을 개선할 준비가 돼 있다. 연구 개발이 진행되면서 이런 도구는 좀 더 정교한 예측 도구들로 보충될 것이다. 그렇게 되면 우리는 정밀의학이 새로운 기반 기술로 사용될 미래 헬스케어에 더욱 더 가까이 가게 될 것이다.

의료 영상 머신러닝과 딥러닝에 대한 우수한 고찰 논문들이 다수 존재한다. 샤트랑 Chartrand 등은 영상의학과 전문의들을 위한 포괄적인 딥러닝 개론을 소개하고 있는데, 포괄적일 뿐만 아니라 이해하기 쉽고 이 분야의 여러 뉘앙스에 대한 훌륭한 도식표뿐만 아니라 핵심 개념을 훌륭하고 간결하게 설명하고 있다[175]. 그리고 2015년 이후 영상의학과 딥러닝에 대해 다양한 분량과 정밀도로 소개하는 훌륭한 고찰논문들이 다수 출판됐다[176-178]. 마지막으로 저술가나 비평가뿐만 아니라 사용자를 위한 의료 영상 분석에 대한 훌륭한 인공지능 가이드에 대한 한 논문에서는 영상의학과 인공지능 도구에 평가와 응용에 대한 기술적, 통계학적, 기타 측면들과 업무처리모범기준best practice에 대해 훌륭하게 소개하고 있다[179].

영상의학과 전문의는 영상 소견에 대해 보고하고 커뮤니케이션을 하는 일을 많이 하기 때문에 그들에게 자연어 처리 분야는 인공지능의 중요한 주제 가운데 하나다. 카이Cai 등은 영상의학과 연구 및 임상 응용과 관련된 자연어 처리에 대한 개괄적으로 설명했고[180], 폰즈Pons 등은 진단 감지, 케이스 회상, 업무의 질 등과 같은 작업 흐름의 요소에 맞춰 자연어 처리에 대한 고찰을 수행했다[181].

CheXNet 연구는 영상의학과 인공지능 분야에서 이정표가 된 논문 가운데 하나로, 흉부 엑스레이에서 폐렴을 감지하는 알고리듬이 영상의학과 전문의들보다 더 놓은 성능을 보인다는 것을 증명했다[182]. 이 모델은 ChestX-ray14(14개 질환에 대해 10만개 이상의 전면 흉부 엑스레이 이미지로 구성)라 불리는 공개 데이터셋에 대해 121개의 층으로 구성된 컨볼루션 신경망으로 구성됐다(그림 8.15). 데이터셋의 정확도와 레이블에 대한 의학적 의미 등 이 연구에 대한 타당한 비판들이 다수 있었음에도 불구하고, 이 연구는 영상의학과 전문의들에게 새로운 인공지능 지원 의료 영상 판독 시대가 도래했음을 알리는 계기를 만들었다[183].

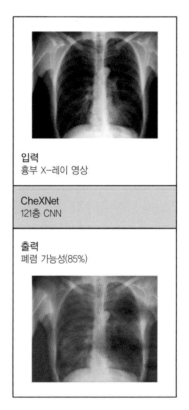

그림 8.15 CheXNet 컨볼루션 신경망. 121개의 레이어로 구성된 컨볼루션 신경망으로 흉부 엑스레이 이미지를 입력받고 그 병리에 대한 가능성을 출력한다. 이 그림에서는 이미지가 폐렴일 가능성이 85%라고 예측하고 있다.

티타노Titano 등은 컨볼루션 신경망과 약한 지도 분류 방법을 사용해 급성 신경계 질환에 대한 뇌 CT를 판독에 활용하는 연구를 진행했는데, 진단에 이르는 시간을 수분에서 수초로 단축시킬 수 있었다고 보고했다[184]. GE 헬스케어는 보스톤 어린이 병원과의 협업으로 소아 뇌 질환의 진단과 치료에 필요한, 인공지능 기반 의사 결정 지원 플랫폼을 클라우드 기반으로 개발했다[185]. 여기서 사용된 인공지능 전략은 딥러닝과 결부된 정상 소아 뇌 MRI

이미지에 대한 레퍼런스 라이브러리를 구축하는 방법을 적용하는 것이었다. 이는 소아에서 뇌 질환이 있는 경우를 정상 뇌 성장이라고 판단하거나 아니면 정상 뇌 성장에 따른 변화인데 이것을 병적으로 잘못 판단하는 것을 예방하는 데 특히 도움이 된다. 전 세계적으로 소아 신경영상 전문의가 부족한 것을 감안하면 이런 의사 결정 플랫폼은 전 세계에 걸쳐 모든 소아 뇌 영상을 판독하는 데 사용될 수 있을 것이다. 최근 어떤 논문은 병리학과 영상의학을 결부시켜, 딥러닝 언어 모델링 접근법인 ULMFiT^{Universal Language Model Fine-Tuning for Text Classification} 방법을 사용해 각 영역의 보고서에 대한 분석을 통해 서로 연관성을 검토한 사례를 발표했다[186].

최근 한 연구는 뇌동맥류 진단에 딥러닝 세그멘테이션 모델을 적용했을 때 의사들의 민감도, 정확도, 검사자 간 일치도를 의미있게 증가시킬 수 있음을 보여 줬고[187] 뇌 동정맥 기형에 머신러닝을 적용해 AVM 방사선 수술 결과를 예측하고 새로운 방사선 생물학적인 특징을 파악할 수 있었다고 한다[188]. 최근 미국 영상의학과 학회 산하의 데이터 과학 연구소 · AI 자문단^{Data Science Institute and AI Advisory Group}이 발표한 간략한 논문도 있다[189]. 마지막으로 자^{Jha}와 토폴^{Topol}은 영상의학과 전문의들에게 병리학뿐만 아니라 인공지능에 적응하는 법을 배워 "정보 전문의"가 돼야 한다고 제안했다[190].

영상의학 인공지능 : 강화된 영상의학을 향한 길

이마드 니짐^{Imad Nijim}

이마드 니짐은 영상의학과 최고정보책임자이자 인공지능 채용에 대한 지지자로, 이 글을 통해서 인공지능이 효과적으로 의료 영상 판독 능력을 강화하고 영상의학과 작업흐름도 개선할 수 있도록 하기 위한 그의 IT 관점에 대해서 이야기한다.

머신 비전과 영상의학 인공지능의 유혹

영상의학과 인공지능 스토리는 머신 비전^{machine vision}으로 시작된다. 극도로 커진 데이터셋, 저렴하고 확장 가능한 대량 컴퓨터 파워에 대한 접근성, 정교해진 무료 오픈소스 개발 패키지가 출시된 점 등이 컴퓨터 과학의 여러 혁신을 이끌었다. 영상의학과에 가장 큰 영향을 준 것은 컴퓨터 또는 머신 비전에 컨볼루션 신경망을 사용하게 된 점이다. 간단히 말하면 머신 비전이란 컴퓨터 프로그램이 이미지를 "보게" 하는 능력을 부여하는 것이다. 의자나 고양이 같은 단순한 사물에 대한 그림을 파악할 수 있는 컴퓨터 알고리듬이 가능한데, 폐렴을 파악할 수 있는 컴퓨터 알고리듬을 만들 수 있지 않을까? 컴퓨터 프로그램이 의료 영상을 보고 자동으로 판독지를 생성하게 할 수 있지 않을까? 이것은 영상의학과 인공지능이 지닌 핵심적인 유망성과 매력이다.

영상의학과 특유의 까다로움

영상의학과 인공지능의 잠재력은 사람들의 흥미를 불러 일으켜서 상당히 과장된 기대로 성장해 결국 최고조에 달하게 됐다. 혁신가, 소프트웨어 개발자, 학자, 영상의학 전문의, 산업계가 모두 영상의학과 인공지능을 사용하는 것과 관련된 특유의 까다로움을 인식하게 됐다.

첫 번째 까다로움은 의료 영상에는 건강보험양도와책임에관한법률HIPAA이라는 법률에 의해 보호되고 있는 건강 정보를 포함하고 있다는 점이다. 일반 이미지들은 소프트웨어 개발자나 데이터 과학자가 쉽게 접근 가능하지만 의료 이미지에는 쉽게 접근하지 못한다. 예를 들어 인터넷에서 "흰색 고양이"라는 키워드로 단순 검색해도 바로 수많은 흰색 고양이 이미지 데이터셋을 만들어 낼 수 있다. 반대로 폐렴에 대해 검색을 해도 아주 다양한 결과물이 나오고 폐렴 이미지가 아닌 것들도 쉽게 포함된다.

두 번째 까다로움은 "보통 사람이 한 분류" 문제다. 소프트웨어 개발자는 고양이 사진을 보고, 그게 진짜 고양이인지 바로 확인할 수 있다. 반대로 대부분의 소프트웨어 개발자는 엑스레이 영상을 보고 폐렴 존재 여부를 알아내지 못한다. 해당 소견이 무엇인지 파악하려면 특정한 소프트웨어와 장비를 사용하는 영상의학과 전문의가 필요하다. 폐렴의 존재를 알아낼 수 있는 인공지능 알고리듬을 만들려면, 폐렴에 관해 적절히 주석이 달려 있고 조심스럽게 큐레이션된 데이터셋이 필요하다.

영상의학과에서의 인공지능과 관련해 현재 개발되고 있는 것들은 이미지에서 판독지를 생성하는 데 초점이 맞춰져 있지 않다. 대부분은 의사의 효율성과 중증도 우선순위 부여, 질적인 향상을 통해 환자의 케어를 개선하는 데 초점을 맞추고 있다. 영상의학과에서 가장 흔한 인공지능 모델은 분류기classifiers다. 분류기는 정해진 통계적 신뢰도 수준에서 어떤 사람의 존재 여부를 확인한다. 이런 모델은 엑스레이나 CT 같은 이미지에서 병리적 소견, 신체 부위 확인, 어떤 질병의 존재 여부 등을 분류할 수 있다. 모델은 그 성능에 따라서 다양한 작업 흐름 안에 구현되고 어떤 제품으로 묶인다. 성능은 주로 특이도와 민감도를 가지고 측정되며 사용 목적에 따라 허용 가능한 거짓 양성과 거짓 음성률을 가진다.

흰색 고양이 대 폐렴이라는 비교를 확장해 생각해보면 어떤 사람 또는 심지어 어린 아이라도 흰색 고양이 사진을 보고 그것이 고양이 사진이라는 걸 빠르게 분류할 수 있다. 정확도를 아주 높이면 사람은 그 고양이가 파랗거나 푸른 눈을 가졌거나 나이가 들어 보이거나 마르고 축 늘어졌거나, 동그란 얼굴을 하고 있음을 분류할 수 있다. 그렇지만 일반 사람들은 폐렴을 인식하지 못하고 나아가 어떤 질병인지 분류하지 못한다. 어떤 모델이 폐렴의 존재를 확인하고 그것의 불투명도, 중증도, 물이 찬 정도 등을 알아낼 수 있을까?

표현형 특정은 영상의학과에서의 인공지능 관련 다음 단계의 흐름이다. 영상의학 인공지능의 부푼 꿈을 잠시 접어 두고 기초 작업들이 진행중이며 실제 구현, 용도 확장, 상업화, 영상의학 정보 시스템의 완전한 재정비라는 흥미로운 단계로 이동하고 있다.

영상 의학과 인공지능의 실제 구현

만족할 만한 성능과 검증을 통해 모델이 개발되고 받아들 수 있는 기준을 통과하고 나서 영상의학과 의사들이 사용할 수 있게 하려면 기존 영상의학 작업 흐름에 융합하는 마지막 단계가 남아 있다. 학계 밖의 인공지능 개발자들은 의료 기기 제조, 의료 정보학 회사, 독립적인 소프트웨어 개발자와 같이 3개의 그룹으로 나눌 수 있다.

의료 기기 제조자는 인공지능 모델을 직접 관련된 장비에 추가해 환자 케어의 접점에서 모델의 인사이트를 바로 활용할 수 있게 할 수 있다. 예를 들어 유방 촬영 이미지 장비는 유방암 검진 검사에서 진보된 유방암 감지 모델을 적용해 장비의 화면에 그 결과를 출력할 수 있을 것이다. 엑스레이 제조자는 장비 화면에서 거의 실시간으로 기흉의 존재하는 통계적 가능성을 표시하게 장비를 설계할 수 있다.

의료 정보학 회사들은 환자와의 접점에서 한 발짝 떨어져 있지만 환자의 과거력, 이전 검사 소견이나 영상 판독지 등 넓은 데이터에 접근할 수 있는 장점을 갖고 있다. 어떤 경우에는 환자의 의료 기록을 통해서 추가적인 정보를 얻을 수 있다. 예를 들어 폐 결절을 감지하는 모델은 이전 검사를 검토해 그간의 부피 변화를 빠르게 계산할 수 있다.

독립적인 소프트웨어 개발자들은 특정 모델이나 신체 부위에 초점을 맞추고 인공지능을 개발하는 새로운 혁신가들인 경우가 많다. 그들은 클라우드 서비스를 통해서 모델의 인사이트를 전달하는 경향을 보인다. 독립적인 인공지능 소프트웨어 개발자들은 뇌출혈, 척추 골절, 폐 결정, 혈관 손상 등을 감지할 수 있는 알고리듬 같이 다양한 목적의 인공지능을 개발하고 있다.

지금까지 살펴본 것은 영상의학과에서의 인공지능으로 가능한 것들의 아주 일부에 불과하다.

미래는 증강 영상의학augmented radiology이다

영상의학과 영상의학 전문의들은 항상 기술, 혁신을 포용하는 얼리 어답터였다. 인공지능, 특히 컨볼루션 신경망은 이미지를 출력하던 것이 디지털화된 이후 영상의학 정보학에서 가장 파괴적인 기술로 이미지 분석 모델을 만들 수 있는 길을 열어줬다.

우리는 진단 영상에서 기술의 역할을 재고하는 데 영상의학과 전문의가 참여할 수 있는 새롭고 흥분된 시기에 들어섰다. 이토록 빠르게 진화하는 이 분야에서 다음 장은 환자 케어의 연속선상에서 어떻게 인공지능이 영상의학과 전문들의 기능을 증가시킬 지에 관한 것이 될 것이다.

현재의 평가와 미래 전략

전반적으로 대부분은 아닐지라도 상당수의 영상의학과 전문의들은 미래 일에서 인공지능의 중요성을 매우 잘 인식하고 있는 상태로, 영상의학과 인공지능은 매우 굳건하다. 2018년 미국 식약처가 비즈닷에이아이Viz.ai 사의 컨택트ContaCT라는 영상의학 인공지능 소프트웨어를 승인한 것이 하나의 이정표를 마련했다. 이 소프트웨어는 주요 뇌줄중의 진단 시간을 줄이는 데 도움이 됐다. 항간에는 인공지능 시대에도 영상의학과의 미래 학생과 수련의들에게 여전히 인기가 있을 것인가에 대한 일부 논쟁이 있었지만, 영상의학은 여전히 안전한 지대로 남을 것인데 인공지능이 업무에 상당히 중요한 파트너가 될 것이라는 것이 일반적인 생각이다. 더이상 영상의학과 전문의를 훈련하지 말자는 논의가 있음에도 불구하고, 인공지능은 영상의학을 하나의 더 매력적인 의료 분과 분야로 만들어줄 것이라는 것이 합리적인 생각이다. 미국 영상의학과 학회의 데이터 과학 연구소가 인공지능에 대한 개념화와 여러 이슈를 다루고 영상의학과 전문의들을 위한 자원과 교육을 위해 인공지능 중심 센터를 만든 것은 상당히 칭송받을 가치가 있다. 의료 영상 판독에서 단일 사이트 인공지능의 성능을 어떻게 인정할지, 그리고 그것들이 다른 사이트에도 적용할 수 있을지에 대한 논쟁이 진행중이다. 또한 의료 영상 판독에서의 컨볼루션 신경망 이외에도 자연어 처리를 판독지나 데이터 마이닝에 사용할 수 있는지에 대한 연구들도 진행중이다. 그리고 인공지능을 사용해 영상의학과 작업 흐름을 개선할 수 있는지도 중요한 주제가 되고 있다.

영상의학과 전문의와 의료 영상 판독에서 미래의 핵심 개념은 이미지 획득에서 판독까지의 모든 과정에 인공지능을 개입시켜 완전한 "처음부터 끝까지 인공지능" 작업 흐름을 구축하는 것이다. 인공지능이 이미징 획득 과정에 도입된다면 불량 이미지나 검사는 옛날 말이 될 것이고, 이미지가 획득되면서 바로 병변에 대한 레이블까지 얻을 수 있을 것이다. 심장학에서 소개한 "슈퍼 스캔" 개념이 영상의학과에도 적용돼 CT나 MRI 같은 정적인 이미지들이 초음파와 같은 동적인 이미지와 융합돼 하나의 양상으로 사용 가능해질 것이다. 미래에는 정밀의학 및 집단 건강과 결합돼 추적 검사도 단순한 직감이 아닌 데이터에 근거해 이뤄지는 정밀 영상의학이 구현될 것이다. 그리고 영상의학과 병리학 사이의 관계가 더욱더 가까워짐에 따라, 이 두 분야를 합한 의료 영상 전문의가 출현할 수도 있다. 이미징 밖에서도 인공지능은 핵의학 분야에 사용돼 방사성 물질의 용량을 줄이는 데도 기여할 수 있을 것이다. 그리고 인공지능이 영상의학과의 행정적인 측면도 자동화해 현재의 바쁜 업무 부담을 줄이는 데도 기여할 것이다(표 8.21)

류마티스학(Rheumatology)

류마티스 전문의들은 근골격 질환과 류마티스성 관절염, 골관절염, 통풍, 루프스와 같은 자가 면역 질환을 다룬다. 보통의 류마티스 전문의들은 중재 시술을 시행하지 않지만, 종종 어려운 진단 문제나 관절과 근골격 질환에 대한 물리 치료에도 관여한다.

고찰 논문과 대표 사례

류마티스학에서 인공지능 사용과 관련해 자세히 고찰한 논문은 검색되지 않는다. 한 사설에서는 인공지능과 생명정보학은 큰 환자 데이터와 자동 이미지 분석을 가능하게 해서 류마티스 전문의가 류마티스 관절염과 같은 질환을 빠르고 정확하게 진단하고 예후를 예측하는 데 도움이 될 것이라고 이야기했다[191]. 또 다른 사설에서도 인공지능이 류마티스 전문의의 업무에 도움이 될 가능성이 높다고 옹호했다[192].

표 8.21 영상의학과

인공지능 응용 분야	임상적 적절성	현재 인공지능 가용도
의료 영상	+++	+++
변형 현실	+++	+
의사 결정 지원	++	++
진단	+	+
정밀 의료	+++	+
신약 발견	+	+
디지털 헬스	+	+
웨어러블 기술	+	+
로봇공학	++	++
가상 비서	+	+

골다공증에서 골절 위험 예측을 위한 이미지 세그멘테이션과 분류, 회귀 방법을 적용한 논문이 있었다[193]. 자연어 처리 기능을 사용해 쇼그렌 증후군Sjogren's syndrome 연구에 적용한 논문도 있다[194]. 마지막으로 종단적 딥러닝 모델을 류마티스 관절염 환자의 의무기록에 적용해 임상적인 예측을 시도한 연구에서는 이들 환자들에서 정확하게 환자 예후를 예측할 수 있음을 보여줬다[195].

현재의 평가와 미래 전략

현재까지 류마티스학에서 인공지능 응용과 관련된 학문적 또는 임상적인 활동은 저조한 편이다. 그렇지만 일부 개척자들은 류마티스학 내 만성 질환의 모호한 측면을 탐구하는 데 인공지능이 역학을 할 수 있을 것이라는 전망을 내놓고 있다.

미래에 이 전문 과목에서 인공지능 그리고 관련된 도구들이 유용하게 사용될 가능성이 높다. 예를 들어, 웨어러블 기술과 모바일 인공지능은 환자 중심으로 설계된 인공지능 장착 환자 관리툴에 적용돼 실시간으로 가치있는 데이터를 제공할 것이다. 또한 류마티스 전문의들이 흔히 접하게 되는 진단적인 딜레마에 대해 하나의 인지적 파트너로서 최신 정보로 업데이트된 인공지능으로부터 도움을 받을 수 있을 것이다. 류마티스 질환으로 만성 장애를 가진 환자들이 많다. 로봇 기술과 가상 비서 등에 내장된 인공지능 도구는 이들 환자의 케어의 수준을 높이는 데 가치있는 기여를 할 것이다(표 8.22)

표 8.22 류마티스과

인공지능 응용 분야	임상적 적절성	현재 인공지능 가용도
의료 영상	+	+++
변형 현실	++	+
의사 결정 지원	+++	++
진단	++	+
정밀 의료	+++	+
신약 발견	++	+
디지털 헬스	++	+
웨어러블 기술	++	+
로봇공학	++	++
가상 비서	+	+

외과학(Surgery)

외과는 일반외과를 포함해 성형외과, 정형외과, 흉부외과, 신경외과 등을 포함하는 아주 큰 영역들로 나뉜다. 이 세부 외과 전문의들은 신체의 특정 부분이나 장기(심장 외과) 또는 특별한 시스템에 초점을 맞춘다. 예를 들어 비뇨기과는 비뇨기계와 관련된 수술을 하는 식이다. 외과의사들은 영상의학과와 함께 의료 영상을 판독해 수술 계획을 세우는 등의 일을 하고, 때로는 응급 상황에서와 같이 지원이 없이도 일을 진행하는 경우가 있다.

고찰 논문과 대표 사례

이 분야의 인공지능 관련 출판물 대부분은 로봇 수술과 관련된 주제에 집중돼 있는데, 외과 인공지능에 대한 몇 개의 고찰 논문과 보고도 나와 있다. 최근 한 논문에서는 특히 외과 의사에게 의의가 있는 인공지능의 4가지 분야로 머신러닝, 자연어 처리, 인공신경망, 컴퓨터 비전을 고찰했다[196]. 외과 의사에게 주는 함의에는 프로시저에 대한 좀 더 정확한 환자 선택(특히 생검), 수술 전 케어의 일부로 높은 수준의 정밀 케어 제공, 동영상 및 전자의무기록 데이터 공유와 데이터 분석을 통한 외과 커뮤니티간의 협력 증진 등이다. 인공지능을 사용한 다양한 포맷에 데이터를 통합하면 수술 전 광범위한 위험도 계산, 수술 중 발생할 수 있는 이벤트 감지, 예측 분석, 수술 후 이환률과 사망률 예측 등을 통해 외과 의사의 능력을 상당히 증진시켜줄 수 있다. 어떤 고찰 논문에서는 복강경 수술에서 인공지능이 융합된 로봇 수술로 전환하는 것과 관련된 문제를 집중적으로 다뤘다[197]. 이런 목적으로 사용되는 로봇들은 주변을 감지하고 문제를 인식하며 적절한 수행 계획을 수립하고 새로운 문제에 대한 해답을 내놓을 수 있어야 한다.

이비인후과 분야에서 나온 비슷한 고찰 논문은 외과의사들이 데이터 과학자들과의 협업을 강화할 것을 독려했다[198]. 이 논문의 저자는 종양학에서의 왓슨에 대한 부풀려진 기대, 영상 판독에서 기흉 환자에게서 흉관을 잘못 읽는 것 등과 같이 헬스케어 인공지능의 단점을 정확히 지적했다. 성형외과 분야에서 나온 한 고찰 논문은 환자 데이터를 사용해 맞춤화된 중재 계획을 설정하기 위한 방법으로 정밀의학과 인공지능의 중요성에 대해서 논했다[199]. 또 다른 성형외과 고찰 논문은 인공지능을 수술에 응용하는 방법과 레지던트 훈련에 초점을 뒀다[200]. 이 고찰 논문에 포함된 환자군은 유방암(역형성큰세포림프종에 대한 위험도와 유방암에 대한 과진단), 상처 관리(수술 피판에 대한 이미징과 인공지능의 조력 평가), 두개안면수술(두개골 유합에 대한 수술 관리와 수술 계획 수립) 환자들이다. 정형외과 분야에 대해 포괄적인 고찰을 한 어느 논문에서는 지난 20여 년 동안 발행된 70개의 논문들을 체계적으로 분석해 인공지능도 다른 헬스케어 평가 방법에 맞춰 연구가 진행됐어야 한다고 있다[201]. 또한 이 분야에 머신러닝과 인공지능의 사용과 관련된 긍정적인 전망과 우려를 표한 고찰논문도 있었다 [202]. 척추 연구 분야에서 머신러닝에서 이미지 세그멘테이션, 결과 예측까지 인공지능을 다룬 아주 훌륭한 고찰 논문도 있다[203].

외과 인공지능의 잠재력

다니엘 A. 하시모토 Daniel A. Hashimoto

－미국 매사추세츠주 보스톤 매사추세츠 종합병원 외과학과 서지컬 AI&이노베이션 래보러토리

다니엘 하시모토는 기술적인 배경을 가진 젊은 외과의사로서, 이 글을 통해 수술 보조 앱에서 수술과 중재 전후의 위험도 예측까지 외과 영역에서 다양한 목적으로 인공지능을 적용할 수 있을 것이라는 전망을 밝힌다.

미국에서는 매년 4800만 건 넘는 수술이 시행되고 있다[1]. 이 수치를 아는 이유는 병원, 보험회사, 메디케어, 그리고 여러 그룹들이 그런 데이터를 추적하기 때문이다. 우리가 수술과 같이 침습적인 어떤 것을 한다고 했을 때, 수술 관련 데이터와 어떤 것이 작동하고 어떤 것이 그렇지 않은지 추적해야 하는 것은 상당히 자연스러운 것으로 보인다. 그런데 아마 놀랍게도, 환자의 결과에 대한 데이터를 기록하고 추적하는 것이 모든 사람에게 옳은 것이라고 항상 여겨지는 것은 아니었다.

1914년 매사추세츠 종합병원MGH의 외과의였던 어니스트 아모리 코드만Ernest Amory Codman은 병원과 외과의사들이 환자의 결과를 체계적으로 추적해야 한다고 제안했다. 그렇지만 동료 의사들과 병원 행정은 그의 생각을 받아들이려 하지 않았고 오히려 그를 방해해서 결국 병원에서 사임까지 하게 됐다[2]. 아마도 그들이 발견하게 될 것들과 오늘날 잘 알려진, 수술 후 합병증 발생과 피할 수도 있는 합병증도 있다는 사실이 알려지는 것이 두려웠을 수도 있다.

현대 외과학의 관점에서 우리는 코드만이 옳았음을 알고 있다. 수술 결과를 연구하면 데이터를 통해서 배우기 때문에 우리를 더 나은 외과의로 만들어 준다. 수술 환자의 수술 전, 수술 중, 수술 후 데이터를 체계적으로 수집해 수술 케어를 개선할 수 있는 방법을 이해할 수 있도록 미국 외과의 협의회 안전 및 질 개선 프로그램과 같은 국가적·국제적 노력이 진행돼 왔다. 1세기 전 코드만의 생각을 받아들이지 않았던 매사추세츠 종합병원은 이제 그의 이름을 딴 '외과에서의 임상적 효과성에 대한 코드만 센터'라고 하는 연구 센터까지 두고 있다.

인공지능은 현재 우리가 가지고 있는 거대한 데이터베이스 속 데이터를 연구하고 탐색할 수 있는 부가 기술로써 역할을 한다. 그렇지만 그런 데이터 대부분은 보험 청구나 환자 등록부에 기반한 것들이다. 이런 데이터셋은 CPTCurrent Procedural Terminology 또는 iCD 코드와 같은

형태로 수술을 기술하고 있는데, 개별 환자에게서 어떤 일들이 일어났었는지를 반영하지 못한다. 따라서 인공지능은 전에는 시도하지 못했던 데이터 소스를 사용해 수술 케어를 개선할 수 있는 길을 열어준다는 점에서 더 흥미롭다.

내가 속한 매사추세츠 종합병원 서지컬 AI&이노베이션 래보러토리 팀, 스트라스부르의 CAMMA 그룹, 토론토의 국제 외과 안전 센터(ICSS)와 같은 여러 그룹들이 수술 단계 파악[3], 수술 장비 추적[4] 등과 같은 작업을 수행하기 위해서 수술장 동영상을 분석할 수 있는 인공지능 시스템을 개발·연구하고 있다. 그와 같은 시스템은 수술 과정에서 발생해 부정적인 결과로 이어질 수 있는 사건들에 대해 좀 더 특이하고 자세한 데이터를 제공할 수 있을 것이다. 이런 종류의 데이터가 더 많이 사용될수록 양적 분석을 통해서 서로 다른 수술 기법이나 접근법을 비교할 수도 있을 뿐만 아니라 특정 수술 방법에 대해 최적의 수술 후 관리가 어떤 것인지에 대한 더 큰 인사이트를 줄 수 있을 것이다.

인공지능 시스템이 외과 의사의 의사 결정을 도와줄 수 있는 시나리오를 상상해보자. 수십만 건의 이전 환자 케이스들이 들어 있는 데이터베이스에서, 인공지능은 외과의사에게 잘못된 코스로 가고 있다고 경고해 줄 수 있을 것이다. 그러면 외과 의사는 수술 계획을 변경하고 일어날 수도 있는 잠재적인 손상이나 합병증을 예방할 수 있다. 여기서 인공지능의 잠재력은 수술에 대한 실시간 임상적 의사 결정 시스템을 통해서, GPS가 교통 체증을 피할 수 있도록 도와주는 것과 비슷하게 외과의가 합병증을 피하고 생명을 구하는 데 도움을 준다.

인공지능을 사용하고 환자의 프라이버시를 보호하는 최신 기술을 내장한 잘 설계된 시스템은 실시간으로 여러 외과의사들 사이의 데이터 수집, 분석, 공유을 할 수 있게 해줄 것이다. 이런 것들이 가능해지려면, 수술의 각 단계를 촬영한 동영상을 포함 수술 데이터베이스 구축이 필요하다. 그리고 여러 기관끼리 협력적인 방법으로 그런 데이터베이스를 공유할 수 있게 하는 것도 중요하다. 특정 연구 그룹에만 한정된 데이터는 수술 데이터와 지식을 민주화하는 데 역행한다. 누구나 접근 가능한 동영상과 수술 결과에 대한 데이터베이스가 구성된다면 수많은 외과의사들의 경험을 집대성한, 일종의 "집단 외과 지성"을 갖춘 인공지능을 구현할 수 있을 것이다. 그런 데이터베이스는 수술을 위한 GPS 개발을 촉진할 수 있을 것이다[5].

집단 외과 지성은 인공지능을 사용해 전 세계적으로 최고의 외과의로부터 기술을 배운 "외과의"를 다수 배출하는 효과를 거둘 수 있다는 높은 전제로 만들어진다. 이 말은 모든 환자가 동일한 전문 기술에 접근해 자신 생명을 구하는 것뿐만 아니라 합병증을 줄여 비용을 절감할 수 있다는 뜻이다. 이렇게 되면 수술 케어가 좀 더 저렴해지고 수술이 필요한 사람들에게 문턱을 낮추는 효과로 이어질 수 있다.

이런 개념은 아직 초기 개발에 머물러 있고 연구자, 공학자, 외과 의사들에게는 인공지능이 가진 잠재력을 획득하기 위해 풀어야하는 수많은 난관을 풀어야 하는 과제를 안겨 주고 있다. 전 세계적으로 외과 환자들에 미친 영향과 케어의 개선이라는 밝은 전망을 고려했을 때 나는 인공지능의 잠재력을 꼭 붙잡을 가치가 있다고 믿는다.

참고 문헌

[1] Hall MJ, et al. Ambulatory surgery data from hospitals and ambulatory surgery centers: United States, 2010. National Center for Health Statistics; 2017. p. 1-15.

[2] Brand RA. Ernest Amory Codman, MD, 1869-1940. Clin Orthop Relat Res 2009;467(11):2763-5.

[3] D.A.Hashimoto, G. Rosman, E.R. Witkowski et al. Computer vision analysis of intraoperative video: automated recognition of operative steps in laparoscopic sleeve gastrectomy, Ann Surg 270 (3), 2019, 414-421.

[4] Twinanda AP, et al. EndoNet: a deep architecture for recognition tasks on laparoscopic videos. IEEE Trans Med Imaging 2017;36(1):86-97.

학문적인 재건 수술의 관점에서 본 헬스케어 인공지능

브라이언 프리젠 Brian Pridgen, **제임스 창**James Chang

브라이언 프리젠과 제임스 창은 혁신에 지대한 관심을 갖고 있는 성형외과 의사다. 이 글을 통해서 성형외과 전문의와 같은 수술 분과 전문의들이 진단, 스크리닝, 수술 전후 치료 계획 수립, 외과 훈련 등 아주 다양한 분야에서 인공지능을 이용할 수 있을 것이라는 전망을 밝힌다.

외과의사들의 인공지능 포용은 느리게 진행돼 왔다. 그리 놀랄 만한 일은 아니다. 그 이유 가운데 하나는 외과 영역에서는 구조화된 데이터베이스가 부족하기도 하지만, 더 중요한 것은 외과의사들이 인공지능 활용법을 잘 생각해 보지 않기 때문이라는 점이다. 재건 수술 분야는 특히 환자 케이스마다 특별한 상황이 있고, 모든 조직 결손은 환자에 맞춰 재건돼야 한다. 지금까지는 기계로 그런 것들을 분석하고 치료 가이드에 도움을 받는 것이 쉽지 않았다.

그렇지만 이제 외과의사들은 복잡한 환자의 진단과 선별에 인공지능을 사용할 수 있을 것이라는 기대를 품고 있다. 다른 의사들의 업무 흐름과 비슷하게 재건 외과 의사들의 환자 케어는 스크리닝이나 비전문가들로부터 받은 환자 의뢰로 시작해 외과적 의사 결정과 기술적인 집도로 이어진다. 재건 외과 의사들에게 인공지능 조력 스크리닝과 진단은 병리학이나 영상의학과의 접근법과 유사하다. 그러나 재건 수술을 받는 환자의 수가 상대적으로 적고 구조화된 데이터베이스가 거의 없다는 점은 훈련 데이터에 늘 배가 고픈 인공지능 알고리듬에 문제가 된다. 이런 점에도 불구하고 재건 수술 전문가와 다른 분야 전문가들 사이의 지식의 차이를 줄일 수 있는 인공지능은 굉장한 가치가 있을 것으로 기대하고 있다.

재건 수술 분야의 인공지능은 아직은 아주 초보적인 단계에 있다. 우리는 컴퓨터 비전 인공지능 프로젝트를 설계하는 데 수요 기반 접근법을 사용했는데, 다음 3가지 기준을 만족하는 임상 시나리오에 초점을 맞추기로 했다.

1. 전문의가 이미지를 가지고 진단한다.

2. 전문가와 비전문가의 진단 정확도 사이에 차이가 존재한다.

3. 치료에 시의적절함이 무엇보다 중요하다.

위 기준을 바탕으로 재건 수술 분야에서 두 가지 영역을 확인했다. 두 프로젝트는 현재 연구가 진행 중이고, 재건 외과 부분에서 인공지능을 적용할 수 있는 사례로 소개되고 있다.

첫 번째 프로젝트는 급성 화상을 적기에 정확하게 진단하는 과제이다. 화상 환자가 화상 전문의가 없는 응급실에 종종 방문한다. 화상 환자를 접할 기회가 상대적으로 적기 때문에 비전문가가 초기 화상 평가를 제대로 못하는 경우가 많다[1]. 따라서 초기 수액치료가 과도하게 또는 충분하지 않게, 부적절하게 이뤄질 수 있다. 우리는 데이터베이스를 활용해 전문가와 비슷한 진단 정확도를 가진 컴퓨터 비전 알고리듬을 개발하고 있다(그림 1). 스마트폰을 통해 이 알고리듬에 접근하면, 인공지능 도구가 화상에 대해 전문가 수준의 평가를 수행해 응급실 의사나 가정의들과 같이 비전문가들에게 도움을 준다.

두 번째는 손목 부위 월상골 주변 탈골perilunar dislocation 미진단율을 줄이는 프로젝트다. 월상골 주변 탈골은 곧바로 확인하고 치료해야 하는 손상인데, 진단을 놓쳐 치료가 늦어지는 것은 수부외과의들이 종종 만나는 임상 문제다[2]. 전문가들이 영상을 보면 바로 진단할 수 있는 손상이기 때문에 자동으로 진단해주는 알고리듬이 있다면 응급실이나 클리닉에서 비전문가들도 쉽게 사용할 수 있을 것이다. 그래서 우리는 이미지 데이터베이스를 구축해 월상골 주변 탈골을 진단하는 알고리듬을 개발하고 있다. 개발된다면 이런 손상에 대한 스크리닝 도구로 활용돼 진단을 놓치지 않게 되고, 진단되면 수부외과에 보내서 바로 치료를 할 수 있을 것이다.

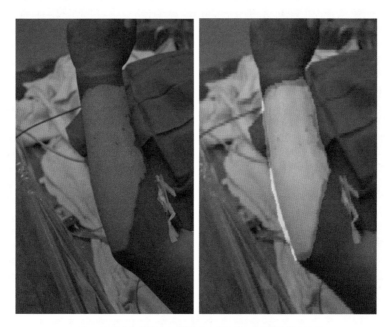

그림 1 팔 아래쪽의 화상 소견(왼쪽)과 인공지능이 예측한 화상 부위

수요 기반 기준을 갖고 이런 초기 프로젝트를 선택하게 됐지만, 인공지능은 다른 영역에서도 중요하게 사용될 수 있다. 두개골 유합을 시사하는 두부안면의 특징을 가진 아이들을 확인하거나 만성 상처를 가진 환자의 모니터링 등도 재건 외과에서 인공지능이 응용될 수 있는 영역이다. 이외에도 더 많은 영역이 있을 것으로 예측한다.

진단과 스크리닝 이외에 재건 외과의사들이 인공지능을 사용할 가능성이 있는 분야는 더 있다. 수술을 계획할 때 골절 안정화나 피판 천공 동맥을 선택할 때 선배 외과 의사의 임상적 판단에 의존한다. 영상과 혈관조영 영상에 대해 이런 선배 의사들의 분석 인공지능 프로그램화하면 경험이 적은 외과 의사도 "인공지능 전문가 의뢰"를 시행해 선배 의사와 비슷한 수술 계획을 세울 수 있다.

수술 집도를 직접 지원할 수 있는 인공지능은 수술 로봇공학의 발전 등 더 많은 연구가 필요하다. 그렇지만 이것과 밀접하게 연관된 가능이 있는 분야가 수술 교육 분야로, 이런 교육은 초기 수련뿐만 아니라 현업 외과 의사들의 자격 유지를 위해서도 필요하다. 이전 연구를 보면 복강경 수술에 동영상을 보면 집도의의 기술을 비교적 정확하게 평가할 수 있고, 평점과 환자의 결과는 연관성을 보였다[3]. 초기 연구에서도 인공지능은 그와 비슷하게 외과의사의 기술적인 능력을 평가할 수 있는 것으로 보고됐다[4]. 그와 같은 인공지능 프로그램을 사용하면 경험 많은 외과의사가 그런 평가를 수행하는 노고와 비용을 들이지 않아도 될 것이다.

우리는 헬스케어 전반에 걸쳐 인공지능이 스크리닝과 진단 등에 광범위하게 영향 미치게 되는 것을 보게될 시점에 서 있다. 알고리듬의 가치가 좀 더 분명해지면서 그것을 훈련시키는 데 필요한 노동 집약적인 데이터베이스를 구축하는 데 더 많은 노력이 투여될 것이다. 외과에서는 전문가 선배 외과의사의 경험을 인공지능 알고리듬으로 번역하는 것이 핵심 작업이 될 것이다. 데이터베이스가 구축되면 인공지능은 환자 케어의 모든 단계에서 우리를 인도할 것이다. 심지어 재건 수술과 같은 전문분야도 마찬가지다. 우리는 재건 수술에 그와 같은 혁명이 일어나길 기대한다!

참고 문헌

[1] Armstrong JR, Willand L, Gonzalez B, Sandhu J, Mosier MJ. Quantitative analysis of estimated burn size accuracy for transfer patients. J Burn Care Res 2017;38(1):e30-5.

[2] Herzberg G, Comtet JJ, Linscheid RL, Amadio PC, Cooney WP, Stalder J. Perilunate dislocations and fracturedislocations: a multicenter study. J Hand Surg Am 1993;18(5):768-79.

[3] Birkmeyer JD, Finks JF, O'Reilly A, Oerline M, Carlin AM, Nunn AR, et al. Surgical skill and complication rates after bariatric surgery. N Engl J Med 2013;369(15):1434-42.

[4] Jin A, Yeung S, Jopling J, Krause J, Azagury D, Milstein A, et al. Tool detection and operative skill assessment in surgical videos using region-based convolutional neural networks. In: 2018 IEEE winter conference on applications of computer vision (WACV) [Internet]. 2018. p.?691-9. Available from: ,doi.ieeecomputersociety.org/10.1109/WACV. 2018.00081. [cited 27.01.19].

현재의 평가와 미래 전략

신경외과를 제외하고 대부분의 외과계는 인공지능 관련 부분의 활동이 상대적으로 잠잠한 상태다. 로봇 수술 분야는 인공지능 사용과 관련해 일반적으로 외과의사들이 가장 주목하는 분야다.

미래에는 로봇 수술이 더 정교하게 진화할 것이고 다양한 외과 분야에서 인공지능들이 개발될 것이다. 외과의사들은 컴퓨터 비전, 특히 영상의학과 전문의가 없는 상황에서 이미지 판독의 발전으로 혜택을 입을 것이다. 더불어 인공지능과 가상 또는 증강현실을 사용한 수술 전 계획을 통해서 수술 결과를 개선하고 불필요한 합병증을 예방할 수 있을 것이다. 데이터 마이닝을 사용해 환자의 위험도를 평가해 환자를 계층화하고 환자와 보험지불자에게 더 정확한 건강 결과와 자원 할당 전략을 제시하게 될 것이다. 마지막으로 변형 현실과 인공지능은 수술 전 계획과 교육, 수련을 위한 자원을 제공할 것이다(표 8.23).

여기서 언급하지 않은 다른 외과 세부 전문분야에 대한 인공지능의 영향은 관련된 부분에서 다시 논의한다.

표 8.23 외과학

인공지능 응용 분야	임상적 적절성	현재 인공지능 가용도
의료 영상	+++	+++
변형 현실	+++	+
의사 결정 지원	+++	++
진단	++	+
정밀 의료	+++	+
신약 발견	++	+
디지털 헬스	++	+
웨어러블 기술	++	+
로봇공학	+++	++
가상 비서	++	+

치과학(Dentistry)

치과 전문의들은 치아와 구강 구조물, 악안면에 발생하는 질병을 진단하고 치료한다. 주로 X-레이를 사용해 진단하고 우식된 치아를 보충하는 것에서 치아를 교체하는 보철 등의 방법을 사용해 치료한다. 어떤 치료 의사는 근관치료학endodontics 또는 구강과 악안면 수술을 전문으로 한다.

고찰 논문과 대표 사례

한 초기 고찰 논문에서는 치과에 인공지능을 적용해 비용, 시간, 인적 자원, 오류 등을 줄이기 위한 도전을 글로벌 수요에 초점을 두고 논의했다[204].

현재의 평가와 미래 전략

전반적으로 치과의사의 업무는 지각, 인지, 수행이라는 측면에서 균형을 이루고 있어서 이 분야에서 인공지능을 적용할 수 있는 영역이 많을 것으로 보인다. 미래 인공지능의 조력을 받는 치과의사는 치과 영상 이미지(어떤 경우에는 스마트폰으로 얻은 이미지 사용), 과거력 정보를 바탕으로 환자를 선별하고 적절한 진료 예약 계획을 수립할 수 있을 것이다. 로봇 수술도 가능해질 것이고 이런 자원이 인공지능 기능을 갖춘 3D 보철(현재는 제작에 수주가 걸린다) 기술과 결합돼 사용될 것이다.

디지털 헬스

디지털 헬스Digital Health는 최적의 케어와 상황에 구애받지 않는 좀 더 시의적절한 대응을 위한 앱, 웨어러블 기술, 원격 모니터링, 원격 의료, 커뮤니케이션 도구, 기타 진단 기기 등과 같은 기술적인 발전의 시대를 선도하고 있다. 이 분야는 그 자체로 하나의 의학 전문분과는 아니지만 집단 건강과 맞춤 의학 구현을 위해 기존의 기술들의 활용을 촉진하기 위해서 이와 관련된 모임과 노력이 집중되고 있다.

고찰 논문과 대표 사례

인공지능과 결합된 디지털 헬스가 앱이나 디바이스에 인공지능을 적용하는 것에 대한 개념 증명을 넘어 임상적인 이득이 있음을 보여주는 다수의 보고서들이 출판됐다. 최근 「란셋」 저널의 사설에서는 디지털 의학에서의 인공지능 사용을 경계하면서, 디지털 헬스 중재에 대한 임상적 효과성과 경제적 효과에 대해 지속적인 평가가 있어야 한다고 강하게 주장했다[205]. 포겔Fogel은 좀 더 긍정적인 고찰 논문을 냈는데, 디지털 의학에서 인공지능이 어떻게 기초 건강 스크리닝, 예방에서부터 약물 순응도까지, 나아가 헬스케어에서 인간-대-인간 경험까지 개선할 수 있는지 논의했다[1]. 또 다른 고찰 논문은 인공지능 관련 도구가 결합된 디지털 헬스케어의 의료 사물인터넷의 개념에 초점을 맞추고 있다[206]. 만성병의 예방과 관리에 대한 전체 비용을 줄이기 위해서 디바이스들은 헬스 지표에 대한 모니터링, 약물 자동 투여, 치료 기간 중 실시간 건강 데이터에 대한 접근 등이 가능해야 한다. 의료 사물인터넷이라는 새로운 패러다임을 구현하기 위해서는 이런 장비들과 더불어 의무기록에 접근할 수 있는 모바일 앱과 원격의료 및 원격건강을 수행할 수 있는 도구도 필요하다. 이러한 기기와 장비들은 모두 최적의 헬스케어 조언과 방향을 가늠하기 위해 데이터 통합과 해석을 위한 인공지능 중심의 전략이 필요하다.

당뇨병과 같은 만성질환들이 잘 조율되고 효과적인 전략에 의해서 큰 혜택을 받을 수 있음에도 불구하고, 현재 인공지능을 포함한 새로운 기술의 사용은 여러 가지 이유들로 파편화돼 있다. 그 이유에는 정책과 규제에 대한 지원 부족, 지속적이지 않은 보험 지불, 비효율적인 사업 모델, 데이터 보안과 프라이버시에 대한 우려 등이 있다[207]. 생리적인 지표를 지속적으로 추적할 수 있는 장비와 센서의 보급으로 심부전 환자의 헬스케어 비용을 낮추고 건강 결과를 개선할 수 있는 환자 케어 전략이 가능해지고 있다[208]. 심혈관 질환 관리의 이런 새로운 패러다임은 의사와 환자 간 관계도 개선할 수 있다. 머신러닝 알고리듬이 파킨슨병과 같은 신경학적 질환에 사용되는 대규모 웨어러블 센서 데이터에 적용돼 임상 진단과 환자 관리를 의미있게 개선했다는 보고가 있다[209]. 파킨슨병에 있어 양적이고 객관적이면서 사용하기 쉬운 이런 센서 기반 시스템은 사람에 의해서 이뤄지는 전통적인 질적 · 주관적 평가 방법을 대체할 가능성을 가지고 있다.

---

1 다음 페이지(https://www.nature.com/articles/s41746-017-0012-2#citeas) 참고 – 옮긴이

현재의 평가와 미래 전략

전반적으로 현재의 디지털 의학 분야는 기초 애널리틱스, 인공지능 도구들과 상호하면서 점진적으로 발전하고 있다. 현재 대부분의 웨어러블 장비에 애널리틱스 기능이 내장돼 있지는 않다. 이 영역에서 데이터 기반 시설이 잘 구성돼야 할 필요성이 커짐에 따라 새로운 노력들이 일어나고 있다. 앱이나 디바이스에 대한 진입 장벽이 지속적으로 낮아지고 있어 디지털 의학에서 인공지능 응용에 대한 시험적이고 지속적인 평가에 관한 전반적인 전략들이 수립되고 있다. 이런 평가 프로세스에는 미국의사협회 또는 식약처와 같은 기관들뿐만 아니라 다학제 전문가로 구성된 국제 컨소시엄의 참여도 필요할 것으로 보인다. 마지막으로 그런 지적인 장비들을 통해 데이터가 유출돼 환자에게 해를 끼칠 수 있는 위험을 줄이기 위해 사이버 보안에 대한 관심도 집중되고 있다.

미래에는 모바일 인공지능과 알고리듬이 만물인터넷으로 진화해 사람, 프로세스, 데이터, 사물들이 모두 통합될 것이다. 이렇게 되면 만들어지는 데이터가 클라우드에서 전체적인 정밀의학 패러다임 안에서 바로 사용되고 처리될 수 있는 체계가 만들어질 것이다. 이런 장비들이 좀더 지적인 형태로 발전하면서 의사 결정 지원 기능도 좀 더 정교해졌다. 당뇨병성 망막증에 대한 망막 영상이나 흑색종 진단을 위한 피부 병변 등의 예방의학과 당뇨·고혈압·심부전 등의 만성병 관리에서 중요한 역할을 하게 될 것이다.

유전체 의학 및 정밀의료(Genomic Medicine, Precision/Personalized Medicine)

유전체 의학은 임상 진단과 치료를 위한 유전체 정보를 다루는데 종양학, 약학, 희귀 질환들, 감염성 질환 등에 큰 영향을 미쳤다. 또한 정밀 의료 또는 맞춤 의료에서도 중요한 위치를 차지한다. 맞춤 의학personalized medicine과 정밀 의학pecision medicine 사이에 약간의 혼돈이 있는데, 전자는 과거에 주로 사용하던 용어이고 후자는 좀 더 최근 용어로서 유전자, 환경, 생활습관 요인 등을 모두 고려하는 의료적 접근이다. 약물 유전체학은 유전자가 개인의 약물에 반응에 미치는 영향을 연구하는 분야로 정밀 의학의 중요한 부분이다.

고찰 논문과 대표 사례

이 부상하는 영역에서 인공지능에 대한 의미심장한 학술 연구 활동이 진행돼 왔다. 정밀 의료에서 인공지능의 활용을 고찰한 최근 한 논문에서는 데이터 질과 적절성의 중요성에 대해서 다뤘다[210]. 논문의 저자들은 정밀 의학에서 인공지능에 관한 노력의 상당 부분은 알고리듬, 유전체 염기 데이터의 생성, 전자의무기록 등에 초점이 맞춰져 왔으나 질병과 관련 조직에 대한 생리학적 유전체 정보 또한 상당히 중요하게 다뤄야 한다고 주장했다. 또 다른 논문에서는 후성유전학적 과정epigenetic processes을 이해하는 데 머신러닝과 인공지능의 발전이 핵심이라고 했다. 특히 새로운 유전학적 특징들을 생성하고 동시에 계산하는 데 있어 딥러닝의 중요성을 강조했다[211]. 그라포브Grapov 등은 오믹스와 전자의무기록이라는 맥락에

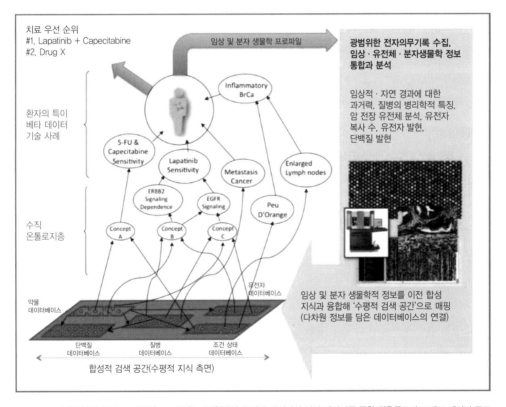

그림 8.16 바이오인텔리전스 프레임워크. 그림은 다차원적인 유전체 데이터와 임상 데이터를 통합해(온톨로지 그래프 데이터 구조를 통해서 매핑과 프로젝션 수행) 맞춤형 치료를 찾는 방법을 보여준다. 개인의 임상적·분자생물학적 프로파일, 전자의무기록 데이터를 통합해 3차원 접근법(수평적 지식 층 또는 검색 공간과 수직적인 온톨로지층 매핑을 사용)을 통해서 치료 옵션을 발견한다. 이런 프레임워크의 기초는 위계적으로 구성되고 온톨로지에 바탕을 둔 지식 표현 스키마이다.

서 딥러닝에 대해 고찰했는데, 딥러닝 구조와 개념은 유전자, 단백질, 대사 네트워크와 같은 생물학적 메시지 전달 시스템과 상당히 유사하다고 지적했다[212]. 의학 유전학자들은 종종 여러 질환, 특히 아주 희귀한 질환들에서 유전자형과 표현형의 연관 관계를 조사하기 위해 아주 지루한 작업을 했어야만 한다. 이제 의학 유전학자들은 머신러닝 알고리듬과 디지털 이미징 프로세싱 기술을 결합한 시각적 진단 시스템을 사용해 의학 유전학에서, 특히 희귀 질환 진단에서 자동화된 진단법을 사용할 수 있게 됐다[213]. 팔리Farley 등은 이런 방법으로 하나로 바이오인텔리전스BioIntelligence 프레임워크를 제안했다[214]. 이 모델에서 확장 가능한 컴퓨테이션 프레임워크는 복잡하고 다차원 관계를 표현하는 데 적합한 하이퍼그래프 기반의 데이터 모델과 쿼리 언어를 이용한다. 하이퍼그래프 형태로 저장된 공공 지식은 개인의 유전체와 이미징 데이터 같은 다른 환자 정보와 연결돼 임상 중개와 발견을 위한 맞춤화된 게놈 기반 지식 저장소를 유도한다. 그렇게 해서 매유 유사한 유전적이고 임상적인 특징을 가진 환자들을 발견해 진단과 치료 전략을 수립하는 데 사용된다(그림 8.16)[215].

인공지능과 영양 – 맞춤형 영양 전략

민후아 히 Minhua He

－ 중국 선전 선전이화 인베스트 매니지먼트

신디 크라운닌실드 Cindy Crowninshield

－ 미국 메사추세츠주 애슐랜드 잇포유어진스 앤드 잇투비웰(Eat4yourGenes and Eat2beWell)

민후하 히와 신디 크라운닌실드는 영양학 전문가로, 이 글을 통해서 맞춤형 다이어트 전략을 구현하는 데 인공지능의 개념을 적용하는 것과 관련한 혁신적인 개념에 대해서 이야기한다.

"하루에 사과 하나면 의사를 만날 일이 적어진다"라는 영어 속담은 19세기 이후로 사용되고 있는데[1], 부모들이 과일과 채소 섭취를 장려할 때 하나의 경험 법칙으로 이 속담을 인용하기 때문에 대부분의 어린이들이 이 속담을 들어보게 된다. 미국 농림부는 과일과 채소 소비를 장려하기 위해서 음식 가이드를 발행하고 있다. 1916년 이후 8번의 가이드를 발행했다[2]. 이 가운데 잘 알려진 것으로 1992년에 발간된 "음식 가이드 피라미드Food Guide Pyramid"가 있다. 가장 최근에 발행된 음식 가이드는 2011년 발행된 "마이플레이트MyPlate"다. 여기서는 건강한 식단의 구성 요소로 과일, 곡류, 채소, 단백질, 유제품이라는 다섯 가지 그룹을 설명하고 있다. "마이플레이트"의 "마이^{My}"는 여러 요인과 선택으로 이뤄진 평생 동안의 건강하고 균형있는 식습관을 찾을 수 있는 맞춤형 접근법을 강조한다. 그밖에 인기있는 식사와 영양 계획에는 저칼로리 다이어트, 케톤식 다이어트, 간헐적 단식, 홀30^{Whole30}, 팔레오 등이 있다 [3]. 이 방법들 가운데 일부는 특정 음식 그룹을 완전히 배제한 식단을 필요로 하기 때문에 장기간 유지할 경우 심각한 영양 결핍에 빠질 수 있다. 다양한 식단 구성과 개인 다이어트 계획 도구가 나온다는 것은 모든 상황에 적합한 보편적 다이어트 계획이 존재하지 않는다는 사실을 가리킨다. 인공지능이 이 분야에서 의미있는 역할을 수행하기 시작했다. 최근 연구들은 데이터를 수집하고 모델을 만드는 인공지능 방식을 사용하면 이전보다 훨씬 더 맞춤화된 다이어트 계획을 수립할 수 있을 가능성을 보여주고 있다.

인공지능은 데이터를 수집·분석·해석하는 과학적인 연구 능력을 강화해 궁극적으로 개인의 목적에 맞는 최선의 개인별 다이어트 계획을 세울 수 있게 해준다. 모델이 현실에 대한 완벽한 예측 또는 기술이 아니라고 알고 있지만 데이터 과학, 머신러닝, 나아가 사려깊은 해석을 통해 현실에 더 가깝게 다가갈 수 있게 됐다. 예를 들어, 해빗^{Habit}이라는 회사는 70개 이상의 건강 마커와 머신러닝 알고리듬을 사용해 사용자들에게 자기 신체가 다량영양소_{macronutrients}를 어떻게 사용하는지 알려준다. 사용자들은 그 정보를 통해서 이상적인 식단이 어떤 것인지를 배우고 맞춤화된 음식 가이드와 조리법 리스트를 받는다. 파시오^{Passio}라는 회사는 이미지 인식 머신러닝을 사용해 실시간으로 음식물을 인식하고 사용자들이 자신이 먹고 있는 음식을 쉽게 추적할 수 있게 해주고 영양에 대한 인사이트를 받을 수 있게 해 준다.

현재 대부분의 다이어트 계획 서비스 제공자들은 인공지능 기술을 사용해 개별 참여자들을 정량화시키고 그 데이터를 전체 데이터에 포함시킨다. 한 참여자의 데이터는 수천여 명의 다른 참여자들의 데이터와 섞인다. 특정 바이오마커 타입을 가지고 있는 집단에서 어떤 음식 종류가 좋거나 나쁘다고 하는 일반적인 결과에 기반해 참여자 데이터에 대한 예측을 수행한다. 데이터 예측은 서로 다른 음식 타입에 대한 사용자의 실제 반응에 영향을 줄 수 있는 일부 요인이나 식사에 관여되는 모든 요소들을 포함할 수는 없다. 또는 생활 습관, 의학적인 상태, 면역, 해부, 생리학, 약물, 환경 등 사용자의 건강 상태는 시간에 따라 변한다. 전형적인 다이어트 계획은 이런 요소들을 놓칠 수 있다. 그래서 어떤 연구에서는 식이 조절 이전 상태도 중요하지만 식이 조절 이후 평가도 그에 못지 않게 중요하다는 것을 보여준다.

와이즈만 연구소에서 시행된 "혈당 반응 예측으로 본 맞춤화 영양Personalized Nutrition by Prediction of Glycemic Responses"이라는 연구에서는[4] 사람들이 동일한 식사를 하더라도 식후 혈당 반응에는 상당한 변이가 있음을 보여줬다. 식사, 습관, 신체 활동, 장 마이크로바이옴과 같은 파라미터를 통합해 혈당 반응에 대한 정확한 예측을 바탕으로 만들어진 맞춤화된 식단은 식후 혈당은 성공적으로 줄이고 장기적으로 대사 결과에도 영향을 줄 수 있다. 이 연구에서 800명의 건강한 사람들 또는 당뇨전 사람들을 대상으로 4만 6898건의 식사에 대해 지속적인 모니터링을 수행하고 반응을 측정했다. 참가자들의 혈액 파라미터, 신체 측정, 신체 활동, 자가 보고 생활 습관 행동, 장내 미생물 조성과 기능 등을 측정했다. 이 데이터를 바탕으로 연구자들은 실제 식사를 했을 때 정확하게 혈당 반응을 예측할 수 있는 맞춤형 머신러닝 알고리듬을 고안했다. 와이즈만 연구소는 이 머신러닝 알고리듬의 예측 성능을 독립적 100명의 코호트를 통해서 검증했다. 마지막으로 이중맹검 무작위대조실험을 통해서 이 알고리듬에 바탕을 둔 식이 중재가 통계적으로 유의하게 식후 혈당 반응을 줄이고 장내 미생물 조성을 바꿨다고 밝혔다(그림 1). 메이오 클리닉에서 실행한, 당뇨병이 없는 사람들에서 음식에 대한 식후 혈당 반응에 대한 맞춤형 접근법에 대한 평가 연구에서도 이와 같은 사실을 다시금 증명했다[5].

From: Zeevi D, Korem T, Zmora N, et al. Personalized nutrition by prediction of glycemic responses, Cell 2015 163, 1079-1094DOI: (10.1016/j.cell.2015.11.001)

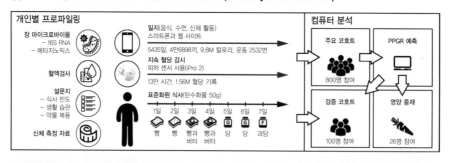

그림 1 식후 혈당 반응, 임상 데이터, 장내 미생물에 대한 프로파일링. (A) 실험 설계법. 출처 : Zeevi D, Korem T, Zmora N, et al. Personalized nutrition by prediction of glycemic responses, Cell 2015;163:1079-94. doi:10.1016/j.cell.2015.11.001

이런 연구에서 한 사람은 더이상 데이터셋을 구성하는 단 하나의 데이터가 아니다. 사람들은 시간의 흐름에 따라 생성되는 새로운 데이터의 중심이 된다. 한 사람의 특정 음식에 대한 고유한 관련성을 반영할 수 있는 잠재적 요인들을 반영하는 하나의 핵심 지표를 사용하고 집단 샘플 데이터에 기반한 예측 모델을 만든 후에 사용자의 개별 데이터를 다시 모델에 입력하는 방식을 통해서 개별 사용자의 식단 계획이 점차 분화된다. 다시 말해 만약 시간의 흐름에 따라 사용자의 개인 반응 데이터를 갖고 알고리듬 수정 전략을 사용한다면, 같은 머신러닝이 좀 더 개인화된 음식 요소를 선별하는 데 사용될 수 있다.

많은 인공지능 기반 식단 계획 서비스는 더 많은 사용자로부터 더 많은 데이터를 확보해 알고리듬을 개선하고자 노력하고 있다. 그렇지만 개인별로 보자면 음식과 음식에 대한 고유의 연관성이 식단 계획을 세우는 데 더 효과적이다. 예를 들어, 휘스크 쿨리너리 코치Whisk's Culinary Coach는 개인의 음식에 대한 선호와 회피를 기반으로 맞춤형 음식 추천 서비스를 제공한다. 다른 사례로는 플랜트 재머Plant Jammer라는 조리법 생성 앱이 있는데, 인공지능을 사용해 사용자들이 맞춤형 조리법을 만들고 음식 선호도와 같은 요인을 반영한 재료와 계절이나 지역 등을 고려해 주방의 자신감를 개선하는 데 도움을 준다. 비록 인공지능이 인간이 대적할 수 없는 계산 능력을 보여주기는 하지만 그 용도는 전적으로 인공지능이 어떤 가설에 바탕을 두고 개발됐는지에 달려 있다. 인공지능이 메커니즘 작동 시점에 대한 더 나은 설명을 해줄 수는 있지만, 우리에게 어떤 시점을 만들어주지는 못한다. 식단 계획에서 데이터 양과 질은 핵심이지만 또 고려해야할 것은 개별 사용 사례에 대한 데이터 검증이다. 또 데이터 생성자에 대한 시간 시야 또한 무시못하게 중요한 요소다.

지난 100년 동안 우리는 정적인 음식 가이드에서 자동화된 영양 계획으로 진화했다. 사람들이 더 건강하고 균형있는 생할 습관을 가질 수 있도록 도와주는 맞춤화된 영양 및 식단 계획이라는 미래 목표를 실현하는 데 인공지능의 역할과 가치는 증가할 것이다.

참고 문헌

[1] Margaret E. History behind 'An apple a day'. Washington Post. 2013. [Internet]. Available from: https:// www.washingtonpost.com/lifestyle/wellness/history-behind-an-apple-a-day/2013/09/24/aac3e79c-1f0e-11e394a2-6c66b668ea55_story.html?utm_term 5 .b4dfc41f6fae. [cited 11.03.19].

[2] USDA ChooseMyPlate. A brief history of USDA food guides. United States Department of Agriculture. [Internet]. Available from: https://choosemyplate-prod.azureedge.net/sites/default/files/relatedresources/ABriefHistoryOfUSDAFoodGuides.pdf. [cited 11.03.19].

[3] Kotecki P. The most popular diets millennials want to try in 2019. Business Insider. 2019. [Internet]. Available from: https://www.businessinsider.com/most-popular-diets-millennials-want-to-try-2019-2018-12. [cited 11.03.19].

[4] Zeevi D, Korem T, Zmora N, et al. Personalized nutrition by prediction of glycemic responses. Cell 2015;163(5):1079-94. Available from: https://doi.org/10.1016/j.cell.2015.11.001.

[5] Mendes-Soares H, Raveh-Sadka T, Azulay S, et al. Assessment of a personalized approach to predicting postprandial glycemic responses to food among individuals without diabetes. JAMA Netw Open 2019;2(2): e188102. Available from: https://doi.org/10.1001/jamanetworkopen.2018.8102.

현재의 평가와 미래 전략

전반적으로 정밀 의학 영역으로 확장된 유전체 의학 분야는 그 자체가 빅데이터 원리를 포함하고 있고 이런 데이터를 멀티오믹스 데이터 통합 전략에 따라 지식 발견에 사용해 왔기 때문에, 인공지능에 대한 초점을 늘려왔다. 흩어져 있는 다양한 데이터를 통합해 작동하는 예측 모델을 위한 사전 작업은 아주 복잡해서 데이터 과학자들에게 힘든 도전이기는 하지만 또한 흥미로운 기회이기도 하다. 미래에는 인공지능의 도움을 받은 정밀 의학이 사람이 출생할 때부터 적용될 것이라는 낙관론이 존재한다. 인생 정밀 의학 연속체라는 개념에서는 언젠가 우리가 태어나면서부터 당뇨병 예방을 시작할 수 있다는 것을 의미한다. 미래 의료의 하나의 패러다임으로써 정밀 의학은 인공지능 방법론을 완전히 적용할 때 가능해질 것이다.

재활의학과

재활의학과Physical Medicine and Rehabilitation는 보통 수술 후 또는 일시적·영구적 장애를 가진 내·외과 환자들의 재활치료에 집중한다. 이 분야 환자 주요 진단에는 뇌 또는 척수 손상, 신경근 장애, 뇌졸중, 다발성 경화증, 화상 등이 있다. 이 전문 분야의 최고 목표는 여러 가지 중재법을 적용해 환자들의 일상 생활 수행 능력을 회복시키는 데 있다. 이 분야의 전문의들은 근골격계에 대한 실제 지식뿐만 아니라 신경계, 순환계, 면역계 등에 대한 지식도 겸비할 필요가 있다.

고찰 논문과 대표 사례

이 분야에서의 인공지능 사용에 대한 논문은 매우 드물다. 배리Barry는 재활의학 분야에서의 인공지능 사용에 대한 고찰을 진행했으며 적응, 협응, 신뢰가 재활의 핵심임을 강조했다. 인공지능과 로봇 같은 장비는 운동에 대한 지침과 감각을 위한 암시, 환경 조절과 같은 요소를 제공해 줄 수 있어서 적응력을 강화시킬 수 있다고도 했다[216]. 재활의학에서 인공지능을 응용할 수 있는 영역에는 외골격exoskeletons과 신경보조기neuroprosthetics, 로봇을 사용한 훈련과 운동 조절, 텔레프레즌스telepresence, 소셜 로봇, 스마트홈 같은 스마트 환경 등이 있다. 웨어러블 기술과 결합된 인공지능과 환자 생체지표 측정biometric measurements을 함께 사용하면 근골격 물리치료의 효율성과 효과성을 올릴 수 있다고 한다[217]. 재활 로봇에 관한 논문들이 있는데 여기서는 다루지 않는다.

현재의 평가와 미래 전략

전반적으로 이 분야의 일부 활동들이 있지만 로봇 재활에 한정돼 있으며, 로봇과 다른 인공지능 기술 또는 부상하는 기술들과 결합된 활동은 미미하다. 미래에는 인공지능이 추가된 로봇 활용이 점점 더 커져나갈 것이기 때문에 이 전문 분야에서는 장애나 기능 손상을 가진 재활 환자들에게 사용하는 로봇과 장비가 더 많이 사용될 것이다. 또한 가상현실 같은 기술들이 재활 전략에서 새로운 혁신적인 접근법을 제공할 것이다.

재생 의학(Regenerative Medicine)

이 분야는 유전체 의학과 마찬가지로 각 전문 과목 의료의 한 파트로 존재할 수 있다. 재생의학은 선천적인 결손, 손상, 질병 등으로 인한 환자 자신의 조직을 치료하거나 대체하기 위해 기능적인 조직을 만드는 전문 분야다. 지금까지는 재생 의학은 주로 뼈, 연부 조직, 각막, 장기 이식 등과 관련된 것이 대부분이었지만, 앞으로는 조직공학 기반에 인공 혈관, 심근 경색에 대한 줄기 세포 치료, 인공 췌장, 인공 콩팥, 인공 척수 등 더 많은 치료 분야로 확대될 것이다.

고찰 논문과 대표 사례

재생의학 분야에서의 인공지능에 관한 출판 논문 활동은 중간 정도다. 한 고찰 논문은 소아 세포 치료 및 재생 의학에서 맞춤 치료를 위해 예측 모델링을 사용하는 방법을 다뤘다[218].

현재의 평가와 미래 전략

재생의학에서의 인공지능은 미래의 정밀의학에 꼭 필요한 초석이기 때문에 일부 관련 활동이 관찰된다. 재생의학은 세포 면역치료와 유전 공학 분야에서 컴퓨테이셔널 모델링 도구로서의 인공지능의 도움을 받을 수 있을 것이고 다가올 정밀의학 시대에도 혜택을 많이 받을 수 있다. 미래에 이 의학 분야는 좀 더 영역을 넓혀지리라는 전망이 있고 진단에서의 여러 개선이 이어지면 관련된 치료로 이어질 것이다. 재생의료에 대한 인공지능 채용 전략은 "장기organ 프린팅"이라고 하는 조직 공학, 3차원 프린팅, 인공지능이 융합되는 과학으로부터 맞춤화된 내외과적인 치료를 통해 정밀 의학을 보조할 것이다. 인공지능 전략은 췌장이나 콩팥에 대응하는 인공 장기로 확대될 것이다. 그 기능을 유지하려면 장기에 대한 형태학적 생성뿐만 아니라 퍼지 논리와 딥러닝 같은 인공지능이 필요하기 때문이다.

수의학(Veterinary Medicine)

수의학과는 동물의 질병을 진단하고 치료하는 분야다. 수의사는 동물들에게는 내과 의사이자 외과 의사 역할을 한다. 수의사 가운데 일부는 사람 대상 의사와 비슷하게 특정 동물군이나 외과 또는 피부과 같은 세부 영역을 전공하기도 한다.

고찰 논문과 대표 사례

수의학에서 인공지능 사용과 관련된 몇 개의 출판 논문이 있다. 어웨이쉬Awaysheh 등은 의학적 의사 결정과 머신러닝 방법을 아주 훌륭하고 광범위하게 고찰했는데, 데이터 중요성과 흔히 사용되는 방법론 가운데 세 가지를 아주 자세하게 검토했다[219]. 광범위한 이 고찰 논문을 제외하고 수의학에 대한 보고서는 상대적으로 드문 실정이다.

현재의 평가와 미래 전략

전반적으로 수의학에서의 의사 결정 프로세스는 인간 의학에서의 발전과 평행하게 발전할 것이고, 의학 논문에서 상당한 정보와 인사이트를 얻게 될 것이다. 이 새로운 패러다임의 더 많은 챔피언들과 함께 수의학에서의 인공지능 사용은 더 멀리 더 빠르게 발전할 수 있을 것이다. 나아가 인간 의학의 인공지능 응용과 관련된 대부분의 내용이 수의학에도 적용될 것이다. 어떤 측면에서는 동물이 영유아 환자와 비슷하게 자신의 증상을 표현하지 못하기 때문에 인공지능이 아마도 의사 결정과 다른 임상 분야에서 더 큰 도움이 될 수 있을 것이다.

의학 교육과 수련(Medical Education and Training)

미국의 의과대학 교육 커리큘럼은 4년 과정으로 첫 2년은 기초의학, 나중 2년은 임상의학 과정이다. 의학 교육은 임상전 교육과정과 임상 교육과정으로 나뉜다. 임상전 교육과정에서는 해부학, 생리학, 생화학, 약리학, 병리학 등을 배우고 임상 교육과정에서는 외과, 내과, 소아과, 영상 의학과 등을 교대로 배운다. 의과대학을 졸업하면 세부 전문 과목별 레지던시 프로그램을 이수하고 이후 더 나아가 심장학, 중환자 의학 또는 더 전문화된 외과 분과 등에서 전임의 프로그램을 이수하기도 한다. 의과대학을 졸업한 이후 레지던시와 전임의 수련 기간은 전문 과목에 따라 다르다. 소아과 또는 가정의학과인 일차 의료와 같이 3년으로 짧을 수도 있고, (1) 신경외과나 흉부외과와 같은 외과 세부 전공분야 (2) 소아심장학과 같이 추가적인 임상 수련이 필요한 일부 내과계 세부 전문 분야 (3) 심장학과 중환자 케어와 같이 여러 세부 과목에 대한 복수의 전문의 자격을 필요로 하는 경우 등은 7년 이상이 되기도 한다. 전문화된 훈련을 마치면 전문의 자격 시험을 치러서 특정 전문 과목에 대한 자격을 취득하게 되고, 5년에서 10년 마다 다시 자격을 취득해야 한다. 의사들은 전문의 자격, 재자격을 취득해야 하고 평생 의학 교육 시스템을 통해 교육을 지속한다. 미국에서는 미국 의과대학연합위원회에서 의과대학의 교육의 질을 관리한다. 의학 지식의 지수적으로 증가하고 의학 지식의 배수 도달 시간이 상당히 짧아져서 보통의 의사들이 자기 자신의 분야에 관한 지식을 따라가기도 시간이 충분하지 못하다.

미래 소아 신경학자의 전망

아담 Z. 칼로위Adam Z. Kalawi

− 미국 캘리포니아주 샌디에이고, 캘리포니아대학교 샌디에이고 래디 소아병원

아담 칼로위는 데이터 과학에 진심인 소아 신경과 임상강사로, 이 글을 통해서 의학 교육과 임상 훈련에서 데이터 과학과 인공지능에 대한 교육의 중요성에 대해 이야기한다.

개론

우리는 처음에 먹는 기능과 연관된 원시적 반사와 자기 보존을 위한 아주 기초적인 능력만 갖고 거의 빈 서판blank state 상태로 세상에 태어난다. 수십 년에 걸친 복잡한 환경과 사람들과의 상호 작용을 통해 자신의 의식을 탐구할 수 있는 복잡한 사고 체계를 개발하고 그뿐만 아니라 기계를 학습시키고 나아가 진실을 추구할 수 있게 된다. 인간의 발달과 인공지능에 대한 추구에 대한 앞의 문장들은 나의 가장 큰 열정에 내재된 동기를 나타낸다. 내게 전자는 인간의 두뇌 발달을 다루는 임상적 연구의 동기를 제공하고, 후자는 기술과 데이터 과학의 열렬한 추종자가 되려는 동기를 제공한다.

나의 멘토이자 10여 년 동안의 동료로써 안소니 창을 알게 된 것은 우연이자 기막힌 행운이었다. 그래서 그가 인공지능 관련 독자들을 위해 지능 기반 의료에 대한 이 책을 출판하려 한다는 이야기를 했을 때 매우 기뻤다. 인공지능 커뮤니티에서 큰 모멘텀이 만들어지는 상황에서 이 책은 다가올 10여 년의 변화에 대한 안내서 역할을 하기 위해 이 시대의 열정을 구체적으로 기술하는 것을 목표로 한다. 사용 가능한 데이터 양이 전례가 없는 속도로 증가하고 컴퓨팅 능력이 좋아지며 이전과 달리 많은 의사가 인공지능의 최전선에서 활발하게 활동하고 있다. 의료 인공지능의 미래는 밝다.

신경학에서 인공지능의 응용

두 가지 열정을 연결하면서 인공지능 분야와 신경학이 상당히 겹치는 것을 보고 항상 놀라움을 느낀다. 많은 머신러닝 알고리듬이 인간 학습과는 완전히 거리가 먼 방식으로 작동하지만 컨볼루션 신경망 같은 일부 알고리듬은 인간 두뇌에서 층화된 대뇌피질 신경 연결을 모방하고 있다. 이와 같은 머신러닝 알고리듬은 다양한 신경과 질환의 진단과 치료를 개선할 수 있는 가능성을 가지고 있다. 일부 질환은 뒤에서 다시 설명한다.

신생아 발작 감지

세계 여러 곳에 있는 신생아실 중환자실에서 미숙아의 뇌파 활동 모니터링을 목적으로 진폭통합뇌파기[aEEG·amplitude-integrated ElectroencEphaloGraphy]가 일반적인 뇌파 모니터링을 대체해 가고 있다. 쉽게 침상에서 적용할 수 있기 때문에 이 방법이 기존 방법보다 더 간단하기는 하지만 소아신경과 의사들이 판독하는 일반 뇌파보다 아티팩트가 더 많고 신뢰성이 더 떨어진다는 연구들이 있다[1, 2]. 인공지능을 사용한 일반 뇌파 분석과 발작 감지 시스템의 발전은 우리 사회에서 가장 높은 가치를 가지는 환자(소아)에 높은 가치를 가져다 주고 신생아 전문의들에게는 발작 감지에 들어가는 시간을 줄여줄 것이다.

자폐증 진단과 스크리닝

2019년 2월 코그노아[Cognoa]의 인공지능에 기반한 자폐증 스크리닝을 위한 장비가 미국 식약처의 혁신 의료기기로 선정됐다[3]. 동료와 친구들을 통해 이 소식을 들었을 때 무척 흥분됐고 의료 인공지능에서 커다란 진전의 하나로 미국 헬스케어 시스템이 제대로 작동하고 있다는 것을 보여준 사례라고 느꼈다. 이 기술은 부모가 입력한 내용과 아이들을 찍은 동영상 데이터를 가지고 머신러닝 알고리듬을 적용해 더 자세한 자폐증 진단이 필요한 아이들을 선별한다. 이 방법은 자폐증을 조기에 진단하고 조기 치료로 이어져 자폐증 환자의 장기 건강 결과를 개선한다.

신경영상 및 신경병리

의료 영상과 조직 병리학에 대한 의료 인공지능에서 보이는 가장 최근의 발전 흐름을 봤을 때, 이 영역은 머신러닝 알고리듬을 통해 가장 도달하기 쉬운 열매로 여겨지고 있다. 사실 어떤 사람들은 영상의학과 병리학은 데이터에 기초한 분야가 돼 가고 있다고 주장한다[4]. 실제로 어떤 연구들은 딥 컨볼루셔널 신경망에 바탕을 둔 인공지능 시스템을 사용한 흉부 영상 판독을 통해서 진료 절차를 정하는 트리아지 기능을 수행할 수 있으며 기술적으로 중요한 이상 소견을 발견하는 시간을 줄일 수 있을 가능성을 보여주고 있다[5]. 비슷한 성공과 전망이 유방암 조직 진단 분야에서도 나타나고 있다[6]. 이런 기술들이 성숙해지면서 나는 소아 뇌 종양과 같은 많은 신경환적 질환에 대한 복잡한 MRI와 조직 병리 진단 분야에도 도움이 될 것이라고 낙관하고 있다. 맞춤화된 치료법이 발전하면서 인공지능 기술은 타깃 치료제 선택을 위한 종양 유전체 분석에서도 이득이 될 수 있을 것이다.

맺는말

이 글을 읽고 있는 독자도 의료 인공지능 분야의 임상적인 여정의 전선에 참여하기를 권고한다. 그리고 이 책을 소유한 것을 축하하고 싶다. 이 책을 가졌다는 것은 여러분이 인공지능을 이해하는 세대에 끼게 됐다는 것을 의미하고 또한 환자 안전, 업무 효율성, 진단 정확성, 의학의 발전에 아주 거대한 혁신을 불러올 의료 데이터 과학자로 자리매김하고 있다는 것을 의미하기 때문이다. 여러분이 자신의 분야로 돌아가기 전에 마지막으로 해줄 조언이 있다. 그것은 멘토십이 의료 인공지능 발전에 큰 역할을 한다는 것이다. 여러분의 수련의들에게도 자신의 생각을 전달해 줄 기회를 갖도록 하자. 멘토십은 양방향으로 흐르기 때문에 여러분에게도 도움이 될 것이다.

참고 문헌

[1] Glass HC, et al. Amplitude-integrated electro-encephalography: the child neurologist's perspective. J Child Neurol 2013;28(10):1342-50. Available from: https://doi.org/10.1177/0883073813488663. Available from: https:// www.ncbi.nlm.nih.gov/pmc/articles/PMC4091988/.

[2] Suk D, et al. Amplitude-integrated electroencephalography in the NICU: frequent artifacts in premature infants may limit its utility as a monitoring device. Pediatrics 2009;123(2). Available from: https://doi.org/10.1542/peds.20082850. Available from: https://pediatrics.aappublications.org/content/123/2/e328?download5 true.

[3] Ndivya. Cognoa autism devices obtain FDA breakthrough status. Verdict Med Devices 2019;8. Available from: www.medicaldevice-network.com/news/cognoa-autism-devices/. Available from: https://www.medicaldevicenetwork.com/news/cognoa-autism-devices/.

[4] Jha S, Topol EJ. Adapting to artificial intelligence. JAMA 2016;316(22):2353. Available from: ⟨https://doi.org/.10.1001/jama.2016.17438. Available from: https://jamanetwork.com/journals/jama/article-abstract/2588764.

[5] Annarumma M, et al. Automated triaging of adult chest radiographs with deep artificial neural networks. Radiology 2019;291(1):272. Available from: https://doi.org/10.1148/radiol.2019194005. Available from: https:// pubs.rsna.org/doi/10.1148/radiol.2018180921.

[6] Robertson S, et al. Digital image analysis in breast pathology-from image processing techniques to artificial intelligence. Transl Res 2018;194:19-35. Available from: https://doi.org/10.1016/j.trsl.2017.10.010. Available from: https://www.sciencedirect.com/science/article/pii/S1931524417302955.

인공지능과 수술에 관한 지식과 기술에 디지털 혁신 파괴

토드 폰스키|Todd A. Ponsky

– 미국 오하이오주 신시네티 신시네티소아병원 클리니컬 그로스 앤 트랜스포메이션

토트 폰스키는 항상 의료 혁신에 대한 비전을 가진 소아 외과의다. 여기서 인공지능을 통해 가능해 질 수 있는 의료, 외과 교육과 수련의 여러 혁신에 대해서 말한다.

외과의사들은 디지털 혁신에 대한 준비를 시작해야만 한다. 의학 지식은 기하급수적으로 커지고 있다. 연간 약 250만 개의 과학 논문이 출판되고 있고 의학 논문 출판 건수는 2020년까지 73일 마다 두 배로 증가할 것으로 예상되고 있다[1, 2]. 새로운 수술 기술과 기법들 또한 전례없는 속도로 증가하고 있다. 그래서 이제는 최신의 상태를 유지하는 것이 불가능해져가고 있다. 외과학에서 최신지견을 유지하는 전통적인 방법은 텍스트북, 저널, 학회 등이었다. 새로운 디지털 트렌드는 점차 이러한 지식 공유와 기술 전파에 대한 방법들에 혁신을 일으키고 있고 미래에는 머신러닝, 클라우드 소싱crowd sourcing, 디지털 학습 플래폼, 가상 멘토링 등의 방법도 포함될 것이다.

외과학에서 최신지견을 유지하기 어려운 이유는 새롭게 출판되는 논문 수가 기하급수적으로 늘어나는 것에도 문제가 있지만 좋은 내용을 가진 논문을 걸러내는 좋은 필터가 부족한 것도 한몫한다. 머신러닝은 자연어 처리 기법을 사용해 외과의사들이 반드시 주목해야 하는 고품질의 중요한 논문을 가려내는 데 도움을 줄 수 있다. 저널 편집자들이 "현명"해 보이기는 하지만 그 현명함은 사실 높은 검증력, 연구 설계, 주제 적절성 등과 같은 핵심 요소를 알아보는 것으로 집약될 수 있다. 이런 것들을 자연어 처리 알고리듬에 학습시킬 수 있다. 수많은 논문 가운데 최고의 논문을 가려낼 수 있는 또 다른 방법은 크라우드 소싱이다. 대중의 현명함을 이용해 가장 많이 읽었거나 가장 많은 "좋아요"를 받아 큰 관심을 받은 논문들을 유튜브나 구글 검색 엔진처럼 검색 상위에 가져다 놓을 수 있다.

외과에서 새로운 정보를 학습하는 전통적인 방법은 학회, 텍스트북, 저널이다. 학회 참석 비용은 너무 비싸고 직장을 떠나 보내는 시간이 그다지 실용적이지 않다. 텍스트북은 출판 시기를 기준으로 보통 5년이 지난 내용이 되고, 그 안의 정보는 새로운 판이 출판되기 전까지는 정적인 상태로 남아있게 된다. 이는 기하급수적으로 변하는 의학 지식의 시대에 더이상

실용적이지 못하다. 전자 출판의 시대에 맞춰 저널들은 더이상 종이 형태의 제한을 받지 않고 매년 출판되는 논문 수를 크게 늘려왔다. 이런 추세는 약탈적인 오픈 엑세스의 폭발과 함께 저널들이 새로운 저급 출판물들을 쏟아내는 결과를 낳았고 결론적으로 의사들이 중요한 정보에 대하 최신지견을 유지하는 것이 거의 불가능한 지경이 됐다. 이 문제를 해결하기 위한 새로운 플랫폼은 내용에 대한 큐레이션, 머신러닝 필터 적용, 크라우드 소싱 기능들을 갖춰 풍부하고 마이크로 멀티미어를 제공하며 쉽게 소화할 수 있고 공유가 가능한 콘텐츠들을 모바일 디바이스오 접근할 수 있어 외과의사의 손끝에서 항상 접근 가능하도록 할 수 있는 시스템이 될 것이다. 이런 플랫폼은 외과의사들이 적시의 정보를 쉽게 "받아볼 수 있고 pull" 새롭고 중요하며 알아야 할 필요가 있는 정보에 대해서 "푸쉬push" 알림도 받아볼 수 있어야 한다.

마지막으로 버추얼 프레전스virtual presence와 머신러닝은 외과의사들이 새로운 기술을 배우고 진화하는 기법들에 대한 최신지견을 유지하는 데 도움을 줄 것이다. 현업에 종사하는 외과의사들은 수술 기술들이 전례없이 기하급수적으로 성장하는 상황을 목도하고 있다. 그런 기술이나 술기 등은 종종 수련 과정을 마친 이후에 개발되는 것들이다. 바쁜 진료 업무 동안 그런 새로운 기술을 익히기가 쉽지 않다. "서지컬 텔레멘토링"의 도입으로 한 병원의 전문가들이 버추얼 프레전스 기술을 통해서 멀리 있는 다른 외과의사들을 훈련시킬 수 있다[3]. 이런 시스템에서 전문가 외과의사는 원격으로 진행되는 수술을 보고 목소리나 영상의 텔레스트레인션telestration 방식으로 배우는 외과의사를 안내할 수 있다(그림 1). 그런데 실제 수술은 실시간, 머신러닝, 이미지 인식 등을 통해서 잘못된 움직이과 합병증을 예측할 수 있을 때 가능해질 전망이다. 차선 이탈, 잠재적 사각지대, 충돌 등을 경고해 주는 자율자동차를 운전하는 운전자와 비슷하게 외과의사는 주요한 혈관에 접근할 때 경과를 받을 수 있을 것이다.

새로운 지수적 성장의 시대는 외과 세계에 새로운 문제를 일으키지만 그런 문제들은 또한 머신러닝이나 새로운 플랫폼을 통한 디지털 해법을 적용해 해결될 수 있다.

여기서 한 외과의사가 다른 외과의사에게 텔레멘토링을 하고 있다. 소아의 폐 절제와 관련해 실시간 텔레스트레이션을 사용해 해당 해부학을 알려주고 있다.

그림 1 외과 텔레멘토링. 오른쪽에서는 한 외과 의사가 수술방에서 다른 멘터링을 준비하고 있다. 왼쪽은 멘토를 하는 외과 의사가 스크린 마킹 펜을 사용하여 수술에 대한 해부학적 구제를 설명하고 있다. 미래에는 딥러닝과 인지 도구가 어떤 경우에는 멘터링 외과 의사를 대체할 수도 있을 것이다.

참고 문헌

[1] The STM report: an overview of scientific and scholarly journal publishing. 2015 STM: International Association of Scientific, Technical and Medical Publishers Fourth Edition published March 2015; updated with minor revisions November 2015. Published by International Association of Scientific, Technical and Medical Publishers Prins Willem Alexanderhof 5, The Hague, 2595BE, The Netherlands. https://www.stm-assoc.org/ 2015_02_20_STM_Report_2015. pdf.

[2] Densen P. Challenges and opportunities facing medical education. Trans Am Clin Climatol Assoc 2011;122:48-58.

[3] Ponsky TA, Schwachter M, Parry J, Rothenberg S, Augestad KM. Telementoring: the surgical tool of the future. Eur J Pediatr Surg 2014;24(4):287-94.

고찰 논문과 대표 사례

플레스너 보고서Flexner report가 현재의 미국 의과대학 교육의 토대를 마련한 지 100년 이상이 흘렀고 이제는 우리의 의학 교육 전략을 재평가하는 것이 매우 중요해졌다. 와트만Wartman과 콤스Combs 등의 보고서는 의학 교육에서 인공지능 교육의 시의적절성과 미래 임상에서의 역할을 강조하기도 했다[220]. 어떤 세부 전공분야에서는 레지던트 임상 훈련 기간에 인공지능 교육에 대한 필요성을 논의하기도 했으며 [221], 의학 교육에서의 가상현실과 인공지능의 필요성에 대해 말하기도 했다[222]. 한편 인공지능을 효율적으로 활용해 여러 수준에서의 의사 능력을 평가할 수 있는데 외과 및 영상의학 분야가 이런 전략이 가장 잘 통합 수 있는 부분으로 보인다[223]. 마지막으로 존스톤Johnston은 미래 의사 수련에는 정복 오학과 분석 기술뿐만 아니라 이전보다 훨씬 더 중요하게 된 의학의 인간적 측면(케어의 기술)에 대한 교육이 필요하다고 날카롭게 지적했다[224].

현재의 평가와 미래 전략

전반적으로 의학 교육과 수련 과정에서 데이터 과학이나 인공지능에 대한 교육이 거의 이뤄지고 있지 않다. 인공지능과 변형 현실을 이용한 가상 해부학 실습과 같이 가상현실을 교육과 수련에서 더 적극적으로 사용할 필요가 있어 보인다. 미래에는 의학 교육과 수련은 의학 지식이 기하급수적으로 늘어나고 기술의 빠른 성장과 보조를 맞춰 큰 혁신이 일어날 분야다. 게임이나 딥 강화 학습을 사용한 변형 현실 기술은 임상적 학습과 훈련의 효과성뿐만 아니라 의학 교육의 경험을 극적으로 바꿀 수 있을 것이다. 인공지능은 과학기술자 동료들에게 받은 귀중한 선물이며 인공지능이 의사를 반드시 대체하지는 않겠지만 모든 의과대학 교육 커리큘럼에는 들어가야 하고 이제부터는 모든 임상 의사들의 포트폴리오에도 한 부분을 차지해야만 한다.

간호학(Nursing)

간호는 침상 간호에서 외래 간호, 심지어 가정 간호까지 헬스케어 전달에서 큰 부담을 감당해 왔다. 임상 간호사nurse practioner는 추가 교육과 훈련을 받은 간호사들로 오더를 낼 수 있고 의사의 파트너 역할을 수행한다. 의사 보조자physician's assistant는 그와 유사한 의사의 파트너로 임상 및 프로시져 등을 수행하는 등 추가적인 능력을 가지고 있다.

고찰 논문과 대표 사례

간호학에서 인공지능에 대한 학술적인 관심은 꽤나 강하다. 어떤 논문은 간호에서 증가 지능의 잠재력에 대해 상세히 기술했다[225]. 이 고찰 논문에서는 인지 컴퓨팅과 IBM 왓슨에 중점을 두고 기타 다른 인공지능 도구에 대해서도 논의했는데, 주로 가정에서의 케어와 환자를 지원하는 측면에서 인공지능의 보조 역할을 다뤘다. 또 다른 고찰 논문에서는 간호학에서의 의사 결정을 지원하는 데 인공지능을 적용하는 주제를 다뤘다[226].

현재의 평가와 미래 전략

전체적으로 인공지능에 대한 간호사들의 관심은 상대적으로 높다. 가능성 있는 이유는 간호사들이 일상적으로 마주치는 여러 가지 문제들이 인공지능 솔루션으로 해결할 수 있기 때문일 것이다. 미래에는 간호 분야에서 로봇공학과 로봇 보조가 매우 중요한 자리를 차지할 것이다. 더불어 만성병 관리에서 가상 보조 시스템이 간호 케어 부분에서도 매우 가치있는 역할을 하게 될 것이다.

헬스케어 행정(Healthcare Administration)

의학 교육, 수련과 마찬가지로 일부 분석을 제외하면 병원 행정은 인공지능에 거의 사용되고 있지 않다. 전형적인 병원 행정가들은 일부 최고 정보 책임자[CIO], 최고 의료 정보 책임자[CMIO] 자격으로 데이터 과학팀과 함께 일한 경험이 있는 경우를 제외하면 인공지능에 눈을 뜨지 못한 경우가 보통이다.

고찰 논문과 대표 사례

현재 헬스케어 행정에서의 인공지능 사용과 관련한 논문은 많지 않다. 한 고찰 논문은 헬스케어 전달에서의 인공지능을 다뤘는데 그 가운데 한 소절을 헬스케어 행정에 할애하고 있다[227]. 이 논문에서는 헬스케어의 복잡성과 그 행정적인 부담과 자원의 제한성 때문에 인공지능 도구가 필요하다고 인정하고 있다. 과거 수십년 동안 지속되고 악화돼 온 헬스케어의 문제점을 해결하기 위해 트랜스퍼 러닝transfer learning, 맥락 분석context analysis, 지식 주입knowledge injection, 추출distillation 등과 같은 새로운 접근법들이 제안되고 있다. 그리고 병원 예약 출석/부도를 평가하고 예측하기 위해서 머신러닝을 적용해 보았을 때 그라디언트 부스팅 방식의 머신러닝이 가장 정확했다는 보고가 있었다[228]. 그리고 반복되는 업무를 자동화하는 소프트웨어 로봇인 로봇틱 프로세스 오토메이션RPA은 병원 행정의 여러 부분에 적용할 수 있다. 이를테면 의사 인증, 임상 시험 환자 적격성 판단과 등록, 코딩, 보험 행정, 회계, 2차 청구 관리 등이 여기에 포함된다.

의료와 헬스케어에서의 비지니스 인텔리전스(BI)

지반 쿤티아 Jiban Khuntia, **슈에 닝**Xue Ning

지반 쿤티아와 슈에 닝은 헬스케어 정보 기술 전문가로, 이 글을 통해서 인공지능이 헬스케어 비즈니스 인텔리전스에 활용됐을 때 더 정확하고 시의적절한 인사이트를 줄 수 있음을 설명한다.

BI는 전략과 기술을 통한 데이터 분석과 정보 생성 과정을 말한다. BI는 여러 분야에서 전략의 핵심으로써 반드시 필요한 도구로 평가받고 있다. BI는 회사 관리자들이 다양한 수준과 영역에서 정보에 기반한 비즈니스 의사 결정을 할 수 있게 도움을 준다. BI 기술은 대규모 헬스케어 산업에서 대규모의 구조화, 비구조화 데이터를 다룰 수 있는 수단을 제공한다.

의료와 헬스케어는 증거 기반 과학, 임상 시험, 질병 감시 등과 같이 많은 영역에서 데이터 적용과 분석법 활용에서 선두에 있어 왔다. BI에 기반한 기관의 최상위 수준의 전략적 결정 분야도 의료와 헬스케어 산업에서 틈새 영역의 하나다. 일부 병원이나 생명 보험 회사들과 같은 헬스케어의 일부 기관들은 이미 이런 도구를 채용하고 있다.

의료와 헬스케어에서 BI의 영역은 적어도 5가지 측면을 중요시한다. 첫 번째는 BI 도구와 애플케이션을 의사 결정에 사용하는 방법을 인식하고 이해하는 것이다. 두 번째는 여러 가지 데이터 마이닝, 모델링, 애널리틱스 기술을 의료와 헬스케어 데이터에 적용하는 것이다. 세 번째는 의료 헬스케어 데이터의 가치를 분명히 하고 효과적인 의사 결정을 한다. 네 번째는 최신 BI 기술을 획득하고 평가하며 응용에 대한 아이디어를 생성하고 질 관리에서 환자 권한 위임 및 공중 보건까지 헬스케어의 다양한 영역에 BI 활용성을 탐구한다. 마지막으로 헬스케어 BI를 쉽게 이용할 뿐만 아니라 일상적으로 BI를 사용하면서 BI의 미묘한 측면을 날카롭게 분석할 수 있어야 한다.

의사 결정 지원과 개선 : 의료와 헬스케어는 본질상 데이터와 지식 중심의 학문이다. 정보 공학이 발전하고 현장에 적용되면서 다양한 데이터 수집에 대한 가능성이 열리고 있다. 데이터는 날이면 날마다 증가하고 있다. 데이터 소스는 점점 더 풍부해지고 있다. 기관에서 만들어지는 복잡한 데이터는 단지 잠자는 상태에 머물러 있지 않고 이런 데이터를 활용해 더 나은 의사 결정을 하도록 활용될 때 그 가치가 커진다. 그와 같은 가치를 창출하기 위한 고급 애널리틱스와 지능적인 방법이 전례없이 성장하고 있다. 예측 모델링, 데이터 시각화, 대시보드와 같은 BI 도구들이 환자 케어, 인력 분배, 임상 운영, 의사와 간호사의 일상적 업무, 행정과 관리 부분과 관련해서 병원과 헬스케어 기관에 필요한 정보를 제공하는 데 사용된다. 가장 중요한 목표는 비용 상승을 유발하지 않으면서 개선된 케어를 통해 환자의 만족을 증진시키는 것이다.

운영, 장비와 시설, 진단과 케어 등에 관련된 문제들이 헬스케어는 널려 있다. 서로 다른 진료과, 부서, 외부 회사까지 망라하는 효율적이고 효과적인 조율은 좋은 케어를 전달을 하는 데 있어 중요한 역할을 한다. BI는 헬스케어 기관이 헬스케어 운영과 관련된 복잡성을 헤쳐 나가는 데 도움을 줄 수 있다. 고급 애널리틱스 능력은 환자, 진료, 운영 데이터를 연결해 핵심적인 문제를 해결하는 데 필수적이다. 행정 책임자는 분석과 관리를 위해 기관의 성과 지표를 추적할 수 있다. 데이터와 애널리틱스에 기반한 인사이트는 작업 흐름을 개선하고 전략적 목표를 정렬하는 데 도움이 된다. 다양한 데이터 소스를 통해 환자 관련 인사이트를 얻을 수 있고 연결된 데이터와 아이디어는 더 나은 케어를 제공하는 데 도움이 된다.

환자 케어 질 개선을 위한 BI의 필요성 : 헬스케어 맥락과 헬스케어 데이터는 서로 얽혀 있다. 이런 맥락에서 어떤 의사 결정은 어떻게 보면 아주 간단한 목적을 가지고 있다. 더 나은 케어를 제공하는 것이다. 그러나 더 나은 케어를 위해 데이터를 활용하는 전략은 헬스케어 분야에서는 아직도 부족한 상태다. 헬스케어가 운영과 업무를 위해 더 많은 디지털 기술을 채용함에 따라 헬스케어 BI는 하루 단위로 획득되는 대량의 구조, 비구조 데이터를 관리하기 위한 핵심적인 수단을 제공한다. 헬스케어에 종사하는 의사, 행정가 및 다른 사람들의 일상의 업무에서 내장된 지능 도구들은 그들이 좀더 정보에 기반해 의사 결정을 할 수 있게 만들고 그 결과 효과적인 환자 케어에 도움을 준다.

헬스케어 비용 관리와 BI의 필요성 : 헬스케어에 잘 알려진 문제가 가운데 하는 고비용 문제다. BI 플랫폼은 운영, 재정 관리, 케어 관리와 의사 결정, 진료 등과 결부된 다양한 비용 문제를 해결하기 위해서 기관의 데이터의 사용과 교환시킬 수 있다.

헬스케어 전문가들이 데이터-분석-의사 결정 과정을 따르도록 훈련받을 때 헬스케어의 모든 분야에 대해 깊고 심오한 인사이트를 적용할 수 있게 될 것이다. 그들은 위험을 해결하고 미래 이벤트를 예상하고 과오를 피하며 적절한 주의 조치를 취할 수 있다. 그렇게 되면 애널리틱스 기반 인사이트의 성공적인 응용이 증가한다. 헬스케어 기관은 잘 분석된 데이터에 근거해 더 높은 수준의 환자와 임상 케어를 제공할 수 있다. 결과적으로 인력 배치를 개선하고 재입원율을 낮추며 비용을 관리할 수 있게 된다. 의료와 헬스케어에서 BI를 이용하는 것은 발전하고 떠오르는 헬스케어 산업의 일부일 뿐만 아니라 케어와 관리의 모든 측면에서 증거 기반의 모범 경영을 수립하고 공유해 나가는 하나의 움직임이기도 한다.

요약: 헬스케어 데이터의 복잡성과 헬스케어 데이터 애널리틱스가 미치는 의미심장한 영향을 고려했을 때 헬스케어 전문가가 의료와 헬스케어에서의 BI 역할을 이해하는 것은 매우 중요하다. 헬스케어 BI는 데이터, 정보, 분석에서 의사 결정에 이르는 모든 과정을 지원한다. 운영에서 지능 생성과 그것을 바탕으로 한 전략 개발에 이르는 단계가 핵심이다. BI가 줄 수 있는 혜택은 환자 안전, 재입원, 환자 만족도, 대기 시간, 스케줄링, 입원 기관 관리, 비용 관리 같은 실제적인 결과에서 정보에 기반한 전략적 기획과 집단 건강까지 광범위한 영향을 미친다.

새로운 영역으로 발전하고 있는 단계로써 헬스케어 BI는 기회와 도전을 동시에 마주하고 있다. 이 분야의 더 많은 전문가들이 필요하다. 그럼에도 불구하고 다른 산업에서 이미 확립돼 있고 새로 부상하는 BI의 유용성을 고려했을 때 헬스케어 분야도 전향적으로 BI를 흡수하고 열린 마음으로 미래 트렌드에 동참할 필요가 있다.

인공지능 시대의 초강력 운영 의사 결정

벤자민 파인 Benjamin Fine

– 캐나다 온타리오 미시소거 트릴리움 헬스파트너스 질과 정보부 진단 영상, 캐나다 온타리오 토론토대학교 영상의학과,
미국 캘리포니아주 산타로사 베터헬스연구소, 캐나다 온타리오 토론토 토론토대학교 헬스케어공학센터

벤자민 파인은 공학적 배경을 가진 영상의학과 전문의로 개선 과학과 머신러닝 전문가다. 이 글을 통해 최고의 수행을 위한 실시간 헬스케어 데이터를, 모니터링과 그것을 활용하는 인공지능 조력 헬스케어 관리자의 개념에 대해서 이야기한다.

(이 글은 데이터 주도 헬스케어 시스템을 열정적으로 추구했던 고 도리스 고티Doris Gorthy로부터 받은 영감을 바탕으로 한다.)

경영의 대가 피터 드러커는 인간이 경영을 시도해온 조직 가운데 병원이 가장 복잡한 시스템이라고 말했다. 한편에서는 각각의 환자에 최상의 케어를 제공한다는 확고한 단 하나의 미션을 가지고 있다. 그러면서 전문화된 직군들, 장비, 시설을 조화롭게 사용해 가능한 한 가장 적은 비용으로 적절한 장소에서 적기에, 적절한 환자에게 적절한 케어를 제공해야 한다. 그런 활동의 결과 현재 헬스케어는 GDP를 갉아 먹고 있다. 다양한 질의 케어와 환자 경험을 제공하면서 병원들은 혼자 전체 헬스케어 비용의 1/3을 먹어치우고 있는 것이다[1].

왜 이런 상황이 벌어지는지 이해하려면 매일 벌어지고 있는 병원의 의사 결정 과정을 깊이 들여다 볼 필요가 있다. 다음 시나리오를 생각해 보자.

도리스는 병원 영상의학과 관리자다. 그녀의 종양내과 의뢰의들은 환자가 CT를 기다리는 것이 너무 길다고 불평한다. 응급실 부서에서는 CT의 회전 시간이 너무 길다고 아우성이다. 병원장은 지역에서 가장 접근도가 좋은 이미징 센터가 되기를 원한다. 어떤 날은 CT 예약이 과도하게 잡히는 반면 어떤 날은 제대로 다 활용하지 못하고 있을 때가 있다. 도리스는 어떻게 CT라는 자원으로 가장 적은 비용을 가지고 최대 실적을 내며 가장 적병원 의사들의 만족도를 유지하면서 대기 시간을 관리할 수 있을까? 도리스에게 있어 다음 불통이 책상 위에 떨어지기 전까지 이 문제를 해결하기 위해 주어진 시간은 5분에 불과하다.

주어진 데이터를 활용해 더 나은 케어를 제공할 수 있도록 도리스에게 힘을 줄 수 있을까? 2019년에는 그 질문에 그렇다고 답할 수 있게 됐다.

운영 의사 결정에 강력한 힘 부여하기

헬스케어 전달을 개선하기 위해서 기계를 사용해 더 나은 운영을 위한 의사 결정을 할 수 있도록 도리스와 같은 관리자에게 강력한 힘을 부여하는 것은 데이터 과학의 가장 큰 기회 가운데 하나다. 이것은 저렴한 컴퓨팅 인프라에서 헬스케어 빅데이터에 현대의 알고리듬을 올리는 방법으로 실현 가능하다. 기계는 의사 결정을 위해 두 가지 종류의 입력 정보를 제공한다. 첫 번째는 알갱이 수준에서 수용에 대한 정확한 "예측"으로, 예를 들어 환자 형태별로 어떤 종류의 CT 검사가 몇 개나 필요할지에 대한 것이다. 두 번째는 어떤 운영 의사 결정이 원하는 결과를 만들어 낼지에 대한 "처방prescription"으로, 이를테면 전체 대기 시간을 최소화기 위해서 각각의 검사 방법에 얼마 만큼의 CT 촬영 시간을 배정해야 하는지에 관한 것이다. 이렇게 개선된 예측과 처방이 이제 가능해졌다. 지난 10여 년 동안 이뤄진 데이터, 컴퓨팅 파워의 지수적인 성장과 그에 동반한 알고리듬의 개선에 따른 결과다.

현대 병원 운영 데이터 과학을 가능하게 만들기

관찰 연구, 수작업 데이터 수집, 차트 검토 등을 통해 문제를 이해하는 것 대신 거의 실시간으로 병원 전자의무기록, 사물인터넷, 기타 다른 정보원으로부터 환자, 서비스 제공자, 장비, 시간이 기록된 활동 등에 관한 내용이 기계가 읽을 수 있는 운영 데이터로 수집돼 그 규모가 기하급수적으로 커지고 있고 이것을 활용할 수 있게 됐다. 알고리듬도 복잡한 헬스케어 데이터를 다룰 수 있게 빠르게 발전해 왔다. 대기행렬 이론에서의 푸와송^{Poisson} 분포, 최적화를 위한 최적 적합 방정식 등과 같이 계산을 원활하게 하기 위해서 내재된 데이터 모델에 대한 지식이 필요하고 어떤 가정을 하며 뭔가를 강제해야 되는 알고리듬은 사전 지식 없이 내재된 시스템을 모사하도록 학습할 수 있다. 더 나은 운영적 의사 결정을 내릴 수 있는 정보를 제공하는 데 필요한 예측을 해낼 수 있는 블랙박스 머신러닝 모델들로 대체되거나 강화되고 있기도 하다. 마지막으로 알고리듬을 간소화하거나 컴퓨터가 계산할 수 있도록 데이터를 제한하는 것 대신 기하급수적으로 성장하는 컴퓨팅 능력으로 방대한 양의 데이터를 거의 실시간으로 처리할 수 있게 됐다. 2000년대 슈퍼컴퓨터가 2019년에는 3,000달러 GPU 하나와 맞먹는다. 이런 사실이 의미하는 것은 더 좋고 더 저렴한 예측[2]과 더 많은 인사이트를 더 빠르고 더 자주 얻을 수 있게 됐다는 것이다.

정밀 병원 케어 전달의 사례

병원에서 응급실, 병동, 중환자실, 영상 검사실 등에서 시작해 자택이나 다른 시설로 퇴원하기까지의 환자의 흐름을 생각해 보자. 모든 환자는 그런 흐름에서 시간, 관련된 건강 측정, 의무기록 등과 같은 디지털 족적을 남기고 이런 데이터를 마이닝해서 개별 환자에 대한 "맞춤형" 케어가 어떤 것인지 이해하고 이후 학습의 재료로 사용한다. 사회경제적, 지리적, 날씨, 교통 등과 운영 데이터의 결합을 통해 케어 과정에 다양한 가능성을 상상해 볼 수 있다. 예를 들어 환자의 형태와 진단 등에 따라 응급실 내원 환자를 예측할 수 있다면 의료진을 적절히 배치할 수 있을 것이고 이런 데이터를 활용해 근무조가 바뀌는 시점에서 여러 가지 상황에 대한 시뮬레이션을 해볼 수도 있을 것이다[3]. 응급실에 도착한 직후 환자에게 입원이 필요할지에 대한 예측을 통해 간호사와 병동 침상을 배분하는 것을 준비할 수 있을 것이다[4]. 같은 맥락으로 중환자실 입원이나[5] 영상 검사실에도 적용할 수 있다. 예를 들어 "뇌졸중" 환자들에 대한 자원 배분 전략으로 통해 전자의무기록에서 입원 기간을 예측하고 조기 퇴원을 촉진할 수 있는 타깃 중재를 통해 이득이 될 수 있는 환자군을 발견할 수 있다[6]. 의사 결정의 결과는 "학습" 이 가능한 이상적인 케어 시스템을 통해서 추적할 수 있다[7]. 데이터 과학 기술을 적용해 환자의 흐름을 따라 예측과 더 나은 운영 의사 결정을 함으로써 비용 절감(쉬거나 과도하게 사용되는 장비와 직원을 관리), 대기 시간 단축, 환자 경험의 개선을 유도할 수 있다.

미래에 대한 전망

초강력 운영 의사 결정은 사실 이미 일어나고 있다. 여기서 언급한 일부 문제는 오늘날 상업용 제품으로 해결이 가능하다. 다른 것들은 연구 저널에서 기술되고 있다. 그렇지만 아직 그런 방법을 채용하는 데 있어서는 초기 단계에 머물고 있다. 비싼 전문 헬스케어 자원을 정교하게 배치하는 것은 매우 가치가 큰 부분이다. 그리고 그런 것들을 통해 환자에게 개선된 가치를 전달할 수 있다. 나는 점점 더 많은 헬스케어 리더들이 운영 의사 결정에 강력한 힘을 불어 넣을 수 있는 예측적·처방적 기술을 도입하고 환자 케어 전달을 개선해 나갈 것으로 예측한다.

　드러커가 이미 말했듯이 병원은 하나의 조직으로써 정교하게 케어를 전달할 수 있도록 다양한 전문 직종 사이의 정보를 잘 조율해야만 한다. 케어 자원의 정렬은 이상적으로 실제로 환자가 필요한 곳(적절한 케어, 적절한 장소, 적절한 시간)과 잘 맞춰서 이뤄져야 한다. 이는 아주 복잡한 조율로, 데이터에 기반한 "인공지능 지휘자"가 도리스와 같은 사람들을 도와서 환자들이 진실로 필요한 케어를 진실로 필요한 때 개별 환자에게 정확하게 전달하는 것을 필요로 한다(그림 1).

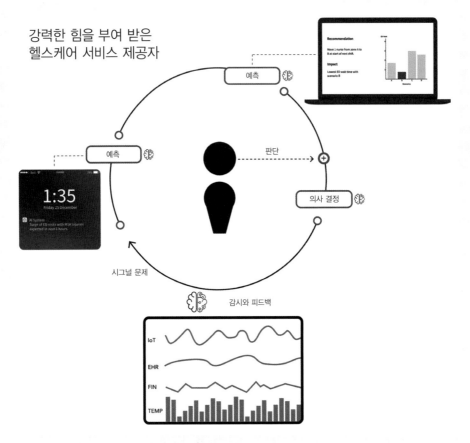

강력한 힘을 부여 받은
헬스케어 서비스 제공자

그림 1 강력한 힘을 부여 받은 헬스케어 서비스 제공자. "인공지능" 시스템은 실시간 헬스 시스템 데이터를 모니터하고 정상에서 벗어나 운영자의 행동을 필요할 수도 있는 것을 예측한다. 처방적인 행동을 제안하고 그런 변화들에 대한 영향을 모니터하며 이 데이터를 다시 지속적인 학습에 사용한다. 이 사례에서는 야간 빙판 상황이 낙상 위험을 높일 것을 예측하고 그에 대응해 적절한 응급의료 자원을 배치할 것을 제안한다.

참고 문헌

[1] Papanicolas I, Woskie LR, Jha AK. Health care spending in the United States and other high-income countries. JAMA 2018;319(10):1024-39.

[2] Agrawal A. Prediction machines: the simple economics of artificial intelligence. Boston, MA: Harvard Bus Review Press; 2018.

[3] Chan CW, Sarhangian V, editors. Dynamic server assignment in multiclass queues with shifts, with Application to Nurse Staffing in Emergency Departments. 2017.

[4] Hong WS, Haimovich AD, Taylor RA. Predicting hospital admission at emergency department triage using machine learning. PLoS One 2018;13(7):e0201016.

[5]   Wellner B, Grand J, Canzone E, Coarr M, Brady PW, Simmons J, et al. Predicting unplanned transfers to the intensive care unit: a machine learning approach leveraging diverse clinical elements. JMIR Med Inf 2017;5(4):e45.

[6]   El-Darzi E, Abbi R, Vasilakis C, Gorunescu F, Gorunescu M, Millard P. Length of stay-based clustering methods for patient grouping, vol. 189. 2009. p. 39-56.

[7]   Stone D. Secondary analysis of electronic health records. Cham: Springer; 2016.

현재의 평가와 미래 전략

전반적으로 인공지능 채용으로 병원의 행정 부분에서 개선될 수 있는 부분은 매우 크다. 주요 자원 가운데 하나는 운영 효율성을 증가시키기 위한 로보틱 프로세스 오토메이션RPA의 형태로 된 인공지능의 사용이다. 미래에 병원 인공지능은 데이터 애널리틱스의 모든 측면을 망라하는 내장된 지능 부서의 형태를 띄게 될 것이다. 그리고 BI와 임상 애널리틱스는 모두 병원의 지능의 일부이기 때문에 그 차이는 거의 사라질 것이다.

참고 문헌

[1]   Ching T, Himmelstein DS, Beaulieu-Jones BK, et al. Opportunities and obstacles for deep learning in biology and medicine. J R Soc Interface 2018;15:20170387.

[2]   Connor CW. Artificial intelligence and machine learning in anesthesiology. Anesthesiology 2019;131.

[3]   Alexander JC, Joshi GP. Anesthesiology, automation, and artificial intelligence. Proc (Bayl Univ Med Cent) 2018;31(1):117-19.

[4]   Gambus P, Shafer SL. Artificial intelligence for everyone. Anesthesiology 2018;128:431-3.

[5]   Mathur P, Burns ML. Artificial intelligence in critical care. Int Anesth Clin 2019;57(2):89-102.

[6]   Patriarca R, Falegnami A, Bilotta F. Embracing simplexity: the role of artificial intelligence in peri-procedural medical safety. Expert Rev Med Devices 2019;16(2):77-9.

[7]   Corey KM, Kashyap S, Lorenzi E, et al. Development and validation of machine learning models to identify high-risk surgical patients using automatically curated electronic health record data (Pythia): a retrospective, single-site study. PLoS Med 2018;15(11):e1002701.

[8]   Lee HC, Ryu HG, Chung EJ, et al. Prediction of bispectral index during target-controlled infusion of propofol and remifentanil: a deep learning approach. Anesthesiology 2018;128:492-501.

[9]   Weintraub WS, Fahed AC, Rumsfeld JS. Translational medicine in the era of big data and machine learning. Circ Res 2018;123:1202-4.

[10] Bonderman D. Artificial intelligence in cardiology. Cent Eur J Med 2017;866-8.

[11] Johnson KW, et al. Artificial intelligence in cardiology. J Am Coll Cardiol 2018;71(23):2668-79.

[12] Benjamins JW, Hendriks T, Knuuti J, et al. A primer in artificial intelligence in cardiovascular medicine. Neth Heart J 2019;27:392-402.

[13] Shameer K, Johnson KW, Glicksberg BS, et al. Machine learning in cardiovascular medicine: are we there yet? Heart 2018;104:1156–64.

[14] Krittanawong C, et al. Artificial intelligence in precision cardiovascular medicine. J Am Coll Cardiol 2017;69(21):2657–64.

[15] Bizopoulos P, Koutsouris D. Deep learning in cardiology. IEEE Rev Biomed Eng 2018;12:168–93.

[16] Dey D, Slomka PJ, Leeson P, et al. Artificial intelligence in cardiovascular imaging: JACC state-of-the-art review. J Am Coll Cardiol 2019;73(11):1317–35.

[17] Slomka PJ, Dey D, Sitek A, et al. Cardiac imaging: working towards fully-automated machine analysis and interpretation. Expert Rev Med Devices 2017;14(3):197–212.

[18] Alsharqi M, Woodward WJ, Mumith JA, et al. Artificial intelligence and echocardiography. Echo Res Pract 2018;5(4):R115–25.

[19] Al'Aref SJ, Anchouche K, Singh G, et al. Clinical applications of machine learning in cardiovascular disease and its relevance to cardiac imaging. Eur Soc Cardiol 2018;40:1975–86.

[20] Massalha S, Clarkin O, Thornhill R, et al. Decision support tools, systems, and artificial intelligence in cardiac imaging. Can J Cardiol 2018;34:827–38.

[21] Dudchenko A, Kopanitsa G. Decision support systems in cardiology: a systematic review. Stud Health Technol Inform 2017;237:209–14.

[22] Kadi I, Idri A, Fernandez-Aleman JL. Knowledge discovery in cardiology: a systematic literature review. Int J Med Inform 2017;97:12–32.

[23] Rajpurkar P, Hannun AY, Haghpanahi M, et al. Cardiologist-level arrhythmia detection with convolutional neural networks. arXiv:1707.01836v1[cs.CV]; 2017.

[24] Attia ZI, Kapa S, Lopez-Jimenez F, et al. Screening for cardiac contractile dysfunction using an artificial intelligence-enabled electrocardiogram. Nat Med 2019;25:70–4.

[25] Gandhi S, Mosleh W, Shen J, et al. Automation, machine learning, and artificial intelligence in echocardiography: a brave new world. Echocardiography 2018;35:1402–18.

[26] Zhang J, Gajjala S, Agrawal P, et al. Fully automated echocardiogram interpretation in clinical practice: feasibility and diagnostic accuracy. Circulation 2018;138:1623–35.

[27] Ostvik A, Smistad E, Aase SA, et al. Real-time standard view classification in transthoracic echocardiography using convolutional neural networks. Ultrasound Med Biol 2019;45(2):374–84.

[28] Shah SJ, Katz DH, Selvaraj S, et al. Phenomapping for novel classification of heart failure with preserved ejection fraction. Circulation 2015;131(3):269–79.

[29] Naurla S, et al. Machine-learning algorithms to automate morphological and functional assessments in 2D echocardiography. J Am Coll Cardiol 2016;68:2287–95.

[30] Sengupta P, et al. A cognitive machine learning algorithm for cardiac imaging: a pilot study for differentiating constrictive pericarditis from restrictive cardiomyopathy. Circ Cardiovasc Imaging 2016;9(6) https://doi. org/10.111/10.1161.

[31] Nath C, Albaghdadi MS, Jonnalagadda SR. A natural language processing tool for large-scale data extraction from echocardiography reports. PLoS One 2016;11(4):e0153749.

[32] Dawes TJW, de Marvao A, Shi W, et al. Machine learning of three-dimensional right ventricular motion enables outcome prediction in pulmonary hypertension: a cardiac MR imaging study. Radiology 2017;283(2):381–90.

[33] Poplin R, Varadarajan AV, Blumer K, et al. Prediction of cardiovascular risk factors from retinal fundus photographs via deep learning. Nat Biomed Eng 2018;2:158–64.

[34] Ryan A, Duignan S, Kenny D, et al. Decision making in pediatric cardiology: are we prone to heuristics, biases, and traps? Pediatr Cardiol 2018;39(1):160-7.

[35] Li R, Hu B, Liu F, et al. Detection of bleeding events in electronic health record notes using convolutional neural network models enhanced with recurrent neural network autoencoders: deep learning approach. JMIR Med Inform 2019;7(1):e10788.

[36] Kwon JM, Lee Y, Lee Y, et al. An algorithm based on deep learning for predicting in-hospital cardiac arrest. J Am Heart Assoc 2018;7:e008678.

[37] Choi E, Schuetz A, Stewart WF, et al. Using recurrent neural network models for early detection of heart failure onset. AMIA 2017;24(2):361-70.

[38] Kakadiaris IA, Vrigkas M, Yen AA, et al. Machine learning outperforms ACC/AHA CVD risk calculator in MESA. J Am Heart Assoc 2018;7:e009476.

[39] Warner HR, Toronto AF, Veasey LG, et al. A mathematical approach to medical diagnosis: application to congenital heart disease. JAMA 1961;177(3):177-83.

[40] Chang AC. Primary prevention of sudden cardiac death of the young athlete: the controversy about the screening electrocardiogram and its innovative artificial intelligence solution. Pediatr Cardiol 2012;33:428-33.

[41] Thompson WR, Reinisch AJ, Unterberger MJ, et al. Artificial intelligence-assisted auscultation of heart murmurs: validation by virtual clinical trial. Pediatr Cardiol 2018;40.

[42] Diller GP, Kempny A, Babu-Narayan SV, et al. Machine learning algorithms estimating prognosis and guiding therapy in adult congenital heart disease: data from a single tertiary centre including 10,019 patients. Eur Heart J 2019;40.

[43] Diller GP, Babu-Narayan SV, Li W, et al. Utility of machine learning algorithms in assessing patients with a systemic right ventricle. Eur Heart J 2018;20.

[44] Olive MK, Owens GE. Current monitoring and innovative predictive modeling to improve care in the pediatric cardiac intensive care unit. Transl Pediatr 2018;7(2):120-8.

[45] Ruiz-Fernandez D, Torra AM, Soriano-Paya A, et al. Aid decision algorithms to estimate the risk in congenital heart surgery. Comput Methods Prog Biomed 2016;126:118-27.

[46] Wolf MJ, Lee EK, Nicolson SC, et al. Rationale and methodology of a collaborative learning project in congenital cardiac care. Am Heart J 2016;174:129-37.

[47] Hanson WC, Marshall BE. Artificial intelligence applications in the intensive care unit. Crit Care Med 2001;29(2):427-35.

[48] Lynn LA. Artificial intelligence systems for complex decision-making in acute care medicine: a review. Patient Saf Surg 2019;13:6-14.

[49] Ghassemi M, Celi LA, Stone DJ. State of the art review: the data revolution in critical care. Crit Care 2015;19:118-27.

[50] Johnson AEW, Ghassemi MM, Nemati S, et al. Machine learning and decision support in critical care. Proc IEEE Inst Electr Electron Eng 2016;104(2):444-66.

[51] Hravnak M, Chen L, Dubrawski A, et al. Real alerts and artifact classification in archived multi-signal vital sign monitoring data: implications for mining big data. J Clin Monit Comput 2016;30(6):875-88.

[52] Johnson AE, Pollard TJ, Shen L, et al. MIMIC-III, a freely accessible critical care database. Sci Data 2016;3:160036.

[53] Personal communication with Dr.?Leo Celi.

[54] Komorowski M, Celi LA, Badawi O, et al. The artificial intelligence clinician learns optimal treatment strategies for sepsis in intensive care. Nat Med 2018;24(11):1716-20.

[55] Marafino BJ, Park M, Davies JM, et al. Validation of prediction models for critical care outcomes using natural language processing of electronic health record data. JAMA Netw Open 2018;1(8):e185097.

[56] Meiring C, Dixit A, Harris S, et al. Optimal intensive care outcome prediction over time using machine learning. PLoS One 2018;13(11):e0206862.

[57] Brisk R, Bond R, Liu J, et al. AI to enhance interactive simulation-based training in resuscitation. Med Proc Br HCI 64,2018;1-4.

[58] Kindle RD, Badawi O, Celi LA, et al. Intensive care unit telemedicine in the era of big data, artificial intelligence, and computer clinical decision support systems. Crit Care Clin 2019;3593:483-95.

[59] Chang AC. Precision intensive care: a real-time artificial intelligence strategy for the future. Pediatr Crit Care Med 2019;20(2):194-5.

[60] Kamaleswaran R, Akbilgic O, Hallman MA, et al. Applying artificial intelligence to identify physiomarkers predicting severe sepsis in the PICU. Pediatr Crit Care Med 2018;19:e495-503.

[61] Williams JB, Ghosh D, Wetzel RC. Applying machine learning to pediatric critical care data. Pediatr Crit Care Med 2018;19(7):599-608.

[62] Chang AC. Artificial intelligence in pediatric critical care medicine: are we (finally) ready? Pediatr Crit Care Med 2018;19.

[63] Singh H, Yadav G, Mallaiah R, et al. iNICU-integrated neonatal care unit: capturing neonatal journey in an intelligent data way. J Med Syst 2017;41:132.

[64] Nichols JA, Herbert Chan HW, Baker MAB. Machine learning: applications of artificial intelligence to imaging and diagnosis. Biophys Rev 2019;11(1):111-18.

[65] Esteva A, Kuprel B, Novoa RA, et al. Dermatologist-level classification of skin cancer with deep neural networks. Nature 2017;542(7639):115-18.

[66] Ruffano F, Takwoingi Y, Dinnes J, et al. Computer-assisted diagnosis techniques (dermoscopy and spectrocopy-based) for diagnosing skin cancer in adults. Cochrane Database Syst Rev 2018;(12) 12:CD013186.

[67] Haenssle HA, Fink C, Schneiderbauer R, et al. Man against machine: diagnostic performance of a deep learning convolutional neural network for dermoscopic melanoma recognition in comparison to 58 dermatologists. Ann Oncol 2018;29:1836-42.

[68] Zhang X, Wang S, Liu J, et al. Towards improving diagnosis of skin diseases by combining neural network and human knowledge. BMC Med Inform Decis Mak 2018;18(Suppl 2):69-76.

[69] Stewart J, Sprivulis P, Dwivedi G. Artificial intelligence and machine learning in emergency medicine. Emerg Med Australas 2018;. Available from: https://doi.org/10.1111/1742-6723.13145 [Epub ahead of print].

[70] Lee S, Mohr NM, Street WN, et al. Machine learning in relation to emergency medicine clinical and operational scenarios: an overview. West J Emerg Med 2019;20(2):219-27.

[71] Berlyand Y, Raja AS, Dorner SC, et al. How artificial intelligence could transform emergency department operations. Am J Emerg Med 2018;36(8):1515-17.

[72] Levin S, Toerper M, Hamrock E, et al. Machine learning-based electronic triage more accurately differentiates patients with respect to clinical outcomes compared with the emergency severity index. Ann Emerg Med 2018;71(5):565-74.

[73] Ouchi K, Lindvall C, Chai PR, et al. Machine learning to predict, detect, and intervene older adults vulnerable for adverse drug events in the emergency department. J Med Toxicol 2018;14:248-52.

[74] Goto T, Camargo CA, Faridi MK, et al. Machine learning-based prediction of clinical outcomes for children during emergency department triage. JAMA Netw Open 2019;2(1):e186937.

[75] Gubbi S, Hamet P, Tremblay J, et al. Artificial intelligence and machine learning in endocrinology and metabolism: the dawn of a new era. Front Endocrinol 2019;. Available from: https://doi.org/10.3389/fendo.2019.00185.

[76] Rigla M, Garcia-Saez G, Pons B, et al. Artificial intelligence methodologies and their application to diabetes. J Diabetes Sci Technol 2018;12(2):303-10.

[77] Dankwa-Mullan I, Rivo M, Sepulveda M, et al. Transforming diabetes care through artificial intelligence: the future is here. Popul Health Manag 2019;22(3):229-42.

[78] Keel S, Lee PY, Scheetz J, et al. Feasibility and patient acceptability of a novel artificial intelligence-based screening model for diabetic retinopathy at endocrinology outpatient services: a pilot study. Sci Rep 2018;8(1):4330.

[79] Zheng T, Xie W, Xu L, et al. A machine learning-based framework to identify type 2 diabetes through electronic health records. Int J Med Inf 2017;97:120-7.

[80] Li K, Daniels J, Liu C, et al. Convolutional recurrent neural networks for glucose prediction. IEEE J Biomed Health Inform 2019;. Available from: https://doi.org/10.1109/JBHI.2019.2908488 [Epub ahead of print].

[81] Murray PG, Stevens A, De Leonibus C, et al. Transcriptomics and machine learning predict diagnosis and severity of growth hormone deficiency. JCI Insight 2018;3(7):e93247.

[82] Grossi E, Mancini A, Buscema M. International experience on the use of artificial neural networks in gastroenterology. Dig Liver Dis 2007;39:278-85.

[83] Alagappan M, Glissen Brown JR, Mori Y, et al. Artificial intelligence in gastrointestinal endoscopy: the future is almost here. World J Gastrointest Endosc 2018;10(10):239-49.

[84] Ruffle JK, Farmer AD, Aziz Q. Artificial intelligence-assisted gastroenterology?promises and pitfalls. Am J Gastroenterol 2019;114(3):422-8.

[85] Yang YJ, Bang CS. Application of artificial intelligence in gastroenterology. World J Gastroenterol 2019;25(14):1666-83.

[86] Mossotto E, Ashton JJ, Coelho T, et al. Classification of pediatric inflammatory bowel disease using machine learning.

[87] Wahl B, Cossy-Gantner A, Germann S, et al. Artificial intelligence and global health: how can AI contribute to health in resource-poor settings? BMJ Global Health 2018;3:e000798.

[88] Benke K, Benke G. Artificial intelligence and big data in public health. Int J Environ Res Public Health 2018;15:2796-805.

[89] Thiebaut R, Thiessard F. Artificial intelligence in public health and epidemiology. Yearb Med Inf 2018;27:207-10.

[90] Prosperi M, Min JS, Bian J, et al. Big data hurdles in precision medicine and precision public health. BMC Med Inform Decis Mak 2018;18:139-52.

[91] Wiens J, Shenoy ES. Machine learning for healthcare: on the verge of a major shift in healthcare epidemiology. Clin Inform Dis 2018;66(1):149-53.

[92] Dion M, AbdelMalik P, Mawudeku A. Big data and the global public health intelligence network (GPHIN). Can Commun Dis Rep 2015;41(9):209-14.

[93] Guo P, Liu T, Zhang Q, et al. Developing a dengue forecast model using machine learning: a case study in China. PLoS Negl Trop Dis 2017;11(10):e0005973.

[94] Leslie HH, Zhou Z, Spiegelman D, et al. Health system measurement: harnessing machine learning to advance global health. PLoS One 2018;13(10):s0204958.

[95] Sivapalaratnam S. Artificial intelligence and machine learning in hematology. Br J Haematol 2019;185(2):207-8.

[96] Shahin AI, Guo Y, Amin KM, et al. White blood cells identification system based on convolutional deep neural learning. Comput Methods Programs Biomed 2019;168:69-80.

[97] Muhsen IN, Jagasia M, Toor AA, et al. Registries and artificial intelligence: investing in the future of hematopoietic cell transplantation. Bone Marrow Transplant 2019;54:477-80.

[98] Wong ZAY, Zhou J, Zhang Q. Artificial intelligence for infectious disease big data analytics. Infect Dis Health 2019;24:44-8.

[99] Valleron AJ. Data science priorities for a university hospital-based institute of infectious diseases: a viewpoint. Clin Infect Dis 2017;65(1):S84-8.

[100] Chae S, Kwon S, Lee D. Predicting infectious disease using deep learning and big data. Int J Environ Res Public Health 2018;15(8).

[101] Shen Y, Yuan K, Chen D, et al. Ontology-driven clinical decision support system for infectious disease diagnosis and antibiotic prescription. Artif Intell Med 2018;86:20-32.

[102] Seymour CW, Kennedy JN, Wang S, et al. Derivation, validation, and potential treatment implications of novel clinical phenotypes for sepsis. JAMA 2019;321.

[103] Dande P, Samant P. Acquaintance to artificial neural networks and use of artificial intelligence as a diagnostic tool for tuberculosis: a review. Tuberculosis 2018;108:1-9.

[104] Sidey-Gibbons JAM, Sidey-Gibbons CJ. Machine learning in medicine: a practical introduction. BMC Med Res Methodol 2019;19:64.

[105] Krittanawong C. The rise of artificial intelligence and the uncertain future for physicians. Eur J Int Med 2018;48:e13-14.

[106] Miller DD, Brown EW. Artificial intelligence in medical practice: the question to the answer? Am J Med 2018;131:129-33.

[107] Noorbakhsh-Sabet N, Zand R, Zhang Y, et al. Artificial intelligence transforms the future of health care. Am J Med 2019;132.

[108] Zhang Y, Guo SL, Han LN, et al. Application and exploration of big data mining in clinical medicine. Chin Med J 2016;129:731-8.

[109] Lin SY, Mahoney MR, Sinsky CA. Ten ways artificial intelligence will transform primary care. J Gen Intern Med 2019;34.

[110] Morgan DJ, Bame B, Zimand P, et al. Assessment of machine learning vs standard prediction rules for predicting hospital readmissions. JAMA Netw Open 2019;2(3):e190348.

[111] Avati A, Jung K, Harman S, et al. Improving palliative care with deep learning. BMC Med Inform Decis Mak 2018;18(Suppl. 4):122.

[112] Hueso M, Vellido A, Montero N, et al. Artificial intelligence for the artificial kidney: pointers to the future of a personalized hemodialysis therapy. Kidney Dis 2018;4(1):1-9.

[113] Brier ME, Gaweda AE. Artificial intelligence for optimal anemia management in end-stage renal disease. Kidney Int 2016;90(2):259-61.

[114] Niel O, Bastard P, Boussard C, et al. Artificial intelligence outperforms experienced nephrologists to assess dry weight in pediatric patients on chronic hemodialysis. Pediatr Nephrol 2018;33(10):1799-803.

[115] Ganapathy K, Abdul SS, Nursetyo AA. Artificial intelligence in neurosciences: a clinician's perspective. Neurol India 2018;66:934-9.

[116] Jiang F, Jiang Y, Zhi H, et al. Artificial intelligence in health care: past, present, and future. Stroke Vasc Neurol 2017;2:e000101.

[117] Senders JT, Arnaout O, Karhade AV, et al. Natural and artificial intelligence in neurosurgery: a systematic review. Neurosurgery 2018;83:181-92.

[118] Azimi P, Mohammadi HR, Benzel ED, et al. Artificial neural network in neurosurgery. J Neurol Neurosurg Psychiatry 2015;86:251-6.

[119] Iniesta R, Stahl D, McGuffin P. Machine learning, statistical learning, and the future of biological research in psychiatry. Psychological Med 2016;46:2455-65.

[120] Durstewirz D, Koppe G, Meyer-Lindenberg A. Deep neural networks in psychiatry. Mol Psychiatry 2019;24:1583-98 [Epub ahead of print].

[121] Costescu CA, Vanderborought B, David DO. Reversal learning task in children with autism spectrum disorder: a robot-based approach. J Autism Dev Disord 2015;45(11):3715-25.

[122] Mehrholz J, Pohl M, Platz T, et al. Electromechanical and robot-assisted arm training for improving activities of daily living, arm function, and arm muscle strength after stroke. Cochrane Database Syst Rev 2015;11 CD006876.

[123] Desai GS. Artificial intelligence: the future of obstetrics and gynecology. J Obstet Gynecol India 2018;68(4):326-7.

[124] Wang R, Pan W, Jin L, et al. Artificial intelligence in reproductive medicine. Soc Reprod Fertil 2019;158:R139-54 REP-18-0523.R1.

[125] Balayla J, Shrem G. Use of artificial intelligence in the interpretation of intrapartum fetal heart rate tracings: a systematic review and meta-analysis. Arch Gynecol Obstet 2019;300:7-14.

[126] Siristatidis CS, Chrellas C, Pouliakis A, et al. Artificial neural networks in gynaecological diseases: current and potential future applications. Med Sci Monit 2010;16(10):RA231-6.

[127] Simopoulou M, Sfakianoudis K, Maziotis E, et al. Are computational applications the "crystal ball" in the IVF laboratory? The evolution from mathematics to artificial intelligence. J Assist Reprod Genet 2018;35(9):1545-57.

[128] Stylios CS, Georgopoulos VC. Fuzzy cognitive maps for medical decision support?a paradigm from obstetrics. In: Annual International Conference of the IEEE Engineering in Medicine and Biology. 2010.

[129] Londhe VY, Bhasin B. Artificial intelligence and its potential in oncology. Drug Discov Today 2019;24(1):228-32.

[130] Tseng HH, Wei L, Cui S, et al. Machine learning and imaging informatics in oncology. Oncology 2018;. Available from: https://doi.org/10.1159/000493575.

[131] Xu J, Yang P, Xue S, et al. Translating cancer genomics into precision medicine with artificial intelligence: applications, challenges, and future perspectives. Hum Genet 2019;138:109-24.

[132] Kiser KJ, Fuller CD, Reed VK. Artificial intelligence in radiation oncology treatment planning: a brief overview. J Med Artif Intell 2019;2:9-19.

[133] Yim WW, Yetisgen M, Harris WP, et al. Natural language processing in oncology: a review. JAMA Oncol 2016;2(6):797-804.

[134] Kantarjian H, Yu PP. Artificial intelligence, big data, and cancer. JAMA Oncol 2015;1(5):573-4.

[135] Somashekhar SP, Sepulveda MJ, Puglielli S, et al. Watson for oncology and breast cancer treatment recommendations: agreement with and expert multidisciplinary tumor board. Ann Oncol 2018;29(2):418-23.

[136] N.M. Patel, V.V. Michelini, J.M. Snell, et al., Enhancing next-generation sequencing-guided cancer care through cognitive computing, Oncologist2392, 2018, 179-185.

[137] Schmidt C. MD Anderson Breaks with IBM Watson, raising questions about artificial intelligence in oncology. J Natl Cancer Inst 2017;109(5):4–5.

[138] Su H, Shen Y, Xing F, et al. Robust automatic breast cancer staging using a combination of functional genomics and image-omics. Conf Proc IEEE Eng Med Biol Soc 2015;2015:7226–9.

[139] Bejnordi BE, Veta M, van Diest PJ, et al. Diagnostic assessment of deep learning algorithms for detection of lymph node metastases in women with breast cancer. JAMA 2017;318(22):2199–210.

[140] Kurtz DM, Esfahani MS, Scherer F, et al. Dynamic risk profiling using serial tumor biomarkers for personalized outcome prediction. Cell 2019;178:699–713.e19 S0092-8674(19)30639-7.

[141] Kapoor R, Walters SP, Al-Aswad LA. The current state of artificial intelligence in ophthalmology. Surv Ophthalmol 2019;64:233–40.

[142] Du XL, Li WB, Hu BJ. Application of artificial intelligence in ophthalmology. Int J Ophthalmol 2018;11(9):1555–61.

[143] Lu W, Tong Y, Yu Y, et al. Applications of artificial intelligence in ophthalmology: general overview. J Ophthalmol 2018;1–15.

[144] Ting DSW, Pasquale LR, Peng L, et al. Artificial intelligence and deep learning in ophthalmology. Br J Ophthalmol 2019;103(2):167–75.

[145] Hogarty DT, Mackey DA, Hewitt AW. Current state and future prospects of artificial intelligence in ophthalmology: a review. Clin Exp Ophthalmol 2019;47(1):128–39.

[146] Gulshan V, Peng L, Coram M, et al. Development and validation of a deep learning algorithm for detection of diabetic retinopathy in retinal fundus photographs. JAMA 2016;316:2402–10.

[147] Abramoff MD, Lavin PT, Brich M, et al. Pivotal trial of an autonomous AI-based diagnostic system for detection of diabetic retinopathy in primary care offices. NPJ Digital Med 2018;1:39.

[148] Chang HY, Jung CK, Woo JI, et al. Artificial intelligence in pathology. J Pathol Transl Med 2019;53:1–12.

[149] Naugler C, Church DL. Automation and artificial intelligence in the clinical laboratory. Crit Rev Clin Lab Sci 2019;56(2):98–110.

[150] Janowczyk A, Madabhushi A. Deep learning for digital pathology image analysis: a comprehensive tutorial with selected use cases. J Pathol Inf 2016;7:29.

[151] Niazi MKK, Parwani AV, Gurcan MN. Digital pathology and artificial intelligence. Lancet Oncol 2019;20(5):e253–61.

[152] Gruson D, Helleputte T, Rousseau P, et al. Data science, artificial intelligence, and machine learning: opportunities for laboratory medicine and the value of positive regulation. Clin Biochem 2019;69:1–7.

[153] Cabitza F, Banfi G. Machine learning in laboratory medicine: waiting for the flood? Clin Chem Lab Med 2018;56(4):516–24.

[154] Smith KP, Kang AD, Kirby JE. Automated interpretation of blood culture Gram stains by use of a deep convolutional neural network. J Clin Microbiol 2018;56(3):e01521–17.

[155] Harmon SA, Tuncer S, Sanford T, et al. Artificial intelligence at the intersection of pathology and radiology in prostate cancer. Diagn Interv Radiol 2019;25(3):183–8.

[156] Nir G, Karimi D, Goldenberg L, et al. Comparison of artificial intelligence techniques to evaluate performance of a classifier for automatic grading of prostate cancer from digitized histopathologic images. JAMA Netw Open 2019;2(3):e190442.

[157] O'Sullivan S, Leonard S, Holzinger A, et al. Anatomy 101 for AI-driven robotics: explanatory, ethical, and legal frameworks for development of cadaveric skills training standards in autonomous robotic surgery/ autopsy.. Int J Med Robot 2019;e2020 [ePub].

[158] Kokol P, Zavrsnik J, Vosner HB. Artificial intelligence and pediatrics: a synthetic mini review. Pediatr Dimens 2017;2(40):2-5.

[159] Shu LQ, Sun YK, Tan LH, et al. Application of artificial intelligence in pediatrics: past, present, and future. World J Pediatr 2019;15(2):105-8.

[160] Bennett TD, Callahan TJ, Feinstein JA, et al. Data science for child health. J Pediatr 2018;208:12-22.

[161] Liang H, Tsui B, Ni H, et al. Evaluation and accurate diagnoses of pediatric disease using artificial intelligence. Nat Med 2019;25:433-8.

[162] Mani S, Ozdas A, Aliferis C, et al. Medical decision support using machine learning for early detection of late-onset neonatal sepsis. J Am Med Inf Assoc 2014;21(2):326-36.

[163] Tariq Q, Daniels J, Schwartz JN, et al. Mobile detection of autism through machine learning on home video: a development and prospective validation study. PLoS Med 2018;15(11):e1002705.

[164] Pan L, Liu G, Mao X, et al. Development of prediction models using machine learning algorithms for girls with suspected central precocious puberty: retrospective study. JMIR Med Inf 2019;7(1):e11728.

[165] Doan S, Maehara CK, Chaparro JD, et al. Building a natural language processing tool to identify patients with high clinical suspicion for Kawasaki disease from emergency department notes. Acad Emerg Med 2016;23(5):628-36.

[166] Labaki WW, Han MK. Artificial intelligence and chest imaging: will deep learning make us smarter? Am J Respire Crit Care Med 2018;197(2):148-50.

[167] Gonzalez G, Ash SY, Vegas-Sanchez-Ferrero G, et al. Disease staging and prognosis in smokers using deep learning in chest computed tomography. Am J Respire Crit Care Med 2018;197(2):193-203.

[168] Parreco J, Hidalgo A, Parks JJ, et al. Using artificial intelligence to predict prolonged mechanical ventilation and tracheostomy placement. J Surg Res 2018;228:179-87.

[169] Messinger AI, Bui N, Wagner BD, et al. Novel pediatric automated respiratory score using physiologic data and machine learning in asthma. Pediatric Pulmonol 2019;54:1149-55.

[170] Ross MK, Yoon J, van der Schaar A, et al. Discovering pediatric asthma phenotypes on the basis of response to controller medication using machine learning. Ann Am Thorac Soc 2018;15(1):49-58.

[171] Thrall JH, Li X, Li Q, et al. Artificial intelligence and machine learning in radiology: opportunities, challenges, pitfalls, and criteria for success. J Am Coll Radiol 2018;15(3):504-8.

[172] Hosny A, Parmar C, Quackenbush J, et al. Artificial intelligence in radiology. Nat Rev Cancer 2018;18(8):500-10.

[173] Choy G, Khalilzadeh O, Michalski M, et al. Current applications and future impact of machine learning in radiology. Radiology 2018;288(2):318-28.

[174] Liew C. The future of radiology augmented with artificial intelligence: a strategy for success. Euro J Radiol 2018;102:152-6.

[175] Chartrand G, Cheng PM, Vorontsov E, et al. Deep learning: a primer for radiologists. RadioGraphics 2017;37(7):2113-31.

[176] Lee JG, Jun S, Gho YW, et al. Deep learning in medical imaging: general overview. Korean J Radiol 2017;18(4):570-84.

[177] McBee MP, Awan OA, Colucci AT, et al. Deep learning in radiology. Acad Radiol 2018;25:1472-80.

[178] Yasaka K, Akai H, Kunimatsu A, et al. Deep learning with convolutional neural network in radiology. Jpn J Radiol 2018;36:257-72.

[179] England JR, Cheng PM. Artificial intelligence for medical image analysis: a guide for authors and reviewers. AJR 2019;212:513-19.

[180] Cai T, Giannopoulos AA, Yu S, et al. Natural language processing technologies in radiology research and clinical applications. Radiographics 2016;36(1):176-91.

[181] Pons E, Braun LMM, Hunick MGM, et al. Natural language processing in radiology: a systematic review. Radiology 2016;279(2):329-43.

[182] Rajpurkar P, Irvin J, Zhu K et al. CheXNet: Radiologist-level pneumonia detection on chest X-rays with deep learning, 2017, arXiv:1711.05225.

[183] Personal communication with Luke Oaken-Rayner, May 2019.

[184] Titano JJ, Badgeley M, Schefflein J, et al. Automated deep neural network surveillance of cranial images for acute neurologic events. Nat Med 2018;24:1337-41.

[185] Al Idrus A. Boston children's to create deep learning tool for pediatric brain scans. FierceBiotech November 28, 2016.

[186] Filice R. Deep learning language modeling approach for automated, personalized, and iterative radiologypathology correlation. J Am Coll Radiol 2019;16:1286-91 [Epub ahead of print].

[187] Park A, Chute C, Rajpurkar P, et al. Deep learning-assisted diagnosis of cerebral aneurysms using the HeadXNet Model. JAMA Netw Open 2019;2(6):e195600.

[188] Oermann EK, Rubinsteyn A, Ding D, et al. Using a machine learning approach to predict outcomes after radiosurgery for cerebral arteriovenous malformations. Sci Rep 2016;6:21161.

[189] McGinty GB, Allen B. The ACR data science institute and AI advisory group: harnessing the power of artificial intelligence to improve patient care. J Am Coll Radiol 2018;15(3):577-9.

[190] Jha S, Topol EJ. Adapting to artificial intelligence: radiologists and pathologists as information specialists.JAMA 2016;316(22):2353-4.

[191] Kothari S, Gionfrida L, Bharath AA, et al. Artificial intelligence and rheumatology: a potential partnership. Rheumatology 2019;58:1894-5.

[192] Foulquier N, Redou P, Saraux A. How health information technologies and artificial intelligence may help rheumatologists in routine practice. Rheumatol Ther 2019;6(2):135-8.

[193] Ferizi U, Honig S, Chang G. Artificial intelligence, osteoporosis, and fragility fractures. Curr Opin Rheumatol 2019;31(4):368-75.

[194] Foulquier N, Redou P, Le Gal C, et al. Pathogenesis-based treatments in primary Sjogren's syndrome using artificial intelligence and advanced machine learning techniques: a systematic literature review. Hum Vaccin Immunother 2018;14(11):2553-8.

[195] Norgeot B, Glicksberg BS, Trupin L, et al. Assessment of a deep learning model based on electronic health record data to forecast clinical outcomes in patients with rheumatoid arthritis. JAMA Netw Open 2019;2(3):e190606.

[196] Hashimoto DA, Rosman G, Rus D, et al. Artificial intelligence in surgery: promises and perils. Ann Surg 2018;268(1):70-6.

[197] Kose E, Ozturk NN, Karahan SR. Artificial intelligence in surgery. Eur Arch Med Res 2018;34(Suppl.1):54-6.

[198] Bur AM, Shew M, New J. Artificial intelligence for the otolaryngologist: a state of the art review. Otolaryngol Head Neck Surg 2019;160(4):603-11.

[199] Kim YJ, Kelley BP, Nasser JS, et al. Implementing precision medicine and artificial intelligence in plastic surgery: concepts and future prospects. Plast Reconstr Surg Glob Open 2019;7:e2113.

[200] Kanevsky J, Corban J, Gaster R, et al. Big data and machine learning in plastic surgery: a new frontier in surgical innovation. Plast Reconstr Surg 2016;137(5):890-7.

[201]   Cabitza F, Locoro A, Banfi G. Machine learning in orthopedics: a literature review. Front Bioeng Biotechnol 2018;6:75.과

[202]   Jones LD, Golan D, Hanna SA, et al. Artificial intelligence, machine learning, and the evolution of health care: a bright future or cause for concern? Bone Joint Res 2018;7:223-5.

[203]   Galbusera F, Casaroli G, Bassani T. Artificial intelligence and machine learning in spine research. JOR Spine 2018;2:e1044.

[204]   Khanna S. Artificial intelligence: contemporary applications and future compass. Int Dental J 2010;60:269-72.

[205]   The Lancet. Is digital medicine different?. Lancet 2018;392:95.

[206]   Dimitrov D. Medical Internet of Things and big data in health care. Healthc Inf Res 2016;22(3):156-63.

[207]   Fatehi F, Menon A, Bird D. Diabetes care in the digital era: a synoptic overview. Curr Diab Rep 2018;18(7):38-47.

[208]   Steinhubl SR, Topol EJ. Moving from digitalization to digitization in cardiovascular care: why is it important, and why could it mean for patients and providers? J Am Coll Cardiol 2015;66(13):1489-96.

[209]   Kubota KJ, Chen JA, Little MA. Machine learning for large-scale wearable sensor data in Parkinson's disease: concepts, promises, pitfalls, and features. Mov Disord 2016;31(9):1314-26.

[210]   Williams AM, Liu Y, Regner KR. Artificial intelligence, physiological genomics, and precision medicine. Physiol Genomics 2018;50(4):237-43.

[211]   Holder LB, Haque MM, Skinner MK. Machine learning for epigenetics and future medical applications. Epigenetics 2017;12(7):505-14.

[212]   Grapov D, Fahmann J, Wanichthanarak K, et al. Rise of deep learning for genomic, proteomic, and metabolomic data integration in precision medicine. OMICS 2018;22(10):630-6.

[213]   Kuru K, Niranjan M, Tunca Y, et al. Biomedical visual data analysis to build an intelligent diagnostic decision support system in medical genetics. Artif Intell Med 2014;62(2):105-18.

[214]   Farley T, Kiefer J, Lee P, et al. The BioIntelligence framework: a new computational platform for biomedical knowledge computing. J Am Med Inf Assoc 2013;20(1):128-33.

[215]   Mousses S, Kiefer J, Von Hoff D, et al. Using biointelligence to search the cancer genome: an epistemological perspective on knowledge recovery strategies to enable precision medical genomics. Oncogene 2008;27: S58-66.

[216]   Barry DT. Adaptation, artificial intelligence, and physical medicine and rehabilitation. Phys Med Rehabil 2018;S131-4.

[217]   Tack C. Artificial intelligence and machine learning: applications in musculoskeletal physiotherapy. Musculoskelet Sci Pract 2019;39:164-9.

[218]   Sniecinski I, Seghatchian J. Artificial intelligence: a joint narrative on potential use in pediatric stem and immune cell therapies and regenerative medicine. Transfus Apheresis Sci 2018;57:422-4.

[219]   Awaysheh A, Wilcke J, Elvinger F, et al. Review of medical decision support and machine learning methods. Ve Pathol 2019;56:512-25.

[220]   Wartman SA, Combs CD. Reimagining medical education in the age of AI. AMA J Ethics 2019;21:146-52.

[221]   Boggs SD, Luedi MM. Nonoperating room anesthesia education: preparing our residents for the future. Curr Opin Anesthesiol 2019;32:490-7 [Epub ahead of print].

[222]   Yu W, Wen L, Zhao LA, et al. The applications of virtual reality technology in medical education: a review and mini-research. J Phys Conf Ser 2019;1176:022055.

[223]   Dias RD, Gupta A, Yule SJ. Using machine learning to assess physician competence: a systematic review. Acad Med 2019;94(3):427-39.

[224]   Johnston SC. Anticipating and training the physician of the future: the importance of caring in an age of artificial intelligence. Acad Med 2018;93(8):1105-6.

[225]   Skiba DJ. Augmented intelligence and nursing. Natl Leag Nurs 2017;108-9.

[226]   Liao PH, Hsu PT, Chu W, et al. Applying artificial intelligence technology to support decision making in nursing: a case study in Taiwan. Health Inform J 2015;21(2):137-48.

[227]   Reddy S, Fox J, Purohit MP. Artificial intelligence-enabled health care delivery. J R Soc Med 2019;112(1):22-8.

[228]   Nelson A, Herron D, Rees G, et al. Predicting scheduled hospital attendance with artificial intelligence. NPJ Digital Med 2019;2:26.

의료 인공지능의 구현

데이터와 정보에 대한 극도의 불확실과 불만족이 진료와 헬스케어라는 복잡한 세계에 널리 퍼져 있다. 병의원에 전자의무기록 도입이 확대되고 몇몇 제품에는 입력할 수 있는 내용이 제한돼 있어 상황이 더 안 좋아졌다. 현재의 진료 현장에서 경험하는 데이터 문제는 데이터 양의 증가, 데이터 누락 지수적으로 증가하는 정보, 완고한 규제 정책과 정보 접근에 대한 제한 등과 관련돼 있다. 저자는 의료에서 인공지능을 구현하는 데 걸림돌이 되는 주요 장애 물은 데이터 공유와 표준화, 투명성, 환자 안전, 재정, 교육 등이라고 기술한 바 있다[1]. 의 료 현장에 있는 서비스 제공자들은 데이터 과학 분야의 인사이트와 그에 대한 교육이 부족 한 상태이고 이런 무지는 현재 의료와 헬스케어에 존재하는 풍부한 데이터로부터 충분한 지식을 얻어 활용하는 데 장애가 되고 있다. 오늘날까지 의과 대학이나 전문의 수련 과정에 데이터 과학 또는 인공지능에 관한 내용이 널리 받아들여지지 않고 있다. 마지막으로 임상 세계와 데이터 과학 사이에는 심각한 문화적 · 지적 간극도 존재한다. 그래서 의료 관련 모 임에서 데이터 과학이나 인공지능에 대한 논의를 찾아볼 수 없고 헬스케어와 의료 머신러 닝 또는 데이터 과학 옹호자들의 모임에서도 의사들이 참여하는 경우가 드물다. 의사들은 단순히 높은 성능을 보인다고 광고하는 이런 도구에 현혹되지 않는 것을 넘어, 환자의 건강 결과를 최선으로 보장하기 위해서 정확한 데이터뿐만 아니라 최신 정보와 아이디어 공유를 필요로 한다[2, 3]. 또한 미래 헬스케어 데이터 영역에는 다양한 애플리케이션을 통한 소셜 미디어와 홈 모니터링 데이터 같은 비전통적 데이터가 점점 더 많이 포함될 것이다. 앞서 이야기한 문제들과 더불어 매독스Maddox는 이 새롭게 떠오른 분야에 대해서 고민해 봐야 할 매우 적절한 질문들을 던졌다[4]. (1) 헬스케어에서 인공지능에 적절한 과업은 무엇인가? (2) 인공지능에 적절한 데이터는 무엇인가? (3) 인공지능에 적절한 증거 기준은 무엇인가? (4) 인공지능을 진료에 포함시키는 적절한 방법은 무엇인가? 등이 그것이다.

인공지능 도입의 장애물들

마티유 코모로프스키 Matthieu Komorowski

마티유 코모로프스키는 중환자 전문의이자 데이터 과학자로 AI메드AIMed 초록상을 수상하기도 했다. 그는 이 글을 통해 의사들이 인공지능을 도입하는 데 있어 주요 장애물은 신뢰와 인공지능 문해력이라고 이야기한다.

질문: 영국 전역에서 인공지능이 의사들의 손에 다가가는 데 필요한 다음 단계는 무엇인가?

영국 국민 보건 서비스NHS에 인공지능 기술을 도입시키는 데 있어 도전적인 문제는 기술과 관계되는 것이라기보다는 다분히 사회적 · 문화적인 것과 관련돼 있다. 실제로 우리가 인공지능이라고 부르는 대부분의 것은 쉽게 확보할 수 있는, 상대적으로 간단한 계산 모델에 의존하고 있다. 또 크고 작은 많은 회사가 잠재적으로 수백만 환자들의 케어를 개선시킬 수 있다는 비전을 가지고 그들의 기술을 NHS에 출시하고자 애쓰고 있다.

이런 도구들이 사용되길 바랄 때 가장 큰 과제는 환자, 의사, 정책 입안자를 아우르는 모든 이해관계자들의 수용성을 개선시키는 것이다. 기술에 대한 수용성은 두 가지 요소와 강한 상관관계가 있다. 바로 신뢰와 사용자들의 기술 문해력이다[1, 2]. 신뢰는 혁신을 다루는 문헌에서 어떤 제품이 실패할 가능성으로 정의되는, 체감 위험도를 줄이는 방법으로 신제품에 대한 수용도를 개선시킨다[1]. 신뢰를 개선하는 것은 기술이 효과적이고 안전하다는 것을 보여주는 것을 의미한다. 사람들이 내비게이션 시스템과 가정용 개인 비서와 같은 인공지능 기반 제품을 사용하는 이유는 그것들이 제대로 동작하고 가치를 가져다 주기 때문이다. 헬스케어 분야에서 새로운 치료법의 가치와 효과성은 전통적으로 무작위 대조군 실험의 형태로 구현된다[3]. 예를 들어 환자들이 일반적인 "인간" 의사의 치료를 받을 때와 인공지능 조력을 받는 치료를 받았을 때의 결과를 비교하는 것을 상상해 볼 수 있다.

안정성을 보여주는 것은 좀 더 복잡할 수 있다. 먼저 규제 당국과 정책 제정 당국은 인공지능 거버넌스에 대한 프레임워크를 정의할 필요가 있다. 영국에서 보자면 영국 하원 과학과 기술 위원회가 2018년 5월 발표한 「의사 결정에 관여하는 알고리듬」 보고서에 그런 프레임워크에 관한 개괄적인 내용이 담겨있다[4]. 당연히 그런 기술들은 사용에 앞서 규제 프레임워크 안에서 검증되고 승인될 필요가 있을 것이다[1]. 그 다음 문제는 인공지능이 윤리적인 방식으로 개발될 필요가 있다는 점이다. 인간의 능력을 보강하고 사회 전체에 이익이 돼야 한다. 이 측면은 국방과 같은 분야와는 달리 헬스케어 분야에서 일반적으로 간단한 문제로 귀결된다. 안정성은 환자의 데이터 프라이버시가 손상되지 않게 보호한다는 의미도 담고 있다. EU 안에서 데이터 보호에 대한 일관된 규제를 마련하는 목적으로 제정된 개인정보보호 규정GDPR(https://gdpr.eu/)에 최근 일부 중요한 새로운 변화가 생겼다. GDPR은 "설명권right to explanation"에 대한 개념을 도입했다. 이는 어떤 모델에 의해서 영향을 받는 사용자가 특정 결론이 그렇게 내려진 이유에 대해 설명 받을 권리를 말한다. 실제로 이런 요건은 딥러닝과 같은 인공지능 분야에서는 매우 도전적인 과제가 될 것이다. 신경망의 추론은 복잡하게 연결된 수많은 노드node에 내재돼 있기 때문이다[5]. 마지막으로, 인공지능의 안정성을 더욱더 개선하기 위한 보호 장치가 있어야 한다. 의료에서 가장 분명한 보호 장치는 인간 의사들의 책임으로 남겨두는 것이며 컴퓨터화된 시스템으로 의사들의 지능을 대체하려는 시도보다는 증강시키는 것이라야 한다.

인공지능 수용도를 개선시킬 두 번째 방법은 이해관계자들의 인공지능과 데이터 과학에 대한 문해력을 개선하는 것이다. 이는 여러 가지 방법으로 가능할 것이다. 정규 교육, 모임, 토론, 의료 인공지능에 대한 공동 콘퍼런스, 데이터톤, 해커톤 등으로 가능할 것이다[6]. 이제 고등 기관들이 제공하는 교육 서비스를 개방형 온라인 강좌mooc와 같은 형태로 온라인에서 무료로 이용할 수 있으며 컴퓨터 과학에 대한 배경이 없는 의사들도 쉽게 접근 가능하다.

인공지능과 딥러닝에 대한 가장 영향력 있는 인사인 앤드류 응은 "누가 이길지 모르지만 인공지능이 미래를 거머쥘 것이다"라고 말했다. 그렇지만 단순히 똑똑한 기계를 만들어내는 것을 넘어, 인공지능에서 앞으로 더 나아갈 개선 측면에는 인공지능이 보편적 가치에 따라 작동할 수 있도록 하는 규칙과 문화의 성숙이 꼭 포함돼야 한다. 그렇게 된다면 신뢰가 쌓이며 수용성이 높아질 것이고 궁극적으로 환자들에게 그 이득이 돌아갈 것이다.

참고 문헌

[1] Hengstler M, Enkel E, Duelli S. Applied artificial intelligence and trust—the case of autonomous vehicles and medical assistance devices. Technol Forecast Soc Change 2016;105:105-20. Available from: https://doi.org/10.1016/j.techfore.2015.12.014.

[2] Lee JD, See KA. Trust in automation: designing for appropriate reliance. Hum Factors 2004;46(1):50-80. Available from: https://doi.org/10.1518/hfes.46.1.50_30392.

[3] Murad MH, Asi N, Alsawas M, Alahdab F. New evidence pyramid. BMJ Evid Based Med 2016; ebmed-2016110401. https://doi.org/10.1136/ebmed-2016-110401.

[4] The House of Commons. Algorithms in decision-making—Science and Technology Committee —House of Commons. Retrieved August 11, 2018, from: https://publications.parliament.uk/pa/cm201719/cmselect/cmsctech/351/35102.htm.; 2018.

[5] Knight W. The dark secret at the heart of AI. MIT Technol Rev. April 11, 2017. Retrieved from: https://www.technologyreview.com/s/604087/the-dark-secret-at-the-heart-of-ai/.

[6] Aboab J, Celi LA, Charlton P, Feng M, Ghassemi M, Marshall DC, et al. A "datathon" model to support cross-disciplinary collaboration. Sci Transl Med 2016;8(333):333ps8. Available from: https://doi.org/10.1126/scitranslmed.aad9072.

헬스케어 시스템을 위한 인공지능 전략

아지즈 나자Aziz Nazha

아지즈 나자는 인공지능 배경을 가진 의사로 인공지능 센터장이다. 이 글에서 대형 병원에 인공지능을 배치하면서 배운 교훈과 그런 기관의 장기적 존속을 보증하기 위한 전략에 대해서 말한다.

인공지능은 이미 우리 삶에 상당한 영향력을 발휘하고 있고 그런 영향은 지수적으로 커져 갈 것으로 기대된다. 인공지능은 개별 산업들을 급격하게 전환시키고 있으며 헬스케어 산업 역시 그 흐름에서 그리 멀리 떨어져 있지 않다. 사실 헬스케어 산업은 다음 10년 동안 인공지능에 의해서 가장 큰 전환을 맞이할 것으로 기대된다. 이런 추세는 인공지능을 기존 병원의 업무 흐름에 녹일 방법을 고민하는 병원 행정가들과 의사들에게 공포와 불안을 불러 일으키고 있다. 공포와 불안을 일으키는 여러 가지 주요 요인은 다음과 같다. (1) 의사들은 항상 하나의 "블랙박스" 같이 보이는 인공지능과 머신러닝에 대해서 익숙하지 않다. (2) 알고리듬과 디지털 변환의 빠른 변화 속도로 인해 그 발전 속도를 따라잡는 것이 어렵다. (3) 과장된 광고에다 대기업과 스타트업 회사가 출시하는 인공지능 제품에서 헬스케어의 복잡성에 대한 이해 부족도 한 몫을 한다. 따라서 병원과 헬스케어 시스템은 인공지능 기술을 채용하고 일상적인 업무 흐름에 포함시키는 방법에 대한 전략을 개발해야 한다. 이 전략은 운영, 재무적 판단, 그리고 더 중요하게는 연구 개발 등과 같은 분야에 집중돼야 한다. 각각의 분야는 투자수익률^{ROI}을 최대화하기 위해서 각기 다른 전략을 구사할 필요가 있다. 「바이오메디컬 정보저널Journal of Biomedical Informatics」의 편집장인 에드워드 H. 쇼트리프 박사와 예전에 IBM 왓슨 연구실에 근무했던 마틴 J. 세풀베다 박사는 최근 「미국의학협회저널JAMA」에서 의사들이 인공지능에 기반한 의사 결정 지원 시스템을 받아들이는 데 필요한 여섯 가지 요소 중 블랙박스가 아닌 "투명성"이 필요하다는 점을 강조했다. 의사나 다른 헬스케어 제공자들은 전달되는 조언이나 권고 사항에 대한 기초를 완전히 이해해야 한다. 시스템은 시간을 낭비하지 말고 절약해야 한다. 임상 지원 시스템은 일을 복잡하게 만드는 것이 아니라 "작업 흐름에 녹아들어야"만 한다. 시스템은 강한 훈련을 하지 않더라도 사용하기 쉬워야 한다. 임상 지원은 의사들이 요구하는 것과 결과가 환자에게 미치는 영향에 대한 "이해를 반영해야" 하기 때문에 적절성은 아주 중요하다. 마지막으로 정보 전달은 정중해야 하며 조언은 강력한 과학적인 토대를 갖고 있는 사용자의 경험을 존중해야 한다. 또한 조언은 재현 가능하고 신뢰성이 있으며 엄격한 동료 평가에 의한 과학적인 증거에 기반해야 한다. 이런 요소들에 대한 이해는 병원 당국자들이 헬스케어 인공지능 구축 방법을 이해시키도록 하는 데 도움이 될 수 있다.

그렇다면 헬스케어 시스템 안에서 병원들은 어떻게 인공지능 전략을 수립할 수 있을까? 병원들은 몇 가지 단계를 밟을 필요가 있다. 첫 번째, 시스템 안에서 인공지능과 머신러닝의 기능을 이해하고 발전시킬 수 있는 의사와 데이터 과학자로 팀을 구성한다. 두 번째, 큰 효과와 가치를 거둘 수 있는 작은 프로젝트를 진행해 봄으로써 그 팀이 더 높은 투자수익률을 갖는 더 큰 프로젝트를 수행할 능력을 갖고 있는지 검증한다. 세 번째, 팀의 생산성을 강화하고 증가시킬 수 있는 내부 역량을 강화한다. 마지막으로 진단에서 예후, 맞춤 치료에 이르기까지 다양한 영역에 적용할 수 있는 복수의 인공지능 기술을 확장시킬 수 있도록 팀의 능력을 확장한다. 이런 접근법은 환자의 결과를 증진시키고 비용을 낮출 것이다. 결코 쉽지 않은 과정이지만 의사에서부터 연구자, 과학자, 약사에 이르는 모든 헬스케어 제공자들이 첨단의 케어를 제공하고 환자의 건강을 증진시키는 데 도움이 되는 인공지능의 능력을 끌어안고자 하는 주요 목표를 가진다면 실현 가능하다.

요약해보면 빅데이터, 개선된 알고리듬, 컴퓨팅 파워, 클라우드 기술이 융합되면서 헬스케어에서 강력한 머신러닝 프로젝트가 구현되고 의미 있는 결과들이 도출되기 시작했다. 세부 전공과목별로 인공지능 응용에 관한 다양한 주제와 관심이 존재한다. 영상의학과는 영상 판독 분야에서 특히 딥러닝과 관련된 기술로 흐름에서 앞서 있다. 의사와 데이터 과학자 사이에는 이 분야에서 서로 협력해야 하는 파트너로서 여러 가지 미묘한 입장 차이가 있다. 머지않은 미래에서는 현재와 같이 출판된 논문이나 기타 자원들에 의존하는 진료(근거 중심 의료 또는 전문가 그룹에 의존하는 진료)가 아니라 인공지능을 활용해 임상적인 질문을 던지는 것(지능 기반 의료)이 최선의 진료 형태가 될 것이다.

핵심 개념

- 최근 특히 의료 영상과 의사 결정 분야 등을 비롯해 의학과 헬스케어 분야 인공지능에 대한 관심과 흥미가 높아지고 있다. 의학에 인공지능을 도입하고자 하는 큰 움직임이 생긴 주요 원인은 여러 분야에서 일어나고 있는 머신러닝과 딥러닝의 발전에 기인한다.

- 미국 식약처FDA와 FDA가 추진하는 굿 머신러닝 프랙티스Good Machine Learning Practices는 임상 의료 및 헬스케어 인공지능 기술의 지수적 성장에 대응하기 위해 마련된 상당히 진보된 집합적인 규제 전략이다.

- 인간 사고에 대한 2가지 형태는 의사들(주로 시스템 1 사고를 사용한다)과 데이터 과학자(주로 시스템 2 사고를 사용한다)의 차이를 설명하는 데 편리하다. 의사, 특히 (예를 들어 응급실, 중환자실, 수술실이나 처치실 등) 응급 상황에서 일하는 의사들은 종종 빠른 속도로 과거 경험과 판단에 근거하는, 직감에 의존하는 시스템 1 사고를 주로 사용한다. 한편 데이터 과학자는 느리고 좀 더 논리적이며 점진적 사고를 하는, 이성에 기반한 시스템 2 사고를 바탕으로 문제에 접근한다.

- 종종 오류로 이어지는 아주 다양한 인간의 편향과 휴리스틱은 잠재적으로 객관적인 인공지능의 지원을 받는 의사 결정 프로세스를 통해서 중화시킬 수 있을 것으로 보인다.

- 증거 기반 의료과 관련된 주요 비판에는 출판 오류가 포함돼 있다. 출판 오류는 의사나 연구자들이 진단이나 치료법 연구에서 양성으로 나온 연구들만 출판하려는 경향을 말한다. 그리고 증거 기반 의료에서 증거의 수준level of evidence이라는 용어는 모두가 동의하는 것이 아닐 수 있고, 부정확한 정의는 종종 혼란을 유발하고 잘못된 길로 빠지게 한다. 임상 가이드라인 또는 권고 사항이 매우 종종 시대에 뒤진 상태로 최근 아이디어와 연구 결과 등을 잘 반영하지 못하는 경우가 많다. 즉 정보가 시의적절하지 못해 실시간 적용성이 떨어진다.

- 의사들이 업무를 수행할 때 뇌의 지각, 인지, 수행 기능을 각각 얼마의 비율로 사용하는지에 따라 그 전문 영역을 구분할 수 있다.

- 자동화된 의료 영상 판독 또는 증강 의료 영상 시스템을 위해 딥러닝, 특히 컨볼루션 신경망과 같은 인공지능 방법을 사용하는 것은 매우 전도유망한 것으로 보인다. 이미지 판독 작업에는 분류, 회귀, 국소화, 세그멘테이션 등이 포함된다.

- 증강 현실, 가상현실, 혼합 현실 등은 인공지능 기술을 적용해 그 자원들을 다양한 목적에 충분히 활용할 수 있을 것이다. 그 목적에는 환자와 가족을 포함한 모든 이해관계자들에게 몰입형 시나리오에 대한 시뮬레이션, 교육, 훈련뿐만 아니라 일부 내외과적 전문 과목에서 필요한 수술 전, 수술 중 이미징과 치료 계획 등이 포함된다.

- 인공지능이 인간 바둑 챔피언을 물리친 것은 놀라운 일이기는 하지만 응급실, 중환자실, 수술실 등에서 벌어지는 혼란스런 상황에서 의료 행위는 바둑보다는 실시간 전략 게임인 스타크래프트와 더 가깝다.

- 침상 생의학 모니터링은 지금까지는 일방향이었다. 생체 징후를 연속적인 값으로 화면에 표시할 뿐 내부적으로 데이터에 대한 분석이나 이해 과정은 없기 때문에 전혀 "지적"이지 않았다. 인공지능은 앞서 말한 순환 신경망RNN이 포함된 풍부한 데이터 환경에 머신러닝과 딥러닝을 적용해서 실시간으로 지식과 지능을 제공해 패러다임을 바꿀 수 있는 잠재력을 가지고 있다.

- 인간과 로봇 간 상호 작용과 관계는 물리 치료와 정신 재활, 교육과 훈련 등과 같은 다양한 임상 상황에서 유효성이 평가되고 있다.

- 인공지능은 가상비서의 발전에도 깊이 관여한다. 자연어 처리(자연어 이해와 생성 포함) 자체가 인공지능의 한 분야이기 때문이다.

- 정밀의료 패러다임은 의사 결정의 복잡성과 데이터 분석의 광대함이라는 측면에서 유사한 환자를 가려내고 평가하기에 좋은 딥러닝, 특히 심층 강화 학습과 같은 인공지능 방법론을 적용하기에 특히 적합하다.

- 의학 생명정보학, 독성학, 화학, 신경생리학, 언어학 등 아주 다양한 분야의 지식들이 인공지능/머신러닝을 사용한 신약 후보를 설계하는 데 수렴될 수 있다. 약물 발견을 위한 생명 과학 같은 상대적으로 거대한 데이터셋을 통합하고 분석할 수 있도록 인지적 해결책들을 설계할 수 있을 것이다.

- 디지털 헬스의 핵심적인 부분은 정보와 정보 기술을 활용하고 지속적인 방식으로 이상점 감지, 예측, 진단/의사 결정 등을 위해서 머신러닝과 딥러닝뿐만 아니라 데이터 마이닝 등과 같은 인공지능을 활용하는 데 있다.

- 웨어러블 기술은 인공지능 시대에 또다른 잠재력을 갖고 있다. 간단한 인공지능 도구가 내장된 의료 기기들이 널리 사용될 가능성이 있다.

- 의료 영상 판독 분야에서는 인공지능 기술이 무르익었지만 의사 결정 지원 분야에서는 여전히 좀 더 정교하게 발전할 필요가 있다. 인공지능을 활용한 마취과 진료에서는 실시간 피드백 기능을 갖춘 복잡한 의사 결정 지원 시스템이 핵심이기 때문이다.

- 전반적으로 심장학은 다양한 프로시저를 수행하고 인지적 작업으로써 의사 결정이 필요할 뿐만 아니라 지각적인 작업으로 의료 영상도 많이 사용하는 분과이기 때문에 심장학에서의 인공지능은 현재까지 미개발 분야가 상당히 많이 남겨진 상태로 앞으로 엄청난 가치를 창출할 수 있을 것으로 기대된다.

- 일단 중환자실에서 필요한 실시간 복잡 의사 결정을 위한 딥 강화 훈련이나 기타 딥러닝 기술들이 충분하게 정교해진다면, 이 분야의 인공지능 채용은 아주 높아질 것으로 예측된다. 딥 강화 훈련 및 딥러닝, 머신러닝을 위한 풍부한 데이터 소스를 제공하는 중환자 데이터 저장소는 아주 큰 가치를 가질 것이다.

- 미래에 인공지능의 조력을 받는 피부과 전문의들은 진료실에서 컨볼루션 신경망이 내장된 피부경을 통상적으로 사용할 것이다. 인간과 인공지능의 협업은 피부과 질환

들을 거의 완벽하게 진단하게 만들 것이다. 또한 인간과 기계 간 시너지는 통상적인 스크리닝에서 추적까지 피부 병변 사진을 전송하는 디지털 헬스와도 결합될 것이다. 이렇게 되면 불필요한 클리닉 방문을 줄일 수 있고 전 세계 어디에서든지 글로벌 헬스 케어를 위해 가치있는 서비스를 사용할 수 있게 될 것이다.

- 미래에 응급의학은 중환자실, 외과, 마취과 등 빠른 사고와 의사 결정이 필요한 다른 전문 과목들과 같이 실시간 의사 결정을 지원하도록 하는 딥 강화 학습 인공지능 전략 으로 큰 도움을 받을 것이다.

- 미래에는 폐쇄 루프 시스템, 퍼지 로직, 순환 컨볼루션 신경망과 같은 흥미진진한 혁신적인 발전이 당뇨 치료를 위한 인공 췌장 등에 지극히 유용하게 사용될 것이다. 이런 것들은 미래에서 가장 심각한 부담을 주는 질환 가운데 한 가지를 관리하는 데 상당히 의미 있는 진보가 될 것이다.

- 인공지능 기능이 내장된 내시경 검사는 일상적으로 사용돼 소화기 전문의의 능력을 높이는 데 기여할 것이다. 내시경은 이미지 획득부터 시작해서 컨볼루션 신경을 통해 의심되는 병변을 해석하고 조직 검사를 할지 말지 등을 결정하는 데까지 일련의 업무 흐름으로 쭉 이어지는 프로시저다.

- 글로벌 및 공중 보건 분야와 역학은 대규모 인구 집단이라는 맥락에서 유행병과 자연 재해를 연구하고 관리하는 데 머신러닝/딥러닝과 같은 방법을 적용하기에 이상적인 분야다.

- 감염병에 대한 인공지능과 머신러닝에 대한 일부 임상적 기관 단위의 활동이 있지만 글로벌 수준의 활동은 없다. 감염병 분야에서는 활용할 수 있는 데이터 소스가 많아 빅데이터와 머신러닝/딥러닝을 적용해 많은 혜택을 볼 수 있는 이상적인 영역이다.

- 인공지능이 의료 영상 판독과 의사 결정 지원 이외에도 일차 의료 의사들에게 도움이 될 수 있는 영역은 다양하다. 차트 리뷰, 진료 관리, 위험 예측, 공중 보건 관리 등은 인공지능 지원 솔루션의 수적 증가와 더불어 큰 시장 잠재력을 가지고 있다.

- 인공 신장은 내분비학에서의 인공 췌장과 유사하게 실시간 의사 결정과 바이오피드 백, 디바이스에 내장된 모바일 인공지능을 사용한 예측 모델링을 필요로 한다. 이런 모델에 포함돼야 하는 요소로는 빈혈, 체내 총 수분량, 투석 중 혈압 같은 것들이 있을

것이다.

- 인공지능과 신경과학 사이에는 융합과 시너지가 필요하다. 이 쌍두마차는 아주 밀접하게 연관돼 있는 두 과학 분야의 지식과 능력을 더욱 발전시키게 될 것이다.

- 산과 및 부인과 영역에서 인공지능 사용에 대한 관심의 상당 부분은 태아 모니터링(심전도, 뇌파와 유사하게 신호 대 잡음비가 매우 낮은 검사)과 시험관 아기 시술에 집중돼 있다. 다른 임상 영역과 비슷하게 산과 및 부인과는 아주 다양한 환자군을 포함하고 있고 태아 또한 임상 영역의 핵심 부분이다. 이런 복잡도 때문에 정교한 머신러닝과 딥러닝이 의사들의 업무 부담과 의사 결정 스트레스를 줄이는 데 도움이 될 수 있을 것이다.

- 대중과 안과학계는 앞에서 언급한 자동 인공지능 보조 진단 도구가 처음으로 미국 식약처에서 승인된 것에 고무돼 왔다. 이제 당뇨병성 망막증과 같이 흔한 안질환에 대한 스크리닝은 높은 수준의 정확도를 확보할 수 있게 됐다. 이것이 글로벌 건강에 미치는 함의는 매우 크다. 딥러닝 알고리듬은 안과 질환의 진단을 개선하는 데 도움을 주고 결과적으로 안질환을 치료하기 위해 안과의사에게 의뢰하는 환자 수도 증가할 수 있다.

- 엠디 앤더슨 암센터와 아이비엠 왓슨 포 온콜로지 프로젝트가 깨지면서 상대적으로 적은 출판 활동은 인공지능 채용과 경영 책임성에 대한 중요한 교훈과 반향을 불러일으켰다. 실패 원인으로는 경쟁 입찰의 부재, 불충분한 기업 실사, IT 부서가 아닌 구매팀의 의사 결정으로 이뤄진 점 등을 들 수 있다. 환자의 건강 결과를 개선하고 비용은 낮췄는지에 대한 다양한 질문에 병원은 적절히 대답하지 않았다.

- 미래에는 병리학자의 일부 또는 상당 부분의 일이 컴퓨터 비전으로 대체되겠지만 전혀 새로운 가능성도 존재한다. 아마도 가장 흥미로운 것은 미래에는 현재의 병리학자와 영상의학과의 업무를 동시에 수행하고 컴퓨터 비전과 딥러닝에 대한 강한 배경 지식을 가진 새로운 의료 영상 전문 분야가 생겨날 수 있다는 점이다. 또한 분자와 현미경부터 사람 크기의 해부학적 이미지까지 모두 포괄하는 의료 영상 컨티뉴엄을 다루는 세부 전문가들이 생길 가능성도 있다.

- 일차 의료와 모든 전문 분야에서 소아과 분야는 인공지능을 충분히 활용하고 있지는 않지만 심장학이나 소아 중환자실 같은 영역은 인공지능을 도입하기 시작했다. 특히 소아과 의사들의 인공지능과 그 도구에 대한 이해 부족은 인공지능 도입의 주요 장애

물이다. 소아과는 집단의 다양성과 희귀 질환에 대한 불확실성이 결합돼 있는 영역이기 때문에 소아과 영역은 빠른 진단과 좀더 정확한 의사 결정 프로세스를 위해 인공지능을 도입하기에 이상적인 부분이다.

- 호흡기 전문의들은 다른 영상의학과나 심장내과보다 다루는 이미지의 종류가 많지 않지만, 정밀 호흡기학과 호흡기 검사 등을 통해 여러 가지 발전이 이뤄질 가능성이 있다. 예를 들어 가정에서도 해볼 수 있는 폐 기능 검사들을 인공지능이 장착된 기기에 연결해 사용할 수도 있을 것이다.

- 또한 의료 영상 판독에서의 컨볼루션 신경망 이외에도 자연어 처리를 보고서나 데이터 마이닝에 사용할 수 있는지에 대한 연구들도 진행중이다. 그리고 인공지능을 사용해 영상의학과 작업 흐름을 개선할 수 있는지도 중요한 주제가 되고 있다.

- 웨어러블 기술과 모바일 인공지능은 환자 중심으로 설계된 인공지능 장착 환자 관리 도구에 적용돼 실시간으로 가치있는 데이터를 제공할 것이다. 또한 류마티스 전문의들이 흔히 접하게 되는 진단적인 딜레마에 대해 하나의 인지적 파트너로써 최신 정보로 업데이트된 인공지능으로부터 도움을 받을 수 있을 것이다. 류마티스 질환으로 만성 장애를 가진 환자들이 많다. 로봇 기술과 가상 비서 등에 내장된 인공지능 도구는 이들 환자의 케어 수준을 높이는 데 가치있는 기여를 할 것이다.

- 미래에는 로봇 수술이 더 정교하게 진화할 것이고 다양한 외과 분야에서 인공지능이 개발될 것이다. 외과의사들은 컴퓨터 비전, 특히 영상의학과 전문의가 없는 상황에서 이미지 판독의 발전으로 혜택을 입을 것이다. 더불어 인공지능과 가상현실 또는 증강 현실을 사용한 수술 전 계획을 통해서 수술 결과를 개선하고 불필요한 합병증을 예방할 수 있을 것이다.

- 모바일 인공지능과 알고리듬이 만물인터넷으로 진화해 사람, 프로세스, 데이터, 사물들이 모두 통합될 것이다. 이렇게 되면 만들어지는 데이터가 클라우드 내 전체적인 정밀의학 패러다임 안에서 바로 사용되고 처리될 수 있는 체계가 만들어질 것이다.

- 다차원적인 유전체 데이터와 임상 데이터를 통합해(온톨로지 그래프 데이터 구조를 통해서 매핑과 프로젝션을 수행) 맞춤형 치료를 찾는 방법을 보여준다. 개인의 임상적, 분자생물학적 프로파일, 전자의무기록 데이터를 통합해 3차원 접근법(수평적 지식 층 또는 검색 공

간과 수직적인 온톨로지 층 매핑을 사용)을 통해서 치료 옵션을 발견한다. 이런 프레임워크의 기초는 위계적으로 구성되고 온톨로지에 바탕을 둔 지식 표현 스키마다.

- 미래에는 인공지능이 추가된 로봇 활용이 점점 더 커져나갈 것이기 때문에 이 전문 분야에서는 장애나 기능 손상을 가진 재활 환자들에게 사용하는 로봇과 장비가 더 많아질 것이다. 또한 가상현실 같은 기술들이 재활 전략에서 새로운 혁신적인 접근법을 제공할 것이다.

- 게임이나 딥 강화 학습을 사용한 변형 현실 기술은 임상적 학습과 훈련의 효과성뿐만 아니라 의학 교육의 경험을 극적으로 바꿀 수 있을 것이다.

- 간호 분야에서 로봇공학과 로봇 보조가 매우 중요한 자리를 차지할 것이다. 더불어 만성병 관리에서 가상 보조 시스템이 간호 케어 부분에서도 매우 가치있는 역할을 하게 될 것이다.

- 미래에 병원 인공지능은 데이터 애널리틱스의 모든 측면을 망라하는 내장된 지능 부서의 형태를 띄게 될 것이다. 그리고 BI와 임상 애널리틱스는 모두 병원에서 지능의 일부이기 때문에 그 차이는 거의 사라질 것이다.

헬스케어 기관에서의 인공지능 준비도 평가

헬스케어 기관에서 인공지능 구축을 위한 전략은 여러 단계로 이뤄질 수 있다. 인공지능 전략은 전반적인 기관의 전략과 재정적인 유연성에 바탕을 두고 기관에 맞게 이뤄져야 한다. 헬스케어 기관의 인공지능에 대한 접근도 및 준비도를 높이기 위해서, 다음과 같은 10가지 요소를 기준으로 상황을 평가하고 실행 계획을 수행할 수 있다.

병원	점수	비고
	카테고리당 1~5점(카테고리 10개)=총점은 100점임	
데이터 질	1. PACS 그리고/또는 CPOE(임상처방입력시스템)만 있는 경우 2. 위를 만족하고 의사의 문서화가 돼 있는 경우 3. 완전한 전자 건강 기록(EHR) 4. HIE와 환자 포털을 갖고 있는 완전한 EHR 5. 위를 만족하고 기업형 데이터 웨어하우스를 갖추고 있음	점수가 높을수록 더 나은 데이터임
데이터 분석	1. 기초 애널리틱스(보고 시스템) 2. 기초 애널리틱스(예측 시스템) 3. 진보된 애널리틱스(머신러닝) 4. 예측적 분석 5. 실시간 그리고/또는 처방적 분석	점수가 높을수록 더 좋은 분석법임
기술 인프라	1. 낮은 인프라 2. 평균 이하의 인프라 3. 평균 인프라 4. 평균 이상의 인프라 5. 훌륭한 인프라(인공지능이 가능한 하이브리드 클라우드, 로보틱 프로세스 오토메이션, 25% IoT/IoE, 모바일 접근)	점수가 높을수록 더 좋은 기반 자원임
사이버 보안 수준	1. 낮은 사이버 보안 2. 평균 이하의 사이버 보안 3. 평균 정도의 사이버 보안 4. 평균 이상의 사이버 보안 5. 훌륭한 사이버 보안(방화벽, 웹보안, 훈련, 다크웹 아이디 모니터링, 계층화된 방어, 최접점 보호)	점수가 높을수록 더 나은 보안임
팀 능력	1. 1명의 전임 데이터 과학자 또는 데이터 챔피언 2. 1명 이상의 데이터 과학자(박사급 이상 적어도 1명) 3. 위 조건들 이상이면서 팀장이 없는 경우 4. 팀이 구축돼 있고 데이터와 인공지능에 전담 시니어 팀장이 있는 경우 5. 인공지능 프로그램 또는 센터가 있는 경우	점수가 높을수록 더 좋은 전문기술임
문제의 적절성	1. 기관이 인공지능이 필요하다고 생각하지 않는다. 2. 기관이 인공지능이 약간 필요하다고 생각한다. 3. 기관이 인공지능이 어느 정도 필요하다고 생각한다. 4. 기관이 인공지능이 매우 필요하다고 생각한다. 5. 기관이 인공지능이 반드시 필요하고 시급하다고 생각한다.	점수가 높을수록 더 적절한 것을 말함

병원	점수	비고
전략의 중요성	1. 인공지능이 전략 기획에 언급돼 있지 않다. 2. 인공지능이 전략 기획에 포함돼 있다. 3. 인공지능 파일럿 프로젝트가 계획돼 있다. 4. 인공지능 프로젝트가 정의된 지표를 갖고 수행되고 있다. 5. 인공지능을 기관 내에서 주요한 전환적인 힘으로 인식한다.	점수가 높을수록 더 중요함
재정과 재원	1. 재정적인 지원이 없다. 2. 작은 프로젝트에 대한 지원이 있다(2만500달러 이하). 3. 큰 프로젝트에 대한 재정 지원이 있다(2만 5000달러 이상). 4. 인공지능 프로젝트에 필요한 전산팀의 예산이 있다. 5. 인공지능 프로젝트/팀에 대한 분리된 예산이 있다.	점수가 높을수록 재정이 좋음
시기와 문화	1. 기관내 관심/지식이 없거나 거의 없다. 2. 소수(<5%)만이 인공지능 교육에 참여한다. 3. 일부(>5%)가 인공지능 교육에 참여한다. 4. 위 내용에 더해서, 기관내에서 인공지능 교육이 진행중이다. 5. 위 내용에 더해서, 국가/지역 단위의 모임이 있다.	점수가 높을수록 더 나은 시기임
장벽과 채용	1. 리더십에 인공지능에 대한 관심이 없거나 거의 없다. 2. 리더십에 일부(<50%)만이 관심이 있다. 3. 리더십에 다수(>50%)가 인공지능에 관심이 있다. 4. 위 내용에 더해서, 리더십에 인공지능에 대한 분명한 의지가 있다. 5. 최고 의사 결정 리더십에 인공지능이 어떤 역할을 하고 있다.	점수가 높을수록 장벽이 낮음
무형적 요소	인공지능과 데이터 과학 연관 논문/책, 스타트업, 수상 경력, 프레젠테이션, 모임, 파트너십, 컨설팅 회사, 뉴스, 환경, 커뮤니티 지원 등	이유를 말한다. 이유 하나당 1점(최고 10점)

성공적인 의료 인공지능 구현을 위한 10가지 요소

의료 인공지능이 궁극적으로 패러다임 전환을 하기 위해서 풀어야 이슈와 문제를 해결하기 위해 필요한 10가지 요소와 해법이 있다.

헬스케어에서의 데이터 접근, 저장, 공유 전략의 공유다. 헬스케이 데이터의 상당 부분은 결손되고 부정확하며 체계화돼 있지 않고 분절돼 있다. 더불어 헬스케어 데이터는 병원이나 진료실에 가둬져 있어 사실상 접근이 불가능한데, 환자들이 그들 자신의 데이터를 소유할 수 있게 권한을 부여할 필요가 있다. 궁극적으로 모든 이해관계자들이 함께 협력하고 참가자 모두가 헬스케어 데이터에 접근하고 공유할 필요가 있다. 인공지능이 달착륙 프로젝트를 시행하는 데 필요한 궤도로 올려다줄 로켓이라면, 데이터는 우리가 필요로 하는 연료다. 그런데 이 연료가 아직 완전히 수집되지 않았다. 유전체 데이터, 웨어러블 기술 데이터, 사회경제학적 데이터 등과 같은 주요 데이터 소스가 그 모습을 갖춰가고 있는 시점이기 때문에 그 데이터 전략에 대한 시의적절성이 아주 중요하다. 인공지능 방법론이 더욱 발전해 나갈 것으로 예상되고 있는데, 헬스케어 데이터는 수십년 동안 제대로 정리돼지 않았으며 앞으로 이를 개선하기 위한 노력이 필요할 것이다. 핵심 전략 가운데 하나는 그래프 또는 하이퍼그래프 데이터베이스와 같은 혁신적인 데이터 인프라를 구축하는 것이다. 이런 헬스케어 데이터의 수집과 저장에는 사이버 보안에 대한 주의 집중이 필요할 것이며 그런 측면에서 블록체인 기술의 부상은 시의적절하다고 볼 수 있다. 요약하면 좋은 의료 인공지능은 기초 데이터와 데이터베이스에 대한 기반뿐만 아니라 어느 정도 수준의 사물인터넷과 만물인터넷 기술을 통한 연결성을 필요로 한다.

의료 인공지능에 대한 인식과 교육을 강화하는 것이다. 헬스케어와 의료, 특히 의료 영상과 의사 결정 시스템 분야에서 벤처 투자에 대한 관심이 올라가고 있기는 하지만 병원 행정가와 의사들, 그리고 투자자들은 여전히 헬스케어와 의료에 적용되는 인공지능 기술에 대한 충분한 교육이 부족하다. 의과 대학과 레지던트 프로그램에 데이터 과학 수업이 포함된 경우는 매우 드물다.

또한 컴퓨터 전문가나 데이터 과학자들은 임상 의료 영역에 대한 이해가 부족하고 의사들이 인공지능을 통해 자신들의 업무 부담을 경감시키기 위해 어떤 것들을 필요로 하는지도 잘 모른다. 더 깊은 지식은 "매커니컬 터크스Mechanical Turks" 같은 인공지능 솔루션을 구매하지 않도록 예방하는 데도 도움이 될 것이다.

인공지능 문제를 해결하기 위한 인간끼리의 협력에 대한 이해다. 의료 인공지능 작업에서는 문제를 해결하고 프로젝트를 이끌어가기 위해 인간 대 인간의 상호 작용과 관계 형성이 핵심적 역할을 한다. 데이터 공유에서부터 헬스케어와 의료에서 인공지능을 사용하는 프로젝트를 수행하는 것까지 수많은 영역의 전문가와 리더들의 협력을 통해서 문제를 해결할 필요가 있다.

의사와 데이터 과학자 사이의 시너지를 증대시키는 것이다. 딥러닝을 알고 있는 의사(딥러닝을 이해하는 활동적인 임상 의사를 찾아보자)나 임상 의학을 알고 있는 데이터 과학자(일정 기간 동안 한 번 이상 의사들을 만나고 어떤 임상적 문제에 대해 어느 정도 시간을 보낸 적이 있는 데이터 과학자를 찾아보자)가 극히 드물다. 이런 의사와 데이터 과학자 간의 거리는 교만한 마음을 가질 때 더욱더 증가한다. 한 예로 심방세동에 대한 예비 머신러닝 프로젝트가 있다. 이 작업에서 의사와 데이터 과학 진영 사이에 충분한 토론이 없는 경우 모델의 과도한 진단으로 이어질 가능성이 있다. 허구지만 가장 좋은 비유는 셜록 홈즈(데이터 과학자)와 닥터 왓슨(의사)으로, 이 두 탐정은 서로의 약점을 중화하면서 일을 해나간다. 마지막으로 현재 의료의 혼란을 극복하고 미래 인공지능에 기반한 미래 솔루션들이 개발되기 위해서는 의사와 데이터 과학자가 교만함 없이 마치 DNA 이중나선과 같이 서로 다른 시선을 가지고 일에 기여하는 특수한 이중성과 시너지를 반드시 필요로 한다. 의사와 데이터 과학자를 정수 "5"에 비유해 보자. 이 분야가 서로 반목한다면 그 결과는 "5 나누기 5", 즉 1이 된다. 서로 상보적인 역할을 하지만 시너지가 없다면 "5 더하기 5", 즉 10이 된다. 만약 두 분야가 시너지를 발휘한다면 "5 곱하기 5", 즉 25가 된다. 앞으로 의사들은 데이터 과학과 인공지능에 대한 복수 전공을 통해 이득을 볼 수도 있다. 이런 복수 전공자들은 임상과 데이터 과학 영역 사이의 가치있는 중재자 역할을 할 수도 있다. 딥러닝과 인공지능은 임상의로서 의사들의 능력을 떨어뜨릴 수 있기 때문에 이런 의사–데이터 과학자들은 임상적인 통찰력의 감퇴를 줄이는 역할을 할 수 있을 것이다. 이중적 관점의 부재는 잘못된 가정으로 쉽게 이어진다. 임상의 의견을 배제했던 여러 연구들과 같이 과도한 진단으로 이어질 가능성이 있다. 또 이런 집단은 인공지능 관련 블랙박스 문제에 대한 편견을 없애는 데도 역할을 할 것이다. 이 집단은 새로운 데이터에는 전혀 연관성이 없이 오로지 훈련 세트에서만 보이는 가짜 연관성을 진짜로 보고 하는 가짜 발견을 감사하는 데도 도움이 될 것이다.

생의학에서 항상 크지는 않은 작은 데이터를 인정하는 것이다. 미래에 사람 간 협력을 유지하고 헬스케어와 의료에서 딥러닝을 개발하려고 한다면 딥러닝뿐만 아니라 딥러닝의 여러 변형적인 방법을 사용할 필요가 있다. 딥러닝에 이상적인 조건을 만족시키는 빅데이터가 항상 존재하지는 않을 것이기 때문이다. 한 환자의 연속적인 데이터 같은 "작은^{Small}" 데이터를 잘 다뤄야 할 필요가 있다. 이런 데이터는 환자를 추적하는 의사에게는 매우 중요한 문제다. 또한 크지 않은 데이터에 대한 원샷 러닝과 딥 강화 학습 같은 혁신적인 딥러닝 방법을 고려할 필요가 있다.

보이는 것을 보이지 않게, 보이지 않는 것을 보이게 하고 인공지능에 대한 설명 가능성을 확보한다. 인공지능 프로젝트는 오늘날 사용되는 컴퓨터나 생체 계측 장비를 한물 간 것으로 만들어야 한다(보이는 것을 보이지 않게 하기). 그와 같은 인공지능 기반 도구의 하나는 지능적인 에이전트나 챗봇으로 여러 사람들을 대체할 것이다. 반대로 딥러닝과 같은 기술들에 의해서 발견되는 소음속 시그널은 헬스케어와 의료의 보이지 않는 지식과 지능을 좀 더 가시적인 것으로 만들 것이다. 어떤 것이 가장 적합한 인공지능 방법론인지 알아보고 상황을 정리한 뒤 방향을 지시해줄 사람과 함께하는 것이 좋을 것이다. 마지막으로 데이터 과학에 대한 교육이나 배경이 없는 이해관계자들 사이에서 인공지능, 특히 딥러닝에 대한 "블랙박스" 인식을 최소화하기 위해 설명 가능한 인공지능이 필요하다.

딥러닝뿐만 아니라 인공지능 포트폴리오에 있는 모든 종류의 도구를 사용하는 것이다. 많은 주목을 받는 것은 사실이지만 생의학에서 모든 것이 머신러닝이나 딥러닝으로 해결되는 것은 아니다. 의사와 데이터 과학자의 인간(의사) 대 인간(데이터 과학자)이라는 의미있는 연속된 인터페이스가 부재하는 경우 모든 측면에 대한 이해를 바탕으로 한 헬스케어와 의료에서의 실제 문제들에 대한 최적의 해법을 기대하기 어렵다. 더불어 수없이 많은 과진단 도구를 만들어내고 그로 인해 부적절한 치료를 유발하며 내재된 복잡성을 더 악화시킬 가능성도 가지고 있다. 한마디로 헬스케어에서 "디자인" 사고가 결핍된 상황을 마주할 수 있다. 딥러닝이 항상 최선의 해법은 아니며 어떤 경우에는 일반적인 통계적 분석과 같은 기초 기술을 구현하는 것이 더 현명한 방법일 수 있다. 어려운 딥러닝을 통하지 않고 좋은 기초 데이터 분석을 통해서 지식을 유추할 수도 있다. 따라서 어떤 상황에서 인공지능이 필요하지 않은지를 가려내는 혜안이 중요하다. 또한 미래의 생의학 및 헬스케어의 많은 문제는 딥러닝이 아닌 인지적 해법cognitive solutions을 통해서 해결할 필요도 있을 것이다.

생의학의 복잡성을 이해하는 것이다. 알파고가 인간 바둑 챔피언을 물리치는 성과를 거두기는 했어도 생의학은 아마 바둑보다 훨씬 더 복잡한 문제일 수 있다. 생의학의 "딥" 표현형은 유전체 데이터, 약물유전학 프로파일, 사회경제적 환경, 심리학적 프로파일 등 수백개의 층을 가진 데이터로 구성된다. 임상 의료과 정밀 의학의 난항을 해결하는 데 필요한 이런 딥 표현형은 헬스케어와 의료 인공지능이 더 널리 퍼져 나가면서 더욱더 복잡한 양상을 띨 것이다(그림 참고). 정밀 의료와 인구 집단 건강 사이에는 접근 방법상 잠재적 불일치가 있다. 의료 인공지능이 이 두 힘을 조화시키는 데 도움이 될 것이다.

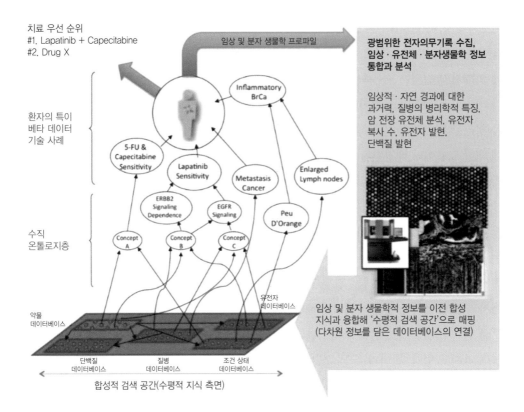

치료 우선 순위
#1. Lapatinib + Capecitabine
#2. Drug X

임상 및 분자 생물학 프로파일

광범위한 전자의무기록 수집,
임상·유전체·분자생물학 정보
통합과 분석

임상적·자연 경과에 대한
과거력, 질병의 병리학적 특징,
암 전장 유전체 분석, 유전자
복사 수, 유전자 발현,
단백질 발현

환자의 특이
베타 데이터
기술 사례

수직
온톨로지층

Inflammatory
BrCa

5-FU &
Capecitabine
Sensitivity

Lapatinib
Sensitivity

Metastasis
Cancer

Enlarged
Lymph nodes

ERBB2
Signaling
Dependence

EGFR
Signaling

Peu
D'Orange

Concept
A

Concept
B

Concept
C

약물
데이터베이스

유전자
데이터베이스

단백질
데이터베이스

질병
데이터베이스

조건 상태
데이터베이스

합성적 검색 공간(수평적 지식 측면)

임상 및 분자 생물학적 정보를 이전 합성
지식과 융합해 '수평적 검색 공간'으로 매핑
(다차원 정보를 담은 데이터베이스의 연결)

의료 인공지능에 인지적 요소를 포함시키는 것이다. 의료와 헬스케어 인공지능에 참여하는 모든 이해관계자는 인공지능의 종류와 그 종류별 한계의 장단점에 대한 최소한의 이해를 가져야 한다. 의료 인공지능 종사자들은 신경심볼리즘이라는 인공지능의 3차 흐름을 이해할 필요가 있을 것이다. 사물인터넷은 어느 정도의 인공지능 기능을 내장한 디바이스로 구성되는 만물인터넷의 시대로 진화할 것이다. 이는 구심성 말초 신경이 그 정보를 중추 신경계에 전달하는 것과 유사하다. 이런 능력을 바탕으로 모든 개개인의 헬스케어는 일종의 "임상적 GPS"를 가지게 될 것이다. 여기서 질병은 하나의 "교통 체증"과 같은 것으로 여겨질 것이다.

좀 더 현실적인 프로젝트와 높은 비전을 가진 프로젝트를 동시에 수행하는 것이다. 로보틱 프로세스 오토메이션을 사용한 직업 경력과 권한 관리 등과 같은 현장에서 꼭 필요한 자동화 문제를 해결해줄 인공지능 프로젝트를 수행하는 것이 반드시 필요하다. 인공지능 팀은 구현하기 쉬우면서도 현장에서 필요한 프로젝트와 영상 판독이나 다양한 임상적 상황에서 의사 결정 지원을 뒷받침하는 데 사용되는 인공지능 같이 고차원의 도전적인 딥러닝 프로젝트 등을 동시에 균형감있게 가지는 안목이 필요하다. 이런 접근법은 행정과 의료 책임자들이 투자수익률과 프로젝트로부터 얻을 수 있는 가치에 대한 비교를 통해 인공지능 채용 여부를 판단하는 데 도움이 될 것이다.

의료 인공지능 구현을 위해 극복해야 할 10가지 장애물

어느 기관이나 그룹을 막론하고 성공적인 인공지능 프로젝트를 구현하는 데 공통적으로 관찰되는 10가지 잠재적 장애물에 대해서 설명하고자 한다.

의사/병원 행정가와 데이터 과학자들 사이의 문화적 차이가 있다. 의사들, 특히 급성기 치료를 담당하는 의사들은 회진이나 콘퍼런스 같은 짧은 시간 동안 빠른 의사 결정을 해야 하는 경우가 많아 편리한 의사 결정 시스템을 선호한다. 데이터 과학자들은 보통 그렇게 급박한 시간 제한이 있는 경우가 드물기 때문에 좀더 유연하게 일하는 경향이 있다. 물론 스타트업들은 비슷한 시간 제약을 갖는 경우도 있기는 하지만 말이다. 그리고 두 그룹은 위계적 구조에서 차이를 보인다.

인공지능 프로젝트와 서비스의 가치를 제안하는 점이다. 종종 개별적인 다양한 서비스에 적용되는 개별 인공지능 프로젝트의 가치 제안을 가지고 모든 이해관계자들을 설득하는 것이 어렵거나 지루한 경우가 있다. 이런 장애는 이전 인공지능 서비스나 프로젝트가 좀더 생산성을 보이고 투자수익률을 가져다준 경험이 있으면 보통 쉽게 극복된다. 그리고 이런 서비스가 환자 케어 전달이라는 측면에서 어떤 가치를 부여하는지를 이해하고 있는 적어도 몇 명의 고위 임상의가 있는 경우 이런 장애를 해결하는 데 도움이 된다.

양측의 지식이 부족한 경우다. 의사들은 의학 교육을 통해 배운 통계학에 좀 더 익숙한 반면 데이터 과학에 대한 교육은 잘 받지 않았다. 한편 데이터 과학자들은 의학적 지식을 탐구할 수는 있어도 종종 내재된 복잡성이나 미묘한 차이, 임상 의학의 불확실성, 의사들이 생각하는 방식을 잘 이해하지 못한다. 이런 점은 지식 영역 간의 큰 간극을 만들고 문화적 차이를 악화시킨다.

새로운 기술에 대한 신뢰 부분이다. 의사들은 종종 큰 효과를 가져다줄 것처럼 약속하고는 실제로 상당히 낮은 효과를 보이는 기술에 대해 일정 정도의 부정적 인식을 갖고 있다. EHR과 인공지능이 낮은 효과를 보이는 기술로 취급되고 종종 인공지능이 EHR과 비슷한 것으로 치부되곤 한다. 의사들은 여전히 EHR이 업무를 증가시키기만 할 뿐 체감되는 가치가 적은 도구라고 불평을 하고 있다. 인공지능은 이런 부담을 경감시키는 데 초점을 맞출 수 있고 가능한 한 많은 가치를 가져다 줄 수 있다.

인공지능 도구와 "블랙박스" 인식의 설명 가능성 부분이다. 인공지능 도구에 투명성이 부족하다는 인식이 있다. 의사들이 항상 심장박동기 같은 모든 기술을 알아서 쓰는 것은 아니듯이 인공지능 도구 작동법을 완전히 설명하도록 하는 것은 불공평할 수도 있다. 만약 의사들이 인공지능에 대한 기본적인 이해를 하고 있고, 데이터 과학자들이 이런 인공지능 도구를 좀 더 이해할 수 있게 만들도록 노력한다면, 해석 가능성에 대한 어떤 중간 접점을 찾아나갈 수 있을 것이다.

인공지능으로 작업 흐름에 영향을 받는 부분이 있다. 이미 의사들은 여러 가지 이유로 (주요 원인은 EHR과 관련된 업무 부담이다) 높은 업무 부담률을 가지고 있어서 어떤 종류라도 업무 부담을 조금이라도 가중시키는 것에 대해서는 잘 받아들이지 않으려고 한다. 이상적인 인공지능 프로젝트는 업무 부담을 경감시킬 뿐만 아니라 환자 케어를 개선하고 케어 비용을 줄이는 것일 터다. 업무 부담을 가중시킬지라도 받아들여질 수 있는 인공지능 프로젝트는 오로지 환자 케어의 질을 뚜렷하게 개선시키는 도구일 때에 한정된다.

잘 정제된 큰 데이터에 대한 접근도 한 부분이다. 가장 잘 정제돼 있고 가장 완벽한 형태라고 하더라도 생의학 데이터는 대규모 형태로 완전성을 획득하는 것이 매우 어렵다. 대규모 데이터라 할지라도 부정확하게 레이블링돼 있는 등 여러 가지 문제가 있을 수 있다. 의사들은 다른 기관들과의 협력을 통해서 이런 점을 극복할 수 있지만 현재는 전혀 그렇지 못한데 앞으로는 그런 노력이 일상적인 것으로 기대해 본다. 데이터 과학자들은 작은 데이터를 가지고 작업하는 데 좀더 유연해질 수 있을 것이다.

상호운용성과 EHR 인프라 문제도 있다. 앞에서 언급한 데이터 크기와 완전성에 관한 문제 말고도 시간과 자원에 대한 요구도가 높을 수 있는 데이터 접근과 수집에 대한 절차적 어려움이 있다. 병원과 헬스케어 회사들 간의 완전한 상호 운영성의 부재는 데이터 수집과 접근을 어렵게 한다. 데이터 공유를 촉진하는 EHR 회사들 간의 완전한 협업이 잘 안되는 데는 이해 가능한 이유가 있다.

임상 전문가의 부재 부분이다. 다른 프로젝트에서와 같이 인공지능 프로젝트에 매우 적극적인 의사가 부재한 경우 인공지능 채택이 훨씬 더 어렵다. 그런 의사가 있어도 그 프로젝트를 지지하고 유지해 나갈 동료 의사들이 더 필요하다. 해당 전문가 그룹은 프로젝트에 대한 다양한 피드백을 받기 위해서 인공지능 이해관계자들과 지속적인 커뮤니케이션을 유지할 필요가 있다.

인공지능이 의사와 다른 전문가들을 대체할 것이라는 두려움도 문제다. 헬스케어 종사자들 가운데는 그들의 직무 중 일부 또는 전부가 자동화와 인공지능에 의해 대체될 것이라고 걱정하는 사람들이 있다. 의사들이 대체될 것이라는 섣부른 주장은 그다지 널리 받아들여지지 않고 있다. 좀더 현실적인 개념은 인공지능이 헬스케어 종사자들의 기술을 보완하고 그들의 일상적 업무 부담을 줄일 것이라는 점이다.

더불어 엔리틱^{Enlitic} 사의 케빈 라이먼^{Kevin Lyman}은 다음과 같은 장애물이 있다고 말한다.

1. 영상 데이터는 상당히 미묘하고, 적절한 교육을 받지 않는 경우 의도하지 않은 편향을 피하기 어렵다.
2. 대부분의 시간은 실제 임상 인공지능을 만드는 데 사용하는 것이 아니라, 임상 인공지능을 만들 수 있게 하는 도구 개발에 소요된다.
3. 대부분의 병원은 인공지능 사용을 염두에 두고 소프트웨어 기반 시설을 설계하지 않는다.
4. 모델은 규제 승인을 받지 않지만 모델의 특정한 용도에 대한 것이라면 규제 승인을 받아야 한다.
5. 프라이버시와 보안은 쉽게 손에 잡히지 않는 주제로, 특히 글로벌 단위로 일할 때는 더욱 그러하다.

참고 문헌

[1] He J, Baxter SL, Xu J, et al. The practical implementation of artificial intelligence technologies in medicine. Nat Med 2019;25:30-6.
[2] Darcy AM, Louie AK, Roberts LW. Machine learning and the profession of medicine. JAMA 2016; 315(6):551-2.

[3] Nsoesie EO. Evaluating artificial intelligence applications in clinical settings. JAMA Netw Open 2018;1(5):e182658.

[4] Maddox TM, Rumsfeld JS, Payne PR. Questions for artificial intelligence in health care. JAMA 2019; 321(1):31-2.

인공지능의 미래와 의료 응용

"우리는 짧은 미래만 볼 수 있을 뿐이지만, 그 안에서도 해야 할 많은 것들을 볼 수 있다."
– 앨런 튜링, 영국 수학자

인공지능과 생의학에서 그 응용에 대한 미래는 매우 전망이 높을 뿐만 아니라 넘어야 할 문제들도 잔뜩이다[1]. 인공지능이 발전할 것이라는 이런 전망은 양자 컴퓨팅과 뉴로모픽 칩과 같은 고급 컴퓨터 기술의 빠른 개선과 가속화된 배치, 딥러닝과 그 유사 방법 같은 인공지능 기술의 빠른 개발과 진화, 현재의 AI 캄브리아기 폭발을 이끈 인지 아키텍처cognitive architecture 등에 바탕을 두고 있다.

피터 보스Peter Voss는 미래 인공지능을 "제3의 물결"이라고 간략하게 말했다. 첫 번째 물결은 고파이GOFAI, good old fashioned AI라고 하는 전통적인 프로그래밍 방법에 초점을 둔 것이고, 두 번째 물결은 현재의 딥러닝 흐름을 말한다. 제3의 물결은 여러 인지 아키텍처에 의존한다 (그림 1). 앞선 두 물결은 생물학적 완전성이 결여돼 있지만, 이 인지 아키텍처 속 제3의 물결은 인간의 인지 기능을 포함하기 때문에 훨씬 더 복잡하다. 인간의 인지와 "상식"이 없는 상태에서 수행된다면, 머신러닝 단독으로 의료 의사 결정을 내리는 것은 위험할 수 있다[2]. 제

3의 물결 인지 아키텍처는 다음과 같은 기능을 갖출 필요가 있다. 일반 인공지능^AGI에 도달하기 위한 추상적인 추론, 일반적인 학습 능력, 실시간 상호 작용하는 학습, 역동적인 목표와 맥락, 전이 학습 등이 그것이다. 머신러닝/딥러닝과 규칙 기반 프로그래밍 사이의 중간 역할을 하는, 인간과 비슷한 직관을 가진 인공지능 개발이 도움이 될 것이다. 이런 인공지능에는 인터랙티브 네트워크(복잡한 시스템 안에서 객체들이 어떻게 상호 작용하는지에 대한 추론 모델), 뉴럴 피직스 엔진^neural physics engine, 재귀적 피질 네트워크^recursive cortical networks 등이 있다[3].

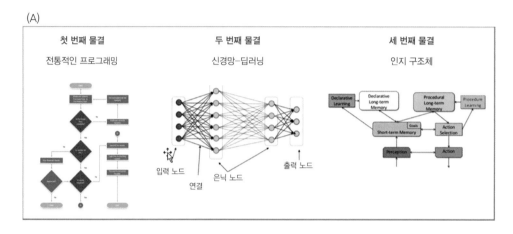

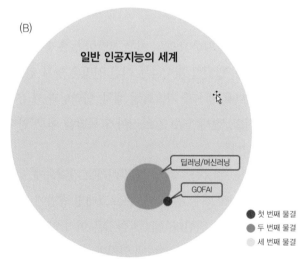

그림 1 A와 B는 인공지능의 세 가지 물결. (A)인공지능의 첫 번째 물결은 프로그래밍이고, 두 번째 물결은 현재의 딥러닝이다. 다가올 세 번째 물결은 인지 아키텍처에 초점을 둘 것이다. (B)세 번째 물결을 통해 개발되는 궁극적인 일반 인공지능은 기존의 물결보다 훨씬 더 클 것이다.

참고 문헌

[1] Stead WW. Clinical implications and challenges of artificial intelligence and deep learning. JAMA 2018;320(11):1107-8.

[2] Cabitza F, Rasoini R, Gensini GF. Unintended consequences of machine learning in medicine. JAMA 2017;8318(6):517-18.

[3] How researchers are teaching AI to learn like a child (AAAS). 〈https://www.youtube.com/watch?v=79zHbBuFHmw〉.

10

인공지능의 미래에 관한
주요 개념

인지 구조$^{cognitive architecture}$와 더불어 아래와 같은 임상 의학, 헬스케어와 특이 연관이 깊은 인공지능 관련 기술들이 발전하고 있다.

5G

차세대 모바일 인터넷 전송 방식으로 기존 4G보다 100배 정도 빠르고, 디바이스에 대한 신뢰성 있는 연결을 제공한다. 이와 같은 기반 기능은 사물인터넷의 지수적 성장에 대응하며 또한 상당한 양의 데이터가 필요한 의료 기기를 지원할 것이다. 빠른 데이터 전송 속도와 넓은 대역폭이 5G의 특징으로, 이런 기능은 디바이스가 좀 더 정밀해지기 위해선 반드시 필요하다. 5G를 도입하는 데 가장 적극적인 나라는 미국, 중국, 한국이다.

증강현실과 가상현실

미래 인공지능은 증강현실과 가상현실$^{Augmented and Virtual Reality}$을 지원하게 될 것이다. 증강현실이란 실제 위에 컴퓨터가 생성한 증강 요소를 올려 놓아 증강된 현실을 만들어내는 기술이다. 가상현실은 VR 모델링 언어라고 부르는 특수한 언어로 코딩해 만들고 컴퓨터가 생성한 시각적 또는 청각적 가상의 시뮬레이션 또는 상황에 대한 재현이다. 페이스북 오큘러스 Oculus가 그런 사례다. 이러한 인공지능을 장착한 변형 현실 방법들이 가까운 미래에 흔해질 것이고 의사와 가족을 대상으로 하는 의학 교육, 시뮬레이션을 포함한 수련, 수술 전 계획과 수술 후 계획 등 의료와 헬스케어에서 다양하게 사용될 것이다.

블록체인과 사이버 보안

블록체인Blockchain은 블록이나 기록물을 수정이 어려운 상태로 관리할 수 있게 해주는 암호화 기법이다. 처음에 이 기술은 공공 원장public ledger 형태로 비트코인에 적용됐다. 블록체인은 기존에 존재하는 비밀 키 암호화, 피어투피어 네트워크, 블록체인 프로토콜이라는 3가지 기술을 사용해 정보 등록에 파괴적 혁신을 가지고 온 방법이다. 헬스케어에 사이버 보안 Cybersecurity을 개선하기 위해서 블록체인과 같은 기술을 성공적으로 배치한다면 미래에 이해관계자들 사이의 데이터 공유를 촉진할 것이다. 미래 클라우드나 데이터 보안 개념에는 블록체인과 더불어 (1) 동형 암호homomorphic encryption와 (2) 차등 정보보호Differential Privacy와 같은 개념을 포함하게 될 것이다. 동형 암호는 데이터 암호화된 상태로 계산할 수 있도록 하는 기술이다[1]. 이 보안 솔루션의 가장 중요한 한계는 프로세싱 속도가 느리다는 점이다. 한편 차등 정보보호는 데이터에 충분한 "노이즈"를 추가하는 정교한 알고리듬으로 뭔가를 매칭하기 위해서 다른 데이터베이스와의 연관성을 통해 정보가 유출되는 취약성을 막는 방법이다. 마모시나Mamoshina는 블록체인과 인공지능의 융합을 통해 안전한 대규모 헬스케어 데이터 에코 시스템을 제안했다(그림 10.1).

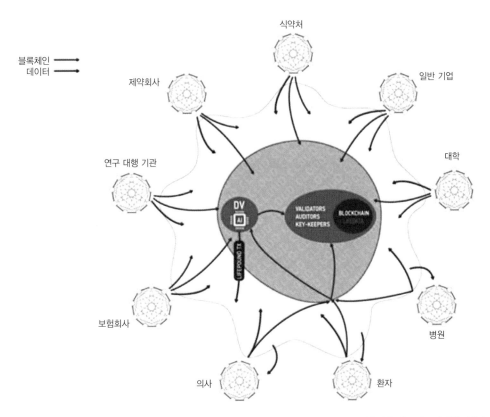

그림 10.1 개인별 데이터에 기반한 에코 시스템. 개인은 자신의 헬스케어 데이터에 대한 완전한 자율성을 갖고 있고 다양한 이해관계자들(보험회사, 제약회사, 식약처, 의사/병원 등)이 이 데이터에 접근할 수 있게 한다.

인공지능과 블록체인: 서로를 더욱 강하게

스리람 비쉬와나트Sriram Vishwanath

스리람 비쉬와나트는 컴퓨터 공학 교수로, 이 글을 통해 블록체인과 인공지능이 상보적인 기능을 가지고 있어서 블록체인이 인공지능의 투명성과 해석 가능성을 증가하는 방식을 통해 서로 시너지를 낼 수 있다고 설명한다.

이 책의 다른 곳에서 설명했듯이, 인공지능은 다양한 헬스케어 애플리케이션에 영향을 줄 수 있는 강력한 도구다. 헬스케어에서 인공지능 사용이 아직은 유아기 상태에 있지만, 헬스케어를 전환하는 중심 가치는 부정할 수 없다. 수십년 전, 인공지능이 삶의 모든 측면에 우리의 요구를 해결해줄 마술과 같은 해법이 될 것이라는 과도한 기대가 있었다. 그 이후 인공지능의 팩트와 픽션의 차이를 구분해 오기는 했지만 적절한 방식으로 사용한 경우 인공지능은 우리 헬스케어 시스템을 개선할 수 있는 가능성을 실제로 현실화시켜 왔다.

그런데 블록체인에 대한 이해과 그것이 헬스케어에 가져다 줄 이익에 대한 이해는 아직은 초기 단계에 머물러 있고 우리 다수에게 블록체인은 아직은 낯선 도구로 다가온다. 인공지능이나 머신러닝은 블록체인에 비해 더 잘 이해돼 있고 상당히 더 성숙된 것으로 여겨지고 있다. 반면 블록체인은 여전히 그 자체의 "하이프 사이클"을 시작하는 시점에 있으며 헬스케어 에코 시스템에 주는 잠재력 영향력은 모호한 상태다. 인공지능의 경우와 비슷하게 블록체인을 목표지향적인 방식으로 사용한다면 헬스케어를 비롯한 여러 분야에서 상당한 유용하라는 것이 증명될 수 있을 것이다. 이런 목적을 달성하려면 과도한 기대를 넘어서 블록체인이 무엇인지, 어떤 사회적인 요구를 해결할 수 있을지에 대한 이해가 필요하다.

블록체인은 탈중앙화된 가치 교환을 가능하게 하고, 소위 "비잔틴 장군 문제"라고 불리는 오래된 문제에 대한 해법으로써 제3자를 통한 신용 보증 없이도 그와 같은 교환에 참여하도록 장려한다. 블록체인은 중앙의 권위자 없이 문제를 해결할 수 있도록 하고, 네트워크에 참여한 참여자들에게 규칙 준수를 보증한다. 인공지능과 비슷하게 블록체인은 주요 사회적인 수요에 대한 다학제적이고 현명하게 고안된 해법의 하나다. 인공지능은 데이터에서 필요한 가치를 추출하는 데 필요했다. 블록체인은 탈중앙적이고 신용 보증이 필요하지 않아도 되는 방식으로 이런 가치를 전달하기 위해 필요하다. 탈중앙적인 구조는 권력이나 의사 결정이 한 사람, 사물, 어떤 존재의 손에 집중되지 않기 때문에 다수의 참여자가 존재하는 상황에서는 바람직한 방식이다. 블록체인은 그런 것이 가능한 첫 번째 시스템으로 보안과 프라이버시를 보증하면서 그와 같은 상호 작용을 할 수 있게 해주는 기술이다.

인공지능과 블록체인 기술 사이에는 자연적이고 시너지를 낼 수 있는 관계가 존재한다. 첫 번째, 블록체인은 인공지능의 해석 가능성과 투명성을 높이기 때문에 "블랙박스"와 같은 알고리듬은 "글래스박스"로 바꾸는 역할을 할 수 있다. 이렇게 되면 인공지능의 예측 알고리듬에 내재된 특징, 요소, 이유 등을 더 깊이 이해할 수 있게 돼 개발자와 사용자 모두가 알고리듬 뒤에 있는 근본적인 힘을 이해할 수 있게 된다. 두 번째, 블록체인은 조사 가능한 개별적 원장을 제공하기 때문에, 이 기술을 사용하면 인공지능 알고리듬을 적용할 수 있는

HIPAA를 준수하는 탈중앙화 데이터 구조를 만들어 낼 수 있다. 이런 시스템으로 규칙 준수, 감사 가능성, 추적 가능성, 효율적인 탈중앙화 학습을 동시에 구현할 수 있게 된다.

인공지능과 블록체인은 새롭게 부상하는 두 개의 기술로 자연적으로 상보적 역할을 하기 때문에 이 둘을 함께 사용하면 헬스케어를 바꿀 수 있다. 우리는 이런 기술들의 혜택을 포용하고 더 나은 삶을 위한 헬스케어 전환에 참여할 수 있는 다시 없는 기회를 쥐게 됐다.

뇌-컴퓨터 인터페이스

뇌-컴퓨터 인터페이스는 마인드-머신 인터페이스, 브레인-머신 인터페이스BMI, 또는 직접 신경 인터페이스 등으로 불린다. 이는 자연 지능을 강화하기 위한 뇌와 외부 기기 사이의 커뮤니케이션 경로다. 일론 머스크는 이런 디바이스 종류의 한 사례를 두고 "신경 레이스"라고 불렀다. 이 분야는 재활치료와 관련된 분야에서 특히 주목하고 있다. 인공지능 기능을 가진 이러한 인터페이스가 어떤 이유로든 장애를 갖게 된 환자들에게 도움이 될 수 있기 때문이다.

캡슐 네트워크

캡슐 네트워크Capsule Network는 딥러닝의 권위자인 제프리 힌톤이 최근 발표한 방법론으로 적은 입력 데이터로 "더욱 스마트"해질 수 있는 생체 모방 요소를 가진 캡슐과 신경망을 말한다[2]. 이런 특성은 잠재적으로 생의학 데이터에 이상적일 수 있다. 전통적인 컨볼루션 신경망은 딥러닝의 인기 속에 사용되고 있지만 심각한 한계를 가지고 있다. 그런 단점 가운데 하나는 객체들 사이의 공간적인 위계 체계에 대한 정보가 없다는 것이다. 뉴런들로 구성되는 캡슐은 그런 공간 정보를 담을 수 있어, 모델의 공간 정보와 위계적인 관계를 개선함으로써 딥러닝의 "직감"과 같은 인지적인 요소를 포함시킬 수 있다는 장점을 가진다.

이 새롭게 개발된 캡슐 네트워크를 적용한 최근 논문에서는, 캡슐 컨볼루션 신경망을 알츠하이머병 MRI 영상에 적용했을 때 오토인코더를 가진 3차원 컨볼루션 신경망과 비교해서 더 우수한 성능을 보여 줬다고 한다[3].

클라우드 인공지능

클라우드 컴퓨팅은 지금까지는 공용 클라우드 모델, 예를 들어 아마존 웹 서비스나 세일즈포스의 CRM 시스템 같은 것들이 주를 이뤘으나, 미래의 클라우드는 가상화와 소프트웨어로 정의되는 데이터 서비스 등으로 발전할 것이다. 따라서 미래 인공지능 애플리케이션은 클라우드에 놓이게 될 것이고 AI 서비스AI-as-a-service 형태로 제공될 것이다. 인공지능에 클라우드 컴퓨팅이 중요한 이유 가운데 하나는 클라우드 컴퓨팅이 디바이스와 센서들의 어디에서나 사용 가능하도록 탈중앙화를 이루기 위한 핵심 요소라는 점이다.

엣지 컴퓨팅

클라우드 컴퓨팅 기술을 활용하면서도 클라우드 원거리 리소스 등으로 발생하는 반응 지연에 대응하는 방법으로 엣지 컴퓨팅은 클라우드 데이터센터 외부에서 실시간으로 로컬에서 데이터를 수집하고 분석할 수 있도록 디바이스를 지원하는 기술이다. 모든 시그널이 중추 신경계에서 분석하는 방식이 아니라 로컬에 시그널 프로세싱 기능을 가진 말초 신경계를 가지고 있는 것과 유사한 개념이라고 할 수 있다. 이 방식을 사용하면 좀 더 효율적으로 데이터를 분석할 수 있다는 장점과 더불어 데이터가 클라우드로 넘어가 처리되면서 발생하는 보안상의 문제를 해결하는 데도 도움이 된다. 엣지 컴퓨팅의 단점은 탈중앙화 시스템을 구성하는 어려움과 더불어 복수의 사이트를 구성하고 관리해야 한다는 점이다.

내장된 인공지능(만물인터넷)

헬스케어 데이터의 양은 웨어러블 디바이스와 홈 모니터링 기술로 상당히 증가할 것이고 향후 만물인터넷[IoE]으로[4] 발전할 것이다(그림 10.2). 현재 10만 개의 모바일 헬스 앱이 있는 것으로 추산되고 있다[5]. 사물인터넷은 수없이 많은 생리학적 디바이스가 인터넷으로 연결되는 것을 의미하는데, 만물인터넷은 본질적으로 사람, 프로세스, 데이터를 이런 디바이스와 연결해 사람의 개입없이 데이터 획득과 분석을 자동화는 "네트워크의 네트워크"라고 볼 수 있다[6]. 무선 센터 네트워크를 통해 연결되는 이런 "스마트" 기기들은 의료 데이터와 정보에 대한 집단 지성에 추가될 것이다. 만물인터넷은 기본적으로 사람, 프로세스, 데이터, 사물에 대한 지능적인 연결이다. 이것은 사물인터넷 위에 네트워크 지능을 얹는 방법으로 구현돼 정보를 실행으로 옮기는 역할을 할 것이다. 뇌가 신경계를 필요로 하듯이 미래 인공지능은 이런 만물인터넷을 필요로 하게 될 것이다.

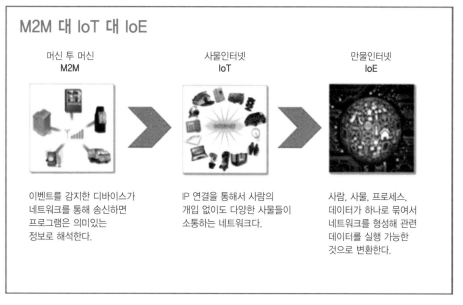

그림 10.2 만물인터넷. 현재는 머신과 머신의 연결에서 요소들이 서로 연결된 사물인터넷으로 옮겨가고 있다. 미래에는 더 많은 장비와 센서들이 서로 연결될 뿐만 아니라 디바이스에 인공지능이 내장되면서 기기들이 더욱 스마트해질 것이다.

내장된 인공지능은 머신러닝 또는 인공지능을 디바이스에 결합해 원하는 어떤 기능을 얻도록 하는 기술적 패러다임이다. 내장된 인공지능은 사물인터넷을 넘어 디바이스들이 서로 커뮤니케이션하고 데이터를 생성할 수 있게 한다. 의료 기기, 특히 지속적인 모니터링을 위해 사용되는 기기들에서 수신되는 생리학적 데이터의 양은 너무나 크기 때문에 의미있는 정보를 필터링하는 "업스트림" 지능 알고리듬이 내장돼 있지 않은 경우 케어 제공자들이 의미있게 사용하는 것이 불가능하다. 예를 들어 심전도의 경우 정상인 소견을 필터링해 비정상인 심방세동이나 심실 빈맥을 감지해 심장내과 전문의에게 경고를 보낼 수 있다.

퍼지 인지 맵

퍼지 로직이 신경망과 결합해 퍼지 인지 맵FCM, Fuzzy Cognitive Maps을 구성할 수 있다. 이 기술은 의료에서 복잡한 시스템을 모델링할 수 있는 효율적이고 강력한 수단을 제공한다[7]. FCM은 의사 결정, 진단, 예측, 분류 등 4가지 영역에 초점을 맞춘 의료 의사 결정 시스템을 설계하는 데 도움이 된다[8]. 장점은 인간의 지식과 경험을 컴퓨터 보조 기술들과 결합하는 데 상당히 좋은 수단이어서 이를 통해 의료라는 복잡한 시스템에 이상적인 인간 대 머신 시너지 효과를 얻을 수 있다는 점이다.

생성적 질의 네트워크

생성적 질의 네트워크Generative query network는 구글의 딥마인드가 발표한 것으로 머신이 아이들이 학습하는 방식을 모사하는 데서 한 발짝 더 다가선 상당히 의미있는 방법이다. 생성적 질의 네트워크는 데이터에 기반해 인간의 레이블링 없이 주변을 인식하고 학습한다. 이것은 두 종류의 서로 다른 네트워크를 사용한다. 그 중 하나인 표현 네트워크representation network는 인공지능 에이전트가 관찰하는 데 사용되고, 생성 네트워크generation network는 그런 관찰을 통해 예측을 해내는 역할을 한다. 이런 자동화된 프로세스는 신경망 훈련을 촉진하고 의료 영상 분야에서 상당한 영을 줄 것으로 기대되고 있다[9].

하이퍼그래프 데이터베이스

이 책의 앞 부분에서 설명한 대로 전통적인 관계형 데이터베이스는 복잡하고 위계적인 체계를 갖는 데이터와 그래프 형태의 데이터 구조를 처리하는 데 약점을 가지고 있다. 그래프 데이터베이스graph database는 노드와 엣지로 구성되는 그래프 수학 전략을 사용해 데이터를 처리하고 데이터 네트워크를 통해 질의를 할 수 있도록 해서 이런 단점을 중화시키도록 설계됐다. 좀 더 복잡하고 고도로 서로 연결된 데이터를 모델링하기 위해서는 하이퍼그래프 hypergraph라는 데이터 표현법의 새로운 패러다임이 구현될 필요가 있다. 하이퍼그래프는 하이퍼엣지hyperedge라고 하는 관계를 통해 수많은 노드를 연결시키는 그래프 모델이다. 미래 인공지능 애플리케이션이 점점 더 정교해짐에 따라 생의학 데이터는 그래프 또는 더 나아가 하이퍼그래프 포맷 등으로의 패러다임으로 전환해 그래프 알고리듬이 쉽게 사용될 수 있게 할 필요가 생길 것이다.

로샷 러닝

안면 인식 과제를 통해 잘 알려진 원샷 러닝one-shot learning은 하나 혹은 몇 개의 이미지만을 가지고 학습할 수 있는 샴 신경망siamese neural network을 사용하는 발전된 지도 학습법의 하나다. 스탠포드 대학의 페이-페이(Fei-Fei) 교수가 제안한 원샷 러닝은 독특한 의료케이스에 있어 특별한 차원을 제공한다. 이 방법을 쓰면 학습에 대규모의 데이터가 필요하지 않기 때문이다[10]. 메모리 강화 신경망 또는 NTMNeural Turing Machines 같은 예나 샴 신경망에서의 원샷 러닝에 대한 연구들이 진행되고 있다. 샴 신경망은 같은 파라미터와 가중치를 보이는 2개 이상의 똑같은 서브 네트워크를 가진 신경망이다. 기존 컨볼루션 신경망은 레이블링돼 있는 대규모 데이터셋을 필요로 하기 때문에 의료에서 희귀 질환과 같이 그런 데이터를 확보하기가 사실상 어려운 경우 특히 유용할 것으로 보인다.

더 재미있는 것은 제로샷 러닝zero-shot learning으로, 이것은 워드 임베딩이라고 부르는 내장된 벡터를 사용해 훈련 데이터에 존재하지 않은 레이블을 예측할 수 있는 지도 학습법의 일종이다. 한마디로 이런 신경망은 훈련 데이터를 전혀 사용하지 않고도 어떤 과제를 해결할 수 있다. 이런 로샷 러닝Low-shot Learning 방법은 빅데이터를 필요로 하지 않기 때문에 임상 의학과 헬스케어에 특히 유용할 것이다.

원샷 러닝을 적용한 최근 생의학 논문은 자궁경부암을 가진 환자를 대상으로 조직병리 조직에서 세포를 분류하는 과제에서 94.6%의 정확도를 보였다고 보고했다[11].

뉴로모픽 컴퓨팅

뉴로모픽 컴퓨팅Neuromorphic Computing은 뉴로모픽 공학이라고도 알려져 있는데, 여기서 뇌의 신경세포가 전기적 현상인 "스파이크spikes"를 통해서 병렬적인 방법으로 정보를 전달하는 것을 컴퓨터 칩으로 구현하고자 시도한다. 이런 뉴로모픽 칩은 인공지능 알고리듬을 프로세싱할 때 전통적인 중앙 처리 장치에 비해 전력 소모량이 매우 적다는 장점을 갖고 있다. 미래 의료 인공지능이 발전하려면 뉴로모픽 컴퓨팅과 같은 기술적인 발전이 필요할 것으로 보인다.

양자 컴퓨팅

양자 컴퓨팅Quantum Computing은 미래 컴퓨팅의 한 형태로 정보 처리에 대해 새롭게 접근하고 기존 컴퓨터보다 훨씬 더 강력하다. 양자 컴퓨터는 디지털 컴퓨팅에 사용되는 0과 1의 상태인 비트가 아니라 퀀텀 비트(큐빗, qubits)을 사용한다. 양자 컴퓨팅은 아원자 입자들이 동시에 하나 이상의 상태로 존재할 수 있다는 양자 현상을 이용한다. 디웨이브D-Wave 컴퓨터와 같은 양자 컴퓨터는 전통적인 랩톱 컴퓨터보다 1억배 가량 빠르다. 생의학에서 인공지능의 인지적 시대로 접어들면서 컴퓨테이션에 대한 수요가 기하급수적으로 증가하고 있어 또 다른 형태인 DNA 컴퓨팅과 같이 양자 컴퓨팅이 그런 수요에 대응할 수 있는 기술적인 도구가 될 것이다.

재귀적 피질 신경망

아무것도 없는 상황에서 학습하는 딥러닝과는 대조적으로 스캐폴딩을 가지고 있는 생성적 모델, 정확히는 구조화된 확률적 그래피컬 모델의 일종이다. 재귀적 피질 신경망Recursive Cortical Network은 객체에 기반한 모델로 좀 더 효율적인 학습이 가능하고 그간 사람과 컴퓨터를 구분하는 데 사용된 보안 기술인 텍스트 기반의 캡차CAPTCHA를 읽어내는 성능을 보여줬다. 이 모델은 시각 피질에서의 시각 처리 과정을 모사하는 방식으로 작동한다.

스파이킹 신경망

스파이킹 신경망SNN, Spiking Neural Network은 3세대 신경망이라고도 불리는데, 스파이크라고 하는 어떤 특정 시점에 발생하는 이산적인 이벤트로 연산을 수행하다. 따라서 신경망이 뉴런의 개별적인 활동 전위가 일어나는 시점에 의존한다는 측면에서 일반적인 머신러닝보다 좀 더 생물학에 가깝다. 이 분야는 뇌의 영감에 따른 인공지능brain-inspired AI이라고 하는 영역에서 활발히 연구되고 있다.

　최근 스파이킹 신경망을 활용한 카사보프Kasabov의 연구가 보고됐다. 논문은 스파이킹 신경망은 혁신적인 시공간적 구조를 갖고 있어서 뇌파와 같은 시공간적 뇌 데이터에 대한 처리 속도와 정확도를 개선하는 프레임 역할을 하고 이를 통해 알츠하이머병 같은 퇴행성 뇌 질환을 더 이른 시기에 진단할 수 있는 가능성을 열어 준다고 한다[12](그림 10.3).

스웜 지능

스웜 지능Swarm Intelligence은 개별적으로 자기 구조화하는 수많은 요소들이 모여 그룹 행동을 통해서 유도되는 지능을 말한다. 이렇게 창출되는 집단 행동은 대부분의 개별적인 구성 요소들보다 더 나은 성능을 보인다. 인간은 개미나 물고기 떼에서 관찰되는 이러한 자연적 연결 관계를 갖고 있지 않기 때문에 스웜 인공지능은 인간 구성원에서 피드백을 제공하는 기술로 실행된다. 이런 집단 역학은 지식 풀의 유포에 바탕을 둔 컨센서스, 우연한 지식 수집과 공유로 이어진다. 간단히 말하면 이런 종류의 지식은 한마디로 "집단 지성"을 활용하는 것이다. 이런 철학은 의료와 헬스케어의 다양한 질문에 답을 하는 데 꼭 필요하다.

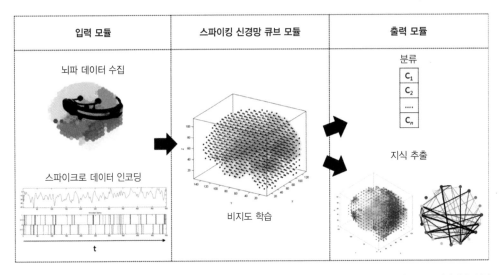

그림 10.3 뇌파(EEG) 데이터 분류 및 지식 추출을 위한 뇌 영감을 바탕으로 한 구조. 이 구조는 3개의 구성 요소로 이뤄진다. 입력 모듈은 EEG 데이터를 스파이크 대열로 인코딩하고 SNN 큐브 모듈로 보낸다. 스파이킹 신경망(SNN) 큐브 모듈은 EEG 데이터의 시공간적인 특징을 잡아내고 학습한다. 출력 모듈은 비지도 학습법을 사용해 뇌파를 분류하고 새로운 지식 발견을 수행한다.

템포랄 컨볼루션 넷

현재까지 언어와 음성 데이터에 있는 시퀀스 문제는 주로 순환 신경망RNN, recurrent neural networks을 사용해 해결해 왔다. 템포랄 컨볼루션 넷TCN, Temporal Convolutional Nets은 새로운 특징을 추가한 컨볼루션 신경망으로 시퀀스 문제에 대해 순환 신경망에 도전장을 내밀고 있다. 과거 동영상에 기초한 액션 세그멘테이션은 두 단계로 진행됐었다. 먼저 컨볼루션 신경망을 사용해 각 프레임에서 저수준의 특징을 잡아내고, 그 이후 고수준의 시간적 관계를 고려하기 위해서 순환 신경망을 분류기로 사용했다. 템포랄 컨볼루션 넷은 이 과정을 한 단계로 처리할 수 있다[13]. 템포랄 컨볼루션 넷의 유연성은 다양한 의료 상황에서 이상적인 방법이 될 수 있다.

템포랄 컨볼루션 넷을 적용한 한 의학 논문으로, 패혈증 조기 발견을 위해 불규칙한 시간 간격을 가진 시계열 데이터에 적용할 수 있는 멀티태스크 가우시안 프로세스 어댑터 프레임워크를 내장한 템포랄 컨볼루션 넷을 사용한 연구가 있었다[14].

전이 학습

전이 학습transfer leraning은 훈련된 모델을 다른 데이터셋에 적용하는 기술이다. 딥러닝 훈련에 상당한 시간과 자원이 필요하기 때문에 전이 학습은 딥러닝에 특히 유용하다. 한마디로 전에 특정 타입의 과제를 수행하기 위해 훈련된 모델을 다른 형태의 과제를 수행하도록 다시 사용하는 것이다. 이런 형태의 학습을 귀납적 전이inductive transfer라고 부른다. 전이 학습은 이미지와 언어 데이터에 모두 적용 가능하다. 전통적인 머신러닝과 비교했을 때 전이 학습은 이전에 학습한 과제에 의존한다는 점, 그래서 이미 획득된 지식을 바탕으로 새로운 과제를 학습한다는 측면에서 상당히 다르다. 어떤 문제를 해결하는 지식을 다른 관련된 문제에 적용하는 것이다(그림 10.4). 마지막으로 딥러닝은 수시간에 걸친 학습이 필요하지만 전이 학습은 수분 이내에 학습할 수 있고, 딥러닝이 큰 데이터셋을 필요로 하는 것과 달리 전이 학습은 작은 데이터를 갖고도 학습이 가능하다.

최근 의료 인공지능에 응용한 사례로, 이미지넷ImageNet에서 학습한 컨볼루션 신경망으로 망막 이미지에 적용한 황반변성과 당뇨병성 망막병증을 분류하도록 전략적으로 전이 학습을 사용한 보고가 있었다[15]. 비엔스Wiens 등이 연구한 또 다른 사례로는 여러 병원에서 얻은 데이터에 전이 학습을 적용해 원내 감염을 예측하는 프로젝트가 보고된 바 있다[16].

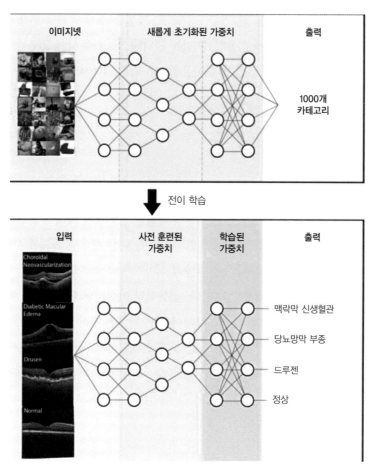

그림 10.4 전이 학습. 처음부터 딥 신경망을 학습하는 대신 이전에 학습된 것을 다른 과제에 적용 가능하다. 예를 들어 이미지넷 (ImageNet)으로 학습한 딥러닝 알고리듬을 규모 면에서는 더 적은 수의 망막 이미지에 적용할 수 있다. 이미 학습한 지식의 전이를 통해 작은 규모의 데이터에서도 학습이 가능하다.

희귀 질환을 위한 인공지능과 자연어 처리

매유어 색시나Mayur Saxena

매유어 색시나는 의생명 공학자이고 헬스케어 인공지능 스타트업 창업자다. 이 글을 통해 인공지능, 특히 자연어 처리를 통해서 여러 가지 희귀 질환들을 진단하는 전략에 대해서 설명한다.

모든 의사는 편향을 가지도록 훈련된다

의사들은 의과대학에서 실제 임상 상황에 접근하는 데 도움이 되는 흔한 몇 가지 자명한 이치를 배운다. (1) "흔한 질병은 흔하게 일어난다" 그리고 (2) "말발굽 소리를 들으면, 얼룩말이 아닌 일반 말을 생각하라"는 식이다. 수년간의 진료 경험도 이런 이치를 강화할 뿐이다. 의사들은 흔히 발생하는 질병들을 치료하는 데 대부분의 시간을 쏟기 때문이다.

유전학의 발전으로 우리는 7000개 넘는 희귀 질환이 존재하는 것을 알게 됐다. 그 가운데 350개 정도는 어느 정도 효과적인 치료법이 존재한다. 이런 질환들은 인구집단에서 2000명 가운데 1명 이하의 사람들이 걸리고[1], 극단적인 경우 어떤 질환들은 100만명 가운데 1명 이하로 발생한다. 이런 질환들 가운데 어떤 것들은 잘 알려지고 치료법도 잘 확립돼 있다. 적시에 진단이 되지 않으면 많은 환자는 생명 유지에 필요한 중재법을 적용해야 하는 어떤 질환으로 넘어가게 된다. 많은 희귀 질환은 질병의 표현, 진행, 관리법 등의 측면에서 잘 밝혀져 있지 않다. 어떤 질병에 대한 치료법이 성공적이기 어렵기는 하지만 문제를 더 어렵게 하는 것은 그 수가 워낙 적어서 임상 시험에 참여시킬 충분한 환자들을 찾아내기조차 힘들다는 점이다.

의과대학 시절에 이런 희귀 질환에 노출될 기회가 있을 수는 있지만 대부분의 의사는 평생 동안 진료하면서 이런 질환들을 전혀 경험해 보지 못한다. 인간은 경험을 통해 가장 잘 배운다는 점을 고려했을 때 희귀 질환의 경우 그런 경험을 얻기란 너무 어렵다. 더군다나 이 질환 가운데 많은 질환들은 비교적 최근에야 밝혀지고 그 특징이 알려졌다. 그래서 보통의 의사들은 많은 희귀 질환들의 존재조차 모르는 경우가 왕왕 있다. 의학에서 해결되지 않은 문제 가운데 하나는 잘 훈련되고 경험 있는 의사들이 일상적으로 보고 치료하는 일반 말들과 더불어 얼룩말을 알아볼 수 있도록 하는 데 어떤 도움을 줄 수 있겠는가라는 질문이다.

희귀 질환에 대한 인공지능의 잠재력

보통 희귀 질환을 가진 환자들은 10여년 동안 진단이 되지 않은 채로 지낸다[2, 3]. 인공지능은 의사들이 진단 받지 않은 희귀 질환자를 찾아내고 그들에게 적절한 케어를 제공할 수 있는 수단을 제공한다. 디지털 헬스 데이터의 시대에는 전자의무기록, 청구 데이터, 검사실 데이터 등에 관한 광범위한 환자 데이터 저장소를 통해 환자를 걸러내는 기술을 개발하고 진단되지 않은 희귀 질환을 찾아내는 기술을 개발하는 것이 가능하다. 그런 시스템은 말을 찾아 내도록 훈련된 의사들이 오늘은 얼룩말이 앞에 나타났다는 사실을 발견할 수 있게 도와줄 것이다. 여기서 인공지능과 자연어 처리 기술을 사용해 희귀 질환을 진단하고 관리하는 혁신적인 방법을 구현하는 개념을 소개하고자 한다.

자연어 처리가 희귀 질환에서 중요한 기술인 이유

여러분이 미국 인구 규모와 같은 데이터 저장소를 갖고 있고 유병률이 100만명당 한 명인 어떤 질환에 대한 케이스를 찾는다면 약 350명의 환자 케이스를 찾을 수 있을 것이라고 예상할 수 있다. 전자의무기록이 널리 사용되면서 데이터 과학을 사용해 희귀 질환을 찾을 수 있는 가능성이 높아지기는 했지만 실제 전자의무기록 데이터는 종종 정리돼 있지 않고 다루기가 어렵다. 데이터 대다수는 텍스트로 기록된 형태로 존재하기 때문이다. 분석은 어렵더라도 텍스트는 전자의무기록의 다른 곳에서는 발견할 수 없는 정보를 포함하고 있기 때문에 아주 가치있는 데이터다. 그런 텍스트는 자유롭게 작성된 과거력, 관찰 기록, 증상, 간호 노트, 청구되지 않은 진단명(ICD-10 코드 없이 기록된 진단) 등에 존재한다.

이와 같은 전자의무기록 데이터를 사용하는 데 핵심이 되는 인공지능 기술이 자연어 처리NLP다. 자연어 처리는 자연 언어를 처리하고 분석하며 이해하는 데 사용되는 인공지능 방법의 집합이다. 이런 자연어 처리를 사용하면 거대한 임상적인 텍스트 저장소에 놓인 데이터를 소화해 증상, 조건, 과거력 등과 같은 의학적인 개념을 추출할 수 있고 이 데이터를 아직 진단되지 않은 희귀 질환으로 고생하는 환자군을 발견할 수 있는 알고리듬으로 전달할 수 있다. 이런 작업은 희귀 질환에서 숨겨진 패턴이 드러날 수 있도록 하는 충분한 정보를 포함하는 거대한 데이터셋에 있어 임상적인 개념들 사이의 연관성과 패턴의 발견을 통해 가능해진다.

빅데이터와 자연처 처리 접근법을 결합한 방법의 잠재력은 다음처럼 단순한 장난감 같은 사례를 통해서 설명할 수 있다. RD 1이라고 하는 한 희귀 질환이 있다고 생각해보자. 희귀 질환이어서 RD 1에 대한 가능한 증상과 질병의 표현은 알려져 있지 않다. 그렇지만 RD 1의 마커 역할을 하는 몇 가지 요인들과 연관된 증상들이 있다고 가정해보자.

1. 만성 용혈hemolysis(핵심 마커로 거의 100%에서 나타난다). 용혈의 증상에는 피로, 빈맥, 두통, 흉통, 운동시 호흡 곤란, 응고, 신장 손상 등이 있다.

2. 혈전에 의한 정맥 혈전증(약 30% 환자에서 나타난다고 알려져 있다)

      a. 간: 황달, 복부 통증, 버드-키아리증 후군^{Budd-Chiari syndrome}

      b. 허파: 호흡곤란, 심계항진

      c. . . .

3. . . ..

이제 BMI가 32인 환자가 정맥 혈전증으로 내원했다고 생각해보자. 그런데 의사가 혈전의 원인이 만성 용혈이라고 특정하지 못하고 훨씬 더 그럴듯한 설명인 환자의 비만을 그 원인으로 가정했다. 이 경우 인공지능 알고리듬은 환자의 전자의무기록과 그 환자와 비슷한 환자들(비만과 정맥 혈전증을 보인 환자들)에서 추출한 의학적인 개념과 비교해 (1) 비만을 가진 환자의 비전형적인 정맥 혈전증이거나 (2) 희귀 질환 케이스에서 보고된 것과 유사한 것이라고 알려줄 수 있다.

이런 패턴 매칭이 이 환자의 진단을 절대 RD 1이라고 확정할 수는 없을 것이다. 그렇지만 훈련된 의사는 이런 정보를 고려해 RD 1 진단에 필요한 적절한 검사법을 선택할 가능성을 높여줄 것이다.

희귀 질환 진단의 미래 그려보기

충분한 데이터 접근을 통해서 희귀 질환 패턴은 다양한 병원, 의사, 전자의무기록, 조건, 지리적 조건 등 다양한 소스에서 수집된 거대한 데이터와 비교 분석할 수 있을 것이다. 이런 미래가 현실이 되려면 병원, 보험회사, 정부 기관들이 서로 협력해 희귀 질환을 가진 환자들의 관심을 유도할 수 있는 시스템을 만들기로 결정해야 한다[4]. 각각의 희귀 질환 자체는 전체 미국에서 수십에서 수백명을 이환시킬 것이다. 그렇지만 7000개 희귀 질환을 모두 합치면 2500~3000만 명의 미국인들이 이런 질환에 이환된다. 저자는 적절한 권한을 가진 기관의 지원을 받는 인공지능과 자연어 처리 기술이 전 세계의 희귀 질환 케어 방법을 바꿔나갈 것이라는 강한 믿음을 갖고 있다[4].

참고 문헌

[1] Rare diseases act of 2002.

[2] Black N, Martineau F, Manacorda T. Diagnostic odyssey for rare diseases: exploration of potential indicators. London: Policy Innovation Research Unit, LSHTM; 2015.

[3] Muir E. The rare reality - an insight into the patient and family experience of rare disease. In: Rare disease UK; 2016.

[4] The Pharmaceutical Research and Manufacturers of America (PhRMA). Progress in fighting rare diseases, https://www.phrma.org/media/progress-in-fighting-rare-diseases.; 2019 [accessed 19.03.30].

데이터와 데이터베이스

앞에서 이야기한 고급 인공지능 도구들이 효과적으로 적용돼 의료의 패러다임 전환을 이끌어 내기 위해서 여전히 헬스케어 데이터와 데이터베이스에 대해 큰 개선이 이뤄질 필요가 있다.

첫 번째, 헬스케어 데이터베이스는 앞에서 말한 그래프 데이터베이스 관리 시스템을 사용할 수 있다. 이는 자율적으로 데이터베이스 네트워크에 연결되고 상호 운용성과 집단 지성을 위한 연합 또는 가상 메타데이터베이스 관리 시스템으로 더 크게 묶인다[17, 18]. 많은 의료 전문 과목들은 그와 같은 이해관계자들과 조율된 네트워크를 갖고 있지 않지만 그런 시스템을 구축할 수 있다면 굉장한 이득이 될 것이다. 그와 같은 네트워크의 장점으로는 웹 기반 의미론적 검색이 가능해진다는 점이다. 데이터 발견을 위한 글로벌 질의 능력을 갖추게 되면 희귀 질환이나 복잡한 이미징을 다루는 데 이상적인 도구가 될 것이다[19-21]. 또한 인터넷 기반의 네트워킹 기술을 사용한 연합체적 접근법은 국제적인 수준에서 역학이나 공중 보건 문제에 대한 협업 연구 수단을 제공할 수 있다[22]. 그런 연합 시스템은 서로 연결된 스마트 디바이스로 구성된 사물인터넷 네트워킹 시스템에 훌륭한 프레임워크를 제공한다[23]. 이러한 데이터 검색 능력은 궁극적으로 데이터베이스에 내장된 인공지능 수단으로 발달할 것이다. 빅데이터 분석의 미래 핵심 개발 분야 가운데 하나는 실시간 분석 프로세싱 RTAP, real-time analytic processing이다. 이것은 온라인 분석 프로세싱과 복잡한 머신러닝 알고리듬을 사용해 데이터 수집과 분석이 스트리밍 방식으로 이뤄지는 프로세스를 말한다[24].

두 번째, 생의학 시스템에 모든 구성 가능한 클라우드 인프라는 다음과 같은 클라우드 컴퓨팅의 특징을 유지할 필요가 있다. 온디맨드 셀프 서비스on-demand self-service, 광대역 네트워크 접근broad network access, 리소스 풀링resource pooling, 빠른 신축성rapid elasticity, 과금 측정 서비스measured service 등이 그것이다[25]. 특정 상황에 최적화된 클라우드 인프라는 그 수요에 맞게 조절될 필요가 있다. 프라이버시와 보안을 동시에 필요로 하는 헬스케어 빅데이터 분석에 이와 같은 유연한 클라우드 인프라를 사용할 수 있을 것이다.

세 번째, 현재 생의학 데이터 영역은 거의 가상화가 이뤄지지 않았다[26]. 그러나 일본의 한 병원이 원내 LAN 시스템으로 오픈플로OpenFlow를 사용해 소프트웨어 정의 네트워크SDN, software-defined network를 구축했다는 보고가 있었다[27]. SDN은 데이터 면data plane과 컨트롤 면control plane을 분리시키고 네트워크 대역폭을 폭넓게 사용하며 프로그래밍 방식으로 네트워크를 조절함으로써 더 역동적인 자원 활용 인프라를 구축하는 방법이다. SDN의 단점은 네트워크 설계 및 디자인 스킬이 필요하다는 점이다. 종류가 다양한 헬스케어 데이터를 저장한 것들은 데이터 풀로 추상화가 가능할 것이다. 이 과정은 IBM의 빅 블루 일래스틱 스토리지처럼 앱 중심, 정책에 기반한 자동화 기법, 다시 말해 소프트웨어 정의 저장으로 구현할 수 있을 것이다. 이런 전략은 데이터에 대한 빠른 접근과 분석을 필요로 하고 데이터 형태에 따라 저장 범위에 대한 매칭이 필요한 데이터 집약적 애플리케이션을 가진 생의학 시스템에 이상적이다[28]. 메이모니즈 메디컬 센터Maimonides Medical Center는 데이터코어의 SANsymphony-V라는 소프트웨어를 사용해 이런 전략을 구현해서 하드웨어를 절약하고 환자의 비용을 절감했으며 운용 성적을 향상시켰다고 한다[29]. 앞서 언급한 SDN 개념은 서버 가상화, 소프트웨어 정의 네트워킹, 저장 하이퍼바이저 등을 사용한 설계를 특징으로 하는 소프웨어 정의 데이터 센터SDDC, software-defined data center로 발전시켜 모든 인프라와 운용의 모든 측면을 소프트웨어로 자동화시킬 수 있다. 이런 SDDC는 애플리케이션 계층을 완전히 하드웨어 계층과 분리시킨다.

네 번째, 계산과 네트워크, 보안, 저장 추상화 등 모든 것을 가상화 인프라로 구축해서 전체를 일종의 서비스로서의 ITITaaS, IT as service처럼 이용하고 클라우드 인프라는 자동으로 관리되게 할 수 있다. 그런 시스템의 장점 가운데 하나는 원격 프로그래밍 방식을 통해 관리하기 때문에 시스템 유연화와 자동화가 가능하고 글로벌적이고 지속적인 서비스도 가능해진다는 점이다. 시스템의 모든 구성 요소는 본질적으로 하드웨어와 탈결합되고 어느 병원에서나 주어진 시간에 어느 프로그램이나 모든 사용자들에게 서비스가 가능한 소프트웨어 역할을 하게 된다. 또 다른 장점은 서비스 전달이 수주 또는 수일에서 수시간으로 가속화된다는 점이다. SDDC의 동적인 구성은 헬스케어의 자원 할당을 최적화하고 효율성을 개선할 수 있다.

소프트웨어 정의 데이터 시스템의 미래는 좀 더 표준화된 네트워크 프로토콜과 자동화된 관리 인터페이스를 통한 하나의 연합 시스템이 될 것이다. 부상하는 더 정교한 데이터베이스 관리시스템, 클라우드, 가상 컴퓨팅 기술 등을 활용해 의료 데이터들은 효율적으로 가상의 지능 기반 생의학 데이터 "에코 시스템"으로 재구성돼 병원과 헬스케어 시스템의 요구에 더욱더 효과적으로 대응할 수 있을 것이다[30]. 더불어 무선 센서 네트워크^{WSN}와 환자에서 생성되는 데이터도 헬스케어에서 효과적인 솔루션을 제공할 수 있도록 가상화될 필요가 있다[31, 32]. 이런 가상화 전략들을 통해 의료 데이터가 인공지능 방법론으로 통합돼 클라우드에서 진정한 의료 지능을 구현할 수 있게 될 것이다[33]. 가장 우려되는 점 가운데 하나는 클라우드 데이터 보안이다. 현재 헬스케어 기관의 약 94%가 데이터 유출을 경험했다고 한다[34]. 기존 의료 데이터 위에 유전체, 바이오 생의학 데이터가 추가되면 의료 데이터가 좀 더 커지고 복잡하며 종류가 다양해질 것이다. 의료 데이터의 폭발로 데이터 발견을 강화화고 데이터 보안과 프라이버시를 보장하기 위해 더 정교한 데이터베이스 관리 시스템과 클라우드 및 가상 환경이 필요하게 될 것이다.

요약하면 의료의 미래는 데이터-정보-지식-지능으로 이어지는 서비스로서의 "의료 인공지능" 또는 "MiaaS"의 인공지능에 기반한 클라우드 컨티넘의 형태가 될 것이다. 첫 번째, 미래 의료 데이터는 실시간 분석 프로세싱을 갖춘 그래프 기반 메타 데이터베이스 관리 시스템으로 관리돼 다가올 수십년 동안 그 양과 복잡도가 증가된 의료 데이터를 수용할 수 있는 저장 능력과 질의 유연성을 확보하게 될 것이다. 두 번째, 미래 의료 데이터는 커스터마이징 클라우드 인프라 안에서 단순한 공개-비공개 이분법을 넘어 사용자 대 공급자 컨트롤, 소유권, 책임, 비공개 대 공유 인프라와 운영 등 다양한 방식으로 커스터마이징될 것이다. 클라우드 보안은 동형 암호^{homomorphic encryption}와 차등 정보보호^{Differential Privacy} 등과 같은 방식으로 더욱 강화될 수 있다. 세 번째, SDDC설계가 완전히 가상화됨으로써 컴퓨팅, 네트워크, 저장 추상화 등을 포함하는 인프라는 ITaaS 형태로 발전할 것이다. 미래 의료 데이터 시스템은 인간과 가상의 시너지를 만들며 의료 지능에 기여하게 될 것이다.

그래프 데이터베이스와 메타 데이터베이스 관리 시스템에서 커스터마이징 클라우드 기반 시설, SDDC, 가상화에 이르기까지 의료 데이터의 모든 측면에 인공지능을 내장함으로써 앞에 언급한 전략들은 분절되고 비구조화된 데이터셋을 가진 오늘날의 의료를 의료 지능이 내재된 일관적이고 유연한 정보를 가진 것으로의 전환으로 가속화할 수 있을 것이다.

참고 문헌

[1] Kocaba O, et al. Medical data analytics in the cloud using homomorphic encryption. In: Chelliah PR, et al., (Eds.), Handbook of research on cloud infrastructures for big data analytics. ITI Global., Hershey, 2014, pp.?471-488.

[2] Sabour S, Frosst N, Hinton GE. Dynamic routing between capsules. arXiv:1710.09829v2.

[3] Rajeswari KRK, Maheshappa HD. CBIR system using capsule networks and 3D CNN for Alzheimer's disease diagnosis. Inform Med Unlocked 2019;14:59-68.

[4] Banaee H, et al. Data mining for wearable sensors in health monitoring systems: a review of recent trends and challenges. Sensors 2013;13:17472-500.

[5] Cortez NG, et al. FDA regulation of mobile health technologies. N Eng J Med 2014;171(4):372-9.

[6] Gubbi J, et al. Internet of things (IoT): a vision, architectural elements, and future directions. Future Gen Comput Syst 2013;29:1645-60.

[7] Amirkhani A, Papageorgiou EI, Mohseni A, et al. A review of fuzzy cognitive maps in medicine: taxonomy, methods, and applications. Comput Methods Prog Biomed 2017;142:129-45.

[8] Obiedat M, Samarasinghe SA. Novel semi-quantitative fuzzy cognitive map model for complex systems for addressing challenging participatory real life problems. Appl Soft Comput 2016;48:91-110.

[9] Eslami SMA, Jimenez Rezende D, Besse F, et al. Neural scene representation and rendering. Science 2018;360:1204-10.

[10] Ballinger B. Three challenges for artificial intelligence in medicine. Cardiogram in blog.cardiogr.am, September 19, 2016.

[11] Yarlagadda DVK, Rao P, Rao D, et al. A system for one-shot learning of cervical cancer cell classification in histopathology images. In: Proceedings; 2019. p.?1095611.

[12] Kasabov N, Capecci E. Spiking neural network methodology for modelling, classification, and understanding of EEG spatio-temporal data measuring cognitive processes. Inf Sci 2015;294:565-75.

[13] Lea C., Vidal R., Reiter A. et al. Temporal convolutional networks: A unified approach to action segmentation. arXiv:1608.08242 [cs.CV]. https://arxiv.org/pdf/1608.08242.pdf

[14] Moor M, Horn M, Rieck B, et al. Early recognition of sepsis with Gaussian process temporal convolutional networks and dynamic time warping. Proc Mach Learn Res 2019;106:1-IX.

[15] Kermany DS, Goldbaum M, Cai W, et al. Identifying medical diagnoses and treatable diseases by imagebased deep learning. Cell 2018;172:1122-31.

[16] Wiens J, Guttag J, Horvitz E. A study in transfer learning: leveraging data from multiple hospitals to enhance hospital-specific predictions. J Am Med Inf Assoc 2014;21:699-706.

[17] Sinaci AA, et al. A federated semantic metadata registry framework for enabling interoperability across clinical research and care domains. J Biomed Inf 2013;46(2013):784-94.

[18] Kim M, et al. An informatics framework for testing data integrity and correctness of federated biomedical databases. AMIA Jt Summits Transl Sci Proc 2011;2011:22-8.

[19] Krischer JP, et al. The Rare Diseases Clinical Research Network's organization and approach to observational research and health outcomes research. J Gen Intern Med 2014;29(Suppl 3):739-44.

[20] Forrest CB, et al. PEDSnet: how a prototype pediatric learning health system is being expanded into a national network. Health Aff 2014;7:1171-7.

[21] Ozyurt IB, et al. Federated web-accessible clinical data management within an extensible neuroimaging database. Neuroinformatics 2010;8(4):231-49.

[22] Doiron D, et al. Data harmonization and federated analysis of population-based studies: the BioSHaRE project. Emerg Themes Epidemiol 2013;10:12-20.

[23] Abu-Elkheir M, et al. Data management for the Internet of things: design primitives and solution. Sensors 2013;13(11):15582-612.

[24] Branescu I, et al. Solutions for medical databases optimal exploitation. J Med Life 2014;7(1):109-18.

[25] Barreto D. Lecture for MS&E 238 on July 11, 2014. Adopted from NIST, 10/09.

[26] Personal communication with Dr.?Spyro Mousses, July 28, 2014.

[27] Nagase K. Software defined network application in hospital. J Innov Impact 2013;6(1):1-11.

[28] Personal communication with Dr.?Marty Kohn (formerly of IBM), July 9, 2014.

[29] How software-defined storage brought Maimonides Medical Center to the forefront of health care IT. In: DataCore.com, July 30, 2014.

[30] Graschew G, et al. New trends in the virtualization of hospitals?tools for global e-Health. Stud Health Technol Inform 2006;121:168-75.

[31] Islam MM, et al. A survey on virtualization of wireless sensor networks. Sensors 2012;12(2):2175-207.

[32] Howie L, et al. Assessing the value of patient-generated data to comparative effective research. Health Aff 2014;7:1220-8.

[33] Scott DJ, et al. Accessing the public MIMIC-II intensive care relational database for clinical research. BMC Med Inform Decis Mak 2013;13:9.

[34] Perakslis ED. Cybersecurity in health care. N Engl J Med 2014;371(5):395-7.

11

의료 인공지능의 미래

미래에는 앞선 장들에서 언급한 인공지능의 응용과 관련된 수많은 문제들이 미세한 수준에서 해결될 필요가 있다.

먼저 인공지능이 다양한 영역에서 사용되는 것과 연관된 윤리적인 문제로, 학자들, 과학자들뿐만 아니라 대중 사이에도 관련된 여러 논쟁이 벌어지고 있다. 일론 머스크와 스티븐 호킹은 무서운 결과를 예측한 반면, 실리콘 밸리의 유명 인사들은 다른 주장을 펼치고 있다. 진실은 아마도 이 두 극단 사이의 중간 어디쯤에 있을 것이다. 우리는 인공지능의 힘을 인정할 필요가 있고 그 배치에 대해서도 신중할 필요가 있다. 한 가지 방법은 아이작 아시모프의 로봇 3원칙에 영감을 받아 오렌 에지오니Oren Etzioni가 제안한 인공지능의 3원칙을 따르는 것이다. 그 원칙은 다음과 같다. (1)인공지능 시스템은 이를 작동시키는 인간에게 적용되는 각종 규제를 동일하게 적용받아야 한다. (2)인공지능은 자신이 인간이 아님을 명확하게 알려야 한다. (3)인공지능 시스템은 개발자의 동의 없이 기밀 정보를 공개하거나 보유할 수 없다[1].

다른 문제는 직업과 대체에 대한 패러다임 전환 같은 경제학과 관련된 것이다. 인공지능은 하나의 예측 기술로, 이 기술을 사용한 재고 관리나 수요 예측 등을 통해서 예측에 기반한 제품과 서비스 비용은 떨어질 것이다. 그렇지만 모든 인간의 활동은 단지 데이터 예측에만 의존하는 것이 아니라 판단, 행동, 결과 등에도 의존하며 이 세 가지 능력이 올라가면서 관련 수요가 증가해 이 세 가지에 대한 가격이 상승할 수 있다. 컴퓨터가 인간보다 더 지능적이 되어 지적인 능력을 대체하는 상황이 발생하는 등의 특이점과 우리가 이런 시대에 적응하는 방법에 대해서 논의가 필요하다. 그리고 그런 사건이 벌어졌을 때 인공지능에 큰 투자를 하지 못하는 국가들의 경제적 영향에 대해서도 검토할 필요가 있다.

모든 사용자를 위한 인공지능 개발과 응용에 관한 편향에 대한 문제도 명확히 할 필요가 있다. 머신러닝 알고리듬에 입력된 편향된 데이터는 편향된 인공지능 시스템을 만들어 낼수 있다[2]. 편향은 너무 균일한 환자 집단 데이터에서 발생할 수 있으며 이로 인해서 모델이좀 더 다양한 인구집단에는 덜 유효해질 수도 있다.

또 다른 문제는 데이터 보호와 프라이버시다. 새롭게 제정된 유럽연합 일반 데이터 보호규칙General Data Protection Regulation은 개인 데이터를 사용할 때 사전동의를 반드시 받도록 하고있는데, 세계 다른 지역에서도 비슷한 움직임을 유발하고 있다. 건강보험이동성과 결과보고책무활동HIPAA, Health Insurance Portability and Accountability Act은 헬스케어 시스템 밖에서 생성되는데이터에 대한 규제를 담고 있지 않아서, 다가오는 데이터 쓰나미를 대비한 새로운 가이드라인이 필요하다.

의료 인공지능에서 데이터 프라이버시의 지적 재산권

가빈 보글 Gavin Bogle, **제임스 실버**James Silver

– 캐나다 온타리오주 토론토의 마자르, 보글&오하라 LLP

제임스 실버와 가빈 보글은 프라이버시와 지적 소유권 등에 관한 인공지능 관련 법률 자문가로, 이 글을 통해 의료 인공지능과 관련된 여러 문제들, 특히 데이터 프라이버시와 지식재산권의 소유권과 권리 등에 대해 이야기한다.

"인공지능"은 헬스케어 혁신과 발견의 최전선에 있으며, 새로운 발명에 대한 지식을 제공하는 절차뿐만 아니라 환자들이 헬스케어 제공자들과 상호 작용하는 방법에서 패러다임 전환을 예고하고 있다.

임상적인 관점에서 인공지능의 구현과 사용은 혁명적인 것이라고 할 수 있다. 인공지능은더 높은 효율성, 더 깊은 인사이트, 궁극적으로 더 나은 환자 건강 결과를 만들어낼 것으로기대되기 때문이다. 실제로 상당한 도전들이 있음에도 불구하고 규제 기관들 가운데 미국

FDA는 인공지능 혁명의 최전선에 있으며 새로운 기술의 발전을 따라잡기 위해서 열심히 일하고 있다[1]. 그렇지만 인공지능의 다른 법적인 문제, 특히 데이터 프라이버시와 지적 소유권 부분은 인공지능 개발과 사용 과정에 따른 미진한 사법적인 프레임워크와 제도로 인해 수혜를 아직 받지 못하고 있다. 현재의 법적, 규제적 제도와 그 틀에 완전히 들어맞지 않는 인공지능 기술의 개척 사이에 긴장감이 돌고 있다. 법적, 규제적 제도는 혁신, 연구, 개발, 대중의 관심사인 상업을 효과적으로 관리해 나가기 위해서는 매우 중요하다.

데이터 프라이버시

헬스케어 인공지능 사용의 두드러지는 특징 가운데 하나는 빅데이터를 수집하고 분석한다는 것이다. 그와 같은 데이터를 공유하고 사용하는 것은 개발자나 알고리듬에 똑같이 필요한 핵심적인 부분이다. 헬스케어 정보에서의 인공지능 사용에서 가장 우려되는 부분은 데이터 프라이버시로, 즉 환자의 정보 보호를 위한 HIPAA에서 말하는 프라이버시 규칙과 안전장치 등은 이것을 규제하기 위한 제도다. 그런데 HIPAA는 인공지능을 개발하는 많은 기술 회사 등 모든 독립체에 적용되는 기준이 아니기 때문에 이런 프라이버시 규칙이 건강 정보를 충분히 보호하기에는 한참 모자란 상황이다. 프라이버시 규칙이 인공지능 자체에 문제가 되는 것은 아니지만 환자의 익명성 보호를 위한 하나의 기준 역할을 해야 하고, 인공지능 분야가 자율 규제 장치를 마련해 갈 수 있도록 도와주어야 한다. 헬스케어 인공지능 산업이 스스로 민감한 정보를 공정하고 규칙에 맞으며 보안을 유지하면서 사용하도록 자체의 관습, 제한 규정, 책임성 있는 시스템을 구축해 나간다면, 이 분야를 잘 모르는 정책 입안자들이 들어와서 데이터 사용에 대해 실행 불가능한 규제들을 만들어 내는 것을 예방할 수 있다. 인공지능의 성공은 사회가 인공지능을 얼마나 신뢰하는지에 달려 있다. 환자 정보의 잘못된 사용은 대중의 신뢰를 떨어뜨려 인공지능을 훼손하는 결과를 가져올 수 있으며 그것에 대한 반응으로 아주 제한된 법과 규제들이 만들어질 수도 있다.

지식재산권

전통적인 의료기기와 제약 혁신가들은 큰 성공을 거두어 왔다. 이것은 환자의 생명을 구하는 그들의 제품 자체만을 가지고 그렇게 된 것이 아니라 발명가에게 자신들의 발명품에 대한 독점권을 효과적으로 부여하는 특허 보호도 한 몫을 해왔다. 특허 보호는 아마도 헬스케어 혁신과 개발을 이끌어내는 가장 강력한 상업적 동기이며 제한된 기간 동안 판매에 대한 경쟁을 피할 수 있게 함으로써 제품을 개발해 시장에 내놓기까지 드는 엄청난 연구과 개발 비용을 보상하는 제도다.

특허 적격성

인공지능의 여러 특징은 일반적인 특허 적격성이라는 측면에서 잘 들어맞지 않는다. 메이오 콜라보러티브 서비스 대 프로메테우스 래버러토리 간의 소송에서[2] 미국 연방 대법원은 "자연 법칙, 자연 현상, 추상적 아이디어는 특허 대상이 아니"며 또한 "알려진 기술을 통해서 뭔가를 결정하는 방법, 예전에 이 분야 과학자들에서 의해서 수행돼온 잘 알려지고 일상적이며 전통적인 활동에 대해 의사들에게 단순히 뭔가를 하도록 알려주는 방법" 역시 특허 대상이 아니라고 판시했다. 이러한 사실을 고려했을 때 여러 인공지능 혁신품은 그 방법이 생물학적 정보를 효율적으로 수집, 구조화, 분석을 사용하는 혁신적인 특징을 가지고 있다 할지라도 특허 적격성이라는 측면에서는 매우 큰 장애를 가지고 있다.

발명가로서 역할과 소유

미국의 특허 시스템은 오로지 발명가 개인들만을 인정하고 기계는 인정하지 않는다[3]. 이것은 인공지능 시스템과 대치된다. 인공지능의 목표는 기계로 하여금 학습하고 적응하며 문제를 극복해 사람이 입력하지 않아도 자체적인 중재를 이끌어 내는 것이기 때문이다. 현재의 특허 시스템은 인공지능에 의한 발명을 허용하지 않게끔 설정돼 있다. 종종 인공지능을 만든 사람이 인공지능 발명품에 대한 발명가로 인정하자는 아이디어가 제시된다. 하지만 충분한 해법이 되지 못한다. 소프트웨어 개발자는 인공지능이 발명품을 분명하게 인식하지 않았기 때문으로 특허법의 핵심 개념 발명가로서의 역할inventorship에 부합하지 않기 때문이다.

더불어 인공지능이 발명을 시작하면서 소유권에 대한 문제도 떠오른다. 인공지능은 현재 법적 소유권을 가지고 있지 않기 때문이다. 입법부는 새로운 사법 프레임워크를 만들 필요가 있다. 그렇지 않으면 인공지능에 관련된 사람들 가운데 누가 인공지능의 발명품을 가지게 될지 법원의 결정에 맡겨질 것이다. 미국과 같은 관습법 관할권common law jurisdictions은 헬스케어 인공지능과 관련한 법적 사고와 정책을 이끌어 가는 리더로 부상할 것이다. 관습법은 유연하고 혁신과 상업에 민감하기 때문이다. 그렇지만 앞으로 제대로 정의되지 않은 인공지능 법률과 관련하여 뜨거운 논쟁을 피할 수는 없을 것이다.

참고 문헌

[1] Bibb Allen, The role of the FDA in ensuring the safety and efficacy of artificial intelligence software and devices, J. Am. Coll. Radiol. 16 (2) (2019) 208-210.

[2] Mayo Collaborative Services v. Prometheus Laboratories, Inc.?566 U.S. 66. No.?10-1150 (argued December 7, 2011).

[3] Hattenback B, Glucoft J. Patents in an era of infinite monkeys and artificial intelligence. Stan Technol L Rev 2015;19(32).

또한 하나의 의료 방법론으로서 인공지능의 투명성에 대한 문제가 있다. 인공지능 기술은 블랙박스와 같은 특성을 가져서 투명성이 떨어져 다양한 이해관계자들로부터 불신을 낳고 있다[3]. 의사들뿐만 아니라 환자, 가족이 널리 수용할 수 있으려면 설명 가능성이 뒷받침될 필요가 있다.

의사들은 자신이 인공지능을 신뢰할 수 있다는 것을 어떻게 알게 될까?

에릭 리커만 Erik Lickerman

– 미국 캘리포니아주 셔먼오크스 생권 바이오사이언시스 CTO

에릭 리커만은 프로그래밍과 데이터 모델링 배경을 가진 병리학자로, 인공지능에서 내재된 신뢰와 관련해 의사들이 확인하고자 하는 것이 무엇인지, 신뢰를 강화하기 위해서 참을성이 필요하다는 점을 말한다.

언제 우리 의사들은 헬스케어에서 중요한 과제를 수행하는 인공지능을 믿게 될까? 이 물음에 대한 순수하게 이성적인 대답은 있을 수 없을 것이다. 신뢰라는 것은 감정적으로 유도된 상태다. 우리는 어떤 사람을 얼마만큼, 어떤 상황에서 믿을 수 있을지 내부에서 결정한다.

의사들이 인공지능을 "신뢰한다"라는 말은 도대체 어떤 의미일까?

먼저 "신뢰한다"라는 의미가 인공지능 출력물에 대해 인간 의사로부터 받은 자문과 같은 정도의 신뢰도를 갖는 것이라고 가정해보자. 만약 일차 진료의가 환자를 사람 심장전문의에게 의뢰한다면 그는 자신의 심장전문의를 신뢰해야 한다는 데 의심을 품지 않을 것이다. 대부분은 그렇게 하면 전문가 의견이 일차 진료의에게 심리적, 법적 방패를 제공하기 때문이다. 그보다는 덜하지만 전문가 의견서에는 심장전문의의 임상적 추론에 대한 설명을 포함하고 있기 때문이기도 하다.

이와 비슷한 설명적인 요소가 없다는 것이 인공지능을 "신뢰하는" 것에 대한 주요 장벽의 하나다. 많은 인공지능 알고리듬은 "블랙박스"다. 많은 수의 데이터에 기반해 현재의 환자 상태가 공적으로 약물 X를 통해 치료된 사람들의 상황과 가장 유사하다고만 말할 수 있지, 왜 그렇게 판단하는지 단계별 설명은 제공하지 않는다. 만약 일차 진료의가 "추론"의 과정을 보지 못했을 때, 어떻게 관련된 질문을 하겠는가? 그가 질문을 못한다면, 어떻게 그것을 신뢰할 수 있을까?

만약 자문 대상이 인간이라면 얼마나 자주 질문을 할까? 일차 진료의는 심장학 권고사항에 대해 의심하거나 질문을 던질 수 있을 것인다. 그렇지만 아마도 병리학자의 암 진단이라면 질문을 잘 하지 않을 것이다. "당신은 이것이 암이라고 생각하는군요? 정말요? 왜 그런지 설명해 줄 수 있나요?"라고 할까? 병리학자는 정말로 왜 그런지 말해줄 수도 있다. 병리학자는 세포 핵에서 보이는 짙은 파란색과 불규칙성을 지적하거나 막을 통해 침범하고 있다고 설명할 것이다.

인공지능 조직 슬라이드 판독기는 그와 같은 일을 할 수 없다. 설명이라는 것이 "이 슬라이드 패턴은 나를 학습시키는 데 사용되는 훈련 데이터셋을 만들기 위해 전문가가 암이라는 레이블을 붙인 것들과 유사한 패턴을 보인다"라고 말하는 정도다. 만약 인공지능이 단순한 패턴 매칭이라면 그러한 패턴이 유효하다는 것을 어떻게 알까? 과학적인 설명 없이 어떻게 예전의 패턴이 지속될 것이라는 것을 알 수 있을까?

인간 병리학자가 제공하는 설명은 과학적이다. 짙은 파란색은 DNA의 양이 많다는 것을 뜻하고 그것은 암을 의미한다. 그게 과학이다! 너무 많은 DNA는 세포를 너무 빠르게 증식시키고 주변 조직에 침입하며 신체의 다른 부위로 퍼진다. 여러분이 알다시피, DNA는 뭐 그런 것이다.

물론 그렇지 않다. DNA의 양이 많다고 해서 암을 일으키지 않는다. 암처럼 보이는 세포들은 실제로는 최종 분화 암 세포일 수 있다. 즉 그런 세포들이 존재한다는 것은 정말로 위험하고 아마도 그냥 보기에는 무해한 세포들이 주변에 숨어있을 가능성을 시사한다. 우리가 그런 이상하게 생긴 세포들이 암을 유발하는 세포라는 것을 과학적으로 증명한 적이 있던가? 하나의 세포가 암 유발 세포가 아닌 경우에도 그렇게 보일 수 있는지 과학적으로 증명한 적이 있던가?

물론 그렇지 않다. 대신 실제로 우리는 환자에게서 조직 덩어리를 제거하고 봤을 때 그런 세포들이 있었고 그런 소견을 보인 환자들의 대부분의 경우는 나중에 암으로 사망한다는 것을 본 경험에 의존한다.

병리 진단은 항상 패턴 매칭 연습이었다. 의학의 대부분은 패턴 매칭이고 다음 과학적 모델링이 있었다. 다른 방법은 거의 없었다.

심장학은 다를까? 디곡신digoxin이 아데노신 트리포스퍼테이즈를 억제하고 세포 내 나트륨Sodium을 증가시키며 이것이 소디움-칼슘 교환을 줄이고 그 결과 세포 내 칼슘이 증가해 심장 근육의 힘을 증가시키고, 동시에 활동전위의 0에서 4단계까지 시간을 늘려 효과적으로 심장의 박동을 줄이기 때문에 이 약물로 치료를 하는 것일까?

아니다. 우리는 울혈성 심부전 환자를 수세기 동안 디곡신으로 치료해 왔다. 20세기 들어와서야 디곡신의 효과를 과학적으로 설명하고 이해할 수 있었다. 18세기에 윌리엄 위더링William Withering은 디기탈리스라는 식물이 울혈성 심부전 때문에 발생하는 부종을 치료하는 데 효과적이라는 것을 발견했다. 어떻게 발견했을까? 마더 휴튼Mother Hutton이라는 전통 본초학자가 그녀의 부종 치료제로써 20여 개의 성분을 혼합해 사용했다. 위더링은 서로 다른 성분들을 가지고 실험해 효과적인 것이 디기탈리스라고 범위를 좁혔다. 그 본초학자는 다른 사람에서 배웠고 그 다른 사람은 또 다른 사람에게서 배웠을 것이다. 그런 과정을 거쳐 지금에 이르렀다.

수세기에 걸친 패턴 매칭 이후에 한 과학자가 하나의 식물에서 그것을 분리했다. 1930년대 또 다른 과학자가 그것을 하나의 화학 물질로 분리했다. 20세기에 다른 과학자들이 그 기전을 밝혔다.

복잡한 시스템인 인간의 신체를 상향식 방법으로 이해하는 것은 불가능하다. 우리는 과학을 먼저 배우고 의학을 나중에 배우기 때문에 의학이 기초 과학 지식을 통해서 발전했다는 잘못된 인상을 갖게 되는 경향이 있다. 실제로는 대부분의 의학은 다른 방식으로 발전했다. 사람들이 패턴을 알아채고 몇 가지 시도를 해보고 그것이 작동하는지 추적했다. 나중에 다른 사람들이 우리의 이전 습관을 설명하는 과학의 기초 원리들을 밝혀냈다.

의학에서는 경험이 지능에 우선한다. 경험은 결정론적 추론으로 이해하기에는 너무나 복잡한 시스템에서 행동을 예측하기 위해서 늘 사용하는 것이다. 우리의 마음이라는 배경에서 수년 동안 내재화된 관찰이 작동하고, 나중에 합리화되고 언어로 표현된다.

경험은 현재의 상황을 과거의 상황과 비교하고 그 유사점들을 조합해서 내리는 결론의 형태로 나타난다. 이게 인공지능과 그렇게 다른가?

기계가 이미 패턴 매칭을 수행하고 있기 때문에 인공지능을 믿어야 한다고 주장하는 것이 아니다. 나는 인간에 의한 의학에 대한 우리의 신뢰는 다분히 감정적이라는 것만을 지적하고자 하는 것이다. 하얀 가운을 입은 사람이 이야기하고 우리는 그것을 믿는다.

이 감정적 반응을 극복하기는 쉽지 않다. 위와 같이 쓰는 나도 인공지능을 믿을 준비가 되지 않았다. 신뢰는 수많은 성공과 몇 개의 치명적 실수를 거치고서 천천히 찾아올 것이다.

의사들이 인간 동료들처럼 인공지능을 신뢰할 수 있도록 하기 위해서 우리는 무엇을 해야 하고, 의료 인공지능에 무엇을 기대해야 하는가?

마지막으로 인공지능과 헬스케어에서 특이한 윤리적인 문제에는 편향, 불공정 같은 문제들뿐만 아니라 전통적인 신탁 관계를 바탕에 두고 있는 환자와 의사 관계에도 영향을 줘서 환자 대 의사가 아니라 환자 대 머신러닝 시스템 간의 관계를 더 중시하는 쪽으로 변질될 수 있다는 점이 포함된다[4]. 현재 전 세계에 임상 의료와 헬스케어 분야에 200개가 넘는 회사들이 존재하고 이 숫자는 월 단위로 증가할 것으로 보인다(그림 11.1).

인공지능 100년 연구[AI100]는 인공지능이 사람들과 사회에 미칠 장기 영향을 연구하는 프로젝트다. 여기서 인공지능이 가장 두드러지게 사용될 분야로 8개 영역을 꼽았는데 가장 중요한 것이 헬스케어였다. 나머지 7개 분야는 교통, 서비스 로봇, 교육, 저자원 커뮤니티, 공공 보안과 안전, 고용과 직장, 연예 부분이었다[5].

영상의학과, 병리학, 유전체 의학, 심장학, 외래 서비스, 중환자실 등에 이미 인공지능이 사용되고 있다. 인공지능이 기존 직업을 대체할 것이라는 이해관계자들의 걱정에도 불구하고 의료에 인공지능이 미칠 "영향력"은 점점 더 커질 것이다.

그림 11.1 헬스케어 인공지능 산업 지형도. 헬스케어 회사들(여기서는 211개)는 환자, 원격 의료, 연구, 진료 분야로 나눌 수 있다.
출처: https://techburst.io/ai-in-healthcare-industry-landscape-c433829b320c 에밀리 쿠오(Emily Kuo)

닉 맥커운Nick McKeown의 말대로 의료 데이터와 분석법은 기존 "수직적으로 통합돼 있고 폐쇄적이며, 사유화돼 있고 느린 혁신" 데이터 시스템에서 "수평적으로 통합돼 있고 공개 인터페이스를 가지며 빠른 혁신" 데이터 에코 시스템으로 전환될 필요가 있다[6]. 이것을 생물학적인 용어로 말한다면, 생의학 데이터 시스템은 초보적인 근골격 시스템에서 지능적인 신경계로 바뀌어야 한다. 더불어 클라우드 컴퓨팅 및 저장 기능은 의료 및 헬스케어 인공지능의 미래에 필수적인 다기관 협업을 촉진하는 핵심적인 역할을 할 것이다.

아마도 의사들과 의학 교육자들은 인공지능을 불신하는 것이 아니라 끌어안아서 그 능력을 통해 우리가 가르치는 방법과 헬스케어를 전달하는 방법에 전환을 이끌어낼 것이다. 인공지능은 현재 의료가 바꿔나가려고 하는 가치 기반 시스템 환경에 특히 더 필요하다. 의료 인공지능을 효과적으로 사용하게 된다면 인공지능은 의사들을 전자의무기록으로 인한 업무 부담으로부터 자유롭게 만들 것이고 진정한 의사와 환자 관계에 더 많은 시간을 할애할 수 있게 해줄 것이다. 컴퓨터는 데이터를 다루거나 예측을 하는 데 훌륭하다. 따라서 인간이 가진 판단력이 지금보다 더 가치를 발휘할 것이다. 의사가 부상하는 기술에 적응할 수 있는 철학을 직업력에서 보다 이른 시기에 습득할 수 있게 만들 필요가 있다.

의사-데이터 과학자의 이중 교육

킹 리king Li

킹 리는 흥미로운 새 의과대학의 의학부 학장으로, 의학과 데이터 과학의 양쪽에 잘 교육받은 의사-데이터 과학자군을 만들어 내기 위해 혁신과 공학을 결합한 새로운 의과대학 커리큘럼에 대해 이야기한다.

공학과 데이터 과학을 포함한 기술은 적절히 응용하면 질 개선, 비용 절감, 접근도와 자원 증대를 강화해 헬스케어를 개혁할 수 있는 잠재력을 가지고 있다. 이상적으로 사용된다면 공학, 기술 그리고 데이터 과학은 기계로 더 쉽게 더 효율적으로 할 수 있는 일들로부터 헬스케어 제공자들을 자유롭게 해서 의학의 인간적인 측면을 강화하는 데 사용될 수 있다. 그러나 현재 미국에서 관련 기술들은 비용 증가, 헬스케어 비인간화, 의사들의 번아웃을 일으킨다는 비난을 받아왔다. 이러한 기대와 현실의 부조화는 아주 다양한 요인에 기인한다. 하지만 헬스케어에서 공학, 기술, 데이터 과학을 적절히 배치해 사용할 수 있고 그런 환경에 익숙한 의사들이 적다는 것도 한 이유라 할 수 있다. 이런 상황을 고치기 위해서는 헬스케어 전문가를 교육하는 방법을 근본적으로 바꿀 필요가 있다. 지난 세기 전통적인 의학 교육은 1910년 발간된 플렉스너 보고서Flexner report에 크게 영향을 받았는데, 이것은 주로 기초 및 임상 과학에 초점을 맞추고 있다. 현재의 의학 교육은 4가지 기둥에 바탕을 두고 이뤄지는 것이 좀 더 바람직할 수 있다. 바로 기초 과학, 임상 과학, 헬스케어에 연관된 인문학, 데이터 과학을 포함하는 공학과 기술이 그것이다.

일리노이대학교 어버너 섐페인 캠퍼스에 있는 칼 일리노이 의과대학CI Med에서는 전체 의과대학 과정이 훌륭한 의사-리더들과 의사-혁신가들을 키우기 위한 커리큘럼으로 구성돼 있다. 이 공학에 초점을 둔 의과대학의 모든 의과 대학생들은 고수준의 수학, 통계학, 컴퓨터 과학을 포함한 양적 과학에 대한 배경 지식을 이수해야 한다. 학생들은 4C 즉, 측은지심compassion, 능력competence, 호기심curiosity, 창의성creativity이라는 핵심 특징에 기초해 선발된다. 커리큘럼 1단계는 약 18개월 동안 진행되는데, 모든 과정이 3명의 코스 책임자에 의해 개발된다. 이 책임자는 각각 기초 과학, 임상 과학, 공학 분야의 전문가다. 의료 인문학과 복잡한 헬스케어 시스템, 그리고 전 세계 다른 헬스케어 시스템에 대한 전방위적 시야는 커리큘럼 모든 단계에서 걸쳐 소개된다. 1단계 코스들은 공학, 기술, 데이터 과학을 사용한 문제 기반 학습 접근법으로 이뤄지고, 독립적인 코스로 존재하는 것이 아니라 나중에 하나의 장기 시스템에 기반한 코스로 통합된다. 학생들이 글로벌 경험, 연구, 도시 및 농촌 공중 보건, 산업 보건 등에서 주제를 선택해 문제를 발견할 수 있는 3주 동안의 발견 기간이 있다. 커리큘럼 2단계는 전체 기간이 약 18개월이고, 학생들은 각각의 필수 실습에서 IDEA(혁신, 디자인, 공학, 분석) 프로젝트를 수행해야 한다. 모든 학생들은 이런 IDEA 프로젝트에서 헬스케어를 개선하기 위한 새로운 아이디어를 도출해야 한다. 학생들이 자신들의 생각을 더 정교하게 만들 수 있도록, 1주에 한 번 공학 라운딩이 이뤄진다. 공학 라운딩 도중에 공학 부분 교수들은 임상 교수와 학생들과 함께 라운딩에 참여한다. 이것은 단지 학생을 교육하기 위한 것뿐만 아니라 공학자와 임상가 사이의 커뮤니케이션을 증가시키려는 목적도 가지고 있다.

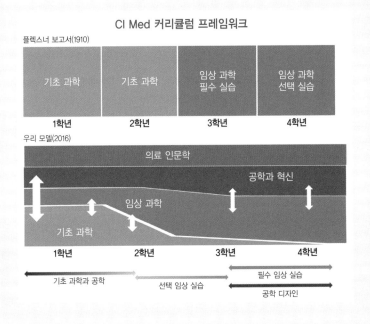

커리큘럼 3단계는 마지막 해로, 모든 학생들은 7개의 IDEA 프로젝트 가운데 하나의 아이디어를 선택해 캡스톤 프로젝트를 진행한다. 캡스톤 프로젝트에서 각각의 학생은 캠퍼스의 다른 학과 학생들로 구성된 팀을 이끌어 그들의 아이디어를 프로토타입으로 바꾸는 데 도움을 준다. 이런 활동을 지원하기 위해서 학생들에게는 재정적인 지원과 함께 자동 분자 합성,

마이크로 또는 나노 합성, 새로운 유전자와 세포 합성, 3D 프린팅, 슈퍼 컴퓨팅 등 새로운 것들을 설계할 수 있도록 헬스 메이커 랩 네트워크^{Health Maker Lab Network}를 사용할 수 있게 해준다. 이런 프로토타입의 일부는 적절한 멘토와 다른 지원을 제공하는 리서치 파크^{Research Park} 내 인큐베이터 공간에서 추가적인 개발을 이어나갈 수 있다. 또한 모든 학생들은 헬스케어 시스템과 기타 자료원에서 생성된 실제 세계 데이터를 사용한 데이터 과학 프로젝트를 수료해야 한다. 그렇게 해서 CI Med의 모든 졸업생들은 공학, 기술, 데이터 과학, 혁신 등에 대한 체감적인 훈련을 받게 되고 우리의 복잡한 헬스케어 에코 시스템의 다양한 영역에서 변화를 위한 촉매자 역할을 할 수 있을 것으로 기대된다.

의료에서의 인공지능: 모든 것은 목적이 아니고 과정이다

톰 뮤리칸^{Tom Murickan}

톰 뮤리칸은 고등학생으로 동료들 사이에 뛰어난 롤 모델이 되고 있다. 이 글을 통해 의료 인공지능과 의료의 미래 전망에 집중하는 고등학교 동아리를 시작하게 된 사연을 이야기한다.

나는 이 책을 집어들 많은 사람들이 의료 인공지능과 관련해 17세 고등학생의 관점을 왜 읽어야 하는지 의아해 할 것이라고 확신한다. 그 질문에 대한 대답은 책의 저자인 앤서니 창 박사가 항상 이야기하는 "의료 인공지능의 미래는 이미 와 있다. 그런데 어떻게 미래 세대가 효과적으로 그리고 가장 윤리적으로 사용할 수 있게 할 것인가?"라는 질문 속에 있다. 이 주제에 대한 내 생각을 기고해줄 것을 요청받았을 때 약간 겁이 났다. 그렇지만 이 책과 전체 의료 인공지능 커뮤니티에 관련된 사람들이 놀라운 점은 자만심이 개입되지 않는다는 점이다. 다음의 놀라운 인공지능 혁신은 어디서든 누구에게서든 올 수 있다는 변함없는 확고한 믿음이 있기 때문이다. 그래서 내 생각을 말하고 의료 인공지능이라는 긴 여정에서 지금껏 경험한 짧은 과정에 대해서 공유하기로 했다.

나는 어려서부터 항상 의료 분야에 마음이 끌렸다. 나이가 들고 여러 경험을 하면서, 의학에 대한 나의 관심은 지속적인 학습에 대한 열정과 도움이 필요한 사람들을 돕고자 하는 욕망이 결합된 양상을 보였다. 이런 욕구가 나를 포모마 밸리 호스피털 메디컬 센터와 세다르-

시나이 메디컬 센터, 그리고 하트 오브 호프라는 특별한 도움을 필요로 하는 어린이들을 위한 지역 단체의 자원 봉사자로 이끌었다. 이런 것들은 내게 놀라운 경험이자 기회였지만 의사가 된다는 것은 더 많은 것을 필요로 한다는 사실을 깨닫게 했다. 그 다음 2018년 여름, 나는 오렌지 카운티 어린이 병원 MI3 써머 인턴십에 지원해 합격했다. 그 인턴십은 인공지능이 의료계에 미치는 영향에 초점을 두고 있었고 내게 의료, 데이터 과학, 간호학을 비롯한 다양한 분야의 사람들과 만나고 그들의 이야기를 들을 기회를 줬다. 이 경험은 의료에 대한 나의 관점과 내가 어떤 의사가 되어야 할지에 대한 관점을 완전히 바꿔 놓았다. 그리고 우리 사회 전체, 좀 더 범위를 좁혀 의학 교육 시스템이 의사가 인공지능으로 무장하고 그것을 윤리적이고 효과적으로 사용할 수 있도록 준비시킬 수 있는지에 대한 여러 의문을 갖게 되었다. 이런 문제의 일부 해법으로, 내가 다니는 고등학교에서 AI 메드^Al-Med 동아리를 만들었다. 동아리의 목적은 인공지능에 대한 것들을 반 친구들과 가족들에게 알리는 것이다. 인턴십에서 내 작품을 통해 공식적으로 프로그램 책임자인 앤서니 창 박사에게 소개됐고 그는 내가 처음에는 일부 어려움에 직면하겠지만 지속해 나갈 것을 격려해 줬다. 나는 마침내 AI-Med 커뮤니티로부터 훌륭한 지원을 받고 다니고 있는 고등학교에 AI-Med 동아리를 만들 수 있었다. 그런 활동에 대한 첫 우려는 무엇이었을까? 우리 학교 동아리 승인 위원회가 주로 걱정했던 것은 의료 인공지능에 대한 인식이 부족했고 내가 그런 개념들을 고등학생들이 이해할 수 있도록 전달할 수 있을지 확신하지 못한다는 것이었다. 그런 질문에 대한 그런 의심이 내가 이 동아리를 만들고자 하는 이유라고 설명했다. 인공지능과 관련한 의료의 미래에 대한 광대한 양의 정보를 학생들에게 알려서 그들이 인공지능에 영향을 받을 수 있는 미래의 어떤 분야에 미리 준비할 수 있도록 중개하는 누군가가 필요한데, 내가 그런 사람이라고 믿었기 때문이다. 사실 2018년 12월 앤서니 박사는 나와 아빠를 다나 포인트에서 개최된 AI-Med 북아메리가 2018에 초대해 AI-Med 커뮤니티의 독특한 인사이트와 전망을 체험할 수 있도록 해준 경험이 있어, 내가 그런 적임자임을 자신하고 있었다. 4일간 진행된 콘퍼런스에는 의료 인공지능의 발전에 초점을 맞춘 다양한 분야의 다양한 초대 연사들이 참석했다. 그 4일 동안 해당 그룹에서 받은 토론, 피드백, 참여는 어떤 의료 전문가가 돼야 하겠다는 미래상에 대한 나의 비전을 확실하게 만드는 계기가 되었다. 내게 미래 의료 인공지능에 토론의 패널로 참석할 기회가 주어졌고 이전 경험들을 통한 의료 인공지능에 대한 나의 전망을 청중들에게 이야기했다. 그룹에 던진 여러 가지 질문 가운데 하나는 고등 교육 시스템(학부 및 의과대학)이 나를 의료 인공지능을 사용하게 될 의료 전문가로 제대로 훈련시킬 수 있도록 어떻게 제대로 준비할 수 있을지에 대한 것이었다. 이런 걱정은 모인 인공지능 커뮤니티 안에서 새로운 제안을 유발하는 계기를 마련했다. 교육 시스템이 통계학, 프로그래밍, 데이터 과학 등을 의료 커리큘럼에 제대로 포함될 수 있게 하기 위한 인식, 운동, 모멘텀을 만들기 위해서 전국의 고등학교, 대학교, 의과대학 등에 AIMed 동아리를 만드는 사업을 펼치자는 것이고 그런 일에 나와 같은 학생들이 좋은 대사 역할을 할 수 있을 것이라 했다.

재학중인 고등학교에서 AI-Med 동아리를 시작하고 4개월이 지났다. 우리는 첫 번째 몇 번의 월간 미팅을 통해서 인공지능에 대한 여러 가지 개념들을 토론하고, 몇 분을 초대 강사로 초빙해 고등학교 수준에서 의료 인공지능에 대한 강의를 들을 수 있었다. 모임 참여자들 수는 점점 더 늘었고 이런 추세가 계속 이어지기를 희망하고 있다. 그리고 나는 AIMed 학회 CEO인 프레디 화이트^{Freddy White}와 함께 학생 대사로서 내 역할을 정의해 나갔고, 미국 전역의 여러 기관들과 접촉해 AI-Med 동아리를 시작하고 구성할 수 있도록 준비했다. 올해 나의 목표는 미국의 10여 개 고등학교에 새로운 AI-Med 동아리를 만들고 몇 명의 의과대학 프로그램 책임자들을 2019년 12월에 열린 AIMed 북아메리카 모임에 참여하도록 노력하는 것이다. 의과대학을 참여시킴으로써 나는 현재와 미래에 필요한 예과 교육 과정의 간극을 줄일 수 있도록 준비시켜, 미래의 의과대학생들인 의료 인공지능에 대한 깊은 지식과 이해로 무장할 수 있기를 기대하고 있다. 이런 노력을 지속하면서 나는 미국 의과대학 책임자들에게 연락을 취해서 "나는 미래 인공지능의 조력을 받는 의사입니다. 나를 받아들일 준비가 됐나요?"라는 질문에 대한 답을 듣고 싶다. 노력을 지속하고 AI-Med 커뮤니티의 지원을 계속 받는다면 "네"라는 대답이 여기저기서 들려올 것이다. 의료 인공지능은 내게 하나의 목적이 아니라 지속적인 여정이다. 그 여정에서 나는 놀라운 사람들을 많이 만나게 될 것이고 거기서 흥미진진한 발견을 많이 하게 될 것으로 기대하고 있다.

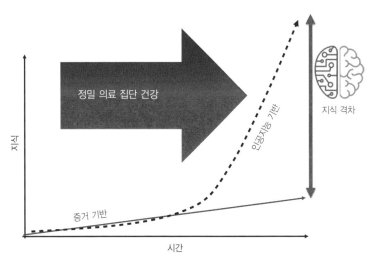

그림 11.2 인공지능 기반 의료. 정밀 의료와 집단 건강의 도래로 증가하는 지식의 간극은 증거 기반 의료에서 데이터와 인공지능 도구를 통한 인공지능 기반 의료로의 패러다임 전환을 통해 보강돼야 한다.

정리하면 의료 인공지능의 미래는 딥 강화 학습, 생성적 적대 신경망, 원샷 러닝 등과 같은 인공지능 기술의 발전으로 극도로 다양하고 풍부해질 것이다. 그런 인지 방법론들은 의료와 헬스케어에서 데이터가 새로운 지식과 지능의 원천이 될 수 있도록 의사들과 시너지를 만들 필요가 있다. 모든 헬스케어 데이터는 어떤 장애도 없이 자유롭게 공유돼 미래 헬스케어에서는 어디에나 있지만 눈에는 띄지 않는 형태로 존재해 모든 데이터와 정보원으로부터 새로운 지식을 발견할 수 있게 해야 한다. 즉, 다음 세기 정밀 의학과 공중 보건에 대한 비전을 실현하려면 기존 증거 기반 의료에서 데이터 과학에 기반한 인공지능 기반 의료로 패러다임을 바꿀 필요가 있다(그림 11.2).

핵심 개념

- 인공지능의 발전에 대한 전망은 양자 컴퓨팅과 뉴로모픽 칩 같은 고급 컴퓨터 기술의 빠른 개선과 가속화된 배치, 딥러닝과 그 유사 방법과 같은 인공지능 기술의 빠른 개발과 진화, 현재의 AI 캄브리아기 폭발을 이끈 인지 아키텍처cognitive architecture 등에 바탕을 두고 있다.

- 피터 보스^{Peter Voss}는 미래 인공지능을 "제3의 물결"이라고 간략하게 말했다. 첫 번째 물결은 고파이^{GOFAI}라고 하는 전통적인 프로그래밍 방법에 초점을 둔 것이고, 두 번째 물결은 현재의 딥러닝 흐름을 말한다. 제3의 물결은 여러 인지 아키텍처에 의존한다.

- 헬스케어 사이버 보안을 개선하기 위해 블록체인과 같은 기술이 성공적으로 사용되면 조만간 이해관계자들 사이의 데이터 공유가 촉진될 것이다.

- 클라우드 컴퓨팅 기술을 활용하면서도 클라우드 원거리 리소스 등으로 발생하는 반응 지연에 대응하는 방법으로 엣지 컴퓨팅은 클라우드 데이터센터 외부에서 실시간으로 로컬에서 데이터를 수집하고 분석할 수 있도록 디바이스를 지원하는 기술이다. 의료 기기, 특히 지속적인 모니터링을 위해 사용되는 기기들에서 수신되는 생리학적 데이터의 양은 너무나 크기 때문에 의미있는 정보를 필터링하는 "업스트림" 지능 알고리듬이 내장돼 있지 않은 경우 케어 제공자들이 그것을 의미있게 사용하는 것이 불가능하다.

- 퍼지 인지 맵의 장점은 인간의 지식과 경험을 컴퓨터 보조 기술들과 결합하는 데 상당히 좋은 수단이어서, 이를 통해 의료라는 복잡한 시스템에 이상적인 인간-기계 시너지 효과를 얻을 수 있는 점이다.

- 좀 더 복잡하고 고도로 서로 연결된 데이터를 모델링하기 위해서는 하이퍼그래프^{hypergraph}라는 데이터 표현법이라는 새로운 패러다임이 구현될 필요가 있다. 하이퍼그래프는 하이퍼엣지^{hyperedge}라고 하는 관계를 통해 수많은 노드를 연결시키는 그래프 모델이다.

- 로샷 러닝 방법은 빅데이터를 필요로 하지 않기 때문에 임상 의학과 헬스케어에 특히 유용할 것이다.

- 생의학 분야에서, 인공지능의 인지적 시대로 접어들면서 컴퓨테이션에 대한 수요가 기하급수적으로 증가하고 있어, 또 다른 형태인 DNA 컴퓨팅과 같이 양자 컴퓨팅이 그런 수용에 대응할 수 있는 기술적인 도구가 될 것이다.

- 재귀적 피질 네트워크^{Recursive Cortical Network}는 아무것도 없는 상황에서 학습하는 딥러닝과는 대조적으로 스캐폴딩을 가지고 있는 생성적 모델(정확히는 구조화된 확률적 그래피컬 모델)의 일종이다.

- 스파이킹 신경망은 3세대 신경망이라고도 불리는데, 스파이크spikes라고 하는 어떤 특정 시점에 발생하는 이산적인 이벤트로 연산을 수행한다. 따라서 신경망이 뉴런의 개별적인 활동 전위가 일어나는 시점에 의존한다는 측면에서 일반적인 머신러닝보다 좀 더 생물학에 가깝다.

- 스웜 지능Swarm Intelligence은 개별적으로 자기 구조화하는 수많은 요소들이 모여 그룹 행동을 통해서 유도되는 지능을 말한다. 이렇게 창출되는 집단 행동은 대부분의 개별적인 구성 요소들보다 더 나은 성능을 보이게 된다.

- 전이 학습은 훈련된 모델을 다른 데이터셋에 적용하는 기술이다. 이것은 딥러닝에 특히 유용하다. 딥러닝을 훈련하는 데 상당한 시간과 자원이 필요하기 때문이다.

- 빅데이터 분석의 미래 핵심 개발 분야 가운데 하나는 실시간 분석 프로세싱RTAP이다. 이것은 온라인 분석 프로세싱과 복잡한 머신러닝 알고즘을 사용해 데이터 수집과 분석이 스트리밍 방식으로 이뤄지는 프로세스를 말한다.

- 소프트웨어 정의 네트워크SDN 개념은 서버 가상화, 소프트웨어 정의 네트워킹, 저장 하이퍼바이저 등을 사용하는 설계를 특징으로 하는 소프트웨어 정의 데이터 센터SDDC로 발전시켜 모든 인프라와 운용의 모든 측면을 소프트웨어로 자동화시킬 수 있다.

- 그래프 데이터베이스와 메타 데이터베이스 관리 시스템에서 커스터마이징 클라우드 기반 시설, SDDC, 가상화에 이르기까지 의료 데이터의 모든 측면에 인공지능을 내장함으로써, 앞에 언급한 전략들이 분절되고 비구조화된 데이터셋을 가진 오늘날의 의료를 의료 지능이 내재된 일관적이고 유연한 정보를 가진 것으로의 전환을 가속시킬 수 있을 것이다.

- 의료 데이터와 분석법은 기존 "수직적으로 통합돼 있고 폐쇄적이며 사유화돼 있고 느린 혁신" 데이터 시스템에서 "수평적으로 통합돼 있고 공개 인터페이스를 가진 빠른 혁신" 데이터 에코 시스템으로 전환될 필요가 있다.

- 의료 인공지능의 미래는 딥 강화 학습, 생성적 적대 신경망, 원샷 러닝 등과 같은 인공지능 기술의 발전으로 극도로 다양하고 풍부해질 것이다. 그런 인지 방법론들은 의료와 헬스케어에서 데이터가 새로운 지식과 지능의 원천이 될 수 있도록 의사들과 시너지를 만들 필요가 있다.

- 정밀 의학과 공중 보건에 대한 우리 비전을 완성하기 위해서는 증거 기반 의료에서 데이터 과학 기반의 인공지능 기반 의료로 패러다임을 전환시킬 필요가 있다.

- 인간 대 머신 관계에서 마지막 단계는 컨볼루션convolution이다. 이것은 생물학 용어에서는 뇌 내 피질의 이랑과 고랑의 주름을 표현할 때 사용하는 용어다. 수학에서는 기존에 존재하는 2개의 함수에서 유도된 세 번째 함수를 지칭할 때 사용된다. 생애 동안 우리는 인간과 머신 지능이 조화롭게 엮여서 서로 구분하지 못하는 상황을 목격할 것이다. 그래서 "인공" 지능이란 단어의 "인공"이란 형용사도 더이상 사용하지 않게 될 것이다.

참고 문헌

[1] Etzioni O. How to regulate artificial intelligence. New York Times September 1, 2017.
[2] Knight W. Forget killer robots-bias is the real AI danger. MIT Technol Rev, October 3, 2017;.
[3] Hsu W, Elmore J. Shining light into the black box of machine learning. JNCI-J Natl Cancer Inst 2019;111(9):877-9.
[4] Char DS, Shah NH, Magnus D. Implementing machine learning in health care-addressing ethical challenges. N Engl J Med 2018;378(11):981-3.
[5] One Hundred Year Study on Artificial Intelligence (AI100). https://ai100.stanford.edu.
[6] McKewon N. Making SDNs Work. YouTube April 201

맺음말

의료 인공지능 커뮤니티의 단결심은 이 영역에서 관계와 협업이 얼마나 중요한지를 일깨운다. 우리가 "머신"과 "인공" 지능을 논하는 사이에도 그 뒤에는 인간이 존재한다. 적어도 지금은 말이다. 의료와 헬스케어 인공지능에서 협업은 모든 수준, 그리고 모든 차원에서 강화될 필요가 있다. 종종 모든 최선의 전략은 쌍으로 움직이는 관계 또는 하이브리드를 수반한다.

가장 우선적으로 인간과 머신 사이의 관계가 필요하다. 마치 의료 데이터 과학이 완전히 분리된 학문이자 과학인 것인양 저자 가운데 의사가 하나도 포함돼 있지 않은 다수의 논문들이 존재한다. 비록 의도한 것은 아니겠지만 좋은 현상은 아니다. 한편 의사들은 새로운 의료 인공지능 패러다임에 대해 더 많이 알고 수용할 필요가 있다.

두 번째, 인간과 인간 사이의 관계다. 의사와 데이터 과학자 쌍은 데이터 과학과 임상의학 및 헬스케어 사이에 중요한 인터페이스를 만드는 데 더욱 노력해야 하고 좀 더 효과적일 필요가 있다. 환자의 권한을 강화하고 의사들이 인공지능을 사용해 혁신적이고 전환적이도록 만드는 것은 전 세계적으로 지배적인 추세다. 화상 환자 케어를 증진시키기 위해 의료 영상에 딥러닝을 이용하는 토론토의 성형외과 의사에서부터 헬스케어에서의 강화 학습을 탐구하는 세네갈의 데이터 과학자까지, 이런 의료 인공지능 커뮤니티의 시민들은 전환적 변화를 이끌기 위해 의료, 헬스케어 에코 시스템, 커뮤니티의 인공지능을 개발하는 미션을 지속하고 있다.

세 번째는 머신과 머신 사이의 관계가 필요하다. 사물인터넷의 도래로 인공지능이 웨어러블 기술에 내장될 니즈가 생겼다. 미래는 머신과 머신이 협력하면서 만물인터넷을 구성하게 될 것이다. 또한 딥러닝 알고리듬은 의료와 헬스케어 인공지능의 효과를 극대화하기 위해서 인지 구조congnitive architecture의 원리와 시너지를 낼 필요가 있다.

알파제로AlphaZero와 같은 인공지능 프로그램들이 이제는 데이터에 존재하는 패턴을 무조건 인식하는 방식을 넘어 인지에 더 많이 의존하는 고수준의 자율적 학습이 가능한 인공지능이 출현할 가능성을 알리고 있음에도 불구하고[1], 인공지능은 아직까지는 적어도 인간의 사고를 반영하도록 인간 지능이 기계에 아로새겨진 형태로 남아있다. 최근 벌어지는 사건들에서 얻을 수 있는 분명한 메시지는 우리가 지속적으로 인간 대 머신 관계를 정의하고 명확히 해나갈 필요가 있다는 점이다. 흥미롭게도 이런 인간 중심 관계를 표현하는 데 적절한 생물학적 용어가 존재한다. 이런 특별한 인간-기계 관계의 첫 번째 단계는 공생symbiosis이다. 이는 서로 다른 두 유기체가 함께 살아가는 것을 말한다. 현재 우리는 대부분 이 단계에 와 있다. 두 번째 단계는 시너지synergy다. 이는 전체적으로 발현되는 효과가 부분들의 합보다 큰 것을 의미한다. 근육과 신경은 "시너지 관계"를 유지한다. 우리는 이미 이 수준에 필요한 초기 기초 작업들을 마친 상태다.

우리는 결국 인간 대 머신 관계의 마지막 단계인 컨볼루션convolution에 이르게 될 것이다. 생물학 용어에서는 뇌 피질의 이랑과 고랑의 주름을 표현할 때 사용하는 용어이고 수학에서는 기존에 존재하는 2개의 함수에서 유도된 세 번째 함수를 지칭할 때 사용된다. 생애 동안 우리는 인간과 머신 지능이 조화롭게 서로 엮여서 서로 구분하지 못하는 상황을 목격할 것이다. 그래서 우리는 인공 지능의 "인공"이란 형용사도 더이상 사용하지 않게 될 것이다.

이 책 저술 작업을 시작한 이후 2016년 알파고 대 이세돌의 대국을 포함해 수년 동안에도 많은 일들이 일어났다. 기능이 강화된 후속 버전인 알파고 제로는 과거 인간이 둔 바둑 데이터를 사용하지 않고도 바둑을 배울 수 있었고 알파고와의 시합에서 100:0으로 이겼다. 알파고 제로(아무것도 없는 상태에서 시작한다는 뜻에서 제로고 명명)는 이전에 인간 바둑 기사들이 사용하지 않았던 혁신적인 수를 사용하는 것이 분명했다("새로운 지능"). 정말로 놀라운 점은 알파고 제로가 40일 동안 바둑을 배우고도 바둑의 역사 2500년 동안 거쳐간 모든 인간 기사들보다 뛰어나다는 것이다. 알파고 제로와 비슷한 알파제로AlphaZero는 체스, 일본 장기, 바둑 등와 같이 2명이 하는 게임뿐만 아니라 더 많은 참가자가 있는 게임도 할 수 있는 자율 학습 프로그램으로, 이전에 인간들이 하는 경기와는 다른 형태로 게임을 했고 신비한 유연성과 적응력으로 게임에서 승리했다. 마지막으로 알파스타^AlphaStar는 최근에 인공지능이 인간을 이기는 것이 거의 불가능해 보였던 스타크래프트 II 실시간 전략 게임에서 인간 챔피언을 물리쳤다. 전략 게임은 바둑과 비교했을 때 불완전한 정보, 장기간 계획, 실시간, 큰 활동 공간 등 고려해야 할 문제를 더 가지고 있다는 점에서 이런 게임에서 보인 인공지능의 성능은 더욱더 놀라운 것이라고 생각됐다. 이런 인공지능의 특성은 임상 의학과 헬스케어에서 상당히 중요한 의미를 갖는다. 의사들은 일상의 진료에서 마치 복잡한 전략 게임과 유사한 상황을 자주 맞닥뜨리기 때문이다.

이 책의 시작부에서 언급한 인간 대 알파고 대결이 깨우쳐준 사실은 알파고가 보인 37번째 수의 혁신성과 놀라움뿐만이 아니다. 알파고가 이미 5판 3선승을 거둬서 의미가 없어진 4번째 대국에서 이세돌은 똑같이 놀랍고 창조적인 78번째 수를 두었다. 이 수는 37번째 수와 같이 널리 알려지지 않았지만 컴퓨터가 인간에게 긍정적인 영향을 끼친다는 것을 보여주는 사례로 인간 대 컴퓨터 시너지가 인공지능에 긍정적인 결과를 만들어낼 수 있을 가능성을 보여준다. 이는 의료와 헬스케어 인공지능에서는 핵심적인 부분이다. 생물학자 E.O. 윌슨^Wilson이 이야기한 바와 같이 생물학과 인공지능을 포함해 과학의 궁극적인 결합은 통섭의 형태를 가진 인간적인 것이라는 사실을 다시금 우리에게 일깨워 준다. 인공지능과 그 핵심 기술이 우리 삶에 가져다 줄 가장 큰 선물은 아이들이 우리에게 선사하는 것과 같이 우리가 인공지능을 통해 우리 인간 존재에 대해 더 깊이 이해할 수 있게 해준다는 것일지 모른다.

머신은 컴퓨테이션, 지시사항, 객관성을 가지고 있고 인간은 목적, 창의성, 열정을 가지고 있다. 의료와 헬스케어, 지능 기반 의료에서의 인공지능이 활용될 때 그 의미는 인간 대 머신의 관계가 아니라 항상 인간과 머신이어야 한다.

임상 의학과 헬스케어 인공지능에서의 주요 요점

십여 년의 긴 여정과 수천 명의 의사, 데이터/컴퓨터 과학자, 정보 전문가, 인공지능 전문가, 교육가, 연구자, 투자자, 병원 행정가, IT 전문가, 학생 등이 참여한 여러 국제적인 모임에서 이뤄졌던 의료 및 헬스케어 인공지능에 관한 미팅과 토론 등을 거치면서 다음과 같은 것을 배울 수 있었다. 언급되는 내용은 특정 순서가 있는 것은 아니며 약간 중복되는 내용도 있다.

딥러닝이 모든 영역에서 뛰어난 성능을 발휘하는 것은 아니다. 의료 영상 판독과 대량의 데이터에 내재된 복잡한 비선형 패턴 인식에 딥러닝이 인상적인 성적을 보여주기는 하지만, 데이터가 작을 때는 머신러닝이 더 단순한 모델을 만들기에 더 적절할 수 있다. 전자의 무기록 데이터를 사용하는 프로젝트에서 딥러닝은 상당한 도전에 부딪히고 있다. 또한 반복 작업이 중심이라 자동화를 통해 혜택을 받을 수 있는 과제에 대해서는 로보틱 프로세스 오토메이션^{RPA}이 더 적절한 방법일 수 있다.

인공지능에 인지적 요소가 필요하게 될 것이다. 의사들은 좀 더 인지적인 구조에 초점을 맞출 필요가 있어 보이는 차세대 의료 인공지능 프로젝트의 흐름에 좀 더 개입할 필요가 있다. 구글 딥마인드가 개발한 알파고 제로는 빅데이터보다 상당 부분 알고리듬 기술에 더 의존한다. 중요한 인지적인 요소에는 기억, 관계, 상상, 창의성, 추상적 개념 등이 포함된다.

데이터 공유가 핵심이다. 여러 기관 간의 협력과 전 세계적인 데이터 풀링은 전체적인 의료 인공지능 발전에 상당한 기여를 할 것이다. 헬스케어 데이터는 분절되고 체계화돼 있진 않은 경우가 많으며 이런 단점은 데이터 저장소를 통한 수집으로 극복할 수 있을 것이다. 이런 작업에 프라이버시와 보안을 위해 블록체인과 인공지능을 함께 사용할 수도 있을 것이다.

단순 시너지가 아닌 인간 대 머신 컨볼루션은 생명의학을 발전시킬 것이다. 우리는 머신 지능^{machine intelligence}과 인간의 인지 사이에 균형을 이룰 필요가 있으며 그 조화를 통해 3단계 영역인 "의료 지능^{medical intelligence}"을 획득하게 될 것이다. 좋은 알고리듬은 인간의 의사결정을 개선하고 인간은 잘못된 것을 창의적으로 해결하는 방식으로 알고리듬을 개선시킬 수 있다. 인간과 머신은 서로 엮여 컨볼루션을 이룰 것이다.

우리는 단기적으로 인공지능을 과대평가한다(아마라 법칙^{Amara's Law}). 의료 인공지능 분야에 관련해서 일정 정도의 과대 기대가 있다. 특히 딥러닝과 컨볼루션 신경망이 의료 영상에서 보이는 성능과 관련한 내용이 그렇다. 우리는 그런 과장이 인공지능 겨울을 만들어냈던 것을 기억하고 주의할 필요가 있다. 인공지능 겨울은 인공지능에 관한 장기 투자에 필요한 가치있는 자원들을 고갈시킬 것이다.

그렇지만 장기간에 걸친 인공지능은 과소평가한다. 장기간에 걸친 인공지능의 이득은 매우 클 것이기 때문에 의료 인공지능이라는 긴 여정에서 우리의 "속도"를 조절할 필요가 있다. 다가올 수십년 동안 질병 지식, 약물 발견, 단백질 접힘 같은 수많은 분야에서 새로운 발견들이 이뤄질 것이고 이는 과학자들에게도 깊은 인상을 줄 수 있는 새로운 수준의 이해로 이어질 것이다.

데이터 과부하는 시스템의 복잡도에 따라 더 복잡해진다. 헬스케어 데이터는 하나의 정교한 저울과 비슷하다. 딥러닝이 좋은 정도에 그치지 않고 우수한 수준에 이르는 예측 성능을 보일 수 있게 하려면 정확히 레이블링돼 있는 더 좋은 데이터가 필요하다. 그렇지만 생물학 시스템과 생의학 현상의 시스템 복잡도 때문에 정확한 레이블링이 어려울 수 있는데 이것을 극복할 수 있는 수단이 필요하다.

우리는 함께 의료 인공지능을 밀고 나갈 필요가 있다. 임상 의학과 데이터 과학, 두 영역은 서로의 문화와 관련 지식을 이해할 필요가 있다. 우리가 더 잘 협력하고 서로를 더 신뢰하면 할수록 더 나아질 것이다. 문자 메시지와 이메일을 바로 사용할 수 있는 오늘날에 우리는 초연결돼 있지만 낮은 소통 상태에 머물러 있다.

헬스케어 인공지능에 대한 교육적인 노력이 절실하다. 최고의 기관들은 의사와 데이터 과학자 그룹 사이의 소통을 강화하고 두 분야의 교육과 훈련 커리큘럼을 제공할 필요가 있다. 임상 의학과 데이터 과학의 간극은 매우 크지만 참을성을 가지고 문제들을 헤쳐 나간다면 극복할 수 있을 것이다.

헬스케어에서 빅데이터는 한정돼 있다. 의사들이 전국적 또는 국제적인 수준에서 더 많은 의료 데이터를 수집하기 위해 협력하기는 하지만 우리 데이터 과학자 동료들은 의료 분야에서는 다른 분야들과 같이 좋은 데이터를 대량으로 얻을 수 없다는 점을 이해할 필요가 있다. 희귀 질환에 관한 데이터는 더욱 그렇다. 이런 데이터 난관을 극복할 수 있는 혁신적인 방법론이 필요하다.

인공지능 기술이 무섭게 발전하고 있지만 다른 차원들은 이런 추세를 따라잡지 못하고 있다. 인공지능 기술은 빠르게 개선되고 있지만 규제, 윤리, 법률은 이런 변화를 따라잡지 못하고 있다. 규제 당국, 윤리 분야, 입법 당국은 인공지능이 초속도로 움직이는 방법이며 전통적인 전략과 시간 예상은 들어맞지 않음을 이해해야 한다.

예측 도구의 성능은 수신기 운영 특성 커브[ROC]의 곡선 아래 면적[AUC] 만으로 측정돼서는 안 된다. 앞서 논의한 정밀도 회상 커브[PRC, precision-recall curve]의 AUCl, F1 스코어와 같은 지표들도 마찬가지다. 집단이 비대칭적으로 나뉘어 있는 경우(주로 참 음성이 클 때), 지표들은 사실보다 뛰어나 보일 수 있기 때문이다. 또 이런 성능이 반드시 결과와 상관관계를 이루지 않을 수 있다.

헬스케어 데이터와 데이터베이스는 앞으로 개선이 필요하다. 대부분의 헬스케어 데이터와 데이터베이스는 여전히 관계형 데이터베이스 구조에 의존하고 있는데 미래에 좀 더 유연한 다이내믹 그래프 또는 하이퍼그래프 포맷으로 바뀐다면 좀 더 좋아질 것이다. 이런 변화는 딥러닝, 인지 구조 등 새로운 기술들이 헬스케어 데이터를 더 잘 수용할 수 있게 하는 데 특히 중요하다.

인공지능과 신경과학은 더 많은 시너지를 필요로 한다. 구글 딥마인드 프로젝트의 최근 성공은 깜짝 놀랄 수준이고 이런 자율 학습 일반 인공지능 도구들은 앞으로 의학에 영향을 줄 가능성이 있다. 이런 도구들은 모든 사람들이 기대하던 직감, 창의성, "상식"을 갖춘 "스마트" 도구들이지만 아마도 일부 사람들에게는 두려움도 불러 일으킨다.

중요한 것은 설명 가능성보다는 해석 가능성이다. 인공지능 설명 가능성에 대한 글들은 매우 많고 최고의 설명 가능성과 성능을 확보하기 위한 연구들이 진행돼 왔다. 그런데 더 중요한 것은 기술이나 디바이스 안에 들어있는 내용을 상세하게 알지 않아도 원인과 결과를 관찰할 수 있는 능력인 해석 가능성이다.

의사들은 이러한 의학의 주요 패러다임에 동참할 필요가 있을 것이다. 의사들은 인공지능이라는 새로운 영역을 탐구하고 이런 새로운 패러다임이 정말로 가치가 있는지 평가하는 임상 검증 시험을 관찰하기까지 시간과 자원을 필요로 할 것이다. 의사와 그들이 가지고 있는 임상적 현명함은 그 자체로 가치있는 것으로 이런 흐름의 일부가 되기 위해서 데이터 과학을 속속들이 알 필요는 없다.

웨어러블과 체내 삽입형 기술에는 인공지능이 내장될 필요가 있다. 이런 웨어러블 및 체내 삽입형 의료 및 헬스케어 디바이스에서 지속적이고 실시간으로 생리학적 데이터 "쓰나미"가 생성될 것이다. 이런 모든 데이터는 체계화되고 저장되며 내장된 인공지능이나 주변 기기에서 의해서 분석될 필요가 있다.

미래 인공지능에는 빅데이터보다는 데이터 합성이 중요해질 것이다. 이미 학습에 필요한 레이블링이 된 데이터의 가용성에 의지하는 경향이 줄어들고 있다. 이것은 단순히 인간이 레이블링한 데이터가 충분하지 못하다는 것을 넘어 희귀 질환과 같이 집단이 규모가 작은 질환에서는 그런 데이터를 얻기가 원천적으로 어렵다는 점에서 중요하다. 적대적 생성 신경망과 같은 생성적 인공지능 도구가 의료의 이런 한계를 극복하는 데 도움이 될 것이다.

인공지능 모델에서 특징들 사이의 관계는 점점 더 중요해질 것이다. 임상 상황에서는 때로 관계를 가진 특징들이 머신러닝이나 딥러닝 모델에 반영되지 않는 경우가 있다. 임상 의학의 이런 측면은 의료에서의 적정성을 증가시키기 위해 가까운 미래에 재귀적 피질 네트워크 같은 신경망 인공지능 모델에 의해 모사되거나 복제될 필요가 있다.

의학은 실시간 인공지능 도구를 필요로 한다. 의료 영상이 인공지능과 결부되면서 성공을 거둬 왔듯이, 실시간 의사 결정에 좀 더 초점이 맞춰진 전문 과목들도 이런 시계열 데이터와 지속적으로 변화하는 아주 적은 정보에 근거해 내려지는 의사 결정 문제를 감당하기 위해 인공지능이 필요하다. 자율적으로 학습하는 딥 강화 학습법이 그런 인공지능 자원으로 활용되길 바라는 희망이 있다.

인공지능은 임상 의학과 헬스케어에서 균형 장치가 될 수 있다. 현재의 헬스케어 생태계는 병원들이 서로 경쟁하고 스포츠팀과 비슷한 랭킹 시스템의 일부와 같이 운영된다. 인공지능의 전략적 사용을 통해서 최상위 기관에만 존재하는 명의라는 개념은 중화될 것이고 인공지능에 의해 만들어지는 전문 기술은 민주화될 수 있다.

인공지능은 몇몇의 손에 존재하는 것이 아니라 수많은 사람들의 마음에 존재해야 한다. 개인용 컴퓨터가 흔해진 것과 같이 인공지능도 그 수준으로 임상 의학에 채용될 필요가 있다. 미래에는 프로그래밍이 필요없어질 것이다. 인공지능은 전 세계적으로 일차 진료 의사의 역할을 현재보다 더 전문적이고 다방면의 전문 기술을 가진 전문 분과와 같은 위치로 올려 놓을 것이다.

딥러닝은 의료 영상에서 좋은 성능을 보였지만 다른 응용은 더 큰 어려움에 직면할 것이다. 비록 딥러닝이 비선형 관계를 파악하는 데 뛰어난 전략이지만 픽셀이나 복셀로 구성된 의료 영상과 비교했을 때 훨씬 더 복잡한 비구조화된 특징을 보이는 전자의무기록 데이터나 생의학과 헬스케어의 다른 데이터에 이 방법을 적용하는 것은 상당히 어렵다.

우리는 초기 의료 인공지능 시대로부터 배우고 그런 교훈들을 기억할 필요가 있다. 전문가 시스템 형태의 고파이^{GOFAI}는 너무 느리고 복잡하며 새롭거나 복잡한 케이스에 그다지 유용하지 않았을 뿐만 아니라 높은 기대 수준을 맞추는 데 실패했기 때문에 초기 정착에 실패했다는 사실을 기억해야 한다. GOFAI의 장점은 현대의 데이터 과학과 인공지능에 포함시킬 필요가 있다.

인공지능은 의학의 거의 모든 전문 과목에서 사용될 수 있을 것이다. 영상의학, 안과학, 병리학, 심장학과 같이 이미지를 많이 다루는 분과들이 첫 번째 어댑터다. 컨볼루션 신경망의 이미지 판독에서 보인 인상적인 성능 덕이다. 인공지능에 대한 완전한 채용이라는 다음 단계의 파도가 오기 위해서는 실시간 의사 결정 도구과 관련 도구들이 발달해야 한다.

인공지능의 발전에도 불구하고 의료와 헬스케어 분야는 다른 분야보다 뒤처져 있다. 데이터 접근이나 지식의 결핍과 같은 본질적인 문제들 때문에 임상 의학과 헬스케어에서는 인공지능이 널리 채용되지 않았다. 그렇지만 관련된 활동과 관심은 전 세계적으로 일부 전문 과목, 특히 이미지를 많이 다루는 분야를 중심으로 상당히 증가하고 있다.

의료 인공지능이 최근 부상한 것은 인공지능 3요소의 부산물이다. 정교한 알고리듬(특히 딥러닝), 빅데이터, 컴퓨테이션 파워/클라우드 저장소라는 인공지능의 3요소가 최근 인공지능 혁명을 이끌어냈다. 의료 영상 판독에서 딥러닝, 특히 컨볼루션 딥러닝의 상대적인 성공이 이 시대 의료 인공지능의 시작 계기를 마련했다.

인공지능은 대중에게 알려진 도구들 그 이상이다. 의료 영상 분석에서 초기 성공을 보인 컨볼루션 신경망뿐만 아니라 비교적 잘 알려진 IBM 왓슨이 있기는 하지만 인공지능은 수많은 "도구"들이 협업하는 "심포니"와 같다. 언어에 대한 자연어 처리, 반복 작업 자동화를 위한 로보틱 프로세스 오토메이션, 자율 학습하는 딥 강화 학습 등 수많은 형태의 딥러닝/머신러닝 도구들이 존재한다.

의학은 이분법이나 카테고리로 나누는 학문이 아니다. 지금까지 의료 영상과 컨볼루션 신경망을 통한 분류 작업은 비교적 간단한 작업이었으나 임상 의학의 상당 부분은 이분법에 기초하고 있지 않다. 많은 질환은 아직 증상이 발현되지 않은 채로 있다가 점차 질병으로 발현된다. 이런 복잡성과 뉘앙스가 앞으로 머신러닝/딥러닝의 새로운 도전을 만들어낼 것이다.

전자의무기록에 우리가 보지 못하는 정보가 있다. 임상 의학에서는 종종 의미있는 증거가 없다는 사실이 어떤 진단에 가장 중요한 증거인 경우가 있다. 이런 측면은 질병 프로세스에 대한 도메인 전문가가 모델에 참여하지 않는 경우 머신러닝/딥러닝 모델에 적절하게 반영되지 않을 수 있다.

문제를 정의하기 전에 인공지능을 설계하고픈 유혹을 피하라. 해법이 필요한 문제는 헬스케어에 널려 있다. "인공지능 렌즈"를 끼고 바라보면 이 가운데 일부는 인공지능 솔루션으로 쉽게 해결될 수 있을 것이다. 문제를 해결할 때 문제와 해결의 첫 번째 단계는 사람들과 공감하고 문제를 정의하는 것에서 시작되는 것을 명시하는 것이라는 디자인 사고를 따르도록 한다.

인공지능은 의학의 재인간화를 구현할 수 있다. 항간에는 인공지능이 의료를 비인간화시킨다는 저류가 있지만 실제로는 의학을 "재인간화"한다. 만약 의사들이 전자의무기록에 내장된 딥러닝 정보 도구나 자연어 처리에 기반한 받아쓰기 도구 같은 인공지능 전략을 사용해 전자의무기록에 있는 데이터와 정보의 부담을 일부 줄여 준다면 의사들은 환자와 더 많은 시간을 보내게 될 것이다.

인공지능에 대한 배움으로 우리 자신에 대해 더 배울 수 있게 된다. 사고, 창의성, 상상력, 의식, 윤리 등과 같이 인공지능과 인간의 요소들에 대한 윤리적이고 철학적인 문제에 들어가면 갈수록 우리는 본질적으로 우리 인간의 인공지능 파트너들과 함께 가기 위해서 진실로 필요한 인간적인 것이 무엇인지에 대해서 좀 더 명확한 이해를 하게 될 것이다.

인공지능이 제대로 작동하고 인간이 인공지능을 신뢰하게 되면 더이상 그것을 인공지능이라고 부르지 않게 될 것이다. 인공지능 도구에 대한 신뢰와 익숙함이 증가함에 따라서 이런 도구는 흔해질 것이고 점차 인공지능이라고 부르지 않게 될 것이다. 그저 우리의 도구나 업무의 일부분으로 단순히 받아들일 것이다. 특히 내장된 인공지능을 갖춘 병원 모니터링 기기나 웨어러블 디바이스에서 이런 현상은 특히 두드러질 것이다.

우리 인간은 때로 우리의 머신 파트너에 대해서 공정하지 못한 기대를 품는다. ROC의 AUC 값이 0.83인 인공지능을 비판할 때, 사람들은 보통 그것보다 훨씬 낮은 성적을 보인다는 점을 상기할 필요가 있다. 종종 헤드라인에 나오는 자율주행자동차가 사람이 주의를 게을리한 것을 지적하는 경우도 있다. 성능에 대한 기대는 대칭적으로 이뤄져야 한다.

우리는 전자 데이터를 너무 신뢰하는 경향이 있다. 전자의무기록을 입력할 때는 인간의 작업이 많이 필요하고 그러다 보면 오류 투성이가 되는 경우가 있다. 전자의무기록 데이터의 입력과 검증에 사람의 손을 거의 거치지 않게 하거나 최소화하는 것이 좀 더 정확한 데이터를 얻는 데 유리할 수 있다. 데이터 수정에 필요한 실시간 분석법이 항상 작동될 수 있게 해야 한다.

인공지능 하이브리드 또는 2개 이상의 방법론을 함께 사용하는 것이 이기는 전략이 될 수도 있다. 딥 강화 훈련처럼 2개 이상의 방법론을 결합한 사례는 많이 있다. 반지도학습과 순환 컨볼루션 신경망CRNN, Convolutional Recurrent Neural Network 등도 그런 종류다. 마치 오케스트라에서 여러 악기들을 함께 사용하는 것과 유사하게 미래에는 여러 가지 전문화된 인공지능 도구들을 함께 사용하는 것은 흔한 일이 될 것이다.

다른 분야의 인공지능 도구들을 살펴보고 헬스케어에 적용하는 것은 유용하다. 다른 분야에서 이미 사용되는 인공지능이나 혁신적인 인공지능이 헬스케어 인공지능 이해관계자들에게는 잘 알려져 있지 않은 경우가 있다. 딥마인드의 알파스타, 알파제로나 블랙홀 영상을 위한 이벤트 호라이즌 텔레스코프EHT 프로젝트는 의료와 헬스케어에 적용될 소지가 많다.

무작위로 배정하는 임상 시험의 미래 역할은 재조정될 필요가 있다. 미래 임상 연구는 현재의 톱다운 방식이 아니라 좀 더 데이터 주도형, 바텀업 방식으로 바뀔 것이다. 환자 모집은 인공지능 없이 인간이 하기에는 너무 지루하고 느려서 앞으로는 인공지능에 의해서 수행될 필요가 있다.

의학과 데이터 과학을 동시에 전공한 전문가 집단이 이 분야의 촉매자 역할을 할 수 있을 것이다. 동시에 두 개를 전공한 작은 집단은 두 영역의 전문 지식, 인사이트, 관점 등에 대한 인터페이스를 강화하는 데 도움이 될 것이다. 이것은 음악 산업에서 싱어송라이터와 비슷하다.

의료 인공지능은 아주 초기 단계에 있다. 의료 인공지능을 음악사에 비교하면 우리는 현재 중세 이후 르네상스 시대에 있고 바로크 시대로 접어들 찰나에 있다. 이 주제에 헌신하고 참을성 있게 발전시킨다면 의료 인공지능이 모짜르트가 활약했던 고전주의 시대, 쇼팽이 활약한 낭만주의 시대와 같은 놀라운 신세계로 펼쳐지는 것을 목격할 수 있을 것이다.

인공지능은 현재의 헬스케어 문제에 갇힌 세계를 벗어나는 데 필요한 탈출 속도를 제공하는 가속기다. 현재의 의료와 헬스케어 문제들을 잡아끄는 중력을 벗어나기란 거의 불가능하다. 부상하는 기술과 연결된 인공지능은 현재의 상태를 벗어날 수 있는 속도를 제공하는 강력한 힘을 가지고 있다.

현재의 최고정보관리자CIO는 최고지능관리자Chief Intelligence Officer로 바뀔 것이다. 인공지능이 더 널리 사용되고 지금보다 훨씬 더 알려지면 기관들은 의료와 헬스케어 영역의 인공지능 전문가 그룹을 필요로 할 것이다. 새로운 형태의 최고정보관리자와 더불어 더 정교한 인공지능에 대한 수요를 맞추기 위해서 헬스케어 인공지능 설계자나 데이터 전략가와 같은 새로운 직종이 생겨날 수도 있다.

의료 인공지능 관련 이해관계자들은 의사들과 더 많은 시간을 보낼 필요가 있다. 스타트업 회사들이 이런 전략을 따르지 않고 적절하고 좋지만 의사들의 진료 현장에서는 그다지 잘 들어맞지 않는 인공지능 서비스를 개발하는 사례는 매우 많다. 데이터 과학에서 임상 의학까지 제대로 정렬되지 않는 현상은 드물지 않게 관찰된다.

예측이 우수하다는 것이 더 나은 결과를 의미하는 것은 아니다. ROC 커브가 더 높은 AUC 값이 자동으로 더 나은 결과로 이어지는 것이 아님과 질병의 진단은 단지 생존과 건강 결과를 개선시킬 수 있는 기회의 시작이라는 것을 이해하는 것이 중요하다. 의료의 목적을 달성하기 위해서는 의료 영상 진단에서 시작해 수많은 헬스케어 체인 단계가 필요하다.

인공지능은 인간의 행동을 바꾸지 않는다. 어떤 인공지능은 질병에 대한 더 나은 예측을 할 수 있게 해주지만(다음 5년 이내에 당뇨병이 발병할 확률이 36.8%다), 당뇨병의 발병률을 낮추기 위해서 체중을 조절하는 등 인간의 행동을 바꿀 수 있도록 유도하는 것과 연관된 인공지능 도구는 매우 적다.

그리고 마지막으로,

인간 대 인간의 관계는 그 어느 때보다도 중요해졌다. 이 책을 준비하는 긴 여정에서 가장 좋았던 순간은 이 분야의 특별한 사람들과 의미있는 사회적 교류를 하면서 보낸 시간들이었다. 오스트리아 빈에서 데이터 과학자 동료들과 함께 한 즐거운 저녁, 보스턴에서 젊은 외과의사와 함께 한 커피, 런던에서 기술을 좋아하는 사람들과 함께 한 늦은 시간의 모임, 항저우에서 스타트업 그룹과 함께 한 차 등은 무엇보다 소중한 것들이었다.

참고 문헌

[1] Silver D, Schrittwieser J, Simonyan K, et al. Mastering the game of go without human knowledge. Nature 2017;550(7676):354-9.

의료 인공지능 요약 정리

주제	소주제	점수
		(각 항목당 2점, 분야별 10점이 만점이고 전체 100점이 만점임)
AI	타이밍	의료와 헬스케어에 인공지능이 필요한 이유를 열거하라. • Big data/volume of data(빅데이터/데이터의 양의 급증) • Maturity of algorithms/improved methodology(알고리듬의 발전/개선된 방법론) • Computing power (GPUs)(컴퓨팅 파워 향상) • Cloud capability/cloud storage(클라우드 능력/클라우드 저장소) • Performance of DL/CNN(딥러닝/컨볼루션 신경망의 성능 향상)
데이터	빅데이터	빅데이터의 "V"를 나열하라. • Velocity(속도) • Volume(양) • Variety(다양성) • Veracity(진실성) • Value/visualization/variability(가치/시각화/변이성)
인공지능	구성요소	인공지능의 구성 요소는 무엇인가? • Machine learning(머신러닝) • Deep learning(딥러닝) • Cognitive computing(인지 컴퓨팅) • Natural language processing(자연어 처리) • Robotics(로봇공학) • Expert systems(전문가 시스템)

주제	소주제	점수
인공지능	타입	인공지능의 타입을 열거하라. • Weak versus strong(약한 대 강한) • Specific versus broad(좁은 대 넓은) • Narrow versus general(협소한 대 일반적인) • Assisted/augmented/autonomous(보조/강화/자율) • 기술/예측/처방적 분석
데이터	문제	헬스케어 데이터와 관련된 문제를 나열하라. • Format: mostly unstructured(포맷이 대부분 비구조화돼 있음) • Location: in many locations(데이터가 여러 위치에 존재함) • Integrity: much data missing(결측 데이터가 많음) • Consistency: definitions inconsistent(일관성이 떨어짐) • Size: escalating in size(크기가 점점 커지고 있음)
데이터 과학	지도학습	흔히 사용되는 지도 학습법 5가지를 나열하라. • Support vector machines(서포트 벡터 머신) • k-Nearest neighbor(k-근접 이웃) • Naive Bayes(나이브 베이즈) • Decision trees(의사 결정 나무) • Logistic regression(로지스틱 회귀) • Linear regression(선형 회귀)
인공지능	신경망	흔히 사용되는 방법과 사용 예가 맞는지 확인하라. • CNN-MRI 판독 • RNN-중환자실 데이터 분석 • Machine learning-환자 클러스터링 • Cognitive computing-심전도 판독 • Natural language processing-전자의무기록
인공지능	전문 과목	인공지능 관련 활동이 가장 활발한 5가지 의료 전문 과목은 무엇인가? • Radiology(영상의학) • Cardiology(심장학) • Critical care medicine(중환자 의학) • Ophthalmology(안과학) • Dermatology(피부과학) • Pathology(병리학) • Surgery(외과학)
인공지능	장애물	인공지능 채용에 장애가 되는 주요 요인은? • Trust(신뢰) • Explainability(설명 가능성) • Data access and security(데이터 접근과 보안) • Domain knowledge(도메인 지식) • Workflow(업무 흐름)

주제	소주제	점수
인공지능	역사	인공지능의 역사에서 의미있는 이벤트를 나열하라. • Enigma(에니그마) • Dartmouth conference(다트머스 콘퍼런스) • Deep Blue and chess(딥블루와 체스) • Watson and Jeopardy!(왓슨과 제퍼디) • AlphaGo and Go(알파고와 바둑) • Many others(기타)
인공지능	역사	(보너스) 다음 이벤트와 관련된 인공지능 방법론은 무엇인가? • MYCIN: expert system(전문가 시스템) • Deep Blue and chess: expert system(전문가 시스템) • Jeopardy: IBM Watson/cognitive computing(IBM 왓슨/인지 컴퓨팅) • Go match: reinforcement learning/machine learning/deep learning(강화학습/머신러닝/딥러닝) • ImageNet: DL/CNN(딥러닝/컨볼루션 신경망)

용어집

이 용어집은 생의학적 용어와 생의학 데이터 과학과 의료 인공지능 분야에서 자주 관찰되는 용어들로 구성돼 있다. 지난 20여 년 동안 수집된 단어들로 구성된 만큼 일부 용어는 이제 시간이 좀 지난 감이 있지만 그럼에도 불구하고 이런 용어들은 데이터 과학과 인공지능의 진화 과정을 이해하는 데 중요하다.

5G 속도와 모바일 인터넷 연결성이 상당히 개선된 5세대 셀룰러 네트워크 기술. 인터내셔널 모바일 텔레커뮤니케이션 가이드라인에 따르면 다운로드 속도가 초당 20기가바이트 이상, 업로드 속도가 10기가바이트 이상이다.

501(k) submission 501(k) 서브미션 새로운 디바이스가 기능적으로나 안정적인 측면에서 기존에 3개의 디바이스 클래스에 해당돼 승인이 난 제품인 경우에 취할 수 있는 미국 FDA 시판전 허가 과정

A

Accountable Care Organization(ACO) 책임의료 기관 효율적인 케어를 통해 개인에 대한 더 나은 케어, 집단에 대한 더 나은 건강, 비용의 완만한 상승이라는 3가지 목표를 달성하기 위한 헬스케어 의료 기관 연합체

Accuracy 정확도 혼동행렬에서 참 양성과 거짓 음성을 합한 것을 전체로 나눈 것으로 분류자가 정확히 맞추는 능력을 반영한다.

Activation function 활성 함수 활성 함수는 하나의 노드에서 입력 시그널을 하나의 출력 시그널로 변환하는 함수로, 신경망에서 비선형 특성을 학습할 수 있도록 하는 역할을 한다. 시그모이드 함수, 하이퍼볼릭 탄젠트 함수, ReLU, rectified linear units 등이 있다.

AdaBoost (Adaptive Boosting 참고)

Adaptive Boosting(or AdaBoost) 상대적으로 약한 분류기들을 모아 하나의 더 강력한 모델을 구성하는 앙상블 머신 러닝 메타 알고리듬으로 이진 분류를 위한 의사 결정 나무에서 성능을 향상시키기 위한 아주 좋은 전략이 된다.

Adoption Model for Analytics Maturity(AMAM) 분석 성숙도를 위한 채용 모델 HIMSS에 제안한 헬스케어 기간이 애널리틱스를 채용해가는 전략적 로드맵으로 0단계에서 7단계로 구성된다. 0 단계는 분절된 개별 솔루션이고 7 단계는 맞춤화된 의학과 처방적 애널리틱스를 의미한다.

Affordable Care Act(ACA) 건강보험개혁법 버락 오바마 대통령이 2010년 3월 서명한 포괄적 건강 보험 개혁법으로 케어에 대한 접근성을 높이고 비용을 줄이는 것을 목표로 하며 2014년 1월부터 발효됐다.

Agent (intelligent agent 참고)

AI winters 인공지능 겨울 1974~1980년, 1987~1993년 동안 인공지능에 대한 긍정론이 사그라들면서 인공지능 연구와 프로젝트에 대한 투자가 감소한 시기를 말한다.

Algorithm 알고리듬 잘 정의된 지시를 따라가는 컴퓨터 프로세스를 가리키는 말로, 알 카리즈미(Al Khwarizmi)에서 기원해 후대의 레오나르도 피보나치(Leonardo Fibonacci)에 의해 대중화됐다.

Algorithmic Accountability Act 알고리듬 책임 설명법 큰 회사들이 자동화된 의사 결정 시스템과 연관된 위험도를 평가하고 관리하도록 책임을 부여하도록 제안된 법률

AlphaGo 알파고 알파고 딥마인드 그룹이 개발한 바둑 프로그램으로 값과 폴리시 네트워크를 사용한 몬테 카를로 트리 검색 방법을 사용했다.

AlphaGo Zero 알파고 제로 개선된 알파고 버전으로 사람이 만든 데이터 없이 바둑을 학습할 수 있고, 그 모체인 알파고와 겨뤄서 쉽게 이길 수 있었다.

AlphaStar 알파스타 구글의 딥마인드가 개발한 인공지능 시스템으로 실시간 전략 게임인 스타크래프트 II에서 인간 챔피언을 물리쳤다.

AlphaZero 알파 제로 스스로가 체스, 쇼기 바둑 등 여러 종류의 게임을 하는 방법을 익힐 수 있는 강화 학습 시스템으로 여러 게임 대회에서 인간을 이기는 능력을 보여줬다.

AMAM (Adoption Model for Analytics Maturity 참고)

American Standard Code for Information Interchange(ASCII) 아스키 컴퓨터와 그와 관련된 장비나 디바이스에 공통적으로 사용되는 텍스트를 표현하기 위해 사용되는 문자 인코딩 규칙

API (Application programming interface 참고)

Application programming interface(API) 애플리케이션 프로그래밍 인터페이스 웹 기반 소프트웨어 애플리케이션 또는 웹 도구에 접근할 수 있도록 정의된 프로그래밍 명령이나 표준들(명령, 함수, 프로토콜, 객체 등)의 집합

Application-specific integrated circuit(ASIC) 특정 목적을 위해서 설계된 집적 회로

Area under the curve(AUC) 곡선 아래 면적 x축에 거짓 양성률(1−특이도)을 놓고, y축에 참 양성률(민감도)을 배치해 ROC(receiver operating characteristic, 수신기 운용 특성) 곡선을 그렸을 때, 그 곡선 아래의 면적 AUC는 분류자의 성능을 반영하다. 1 값은 완전한 분류자를 말하고 0.5는 임의로 수행한 결과과 큰 차이가 없다는 뜻이다.

Artificial conversational entity (chatbot 참고)

Artificial general intelligence(AGI) 일반 인공지능 강한 인공지능이라고도 하며 인간과 비슷하게 사고하고 기능할 수 있는 인공지능으로 인간과 같거나 더 나은 기술력과 유연성을 보여준다.

Artificial intelligence(AI) 인공지능 지능적인 머신, 특히 지능적인 컴퓨터 프로그래밍을 만드는 과학과 기술을 말한다 (존 맥카시, 스탠포드 대학교).

Artificial neural network(ANN) 신경세포들 사이의 소통 채널에 영향을 받은 컴퓨테이션 모델로, 신호들이 양 또는 음의 가중치를 가지면서 전달된다.

ASCII (American Standard Code for Information Interchange 참고)

Association analysis **연관 분석**   대규모 데이터셋에 숨겨진 흥미로운 관계를 발견하는 데 유용한 데이터 마이닝 방법론으로, 관계는 상관 규칙(association rules)으로 표현된다.

AUC   (Area under the curve 참고)

Augmented intelligence(or intelligence augmentation)   인간의 지능을 강화하기 위한 지원적인 역할로써 기술을 사용하는 것. 때론 이 용어는 사람들을 안심시키기 위해 인공 지능이라는 용어 대신 사용된다.

Augmented reality(AR) **증강 현실**   실시간으로 3차원 가상 사물을 3차원 현실 환경에 접목시키는 기술로 고급 컴퓨터 보조 내비게이션 또는 시각화 기술에 사용된다.

AUROC   (ROC과 AUC 참고)

Autoencoder **오토인코더**   인코더와 디코더라고 하는 2개의 신경망으로 구성된 신경망으로 비지도 학습법으로 차원 축소나 데이터 노이즈 제거 등에 사용된다.

Automated reasoning **자동화된 추론**   추론 과정에 초점을 두고 컴퓨터 과학, 인지 과학, 논리학을 종합해 사용하는 인공지능 분과

Automation bias **자동화 편향**   자동화된 의사 결정 도구의 결과를 지나치면 믿는 경향

Autonomous intelligence **자율 지능**   사람의 감독이 없거나 거의 없이 적응형 지능 시스템이 자동으로 내리는 의사 결정

Autonomous systems **자율 시스템**   어떤 과제를 수행하도록 지시한 내용을 독립성을 가지고 수행하는 로봇이나 기타 디바이스

Availability heuristic **가용 휴리스틱**   어떤 상황을 판단할 때 자신이 내재적으로 가지고 지식에서 곧바로 떠오르는 내용에 의지하려는 지적인 단축 수단

Avatar **아바타**   가상 세계에서 어떤 주체를 그래픽으로 표현한 것

B

Backpropagation(or back propagation) **역전파**   오차를 역으로 전파한다는 의미로, 모델의 예측한 값과 실제 데이터 값의 차이인 "오차"를 신경망 뒤로 전파시켜 나가면서 오차가 최솟값을 가지도록 신경망의 매개변수(파라미터)를 조정해 나가는 과정

Backward chaining(or reasoning)   결과를 지지하는 데이터가 있는지 여부를 결정하기 위해서 해당 목표로부터 뒤로 작업해 나가는 추론 방법

Bag of Words(BoW)   문서의 단어의 순서나 구조를 전혀 고려하지 않고 텍스트 데이터를 분석하는 자연어 처리 모델 방법

Bagging **배깅**   여러 종류의 훈련 데이터셋을 준비하거나 또는 여러 복제 데이터셋을 가지고, 그 훈련 데이터셋들에 동일한 모델을 훈련해 분류의 정확성을 높이는 방법으로, 랜덤 포레스크가 대표적인 예다.

Bayesian Belief Network(BBN, Bayes netowrk 또는 belief network)   관심있는 변수들 사이의 확률적 관계나 의존성을 방향성 비사이클 그래프(directed acyclic graph)로 표현하는 모델로, 변수 사이의 인과적 관계를 학습하는 데 사용된다. 이런 모델에서 노드는 특징을, 에지는 특징들 사이의 관계를 표현한다.

Belief network   (Bayesian belief network 참고)

Bias **편향**   신경망에서 편향은 입력 값들의 가중 합들에 더해지는 값으로 노드가 활성화되기 이전에 그 값의 크기를 결정한다.

Big data **빅데이터**   대규모 데이터셋에 정교한 데이터 분석법을 적용해 새로운 지식이나 인사이트를 얻고자 하는 최근의 패러다임이다. 흔히 volume(부피), variety(다양성), velocity(속도)와 같은 여러 가지 "V"를 그 특징으로 한다.

Biocybernetics(biocybernetic system) 바이오 모델링과 컴퓨터에션 요소들을 사용해 다학제적인 접근을 통해서 생물체 전체에서 진행되는 프로세스를 조절하기 위한 공학적 접근법

Bioinformatics **생명정보학** 컴퓨터 과학, 생물학, 통계학, 수학 등을 사용해 생물학 데이터와 정보(유전체 염기서열 정렬, 분자 다이내믹수, 유전자 발현 데이터 등)을 저장, 검색, 구성, 분석하는 다학제적인 연구 분야

Biomedical informatics **생의학 정보학** 생물학에서 의료에 이르는 전체 스펙트럼에 걸친 여러 가지 문제들을 해결하기 위해 생의학적 데이터와 정보를 활용하는 다학제적인 접근법으로 생물정보학, 의료 및 임상 정보학 등이 여기에 포함된다.

Biomedical signal analysis 생물학과 의학에서 시그널 정보를 감지하고 저장하며 전송하고 분석하는 분야

Biometrics **생체.인식** 유전 정보, 지문, 목소리, 얼굴, 눈 등과 같은 생물학적 마커를 사용해 통계학적 방법을 적용해서 사람을 식별하거나 양적인 정보를 바꾸는 기술

Biomimicry **생태 모방** 자연에서 얻은 영감을 바탕으로 어떤 문질이나 시스템을 설계하거나 만드는 혁신적인 방법

Bionics **바이오닉스** 특수한 전자 또는 기계적인 장비를 통해서 더 강력하고 더 많은 일을 할 수 있도록 만들어진 신체의 일부. 생물적인 것과 전자적인 장치를 결합해 필요한 임플란트를 만드는 기술

Bitmap(BMP) 이미지와 같은 어떤 객체의 부분에 해당되는 비트 또는 일련의 비트들로 구성되는 이산 표현 방법. 컴퓨터 그래픽에서는 이미지 저장 포맷의 하나로 보통 JPEG, 벡터 이미지보다 품질이 떨어지는 경향이 있다.

Black box **블랙박스** 어떤 방법론 또는 절차가 쉽게 설명되지 않아 잠정적으로 신뢰할 수 없는 특성으로 인공지능, 특히 딥러닝이 그러하다.

Blockchain (or block chain) **블록체인** 데이터가 모든 참여자에게 분산된 컴퓨터 네트워크에 공유돼, 디지털 자산의 익명 교환이 가능하면서도 데이터 수정되지 않도록 보장하는 혁신적인 보안 데이터베이스로, 처음에 비트코인에 적용됐고 분산 원장 원리에 기초를 두고 있다.

Blog **블로그** "웹"과 "로그"를 붙여 놓은 단어로 사용자가 쓴 글을 공유하는 인터넷 사이트

Boltzmann machine **볼츠만 머신** (restricted Boltzmann machine 참고)

Boolean algebra(or binary algebra) **불리언 대수, 논리 대수** 참(1), 거짓(0) 값을 대상으로 하는 대수학의 한 분야

Boosting **부스팅** (Adaptive Boosting 참고)

Bots **봇** (chatterbot 참고)

Brain-based device(BBD) 로봇에 내장된 특정 행동에 대한 합성 신경 모델, 즉 신경으로 조절되는 인지 로봇

Brain-computer interface(BCI) mind-machine interface(MMI), neural-control interface(NCI), brain-machine interface(BMI) 등으로 불리는데, 인간의 정신적 또는 신체적 능력을 강화하거나 보충하기 위해 인간의 뇌를 컴퓨터와 같은 장비와 서로 소통할 수 있도록 하는 장치

Butterfly effect **나비 효과** 복합 비선형 시스템에서 상태의 아주 작은 변화가 시스템에 큰 차이를 유발할 수 있다는 카오스 이론의 한 부분 또는 그러한 시스템이 초기 조건에 아주 민감하게 작동하는 현상

C

Capsule neural network(또는 Capsule Network or CapsNet) **캡슐 네트워크** 제프리 힌톤이 제안한 최신의 딥러닝 기술로 "캡슐"이라고 불리는 모듈로 구성되는 네트워크로 위계적인 관계를 잘 표현할 수 있는 장점을 가진다.

Case-based reasoning **케이스 기반 추론** 새로운 문제를 이해하고 해결하기 위해서 이전의 경험을 활용하는 인공지능 기술로 회상, 재사용, 수정, 유지 등의 단계로 이뤄진다.

Causality(or cause and effect) 원인(cause)이라고 불리는 어떤 상태 혹은 프로세스가 효과(effect)라고 불리는 다른 상태나 프로세스로 이어지는 원리로, 이 경우 효과는 그러한 원인에 의존한다고 말한다. 인과성이라고 불리는 관계를 가지는 경우 원인화 효과에 대한 관련성은 제3의 변수로 설명될 수 없다.

Central processing unit(CPU) 명령에 따라 기초적인 기능과 연산(수치, 논리, 조절, 입출력 등)을 수행하는 컴퓨터 전자 장치. CPU의 4가지 기본 기능은 가져오기, 디코딩, 실행, 저장이다.

Chaos theory 카오스 이론 비선형 역학을 수학으로 연구하는 학문으로, 겉으로 보기엔 난수적으로 발생하는 사건도 사람의 생리 또는 병태생리학과 같은 복잡계 안에서 단순한 결정론적 방정식으로 결정되는 것을 수학적으로 계산할 수 있다고 본다.

Chatbot (또는 chatterbot or bot) 챗봇 인간과 사고 과정 시뮬레이션하도록 청각과 쓰여진 텍스트를 가지고 대화하도록 프로그래밍돼 있는 인공지능(자연어 처리 기반) 소프트웨어 애플리케이션

Chunk(data chunk or chunking) 대규모 다차원적인 데이터셋을 다차원적인 사각형의 조각으로 저장해 빠르고 유연하게 데이터에 접근할 수 있도록 하는 성능 개선 프로세스

Circos plot 원형의 이데어그램 레이아웃을 사용한 시각화 도구로 유전자의 유사성과 차이점을 표현하는 데 많이 사용된다.

Classification 분류 출력 변수가 카테고리형(이산 또는 복수의 클래스)이고 관측값들이 어느 카테고리에 해당되는지를 예측할 수 있는 지도 학습 방법. 서포트 벡터 머신, 의사 결정 나무, 나이브 베이즈 방법 등이 여기에 속한다.

Classification trees (decision trees 참고)

Classifier (또는 classification model) 분류기 나이브 베이즈, 랜덤 포레스트, 부스티드 트리, 서포트 벡터 머신 등과 같은 머신러닝 방법에서 어떤 분류를 구현하는 데 사용되는 수학학적 함수

Clinical decision support system(CDSS) 임상 의사 결정 지원 시스템 의료진들이 헬스케어를 개선할 수 있도록 데이터와 정보를 주기 위한 도구들(알람, 임상 가이드라인, 조건 특이 처방세트)을 모아 놓은 정보 시스템

Clinical Document Architecture(CDA) 퇴원 기록지, 경과 기록, 이미지나 기타 미디어 등 의료 레코드 기록물을 정의하는 HL7에서 정한 XML 기반의 마크업으로 서비스 제공자와 환자 사이의 정보 교환을 촉진하기 위해 만들어졌다.

Cloning 한 개체의 유전 물질을 완전히 복사해 새로운 유기체를 만들어 내는 것

Cloud computing (또는 cloud) 클라우드 컴퓨팅 로컬 컴퓨터에서 하던 일들을 기반시설, 플랫폼, SaaS, PaaS 등이 갖추어진 원격 네트워크 컴퓨터로 옮겨서 일을 하는 것으로 데이터 저장과 컴퓨팅 파워가 장점이다.

Cluster analysis 군집 분석 같거나 유사한 특징을 가진 관측값들을 그룹이나 클러스터로 묶어주는 비지도 머신러닝, 데이터 과학 방법으로 한 예로 k-평균 클러스터링이 있다.

CNTK (또는 The Microsoft Cognitive Toolkit) 빠르고 유연하면 사용하기 쉬운 오픈소스 프로그래밍 툴 키트

Codon 코돈 하나의 아미노산을 특정하는 DNA 또는 RNA의 3개 뉴클레오타이드 염기 서열

Cognitive analytics 인지 분석 강화학습과 인지 컴퓨팅을 사용하는 가장 높은 수준의 분석법으로 인간과 비슷한 의사 결정 지원을 목표로 한다.

Cognitive architecture 인지적 구조 제3세대 미래 인공지능 흐름으로 인간의 사고 방식과 비슷하게 객체 간의 관계에 초점을 둔다.

Cognitive computing (또는 cognitive system) 인지 컴퓨팅 신경과학, 인지과학, 컴퓨터과학을 융합하여 머신러닝, 패턴인식, 자연어처리 등과 같은 알고리듬을 사용해 인간의 사고 과정을 모사하는 인공지능 시스템

Cohen's kappa(Cohen's kappa coefficient, k) 두 평가자 사이의 일치하는 정도를 측정하는 지표 또는 분류기 성능과 우연에 의한 성능 차이를 나타내는 지표

Combinatorics 조합 이론 이산 시스템 안에서 선택, 배열, 연산 등을 다루는 수학의 한 분야로 그래프 이론도 여기에 속한다.

Comma-separated value(CSV) 숫자 등 데이터를 쉼표로 분리하고 .csv라는 확장자를 사용하는 보통의 텍스트 파일 포맷

Complementary-DNA(c-DNA) RNA 템플릿으로 RNA-의존 DNA 폴리머레이제 효소로 합성한 DNA 분자

Complementary learning system 상보적 학습 시스템 지적 에이전트는 뇌에서와 같이 두 개의 학습 시스템이 필요하다는 이론이다. 뇌에는 파라미터로 제시되는 구조화된 지식을 담당하는 신피질과 개인의 비파라미터적인 방법을 통한 개인의 경험을 다루는 해마가 있다. 리플레이(replay)라고 하는 과정을 통해 정보가 첫 번째 시스템에서 두 번째 시스템으로 이동한다.

Complexity theory 복잡계 이론 (chaos theory 참고)

Computer-aided detection(CADe) 특징적인 구조나 부분을 찾아내는 데 사용하는 기술로 의료 영상에서 병변을 찾는 데 사용할 수 있다.

Computer-aided diagnosis(CADx) 이상한 구조를 평가하는 데 사용되는 기술로 특정 병변을 특징화하는 데 사용될 수 있다.

Computer-assisted design(CAD) (also computer-aided design and drafting, or CADD) 특정 설계의 최적화와 저장을 위해서 컴퓨터 시스템과 소프트웨어를 활용하는 것

Computer-generated imagery(CGI) 어떤 장면이나 특수 효과를 만들기 위해 사용하는 3차원 컴퓨터 그래픽스 기술

Computer vision 컴퓨터 비전 (machine vision 참고)

Concatenation 접합 두 개 이상의 문자열을 서로 이어 붙이거나 서로 분리된 것들을 끝과 끝을 서로 연결해 하나의 아이템으로 만드는 조작

Confirmation bias 확증 편향 자신이 믿는 기존 가설을 확인해 주는 정보만을 선호하는 경향

Confusion matrix 혼동 행렬 테스트 데이터에 대해 분류 모델의 성능을 계사하는 데 사용되는 표

Continuity of care document(CCD) 환자 요약 임상 기록을 위해 사용되는 XML-기반의 마크업 표준으로 HL7 CDA 요소를 사용한다.

Convolution 컨볼루션 주어진 2 개의 함수를 이용해 세 번째 새로운 함수를 유도하는 수학 함수

Convolution filter 컨볼루션 필터 컨볼루션 커널 또는 커널 매트릭스라고도 하고, 컨볼루션 신경망에서 입력 이미지 데이터를 처리하는 데 사용되는 도구로 이미지 데이터를 하나의 특징 맵으로 변환하는 역할을 한다.

Convolutional neural network(CNN) 컨볼루션 신경망 의료 영상 감지와 판독을 위해서 컨볼루션을 층을 포함시킨 특수한 형태의 피드-포워드 인공 신경망으로 뉴런들이 중첩된 영향을 주는 두뇌의 피질에서 영감을 받아서 구성된다.

Copy number variation(CNV) 유전자 복제수 변이 사람마다 다르게 나타나는 특정 유전자나 DNA 염기 서열 복제 숫자의 차이

Correlation 상관 두 변수 사이의 관계에 대한 척도

Cost function 비용 함수 전체 훈련셋에 대한 손실 함수들에 대한 평균으로, 손실 함수는 하나의 훈련 사례의 오류를 말한다.

CPU (central processing unit 참고)

Cross-validation 교차 검증 훈련 데이터셋을 폴드(folds)라고 하는 k개의 같은 크기의 서브셋으로 나눠 이 폴드별로 모델의 성능을 평가하고 이것들을 종합해 재평가하는 모델 검증 방법

Crowdsourcing 크라우드 소싱 어떤 과제를 온라인 가상 커뮤니터에 올려 집단 지성을 통해 문제를 해결하는 방식

CURES Act(the 21st Century CURES Act) 21세기 치료법 미국에서 2016년 혁신을 촉진하기 위해서 약물과 의료기기 등 의료 제품 개발을 촉진하기 위한 제정된 법률

Current Procedural Terminology(CPT) 미국의사협회에서 만든 내과적, 외과적, 진단 서비스 항목들을 5개의 숫자로 코드화한 것

Curse of dimensionality **차원의 저주** 높은 차원의 공간을 갖는 데이터를 가지고 알고리듬을 학습할 때 발생하는 비효율성

Cybersecurity **사이버 보안** 컴퓨터 시스템과 정보를 악의적은 약탈 등으로부터 보호하기 위한 기술과 그 방법들

Cyborg "cybernetic"과 "organism"을 결합한 단어로 생명체와 기계가 혼합돼 있는 객체

Cyc 1984년 컴퓨터 과학자 더글라스 레넷(Douglas Lenat)이 시작한 인공지능 프로젝트의 하나로 온톨로지와 지식 베이스를 가지고 인간과 비슷한 추론을 하는 데 초점을 뒀다. IBM 왓슨의 전구 프로젝트로 평가되고 있다.

D

Data **데이터** 시그널, 사실, 통계 수치 등으로 맥락이 없는 경우에는 그다지 가치가 없는 정보 조각들

Data analytics **데이터 분석** 유용한 정보를 발견하기 위해서 데이터를 변형하고 모델링을 하는 과정

Data-driven medicine **데이터 기반 의료** 스탠포드대학교에서 제안된 개념으로, 헬스케어를 개선하기 위해서 대규모의 데이터를 계산해 이전에는 발견하지 못한 패턴을 발견하고 임상적인 예측을 하자는 데이터 중심적 접근법

Data Engineer **데이터 엔지니어** 데이터 과학 팀이 사용할 수 있도록 소프트웨어 공학을 사용해 대규모 데이터셋을 프로세싱하고 관리하는 주로 하는 사람들로, 데이터베이스 관리자 또는 데이터 아키텍트라고도 한다.

Data exhaust **데이터 잔해** 온라인 활동을 포함해 모든 종류의 디지털 활동을 하면서 발생하는 정보 부산물로 만들어지는 정보다. 선택했던 내용들, 활동, 선호도 등으로 구성되며 이런 종류의 데이터는 개인이나 그룹의 특성을 밝히는 데 상당히 도움이 된다.

Data frame **데이터 프레임** 데이터를 사각형의 2차원 배열로 정렬한 것으로, 같은 종류의 데이터만을 가지는 행렬보다 좀 더 일반화된 데이터 구조다.

Data hub **데이터 허브 (또는 enterprise data hub)** 공유와 배분을 위해서 다양한 소스로부터 데이터를 수집하는 것으로, 통합되지 않은 데이터를 저장하는 데이터 웨어하우스, 원본 데이터를 수집하는 데이터 레이크와는 다른 개념이다.

Data Intelligence Continuum **데이터 지능 연속체** 데이터가 정보, 지식, 지능, 마지막 지혜까지 점점 더 높은 수준의 것으로 발전하는 과정

Data lake **데이터 레이크** 어떤 시스템 안에서 발생하는 모든 데이터를 자연적인 또는 날것인 상태로 저장하는 기전으로, 데이터 과학자들이 선호하는 방식이다. 비지니스 인텔리전스 전문가들은 반대로 데이터 웨어하우스 방식을 선호한다.

Data leakage **데이터 유출** 데이터가 한 기관에서 허가 받지 않은 다른 기관으로 전자적으로 또는 물리적으로 전송되는 사건. 머신러닝에서는 훈련 데이터에 포함되지 않은 데이터가 모델을 훈련하는 데 사용되는 것을 말한다.

Data loss prevention(DLP) **데이터 유출 방지** 민감한 데이터에 대해 허가받지 않은 사용자들에게 유출되는 것을 예방하기 위한 절차나 도구

Data mining **데이터 마이닝** 거대한 데이터 저장소에서 머신러닝이나 통계적인 모델을 사용해 데이터에 내재된 정보 또는 패턴을 자동으로 발견하는 과정으로 데이터베이스에 대한 지식 발견의 일부다.

Data mart **데이터 마트** 특정 주제 또는 부서에 특별히 중점을 두는 데이터 웨어하우스의 일부

Data reservoir **데이터 리저버** 데이터 과학자뿐만 아니라 비즈니스 사용자들이 사용할 수 있도록 아파치 하둡, NoSQL 데이터베이스, 관계형 데이터베이스 서버 등으로 구성되는 데이터 플랫폼을 갖춘 데이터 레이크의 한 형태

Data scientist(또는 data science) 데이터 과학자 구조화된 데이터와 비구조화된 데이터들로부터 지식을 추출하기 위한 전략에 초점을 맞춰 통계학, 머신러닝, 데이터 마이닝, 예측 분석, 수학 등 다학제적을 재능을 가지고 일하는 사람

Datathon 데이터톤 밀도있고 깊이 있는 협업을 위해 데이터 과학자들이 모여서 특정 주제에 대한 솔루션을 찾는 시도를 하는 모임

Data visualization 데이터 시각화 분명한 데이터 커뮤니케이션을 최대화하기 위해서 통계학적 그래픽스, 플롯, 정보 그래픽을 활용해 데이터를 시각적으로 표현하는 것

Data warehouse(DW) 데이터 웨어하우스 의사 결정을 위해 사용되는 데이터 분석과 보고에 사용될 데이터베이스 또는 데이터베이스의 집합

Decision theory 결정 이론 의사 결정과 연관된 불확실성과 가치를 확인하고 최선의 해법을 결정하는 과정

Decision trees 의사 결정 나무 나무와 같은 모양의 그래프를 사용해 의사 결정 과정에 이르는 알고리듬을 표현하는 방법

Deductive reasoning(또는 deductive logic) 연역적 추론 일반적인 이론이나 관찰로부터 논리적인 결과에 이르는 추론 과정("톱다운 로직"이라고도 함)

Deep belief network(또는 deep belief nets) 심층 신뢰망 복수의 층을 가진 딥 신경망 또는 생성적 그래프 모델의 한 형태로, 특히 데이터에 존재하는 깊은 계층적 표현을 추출하도록 학습하는 생성적 그래프 모델이다.

Deep Blue 딥블루 검색 알고리듬과 GOFAI 기능을 주 특징으로 하는 IBM의 슈퍼컴퓨터로 체스 인간 챔피언을 이겼다.

Deep learning 딥러닝 비선형 능력을 가진 여러 층의 신경망을 사용해 전통적인 머신러닝 기술을 확장시킨 인공지능 기술

DeepMind(Google) 구글 딥마인드 데미스 하사비스가 이끄는 런던에 있는 컴퓨터 과학자 및 신경과학자 그룹으로 알파고 소프트웨어와 여러 컴퓨터 게임에서 인간 챔피언을 물리친 여러 소프트웨어를 개발했다.

DeepQA project IBM 왓슨 슈퍼컴퓨터를 구성하는 데 사용된 프로젝트로 자연어 처리, 정보 검색, 머신러닝, 지식 표현 등을 망라한 기술 프로젝트

Deep Q-network 강화학습과 딥러닝의 장점을 결합한 것으로 Q 값 함수를 추정하는 데 딥신경망을 사용하는 인공지능 학습법

Defense Advanced Research Projects Agency(DARPA) 고등연구계획국 미국 국방부 산하의 연방 기구로 1958년 미국의 안보를 위협에 대응해 여러 분야에서 미군의 기술적 우위를 통해 저지하기 위해 설립됐으며, 국방부의 혁신 엔진이다.

Dendral expert system 덴드랄 전문가 시스템 스탠포드 대학교에서 수행한 초기 인공지능 프로젝트로, 휴리스틱 시스템을 적용한 화학 분석 전문가 시스템이다.

Descriptive analytics 기술 통계 어떤 일이 벌어졌는지, 주어진 데이터에 대해 탐색하고 시각화하는 통계학적 방법론

Determinism 결정론 기존의 조건과 원인에 의해서 어떤 이벤트가 완전히 결정된다는 믿음. 결정론적 알고리듬은 같은 입력값을 주었을 때 항상 같은 결과를 출력한다.

DGX-1(NVIDIA) 앤비디아의 딥러닝을 쉽게 할 수 있도록 여러 가지 기술들을 집약해 놓은 강력한 시스템

Diagnostic analytics 진단적 분석 통계적 방법으로 통해서 어떤 일이 왜 발생했는지를 알아내는 분석법

Differential privacy 차별적 정보 보호 데이터베이스로부터 쿼리를 최대화하면서도 그 안에 포함돼 있는 레코드를 식별하지 못하도록 하는 암호학적 절차

Digital Imaging and Communications in Medicine(DICOM) 의료 영상 장비에 통합될 수 있는 의료 영상 이미지에 대한 저장, 표시, 프로세싱, 전송 등에 관한 국제 표준으로 상호 운용성을 높인다.

Digital medicine **디지털 의료** 의학에 디지털 도구를 사용해 임상 데이터를 저장하고 의학적인 지식을 생산함으로써 좀 더 정교하고 효율적이며 실험적이고 분산적으로 만들 수 있다.

Dimensionality reduction **차원 축소** 특징 선택 그리고/또는 추출을 통해 변수의 개수를 줄이는 기술로, 차원을 축소하면 주된 변수만이 남는다. 이 과정은 저장 공간을 줄이고 계산을 빠르게 하며 공선성을 줄여 모델의 성능을 개선한다.

Distributed computing **분산 컴퓨터** 분산된 시스템을 사용하는 연산으로 여기서 요소들은 네트워크로 연결된 컴퓨터들이다. 이런 시스템 안에 존재하는 컴퓨터 프로그램을 분산 프로그램이라고 한다.

Distributed ledger(DLT*distributed ledger technology) **분산 원장** 개인별 원장에 들어 있는 데이터와 거래 내역을 저장하고 공유할 수 있는 네트워크상의 독립적인 컴퓨터들로, 블록체인인 특정 특징을 가지고 있는 분산 원장의 한 형태다.

DNA computing(Molecular computing) **DNA 컴퓨팅 (또는 분자 컴퓨팅)** 실리콘 기반 기술 대신 DNA, RNA, 분자생물학적 하드웨어를 사용하는 컴퓨팅 기술

DNA microarray(또는 DNA chip) **DNA 마이크로어레이** 고체 표면에 DNA의 일부를 탐침할 수 있는 DNA, cDNA, 올리고누클레오타이드 등을 붙여서 나중에 시료를 떨어뜨려 그 결합 양상을 관찰하는 데 사용되는 시스템

Drone (또는 UAV*unmanned aerial vehicle) **드론** 원격 조정기로 조작 가능한 조종사가 없는 공중 이동체. 인공지능은 개별 드론이나 드론 그룹이 실시간 머신러닝 기술로 주변 환경을 인식하도록 만들 수 있다.

Drug discovery **신약 발견** 어떤 질병에 대한 새로운 신약 후보 물질을 발견해 가는 과정

Dual process thinking **이중 프로세스 사고** 빠르고 경험적인 시스템 1 사고와 느리고 분석적인 사고를 하는 시스템 2 사고를 균형있게 사용하는 과정

E

Edge computing **엣지 컴퓨팅** 저장소와 컴퓨팅 파워를 사용자에게 더 가까이 둬서 반응과 전송 시간을 줄이기 위한 방법이다.

Edge detection **경계선 감지** 이미지 처리 과정에서 이미지 밝기가 불연속되는 정보를 활용해 사물의 경계를 알아내는 방법으로 이를 통해 데이터를 추출할 수 있다.

eHealth(e-Health) **이헬스** 헬스케어 전달의 질과 커뮤니케이션을 강화하기 위해 전자적인 프로세스를 활용하는 헬스케어

Eigenvector **고유벡터** 선형대수에서 선형 변환을 시켰을 때도 방향이 변하지 않는 벡터로 다이내믹한 문제들뿐만 아니라 데이터의 노이즈를 감소시키는 데도 활용된다. 고유벡터는 고윳값(eigenvalue)와 짝을 이룬다.

Electronic health(medical) record(EHR, EMR) **전자의무기록** 종이에 기록되던 기존 환자의 건강과 의료 상태를 디지털로 변환한 것으로 허가된 사용자들이 쉽게 읽을 수 있고, 의사 결정을 내리는 데 도움을 준다.

Embedded AI(eAI) **내장 인공지능** 중앙 소스 없이도 머신러닝이나 딥러닝이 가능하도록 소형 디바이에서 인공지능을 적용하는 기술

EMR Adoption Model(EMRAM) **EMR 적용 모델** 헬스케어 기관들의 EMR 채용 정도를 0-7 단계로 구분해 평가하는 HIMSS의 모델로, 단계 7은 종이 없이 완전히 전자의무기록을 사용하는 단계를 말한다.

Encyclopedia of DNA Elements (ENCODE) 국립인간게놈연구소(NHGRI)가 재정을 지원하는 국제적인 연구로, 인간 게놈에 있는 모든 기능적인 요소를 파악하는 것을 목표로 한다.

Enigma machine **에니그마 머신** 독일 기술자 아더 셔르비우가 1차 세계대전 말미에 개발한 기계로 메시지를 암호화하고 다시 해석하는 데 사용됐다. 결국 영국의 수학자 앨런 튜링에 의해서 그 코드가 밝혀졌다.

Ensemble learning 앙상블 러닝 많은 수의 모델을 훈련하고 결합해 개별 모델보다 더 뛰어난 성능을 가진 모델을 만들어내는 메타 모델 머신러닝 방법으로 배깅, 부스팅, 스태킹 등의 방법이 있다.

Enterprise data warehouse(EDW) 기업 데이터 웨어하우스 (data warehouse 참고)

Enterprise data warehouse(EDW)(또는 data warehouse) 기업 데이터 웨어하우스 어떤 기관의 비지니스 인텔리전스의 형태로 데이터를 보고하고 분석하는 시스템

Enterprise resource planning(ERP) 전사적 자원 계획 공유하는 중심 데이터베이스를 두고 이를 통해서 고객 정보, 인적 자원, 회계, 재고, 주문 등 기관의 다양한 업무를 지원하는 데 사용되는 통합 소프트웨어

Entity Relation(ER) Model or Diagram 데이터와 데이터베이스 기반 구조를 설명하는 데 사용되는 어떤 독립체와 그 관계들에 대한 그래프적인 표현

Epigenetics 후생유전학 후천적으로 발생하는 DNA 메틸화, 히스톤 단백질 변형, 뉴클레오좀 위치 등과 같은 현상을 통해서 유전자와 생물학적인 물질들 사이의 상호관계를 연구하는 학문

ETL (extract, transform and load 참고)

Evidence−based medicine 증거 기반 의료 신중하게 선택된 임상 연구들에 기반해 의사 결정을 하는 다학제적인 전략으로, 질문−자료 수집−평가−적용−분석이라는 다섯 가지 절차를 밟는다.

Evolutionary algorithms 유전 알고리듬 (genetic algorithms 참고)

Exabyte(EB) 엑사바이트 1018바이트로 10억 기가바이트에 해당하면 지구상에 출판물을 10만배 정도 저장할 수 있는 용량이다.

Exome 진유전체 유전자에서 단백질 아미노산을 코딩하는 DNA 영역들로 구성되는 유전체의 일부

Exon 엑손 단백질 합성에 실제로 관여하는 정보를 가지고 있는 DNA 염기 서열로, 그 정보는 메신저 RNA로 전달된다.

Exoskeleton(powered exoskeleton) 엑소스켈리톤 사용자가 착용해 기존의 힘이나 지구력을 증가시킬 수 있도록 만든 장치로, 장애를 가진 환자의 보조를 돕거나 무거운 환자를 옮기는 등에 사용될 수 있다.

Expert systems 전문가 시스템 인간 전문가의 의사 결정 과정을 모사하는 컴퓨터 시스템으로, 성공적으로 적용된 첫 번째 인공지능 기술

Explainable AI(또는 XAI, interpretable AI나 transparent AI) 설명 가능한 AI 인공지능이 블랙박스라는 인식이 더이상 존재하지 않도록 이해관계자들이 쉽게 신뢰하고 이해할 수 있게 하는 방법론. 설명 가능성 인과관계를 완전히 맞추는 것을 의미하지만 해석 가능성(interpretability)보다는 낮은 수준으로 모든 방법론에 대한 상세한 내용까지 기대하지는 않는다.

Extract, transform and load(ETL) 소스로부터 데이터를 추출해 데이터 웨어하우스나 다른 데이터 구조로 변환하는 과정

Extensible markup language(XML) XML 인간과 머신이 모두 읽을 수 있는 포맷으로 돼 있으면서 문서의 저장과 전송을 용이하도록 인코딩하는 규칙들을 정의해 놓은 마크업 언어의 하나

F

F score(F1 score, F measure) 모델의 정확도를 평가하는 지표의 하나이의 회상(recall)과 정밀도(precision)에 대한 가중 조화평균으로 구한다.

Facebook 페이스북 페이스북에서 제공하는 온라인 소셜 네트워크 사이트로 부적절한 내용, 사이버 폭력, 성적물, 우울 등의 문제를 노출했다.

Fast Healthcare Interoperability Resources FHIR) 파이어 진료를 위한 헬스케어 정보 교환을 위해 HL7이 만든 상호운영성이 유지되도록 설계된 표준

Feature **특징** 관찰되는 어떤 현상에 대한 개별적으로 측정 가능한 요소(숫자, 문자, 그래프)로 패턴 인식, 분류, 회귀 등을 위한 머신러닝 알고리듬에 사용된다.

Feature engineering **특징 공학** 도메인 전문 지식을 활용해 특징을 추출하는 과정

Feature extraction **특징 추출** 기존에 존재하는 특징들 가운데 모델에 사용하기 좋은 것들을 골라내거나 그렇게 할 수 있도록 변환하는 과정

Feedforward neural network **순방향 신경망** 정보가 입력에서 출력으로만 흐르도록 설계돼 있는 간단한 인공신경망

FHIR (Fast Healthcare Interoperability Resources 참고)

Field−programmable gate array(FPGA) 논리적인 블록을 구성할 수 있는 집적 반도체로, 만들어지고 나서 프로그래밍이 가능하다.

File Transfer Protocol(FTP) TCP/IP 연결을 통해서 컴퓨터 사이에 파일을 교환할 수 있도록 설계된 표준 인터넷 클라이언트−서버 프로토콜

Floating point operations per second(FLOPS) 마이크로프로세서의 속도를 평가하기 위해서 사용하는 컴퓨터 성능 지표

Forward chaining **순방향 추론** 사용자가 입력한 정보에서 시작해 결론에 도달할 때까지 지식베이스를 검색하는 과정

Forward propagation **순방향 전파** 신경망에서 입력에서 출력 방향으로 계산이 진행되는 것

Fuzzy cognitive maps(FCM) **퍼지 인지적 맵** 퍼지 논리를 신경망과 결합시켜 인지적인 맵을 형성하는 것으로 복잡한 시스템을 모델링하는 데 적합하다.

Fuzzy logic or reasoning **퍼지 논리 또는 퍼지 추론** 절대적인 참 또는 거짓 값으로 구분되지 않고 애매모호한 값을 처리할 수 있는 문제 해결 시스템

G

Gamification **게임화** 소셜 임팩트 또는 헬스케어 문제 등 원래 게임과 관련이 없는 문제를 디지털 게임에 사용되는 기술과 심리학 등을 사용해 마치 게임처럼 문제를 해결하려는 접근법

Gated recurrent unit(GRU) **게이트 순환 유닛** LSTM의 변형으로, 구조적으로 비슷한 3개의 게이트 대신 2개의 게이트를 사용하고 내부 기억이 없는 것이 특징이다.

GDPR **일반 데이터 보호 규칙** (General Data Protection Regulation 참고)

Gene therapy **유전자 치료** 유전자를 사용해 질병을 치료하거나 예방하는 기술로 돌연변이가 일어나 유전자를 교체 또는 비활성화하거나 새로운 유전자를 삽입하는 기술을 사용한다.

General AI **일반 인공지능** (Artificial General Intelligence, AGI 참고)

General Data Protection Regulation(GDPR) **일반 데이터 보호 규칙** 2016년 EU 의회에서 유럽에서 시민들의 데이터 프라이버시를 강화하고 데이터를 보호하기 위해서 재정된 법으로, 어길 경우에는 중대한 처벌이 따른다.

Generalization **일반화** (dimensionality reduction 참고)

Generative adversarial network(GAN) **생성적 적대 신경망** 생성자와 판별자라고 하는 두 개의 별개 딥신경망을 구성해 서로 경쟁하면서 새로운 콘텐츠를 만들거나 기존의 것을 개선해 나가도록 설계된 신경망

Genetic algorithms(GA) **유전 알고리듬** 생물학적 진화를 모방한 인공지능 기술로 해결할 문제를 게놈으로 표현하고, 유전적인 조작을 통해서 최선의 해법을 찾아내는 것을 목표로 한다.

Genetic engineering **유전 공학** 세포의 유전적인 구성 요소를 변형하는 정교한 기술로 유전자 변형이라고도 한다.

Genetic Information Nondiscrimination Act(GINA) 유전정보 차별금지법   2008년 오바마 대통령이 서명한 법으로 미국인은 건강 보험이나 채용 등의 상황에서 유전적인 정보에 바탕을 두고 차별받아서는 안 된다는 취지를 담고 있다.

Genetically modified organism(GMO) 유전자 변형 유기체   박테리아, 바이러스, 기타 동식물에서 유래한 DNA를 가지고 유전적으로 변형시킨 동물이나 식물

Genetics, Robotics, Internet, and Nanotechnology(GRIN) Technologies GRIN 기술   유전학, 로봇공학, 인터넷, 나노공학으로 지속적인 변화를 따르는 새롭게 부상하는 기술을 말한다. 비슷하게 NBIC라고 나노공학, 생명공학, 정보공학, 인지과학을 통칭하는 약어도 있다.

Genome project 게놈 프로젝트   인간이 가진 3억 개의 염기쌍의 서열을 분석하고자 했던 프로젝트로 미국 보건성의 주도로 이뤄져 2003년 종료됐고, 그 과정에서 1,800개 이상의 질환 관련 유전자들이 발견됐다.

Genome-wide association study(GWAS) 전체유전체 상관분석연구   수백, 수천 개의 유전자 변이와 특정 질병 사이의 상관관계를 분석하는 유전학의 한 분야

Genomics 유전체학   유전체에 있는 모든 유전자의 기능과 상호 작용을 연구하는 분야로 단일 유전자들을 중심으로 연구하는 유전학과는 약간의 차이가 있다.

GitHub(Microsoft) 마이크로소프트 깃허브   개인이나 기관들이 코드를 공유하며 협업할 수 있도록 오픈소스 깃 저장소를 호스팅하는 서비스를 제공하는 사이트(코드를 위한 클라우드 플랫폼)

Global Innovation Index(GII) 세계 혁신 지수   나라의 경제적인 요인들(연구소, 인적 자원과 연구, 기반시설, 시장 정교화, 비지니스 정교화 등)과 혁신 결과물(지식, 기술, 창의적 제품)을 고려해 부여하는 혁신에 대한 가치있는 비교 도구

GOFAI   (Good Old-Fashioned AI 참고)

Good Old-Fashioned AI(GOFAI) 고파이   심볼릭 인공지능이라고 한다. 문제, 논리, 검색 등에 대한 기호적인 표현에 기반을 둔 방식으로 첫 번째 인공지능 흐름을 이끌었다(1950년~1980년대).

Google 구글   "세상의 정보를 누구나 쉽게 사용하고 접근할 수 있게 한다"는 미션으로 설립된 검색 엔진 회사로 "구글봇"이라고 해서 웹을 탐색하고 검색한다. 구글의 헬스케어 관련 회사로는 베릴리 라이프 사이언스, 딥마이드 헬스 등이 있다.

Googlebot 구글봇   구글이 사용하는 검색 봇 소프트웨어이며 웹으로부터 문서를 수집해 구글 검색 엔진을 위한 검색 가능한 색인을 만든다.

Google Glass 구글 글래스   구글이 만든 헤드마운트 디스플레이를 가진 웨어러블 퍼스널 컴퓨터로 자연어 명령으로 인터넷과 커뮤니케이션할 수 있다. 의료나 수술에서 활용될 수 있는 잠재력을 가지고 있다.

GPU   (Graphical processing unit 참고)

Gradient descent 경사 하강   반본적인 연산을 통해서 최적의 파라미터 값(가중치와 편향)을 찾아가는 최적화 알고리듬으로 그 과정 자체가 알고리듬의 학습 방법이다.

Graph database or graph theory 그래프형 데이터베이스   데이터와 그 관계를 노드와 엣지로 표현한 그래프 구조를 사용하는 NoSQL 타입의 데이터베이스로 문맥을 고려한 시맨틱 쿼리를 실행할 수 있다.

Graphene 그라핀   원자 하나의 층 두께를 가진 탄소층으로 구성된 물질로 강철보다도 강하면서도 전기 전도율도 좋다. 잠재적 활용 분야로는 스크린, 디스플레이, 생의학 디바이스와 센서, 메모리칩, 마이크로프로서 등이 있다.

Graphical processing unit(GPU)   동영상과 그래픽을 빠른 속도로 처리할 수 있을 뿐만 아니라 CPU의 부담을 경감시킬 수 있게 대량의 데이터를 사용하는 알고리듬의 효율성을 높이는 데 목적으로 사용되는 고도로 병렬화된 구조를 가진 단일 칩 프로세서로 VPU(visual processing unit)라고도 한다.

Graphical user interface(GUI) 사용자가 시각적인 아이콘과 지시 사항에 따라서 전자 장비와 커뮤니케이션 할 수 있도록 하는 인터페이스

Ground Truth 실측 자료 머신러닝 알고리듬 성능을 평가할 때 골드 스탠다드 검사를 통해서 양성 또는 음성이라고 확정돼 있는 상태

GRU (gated recurrent unit 참고)

H

Hackathon 해커톤 컴퓨터와 데이터 과학자들이 모여서 매우 짧은 시간 동안에 서로 협력하여 코딩을 하는 하는 이벤트

Hadoop 해둡 비교적 간단한 프로그래밍 모델을 사용해 거대한 데이터셋을 네트워크 클러스터 컴퓨터들에서 분산된 프로세싱을 할 수 있게 해주는 소프트웨어 라이브러리

Haplotype 1배체형 부모에게서 자녀로 함께 유전되는 DNA 변이 또는 다형형상의 집합

Haptic technology(haptics) 햅틱 기술 터치 감각을 통해서 인간이 물리적인 세계와 소통하는 방법을 이해하고 개선하는 과학

Health 2.0(or Medicine 2.0) 헬스 2.0 웹 2.0이라는 개념과 헬스케어를 결합한 의미로 환자에게 부여하는 것을 목표로 한다.

Healthcare Effectiveness Data and Information Set(HEDIS) 미국에서 의료 기관의 평가를 위해서 다섯개 영역에서 81개의 케어와 서비스에 대해 평가하는 정보 도구

Healthcare Information and Management Systems Society(HIMSS) 보건의료정보관리시스템협회 정보와 기술을 통해 더 나은 헬스를 추구하는 초점을 맞춘 국제적 비영리 기관

Health Information Technology for Economic and Clinical Health(HITECH) Act 경제 및 임상 건강을 위한 건강 정보 기술법 2009년 오바마 대통령이 서명한 법으로, 전자의무기록의 채용과 구현을 장려하고 그것의 의미있는 사용을 지원하기 위한 법이다.

Health Insurance Portability and Accountability Act(HIPPA) 건강보험 정보의 이전 및 그 책임에 관한 법률 1996년 미국에서 제정된 법률로 개인의 건강 정보의 사용과 보호에 관련된 규제를 다룬다. HIPPA는 종종 데이터 프라이버시와 보안이라는 맥락에서 자주 인용된다.

Health Level 7(HL7) 전자적인 건강 정보를 교환하고 통합하기 위해 사용되는 포괄적인 프레임워크를 만들기 위해 구성된 비영리 표준화 기구

Hebbian theory or learning 헤브 법칙 또는 헤브 학습 신경세포 간의 연결이 강화되는 방법에 대한 신경과학적인 이론으로 신경망에서 학습의 일부로 연결 간 가중치를 조정에 대한 기초 이론을 제공한다.

Heuristic(heuristic technique or method) 휴리스틱 전통적인 방법이 너무 느리거나 복잡한 경우 문제를 좀 더 빠르게 해결할 수 있도록 설계된 기술 또는 인지적인 부담을 줄이기 위한 정신적 단축 경로

Hidden layer 은닉층 신경망에서 입력층과 출력층 사이에 존재하는 층으로 입력층에서 받은 데이터를 가지고 연산을 수행하고, 그 결과를 출력층으로 보내는 역할을 한다.

Hidden Markov model(HMM) 히든 마르코프 모델 광범위한 시계열 데이터와 시그널 프로세싱을 모델링하는 데 널리 사용되는 통계적인 방법론으로 특히 음성 처리와 강화 학습, 시계열 패턴 인식 등에 많이 사용된다. 하나의 단순한 다이내믹 베이지안 네트워크와 동일한 개념으로 볼 수 있다.

HIPPA (Health Insurance Portability and Accountability Act 참고)

HL7 (Health Level 7 참고)

Holdout method 홀드아웃 메서드 데이터셋을 2개 또는 3개(훈련 데이터셋, 검증 데이터셋, 테스트 데이터셋)으로 나누어서 모델을 평가하는 방법

Holography(hologram) **홀로그래피**　슬플릿 레이제 빔을 사용해 사물에 대한 3차원 영상을 2차원 표면으로 프로젝션하는 기술

HTML　(Hypertext Markup Language 참고)

Hughes phenomenon **휴즈 현상**　특징의 수를 증가시키면 최적 특징 수에 이르기까지 분류기의 성능이 증가하는 현상(특징이 더 추가되면 이후로는 감소)

Human Brain Project **휴먼 브레인 프로젝트**　ICT에 토대를 둔 기반 시설을 가지고 신경과학과 컴퓨팅의 발전시키기 위해서 2013년 시작된 대규모 협업 연구 프로젝트

Human−computer interaction(HCI)　인간이 컴퓨터와 상호 작용하는 일과 관련된 다학제적인 연구 분야로 컴퓨터 과학, 행동 과학, 디자인 과학, 인지 심리학, 커뮤니케이션 이론 등이 모두 여기에 관여한다.

Hybrid Assistive Limb(HAL)　사용자의 피부로부터 받은 신호를 사용해 사용자의 물리적인 능력을 확장하거나 개선하기 위해서 수의적인 운동 조절 시스템을 갖춘 사이보그 형태의 로봇

Hypergraphs **하이퍼그래프**　엣지가 임의의 노드들에 연결이 가능한 특수한 그래프 구조의 일종

Hyperparameter **하이퍼파라미터**　학습 과정 이전에 설정되는 일련의 매개변수들로 이 값들은 데이터를 통해 추정되는 것이 아니라 매뉴얼로 지정되기 때문에 모델 입장에서는 외부 값에 해당한다. k근접 이웃에서 k 값, 신경망에서의 학습률(learning rate), SVM에서 C, sigmahy 값 등이 그 예다.

Hyperplane **하이퍼플레인**　서포트 벡터 머신에서 두 개의 클래스를 가장 크게 벌리는 고차원에서의 의사 결정 면

Hypertext Markup Language(HTML) **하이퍼텍스트 마크업 언어**　웹 페이지를 만드는 표준 마크업 언어

I

Image classification **이미지 분류**　이미지 안에 들어 있는 사물들을 인식하도록 모델을 훈련하기 위해서 레이블된 사례들을 사용하는 지도 학습법

ImageNet **이미지넷**　1400만 개(그룹당 약 1000개)가 넘는 이미지로 구성된 대규모 이미지 데이터베이스로 최근 인공지능, 특히 딥러닝의 출현에 크게 기여했다.

Imputation **결측치 대체**　데이터의 편향과 비효율성을 줄이기 위해서 결측값을 다른 값으로 대체하는 통계적인 방법으로 평균 대체, 모드 대체, 예측적 평균 데체, 핫 데크 최근접 대체 등과 같은 예가 있다.

Inductive logic programming **연역적 논리 프로그래밍**　사례와 비경 지식을 바탕으로 자동화된 논리 규칙을 이끌어 낼 수 있는 머신러닝과 논리 프로그램을 결합한 인공지능의 한 분야

Inductive reasoning **귀납법**　데이터와 특정한 관측값들로부터 일반적인 원리를 찾아내는 방법(바텀업 논리라고도 함)

Inference engine **초론 엔진**　지식 재산에 대한 논리적인 연역을 할 수 있는 전문가 시스템의 지식 기반 요소의 하나로, 이런 추론 엔진은 사용자 인터페이스와 연동되기도 한다.

Informatics for Integrating Biology and the Bedside(i2b2)　기존에 존재하는 환자 데이터를 임상 연구에 최적화될 수 있도록 변화하고 구성할 수 있는 확장 가능한 정보학 프레임워크로, NIH 재정 지원을 받아 설립된 센터다.

Information **정보**　좀더 구조화되고 의미있는 맥락을 가지는 데이터

Information communications technology(ICT)　클라우드 컴퓨팅, 소프트웨어, 하드웨어, 거래, 커뮤니케이션 기술, 데이터 인터넷 접근 등 현대의 컴퓨터에 필요한 기반 시설과 관련 요소들

Information technology(IT) **정보공학**　모든 형태의 전자 데이터를 생성, 저장, 분석하는 컴퓨터 관련 기술

In−frame exon skipping　전구 mRNA를 슬라아싱하는 과정에서 엑손(exon) 가운데 몇 개를 건너뛰게 하는 현상으로 번역을 위한 리딩 프레임을 보존하는 역할을 한다.

Innovation 혁신　가치를 만들어내는 새롭거나 다른 어떤 것을 도입하는 행위. 의료 및 헬스케어 분야에서는 혁신은 점점 더 부상하는 기술들, 특히 인공지능과 결부돼가고 있다.

Intelligence 지능　어떤 목적을 성취하기 위해 지식을 얻고 적용하는 능력

Intelligent agent(or agent) 지능형 에이전트　환경 안에서 센서를 통해 감지하고, 효과기(effector)를 사용해 환경에 어떤 행동을 하는 단위

Intelligent automation 지능형 자동화　인공지능과 자동화를 결합해 정보를 감지하고 전체 프로세스를 자동화하는 시스템을 만드는 방법으로, 그런 과정에서 학습과 적응이 이뤄진다.

Interaction networks 상호 작용 네트워크　복잡계에서 사물들이 상호 작용하는 방법을 추론하는 모델로, 다이내믹 예측을 목표로 한다.

Internet of Everything(IoE) 만물 인터넷　사람, 프로세스, 데이터, 사물들의 지적인 연결을 통해서 네트워크 연결을 보다 상황에 적합하고 가치있게 만든다.

Internet of Things(IoT) 사물인터넷　데이터 수집과 교환을 목적으로 네트워크, 디바이스, 데이터 등을 서로 연결하는 정보 사회를 위한 기반시설

Internet Protocol(IP) 아이피　인터넷에서 하나의 컴퓨터에서 다른 컴퓨터로 데이터를 전송하는 데 사용되는 프로토콜로, 하나의 컴퓨터는 고유한 아이피 주소를 가진다.

Interoperability 상호운용성　HIMSS의 정의에 따르면 개인과 집단의 건강을 최적화하려는 목적을 가진 이해 관계자들 사이의 데이터에 대한 접근, 교환, 협력적 사용을 촉진하기 위해서 서로 다른 시스템이나 장비, 애플리케이션들이 서로 소통할 수 있는 상태를 말한다.

Intron 인트론　유전자를 발현에 직접 참여하는 DNA 엑손 사이의 존재하는 DNA로 유전자 코딩에 참여하지 않는 부분

IP 아이피　(Internet Protocol 참고)

Isabel 이사벨　의사들이 진료 현장에서 질병을 진단하고 감별하는 것을 도와 주는 진단적 체크리스트와 의사 결정을 지원하는 웹 기반 서비스

J

JavaScript Object Notation(JSON) 제이슨　데이터 객체를 브라우저와 서버 사이에 비동기 방식으로 송수신하는 사용되는 오픈소스 데이터 포맷으로, 텍스트로 돼 있어 사람이 읽기도 편하다.

JPEG(Joint Photographic Experts Group) 제이펙　이미지에 대한 손실(비가역적) 압축 방법의 하나(보통 10:1로 압축)

JSON　(JavaScript Object Notation 참고)

Julia 줄리아　고수준, 고성능 프로그래밍 언어로 파이썬과 문법이 유사하며 수치 분석과 컴퓨터 과학에서 높은 성능을 보이도록 설계됐다.

Jupyter(or Jupyter notebook) 주피터 또는 주피터 노트북　흔히 사용되는 줄리아(Julia), 파이썬(Python), R 언어를 조합해 명명한 오프소스 프로젝트로, 파이썬에 기반을 두고 있다. 데이터 과학자들이나 데이터 엔지니어들이 코드를 실행하거나 협업을 하는 도구로 널리 사용되고 있다.

K

Kaggle 캐글　투명한 방식으로 예측 모델링과 분석 경연을 제공하는 클라우드소싱 방식의 플랫폼으로, 최근에는 데이터 과학과 인공지능에 대한 클라우드 기반 워크벤치로 진화했다.

Keras 케라스　신경망을 빠르게 시도해 볼 수 있는 파이썬 언어로 된 고수준 신경망 API로 텐서플로 CNTK, Theano 등을 백엔드로 사용할 수 있다.

Kernel 커널 컨볼루션 신경망에서 사용되는 필터의 하나 또는 서포트 벡터 머신에서 사용되는 수학 함수

k-Means clustering k-평균 클러스터링 클러스터 분석을 위한 비지도 학습법의 하나로, 레이블되지 않은 데이터셋을 작은 수의 클러스터로 나누는 방법. 개별 데이터 포인트 사이와 센트로이드라 하는 클러스터의 중심점 사이의 거리를 최소화하는 방법을 사용한다.

k-Nearest neighbor(kNN) k-최근접 이웃 거리 계산과 k 값을 사용하며, 분류와 회귀 문제를 비모수적인 방법으로 처리하는 지도 머신러닝 학습법

Knowledge 지식 정보(information)보다 점더 맥락적인 형태를 가지는 것으로, 명시적 또는 암묵적인 성질을 가질 수 있다.

Knowledge-based systems(KBS) 지식 기반 시스템 규칙 기반 학습, 케이스 기반 학습, 모델 기반 학습을 아우르는 인공지능 기술로 반대되는 개념은 지능적인 컴퓨팅 방법이다.

Knowledge discovery in databases(KDD) 대규모의 데이터에 대해 데이터 준비, 선택, 클리닝, 해석 등을 통해서 그 안에 숨겨진 지식을 탐색하는 데이터 마이닝 기법. 데이터 마이닝은 이런 KDD 과정에서 패턴 추출에 해당하는 것으로, KDD가 더 넓은 의미로 사용된다.

Knowledge Graph 지식 그래프 팩트, 사람, 장소 등에 관한 정보를 모아서 서로 연결된 검색 결과를 만들어 낼 수 있는 구글의 시스템

Knowledge representation 지식 표현 지식을 기호로 표현하는 인공지능 기술로 그러한 요소들과 어떤 결론을 유도하는 것을 목표로 한다.

Kolmogorov-Smirnov Test 콜모고로프-스미르노프 검정 알고있는 가설의 확률 분포를 수집된 데이터로 만들어지는 확률 분포와 비교하는 비모수적 통계 검증법

L

Lab-on-a-chip(or microfluidics) 랩-온-어-칩(미세유체역학) 초소형화된 미세유체역학 칩 디바이스를 사용해 작은 단위에서 실험 작동을 할 수 있는 시스템

Legacy systems 레거시 시스템 이전 컴퓨터 시스템와 관련된 낡은 기술이나 시스템

Linear discriminate analysis(or normal discriminant analysis) 선형 판별 분석 차원 축소에 사용되는 지도적인 방식의(supevised) 선형 변환 기술

Linear regression 선형 회귀 독립변수와 종속변수가 모두 숫자형인 경우, 그 변수를 선형적인 관계를 통해 미래의 갓을 예측하는 통계 방법

Lisp(programming language) 리스프 또는 리습 존 매카시가 다트마우스 여름 연구 프로젝트의 하나로 1958년에 초안이 만들어진 고수준 프로그래밍 언어

Logical Observation Identifiers Names and Codes(LOINC) 임상병리학 검사실 관찰 및 측정에 관한 국제 표준

Logistic regression 로지스틱 회귀 의존(결과) 변수가 카테고리형인, 분류 과제를 위한 지도학습법의 일종인 회귀 모델(명칭은 회귀지만 분류 과제에 사용)

LOINC (Logical Observation Identifiers Names and Codes 참고)

Long short-term memory(LSTM) 장단기기억 순환 신경망(recurrent neural network) 기법의 하나

Loss function 손실 함수 예측된 값과 실제 값 사이의 절대적인 차이를 측정해 알고리듬이 데이터셋을 얼마나 잘 모델링했는지 평가하는 방법으로, 경사하강법(gradient descent)이 이 손실 함수의 최솟값을 찾는 데 자주 이용된다.

Lossless compression 무손실 압축 원래의 데이터가 원축된 데이터를 사용하더라도 재생성할 수 있게 만드는 데이터 압축 기술(압축된 그림의 질이 원래 그림과 동일)

Lossy compression 손실 압축 압축된 데이터를 가지고 원래의 데이터와 일부 유사한 형태로 재생성되는 데이터 압축 알고리듬

Low-shot(or few-shot) learning 로우샷 러닝 아주 적은 양의 훈련 데이터를 가지고 모델을 학습시키는 전략으로, 지도 학습 데이터의 부족함이나 광대한 데이터셋에 대한 레이블링 부담을 줄일 수 있는 장점을 가진다.

LSTM (long short-term memory 참고)

M

Machine learning 머신러닝 통계학적 모델을 사용하는 인공지능의 한 분야로 컴퓨터로 하여금 프로그래밍 없이 데이터를 통해 자동으로 학습하도록 하는 기술

Machine to machine(M2M) 머신에서 머신으로 사람의 개입을 최소화하도록 무선을 통해서 디바이스들까지 소통할 수 있는 네트워크를 제공하는 에코 시스템

Machine vision 머신 비전 다양한 산업에서 검사나 조절, 로봇을 조종하기 하는 등 이미지를 기반으로 한 분석법을 제공하는 기술이나 방법론

MapReduce 맵리듀스 수천개의 클러스터 서버들에 걸쳐 비구조화 데이터를 대량으로 처리할 수 있는 프로그래밍 패러다임

Markov model 마르코프 모델 변환하는 시스템을 분석하기 위해서 현재 이전의 상태는 고려하지 않고 오로지 현재의 상태에 의존해 미래의 상태를 예측하는 확률적인 모델을 말한다. 이런 특성을 마르코프 특성(Markov property)이라고 한다.

Mashup 매쉬업 다양한 소스의 데이터와 정보를 조합해 구성하는 웹 애플리케이션 또는 그와 유사한 방법

Massive open online course(MOOC) 무크 웹을 통해서 대규모로 학습자들이 참여할 수 있는 온라인 원격 교육 과정. 코세라, 에드엑스, 유대시티 등이 있다.

MATLAB(matrix laboratory) 매트랩 고수준의 4세대 언어이자 수치 분석, 시각화, 프로그램을 위한 인터랙티브 환경이다.

Matrix(or Data Matrix) 행렬 행과 열로 구성된 2차원 사각형 테이블로 데이터 요소를 묶어 놓은 것으로, 각각의 행 또는 열은 하나의 벡터다.

Max pooling 맥스 풀링 이미지 또는 출력된 행렬로 되어 있는 입력에 대해 특징은 유지하면서 그 다운샘플링을 통해 차원을 줄이는 방법의 하나

Meaningful use 전자의무기록 사용과 관련된 용어로 환자의 참여 개선, 질 향상, 케어 활동 개선, 프라이버시 보호 등을 통해 더 나은 임상 결과를 얻고자 하는 활동

Mechanical Turk 메커니컬 터크 18세기 사람이 안에 들어가서 체스를 조정하여 마치 자동으로 작동하는 것처럼 만든 가짜 장치(아마존 메커니컬 터크는 클라우스소싱 방법으로 업무를 올리고 다수가 참여해 그 업무를 수행해서 보상을 받는 서비스)

Medical decision support: 의료 의사 결정 (clinical decision support 참고)

Medical image processing or analysis 의료 영상 프로세싱 또는 분석 CT, MRI, PET, 현미경 조직 사진 등과 같은 의료 영상들에 대해 양적인 분석을 수행하는 데 사용되는 머신 인텔리전스의 사용

Medicare Access and CHIP Reauthorization Act(MACRA) 의료보험 가입과 아동건강보험 프로그램 재인가에 관한 법 미국 메디케어에서 환자 수가 아니라 가치를 대해 보상을 하도록 2015년에 제정된 법

Medicine 2.0 (Health 2.0 참고)

Metabolomics 메타볼로믹스 생물학적인 시스템에서 대사와 관련된 작은 분자들을 포괄적으로 특징화하는 학문

Metadata 메타데이터   데이터에 대한 데이터 또는 데이터 웨어하우스에 적절하도록 데이터를 수집하거나 형식화하는 방법

mHealth(also m-health or mobile health) 스마트헬스   모바일 폰이나 태블릿 PC 같은 모바일 장비의 지원을 바탕으로 행해지는 진료나 공중 보건 활동

Microbiome 마이크로바이옴   세균들이 서로 소통하는 방법이나 세균이 사람에게 질병을 일으키는 방법 등을 조사해 질병을 예방하는 것을 연구하는 분야

Microelectromechanical systems(MEMS) 미세유체역학 시스템   현미경적인 수준에서 물질의 움직임을 조절하는 기술

Microfluidics 미세유체역학   (lab-on-a-Chip 참고)

MicroRNA(miRNA) 마이크로 RNA   짧은 염기 서열을 가진 RNA로 타깃 RNA 분자에 결합해 해당 RNA의 기능을 조절하는데 일반적으로 리보좀에 의한 단백질 전사를 억제하는 역할을 한다.

Misclassification rate(error rate) 오류율   거짓 양성과 거짓 음성을 전체 개수로 나눈 값

Mixed reality 혼합 현실   현실과 디지털 세계를 가상의 연속체로 구현하는 기술

Model-based reasoning 모델 기반 추론   현실 세계를 모사하는 모델에 기반을 두고 추론법을 적용하는 인공지능 방법론의 하나

Modified National Institute of Standards and Technology(MNIST) 엠니스트 데이터셋   손글씨로 쓴 숫자들로 구성된 대규모 데이터셋으로 이미지 프로세싱 시스템의 훈련 데이터셋으로 주로 활용된다.

Modifier genes 변경 유전자   다른 유전자의 발현에 대해 상대적으로 작은 효과를 유발하는 유전자

MongoDB 몽고디비   확장성과 유연성이 뛰어난 도큐먼트 기반의 무료 오픈 소스 NoSQL 데이터 데이터베이스 프로그램

Monte Carlo tree search(MCTS) 몬테 카를로 트리 탐색   특정 형태의 의사 결정을 위해 강화 학습과 전통적인 의사 결정 나무 검색을 결합한 휴리스틱 검색 알고리즘으로 최근에 알파고 인공지능 프로그램에 사용돼 널리 알려졌다.

Moore's Law 무어의 법칙   인텔을 창업한 고든 무어가 발견한 현상으로 회로가 발명된 이후로 기술적 진보로 집적 회로에서 단위 면적당 트랜지스터의 숫자는 2년마다 배로 증가한다는 법칙

Moravec's paradox 모라벡의 역설   인공지능 로봇 전문가 한스 모라벡이 관찰로, 인공 지능 및 로봇 연구원이 높은 수준의 추론을 위해서는 계산이 거의 필요없지만 낮은 수준의 기술(예를 들어 걷기, 듣기, 느끼기, 눈으로 보기 등)은 엄청난 양의 연산 리소스가 필요하다는 발견을 한 것

Multiparameter Intelligent Monitoring in Intensive Care(MIMIC)   데이터 분석과 연구를 위해 중환자실의 모니터에서 나오는 생리학적, 병태생리학적 시그널과 생체 징후에 대한 시계열 데이터와 포괄적인 임상 데이터를 모아놓은 데이터 베이스로, 생의학 데이터 모델링에 자주 사용된다.

Multiprotocol Label Switching(MPLS) 다중 프로토콜 레이블 스위칭   텔레커뮤니케이션에서 데이터 송신 트래픽의 경로를 조정하기 위해 사용되는 WAN 연결에서 사용되는 방법

Munging 데이터 먼징   데이터 탐색을 하기 전에 데이터를 정제하고 원하는 형태로 바꾸는 과정으로 데이터 랭글링(data wrangling)이라고도 한다.

MYCIN 마이신   감염병 치료에 사용되는 스탠포드 대학교에서 만든 초기 인공지능 전문가 시스템

N

Naive Bayes classifier 나이브 베이즈 분류기   베이즈 이론에 기반해 특징들이 독립이라는 가정을 전제로 시행되는 지도 학습법으로 입력의 차원을 줄이는 데 적합하다.

Nanobots(or nanorobots) 나노봇   나노 단위의 부품이나 분자 성분으로 구성되는 0.1 ~ 10 마이크로미터 크기의 디바이스로 인공지능 기술과 결합돼 생의학 응용에 대한 잠재력이 높다.

Nanomedicine **나노의학** 생체 내 조영물질, 약물 전달자, 진단 도구 등과 같은 임상 영역에서 나노 물질과 나노 기술을 사용하는 기술

Nanotechnology **나노 기술** 나노 단위의 범위(1~100 nm)를 조절해 물질, 구조, 디바이스, 시스템에 대한 생산, 특징화, 설계, 응용하는 분야

Nanotechnology, biotechnology, information technology, and cognitive science(NBIC) 지수적 성장을 하는 부상하는 기술들로 나노공학, 생명공학, 정보공학, 인지과학을 합쳐 부르는 단어. GRIN(유전학, 로봇틱스, 인터넷, 나노공학)이라는 단어도 사용된다.

Natural-language generation(NLG) 데이터를 적절성, 직관, 상식 등에 부합하는 인간의 언어로 변형시키는 인공지능 기술

Natural-language processing(NLP) **자연어 처리** 사람의 자연어와 컴퓨터 사이의 상호 작용을 연구하는 인공지능 분야

Natural-language understanding(NLU) (NLI*natural-language interpretation) **자연어 이해** 읽고 이해하는 부분에 초점을 두는 자연어 처리의 한 분야

Neat(vs Scruffy) AI 인공지능 연구에 대한 두 가지 학파로, 니트한 쪽은 간결하고 명확한 해법을 선호하고 너저분한 것을 선호하는 쪽은 지능이 매우 복잡하다고 생각한다. 이런 차이는 심볼릭 대 연결주의라는 구도로 나타난다.

Neo4j 본질적으로 그래프 데이터에 대한 저장과 프로세싱 기능을 갖춘 그래프 데이터베이스 관리 시스템으로 현재 가장 많이 사용되는 그래프 데이터베이스다.

Net neutrality **망 중립성** 모든 네트워크 사업자와 정부들은 인터넷에 존재하는 모든 데이터를 동등하게 취급하고 사용자, 내용, 플랫폼, 장비, 전송 방식에 따른 어떠한 차별도 하지 않아야 한다는 뜻으로 이런 중립성은 인터넷을 자유롭고 공개된 방식으로 유지시킨다.

Network File System(NFS) 여러 소스들에 있는 파일들을 대상으로 데이터를 추출하거나 저장할 수 있게 만든 파일 시스템

Neural Lace(Neuralink) **뉴럴 레이스** 일론 머스크가 제안한 개념으로, 인간과 기계의 공생을 하기 위해서 인간의 뇌와 컴퓨터를 연결시키는 브레인 컴퓨터 시스템

Neural network(or Nets) **신경망** (artificial neural network 참고)

Neural Turing machine(NTM) 신경망 개념을 확장한 RNN의 한 종류로 논리적인 흐름과 외부 기억 장소에 대한 접근을 특징으로 한다.

Neuromorphic Chip **뉴로모픽 칩** 생물학적 뇌가 특별한 프로그래밍 없이도 감각 데이터를 처리하는 방법으로 모사해 만든 실리콘 칩

Neuromorphic computing **뉴로모픽 컴퓨팅** 낮은 전력 소모, 오류에 대한 관용성, 미리 프로그래밍할 필요가 없다는 뇌의 3가지 특성을 가지도록 컴퓨터를 설계하는 것

Neuromorphic engineering (neuromorphic computing 참고)

NewSQL 관계형 데이터베이스 시스템의 보장하는 ACID, 원자성(atomicity), 일관성(consistency), 독립성(isolation), 지속성(durability) 특성을 유지하면서도 NoSQL의 확장가능성을 겸비한 관계형 데이터베이스 관리 시스템의 일종

Next-generation sequencing(NGS) **차세대 염기서열 분석법** 1세대 생어(Sanger) 염기서열 분석법의 한계를 뛰어넘어 저렴한 가격으로 대규모 염기서열 분석이 가능하게 하는 기술

NLP **자연어 처리** (natural-language processing 참고)

Nodes **노드** 의사 결정 나무에서 가지를 분기시키는 의사 결정 지점

Normalization(data or database normalization) **정규화** 데이터에서 군더더기가 없도록 데이터를 재구성하는 과정으로 성능을 증가하고 저장 용량을 떨어뜨리는 역할을 한다.

Not Only SQL(NoSQL) 대규모 데이터 크기, 확장 가능한 복제 및 분산, 효율적인 쿼리 기능을 특징으로 하는 데이터 베이스

O

Object detection 객체 탐지 추출된 특징을 사용해 객체를 확인하는 알고리듬

One-shot learning 원샷 러닝 스탠포드 대학교 인공지능 전문가인 리 페이 페이 교수가 제안한 방법으로 하나 또는 아주 작은 훈련 이미지만을 가지고도 객체의 카테고리를 분류할 수 있는 머신러닝 전략

Online analytical processing(OLAP) 올랩 사용자가 다차원 정보에 직접 접근해 대화 형태로 정보를 분석하고 의사 결정에 활용하는 과정

Online transaction processing(OLTP) 매우 빠른 반응 시간을 필요로 하는 작고 상호적인 거래를 다루는 정보 시스템의 한 종류(배치 프로세싱과 대치되는 개념)

Ontology 온톨로지 정보과학에서 개념, 데이터, 어떤 개체에 대한 정의와 표현법, 그리고 관계 등을 표현하는 방법

Open Neural Network Exchange(ONNX) 머신과 딥러닝 모델들을 포함하는 오픈 소스 인공지능 에코 시스템

Optical character recognition(OCR) 광학식 문자 인식 인쇄되거나 손으로 쓰여진 텍스트 이미지를 인식해 기계가 인식하는 텍스트로 변화하거나 정보를 입력하는 방법

Optimization algorithm 최적화 알고리듬 최적 또는 최선의 해법을 찾기 위한 반복적인 수행 절차를 가진 알고리듬

Organ printing 장기 프린팅 생물 제조 공정에 3차원 프린팅 기술을 적용해 적층하는 방식으로 빠른 프로토타이핑 제품을 만들어내며 전통적인 조직 공학에서 고형의 스캐폴드를 사용하는 방식과 비교된다.

Overfitting 과적합 학습된 모델 시스템이 훈련 데이터셋에 너무 과도하게 적합해 훈련에 사용되지 않은 처음 보는 데이터셋에 대해서는 예측력이 떨어지는 모델링 오류의 한 종류

P

P4(predictive, personalized, preventive, and participatory) 생명공학 기술을 사용해 맞춤화된 접근법을 사용해서 질병 대신 개인의 건강과 웰니스를 관리하려는 의학적인 접근법

Parallel algorithms 병렬 알고리듬 서로 다른 프로세싱 디바이스에서 동시에 실행하고 그 결과를 결합해 하나의 그룹 결과로 만들어낼 수 있는 알고리듬

Parameters 파라미터 집단의 특성을 나타내는 값들로 훈련을 통해서 유도되면 모델 내부에 존재한다. 신경망에서 파라미터는 연결에 존재하는 가중치를 말한다.

Parsing 파싱 문법에 따라 자연어 또는 컴퓨터 언어에서 기호들을 분석하는 자연처 처리에 사용되는 분석법

Part-of-speech tagging(POST) 자연어 처리 과정에서 문장에 포함된 단어들이 언어의 어떤 부분에 해당하는지(품사) 마크업하는 과정

Patient-Centered Outcomes Research Institute(PCORI) 증거 기반 정보를 장려해 더 나은 건강 결과와 투명한 헬스케어 의사 결정을 돕기 위한 기관

Perceptron 퍼셉트론 1957년 프랭크 로젠블랏이 최초로 제안한 이진 분류를 과제를 수행하는 지도 학습 머신러닝 알고리듬으로 후에 인공신경망의 기초가 됐다.

Personalized medicine 맞춤 의학 질병을 이해하고 치료하는 전통적인 접근법보다 더 정밀하고 맞춤화된 방식으로 유전체 정보 등을 활용할 수 있게 되면서 발전하고 있다.

Petabyte 페타바이트 10의 15승 바이트로 모든 미국인의 DNA를 저장하고도 남을 만큼의 크기다(1000테라바이트(TB)=1PB이며, 1000PB=1엑사바이트(EB)이다).

Pharmacogenetics 약물유전학   약물이 개인의 유전과 대사 경로의 변이에 따라 어떻게 다른지를 연구하는 학문

Pharmacogenomics 약물유전체학   정밀 의료를 있어 약물에 대한 영향을 연구하기 위해서 인구집단에 존재하는 모든 게놈에 존재하는 유전자를 연구하는 유전체학의 일부

Phenomics 발형체학   유전적인 지시가 실제로 어떻게 눈에 보이는 표현형으로 발현되는지 연구하는 생물정보학의 한 분야

Picture archiving and communication system(PACS)   의료 영상을 저장하거나 MRI, X-ray, CT, 초음파 등 다양한 종류의 장비에서 의료 영상을 처리하는 방법

Pixel 픽셀   디지털 영상을 구성하는 가장 작은 단위

Pluripotency(induced pluripotent stem cells) 만능성   한 종류의 세포가 하나 이상의 성숙한 세포로 분화할 수 있는 잠재력으로 보통 내배엽, 중배엽, 외배엽 가운데 하나를 구성한다.

Podcast 팟캐스트   인터넷을 통해서 다운로드할 수 있는 멀티미디어 디지털 파일로, 의학 교육이나 환자 교육용으로 사용할 수 있다.

Polanyi's paradox 폴라니 역설   세상이 움직이는 방식에 대한 우리의 직감적인 묵시적 지식(빙산의 보이지 않는 하부)은 종종 우리가 명시적으로 이해하는 것(빙산의 일각)보다 크다는 통찰

Policy 폴리시   강화학습에서 장기적인 상황에서 보상을 최대화하는 함수

Policy network 정책망   알파고에 사용된 딥 강화학습 전략의 요소로 현재의 상황을 평가하고 다음 단계를 예측한다.

Posterior probability 사후 확률   베이즈의 규칙에서 어떤 이벤트를 관찰하고 난 뒤 계산되는 주어진 이벤트에 대한 조건부 확률

Precision 정밀도   반복된 측정이 똑같은 결과를 보여주는 정도, 즉 재현성을 말한다. 양성 예측도(positive predictive value)라고도 한다.

Precision medicine 정밀 의료   개별 환자에게 맞춤화된 진단과 처방법을 알아내기 위해 임상병리생태학적 프로파일과 분자생물학적인 특성을 종합해 사용하는 의학

Precision-Recall curve 정밀도 회상 커브   불균형 분류 문제를 중화시킬 수 있게 정밀도(precision)와 회상(recall)을 축으로 해서 만든 그래프

Predictive analytics 예측 분석   데이터 마이닝과 기본 머신러닝 기술을 사용해 미래 인간의 행동이나 사건을 예측하는 기술

Predictive modeling 예측적 모델링   하나 이상의 분류기를 사용해 결과를 예측하는 통계학적인 전략

Preimplantation genetic diagnosis(PGD) (or PGS*preimplantation genetic screening)   시험관 시술의 일부로 착상전 배아의 유전적인 특성을 프로파일링하는 것

Prescriptive analytics 처방적 분석법   최적의 의사 결정을 위해서(무엇을 해야 하는가?) 예측적 모델링을 사용하는 머신러닝, 딥러닝 기술

Principal component analysis(PCA) 주성분 분석   데이터셋의 차원을 축소하기 위해 사용되는 방법의 하나로 꼭 필요한 정보만을 추출할 수 있게 도와주는 간단하지만 강력한 통계학적 기법

Probabilistic reasoning 확률적 추론   과거의 상황에 사례들을 가지고 통계학을 적용하는 가능 가능성이 높은 결과를 예측하는 것

Protected health information(PHI) 개인건강정보   개인의 건강 상태 또는 의료비 지불에 관한 정보

Proteomics 프로테오믹스   단백질의 구조의 기능을 연구하는 분야

Publication bias 출판 편향   양성 진단 또는 치료 결과만을 보인 연구들만 출판하려는 생의학 분야의 경향

Python **파이썬** 언어 호환성, 데이터 구조, 라이브러리, 고수준 및 저수준 프로그래밍과 같은 다양한 분야에서 활용할 수 있는 강력한 다이내믹 프로그래밍 언어

PyTorch **파이토치** 효율적인 실험을 하기 편하게 만들어진 파이썬 기반 딥러닝 개발 프레임워크

Q

Q-learning(quality learning) **Q러닝** 주어진 상태에서 가장 높은 보상이 따른 최선의 행동을 찾아내는 것을 목표로 하는 강화학습 알고리듬으로 현재의 폴리시 밖에서의 탐험적(explorative)-활용적(exploitative) 행동을 모두 실행한다.

Quantifiable self 디바이스나 바이오마터를 통해서 자신의 스스로 추적을 통해 얻은 자신에 대한 의학적인 상태나 질병에 대한 지식

Quantum bit(qubit) **퀀텀 비트(또는 큐비트)** 전통적인 컴퓨팅에서 비트에 해당되는 개념으로 양자 컴퓨팅에서 정보의 가장 기초적인 단위

Quantum computing **양자 컴퓨팅** 원자와 분자가 힘을 사용해 퀀텀 비트(큐비트)로 기억을 수행하고 계산을 프로세싱하게 하는 컴퓨팅 방법

Quantum dot **양자점** 양자점이란 약 2~10㎚ 크기의 CdSe(카드뮴셀레나이드) 등으로 만들어지는 중심체와 ZnS(황화아연)으로 이뤄진 껍질로 구성되며, 껍질 밖 표면은 단백질로 코딩되는 전체가 약 10~15㎚ 크기의 나노입자

Quick Response(QR) code **QR 코드** 어떤 항목에 붙여서 관련 정보를 쉽게 찾아볼 수 있게 만든 사각형 모양의 바코드

R

R **R 언어** 통계학적 컴퓨팅과 고품질 통계 그래픽에 뛰어난 컴퓨터 프로그래밍 언어이자 환경으로 생의학 데이터 과학에 특히 적합하다.

Radio-frequency identification(RFID) **알에프아이디** 전파를 사용해 어떤 사물이나 객체를 인식하기 위해서 전자 태그와 판독기 사이에 통신을 하는 방법

Radiomics **래디오믹스** 의료 영상 이미지에서 특징을 추출한 것을 데이터화하고, 이를 활용해 정밀의학과 위한 데이터 분석에 활용하는 방법

Random forest **랜덤 포레스트** 서로 연관관계가 없는 의사 결정 나무들을 모아서(개별 나무는 훈련 데이터셋에서 만들어진 임의의 부분집합으로 구성한다) 어떤 값을 예측하는 방법

Randomized controlled trial(RCT) **무작위대조군 임상시험** 실험 대상을 치료군과 대조군에 임의로 할당해 시행하는 연구 방법

Recall **재현율** 실제 참인 것들을 모델이 참이라고 분류한 비율로, 민감도(sensitivity)라고도 한다.

Receiver operating characteristic(ROC) **수신자 조작 특성** 다양한 임계값들에 대해서 x-축에 거짓 양성률을 y-축에 참 양성률을 놓고 만든 그래프로, 그 아래 면적이 모델의 성능을 반영한다.

Rectified linear unit(ReLU) (or rectifier) **ReLU 활성 함수** ReLU는 훈련시키기 쉽고, 경사 하강의 소실 문제(vanishing gradient problem)에 대해 상대적으로 우수한 성질을 가지고 있고 딥러닝에서 가장 많이 사용되는 활성 함수다.

Recurrent neural network(RNN) (or recurrent nets) **순환 신경망** 피드백 루프를 가진 딥러닝의 한 종류로 텍스트 및 음성 언어, 시계열 데이터를 다루는 데 유용하다.

Recursive Cortical Network(RCN) **반복 피질 네트워크** 기존 딥러닝과 약간 다른 생성적 객체 기반 모델이다. 이미지 인식에서 기존 딥러닝은 아무것도 없는 타불라 라사(tabula rasa)로 시작하는 반면 이 신경망은 스캐폴딩(scaffold)로 시작하여 데이터 효율성은 더 높일 수 있다.

Regenerative medicine **재생의학** 줄기 세포를 사용해 신체의 세포, 조직, 기관 등을 더 젊게 만들거나 교체하거나 재생하는 기술을 연구하는 생의학의 한 분야

Region of interest(ROI) 특별한 목적으로 위해 지정한 데이터셋에 들어있는 이미지 표본

Regression **회귀** 독립변수와 숫자인 종속 변수 사이의 관계를 추론하는 통계학적 방법

Regularization **규제** 모델의 과적합을 방지하기 위해서 모델의 복잡성을 줄이도록 계수들을 0에 가깝도록 제한을 두는 방법

Reinforcement learning **강화 학습** 행동 심리학에 영감을 받은 머신러닝 방법으로 탐색(exploration)과 활용(exploitation) 상태 사이의 균형을 이루면서 누적된 보상이 최대화하는 전략을 사용하는 학습법이다. 딥 강화학습은 이 방법을 딥러닝과 결부시킨 것으로 구글 딥마인드의 게임을 하는 인공지능 등을 만드는 데 사용돼 왔다.

Relational database **관계형 데이터베이스** 데이터에 대한 관계형 모델(테이블)을 사용하는 데이터베이스 또는 그런 데이터베이스를 관리하는 소프트웨어 시스템을 관계형 데이터베이스 관리 시스템이라고 한다.

ReLU (Rectified Linear Unit 참고)

ResearchKit(Apple) **애플 리서치킷** 애플에서 개발한 오픈 소스 프레임워크로 연구자와 개발자에게 의학 연구를 위한 앱을 만드는 방법을 제공한다.

Residual neural network(ResNet) 대뇌 피질의 피라미달 세포에서와 같이 스킵 컨넥션(skip connections) 구조를 가지고 있는 인공신경망이다. 스킵 컨넥션은 이전 층들의 출력과 새로운 출력에 대한 출력 사이의 연결을 말한다.

Resource Description Framework(RDF) **자원 기술 프레임워크** 컴퓨터가 이해할 수 있도록 웹 상의 자원을 기술하는 프레임워크

Restricted Boltzmann machine(RBM) **제한된 볼츠만 머신** 생성적 확률적, 얕은(비지블 레이어와 은닉층으로 구성) 인공신경망으로 통계적으로 방식으로 학습을 수행한다. 제한된(restriced)이라는 형용사는 같은 층 안의 노드들 사이에는 연결이 없다는 뜻이다.

Rich Site Summary(RSS) (Really Simple Syndication) 정기적으로 바뀌는 웹의 내용을 전달하는 한 가지 방법으로 블로그, 동영상, 소리, 새로운 글 등 업데이트 된 정보를 모아서 보여주는 기술

Robotic process automation(RPA) **로봇틱 프로세스 자동화** 컴퓨터 시스템의 사용자 인터페이스에서의 반복적인 활동을 자동화하도록 만들 수 있는 지능적 소프트웨어 로봇

Robotic surgery **로봇 수술** 특정 수술적인 기능을 수행하는 것을 도와주는 로봇 시스템

Robots **로봇** 보봇의 설계, 구성, 유지와 컴퓨터 환경에서의 로봇의 활용을 다루는 기술

Rule-based reasoning **규칙 기반 추론** 규칙, 데이터베이스, 규칙 해석자 등이 개입되는 인공지능 기술로, 주로 지식 기반 시스템이나 규칙 기반 전문가 시스템에서 사용된다.

Rules engine **규칙 엔진** 전문가 시스템에서 지식 베이스와 연결되는 부분으로 내부는 if-then 규칙들로 구성돼 있다.

S

Scalar **스칼라** 숫자 하나. 대응하는 벡터는 숫자들의 집합을 말한다.

Scruffy AI (neat and scruffy AI 참고)

Segmentation **분리** 컴퓨터 비전에서 분석을 위해 영상을 여러 부분으로 나누는 과정

Self-organizing map(SOM) **자기 조직화 지도** 고차원의 입력값을 낮은 차원으로 표현하도록 비지도 학습법을 사용한 데이터 시각화 또는 인공지능 기술

Semantic net(network) **시맨틱 넷** 정보를 노드와 엣지로 구성되는 그래프로 표현하는 방법론

Semantic Web **시맨틱 웹** 메타데이터를 활용한 월드 와이드 웹의 확장으로 사용자들이 전통적인 웹사이트와 애플리케이션의 경계를 넘어 콘텐츠를 공유할 수 있도록 하는 규칙으로 컴퓨터끼리 대화가 가능하도록 하는 것을 목표로 한다. "Web 3.0"이라고도 한다.

Semisupervised learning **반지도 학습** 지도 학습법과 비지도 학습법을 혼합한 것으로, 레이블이 된 작은 데이터와 상대적으로 큰 레이블이 없는 데이터를 사용하는 학습 방법

Sentient AI **세시언트 AI** 자기 자신을 인식하는 특성을 가진 인공지능

Sentiment analysis **감성 분석** 어떤 문제에 대한 사람의 감정을 결정하기 위해서 데이터 마이닝을 통해, 주로 자연어 처리법을 사용해 주관적인 정보를 추출하는 방법

Signal processing **시스널 프로세싱** 다양한 포맷으로 저장돼 있는 전송 정보에 대해 수학적, 컴퓨테이셔널 표현을 사용하는 기술

Simple Protocol, RDF Query Language(SPARQL) RDF(자원 기술 프레임워크) 포맷으로 저장된 데이터베이스에 대한 시맨틱 쿼리 언어

Single(simple) nucleotide polymorphisms(SNPs) **단일염기 다형성** 개인별로 나타나는 유전 염기서열에서 단 하나의 뉴클로타이드의 변형으로, 인간 유전체의 가장 흔한 변이다.

Singularity **특이점** 인공지능 성능이 인간의 지능을 뛰어 넘어서는 지점으로 현재로서는 그 때가 2045년쯤이 될 것으로 추산된다. 이 개념은 처음에 수학자 폰 노이만이 생각했었는데, 나중에 공상과학 소설가인 베르노르 빈지와 미래학자 레이 커즈와일에 의해서 대중화됐다.

Smart wearable systems(SWS) **스마트 웨어러블 시스템** 환자의 건강 상태 모니터에 사용되는 센서, 액튜에이터, 모니터링 디바이스 등을 합해서 부리는 용어

SNOMED CT (Systemized Nomenclature of Medicine-Clinical Terms 참고)

Social media **소셜미디어** 가상의 커뮤니티 안에서 정보와 생각을 생성, 공유, 교환하는 것으로 트위터, 페이스북, 유튜브, 포스퀘어 등이 포함된다.

Softmax **소프트맥스** 숫자들을 일련의 확률값을 가진 벡터로 변환하는 활성 함수

Software agent **소프트웨어 에이전트** 인간의 직접적인 지시나 감독이 없이도 독립적으로 기능을 수행할 수 있는 컴퓨터 프로그램으로 자율 로봇과 비슷한 기능을 하는 컴퓨터

Software as a service(SaaS) 인터넷을 통해 제공자의 호스트 애플리케이션으로 사용자가 소프트웨어를 사용할 수 있게 하는 분산 모델

Spark **스파크** 구조화된 데이터, 스트리밍 분석법, 머신러닝, 그래프 계산 등으로 구성된 에코 시스템을 가진 오픈소스 데이터 프로세싱 엔진

Spiking neural network(SNN) **스파이킹 신경망** 머신러닝과 신경과학 사이를 연결하는 3세대 신경망으로 신경세포의 특성을 반영해 제작된다. 일반적인 머신러닝이나 딥러닝에서 사용되는 연속값 대신 SNN은 이산적인 이벤트를 사용한다.

SQL (Structured Query Language 참고)

Stem cell(embryonic stem cell) **줄기세포** 세포 분열을 통해서 새로운 세포를 만들 수 있는 능력을 가진 미분화 세포로, 어떤 유도 방법을 사용해 특이한 세포로 구성된 조직을 만들 수 있는 능력을 가지고 있다.

String **문자열** 컴퓨터 프로그램에서 연속된 문자들로 구성된 데이터 타입으로 보통 인용 기호를 사용해 표시한다.

Strong AI 강한 인공지능 (artificial general intelligence 참고)

Structured Query Language(SQL) 관계형 데이터베이스 관리 시스템에서 데이터베이스에 접근하고 관리하는 특수한 목적의 쿼리 프로그래밍 언어

Superintelligence 슈퍼인텔리전스 인간의 지능을 능가하는 인공지능의 한 형태로 특이점 개념과 연관돼 있다.

Supervised learning 지도 학습 개별 사례에 대한 레이블이 붙어 있는 데이터를 훈련 데이터로 사용해 레이블이 맞는 원하는 결과가 예측되도록 훈련시키는 머신러닝 방법

Support vector machines(SVM) 서포트 벡터 머신 서포트 벡터를 사용하는 지도 머신러닝 학습법의 일종으로 분류와 회귀에 모두 사용이 가능하다.

Swarm intelligence 스웜 지능 탈중화된 자기 조직적인 시스템들의 집단 지능

Syllogism 삼단논법 미리 알려진 두 판단에서 그것들과는 다른 하나의 새로운 판단으로 이끄는 추론 방법

System 1(and System 2) Thinking 시스템 1 사고와 시스템 2 사고 노벨상을 받은 다니엘 카너만이 제안한 개념으로 인간의 사고를 빠르고 경험적인 사고를 주로 하는 시스템 1 사고와 느리고 분석적인 방법으로 주로 하는 시스템 2 사고로 구분했다.

Systemized Nomenclature of Medicine–Clinical Terms(SNOMED CT) 전자의무기록에서 의사들이 사용하는 임상적 용어에 대한 일종의 표준

Systems biology 시스템 생물학 생물학과 의학을 공학 및 컴퓨터와 결합해 분자에서 개체, 또는 전체 종에 이르기까지의 생물학적 요소들을 통찰 연구하는 학문

T

Tag cloud (word cloud 참고)

Telehealth 원격 보건 원격 의료(telemedicine)보다 광범위한 헬스케어 서비스를 원격 커뮤니케이션을 통해서 전달하는 것으로 특별한 서비스에 대한 접근도를 높일 수 있는 잠재력을 가진다.

Telemedicine 원격 의료 전자적인 통신 방법을 사용해 한 곳에서 다른 곳에서 의료 정보를 서로 교환해 사용함

Temporal convolutional network(TCN) 시계열 모델링에서 RNN, LSTM, GRUs 등보다 더 빠르고 정확한 방법을 제공하는 CNN의 변형

TensorFlow 텐서플로 구글 브레인 팀이 개발한 수치 계산 기능을 가진 오픈 소스 머신러닝 개발 라이브러리

Tensor processing unit(TPU) 구글이 개발한 것으로 머신러닝 학습 속도를 높이기 위해서 개발한 머신러닝 칩으로 기존의 CPU나 GPU보다 성능이 더 우수하다.

Terabyte(TB) 테라바이트 1조 바이트 또는 100개 기가바이트에 해당하는 컴퓨터 저장 용량으로 10 TB는 미국 의회도서관의 전체 문학 책들을 모두 저장할 수 있다.

Test data 테스트 데이터 최종적으로 선택된 모델에 대해 일반화 오류를 검증하는 데 사용되는 데이터로 보통은 훈련 데이터보다는 작다.

Text mining(text analytics or text data mining) 텍스트 마이닝 자연어로 구성된 텍스트에서 고품질의 정보를 추출하는 절차

Theano 테아노 딥러닝 모델을 만들기 위해 사용된 빠른 컴퓨팅 파워를 제공하는 파이썬 라이브러리

Tissue engineering (regenerative medicine 참고)

Tokenization 토큰화 텍스트를 토큰이라고 불리는 단어나 구로 쪼개는 방법

Training data 훈련용 데이터   알고리듬이나 모델을 적합시키는 데 사용되는 데이터로 보통 테스트 데이터셋보다 크다.

Transfer learning 전이 학습   어떤 문제를 해결하면서 얻어진 저장된 지식을 다른 문제를 해결하는 데 적용하는 머신러닝 기법

Transhumanism 트랜스휴머니즘   과학기술을 사용해 정신적, 육체적 특성을 개선하려고 하는 철학적인 운동

Transmission Control Protocol   전송 제어 프로토콜

Turing test 튜링 테스트   알란 튜링이 제안한 인공지능 검사법으로 인간 검사자가 질문한 내용에 대해 응답한 것을 바탕으로 인간과 컴퓨터를 구분할 수 있는지 여부로 그 능력을 판별한다.

Twitter 트위터   트윗이라고 하는 140개의 텍스트 메시지를 기본 커뮤니케이션 모드로 사용하는 온라인 쇼셜 네트워킹과 마이크로블로깅 서비스

U

Underfitting 과소적합   통계적인 모델 또는 머신러닝 알고리듬이 통계적으로 주어진 데이터에 대해 적합하지 않은 경우로 보통 모델이 과도하게 단순하게 설정된 경우 발생한다.

Unified Medical Language System(UMLS)   NIH가 의료 정보시스템의 상호운용성을 높이기 위해서 만든 핵심 용어 및 표준을 정해놓은 사전

Unmanned aerial vehicle(UAV)   (drone 참고)

Unsupervised learning 비지도 학습   레이블이 되지 않은 데이터를 사용함으로써 예측 솔루션 모델에 오류나 보상에 대한 신호를 주지 않은 상태에서 예측에 사용되는 모델을 찾아내는 머신러닝 방법

User experience(UX) 사용자 경험   사용자 관점에서 제품이나 서비스의 사용성의 최적화로 사용자 인터페이스(UI)보다는 좀 더 분석적이며 기술적인 측면이 있다. 좋은 UI가 곧 좋은 UX로 이어지는 것은 아니다.

User interface(UI) 사용자 인터페이스   제품이나 서비의 그래픽 디자인을 말한다. 제품에 대해 사용자들이 좋게 혹은 나쁘게 느끼는 사용자 경험(UX)과 가끔 혼동된다.

V

Validation data 검증 데이터   모델의 예측 오류를 평가하는 데 사용되는 데이터로, 테스트 데이터와 그 크기가 거의 비슷한 경우가 많다.

Value network 가치 네트워크   알파고에 들어 있는 딥 강화 학습의 한 요소로 상황을 평가하고 어떤 측면이 이기는 길인지를 예측한다.

Vanishing gradient(problem) 기울기 소멸 문제   신경망에서 활성 함수와 층의 개수를 늘려 나가면, 손실 함수의 기울기가 0 값으로 접근하게 돼 네트워크의 훈련과 학습이 어려워지는 현상

Variance 분산   데이터셋 사이 접합에서의 차이를 말한다. 복잡도가 높은 모델은 더 높은 분산을 가지는 경향을 가진다.

Variants of uncertain significance(VUS)(or allelic variant of unknown significance) 의미가 불확실한 변이   임상적인 중요성과 질병에 대한 위험도가 알려지지 않은 변형된 유전자

Variational autoencoder(VAE)   데이터를 압축할 뿐만 아니라 관찰된 데이터와 유사한 새로운 데이터를 생성할 수 있는 오토인코더

Vector 벡터   숫자값을 갖는 스칼라들의 모임으로, 행렬에서 하나의 열 또는 행을 구성한다.

Virtual assistant(VA) 가상 비서   디지털 라이프 또는 다른 활동이 과제 등을 돕는 인공지능을 사용한 감각적인 디지털 보조기로 애플의 시리, 마이크로소프트의 코르타나, 아마존의 에코, 페이스북의 앰, 구글의 나우 등이 있다.

Virtual private networks(VPN) **가상 사설망** 사설 네트워크의 확장으로 기관이나 개인들이 컴퓨터끼리 데이터를 전송하기 위해서 공유된 또는 공공 네트워크를 통해 연결하는 시스템

Virtual reality(VR) **가상현실** 가상 환경에서 사용자가 물리적인 것들이 실제로 존재하는 것처럼 모사하기 위해 영상이나 소리 같은 것을 사용하는 기술

Visual analytics **비주얼 분석** 대화형 시각 인터페이스를 사용해 분석적 추론을 하는 과학으로 시각화, 인간 요소, 데이터 분석 기법들을 종합하는 접근법을 사용한다.

Voxel **복셀** 2차원 사진에서의 픽셀에 대응하는 개념으로 3차원에서 어떤 지점의 값

W

Watson(IBM) **왓슨** 자연어 처리, 정보 검색, 정보 표현, 머신러닝 기능을 갖춘 IBM의 슈퍼컴퓨터로 초당 1억 페이지를 읽을 수 있으며, 제퍼디 퀴즈쇼에서 인간 챔피언을 이겼다.

Weak AI(or narrow AI) **약한 인공지능** 체스나 바둑 두기와 같은 하나의 과제를 수행하도록 설계된 인공지능 또는 머신 지능

Wearable **웨어러블** 심박수, 혈압, 산소 포화도 같은 생체 신호와 심전도 등을 모니터링할 수 있는 모바일 디바이스나 기술

Web 2.0 **웹 2.0** RSS, 블로그, 팟캐스트 등을 핵심 요소로 하는 협업적인 인터넷 애플리케이션을 지칭하는 용어

Web 3.0 **웹 3.0** (Semantic Web 참고)

Weights **가중치** 신경망에서 입력에서 마지막 출력에 나오는 과정에 영향을 주는 요소로, 이들 값의 조정을 통해 서로 다른 결과를 얻을 수 있다.

Wide area network(WAN) **광역망** 넓은 구역에 걸쳐 있는 네트워크

Wiki **위키** 사용자들이 정보를 추가*편집할 수 있고, 그 결과로 하나의 집단적인 그룹을 제공하는 웹 사이트나 온라인 자원

Wireless sensor networks(WSN) 어떤 환경의 상황들을 모니터링하기 위한 자율적인 센서들의 네트워크로 헬스케어 애플리케이션의 잠재성을 갖고 있다.

Wisdom **지혜** 지능, 가치, 자아 성찰에 의한 믿음, 미래 비전 등에서 유도되는 원리에 대한 이해

Wolfram Alpha **울프람 알파** 자연어 처리와 질의 응답을 사용하는 강력한 컴퓨테이셔널 지식 엔진(IBM의 DeepQA 프로젝트와 비슷함)

Word cloud(or tag cloud) **워드 클라우드** 텍스트 데이터에 들어 있는 키워드 등을 쉽게 알아볼 수 있도록 하는 데이터 시각화 방법

Wrangling(data wrangling) **논쟁** 초기 원 데이터를 분석에 사용하기 편하도록 좀 더 정제된 데이터 형태로 바꾸는 과정이다. ETL은 좀 더 구조화된 데이터를 다루고 정보 기술에 좀 더 초점을 맞춘다는 점이 다르다.

X

XAI (Explainable AI 참고)

XML (Extensible markup language 참고)

Y

YouTube **유튜브** 개인이나 미디어 회사, 병원 등이 올려놓은 동양상 클립을 서로 공유할 수 있는 온라인 웹사이트

Z

Zero-shot learning(ZSL) 분류 훈련 데이터로서 레이블이 없는 이미지를 바로 인식할 수 있도록 하는 알고리듬

Zettabytes(ZB) 제타바이트 섹스틸리언 또는 10의 21승 바이트(10억 테라바이스)로 지구의 전체 데이터 양을 약 3 제타바이트 정도 되는 것으로 추산된다.

핵심 참고자료

---

* 권고

** 적극적 권고

(번역 시점을 기준으로 우리 나라에 번역된 책들은 찾아서 추가했다—옮긴이)

데이터 과학, 인공지능, 인간 인지에 관한 책

** 『예측 기계: 인공지능의 간단한 경제학』(생각의 힘, 2019)

– 경제학적인 관점을 가진 인공지능에 관한 가장 괜찮은 책 가운데 하나로 이해하기 쉬우면서도 인공지능에 대한 핵심 개념을 포함하고 있다.

* 『Armstrong, S. Smarter than us: the rise of machine intelligence. Berkeley, CA: Machine Intelligence Research Institute; 2014』

– 인공지능 관련 현재 회자되는 문제들을 폭넓게 다룬 짧은 책

『Boden MA. AI: its nature and future. New York: Oxford University Press; 2016』

** 『슈퍼인텔리전스』(까치, 2017)

– 현재와 미래의 인공지능에 관한 놀라운 통찰력을 보여준다.

* 『생각의 해부: 위대한 석학 22인이 말하는 심리, 의사 결정, 문제해결, 예측의 신과학』(와이즈베리, 2015)

– 이성적 사고, 의사 결정, 직관, 예측 등과 같은 주제에 대해 생각을 불러 일으키고 통찰력 있는 에세이 모음집

* 『인공지능은 무엇이 되려 하는가: AI의 가능성과 위험을 바라보는 석학 25인의 시선』(프시케의 숲, 2021)

– 인공지능 대가들의 이름이 마틴 포드의 글에 나오는 인사들에 비해서는 덜 유명하지만, 일부 아주 훌륭한 내용들이 있다.

** 『페미니즘 인공지능: 오해와 편견의 컴퓨터 역사 뒤집기』(이음, 2019)

– 인공지능 세계에 대한 통찰과 컴퓨터 과학자이자 작가로서의 두 가지 관점을 보여주는 독특한 책

『알고리듬, 인생을 계산하다(이한음 옮김, 청림출판, 2018)』

** 『휴먼+머신 AI 시대의 업무를 새롭게 상상하다(폴 도허티 , 제임스 윌슨 저자 · 메타넷글로벌, 이혜진 번역, 2019년)』

– 엑센츄어사의 두 기술 리더가 인공지능의 세계와 인간과 기계의 관계를 그 어떤 책보다 잘 설명했다.

* 『마스터 알고리즘: 머신러닝은 우리의 미래를 어떻게 바꾸는가』(비지니스북스, 2016)

- 컴퓨터와 데이터 과학이라는 이상한 주제에 대해서 매몰되지 않으면서도, 일반적인 미디어에서 소개되는 것을 뛰어넘어 머신러닝을 이해할 수 있도록 안내하는 책으로 머신러닝에 대해 더 자세히 알고자 하는 독자에게 아주 적합한 책

**『AI 마인드 세계적인 인공지능 개발자들이 알려주는 진실』(터닝포인트, 2019)
- 뉴욕 타임지의 미래학자 마틴 포드가 유명한 인공지능 전문가들과 인터뷰한 내용을 모은 글. 드문 몇 개를 제외하고는 이들 인터뷰 내용들은 2번 읽을 가치가 있다.

**『기계는 어떻게 생각하는가? 알파고부터 자율 주행차까지! 기계 학습 구현 사례와 작동 원리』(이지퍼블리싱, 2019)
- 딥 신경망과 자연어 처리 같은 기계에 대한 훌륭한 인사이트를 제공하고 누구나 기술의 마법에 내면에 있는 세세한 측면을 진정으로 이해할 수 있게 쓰여졌다.

*『생각하는 뇌 생각하는 기계』(멘토르, 2010)
- 팜 컴퓨팅을 만든 저자가 뇌, 신경과학과 컴퓨터가 어떻게 혁신적인 방법으로 연관을 가지는지 소개하는 훌륭한 책

*『제리 카플란 인공지능의 미래 상생과 공존을 위한 통찰과 해법들』(한스미디어, 2017)
- 인공지능과 관련된 법률, 인간 노동, 사회적인 평등, 미래 등을 포함해 인공지능과 관련된 훌륭한 안내서

*『딥 씽킹: 인공지능 시대, 인간의 위대함은 어디서 오는가?』(어크로스, 2017)
- 이전 체스 월드 챔피언이 빅 블루 슈퍼컴퓨터와의 겨루기에서 지고 나서 쓴 놀랍도록 인사이트가 넘치는 책

**『The Art of Computer Programming 1-4: 알고리즘의 고전을 읽다』(한빛미디어, 2013)
- 컴퓨터 프로그래밍뿐만 아니라 일반적인 과학 책으로도 최고 수준이며, 39번판까지 출판됐고 39번째 판은 타입 650 컴퓨터에 헌정됐다.

*『마음의 탄생 : 알파고는 어떻게 인간의 마음을 훔쳤는가?』(크레센도, 2016)
- 미래학자 레이 커즈와일이 쓴 인공지능의 미래와 인간의 정신에 대한 놀라운 혜안을 보여주는 책

*『Thomas M. Superminds: the surprising power of people and computers thinking together. New York: Hachette Book Group; 2018』
- 인간과 머신의 시너지뿐만 아니라 대중의 집단 지혜를 다룬 계몽적인 책

**『Marcus G, Freeman J. The future of the brain: essays by the world's leading neuroscientists. Princeton, NJ:Princeton University Press; 2015』
- 인지과학의 한 분야로 인공지능이라는 미래의 토대를 이해해 앞선 시각을 갖추고자 하는 독자라면 반드시 읽어야 할 책

*『머신 플랫폼 크라우드 : 트리플레볼루션의 시대가 온다』(청림출판, 2018)
- 『세컨드 머신 에이지(The Second Machine Age)』라는 책을 통해 디지털 혁명을 이야기했던 저자들이 그 내용을 확장해 인공지능과 그것의우리 사회에 미칠 영향을 피력한 책

**『Minsky, M, Papert SA. Perceptrons: an introduction to computational geometry. Boston, MA: Massachusetts Institute of Technology; 1960』
- 딥러닝으로 진화하는 시초가 된 퍼셉트론을 다룬 역사적인 책으로, 단점이 있다면 수학이 난해하다는 점이다. 이야기 자체는 아주 재미있다.

*『Motyl P. Labyrinth: the art of decision making. Vancouver, Canada: Page Two Books; 2019』
- 의사 결정에 관한 내용을 이해하는 데 아주 좋은 책으로 생의학에 적용될 수 있는 점들도 많이 있다.

**『딥러닝 레볼루션: AI 시대, 무엇을 준비할 것인가』(한국경제신문, 2019)
- 데이터 과학자가 아닌 사람들도 쉽게 이해할 수 있도록 딥러닝에 대한 저자 개인의 관점을 읽기 쉽게 소개한 책

*『맥스 테그마크의 라이프 3.0 : 인공지능이 열어갈 인류와 생명의 미래』(동아시아, 2017)
- MIT 대학의 물리학자가 바라는 인공지능이 모든 측면에서 미래의 생명에 어떤 영향을 줄 지를 다룬 방대한 저술

데이터 과학과 인공지능에 관한 텍스트북

** 『통계학으로 배우는 머신러닝 2/e : 스탠퍼드대학교 통계학과 교수에게 배우는 머신러닝의 원리』(에이콘출판, 2020)
- 아래 제임스 등이 2013년에 쓴 개론서와 같이 아주 잘 쓰여진 책이다. 하지만 수학적 내용이 많이 일반 사람들이 읽기가 쉽지 않다.

* 『Howard RA, Abbas AE. Foundations of decision analysis. Upper Saddle River, NJ: Pearson Education Inc.; 2016』
- 의사 결정과 하나의 과학으로서 그것을 분석하는 전체 과정에 대한 뛰어난 텍스트북

** 『가볍게 시작하는 통계학습 : R로 실습하는』(루비페이퍼, 2016)
- 이 책은 앞에서 이야기한 책인 『The elements of statistical learning: data mining, inference, and prediction』의 쉬운 버전이다. 내가 학교에서 생의학 데이터 과학을 공부하는 동안에는 최고의 책으로 삼았었다.

『Lucci S, Kopec D. Artificial intelligence in the 21st century. Dulles, VA: Mercury Learning and Information; 2013』

** 『인공지능 1, 2: 현대적 접근방식』(제이펍, 2016)
- 인공지능에 관한 가장 포괄적이고 권위있는 텍스트북으로 과거와 미래의 관점을 비롯해 인공지능 방법론에 대한 놀라운 깊이와 폭을 보여준다.

* 『데이터 마이닝』(인피티니북, 2007)
- 분류, 연관, 클러스터링, 이상점 발견 등 데이터 마이닝에 대해 간결하고 포괄적인 방식으로 설명한 책으로, 내가 개인적으로 가장 좋아하는 텍스트북이다.

생의학 데이터 과학, 인공지능, 인간 인지에 관한 책

* 『Agah A. Medical applications of artificial intelligence. Boca Raton, FL: CRC Press; 2014』
- 인공지능의 의료 응용에 대해 포괄적이면서 최근의 내용을 담은 텍스트북으로 컴퓨터와 데이터 과학의 측면을 강조했다.

* 『Beckerman AP, Petchey OL. Getting started with R: an introduction for biologists. Oxford: Oxford University Press; 2012』
- 생물학 및 의학과 관련된 R 언어에 관한 개론서

* 『Chettipally, UK. Punish the machine! The promise of artificial intelligence in health care. Charleston, SC: Advantage Press; 2018』
- 인공지능과 그 응용에 대한 열렬한 지지자가 의료 및 헬스케어 인공지능의 전망에 대한 개인적인 관점을 다룬 책

* 『Clancey WJ, Shortliffe EH. Readings in medical artificial intelligence: the first decade. Addison-Wesley Publishing; 1984』
- 인공지능이 나오고 난 이후 첫 번째 10여 년 동안 발표된 좋은 에세이를 모은 책으로 주로 지식 기반 영역을 다뤘다.

『Ceophas TJ, Zwinderman AH. Machine learning in medicine. New York: Springer; 2013』

* 『Consoli S, Recupero DR, Petkovic M. Data science for health care. Cham, Switzerland: Springer; 2019』
- 좋은 참고서다. 주로 데이터 과학자나 엔지니어링에 적합하다. 의사들에게 도움이 될 만한 내용은 앞 몇 챕터에 존재한다.

『Dua S, Chowriappa P. Data mining for bioinformatics. Boca Raton, FL: CRC Press; 2014』

* 『Giabbanelli PJ, Mago VK, Papageorgiou EI. Advanced data analytics in health. Cham, Switzerland: Springer; 2018』
- 머신러닝과 모델링을 위한 데이터 탐색과 시각화를 다룬 좋은 책

** 『닥터스 씽킹』(해냄출판사, 2007)
   - 의사들의 사고 방식과 의사들이 복잡한 프로세스를 어떻게 개선하는지에 대해 쓴 책으로 시간을 초월하는 훌륭한 책이다.

『Liebowitz J, Dawson A. Actionable intelligence in health care. Boca Raton, FL: CRC Press; 2017』

* 『Lu L, Zheng YF, Carneiro G, et al. Deep learning and convolutional neural networks for medical image computing. Cham, Switzerland: Springer; 2017』
   - 이 주제에 대한 훌륭한 텍스트북으로 컴퓨터 과학과 컴퓨터 비전에 대한 고급 지식을 가진 독자들에게 적합하다.

『Luxton DD. Artificial intelligence in behavioral and mental health care. Elsevier, Academic Press: London; 2016』
   - 정신 건강 케어라는 측면에서 인공지능 구현에 대한 글들을 모든 책은 시대를 앞서는 관점을 보여준다.

『Mahajan P. Artificial intelligence in health care. Self-published』

『Natarajan P, Frenzel JC, Smaltz DH. Demystifying big data and machine learning for health care. Boca Raton, FL: CRC Press; 2017』

* 『Ranschaert ER, Morozov S, Algra PR. Artificial intelligence in medical imaging. Switzerland: Springer; 2019』
   - 의료 영상 인공지능에 대한 좋은 참고서이고, 일부 챕터는 다른 책들보다 더 뛰어나다.

* 『Reddy CK, Aggarwal CC. Health care data analytics. Boca Raton, FL: CRC Press; 2015』
   - 헬스케어 데이터 애널리틱스에 관한 포괄적인 내용을 담은 책으로 자연어 처리, 시각 분석, 임상적 의사 결정 지원 시스템, 컴퓨터 보조 의료 영상 분석 시스템, 정보 검색 등을 다루고 있다.

** 『Scarlet, A. A machine intelligence primer for clinicians. San Bernardino, CA; 2019』
   - 데이터 과학에 관한 기초적인 이해를 가진 의사들에게 적당한 머신러닝에 대한 훌륭한 개론서

** 『Shortliffe EH, Cimino JJ. Biomedical informatics: computer applications in health care and biomedicine (health informatics). 4th ed. London: Springer; 2014』
   - 헬스 정보학에 관한 뛰어난 시대를 뛰어넘는 텍스트북으로 의료 및 헬스케어 인공지능에 관한 본질적인 프레임워크를 제공한다.

* 『Szolovits P. Artificial intelligence in medicine. In: AAAS selected symposia series, vol. 51. Boulder, CO: Westview Press Inc.』
   - 의료 인공지능 초기 시절에 당시 기술의 상태에 관한 관점을 담은 기록으로 역사적인 가치가 매우 높다. 전문가 시스템을 주로 강조했다.

** 『Ten Teije, A, Popow C, Holmes JH. Artificial intelligence in medicine: 16th conference on artificial intelligence in medicine, AIME 2017, Vienna, Austria, Proceedings. New York: Springer; 2017』
   - AIME 수장들이 유럽 학회용으로 쓴 책으로, 의료 인공지능의 모든 측면에 대한 뛰어나 학술적 내용을 담고 있다.
   * 『딥메디슨 : 인공지능, 의료의 인간화를 꿈꾸다』(소우주, 2020)
   - 의료와 헬스케어 분야의 최근 인공지능 활동을 정리한 책으로, 모든 사람을 위한 헬스케어 개선을 위해 인공지능을 활용하자는 주제를 담고 있다.

『Wachter R. The digital doctor: hope, hype, and harm at the dawn of medicine's computer age. New York: McGraw Hill; 2015』

『Yang H, Lee EK. Health care analytics: from data to knowledge to health care improvement. Hoboken, NJ: John Wiley and Sons; 2016』

저널

AI Magazine (AAAI)
- Editor: Ashol Goel (AAAI, Palo Alto, CA)

Artificial Intelligence in Medicine (AIMed)
- Editors: Anthony Chang and Freddy White (AIMed, London and Orange, CA)

Artificial Intelligence in Medicine (AIIM)
- Editor: Carlo Combi (Elsevier, Boston, FL)

Journal of American Medical Informatics Association (JAMIA)
- Editor: Lucila Ohno-Machado (Oxford University Press, Oxford)

Journal of Medical Artificial Intelligence (JMAI)
- Editor: Jia Chang (AME Publishing, Shatin)

MIT Technology Review
- Editor: David Rotman (MIT Press, Boston, MA)

Nature and Nature Machine Intelligence/Nature Medicine
- Editor: Magdalena Skipper (Springer, New York)

Wired
- Editor: Nicholas Thompson (Wired Media Group, New York)

인공지능과 의료 인공지능에 대한 상위 100개 논문(그 이상)

그룹 논문

Artificial intelligence and life in 2030: one hundred year study on artificial intelligence, https://ai100.stanford.edu.

European Group on Ethics in Science and Technologies. Statement on artificial intelligence, robotics, and autonomous systems; 2018.

Executive Office of the President: National Science and Technology Council and Committee on Technology. Preparing for the future of artificial intelligence; 2016.

FDA. Proposed regulatory framework for modifications to artificial intelligence/machine learning (AI/ML)-based software as a medical device (SaMD): discussion paper and request for feedback. ,regulations.gov.; 2019.

저자 논문

Abramoff MD, Lavin PT, Brich M, et al. Pivotal trial of an autonomous AI-based diagnostic system for detection of diabetic retinopathy in primary care offices. NPJ Digit Med 2018;1:39.

Alagappan M, Glissen Brown JR, Mori Y, et al. Artificial intelligence in gastrointestinal endoscopy: the future is almost here. World J Gastrointest Endosc 2018;10(10):239-49.

Altman R. AI in medicine: the spectrum of challenges from managed care to molecular medicine. AI Mag 1999;20(30):67-77.

Amirkhani A, Papageorgiou EI, Mohseni A, et al. A review of fuzzy cognitive maps in medicine: taxonomy, methods, and applications. Comput Methods Programs Biomed 2017;142:129-45.

Angermueller C, et al. Deep learning for computational biology. Mol Syst Biol 2016;12(878):1-16.

Balayla J, Shrem G. Use of artificial intelligence (AI) in the interpretation of intrapartum fetal heart rate (FHR) tracings: a systematic review and meta-analysis. Archives of Gynecology and Obstetrics 2019;300.

Banaee H, Ahmed MU, Loutfi A. Data mining for wearable sensors in health monitoring systems: a review of recent trends and challenges. Sensors (Basel) 2013;13(12):17472–500.

Barry DT. Adaptation, artificial intelligence, and physical medicine and rehabilitation. Phys Med Rehabil 2018; S131–4.

Beam AL, Kohane IS. Big data and machine learning in health care. JAMA 2018;319(13):1317–18.

Bejnordi BE, Veta M, Van Diest PJ, et al. Diagnostic assessment of deep learning algorithms for detection of lymph node metastases in women with breast cancer. JAMA 2017;318(22):2199–210.

Benjamins JW, Hendriks T, Knuuti J, et al. A primer in artificial intelligence in cardiovascular medicine. Neth Heart J 2019;1–9.

Benke K, Benke G. Artificial intelligence and big data in public health. Int J Environ Res Public Health 2018;15:2796–805.

Bennett TD, Callahan TJ, Feinstein JA, et al. Data science for child health. J Pediatr 2018;208:12–22.

Bur AM, Shew M, New J. Artificial intelligence for the otolaryngologist: a state of the art review. Otolaryngol Head Neck Surg 2019;160(4):603–11.

Cabitza F, Locoro A, Banfi G. Machine learning in orthopedics: a literature review. Front Bioeng Biotechnol 2018;6:75.

Chang AC. Precision intensive care: a real-time artificial intelligence strategy for the future. Pediatr Crit Care Med 2019;20(2):194–5.

Chang HY, Jung CK, Woo JI, et al. Artificial intelligence in pathology. J Pathol Transl Med 2019;53:1–12.

Char DS, Shah NH, Magnus D. Implementing machine learning in health care?addressing ethical challenges. N Engl J Med 2018;378(11):981–3.

Chartrand G, Cheng PM, Vorontsov E, et al. Deep learning: a primer for radiologists. RadioGraphics 2017;37(7):2113–31.

Chen Y, Argentinis E, Weber G. IBM Watson: how cognitive computing can be applied to big data challenges in life sciences research. Clin Ther 2016;38(4):688–701.

Ching T, Himmelstein DS, Beaulieu-Jones BK, Kalinin AA, Do BT, Way GP, et al. Opportunities and obstacles for deep learning in biology and medicine. J R Soc Interface 2018;15:20170387.

Coiera EW. Artificial intelligence in medicine: the challenges ahead. J Am Med Inform Assoc 1996;3(6):363–6. Connor CW. Artificial intelligence and machine learning in anesthesiology. Anesthesiology 2019;131.

Darcy AM, Louie AK, Roberts LW. Machine learning and the profession of medicine. JAMA 2016;315(6):551–2. Deo RC. Machine learning in medicine. Circulation 2015;132:1920–30.

Desai GS. Artificial intelligence: the future of obstetrics and gynecology. J Obstet Gynecol India 2018;68(4):326–7. Dey D, Slomka PJ, Leeson P, et al. Artificial intelligence in cardiovascular imaging: JACC state-of-the-art review. J Am Coll Cardiol 2019;73(11):1317–35.

Dimitrov D. Medical internet of things and big data in health care. Healthc Inform Res 2016;22(3):156–63.

Ekins S. The next era: deep learning in pharmaceutical research. Pharm Res 2016;33(11):2594–603.

Esteva A, Robicquet A, Ramsundar B, et al. A guide to deep learning in health care. Nat Med 2009;25:24–9. Farley T, Kiefer J, Lee P, et al. The biointelligence framework: a new computational platform for biomedical knowledge computing. J Am Med Inform Assoc 2013;20(1):128–33.

Ferrucci D, Brown E, Chu-Carroll J, et al. Building Watson: an overview of the DeepQA project. AI Mag 2010;31(3):59–79.

Fogel AL, Kvedar JC. Perspective: artificial intelligence powers digital medicine. NPJ Digit Med 2018;1:5–8.

Ganapathy K, Abdul SS, Nursetyo AA. Artificial intelligence in neurosciences: a clinician's perspective. Neurol India 2018;66:934–9.

Gawehn E, Hiss JA, Schneider G. Deep learning in drug discovery. Mol Inform 2016;35(1):3−14.

Ghassemi M, Celi LA, Stone DJ. State of the art review: the data revolution in critical care. Crit Care 2015;19:118−27.

Goodfellow IJ, Pouget−Abadie J, Mirza M, et al. Generative adversarial networks. arXiv:1406.2661.

Grapov D, Fahmann J, Wanichthanarak K, et al. Rise of deep learning for genomic, proteomic, and metabolomic data integration in precision medicine. OMICS 2018;22(10):630−6.

Greenhalgh T, Howick J, Maskrey N. Evidence based medicine: a movement in crisis? Br Med J 2014;348:g3725.

Greenspan H, van Ginneken B, Summers RM. Guest editorial/deep learning in medical imaging: overview and future promise of an exciting new technique. IEEE Trans Med Imaging 2016;35(5):1153−9.

Griebel L, Prokosch HU, Kopcke F, et al. A scoping review of cloud computing in health care. BMC Med Inform Decis Mak 2015;15:17.

Gubbi S, Hamet P, Tremblay J, et al. Artificial intelligence and machine learning in endocrinology and metabolism: the dawn of a new era. Front Endocrinol 2019. Available from: ⟨https://doi.org/10.3389/fendo.2019.00185⟩.

Gulshan V, Peng L, Coram M, et al. Development and validation of a deep learning algorithm for detection of diabetic retinopathy in retinal fundus photographs. JAMA 2016;316:2402−10.

Hanson WC, Marshall BE. Artificial intelligence applications in the intensive care unit. Crit Care Med 2001;29(2):427−35.

Hashimoto DA, Rosman G, Rus D, et al. Artificial intelligence in surgery: promises and perils. Ann Surg 2018;268(1):70−6.

Hassabis D, Kumaran D, Summerfield C, et al. Neuroscience−inspired artificial intelligence. Neuron Rev 2017;95(2):245−58.

He J, Baxter SL, Xu J, et al. The practical implementation of artificial intelligence technologies in medicine. Nat Med 2019;25:30−6.

Hinton G. Deep learning?a technology with the potential to transform health care. JAMA 2018;320(11):1101−2.

Hosny A, Parmar C, Quackenbush J, et al. Artificial intelligence in radiology. Nat Rev Cancer 2018;18(8):500−10.

Hueso M, Vellido A, Montero N, et al. Artificial intelligence for the artificial kidney: pointers to the future of a personalized hemodialysis therapy. Kidney Dis 2018;4(1):1−9.

Iniesta R, Stahl D, McGuffin P. Machine learning, statistical learning, and the future of biological research in psychiatry. Psychol Med 2016;46:2455−65.

Jha S, Topol EJ. Adapting to artificial intelligence: radiologists and pathologists as information specialists. JAMA 2016;316(22):2353−4.

Jiang F, Jiang Y, Zhi H, et al. Artificial intelligence in health care: past, present, and future. Stroke Vascu Neurol 2017;2:e000101.

Johnson AE, Pollard TJ, Shen L, et al. MIMIC−III, a freely accessible critical care database. Sci Data 2016;3:160036.

Johnson KW, et al. Artificial intelligence in cardiology. J Am Coll Cardiol 2018;71(23):2668−79.

Kapoor R, Walters SP, Al−Aswad LA. The current state of artificial intelligence in ophthalmology. Surv Ophthalmol 2019;64:233−40.

Kim YJ, Kelley BP, Nasser JS, et al. Implementing precision medicine and artificial intelligence in plastic surgery: concepts and future prospects. Plast Reconstr Surg Glob Open 2019;7:e2113.

Klein JG. Five pitfalls in decisions about diagnosis and prescribing. Br Med J 2005;330:781−3.

Komorowski M, Celi LA, Badawi O, et al. The artificial intelligence clinician learns optimal treatment strategies for sepsis in intensive care. Nat Med 2018;24(11):1716–20.

Krittanawong C, et al. Artificial intelligence in precision cardiovascular medicine. Journal of American College of Cardiology 2017;69(21):2657–64.

Lamanna C, Byrne L. Should artificial intelligence augment medical decision making? The case for an autonomy algorithm. AMA J Ethics 2018;20(9):E902–10.

LeCun Y, Bengio Y, Hinton G. Deep learning. Nature 2015;521:436–44.

Lee S, Mohr NM, Street WN, et al. Machine learning in relation to emergency medicine clinical and operational scenarios: an overview. West J Emerg Med 2019;20(2):219–27.

Lin SY, Mahoney MR, Sinsky CA. Ten ways artificial intelligence will transform primary care. J Gen Intern Med 2019;34:1–5.

Londhe VY, Bhasin B. Artificial intelligence and its potential in oncology. Drug Discov Today 2019;24(1):228–32.

Lynn LA. Artificial intelligence systems for complex decision–making in acute care medicine: a review. Patient Safety Surg 2019;13:6–14.

Mathur P, Burns ML. Artificial intelligence in critical care. Int Anesth Clin 2019;57(2):89–102.

Middleton B, Sittig DF, Wright A. Clinical decision support: a 25 year retrospective and a 25 year vision. Yearb Med Inform 2016;(Suppl. 1):S103–16.

Miller DD, Brown EW. Artificial intelligence in medical practice: the question to the answer? Am J Med 2018;131:129–33.

Miller PL. The evaluation of artificial intelligence systems in medicine. Comput Methods Programs Biomed 1986;22:5–11.

Miotto R, Wang F, Wang S, et al. Deep learning for healthcare: review, opportunities and challenges. Brief Bioinform 2017;19:1–11.

Mnih V, Kavukcuoglu K, Silver D, et al. Human–level control through deep reinforcement learning. Nature 2015;518:529–33.

Morgan DJ, Bame B, Zimand P, et al. Assessment of machine learning vs standard prediction rules for predicting hospital readmissions. JAMA Netw Open 2019;2(3):e190348.

Mousses S, Kiefer J, Von Hoff D, et al. Using biointelligence to search the cancer genome: an epistemological perspective on knowledge recovery strategies to enable precision medical genomics. Oncogene 2008;27:S58–66.

Naugler C, Church DL. Automation and artificial intelligence in the clinical laboratory. Crit Rev Clin Lab Sci 2019;56(2):98–110.

Niazi MKK, Parwani AV, Gurcan MN. Digital pathology and artificial intelligence. Lancet Oncol 2019;20(5):e253–61.

Nichols JA, Herbert Chan HW, Baker MAB. Machine learning: applications of artificial intelligence to imaging and diagnosis. Biophys Rev 2019;11(1):111–18.

Norman GR, Monteiro SD, Sherbino J, et al. The causes of errors in clinical reasoning: cognitive biases, knowledge deficits, and dual process thinking. Acad Med 2017;92(1):23–30.

Nsoesie EO. Evaluating artificial intelligence applications in clinical settings. JAMA Netw Open 2018;1(5):e182658. Obermeyer Z, Emanuel EJ. Predicting the future?big data, machine learning, and clinical medicine. N Eng J Med 2016;375:13–16.

Patel V, Shortliffe EH, Stefanelli M, et al. The coming of age of artificial intelligence in medicine. Artif Intell Med 2009;46:5–17.

Peek N, Combi C, Marin R, et al. Thirty years of artificial intelligence in medicine (AIME) conferences: a review of research themes. Artif Intell Med 2015;65(1):61-73.

Rajkomar A, Dean J, Kohane I. Machine learning in medicine. N Eng J Med 2019;380:1347-58.

Rajpurkar P, Irvin J, Zhu K, et al. CheXNet: radiologist-level pneumonia detection on chest X-rays with deep learning. arXiv 2017; arXiv:1711.05225.

Ramesh AN, Kambhampati C, Monson JR, et al. Artificial intelligence in medicine. Ann R Coll Surg Engl 2004;86(5):334-8.

Ravi D, et al. Deep learning for health informatics. IEEE J Biomed Health Inform 2017;21(1):4-21.

Reddy S, Fox J, Purohit MP. Artificial intelligence-enabled health care delivery. J R Soc Med 2019;112(1):22-8.

Rosenblatt F. The perceptron: a probabilistic model for information storage and organization in the brain. Psychol Rev 1958;65(6):386-408.

Rusk N. Deep learning. Nat Methods 2016;13(1):35.

Russell S, Hauert S, Altman R, et al. Robotics: ethics of artificial intelligence. Nature 2015;521(7553):415-18.

Sacchi L, Holmes JH. Progress in biomedical knowledge discovery: a 25-year retrospective. Yearb Med Inform 2016;S117-29.

Saito T, Rehmsmeier M. The precision-recall plot is more informative than the ROC plot when evaluating binary classifiers on imbalanced datasets. PLoS One 2015;10(3):e0118432.

Schwartz WB. Medicine and the computer: the promise and problems of change. N Engl J Med 1970;283:1257-64.

Senders JT, Arnaout O, Karhade AV, et al. Natural and artificial intelligence in neurosurgery: a systematic review. Neurosurgery 2018;83:181-92.

Sheridan TB. Human-robot interaction: status and challenges. Hum Factors 2016;58(4):525-32.

Shortliffe, E.H. Artificial intelligence in medicine: weighing the accomplishments, hype, and promise. IMIA Yearb Med Inform 2019; 28.

Shortliffe EH, David R, Axline SG, et al. Computer-based consultations in clinical therapeutics: explanation and rule acquisition capabilities of the MYCIN system. Comput Biomed Res 1975;8(4):303-20.

Shu LQ, Sun YK, Tan LH, et al. Application of artificial intelligence in pediatrics: past, present, and future. World J Pediatr 2019;15(2):105-8.

Sidey-Gibbons JAM, Sidey-Gibbons CJ. Machine learning in medicine: a practical introduction. BMC Med Res Methodol 2019;19:64.

Silver D, Huang A, Maddison CJ, et al. Mastering the game of go with deep neural networks and tree search. Nature 2016;529:484-9.

Stewart J, Sprivulis P, Dwivedi G. Artificial intelligence and machine learning in emergency medicine. Emerg Med Australas 2018. Available from: https://doi.org/10.1111/1742-6723.13145 [Epub ahead of print].

Szolovits P, Patil RS, Schwartz W. Artificial intelligence in medical diagnosis. Ann Intern Med 1988;108:80-7.

Thrall JH, Li X, Li Q, et al. Artificial intelligence and machine learning in radiology: opportunities, challenges, pitfalls, and criteria for success. J Am Coll Radiol 2018;15(3):504-8.

Thukral S, Singh Bal J. Medical applications on fuzzy logic inference system: a review. Int J Adv Networking Appl 2019;10(4):3944-50.

Topol EJ. Hi-performance medicine: the convergence of human and artificial intelligence. Nat Med 2019;25:44-56.

Tseng HH, Wei L, Cui S, et al. Machine learning and imaging informatics in oncology. Oncology 2018. Available from: https://doi.org/10.1159/000493575.

Vellido A. Societal issues concerning the application of artificial intelligence in medicine. Kidney Dis 2019;5:11-17.

Wahl B, Cossy-Gantner A, Germann S, et al. Artificial intelligence and global health: how can AI contribute to health in resource-poor settings? BMJ Global Health 2018;3:e000798.

Wang R, Pan W, Jin L, et al. Artificial intelligence in reproductive medicine. Soc Reprod Fertil 2019;R139-54.

Wartman SA, Combs CD. Reimagining medical education in the age of AI. AMA J Ethics 2019;21:146-52.

Williams AM, Liu Y, Regner KR, et al. Artificial intelligence, physiological genomics, and precision medicine. Physiol Genomics 2018;50:237-43.

Wong ZAY, Zhou J, Zhang Q. Artificial intelligence for infectious disease big data analytics. Infect Dis Health 2019;24:44-8.

Yamashita R, Nishio M, Do RKG, et al. Convolutional neural networks: an overview and application in radiology. Insights Imaging 2018;9:611-29.

Yang YJ, Bang CS. Application of artificial intelligence in gastroenterology. World J Gastroenterol 2019;25(14):1666-83.

Yu KH, Beam AL, Kohane IS. Artificial intelligence in health care. Nat Biomed Eng 2018;2:719-31.

웹사이트

American Medical Informatics Association. ⟨https://amia.org⟩.

Artificial Intelligence in Medicine. ⟨https://ai-med.io⟩.

Artificial Intelligence in Medicine. ⟨https://www.sciencedirect.com/journal/artificial-intelligence-in-medicine⟩.

Association for the Advancement of Artificial Intelligence (AAAI). ⟨https://www.aaai.org⟩.

Data Science Institute (DSI) at American College of Radiology (ACR). ⟨https://www.acrdsi.org⟩.

Machine Learning for Health Care (MLHC). ⟨https://www.mlforhc.org⟩.

MIMIC III. ⟨https://mimic.mit.edu⟩.

동영상 자료

기초적인 내용

How Researchers are Teaching AI to Learn Like a Child (AAAS) ⟨https://www.youtube.com/watch?v=79zHbBuFHmw⟩

AlphaGo (Documentary, 2017)

Do You Trust This Computer? (Documentary 2018)

Artificial Intelligence: Mankind's Last Invention ⟨https://www.youtube.com/watch?v=Pls_q2aQzHg⟩

Three Principles for Creating Safer AI (TED2017/Stuart Russell) ⟨https://www.youtube.com/watch?v=EBK-a94IFHY⟩

What Happens When Our Computers Get Smarter Than We Are? (TED2015/Nick Bostrom) ⟨https://www.ted.com/talks/nick_bostrom_what_happens_when_our_computers_get_smarter_than_we_are⟩

IBM Watson: The Science Behind an Answer ⟨https://www.youtube.com/watch?v=ZbjTtCG3_X0⟩

A Gentle Introduction to Machine Learning ⟨https://www.youtube.com/watch?v=Gv9_4yMHFhl⟩

고급 내용

Machine Learning Fundamentals: Bias and Variance ⟨https://www.youtube.com/watch?v=EuBBz3bl-aA⟩

The Rise of Artificial Intelligence Through Deep Learning (TEDxMontreal/Yoshua Bengio) ⟨https://www.youtube.com/watch?v=uawLjkSl7Mo⟩

But What Is a Neural Network? Deep Learning, Chapter 1 (3Blue1Brown series) ⟨https://www.youtube.com/watch?v=aircAruvnKk⟩

Gradient Descent, How Neural Networks Learn. Deep Learning, Chapter 2 (3Blue1Brown series) 〈https://www.youtube.com/watch?v=IHZwWFHWa-w〉

What is Backpropagation Doing Really? Deep Learning, Chapter 3 (3Blue1Brown series) 〈https://www.youtube.com/watch?v=Ilg3gGewQ5U〉

의료 인공지능 및 헬스케어 관련 회사 100여 개

이 글을 쓰는 시점에 헬스케어 영역의 인공지능 회사는 200여 개가 있으며, 다음은 알아둘 만한 회사들이다. 큰 회사들과 헬스케어 관련 그 회사들의 활동은 여기 나열하지 않았고 본문에서 주로 설명하고 있다.

여기서 제공되는 정보는 회사명, 투자 금액, 현재 회사 주소, 투자 연도, 추산되는 임직원 수, 주된 관심 영역, 관련된 서비스 등이다. 이 자료는 회사 웹사이트나 기타 여러 자료들, CBInsights, Crunchbase 등에서 얻은 것들이다.[1]

회사명	의료 인공지능 초점	서비스	URL
3Scan ($21M) San Francisco (CA) (2011) [10-50]	디지털, 컴퓨테이셔널 병리학	나이프 엣지 스캐닝 마이크로스코프(KESM)	www.3scan.com
Ada ($60M) London (UK) (2011) [NA]	인공지능 보조 닥터 앱과 원격의료 서비스	개인 건강 가이드	www.ada.com
AiCure ($27M) New York (NY) (2010) [10-50]	보조 약물 순응도와 치료 효과성을 위한 인공지능 플랫폼	대화형 의료 비서(IMA)	www.aicure.com
AIDoc ($42M) Tel Aviv (IL) [10- 50]	영상의학과 이미지 판독과 작업흐름을 위한 인공지능 플랫폼	판독 플랫폼	www.aidoc.com
AIMed (NA) London (UK) (2016) [10- 50]	의료 및 헬스케어 인공지능에 대한 멀티미디어 플랫폼	AIMed 미팅 AIMEed 학술 잡지	www.ai-med.io

---

1 원본에 있는 내용을 그대로 옮겼을 뿐 현재 상황이 맞는지는 조사하지 않았다 – 옮긴이

회사명	의료 인공지능 초점	서비스	URL
Alignment Health ($240M) Orange (CA) (2013) [250– 500]	집단 건강 관리를 위한 헬스케어 애널리틱스	고급 임상 모델	www. alignmenthealthcare.com
AliveCor ($63M) Mountain View(CA)(2010) [10–50]	EKG 모니터링을 위한 인공지능 방법론	Kardia mobile	www.alivecor.com
Amara Health Analytics ($75K) San Diego (CA) (2010) [10–50]	실시간 예측 분석	패혈증에 대한 임상적 감시	www. amarahealthanalytics. com
Apixio ($36M) San Mateo (CA) (2009) [50–100]	위험도 조정을 위한 의사 결정지원 분석 플랫폼	HCC 프로파일러 인지 컴퓨팅 솔루션	www.apixio.com
Arterys ($44M) San Francisco (CA) (2011) [50–100]	영상의학 및 이미지 분석 플랫폼	심장 MRI 분석 플랫폼	www.arterys.com
Atomwise ($51M) San Francisco (CA) (2012) [10–50]	인공지능 기반 약물 개발	AtomNet	www.atomwise.com
Ayasdi ($106M) Menlo Park (CA) [50–100]	기업용 복합 데이터 애널리틱스 플랫폼	Symphony AyasdiAI	www.ayasdi.com
Babylon Health ($85M) London (UK) (2013) [1000–5000]	일차 진료 쿼리를 위한 인공지능 시스템	건강 검진	www.babylonhealth. com

회사명	의료 인공지능 초점	서비스	URL
BaseHealth ($18M) Sunnyvale (CA) (2008) [10–50]	집단 건강 관리를 위한 예측 분석과 위험도 조정	BaseHealth Engine	www.basehealth.com
Bay Labs ($5M) San Francisco (CA) (2013) [10–50]	인공지능이 내장된 심장 초음파	EchoMD Auto EF	www.baylabs.io
BenevolentAI ($202M) London (UK) (2013) [50–100]	지식 그래프를 활용한 약물 개발	Benevolent platform	www.benevolent.ai
BioXcel Therapeutics (IPO) Branford (CT) (2017) [10–50]	신경과학 및 면역종양학을 위한 인공지능 도움 약물 발견	InveniAI	www.bioxceltherapeutics.com
Bot MD ($2M) Palo Alto (CA) (2018) [1–10]	진료의를 위한 스마트폰 인공지능 비서	의사를 위한 챗봇	www.botmd.io
Buoy Health ($9M) Boston (MA) (2014) [1–10]	진단적 알고리듬과 분석 플랫폼	진단적 플랫폼	www.buoyhealth.com
Butterfly Network ($350M) Guilford (CT) (2011) [100–250]	인공지능을 활용한 의료 영상 기기	Butterfly iQ	www.butterflynetwork.com
Cardiogram ($2M) San Francisco (CA) (2016) [10– 50]	심장 박동 및 그 변이 분석	카디오그램 앱 DeepHeart	www.cardiogr.am

회사명	의료 인공지능 초점	서비스	URL
Clarify Health Solutions ($63M) San Francisco (CA) (2015) [10– 50]	효율적 케어를 위한 분석과 결합된 디지털 기술	실시간 인사이틀 제공하는 분석 플랫폼	www.clarifyhealth.com
Clinithink (Series B) London (UK) (2009) [10–50]	비구조화 데이터에 대한 데이터 쿼리 자연어 처리 플랫폼	CLiX ENRIC CLiX CNLP	www.clinithink.com
CloudMedx ($5M) Palo Alto (CA) (2015) [10– 50]	전자의무기록과 데이터 기반 의사 결정을 위한 인공지능	인공지능 비서	www.cloudmedxhealth.com
Cognoa ($20M) Palo Alto (CA) (2014) [10– 50]	자폐증 진단을 위한 머신 러닝 플랫폼	Cognoa Child Development app	www.cognoa.com
CureMetrix (Series A) La Jolla (CA) (2014) [10– 50]	유방촬영술에 대한 의료 영상 분석	cmTriage	www.curemetrix.com
Deep 6 (Seed) Pasadena (CA) (2015) [10–50]	임상시험을 위한 인공지능 기반 환자 선택	인공지능 보조 환자 매칭	www.deep6.ai
Deep Genomics ($17M) Toronto (CA) (2014) [10–50]	유전체와 인공지능을 활용한 약물 개발	Project Saturn	www.deepgenomics.com
Doc.ai ($12M) Palo Alto (CA) (2016) [1–10]	예측 분석을 위한 블록체인 기반 인공지능	Health data app	www.doc.ai

회사명	의료 인공지능 초점	서비스	URL
Doctor Evidence ($2M) Santa Monica (CA) (2004) [50–100]	출판된 데이터와 환자 결과를 사용한 증거 분석 애널리틱스	DRE AI	www.drevidence.com
DreaMed Diabetes ($5M) Petah Tiqva (IL) (2014) [1–10]	당뇨 환자를 위한 폐쇄 솔루션	DreaMed Advisor Pro	www.dreameddiabetes. com
Droice Labs ($440K) New York (NY) (2016) [10–50]	실제 세계 임상 데이터에 대한 자연어 이해 바탕을 한 헬스 애널리틱스	Healthcare analytics platform	www.droicelabs.com
Enlitic ($30M) San Francisco (CA) (2014) [10–50]	의료 영상 판독과 업무를 위한 딥러닝	영상의학 작업툴과 조기 진단	www.enlitic.com
FDNA (NA) Boston (MA) (2011) [10–50]	안면 기형 분석을 통한 유전질환 진단	Face2Gene	www.fdna.com
Flatiron Health (Acquired by Roche) New York (NY) (2012) [250–500]	종양학 데이터 애널리틱스 플랫폼	OncoCloud OncoEMR OncoBilling	www.flatiron.com
Freenome ($78M) San Francisco (CA) (2014) [10–50]	암에 초점을 맞춘 비침습적 질환 스크리닝	IMPACT	www.freenome.com
Gauss Surgical ($52M) Los Altos (CA) (2011) [10–50]	수술 중 혈액 손실에 대한 실시간 인공지능 분석	수술 중혈액손실을 실시간 모니터링하는 Triton	www.gausssurgical. com

회사명	의료 인공지능 초점	서비스	URL
Ginger.io ($28M) San Francisco (CA) (2011) [50–100]	인공지능 코칭, 행동 건강 지원	행동 건강 코칭	www.ginger.io
Glooko ($71M) Mountain View (CA) (2010) [100–250]	당뇨 환자를 위한 웨어러블과 혈당 관리 도구	Glooko app	www.glooko.com
GNS Health Care ($77M) Cambridge (MA) (2000) [100–250]	빅데이터 헬스케어 애널리틱스	임상시험과 실제 세계 데이터를 사용한 플랫폼	www.gnshealthcare.com
H2O.ai ($74M) Mountain View (CA) (2012) [10–50]	헬스케어를 위한 인공지능 솔루션	오픈소스 머신러닝 플랫폼	www.h2o.ai
Health Catalyst ($377M) Salt Lake City (UT) (2008) [250–500]	위험도 예측과 애널리틱스	Catalyst.ai 도구	www.healthcatalyst.com
Health Fidelity ($19M) San Mateo (CA) (2011) [50–100]	애널리틱스를 활용한 위험도 조정, 자연어 처리	HCC Scout	www.healthfidelity.com
HealthTap ($88M) San Francisco (CA) (2010) [100–250]	의료진과 바로 연결되는 가상 케어	Healthtap app	www.healthtap.com
iCarbonX ($600M) Shenzhen (CN) (2015) [100–250]	생활과 건강에 대한 디지털화	Meum DigitalMe	www.iCarbonx.com

회사명	의료 인공지능 초점	서비스	URL
IDx ($52M) Coralville (IA) (2010) [10–50]	인공지능 기반 진단 플랫폼	Idx–DR	www.eyediagnosis.net
Imagen Technologies ($60M) New York (NY) (2016) [10–50]	오진을 줄이기 위한 의료 영상 인공지능	의료영상 플랫폼	www.imagen.ai
Infermedica ($4M) Wroclaw (PL) (2012) [50–100]	트리애지 도구를 사용한 의료 케어 자원 배분 인공지능	Symptom Checker Call Center Triage	www.infermedica.com
Infervision ($71M) Beijing (CN) (2015) [250–500]	암진단을 위한 인공지능 컴퓨터 비전	의료영상 플랫폼	www.infervision.com
Jvion ($9M) Duluth (GA) (2011) [100–250]	예측을 위한 인지적 임상 과학	Eigen Sphere Machine	www.jvion.com
KenSci ($30M) Seattle (WA) (2015) [50–100]	병원 운영과 케어를 위한 인공지능	예측적 애널리틱스	www.kensci.com
K Health ($44M) New York (NY) (2016) [10–50]	헬스케어 사용자를 통한 인사이트 얻기	AI health app	www.khealth.ai
Lark ($46M) Mountain View(CA) (2011) [50–100]	만성질환 관리과 예방을 위한 인공지능 플랫폼	당뇨, 고혈압 예방 프로그램	www.lark.com

회사명	의료 인공지능 초점	서비스	URL
Livongo Health ($235M) Mountain View (CA) (2014) [250–500]	만성질환 관리를 위한 데이터 애널리틱스	Applied Health Signal Engine	www.livongo.com
Lumiata ($31M) San Mateo (CA) (2013) [10–50]	데이터 애널리틱스, 위험 예측, 케어 질	Risk Matrix	www.lumiata.com
Lunit ($21M) Seoul (KR) (2013) [50–100]	인공지능을 사용한 의료영상 판독 플랫폼	Lunit Insight	www.lunit.io
Medalogix ($5M) Nashville (TN) (2009) [10–50]	위험 예측을 위한 예측적 애널리틱스	Pulse Bridge Muscle	www.medalogix.com
MedAware) ($10M Ra'anana (IL) (2012) [10–50]	처방 오류와 환자 안전 개선을 위한 데이터 애널리틱스	MedAS MedRIM MedQC MedRAF	www.medaware.com
Medopad ($29M) London (UK) (2011) [100–250]	연결된 디지털 헬스 에코 시스템	희귀질환과 복잡한 질환에 대한 생태계	www.medopad.com
MedWhat ($3M) San Francisco (CA) (2010) [1–10]	인지컴퓨팅, 딥러닝, 자연어처리를 사용한 의료 인공지능	의료를위한인간수준의인공지능	www.medwhat.com/
MI10 ($500K) Irvine (CA) (2019) [10–50]	헬스케어 기관과 회사를 위한 인공지능 전략	Medical Intelligence Quotient (MIQ)	www.MI10.ai
Numedii ($6M) Menlo Park (CA) (2008) [10–50]	약물 발견과 정밀 치료를 위한 빅데이터 기술	AIDD(AI for Drug Discovery)	www.numedii.com

회사명	의료 인공지능 초점	서비스	URL
Numerate ($17M) San Bruno (CA) (2007) [10–50]	약물 설계와 개발을 위한 컴퓨테이셔널 플랫폼	약물을 위한 생물학적 모델링	www.numerate.com
Nuritas ($50M) Dublin (IE) (2014) [10–50]	영양, 유전체에 대한 컴퓨테이셔널 접근법	생체활성 펩타이드 발견	www.nuritas.com
Nutrino ($12M) Tel Aviv (IL) (2011) [10–50]	애널리틱스와 웨어러블 기술을 활요한 맞춤형 영양 플랫폼	FoodPrint	www.nutrinohealth.com
Olive ($75M) Columbus (OH) (2012) [100–250]	헬스케어 행정을 위한 인공지능 플랫폼	AI-as-a-Service (RPA)	www.oliveai.com
Oncora Medical ($3M) Philadelphia(PA)(2014) [10–50]	치료 방사선학을 위한 인공지능	Oncora Patient Care	www.oncoramedical.com
rCam Technologies ($86M) Jerusalem (IL) (2010) [50–100]	웨어러블 플랫폼을 사용한 인공지능 컴퓨터 비전	OrCam MyEye 2	www.orcam.com
Paige.AI ($25M) New York (NY) (2018) [NA]	디지털 병리학 인공지능	Pathology AI Guidance Engine	www.paigeai.com
PathAI ($75M) Boston (MA) (2016) [50–100]	디지털 병리학 인공지능	The PathAI Solution	www.pathai.com
Pearl ($11M) Los Angeles (CA) (2019) [10–50]	치과 전문의를 위한 인공지능 포트폴리오	Second Opinion Practice	www.hellopearl.com

회사명	의료 인공지능 초점	서비스	URL
PhysIQ ($19M) Naperville (IL) (2013) [10–50]	만성질환에 대한 건강 지표 분석	Personalized physiology analytics platform (PPA)	www.physiq.com
Picwell ($11M) P hiladelphia (PA) (2012) [10–50]	기업형 인공지능을 활용한 물품 구매	Plan selection and decision support	www.picwell.com
Prognos ($43M) New York (NY) (2010) [50–100]	임상 진단 정보에 대한 가장 큰 레지스트리	질병에 대한 조기 추적과 예방을 위한 인공지능	www.prognos.ai
Proscia ($12M) Philadelphia (PA)(2014) [10–50]	디지털 병리학 인공지능	Concentriq digital pathology platform	ww.proscia.com
Pure Storage ($531M) Mountain View (CA) (2009) [1000–5000]	비용 효율성을 고려한 데이터 저장	Pure1 cloud–based management platform	www.purestorage.com
Qventus ($45M) Mountain View (CA) (2012) [10–50]	병원을 위한 실시간 예측 운영 관리 플랫폼	운영 플랫폼	www.qventus.com
Recursion Pharmaceuticals ($226M) Salt Lake City (UT) (2013) [50–100]	정밀 의료를 위한 실험 생물학과 결합된 인공지능과 자동화	Platform for Drug repurposing	www. recursionpharma. com
Renalytix AI ($29M) Penarth (UK) (2018) [10–50]	HER, 유전체, 바이오마커에 대한 분석 플랫폼	KidneyIntelX	www.renalytixai.com

회사명	의료 인공지능 초점	서비스	URL
Saykara ($8M) Seattle (WA) (2015) [10–50]	문서화를 위한 헬스케어 가상 비서	문서화 도구	www.saykara.com
Sensely ($12M) San Francisco (CA) (2013) [10–50]	아바타 기반의 가상 비서	Virtual Nurse Molly	www.sensely.com
Sight Diagnostics ($52M) Tel Aviv (IL) (2011) [10–50]	인공지능 기반 혈액 검사와 감염병 진단	말라리아 진단을 위한 디지털 형광현미경	www.sightdx.com
SkinVision ($12M) Amsterdam (NL) (2012) [10–50]	인공지능을 사용한 피부 병변 진단	피부 병변 진단 플랫폼	www.skinvision.com
SOPHiA Genetics ($140M) Lausanne (CH) (2011) [250–500]	데이터 애널리틱스와 결합된 생물학	SOPHiA AI	www.sophiagenetics.com
Spring Health ($8M) New York (NY) (2016) [10–50]	인공지능 기반 맞춤형 정신의학	Precision Mental Health Care	www.springhealth. com
Synyi ($81M) Shanghai (CN) (2016) [50–100]	연구와 서비스를 위한 빅데이터 기반 인공지능 플랫폼	시맨틱애널리시스시스템	www.synyi.com
Systems Oncology (NA) Scottsdale (AZ) (2015) [10–50]	약물 발견을 위한 인지 컴퓨팅	약물 발견을 위한 인지 플랫폼	www.systemsoncology.com
Turbine (Seed) Budapest (HU) (2015) [50–100]	새로운 약물 발견을 위한 인공지능 기반 암 치료	The Turbine Stack	www.turbine.ai

회사명	의료 인공지능 초점	서비스	URL
twoXAR ($14M) San Francisco (CA) (2014) [10–50]	인공지능 기반 약물 발견과 임상 연구 위험도 줄이기	약물 발견을 위한 컴퓨테이션 플랫폼	www.twoxar.com
Wellframe ($25M) Boston (MA) (2011) [50–100]	케어 관리와 환자 참여를 위한 인공지능 중심 모바일 전략	Health plan solution	www.wellframe.com
Welltok (250M) Denver(CO)(2009) [250–500]	맞춤화된 건강 행동 계획 분석	CafeWell Health Optimization Platform	www.welltok.com
Univfy ($6M) Los Alsots (CA) (2009) [10–50]	시험관 시술 성공률을 높이기 위한 인공지능 프로그램	PreIVF Report IVF Refund Program	www.univfy.com
Verge Genomics ($36M) San Francisco (CA) (2015) [10–50]	신경계 약물 발견을 위한 인공지능	신경계 퇴행성 질환을 위한 플랫폼	www.vergegenomics.com
VIDA ($9M) Coralville (IA) (2004) [10–50]	폐질환에 대한 영상 및 양적 분석을 위한 인공지능	LungPrint	www.vidalung.ai
Virta ($82M) San Francisco (CA) (2014) [50–100]	2형 당뇨병에 대한 온라인 특수 클리닉	의료 조언 맞춤형 건강 관리	www.virtahealth.com
VisualDx (NA) Rochester (NY) (1999) [10–50]	사진과 증상을 사용한 진단	Visual CDSS	www.visualdx.com

회사명	의료 인공지능 초점	서비스	URL
Viz.ai ($30 M) San Francisco (CA) (2016) [1-10]	뇌졸중 환자를 위한 인공지능 플랫폼	VizLVO VizCTP	www.viz.ai
Woebot Labs ($8M) San Francisco (CA) (2017) [NA]	인지 행동 치료를 위한 대화형 에이전트	치료를 위한 챗봇	www.woebot.io
Your.MD ($17M) London (UK) (2012) [10-50]	NHS 파트너쉽과 함께 하는 인공지능 건강 서비스	증상 체크	www.your.md
Zebra Medical Vision ($20M) Shefayim (IL) (2014) [10-50]	영상의학 이미지 분석과 인공지능 도구	이미지 분석	www.zebra-med.com
Zephyr Health ($33M) San Francisco (CA) (2011) [50-100]	생의학을 위한 서비스로서의 인사이트	Zephyr Illuminate	zephyrhealth.com

찾아보기

○

인공지능 기반 의료

케어 패러다임 전환을 이끌 임상의학과 헬스케어 인공지능에 대한 조망

발 행 | 2023년 7월 7일

옮긴이 | 고 석 범
지은이 | Anthony C. Chang

펴낸이 | 권 성 준
편집장 | 황 영 주
편 집 | 김 진 아
　　　　임 지 원
디자인 | 윤 서 빈

에이콘출판주식회사
서울특별시 양천구 국회대로 287 (목동)
전화 02-2653-7600, 팩스 02-2653-0433
www.acornpub.co.kr / editor@acornpub.co.kr